ATENÇÃO

Prezados(as) Alunos(as): todas as atividades serão inseridas diretamente no Portifólio referente à disciplina. O objetivo é aumentar a interação do(a) aluno(a) com a plataforma, além de atualizar as atividades. Entrem com sua senha e acompanhe as atividades no sistema. Se preferir, imprimam as atividades e anexem no seu material impresso. Guias de estudo que contenham as atividades são guias de estudo antigos, onde as atividades já foram **modificadas**. Por favor, observem.

Atenciosamente,

Direção da UNIGRANET

Ciências Biológicas
2º Semestre

Graduação a Distância
2º SEMESTRE

Ciências Biológicas

PSICOLOGIA DA EDUCAÇÃO

UNIGRAN - Centro Universitário da Grande Dourados

Rua Balbina de Matos, 2121 - CEP 79.824 - 9000
Jardim Universitário
Dourados - MS
Fone: (67) 3411-4141 / Fax: (67) 3411-4167

Os direitos de publicação desta obra são reservados ao Centro Universitário da Grande Dourados (UNIGRAN), sendo proibida a reprodução total ou parcial de acordo com a Lei 9.160/98.

Os artigos de sites e revistas indicados para a leitura foram registrados como nos originais.

Apresentação da Docente

Adriana R. Sordi Lino é psicóloga formada pela Unigran, pós-graduada em Psicopedagogia, também pela Unigran, e Mestre em Psicologia Social pela UCDB. Atua como professora dos cursos de Psicologia, Administração de Agronegócios e Ciências Contábeis, e na Pós-Graduação no curso de Psicopedagogia, com a disciplina de "Diagnóstico Psicopedagógico" e "Estágio Supervisionado em Psicopedagogia Clínica". Trabalha no Núcleo de Psicologia da Unigran, coordenando três projetos: "Grupoterapia com crianças com problemas de comportamento", "Atendimento grupal a criança com problemas de aprendizagem" e "Plantão psicológico". Atende também na clínica particular como psicóloga e psicopedagoga.

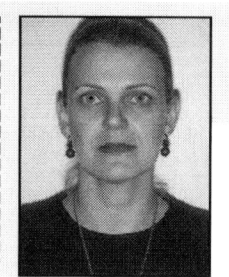

LINO, Adriana Rita Sordi. Psicologia da Educação. Adriana Rita Sordi Lino. Dourados: UNIGRAN, 2020.

60 p.: 23 cm.

1. Pedagogia. 2. Psicologia. 3. Aprendizagem

Sumário

Conversa inicial 4

Aula 01
A psicologia na educação 5

Aula 02
A aprendizagem humana 11

Aula 03
A não aprendizagem 18

Aula 04
As concepções e abordagens 25

Aula 05
A perspectiva comportamental 31

Aula 06
A perspectiva cognitivista 37

Aula 07
A perspectiva sócio construtivista 44

Aula 08
A perspectiva humanista 52

Referências 59

Conversa Inicial

Caros(as) alunos(as),

A Disciplina de "Psicologia da Educação" possui uma carga horária de 80 h/a, que será ministrada na modalidade à distância, estando dividida em 08 aulas. Nosso objetivo é propiciar a você, aluno, o conhecimento e a reflexão acerca da aprendizagem humana, tendo em vista a influência da Psicologia Educacional e da Psicologia do Desenvolvimento.

Dentre as oito unidades teóricas, nosso intuito é demonstrar como a Psicologia atua na educação, como está inserida no desenvolvimento humano e, consequentemente, na aprendizagem apresentando, discutindo as principais teorias da aprendizagem e sua relação com a Pedagogia.

Assim, o aluno terá a oportunidade de estudar:
1. a psicologia na educação;
2. a aprendizagem humana;
3. a não aprendizagem;
4. as concepções e abordagens:
5. a perspectiva Comportamental;
6. a perspectiva Cognitivista;
7. a perspectiva Sócio Interacionista;
8. a perspectiva Humanista.

A Disciplina de Psicologia da Educação tem por pretensão desenvolver no aluno as seguintes habilidades e competências:

a) Uma visão crítica das perspectivas teóricas da Psicologia do desenvolvimento e aprendizagem, que fundamentam a formação profissional do acadêmico acerca do conhecimento sobre a aprendizagem e o desenvolvimento humano.

b) Capacitar o aluno na reflexão e na articulação das teorias e práticas pedagógicas.

c) Propiciar ao aluno a aplicação da Psicologia e das teorias da aprendizagem no processo educacional.

A avaliação será feita de forma sistemática e contínua, considerando a participação e o interesse nas atividades realizadas.

Haverá também outra avaliação ao final do módulo. A média final resultará da somatória das atividades mais a nota da avaliação, dividida por dois.

Nesse contexto, boa aula!!!!

Prof² Adriana R. Sordi

Aula 1º

A psicologia na educação

Olá pessoal! Nesta primeira aula estudaremos a Psicologia na Educação, ou seja, as contribuições da ciência psicológica nesta área tão peculiar que é a educação.

Vamos estudar, especificamente, a Psicologia na aprendizagem, iniciando com os aspectos históricos e, posteriormente, as especificidades da Psicologia do Desenvolvimento e as especificidades da Aprendizagem. Afinal, desde os primórdios, os grandes filósofos já tentavam compreender a aprendizagem humana através de métodos, deduções e pesquisas para chegar a uma aprendizagem mais efetiva e eficiente.

Sendo assim, bom estudo!

Se ao final desta aula surgirem dúvidas, vocês poderão saná-las através das ferramentas "Fórum" ou "Quadro de Avisos" e/ou através do "*Chat*".

Vamos começar, então, analisando os objetivos da nossa aula?!

Bons estudos!

Objetivos de aprendizagem

Esperamos que, ao término desta aula, você seja capaz de:

- verificar as contribuições da Psicologia na área da Educação;
- refletir sobre as contribuições da Psicologia na área da Educação, especificamente na aprendizagem humana;
- analisar as diferenças entre a Psicologia do Desenvolvimento para a Psicologia da Aprendizagem;
- refletir sobre o processo histórico da Psicologia na Educação.

Seções de estudo

1 - Um Pouco de História
2 - A Psicologia do Desenvolvimento
3 - A Psicologia da Aprendizagem

1 - Um pouco de história

> Vamos ver, segundo Campos (1991), que desde os primórdios, filósofos e pensadores preocupavam-se em entender os mecanismos da aprendizagem. Porém, existia uma grande confusão entre aprender e conhecer ou memorizar.

Entre estas concepções da Antiguidade, temos o pensamento de Sócrates, para quem o conhecimento já existiria no espírito do homem e a aprendizagem seria o despertar deste conhecimento. Já para Platão, o corpo (ou coisas) estaria separado da alma (onde ficariam as ideias). Defendeu, também, a mesma ideia de seu mestre Sócrates, o qual dizia que o conhecimento era proveniente da alma e também de encarnações anteriores, que pela percepção voltavam à consciência.

Aristóteles, apresentou um ponto de vista mais científico, destacando que todo conhecimento começa pelos sentidos, e defendeu o entendimento de que o conhecimento estaria no espírito, utilizando o método intuitivo. Já Santo Agostinho utilizou o método indutivo, registrando as suas próprias experiências mentais para entender os mecanismos da aprendizagem.

> Você sabe o que é método intuitivo?! Se não, veja que este método é um processo mental por intermédio do qual, partindo de dados particulares, suficientemente constatados, infere-se uma verdade geral ou universal, não contida nas partes examinadas. Portanto, o objetivo dos argumentos é levar a conclusões cujo conteúdo é muito mais amplo do que o das premissas nas quais se basearam.
> Quer saber mais, acesse http://professorwellington.adm.br/dedutivo.htm

São Tomás de Aquino distinguiu as verdades científicas das religiosas, que, para ele, o principal agente de aprendizagem é a atividade de quem aprende. Considerando a aprendizagem um processo inteligente e dinâmico. Porém, na Idade Média, pessoas que pensavam como São Tomás de Aquino eram exceção, pois o que predominava era a ênfase na educação teológica e teórica.

Ainda segundo Campos (1991), em seguida, outros pesquisadores buscaram através do método indutivo, assim como Aristóteles, comprovações científicas através de experimentos para justificar a aprendizagem e o desenvolvimento do homem.

Entre estes teóricos, destacam-se Bacon, Descartes e Locke. Este último retoma a concepção aristotélica que nada está na inteligência que não tenha estado primeiro nos sentidos. Defende a concepção do espírito como uma tábua rasa, sendo que suas ideias tiveram grande influência na Inglaterra, na Alemanha e nos Estados Unidos.

Campos (1991) afirma que "em certo sentido, Locke fez um trabalho precursor para Comenius, Fröbel e Pestalozzi"[...]. "E a sistematização de muitas de suas idéias veio ser feita por Herbart" (p.18-19).

De acordo com Campos (1991), Herbart (1776-1841) estabeleceu a doutrina da sistematização do ensino, sua influencia foi muito grande neste sentido. E LLoyd Morgan (1852-1936) formulou a teoria de "ensaio e erro" que influenciou as teorias modernas, pois não acreditava apenas na percepção como responsável pela aprendizagem, mas, na ação, ou seja, no comportamento.

Assim, é no final do século XIX, que as experiências com a aprendizagem começam a ser desenvolvidas. É evidenciado o nome de Hermann Ebbinglaus (data?), primeiro pesquisador dessa área que buscou planejar métodos para medir produtos da memória.

No Brasil Campos (1991) cita como destaque Rui Barbosa que traduziu um livro "Lições de Coisas" de Calkins, com ideias sobre ensino e apresentou à Câmara dos Deputados em 1882.

Posteriormente, houveram inúmeras contribuições da chamada Psicologia Pedagógica, representada por Herbart, Binet, Thorndike, Claparéde, Piaget, Pavlov e Bechterev, Watson, Koffka, Kohler e Wertheimer.

Nesse período, é preciso destacarmos Thorndike (1874-1949), pois ele foi um dos primeiros pesquisadores a empregar animais em pesquisa, buscando entender os mecanismos da aprendizagem. A partir desses marcos, surgiram outras experiências que foram enriquecendo o conhecimento a respeito da aprendizagem humana.

Figura 1.2 - E. L. Thorndike
Fonte: http://www.images.google.br

Segundo Schultz (2005), E. L. Thorndike nasceu em 1874 e foi um dos primeiros psicólogos americanos a receber toda a educação nos Estados Unidos. Também estudou em Harvard, onde iniciou suas pesquisas sobre aprendizagem.

Thorndike, que nunca conseguiu aprender a dirigir, é um dos mais importantes pesquisadores no desenvolvimento da psicologia animal. Desenvolveu uma teoria da aprendizagem que se concentra no comportamento. Ele interpretou a aprendizagem não em termos subjetivos, mas em termos de conexões entre estímulos e respostas.

> Thorndike planejava fazer suas pesquisas tendo como sujeitos crianças, mas foi proibido pela administração da universidade. Assim, como sujeitos das suas pesquisas, acabou escolhendo galinhas. Thorndike treinou suas galinhas para percorrer labirintos improvisados com livros.

Não conseguindo terminar seus estudos em Harvard, seguiu para Nova York com suas duas galinhas mais treinadas, prosseguindo suas pesquisas em Colúmbia, onde trabalhou também com cães e gatos em caixas-problema que ele mesmo projetava.

Em 1898, recebeu o título de doutorado. Sua dissertação, "Inteligência animal: um estado experimental dos processos associativos em animais", versou sobre a aprendizagem associativa em galinhas, peixes e macacos.

Thorndike tornou-se instrutor de psicologia no Teachers College da Universidade Colúmbia em 1899. Ali pesquisou sujeitos humanos, aplicando suas técnicas de pesquisa com animais em crianças.

O final de sua longa carreira foi dedicado, principalmente,

aos estudos nas áreas da aprendizagem humana, da psicologia educacional e dos testes. Em 1912 foi eleito presidente da Associação Psicológica Americana.

> A bibliografia de Thorndike exibe 507 itens, entre os quais livros e monografias. Faleceu em 1949, dez anos após sua aposentadoria.

No dizer de Shultz (2005):

> As investigações feitas por Thorndike sobre a aprendizagem humana e animal estão entre as mais importantes da história da psicologia. Suas teorias tiveram amplo uso na educação, aumentando o envolvimento da psicologia nessa especialidade. Além disso, sua obra anunciou a ascensão da teoria da aprendizagem à proeminência que ela alcançaria na psicologia americana. Embora teorias e modelos de aprendizagem cada vez mais novos tenham surgido desde a época de Thorndike, o significado de suas contribuições permanece inalterado (SHULTZ, 2005, p. 222).

E mais atuais ainda, encontraremos os nomes de K.Lewin, Freud, Adler, Jung, Fromm, Husserl, Scheler, Jaspers e Sartre, que embora não tenham desenvolvido uma teoria da aprendizagem especificamente, contribuíram, de forma direta ou indireta, para a sua compreensão e o seu entendimento.

Destacamos, ainda, B.F. Skinner, autor de uma das teorias modernas de psicologia e, igualmente, o nome de J.S. Bruner.

> A bibliografia de Thorndike exibe 507 itens, entre os quais livros e monografias. Faleceu em 1949, dez anos após sua aposentadoria.

Assim, veremos que para entender a criança, a Psicologia da Educação se subdivide em algumas áreas, dentre elas destaca-se a Psicologia do Desenvolvimento, fundamental no processo de aprendizagem, pois busca compreender o nível de desenvolvimento em relação à aprendizagem. Para tal, iremos distinguir, então, a Psicologia do Desenvolvimento da Psicologia da Aprendizagem.

Portanto, na próxima seção, adentraremos aos estudos da Psicologia do Desenvolvimento.

2 - A psicologia do desenvolvimento

Conceito
A Psicologia do Desenvolvimento é um aspecto da ciência que pretende explicar os eventos ocorridos durante a infância, adolescência e idade adulta.

Pretende-se explicar como é que, a partir de um equipamento inicial (inato), a criança vai sofrendo uma série de transformações decorrentes de sua maturação (fisiológica, neurológica e psicológica) que em contato as exigências e respostas do meio físico (físico e social), levam à emergência desses comportamentos.

Em suma, pretende-se descrever e explicar o processo de desenvolvimento da personalidade em termos de como e porque aparecem certos comportamentos.

Conforme Bock (1998),

> Estudar o desenvolvimento humano significa conhecer as características comuns de uma faixa etária, permitindo-nos reconhecer as individualidades, o que nos torna mais aptos para a observação e interpretação dos comportamentos (BOCK, 1998, p.81).

Fazendo referência à história, podemos perceber que, há bem pouco tempo, próximo ao século, as crianças eram tratadas como pequenos adultos: participavam das mesmas atividades dos adultos, inclusive orgias, enforcamentos públicos, trabalhavam nos campos e vendiam seus produtos nos mercados.

Já no século XIX e início do século XX, há uma preocupação maior com o estudo da criança e com a necessidade da educação formal. Apesar disso, a disciplina era exercida de uma forma violenta e agressiva, com severos castigos, como por exemplo: a palmatória, ajoelhar-se no milho, espancamentos violentos e quartos escuros. Essas práticas foram abolidas das escolas, embora algumas continuem sendo utilizadas em nosso meio.

Mas, essas atitudes começaram a se modificar a partir do estudo da criança.

No início do século XX, Freud chocava o mundo com suas descobertas a respeito do desenvolvimento da personalidade da criança, com a constatação de que certos acontecimentos vivenciados na infância eram os determinantes principais de distúrbios de personalidade na idade adulta.

Com os estudos de alguns teóricos sobre a criança e seu desenvolvimento, a mesma foi sendo vista e tratada de outra maneira. Houve, com toda a certeza, um salto científico qualitativo em relação a esta fase da vida.

> No estudo do desenvolvimento, há duas direções diferentes: o da influência do adulto sobre a criança; e o da influência da criança sobre o adulto.

Nesse contexto, a primeira destas linhas de estudo preocupou-se com as práticas de criação infantil e os traços de personalidade dos pais associados com o desenvolvimento da personalidade da criança. Estes trabalhos se valeram de métodos de investigação usados em estudos clínicos e em explorações da personalidade humana, entre os quais se destacam as entrevistas e os questionários.

A partir de 1945, além dos métodos correlacionais, um número crescente de pesquisadores preferiu observar diretamente a criança, usando, para isso, basicamente dois métodos: a observação naturalista sem manipulação experimental; ou o método situacional, que consiste no estudo de laboratório com manipulação e controle das variáveis.

Dessa forma, a Psicologia do Desenvolvimento estuda os detalhes do progresso da criança em direção à maturidade. Para que, quando adulto, ele tenha capacidade de amar outra pessoa e derivar prazer pessoal profundo dos relacionamentos interpessoais. A pessoa madura deve ser capaz de deduzir conclusões e pensar logicamente a respeito de ideias abstratas.

Segundo Bock (1998), são 4 aspectos básicos do desenvolvimento humano:

1 aspecto físico;
2 aspecto intelectual;
3 aspecto afetivo-emocional;

4 aspecto social.

Sendo 4 os fatores que influenciam o desenvolvimento:

1 - a hereditariedade;
2 - o crescimento orgânico;
3 - a maturação neurofisiológica;
4 - o meio.

Alguns teóricos contemporâneos veem o desenvolvimento da criança como passivo e receptivo, respondendo às pressões ambientais na forma de recompensa e punições. Para outros, a criança se desenvolve através de um engajamento proposital e ativo no meio ambiente, organizando e interpretando suas experiências e tentando solucionar problemas.

Resumindo...

Durante a primeira metade deste século, os pesquisadores interessavam-se pela tendência de cada idade, no desenvolvimento das habilidades psicomotoras e da inteligência. Embora até hoje muitos investigadores ainda estejam interessados nas tendências de cada idade, especialmente em áreas como pensamento e solução de problemas, criatividade, julgamento, juízo moral e comportamento (consciência), atitudes e opiniões, a maior parte das pesquisas relacionadas ao desenvolvimento infantil está concentrada no porque e como se dão as mudanças, e como se dá o aprendizado.

É o que veremos a partir da nossa próxima seção de estudo.

3 - A psicologia da aprendizagem

Vamos iniciar nosso estudo sobre a Psicologia da Aprendizagem conhecendo o caso de Rey Ramos, conforme segue abaixo:

Rey Ramos, contrariando todas as expectativas, graduou-se pela Universidade de Harvard com o título Magna Cum Laude e foi aceito na Harvard Medical School. Ele cresceu no South Bronx, um gueto em que é mais provável os jovens irem para a prisão do que terminar o ensino médio e no qual a morte violenta e precoce não é incomum. Tudo o que se pedia a Rey era que ficasse longe dos problemas e permanecesse vivo. Na infância, ele foi considerado uma criança problemática e descontrolada. Quando estava na oitava série, o diretor informou à sua mãe que ele seria expulso e enviado para um programa para alunos com problemas de aprendizagem.
Rey: "minha mãe começou a chorar na frente dele, e eu vi tudo. Senti vergonha de mim mesmo".
Rey passou para a série seguinte determinado a mudar de vida. O professor de matemática percebeu sua mudança de atitude e também sua habilidade com os números.
Professor de matemática: "Quando ele chegou aqui, eu sabia que não estava mais brincando. Ele sabia que esse era o caminho. Era aqui que ele começaria do zero. Recomeçaria sua vida".
Rey: "comecei a me sentir bem com esse professor que dizia coisas boas a meu respeito e fazia com que me sentisse bem".
Rey também sobressaiu em ciências. Mas, a escola que ele freqüentava, considerada uma das piores da cidade de Nova York e que agora está fechada, não oferecia muitas condições. Rey matriculou-se em um programa especial de ciências em uma faculdade local e formou-se em primeiro lugar.
Sua professora de biologia foi a primeira pessoa que sugeriu para Rey que ele poderia entrar em uma universidade.
Professora de biologia: "eu estava tentando com que ele acreditasse nele mesmo e fizesse alguma coisa, pois sentia que ele era incrível".
Rey aceitou o desafio. Em seu pedido para ingressar em Harvard ele escreveu: "Os quatro anos que vou investir em Harvard, serão, provavelmente, os mais importantes de minha vida. Não vou perder tempo enquanto estiver estudando na Universidade de Harvard". Fiel à sua palavra, Rey manteve média de pontos altos, alistou-se no centro de preparação de oficiais da reserva (equivalente ao CPOR brasileiro), associou-se a uma fraternidade latina e arrumou um trabalho de meio período. Após formar-se, fez uma avaliação.
Rey: "Meu pai sempre dizia que você não pode mudar nada: seu destino já está escrito e eu disse a ele que não. Fui contra aquilo e disse a ele que eu mesmo faria o meu destino; desde então ele nunca mais me disse aquelas palavras".
Rey planejou várias coisas: casar-se naquele verão com Maiwsha, sua namorada de infância, entrar na Harvard Medical Shchool no outono e realizar seu antigo sonho e retornar ao South Bronx como médico.
A história de Rey Ramos é o sonho americano, de fato, ele foi escolhido para representar o "espírito americano" no programa NBC nightly news de 13 de junho de 1997. Como Rey Ramos passou das ruas perigosas para uma faculdade de renome concretizando seu futuro como médico? O que a psicologia pode nos dizer sobre a sua história de sucesso? O que ela diz sobre motivação e inteligência em geral e sobre os muitos fatores que moldam quem nos tornamos?

Fonte: MORIS, C. G. Introdução a Psicologia, 2004, p.02.

O caso citado acima, retirado do livro Introdução a Psicologia (MORIS, 2004), nos chama a atenção pelas especificidades da vida do personagem e a forma como este contrariando as previsões, toma outro rumo, e se desenvolve enquanto pessoa e profissionalmente. Assim, em nossas aulas de Psicologia da Educação, vamos estudar alguns dos aspectos citados, principalmente os fatores implicados na aprendizagem. Iniciando com o que é a aprendizagem e como ela ocorre.

Afinal,

> Andar de bicicleta, pegar uma bola ou passar em um teste de álgebra. Sentir-se mal só de pensar em comer pizza de anchovas ou vestir luvas de cozinha antes de pegar uma caçarola quente. Ensinar um esquilo a praticar esqui aquático ou um cachorro a dar a pata. (MORIS, 2004, p.157).

O que há de comum entre todos esses comportamentos?
"A Apredizagem"

Segundo Lomônaco (1984), a primeira vista, o termo aprendizagem não parece difícil de ser definido. De uma maneira geral as pessoas empregam corretamente, porém, como visto na primeira seção, sempre existiu uma dificuldade na definição de aprendizagem.

> Assim, faça você mesmo uma definição de aprendizagem!

Bom, o que acontece é que algumas pessoas utilizam os termos aprendizagem e conhecimento como sinônimos, e não são! O termo conhecimento seria o processo, enquanto aprendizagem o resultado. "Ou seja, é através do processo de aprendizagem que adquirimos conhecimento, mas conhecimento resultante do processo não se confunde com a aprendizagem". (LOMÔNACO, 1984, p.01).

Segundo o autor citado acima, algumas pessoas, ainda, apenas atribuem o termo aprendizado a conceitos morais e comportamentos aprendidos. E cita que tanto os bons hábitos quanto os maus são aprendidos.

Outros autores ainda destacam apenas que os aspectos cognitivos da aprendizagem, ou seja, os conteúdos curriculares, propostos pelas escolas, é que definiria, de fato, o que é aprendizagem. Porém não atribuem o termo aprendizagem a conceitos morais, ou mesmo comportamento aprendidos de gostar ou não de algo ou alguém.

Outro ponto que Lomônaco nos chama a atenção, e que é muito questionado, diz respeito à definição de aprendizagem, afinal é definida como "mudança de comportamento resultante de prática ou experiência anterior" (LOMÔNACO, 1984, p.03).

Assim,

> consideremos a situação de uma pessoa que inicia o aprendizado da natação. De início, quando colocada na água, apresenta uma série de comportamentos característicos. Por exemplo, não consegue flutuar, e seus movimentos de mãos e pés são descoordenados. Tem dificuldade de inspirar o ar nos momentos adequados, enfim, emite uma série de movimentos desnecessários e irrelevantes. Todavia, após algumas semanas de prática ou treinamento, esse quadro se modifica completamente. O aprendiz já consegue flutuar na água, seus movimentos de pés e mãos se apresentam bem coordenados, respira corretamente e eliminou os movimentos irrelevantes. Ou seja, a comparação entre as situações inicial e final mostra claramente uma notável mudança de comportamento, ocorrida no decorrer do tempo, resultante da prática ou experiência anterior. Podemos dizer, então, que o indivíduo realmente aprendeu a nadar.
>
> **Fonte: exemplo retirado do livro psicologia da aprendizagem, WITTER & LOMÔNACO. 1984, P.03**

Porém, quando, por exemplo, falamos da aprendizagem cognitiva de uma criança, antes da alfabetização e após a alfabetização, podemos supor que as mudanças ocorridas internamente nesta criança são enormes em relação ao comportamento emitido, assim, temos o processo interno de aprendizagem e, como resultado, o comportamento. Além disso, pode ocorrer a aprendizagem sem que necessariamente ocorra a mudança de comportamento.

Pensando dessa maneira, a definição da aprendizagem enquanto mudança de comportamento estaria errada, e neste sentido, Lomônaco (1984) define aprendizagem como "uma mudança relativamente estável num estado interno do organismo, resultante da prática ou experiência anterior, que constitui condição necessária, mas não suficiente, para que o desempenho ocorra" (p.06).

Desse modo, aprender não significa apenas falar de um processo que ocorre dentro do âmbito escolar, mas também em todos os contextos em que o ser humano esta inserido, afinal de contas, todas as nossas ações desde o nascimento até a morte estão pautadas para a aprendizagem.

Seguindo o raciocínio de Campos (1991), várias são as maneiras de entender esse processo, dentre eles:

• pode ser um processo entre um estímulo e uma resposta; o ajustamento ou adaptação do indivíduo ao ambiente;

• um processo de reforço do comportamento;

• um condicionamento de reações; um processo perceptivo que se dá a mudança na estrutura cognitiva.

É importante entender que para cada tipo de aprendizagem que o autor coloca, acima, existe um autor ou uma corrente teórica que defende a sua ideia, ou seja, para muitas a aprendizagem acontece a partir de um comportamento aprendido, para outros a aprendizagem ocorre a partir de um *insight*, para outros a partir da consciência ou do inconsciente.

> Assim, "a aprendizagem é um processo pessoal, individual, ou melhor, tem fundo genético e depende de vários fatores, entre eles: da Saúde física e mental, da Motivação, do Prévio Domínio, da Maturação, da Inteligência, da Concentração ou atenção, da Memória" (DROUET, 1997, p.17).

Desse modo, existem várias teorias da aprendizagem, cada qual concebe a aprendizagem de uma maneira. Todas essas teorias serão estudadas detalhadamente no decorrer de nossas aulas. Para alguns teóricos existe a relação entre aprendizagem e desenvolvimento, para outras não! O fato é que desde o nascimento a aprendizagem se faz presente, prosseguindo até a morte. Sendo um processo fundamental da vida humana.

Segundo Campos (1991), por ser tão fundamental a vida humana, é que foram organizados meios educacionais e locais para se efetuar esses meios: as escolas.

Nesse sentido, pela importância para a vida humana é essencial compreender esse processo, sendo assim, a psicologia da aprendizagem tem por objetivo:

> Explicar o mecanismo da aprendizagem e esclarecer a maneira pela qual o ser humano se desenvolve, toma conhecimento do mundo que vive, organiza a sua conduta e se ajusta ao meio físico e social (CAMPOS, 1991, p. 16).

Nesse contexto, a aprendizagem é um processo obtido através da experiência construída por fatores emocionais, neurológicos, relacionais e ambientais. Aprender é o resultado da interação entre estruturas mentais e o meio ambiente. Num enfoque bem atual sobre a aprendizagem ela e um conhecimento construído e reconstruído continuamente. Para isso alguns mecanismos são utilizados como percepção, memória, motivação etc. Nos quais estudaremos detalhadamente na próxima aula.

Retomando a aula

Parece que estamos indo bem. Então, para encerrar essa aula, vamos recordar:

1 - Um pouco de história

Segundo Campos (1991), desde os primórdios, filósofos e pensadores preocupavam-se em entender os mecanismos da aprendizagem. Porém, existia uma grande confusão entre aprender e conhecer ou memorizar.

Entre estas concepções da antiguidade, temos Sócrates, Platão, Aristóteles, Santo Agostinho e Santo Tómas de Aquino.

Na idade média temos Bacon, Descartes e Locke, este último retoma a concepção aristotélica que "Nada está na inteligência que não tenha estado primeiro nos sentidos". Defende a ideia do espírito como uma tábula rasa.

Segundo Campos (1991), "Em certo sentido, Locke fez trabalho precursor para Comenius, Fröbel e Pestalozzi".[...]. "E a sistematização de muitas de suas idéias veio ser feita por Herbart"(CAMPOS, 1991, p.18/19).

Depois temos inúmeras contribuições da chamada psicologia pedagógica, como Herbart, Binet, Thorndike, Clararéde, Piaget, Pavlov e Bechterev, Watson, Koffka, Kohler e Wertheimer.

E mais atuais ainda, temos nomes de K.Lewin, Freud, Adler, Jung, Fromm, Husserl, Scheler, Jaspers e Sartre, apesar destes não desenvolverem uma teoria da aprendizagem contribuíram de forma direta ou indireta para a sua compreensão e entendimento. E ainda nomes como de B.F. Skinner, autor de uma das teorias modernas de psicologia e mesmo o nome de J.S. Bruner e D. Ausubel.

2 - Psicologia do desenvolvimento

Psicologia do desenvolvimento é um aspecto da ciência, que pretende explicar os eventos ocorridos durante a infância, adolescência e idade adulta. Pretende-se explicar como é que, a partir de um equipamento inicial (inato), a criança vai sofrendo uma série de transformações decorrentes de sua maturação (fisiológica, neurológica e psicológica) que em contato as exigências e respostas do meio físico (físico e social), levam à emergência desses comportamentos.

3 - Psicologia da aprendizagem

Aprender não significa apenas falar de um processo que ocorre dentro do âmbito escolar, mas também em todos os contextos em que o ser humano esta inserido, afinal de contas, todas as nossas ações desde o nascimento até a morte estão pautadas para a aprendizagem.

Assim, a aprendizagem diz respeito "a uma mudança relativamente estável num estado interno do organismo, resultante da prática ou experiência anterior, que constitui condição necessária, mas não suficiente, para que o desempenho ocorra". (LOMÔNACO, 1984, p.06).

Sendo assim, é um processo pessoal, individual, que tem fundo genético e depende de vários fatores.

Vale a pena

Vale a pena **ler,**

CAMPOS, Dinah M. de S. *Psicologia da Aprendizagem*. 20ª ed. Rio de Janeiro: Vozes, 1991.

MORIS, C. G. *Introdução à Psicologia*. Tradução Ludmila Lima e Marina Sobreira D. Baptista. São Paulo: Prentice Hall, 2004.

Vale a pena **acessar,**

http://www.pedagogia.com.br/historiadaeducação.

Vale a pena **assistir,**

Meu filho meu mundo.

Minhas anotações

Aula 2º

A aprendizagem humana

Olá, nesta aula iremos tratar das questões da aprendizagem. Vamos iniciar mostrando quais os fatores fundamentais em uma criança para que ela se efetive, quais os fatores prejudiciais, quais são os mecanismos da memória e o que pode causar o esquecimento. Além disso, iremos apresentar os tipos possíveis de aprendizagens.

Sendo assim, bom estudo!

Se ao final desta aula, surgirem dúvidas, vocês poderão saná-las através das ferramentas "Fórum" ou "Quadro de Avisos" e através do "*Chat*".

Comecemos, então, analisando os objetivos da nossa aula.

Boa aula!

Objetivos de aprendizagem

Ao término desta aula, vocês serão capazes de:

• refletir, analiticamente, sobre a aprendizagem humana e seus processos de construção, obtenção e assimilação de conhecimentos;
• analisar as condições necessárias para que a aprendizagem ocorra e os tipos de aprendizagens;
• analisar os mecanismos de memória e do esquecimento implicados na aprendizagem.

Seções de estudo

1 - Como ocorre a aprendizagem
2 - Os mecanismo da memória e como ocorre o esquecimento
3 - Tipos de Aprendizagem

1 - Como ocorre a aprendizagem

Para Drouet (1997), a criança deverá estar suficientemente amadurecida em três aspectos fundamentais para que a aprendizagem se efetive:

1 - intelectual;
2 - afetivo-social;
3 - sensório-psiconeurológico.

O aspecto intelectual, diz respeito à idade mental da criança e da importância de estar amadurecida para receber as informações. Sendo essencial não levar em consideração apenas a idade cronológica ao iniciar a alfabetização.

Já o aspecto Afetivo-Social aborda as diferenças individuais, em que os indivíduos são todos diferentes e únicos. A diferença se dá pelas influências genéticas que recebem de seus pais, pelas influências bioquímicas de seu organismo, por estímulos do meio e todas experiências sociais desde o nascimento. É através dessas experiências que a personalidade é formada.

E o aspecto sensório-psiconeurológico é o processo de uma criança para a aprendizagem em geral e depende de uma complexa integração das funções neurológicas, que precisam ser exercitadas para que amadureça, daí, a importância da estimulação.

Dizemos que a criança está pronta para aprender quando ela apresenta um conjunto de condições, capacidades, habilidades e aptidões considerados como pré-requisitos para o início de qualquer aprendizagem.

Ainda, Drouet (1997, p. 45) nos apresenta quatro elementos imprescindíveis para que a educação ocorra:

> 1 Comunicador: É representado pelo professor ou responsável pelo conhecimento, este tem uma participação ativa no processo de educação, devendo estar motivado e ter pleno conhecimento da mensagem que irá transmitir.
> 2 Mensagem: É o conteúdo educativo, que deve ser adequado à idade mental do educando, deve ser clara e precisa para ser bem entendida.
> 3 Receptor: É o aluno, o qual deve ser um recebedor crítico do conhecimento.
> 4 Meio ambiente: É o meio escolar, familiar e social, onde se efetiva o processo de ensino – aprendizagem. Este deve ser estimulador da aprendizagem e propício ao bom desenvolvimento do aluno.

Se um desses quatro elementos falhar, haverá um obstáculo que poderá causar problemas de aprendizagem, pois se trata de um processo contínuo e gradual, ou seja, vamos aprendendo pouco a pouco durante toda a vida, além do que cada indivíduo tem seu ritmo próprio de aprender.

Para a autora, a aprendizagem é um processo pessoal, individual, ou melhor, tem fundo genético e depende de vários fatores, entre eles:

> 1. dos esquemas de ação inatos do indivíduo;
> 2. do estágio de maturação de seu sistema nervoso;
> 3. de seu tipo psicológico constitucional (introvertido ou extrovertido);
> 4. de seu grau de envolvimento, seu esforço e interesse;
> 5. para satisfazer à sua necessidade biológica de exercício físico;
> 6. ao ser estimulado pelos órgãos dos sentidos;
> 7. ao sentir-se estimulada para a atividade mental, quando consegue resolver um problema;
> 8. para evitar a punição dos pais, caso não apresente boas notas;
> 9. por sentir necessidade de conquistar status social através de boas notas, pela admiração da família, dos colegas etc. (DROUET, 1997, p. 47).

Ela descreve ainda sete fatores fundamentais para que a aprendizagem se efetive:

- **Saúde física e mental**: para que a criança seja capaz de aprender, ela deve apresentar um bom estado físico e boa saúde. As perturbações tanto da área física como da área sensorial ou nervosa podem se constituir em problemas de aprendizagem.
- **Motivação** é o interesse, o fato de querer aprender é a mola propulsora para que a aprendizagem ocorra, assim os motivos que a criança tem para aprender situam-se em vários níveis de desenvolvimento. E a criança pode querer aprender por vários motivos:
- **Prévio Domínio**: domínio de certos conhecimentos, habilidades e experiências anteriores que a criança já traz de casa, de suas experiências no lar.
- **Maturação**: chama-se maturação, as etapas que se precedem sempre em uma mesma sequência, embora em tempos diferentes para cada indivíduo. A maturação e a aprendizagem são processos diferentes, porém intimamente ligados, pois é a maturação que cria condições para que a aprendizagem ocorra.
- **Inteligência**: a criança deve ter capacidade de assimilação e compreensão das informações que recebe, de estabelecer relações entre várias dessas informações, de criar e inventar coisas novas, com base nas que já conhece; de raciocinar com lógica na resolução de problemas.
- **Concentração ou atenção**: capacidade de fixar-se em um assunto. Da facilidade de concentrar-se no objeto do conhecimento, dependerá sua maior ou menor facilidade de aprender.
- **Memória**: tudo o que é aprendido e

transmitido a um outro centro nervoso, o da memória onde será armazenado, até que a criança tenha necessidade de utilizá-lo. A memória é um fator importante no processo de ensino-aprendizagem (DROUET, 1997, p. 47).

Outro fator imprescindível para que a aprendizagem ocorra diz respeito à linguagem. Cordié (1996) nos lembra de que esse mesmo trabalho de estabelecer laços, que a criança faz ao nascer, posteriormente ela faz com palavras, em que uma palavra chama a outra, com todos os seus significantes e significados.

E é Mussen (1995, p. 89) que designa as quatro funções da linguagem. Embora a principal seja comunicar ideias, a linguagem tem quatro funções adicionais:

> • Comunicação: a criança utiliza para comunicar necessidades, estados internos e atitudes.
> • Compreendendo a sociedade e a cultura: ajuda a criança a compreender a sociedade em que vive. O conhecimento do mundo, regras morais e normas.
> • Relações sociais: ajuda a criança a estabelecer e manter as relações sociais.
> • Categorias Simbólicas: a linguagem permite formas mais simbólicas e abstratas de representar o mundo. O que compreende a essência do raciocínio humano.

Desse modo, sendo a linguagem fundamental para o processo de aprendizagem, vamos entender como ocorre o esquecimento na próxima seção:

2 - Os mecanismo da memória e como ocorre o esquecimento

Vygotsky (2004), em seu livro Psicologia Pedagógica, nos traz uma importante contribuição no entendimento dos mecanismos de memória e aprendizado.

Assim, para este autor, toda a matéria possui a propriedade de modificar-se, de mudar a sua constituição, de mudar a disposição das células e conservar alguns vestígios das mudanças. A ciência denominou esta característica de plasticidade. Assim, a plasticidade significa três propriedades fundamentais da matéria:

> 1 - a capacidade de mudar a disposição das partículas;
> 2 - a conservação das marcas destas mudanças;
> 3 - a predisposição para repetir as mudanças (VYGOTSKY, 2004, p.67).

Para entender melhor a plasticidade cerebral, pode-se tomar o exemplo de Vygostski, o da dobradura de papel. Desse modo, vamos pensar nas marcas feitas na dobradura de um papel, que ao jogá-lo ao vento tenderá a dobrar-se aonde já existiam marcas, assim, é nossa matéria nervosa em relação à memória. Não há nada mais plástico de tudo o que conhecemos na natureza que a nossa matéria nervosa. Logo, entendemos a capacidade da memória, no sentido de acumulação e predisposição dos vestígios de mudança.

O nosso sistema nervoso desenvolve dois tipos de memória, a memória mecânica e a memória lógica ou associativa. Por memória mecânica entendemos a capacidade do organismo para conservar o vestígio de reações repetitivas, produzir as respectivas mudanças nas vias nervosas. Entendemos assim, as habilidades individuais, hábitos, movimentos e reações de que dispomos.

Outra forma de memória e a chamada memória associativa, que diz respeito, as associações ou qualquer ligação ou combinação de reações. Por associação, entendemos vínculos de reações no qual o surgimento de uma delas acarreta necessariamente o surgimento da outra. E desse modo, existem três modalidades de associação: por semelhança, por contiguidade e por contraste.

Cabe ressaltar, então, que todas as riquezas do comportamento surgem da experiência, sendo que uma experiência sempre nos reporta a outra, fazendo ligações do que já foi decorado e do que ainda cabe decorar ou aprender.

Vygotsky (2004, p. 87) cita que a velha psicologia divide o processo da memória, em quatro momentos. Vamos verificar um a um:

> O 1º momento, diz respeito ao próprio reforço da reação, a existência de um vestígio nervoso deixado por um estimulo;
> O 2º momento do processo de memória, diz respeito ao que já foi experimentado, assim, já é conhecido;
> O 3º momento, diz respeito ao chamado o momento de identificação, o qual consiste em que tomamos consciência da reação, esta reprodução entende-se como uma reação já acontecida.
> E o 4º momento, diz respeito à reação inteiramente nova, isto é, o momento de localização do lugar e do tempo, assim como do vinculo das circunstâncias nas quais se manifestou determinada reação.

Cabe lembrar que cada um desses momentos pode existir separado dos demais.

Além disso, os psicólogos passaram a distinguir alguns tipos de memória, entre estas a memória visual, auditiva, motora, bem como as memórias mistas como as audiovisuais, ou viso-motora.

> Conclusões pedagógicas tiradas da teoria dos tipos de memória consistem na regra que permite ao pedagogo usar na memorização diferentes vias. Quanto mais diversas são as vias pela qual a reação penetra no sistema nervoso, tanto mais solidamente ela permanece nele. É mais aceitável aplicar alternadamente todos os meios de memorização. (VYGOTSKY, 2004, p.189).

Ainda, segundo Vygotsky (2004), a memória das crianças não se desenvolve de imediato, pois, na primeira fase da vida a criança é um ser do presente. Um pouco mais tarde a memória começa a desenvolver-se nas crianças, mas ainda assim, a memória imediata é mais presente. Dessa forma, podemos entender que a memória cresce e se desenvolve na idade infantil e, segundo Meuman (Ano), chega ao ponto máximo por volta dos 25 anos, começando a partir daí, seu declínio.

Na mesma linha, segundo Vygotsky (2004), é possível

melhorar a natureza e a força da memória humana através da "ação educativa", que corresponde ao exercício e à educação, pois uma vez que a memória tem por base certa plasticidade da nossa matéria nervosa, é lógico que as potencialidades naturais da memória não podem ser aumentadas ou reduzidas por quaisquer outros meios senão aqueles que conduzem imediatamente ao relaxamento e a restauração do sistema nervoso.

Porém, cabe lembrar que para esse autor a memória pode ser sempre melhorada e reforçada, embora isso não signifique elevação da capacidade natural da memória. Lembramos que em termos psicológicos, memória significa uma relação estabelecida entre uma reação e outra. O que significa dizer que "quanto maior for o número de associações que dispomos, tanto mais fácil se estabelece uma nova associação e, consequentemente eleva-se a qualidade de nossa memória" (VYGOTSKY, 2004, p.189).

Além disso, os estudos da memória mostraram que ela funciona de modo mais intenso e melhor naqueles casos em que são envolvidos certos interesses.

> Entendemos o interesse como um envolvimento interior que orienta todas as nossas forças no sentido do estudo de um objeto". Sendo assim, o texto nos chama a atenção ao fato que a velha escola era anti-psicológica, pois não proporcionava interesse nenhum as crianças. E assim, "a experiência comprova que os resultados da memorização dependem, em enormes proporções da instrução dada no início da experiência (Vygotsky, 2004, p.193).

Assim, o último elemento a orientar a memória é o que o autor chama de "colorido emocional", sendo explicada como a maior facilidade na memorização aos aspectos que envolvem os fatores emocionais. Ou seja, algumas vivências emocionais são decoradas bem mais facilmente do que aquelas que não envolvem fatores emocionais. Assim, entende-se como a própria manifestação biológica do organismo de reter e reproduzir vivências relacionadas ao prazer.

Figura 2.1 - Manifestação biológica

Fonte: arquivo Clip Arte Windows

Nesse sentido, a regra pedagógica básica é a existência de certa "emocionalidade" para por em prática o material pedagógico, ou seja, quando queremos enraizar os ensinamentos nos alunos devemos atingir os seus sentimentos. Dessa maneira, o professor causará a motivação na criança.

Nesse pensamento, o esquecimento é o desaparecimento de vínculos que se estabelecem como provisórios, é um fator biológico e psicologicamente útil em alto grau. Ou seja, a habilidade para esquecer o desnecessário, para descartar o excedente, estabelecer vínculos depois que esses elementos já fizeram o seu trabalho é tão necessário quanto o estabelecimento de novos vínculos.

> A escolha das associações deve ser feita sobre controle pedagógico. Pode se dizer sem exagero que onde os conhecimentos da escola não são orientados para a vida, sempre surgem falsos e equivocados e o conhecimento, ainda que seja adquirido, continua sem ser utilizado no processo de ação (VYGOTSKY, 2004, p.196).

Cabe à memória, enquanto função psicológica a retenção de informações que serão posteriormente utilizadas, pois a existência em si de memória, não significa riqueza intelectual, tanto que crianças com retardo mental, muitas vezes, apresentam uma ótima memória. Assim, a memória, significa o emprego e participação da experiência anterior no comportamento presente; no momento, no reforço e na reprodução da reação a memória é atividade.

> Assim, o papel decisivo na aprendizagem de memória é desempenhado pelo ritmo que consiste na unificação das partes do material, na atribuição de coerência seqüencial a essas partes e, por ultimo, na organização dos elementos em um todo único. Se lembrarmos que todo o papel da memória consiste em atividade associativa, fica fácil compreender quais são as vantagens que estão com o ritmo, o qual dá antecipadamente as formas dessa associação (VYGOTSKY, 2004, p.200).

Podemos dizer que a memória cria dois tipos de reprodução, sendo uma chamada de imaginação reprodutiva, que diz respeito às reações que reproduzem o que ocorre com o organismo e o outro é a imaginação construtiva, porque reproduz certa forma de experiência vivenciada em realidade. Porém o autor pontua que ambas as concepções estão erradas, pois não existe nenhuma forma de memória que reproduza exatamente o que de fato ocorreu na realidade.

Figura 2.2 - Experiência vivenciada

Fonte: arquivo Clip Arte Windows

E, assim, o autor prossegue fazendo uma reflexão do que vem a ser a fantasia, tão comum nas crianças, como também em muitos adultos. Sendo que "a fantasia é o sistema de nossas vivencias interiores, principalmente das emoções e inclinações cujo fluxo determina a própria combinação dos elementos reais em grupos fantásticos" (VYGOTSKY, 2004, p. 202).

A função básica da imaginação é organizar

formas de comportamento jamais encontradas nas experiências do homem, enquanto a função da memória consiste em organizar a experiência para formas que mais ou menos repetem o que já houveram antes (Vygotsky, 2004, p.203).

Figura 2.3 - Formas de comportamento

Fonte: arquivo Clip Arte Windows

A Primeira função do comportamento imaginativo apresenta maior importância para o pedagogo, pois é através da imaginação que a criança pode adquirir vários conhecimentos abstratos, basta que o pedagogo apresente o material pedagógico de história, geografia etc., com certa atratividade à criança e conheça a experiência anterior do seu aluno, sendo, esta, condição indispensável para que o trabalho pedagógico dê resultados. Assim, conduzir o conhecimento da realidade, partindo sempre do familiar e conhecido para o estranho e desconhecido.

Figura 2.4 - Função do comportamento imaginativo

Fonte: arquivo Clip Arte Windows

A segunda lei do comportamento imaginativo, exige que o pedagogo se preocupe não apenas com o material a ser apresentado à criança, mas com a sua correta combinação com a emoção. Por isso é preciso suscitar no aluno a emoção correspondente a um material apresentado, ou seja, a aprendizagem precisa ter um "colorido emocional" para que se efetive.

Figura 2.5 - Colorido emocional da aprendizagem

Fonte: arquivo Clip Arte Windows

Neste caso, a fantasia é o dispositivo que realiza imediatamente o trabalho das nossas emoções, afinal, nossos desejos e vontades nem sempre podem ser atendidos, assim, seu destino é a fantasia.

A fantasia é apenas uma brincadeira inibida e não descoberta e, desse modo, é brincando ou fantasiando que a criança explora o mundo e adquire experiência, servindo, desse modo, a educação.

Costuma-se achar que a fantasia na criança teria um aspecto mais rico do que no adulto, mas essa concepção é equivocada, pois a fonte da imaginação é a experiência real, e a criança esta adquirindo tais experiências. Desse modo, o adulto fantasia mais e a criança brinca.

Entende-se, então, que o comportamento imaginativo como a memória precisa desenvolver-se na criança, ambas surgem da reprodução das reações e dos momentos que condicionam a sua fusão.

Para Drouet (1997, p. 45), quem aprendeu pode esquecer por vários fatores, entre eles:

> 1 Pela fragilidade ou deficiência na aprendizagem.
> 2 Pela tentativa de evocação do fato memorizado, através de um critério diferente do utilizado, isso quer dizer que o professor deve apresentar a informação ao aluno de diferentes maneiras, para que ele armazene de maneira diferente.
> 3 Pelo desuso da informação.
> 4 Por um componente emocional que também pode prejudicar a memorização concentração. Ex.: Indivíduos muito ansiosos que não conseguem fixar sua atenção.

Agora que vimos como ocorre à aprendizagem, a memória e o esquecimento, iremos estudar alguns tipos de aprendizagem. Veremos que ela pode ser tanto decorrente da imitação de um comportamento, quanto em decorrência da compreensão de uma situação.

3 - Tipos de aprendizagem

Segundo Campos (1991), são vários os tipos de aprendizagem e, dentre estes, existe a aprendizagem por imitação de um comportamento; a aprendizagem em decorrência de um reforço; a aprendizagem em decorrência de um raciocínio ou que leva a um insight; ou mesmo a aprendizagem que ocorre por tentativas e erros.

Abaixo estão especificados os tipos de aprendizagens detalhadamente.

→ **Aprendizagem por condicionamento**: consiste na aquisição de uma reação por estímulos. Nesse tipo de aprendizagem, não é necessário a compreensão do aluno, ou da criança, sendo uma forma irracional de aprendizagem.

→ **Aprendizagem por imitação**: esse tipo de aprendizagem ocorre quando a criança reproduz, ou tenta reproduzir, o comportamento ou as ações de alguém.

→ **Aprendizagem por ensaio e erro**: é uma

aprendizagem de comprovação de hipóteses na tentativa de solucionar o problema. Caracteriza-se pela percepção incompleta entre meios e fins. A aprendizagem por ensaio e erro resulta no insight. Isso significa que, quando o problema é demasiadamente de difícil solução para aquela pessoa, ela tentará resolvê-lo por esse meio.

→ **Aprendizagem por** *insight*: significa uma aprendizagem mediante a compreensão da situação, o que depende da percepção que a pessoa tem, pois somente quando o indivíduo consegue perceber todas as relações e as possibilidades de uma situação, ele compreende a situação, tendo uma compreensão imediata. A aprendizagem por *insigth* configura-se uma aprendizagem dinâmica, interpretativa e, com isso, inteligente.

→ **Aprendizagem por raciocínio**: consiste na aprendizagem por encadeamento mental de conhecimentos, indo dos mais simples aos mais complexos (CAMPOS, 1991, p. 78).

Em detrimento da sucinta amostra da concepção de vários autores sobre a aprendizagem, denota-se a importância de todos esses fatores para que a aprendizagem se efetive. Além disso, é evidente que o ser humano, ao contrário dos demais animais, tem a necessidade do grupo social para sobreviver. O bebê, assim que nasce, se for abandonado como acontecem com filhotes de algumas espécies animais, não sobreviverá, pois, na demanda de saciar suas necessidades fisiológicas, o recém-nascido depende de cuidados e, mais do que cuidados, ele cria laços afetivos, vai aprendendo a reconhecer sons, imagens, ruídos etc.

Aos poucos irá aprender a linguagem humana e a decifrar os significantes desta. Como também irá aprender a se locomover, a protestar, a questionar. Tudo isso, numa escala progressiva de estágios do desenvolvimento que aos poucos vão constituindo um ser humano. Às vezes por algum motivo, há uma parada neste desenvolvimento intelectual. Mas, o que ocorre quando a criança não aprende? O que seria a Dificuldade de Aprendizagem? Este é o assunto da nossa próxima aula.

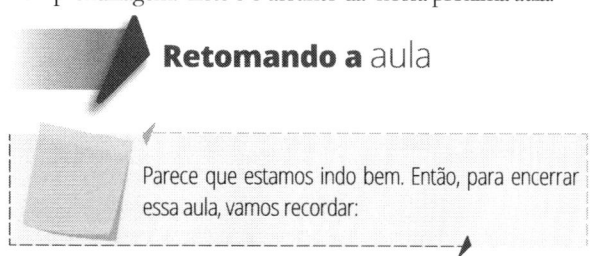

Retomando a aula

Parece que estamos indo bem. Então, para encerrar essa aula, vamos recordar:

1 - Como ocorre a aprendizagem

Para Drouet (1997), a criança deverá estar suficientemente amadurecida em três aspectos fundamentais para que a aprendizagem se efetive: Intelectual; Afetivo-social; Sensório-psiconeurológico.

Ainda Drouet (1997) apresenta-nos quatro elementos imprescindíveis para que a educação ocorra: Comunicador; Mensagem; Receptor; Meio ambiente. Se um elemento deste quatro falhar, haverá um obstáculo que poderá causar problemas de aprendizagem, pois se trata de um processo contínuo e gradual, ou seja, vamos aprendendo pouco a pouco durante toda a vida, além do que cada indivíduo tem seu ritmo próprio de aprender.

Para a autora, a aprendizagem é um processo pessoal, individual, ou melhor, tem fundo genético e depende de vários fatores, entre eles: dos esquemas de ação inatos do indivíduo; do estágio de maturação de seu sistema nervoso; de seu tipo psicológico constitucional (introvertido ou extrovertido); de seu grau de envolvimento, seu esforço e interesse; para satisfazer à sua necessidade biológica de exercício físico; ao ser estimulado pelos órgãos dos sentidos; ao sentir-se estimulada para a atividade mental, quando consegue resolver um problema; para evitar a punição dos pais, caso não apresente boas notas; por sentir necessidade de conquistar status social através de boas notas, pela admiração da família, dos colegas etc.

Ela descreve ainda sete fatores fundamentais para que a aprendizagem se efetive: saúde física e mental; motivação; prévio domínio; maturação; inteligência; concentração ou atenção; memória.

Outro fator imprescindível para que a aprendizagem ocorra diz respeito à linguagem. Cordié (1996) lembra-nos que esse mesmo trabalho de estabelecer laços, que a criança faz ao nascer, posteriormente ela faz com palavras, onde uma palavra chama a outra, com todos os seus significantes e significados.

E é Mussen (1995) que designa as quatro funções da linguagem. Embora a principal seja comunicar ideias, a linguagem tem quatro funções adicionais: comunicação; compreendendo a sociedade e a cultura; relações sociais; categorias simbólicas.

2 - Os mecanismo da memória e como ocorre o esquecimento

Segundo Vygotsky (1991), a memória das crianças não se desenvolve de imediato, pois, na primeira fase da vida, a criança é um ser do presente. Um pouco mais tarde a memória começa a se desenvolver nas crianças, mas, ainda assim, a memória imediata é mais presente. Dessa forma, podemos entender que a memória cresce e se desenvolve na idade infantil e, segundo Meuman (ano), chega ao ponto máximo por volta dos 25 anos, começando a partir daí, seu declínio.

Ainda, segundo o autor acima citado, é possível melhorar a natureza e a força da memória humana através da "ação educativa", que corresponde ao exercício e a educação, pois uma vez que a memória tem por base certa plasticidade da nossa matéria nervosa, é lógico que as potencialidades naturais da memória não podem ser aumentadas ou reduzidas por quaisquer outros meios senão aqueles que conduzem imediatamente ao relaxamento e a restauração do sistema nervoso.

Além disso, os estudos da memória mostraram que ela funciona de modo mais intenso e melhor naqueles casos em que são envolvidos certos interesses. Assim, o último elemento a orientar a memória, é o que o autor chama de "colorido emocional", sendo explicada como a maior facilidade na memorização aos aspectos que envolvem os fatores emocionais. Ou seja, algumas vivências emocionais são decoradas bem mais facilmente do que aquelas que não envolvem fatores emocionais. Assim, entende-se como a própria manifestação biológica do organismo de reter e reproduzir vivências relacionadas ao prazer.

Já para Drouet (1997, p 45), quem aprendeu pode esquecer

por vários fatores, entre eles:

- Pela fragilidade ou deficiência na aprendizagem.
- Pela tentativa de evocação do fato memorizado, através de um critério diferente do utilizado, isso quer dizer que o professor deve apresentar a informação ao aluno de diferentes maneiras, para que ele armazene de maneira diferente.
- Pelo desuso da informação.

Por um componente emocional, que também pode prejudicar a memorização concentração.

Ex.: Indivíduos muito ansiosos que não conseguem fixar sua atenção

3 - Tipos de Aprendizagem

Vimos que os tipos de aprendizagem são:

- aprendizagem por condicionamento;
- aprendizagem por imitação;
- aprendizagem por ensaio e erro;
- aprendizagem por insight;
- aprendizagem por raciocínio.

Vale a pena

Vale a pena ler,

CORDIÉ, Anny. *Os atrasados não existem*: psicanálise de crianças com fracasso escolar. Porto Alegre: Artes Médicas, 1996.
VYGOTSKY, L. *Psicologia Pedagógica*. 1 ed. São Paulo: Martins Fontes, 2004.

Vale a pena acessar,

http://www.psicopedagogia.com.br

Vale a pena assistir,

Céu de Outubro.

Minhas anotações

3º Aula

A não aprendizagem

Nesta aula trataremos das questões referentes a não aprendizagem, levando em consideração os principais fatores necessários para que esta ocorra e, consequentemente, os fatores que impedem que ela aconteça. Além disso, serão expostas as diferenças individuais na educação e os problemas de comportamento no ambiente escolar, e o quanto estes podem estar ligados a problemas de aprendizagem.

Sendo assim, bom estudo!

Se ao final desta aula surgirem dúvidas, vocês poderão saná-las através das ferramentas "FÓRUM" ou "Quadro de Avisos" e através do "*Chat*".

Comecemos, então, analisando os objetivos da nossa aula.

Boa aula!

Objetivos de aprendizagem

Ao término desta aula, o aluno será capaz de:

- refletir analiticamente, sobre a não aprendizagem humana;
- analisar a questão das diferenças em sala de aula;
- analisar a implicância do comportamento do aluno para a aprendizagem escolar.

Seções de estudo

1 - As dificuldades de aprendizagem
2 - As diferenças individuais e a educação especial
3 - A queixa atual: uma questão de indisciplina

1 - As diferenças de aprendizagem

Ao iniciar o estudo sobre dificuldade de aprendizagem, faz-se necessário expor alguns fatores que as causam e que as inibem. Como ocorre a dificuldade de aprendizagem e o que é ser inteligente?!

• **Como ocorre a Dificuldade de Aprendizagem (D.A.)?**

Sabemos que no Brasil existem cerca de 60 milhões de analfabetos funcionais, sendo a maior dificuldade na leitura e interpretação e, ainda, 4% da população com déficit de atenção, bem como 10 a 16% da população apresentando distúrbios de aprendizagem. Assim, comprovando-se que as dificuldades de aprendizagem de origem cognitiva atingem cerca de 70% das crianças normais (CAMPOS, 2002, p. 20).

• **Iniciaremos com a pergunta: O que é ser inteligente?**

Para Mussen (1995), inteligência é a capacidade de aprender e de usar as habilidades que são necessárias para a adaptação bem sucedida às demandas de uma cultura e ambiente. Alguns autores definem a inteligência como competência geral. Contudo, para Mussen, em diferentes culturas podem-se desenvolver habilidades diferentes. Essa visão foi desafiada por aqueles que defendem que diferentes habilidades intelectuais não ocorrem necessariamente juntas, sendo que algumas crianças têm facilidades para desenvolver habilidades verbais, visuais, e assim por diante. Desse modo, a inteligência seria o desenvolvimento de habilidades.

• **Mas, então, o que vem a ser esse entrave do desenvolvimento de tantas crianças chamado de "Dificuldades na Aprendizagem"?**

Cordié (1996) traz o conceito de debilidade que se origina da psiquiatria do século XIX. Foi Esquirol que começou uma classificação dos retardados mentais, os quais ele designa de idiotia e distingue três níveis de gravidade (entre eles os imbecis). Nessa classificação, ele chega aos fracos de espírito, que é a forma mais branda de debilidade. Para fixar essas categorias, ele utiliza critérios múltiplos, dentre os quais o primeiro é a dismorfia, ou seja, os resultados são reconhecidos pelos traços de seu rosto. A insuficiência intelectual também era medida no estágio da linguagem, o que resultou numa certa vagueza na classificação, mas, ao mesmo tempo, permitiu obter uma noção de deficiência.

Nessa concepção psiquiátrica, as causas da debilidade foram procuradas no âmbito de um dano lesional do Sistema Nervoso, que, por sua vez, eram causas sempre orgânicas divididas em: causas lesionais endógenas e causas lesionais exógenas.

Porém, segundo a mesma autora, não é isso que demonstra a maioria das crianças com queixas de dificuldades na aprendizagem que ocupam uma grande parte dos bancos escolares, tanto de escolas públicas como de escolas privadas. Para ela, essas crianças demonstram muito mais uma doença da "alma" do que uma doença mental.

Ainda, segundo Cordié (1996), essa forma de classificação da debilidade modificou-se com o surgimento dos testes. É Binet, em 1904, que irá criticar a vagueza da classificação da deficiência intelectual. A deficiência já adquire um caráter pejorativo.

Desse modo, é criado o teste de Q.I. Esse instrumento avalia apenas o domínio de operações essencialmente escolares como escrita, leitura, cálculo e compreensão da linguagem, não levando em consideração as diferenças culturais, o que pode ocasionar confusão em seu resultado.

Além disso, a constância do Q.I. é uma falsa ideia ainda hoje, porque não permanece estável e sim variável no tempo. Seus resultados tendem a melhorar quando a criança faz uma psicoterapia, ou quando encontra melhores condições de se desenvolver. Uma consequência lamentável dessa crença na constância do Q.I. é que ela mantém a ideia de que a debilidade é constitucional, e estaria ligada ao genótipo.

Dessa forma, não há causa lesional, ou exógena, nem genética nessas debilidades. Aliás, é pouco provável que um dia se encontre o gene da inteligência isolado. Atualmente, o teste de Q.I. está em desuso, pois se acredita nas inteligências múltiplas, como visto no início desse assunto.

Para a autora, a debilidade leve é gerada pelo ambiente escolar. Em seus estudos, ela cita que nunca há uma causa única para o fracasso escolar; há sempre a conjunção de várias causas que, agindo umas sobre as outras, interferem na aprendizagem, sendo que uma dessas interferências é o meio sócio-cultural desfavorecido, onde existe pouco ou nenhum espaço para o investimento cultural, além de certo desinteresse pelas atividades escolares das crianças.

A criança terá que contar apenas com a escola para se familiarizar com os ensinamentos; como muitas vezes não consegue, sente-se fracassada e inicia um processo de exclusão, de rejeição e de vergonha; essa criança, entre sentir-se diferente dos outros, pobre, feio etc., prefere ser malvado. Isso ocasiona a revolta e os problemas comportamentais na escola.

Existem também crianças que desencadeiam um medo pela professora, ou ainda, acontecem estados regressivos, devido ao nascimento de um irmãozinho, divórcio dos pais, hospitalização, morte de parentes etc.

Cordié (1996, p. 68) ainda nos apresenta três hipóteses de saída encontrada pela criança nesses casos. Vejamos:

• A primeira hipótese: a criança não fica passiva, ela reage em consequência da exclusão que sofre, ocorrendo os distúrbios de comportamentos. Assim, procura compensar seu fracasso de outra forma como, por exemplo, sendo o "palhaço" da sala. A condenação que recairá sobre ela a levará ao sentimento de injustiça, que reforçará mais o sentimento de revolta, o que poderá agravar mais ainda a situação. Isso poderá estender-se até uma atitude de rejeição social e marginalização, tornando-se um ciclo vicioso.

• A segunda hipótese: a criança aceita seu fracasso, conformando-se com seu sofrimento e se identificando em ser o mau aluno, numa posição masoquista. Será rotulada como débil e, o que era apenas uma deficiência, será agora parte de suas características.

• A terceira hipótese: tudo se acomoda, pois o sistema escolar está mais flexível. Algumas escolas estão mais abertas para que cada um tenha seu ritmo e seu tempo necessário, dando mais liberdade à aprendizagem, favorecendo a integração entre a criança e o sistema.

Além dessas três hipóteses, existe a reação dos pais ao fracasso escolar, que é apenas a tradução da problemática inconsciente da relação desses para com a criança. Entre essas reações existem:

• A desaprovação: a decepção dos pais pode significar para a criança uma retirada do amor deles em relação a ela. Instala-se, então, um estado depressivo, cujas manifestações normalmente são somáticas.
• A indiferença: a criança pode sentir o desinteresse por parte dos pais como, por exemplo, a falta de amor, o que a leva a desinteressar-se cada vez mais.
• A crença: de que a debilidade existe, pois esbarramos nela a todo instante, abordando também o fracasso escolar relacionado apenas a causas desconhecidas, sem citar o fracasso escolar com suas origens orgânicas.

> Existe uma diferença terminológica nas dificuldades de aprendizagem entre vários autores; para uns, as dificuldades de aprendizagem correspondem a toda e qualquer dificuldade da criança aprender; para outros, as dificuldades de aprendizagem correspondem apenas a fatores de causa ignorada ou a causas emocionais.

Em síntese...

Já para Drouet (1995), todos os distúrbios orais, auditivos, emocionais e comportamentais têm sua origem em causas diversas, mas todos se constituem em obstáculos à aprendizagem. Como vimos, é difícil fazer uma classificação dos distúrbios que prejudicam a aprendizagem; contudo, a autora, buscando uma classificação dos distúrbios de aprendizagem, nos cita suas principais causas:

• Causas físicas: são representadas pelas perturbações do estado físico da criança permanentes ou provisórias;
• Causas sensoriais: são todos os distúrbios que atingem os órgãos dos sentidos, responsáveis pela percepção que o indivíduo tem do meio exterior.
• Causas neurológicas: perturbações do sistema nervoso, tanto do cérebro, como do cerebelo, da medula e dos nervos.
• Causas emocionais: distúrbios psicológicos ligados às emoções, aos sentimentos e a personalidade.
• Causas intelectuais e cognitivas: corresponde à inteligência do indivíduo, e à sua capacidade de conhecer, de compreender o mundo e de raciocinar.
• Causas educacionais: corresponde à educação recebida na infância, e que irá condicionar distúrbios de origem educacional por toda a vida.
• Causas sócio-econômicas: o meio sócio-econômico é um problema e será favorável, ou desfavorável, à sua subsistência e à sua aprendizagem (DROUET, 1995, p. 45).

Assim, todas essas causas irão constituir os diferentes problemas de aprendizagem. Encontramos nos escritos de Pain (1985, p. 89) a definição de dificuldades de aprendizagem como todos os distúrbios psicopedagógicos que interferem diretamente na aprendizagem, e para isso, leva-se em conta a análise de vários fatores, entre eles:

• fatores orgânicos e constitucionais da criança;
• fatores específicos, localizados principalmente na área perceptivo-motora (visão, audição e coordenação motora);
• fatores psicógenos, que compreendem os fatores emocionais e intelectuais;
• fatores ambientais, representados pelo lar, pela escola e pela comunidade como um todo.

Os autores acima citados fazem suas contribuições ao conhecimento sobre as dificuldades de aprendizagem, sendo que uns acreditam que essas são todas as dificuldades que impedem o desenvolvimento escolar da criança, ou seja, fatores neurológicos, emocionais, intelectuais, sensoriais, ambientais etc. Para outros, teriam causas emocionais ou ignoradas, mas não descartam os problemas ambientais, genéticos ou orgânicos. Mas, é somente através do conhecimento da criança, que se pode chegar à verdadeira causa do que está acontecendo com ela.

Atualmente, vemos várias denominações para as dificuldades de aprendizagens, dentre estas a dislexia, discalculia, dislalia, disgrafia, disortografia e TDAH, verifique através do site, http://www.brasilescola.com/educacao/dificuldades-aprendizagem.htm.

Agora que já estudamos como a aprendizagem ocorre e quais os fatores responsáveis quando ela não se efetua, vamos estudar a questão das diferenças individuais em sala de aula e com isso a Educação especial.

2 - As diferenças individuais e educação especial

Algum dos aspectos que estuda a Psicologia educacional diz respeito às diferenças individuais. Cada ser humano é único, tendo em vista uma série de fatores: hereditários, sociais, culturais, históricos etc. Mesmo em se tratando de pessoas da mesma família, como os irmãos gêmeos, sempre se identificam suas diferenças de personalidade.

Entre essas diferenças estão às aptidões mentais, as reações emotivas, o esforço para as tarefas, a preferência a certas atividades e não a outras. Sendo que as diferenças podem ficar mais acentuadas em relação aos outros, o que muito acontece em sala de aula.

Sendo várias as pesquisas e os teóricos que se interessaram pelo assunto, entre eles Platão, Wundt e Alfred Binet, esse último desenvolvendo testes para medir a inteligência e organizar classes para crianças excepcionais. Stein, que propôs a fórmula para medir o que é inteligência, segue uma escala de tantos outros pesquisadores interessados em medir as diferenças individuais.

Nosso objetivo, aqui, é chamar sua atenção para o fato

que todos nós somos diferentes, o importante é ter claro que: diferentes sim, porém nem superiores, nem inferiores. Todas as pessoas, em maior ou menor grau, possuem capacidade de memória, de raciocínio, de atenção, de motivação, de força de vontade, e de equilíbrio emocional.

Assim, as aquisições e as realizações da vida escolar de uma criança irão depender da técnica de ensino, mas também de seus fatores internos. Portanto, o que se observa atualmente nas escolas é uma massificação do aluno, tendo todos como iguais. Dessa forma, se um desses alunos for diferente desse "esperado", será taxado e rotulado como incapaz.

Cabe ressaltar que você pode fazer a diferença, pois, estando preparado para lidar com as diversidades individuais, poderá contribuir para o desenvolvimento de seus alunos.

Um tipo de metodologia de trabalho que foi muito utilizada com os alunos portadores de necessidades especiais foi à segregação desses alunos em salas de aula especial. Esses alunos, portadores de alguma necessidade especial, eram separados dos demais alunos da turma. Porém, quando essa criança era retirada da presença das demais crianças, não havia trocas, nem socialização, nem aprendizagem com suas diversidades, tão característico da sala de aula regular. Nesse sentido, os educadores, buscando outros caminhos, pensaram na inclusão desses alunos na sala de aula regular. Este assunto abordaremos no próximo tópico.

A Inclusão Escolar

Como citado anteriormente, a inclusão escolar vem da busca do desenvolvimento do ser humano, entendendo que a criança, dentro do ambiente escolar, precisa desenvolver não apenas a aprendizagem do conteúdo curricular, mas também aprender a se socializar, a trocar, a dividir e a interagir com o outro.
Segundo o artigo "Por que Inclusão?", de Heloiza Barbosa, julgamentos de "deficiência", "retardamento", "privação cultural" e "desajustamento social ou familiar" são todas construções culturais elaboradas por uma sociedade de educadores que privilegia uma só fôrma para todos os tipos de bolos. Assim, aqueles alunos vistos como "diferentes", ou seja, que não cabiam na forma de bolo específica, eram retirados do convívio dos demais e exilados numa sala de aula dita especial, sendo taxados, classificados, rotulados como fracassados.
A inclusão veio permitir que esse aluno participasse da sala de aula regular, com todos os outros alunos e suas demais diversidades. Nesse exercício, tanto professores, quanto alunos aprendem a aceitar e a valorizar as diversidades individuais, estimulando a socialização e a aprendizagem.

Em se tratando de diversidades, um dos aspectos que muito tem chamado à atenção a todos os que trabalham com a educação diz respeito à indisciplina escolar. Sendo o nosso próximo assunto a ser abordado.

3 - A queixa atual: uma questão de indisciplina

Figura 3.1 - A indisciplina

Fonte: www.educa.aragob.es.

Os temas que mais mobilizam o cotidiano escolar na atualidade dizem respeito à dificuldade de Aprendizagem e os Problemas de Comportamento de nossas crianças. Sendo os problemas de comportamentos, um dos assuntos de grande repercussão a comunidade escolar como professores, técnicos e pais, de diversas localidades brasileiras. Tendo em vista, que a questão da dificuldade de aprendizagem já foi discutida anteriormente, nossa aula atual refere-se aos problemas comportamentais dessas crianças.

Assim, vamos buscar entender o porquê atualmente esse é o assunto de grande aflição e angustia e o quanto você futuro professor poderá contribuir neste contexto.

A Indisciplina

Apesar de existir uma tendência no campo da educação que recrimina a disciplina na escola, esta também associa a uma prática autoritária e tirana, colocando em risco a espontaneidade e criatividade das crianças e jovens. Existe uma verdadeira busca para que esse quadro escolar de "indisciplina" seja revertido pela tranquilidade, silêncio, docilidade e passividade das crianças. O que acontece é que ninguém sabe ao certo como conseguir reverter essa situação caótica que chegou nossas escolas.

Segundo Rego (1996, p. 84), muitos são os fatores alegados aos problemas comportamentais nas escolas de nossa sociedade, dentre estes:

- **1ª hipótese**: os que acreditam ser a indisciplina um reflexo da pobreza e violência presente na sociedade moderna e nos meios de comunicação;
- **2ª hipótese**: os que acreditam que a responsabilidade é da educação recebida na família sendo decorrente da dissolução do modelo de família nuclear além de ser um reflexo da desvalorização da escola pelos pais.
- **3ª hipótese**: os que acreditam que problemas comportamentais estariam vinculados apenas a traços de personalidade da criança.
- **4ª hipótese**: aqueles que sustentam que a única responsabilidade em relação ao comportamento da criança seria do professor.

Assim, nesta aula buscamos fazer um apanhado geral do que estaria ocorrendo na atualidade. E iniciaremos com os descritos de Rego, "a vida em sociedade pressupõe a criação e o cumprimento de regras e preceitos capazes de nortear as relações, possibilitando o diálogo e a troca entre os membros do grupo social" (1996, p. 86).

Desse modo, a família é entendida como o primeiro grupo social no qual a criança esta inserida e com certeza o maior deles, além de exercer incontestável influência sobre a criança e o adolescente. E este grupo social que dá a criança o primeiro aprendizado em relação a regras e normas de convivência em grupo, a atitude dos pais e suas práticas de criação e educação são aspectos que interferem no desenvolvimento individual e, consequentemente, grupal da criança e, dessa maneira, pode influenciar no comportamento da criança na escola.

> As características de cada indivíduo vão sendo formadas a partir de inúmeros e constantes interações do indivíduo com o meio, compreendido como contexto social, que inclui as dimensões interpessoal e cultural. É neste processo dinâmico, ativo e singular, o indivíduo estabelece desde o nascimento e durante toda sua vida, trocas recíprocas com o meio (REGO, 1996, p.92).

A mãe inicia seu papel de educadora nos primeiros meses de vida de seu bebê. Todas as reações de uma mãe, positiva ou negativa serão percebidas e influenciadas no comportamento do bebê, e o que torna imprescindível o contato físico, que se dá através da amamentação ao seio, em que além de se satisfazer fisiologicamente o bebê terá um contato com o corpo materno e estabelecerá uma segurança para o recém-nascido perante este "mundo" tão desconhecido para ele.

Logo, ambos criarão um vínculo afetivo, onde a mãe passará a conhecê-lo melhor a cada dia, assim o bebê, além de confortável, se sentirá seguro e possivelmente amado. Esse vínculo será fundamental para o desenvolvimento da criança e todos os procedimentos influenciarão na vida futura, o caráter tornar-se-á um exemplo clássico desse proceder. Portanto, a relação mãe-bebê tem amplas funções, pois além da estimulação orgânica, existe a comunicação afetiva que se bem sucedido é condição imprescindível para o estabelecimento da segurança, confiança, proteção, reconhecimento da existência, e, sobretudo o desenvolvimento da personalidade do bebê.

Segundo Winnicott,

> nos primeiros tempos do seu desenvolvimento emocional; um tipo em que o instinto é despertado, e outro em que a mãe constitui o meio circundante é a provedora das comuns necessidades físicas de segurança, calor e umidade ao imprevisível [...]. Se a mãe tiver duplamente êxito em suas relações com o bebê, estabelecendo uma satisfatória amamentação, o desenvolvimento emocional da criança constituirá a base saudável para uma existência independente num mundo de seres humanos (1982, p.57).

Dessa forma, o vínculo estabelecido entre mãe e filho ajudará a lançar alicerces da personalidade e caráter da criança, pois quando privada deste contato afetivo pode acarretar perturbações no seu desenvolvimento psicológico. Portanto, se bem sucedida a relação entre mãe e bebê é o princípio de uma vida tranquila.

Ainda, segundo Winnicott,

> dizemos que o apoio do ego materno facilita a organização do ego do bebê. Com o tempo o bebê torna-se capaz de afirmar sua própria individualidade, e até mesmo de experimentar um sentimento de identidade pessoal. E a base de tudo isso, encontra-se nos primórdios do relacionamento, quando a mãe e o bebê estão em harmonia [...]. Do ponto de vista do bebê, nada existe além dele próprio, e, portanto, a mãe é inicialmente, a parte dele (1996, p.09).

A plenitude da relação mãe e bebê é dada pelo ato de oferecer amor, amparar, apoiar o crescimento e a individualidade do outro ser, ajudar o desenvolvimento com o máximo de prazer para ambos.

Para Papalia,

> a mãe ou a pessoa que cuida do bebê, dá o mundo social a ele. O ambiente se expressa do seio da mãe, o amor e o prazer da dependência, lhe são transmitidos pelo abraço da mãe, pelo seu calor confortante, por seu sorriso e pela maneira a qual lhe fala. A confiança permite ao bebê ficar com a mãe fora da visão, porque ela se tornou uma certeza intima, assim também uma previsibilidade externa (1981, p.179).

Mas não apenas a mãe é a única responsável pelo desenvolvimento saudável da criança, o pai tem papel fundamental, pois é este que, muitas vezes, mostra o que é certo ou errado e impõe regras e normas de convivência dentro do grupo familiar.

Para Vigotsky (1987), a educação concebida na família cumpre um papel primordial na constituição dos sujeitos, pois, concebe a cultura, a sociedade e o indivíduo como sistemas complexos e dinâmicos, sendo assim, considera fundamental analisar o desenvolvimento humano em seu contexto cultural. Ou seja, para se entender melhor uma criança é necessário entender sua origem, seu meio cultural e social.

Sabe-se que a escola é também o segundo grupo social em que a criança esta inserida, sendo o primeiro a família. E é nesse contexto que a criança demonstra como aprendeu em casa as regras de convivência social, as quais passam a ser imprescindíveis ao convívio social.

O que se percebe atualmente é que os pais estão confusos em relação à criação de seus filhos, entre um modelo repressor usado na educação de crianças na década de 60/70, foi-se a outro extremo na década de 80/90, uma completa liberdade na educação de crianças. Chegando aos dias atuais, pais que não sabem mais se repreendem ou liberam, punem ou fingem não ver, castigam ou conversam. Pais que em busca do sustento da família, não tem mais tempo para conversar, para educar, para pensar em suas próprias atitudes.

Assim, sabe-se que a família é de fundamental importância no desenvolvimento de uma criança, mas, longe de apontar um culpado, e diante de todo o contexto social explanado, faz-se necessário também compreender que enquanto professor você tem muito a contribuir com uma criança, pois como estudado por Freud, o papel do professor pode ser fundamental no desenvolvimento emocional da criança, muitas vezes um professor pode ocupar o "papel" dos pais, dando a criança amparo, carinho, normas e regras, incentivo, motivação, entre tantas outras coisas.

> Enquanto professor você tem muito a contribuir com uma criança, dando a esta amparo, carinho, normas e regras, incentivo, motivação, entre tantas outras coisas. Assim, como pode resgatar a vida de uma criança, pode também destruir.

Sabe-se também que o resgate e a preservação da autoestima é fundamental para o aprendizado, na estimulação a regras de convivência social, no desenvolvimento de habilidades emocionais e de convivência, na motivação, na parceria, no respeito ao próximo, e muito mais, e é nesse sentido, que o seu papel enquanto professor passa a ser **fundamental** para o desenvolvimento e na aprendizagem de muitas crianças.

> Assim, cabe a você futuro professor "aproveitar" cada abordagem teórica estudada nesta disciplina como melhor lhe convier, fazendo com que o processo ensino/aprendizagem ocorra eficazmente. Levando sempre em consideração o seu papel imprescindível na contribuição para o desenvolvimento de indivíduos saudáveis e felizes.

Você pode fazer a diferença

Qual a professora ou professor que nunca recebeu um presente, já utilizado, de aluno? Ou ainda, não se deparou com um aluno rebelde? A história abaixo além de emocionante nos ensina e desperta para uma realidade comum a todos nós. Por trás desse aluno rebelde, do presente mal embrulhado, ou do perfume pela metade pode estar uma criança capaz de amar, prosperar e fazer a diferença.

A Sra. Thompson, no seu primeiro dia de aula, parou em frente aos seus alunos da 5ª série e, como todos os demais professores, disse que gostava de todos, por igual.

No entanto, ela sabia que isso era quase impossível, já que na primeira fila estava sentado um pequeno garoto: Teddy.

A professora havia observado que ele não se dava bem com os colegas de classe e muitas vezes suas roupas estavam sujas e cheiravam mal.

Ao iniciar o ano letivo, era solicitado a cada professor que lesse com atenção a ficha escolar dos alunos, para tomar conhecimento das anotações feitas em cada ano.

A Sra. Thompson deixou a ficha de Teddy por último. Mas quando a leu, foi grande a sua surpresa. A professora do primeiro ano escolar de Teddy havia anotado o seguinte: "Teddy é um menino brilhante e simpático. Seus trabalhos sempre estão em ordem e muito nítidos. Tens bons modos e é muito agradável estar perto dele".

A professora do seguinte ano escreveu: " Teddy é um aluno excelente e muito querido por seus colegas, mas tem estado preocupado com sua mãe, que está com uma doença grave, e desenganada pelos médicos. A vida em seu lar deve estar sendo muito difícil".

Da professora do terceiro ano, constava a anotação seguinte: " A morte de sua mãe foi um golpe muito duro para Teddy. Ele procura fazer o melhor, mas seu pai não tem nenhum interesse e, logo, sua vida será prejudicada se ninguém tomar providências para ajuda-lo". A professora do quarto ano escreveu: "Teddy anda muito distraído e não mostra interesse algum pelos estudos. Tem poucos amigos e, muitas vezes, dorme na sala de aula".

A Sra. Thompson se deu conta do problema e ficou terrivelmente envergonhada. Sentiu-se ainda pior quando lembrou dos presentes de natal que os alunos lhe havia dado, envoltos em papéis coloridos, exceto o de Teddy, que estava enrolado num papel marrom, de supermercado.

Lembrou-se de que abriu o pacote com tristeza, enquanto os outros garotos riam ao ver uma pulseira faltando algumas pedras e um vidro de perfume pela metade.

Apesar das piadas, ela disse que o presente era precioso e pôs a pulseira no braço e um pouco de perfume sobre a mão. Naquela ocasião, Teddy ficou um pouco mais de tempo na escola do que o de costume. Lembrou-se ainda, que Teddy lhe disse que ela estava cheirosa como sua mãe.

Naquele dia, depois que todos se foram, a professora Thompson chorou por longo tempo. Em seguida, decidiu-se a mudar sua maneira de ensinar e passou a dar mais atenção ao seus alunos, especialmente a Teddy.

Com o passar do tempo, ela notou que o garoto só melhorava. E quanto mais ela lhe dava carinho e atenção, mais ele se animava.

Ao finalizar o ano letivo, Teddy saiu como o melhor aluno da classe. Um ano mais tarde, a Sra. Thompson recebeu uma notícia em que Teddy lhe dizia que ela era a melhor professora que teve na vida.

Seis anos depois, recebeu outra carta de Teddy, contando que havia concluído o segundo grau e que ela continuava sendo a melhor professora que tivera. As notícias se repetiam até que um dia ela recebeu uma carta assinada pelo Dr. Theodore Stoddard, seu antigo aluno, mais conhecido como "Teddy";

Mas, a história não terminou aqui. A Sra. Thompson recebeu outra carta, em que Teddy convidava para seu casamento e noticiava a morte de seu pai.

Ela aceitou o convite e no dia do seu casamento estava usando a pulseira que ganhou de Teddy anos antes, e também o perfume.

Quando os dois se encontraram, abraçaram-se por longo tempo e Teddy lhe disse ao ouvido: "Obrigado por acreditar em mim e me fazer sentir importante, demonstrando-me que posso fazer a diferença".

Mas ela, com os olhos banhados em lágrimas, sussurrou baixinho. "Você está enganado! Foi você que me ensinou que eu podia fazer a diferença. Afinal, eu não sabia ensinar até que o conheci.

Mais do que ensinar a ler e escrever, explicar matemática e outras matérias, é preciso ouvir apelos silenciosos que ecoam na alma do educando. Mais do que avaliar provas e dar notas, é importante ensinar com amor, mostrando que sempre é possível fazer a diferença.

Autor desconhecido

Autor desconhecido. Revista Planeta Azul - MOA: São Paulo, Rio Janeiro, 2000.p.04

Retomando a aula

> Parece que estamos indo bem. Então, para encerrar essa aula, vamos recordar:

1 - As dificuldades de aprendizagem

Existe uma diferença terminológica nas dificuldades de aprendizagem entre vários autores; para uns, as dificuldades de aprendizagem correspondem a toda e qualquer dificuldade da criança aprender; para outros, as dificuldades de aprendizagem correspondem apenas a fatores de causa ignorada ou a causas emocionais.

Suas principais causas: Causas físicas; causas sensoriais; causas neurológicas; causas emocionais; causas intelectuais e cognitivas; causas educacionais; causas sócio-econômicas.

2 - As diferenças Individuais e a Educação especial

Algum dos aspectos que estuda a Psicologia educacional diz respeito às diferenças individuais. Cada ser humano é único, tendo em vista uma série de fatores: hereditários, sociais, culturais, históricos etc. O que inclui o estudo e entendimento da Inclusão escolar.

3 - A Queixa atual: Uma questão de indisciplina

Apesar de existir uma tendência no campo da educação que recrimina a disciplina na escola, pois associa a esta uma prática autoritária e tirana, colocando em risco a espontaneidade e criatividade das crianças e jovens. Existe uma verdadeira busca para que esse quadro escolar de "indisciplina" seja revertido pela tranquilidade, silêncio, docilidade e passividade das crianças. O que acontece é que ninguém sabe ao certo como conseguir reverter essa situação caótica que chegou nossas escolas.

Muitos são os fatores alegados aos problemas comportamentais nas escolas de nossa sociedade, dentre estes:

- **1ª hipótese**: os que acreditam ser a indisciplina um reflexo da pobreza e violência presente na sociedade moderna e nos meios de comunicação;

- **2ª hipótese**: os que acreditam que a responsabilidade é da educação recebida na família sendo decorrente da dissolução do modelo de família nuclear além de ser um reflexo da desvalorização da escola pelos pais.

- **3ª hipótese**: os que acreditam que problemas comportamentais estariam vinculados apenas a traços de personalidade da criança.

- **4ª hipótese**: aqueles que sustentam que a única responsabilidade em relação ao comportamento da criança seria do professor.

Vale a pena

Vale a pena **ler**

DROUET, Ruth Caribé da Rocha. *Distúrbios da aprendizagem*. São Paulo: Ática, 1995.

FERNÁNDEZ, A. *A inteligência aprisionada*: abordagem psicopedagógica, clínica da criança e sua família. Porto Alegre: Artes Médicas, 1990.

FONSECA, V. *Introdução às Dificuldades de Aprendizagem*. 2 ed. Porto Alegre: Artes Médicas, 1995.

PAÍN, Sara. *Diagnóstico e tratamento dos problemas de aprendizagem*. Porto Alegre: Artes Médicas, 1985.

Vale a pena **acessar**

http://www.psicopedagogia.com.br.
http://www.brasilescola.com/educacao/dificuldades-aprendizagem.htm.

Vale a pena **assistir**

Vermelho como o céu.

Minhas anotações

Aula 4º

As concepções e abordagens

Olá, nesta aula iremos estudar as concepções e as abordagens teóricas em psicologia da aprendizagem. São três concepções teóricas que buscam explicar a forma como o homem "aprende" a realidade que o cerca. Dentre elas temos a concepção Inatista, a concepção ambientalista e a concepção Interacionista.

Já as abordagens teóricas são cinco, que pautam a prática docente e o processo educativo, a abordagem tradicional, a abordagem humanista, abordagem comportamental, abordagem sócio-cultural, abordagem cognitivista.

E como último tópico de estudos desta aula, vamos verificar como é a atuação profissional do professor em cada uma das abordagens citadas.

Sendo assim, bom estudo!

Se ao final desta aula surgirem dúvidas, vocês poderão saná-las através das ferramentas "Fórum" ou "Quadro de Avisos" e através do "*Chat*".

Comecemos, então, analisando os objetivos da nossa aula.

Boa aula!

Objetivos de aprendizagem

Ao término desta aula, o aluno será capaz de:

- refletir analiticamente, sobre as concepções que pautam o processo educativo;
- analisar as abordagens teóricas em relação ao processo educativo;
- analisar as abordagens teóricas em relação a ação docente.

Seções de estudo

1 - As concepções teóricas
2 - As abordagens teóricas
3 - A atuação profissional do professor nas várias abordagens de ensino

1 - As concepções teóricas

A concepção Inatista vê o homem como pronto e acabado, pois entende que posterior ao nascimento pouco ou nada se tem à construção da educação. A concepção ambientalista, como o nome já diz, o papel do ambiente é fundamental para o desenvolvimento do homem, pois este se constitui de acordo com o meio em que se encontra. E a concepção Interacionista, meio e homem exercem influência recíproca um ao outro. Nesta concepção, a criança se desenvolve de acordo com as interações sociais com as outras pessoas.

Essas concepções, de maneira implícita, não pautam a prática docente. A partir destas, surgem outras abordagens teóricas que defendem cada qual sua maneira de trabalho. A partir de agora, iremos estudar cada uma dessas concepções em separado e em seguida as abordagens teóricas da aprendizagem.

Vamos estudar uma a uma em separado!

• Concepção Inatista

Segundo Davis (1994), a concepção inatista parte do pressuposto de que os eventos que ocorrem após o nascimento não são essenciais ou importantes para o desenvolvimento. Assim, os hábitos, valores, personalidade, conduta social, são basicamente prontas no nascimento e o ambiente pouco influenciaria neste processo.

> As origens da posição inatista podem ser encontradas, de um lado, na Teologia: Deus, de um só ato, criou cada homem em sua forma definitiva. Após o nascimento, nada mais haveria a fazer, pois o bebê já teria em si os genes do homem que viria a ser. O destino individual de cada criança já estaria determinado pela "graça divina" (DAVIS, 1994, P.27).

Assim, para essa abordagem teórica a criança já nasce pronta e acabada, os pais, o meio em geral não teriam nada a acrescentar à sua formação. As origens dessa concepção estaria na teologia, entendendo que "Deus, de um só ato, criou cada homem e o fez em sua forma definitiva" (DAVIS, 1994, p.27). Também há as contribuições de Darwin, referentes à embriologia e à Genética. Sendo essas teorias, segundo os Inatistas, foram erroneamente interpretadas, pois as transformações do homem decorrem de variações hereditárias e o ambiente serve para a sobrevivência dependendo da adaptação da espécie. O que aplicada à teoria de Darwin, sabe-se que o ambiente tem impacto decisivo. Também em relação à embriologia, pois o ambiente interno tem papel fundamental para o embrião, porém após o nascimento, o que é fundamental para o seu desenvolvimento é o ambiente externo.

Nesta concepção Inatista não há nada que se possa fazer para mudar o homem, apenas algumas ações podem aprimorar aquilo que já é ou virá a ser. O que se choca com a psicologia que acredita que o homem pode ser mudado desde que ele queira.

• Concepção Ambientalista

Como o próprio nome diz, ambientalista vem de ambiente. Para essa concepção, o ambiente tem um imenso poder no desenvolvimento humano. Essa concepção deriva da corrente filosófica do empirismo.

Segundo Davis (1994), o grande defensor da concepção ambientalista é B.F. Skinner, cuja teoria proposta por ele será melhor estudada na aula sobre comportamentalismo.

Essa concepção preocupa-se em explicar os comportamentos observáveis do sujeito, não levando em considerações outros aspectos da personalidade, como: sentimentos ou mesmo seu raciocínio.

Para essa abordagem, a aprendizagem é entendida como um processo pelo qual o comportamento é modificado, como resultado da experiência e a partir de estímulos do meio. Sendo o papel do ambiente mais importante que a maturação biológica.

Para que a aprendizagem ocorra é preciso reforçar através de estímulos a resposta do aluno. Nessa concepção, a ênfase está em propiciar novas aprendizagens, por meio da estimulação do aluno, o que só será possível mediante o conhecimento desse aluno, identificando os estímulos que provocam o comportamento e consequentemente os que os mantêm. Esse método levou o nome de *Análise funcional do comportamento*.

A *Análise funcional do comportamento*, chamou a atenção para o planejamento no ensino, a organização das condições para que a aprendizagem ocorra, valorizando o papel do professor.

A crítica a essa concepção é ver o homem apenas de maneira passiva, sendo então facilmente manipulado e controlado.

• Concepção Interacionista

Segundo Davis (1994), para essa teoria, a aprendizagem acontece na interação entre organismo e o meio, sendo a aquisição do conhecimento um processo construído pelo individuo durante toda a sua vida.

Assim, a importância atribuída aos fatores humanos está na interação e nas experiências que servem de base para novos conhecimentos e significa a interação da criança com as pessoas que a cercam. Nessa interação, fatores internos e externos se interrelacionam. Dessa forma, os interacionistas discordam das teorias inatistas, por desprezarem o papel do ambiente, e das concepções ambientalistas porque ignoram fatores maturacionais.

Os dois teóricos principais dessa teoria são: Piaget e Vygotsky, cujas teorias serão estudadas nas próximas aulas.

Vejamos agora as abordagens teóricas que pautam a prática docente.

2 - As abordagens teóricas

Além das concepções teóricas do desenvolvimento humano, temos algumas abordagens teóricas da educação que fundamentam a ação docente e todo o processo educativo, são elas: Abordagem Tradicional, a Abordagem Comportamental, a Abordagem Humanista, a Abordagem Cognitivista e a Abordagem Sócio-Cultural. Sendo assim, vamos estudar uma a uma, verificando como que cada uma entende o homem, a educação, a escola e o conhecimento.

Figura 4.1 - Abordagem Tradicional

Fonte: arquivo Clip Art Windows

Segundo Mizukami (1986), trata-se de uma prática educacional que persistiu com o tempo em diferentes formas fornecendo referências para as demais abordagens.

Nesta abordagem o homem é visto como "tábula rasa", ele é inserido num mundo que irá conhecer, sendo passivo nesse processo de conhecimento. Assim, o ensino nesta abordagem é centrado no professor, sendo este o detentor do saber [grifo da autora]. "Esse tipo de ensino volta-se para o que é externo ao aluno: o programa, as disciplinas, o professor. O aluno apenas executa prescrições que lhe são fixadas por autoridades exteriores" (MIZUKAMI, 1986, p.08).

O mundo é externo ao indivíduo e o conhecimento é feito através do armazenamento das informações desse mundo externo ao sujeito, essas informações devem ir das mais simples as mais complexas.

O conhecimento é visto com um caráter cumulativo, adquirido por meio de transmissão de conhecimentos. Sendo a educação então, entendida como instrução transmitida pela escola.

> A abordagem tradicional é caracterizada pela concepção de educação como um produto, já que os modelos a serem alcançados estão pré-estabelecidos, daí a ausência de ênfase no processo. Trata-se, pois, da transmissão de idéias selecionadas e organizadas logicamente (MIZUKAMI, 1986, p.11).

A escola, nesta abordagem, é o lugar onde se realiza a educação, que se restringe ao processo de transmissão de informações. O relacionamento entre professor/aluno é consequentemente o ensino, se dá de forma vertical.

Segundo Émile Chartier (1978) *apud* Mizukami (1986, p.12), "a escola é o lugar por excelência onde se raciocina. Defende um ambiente físico austero para que o aluno não se distraia".

Figura 4.2 - Abordagem Comportamentalista

Fonte: arquivo Clip Art Windows

Segundo Moreira (1993), até a pouco tempo as teorias da aprendizagem eram resumidas quase que exclusivamente a teoria Comportamental. Outras teorias como as que estamos estudando, como a cognitivista, humanista e sócio construtivista só foram aceitas neste século.

Segundo Milhollan e Forisha (1978) apud Moreira (1993), a teoria comportamental considera o homem um organismo passivo, seu comportamento é direcionado por estímulos externos.

> Para os positivistas lógicos, enquadrados nesse tipo de abordagem, o conhecimento consiste na forma de se ordenar as experiências e os eventos do universo, colocando-os em códigos simbólicos. Para os comportamentalistas, a ciência consiste numa tentativa de descobrir a ordem na natureza e nos eventos pretendem demonstrar que certos acontecimentos se relacionam sucessivamente uns com os outros (MIZUKAMI, 1986, p.19).

Para a referida teoria, o comportamento humano é modelado e reforçado, o que implica recompensa e controle, consequentemente o planejamento da aprendizagem é feito de forma rigorosa e sistemática, tendo o objetivo do controle do comportamento. A base do conhecimento é a experiência. Um grande teórico dessa abordagem é Skinner.

O homem nessa abordagem é visto como uma consequência das influencias ambientais, ou seja, ele é o produto do meio.

Mizukami (1986) coloca que o conteúdo transmitido visa objetivos e habilidades que levam à competência. E a educação decorrente disso, preocupa-se com aspectos mensuráveis e observáveis. O ensino é feito através da análise experimental do comportamento, onde se deve considerar tanto os elementos do ensino como as respostas do aluno. Sendo o homem a consequência das influências do meio. "O mundo já é construído, e o homem é produto do meio" (MIZUKAMI,1986, p.22).

Assim, a educação é transmissão cultural de informações e comportamentos, tanto no que se refere à aquisição como a modificação de comportamentos existentes.

A escola é considerada e aceita como uma agência educacional, cabendo a ela, manter, conservar ou modificar os padrões de comportamento que deseja.

O ensino – aprendizagem é visto como um arranjo de planejamento de acordo com o que se deseja do aluno, que são instalados e mantidos por condicionamentos e reforçadores.

Figura 4.3 - Abordagem Humanista

Fonte: arquivo Clip Art Windows

Segundo Milhollan e Forisha (1978) apud Moreira et all (1993), a teoria humanista considera o homem fonte de todos os atos. Ou seja, o homem é livre para fazer suas escolhas.

O enfoque predominante da teoria humanista é C. Rogers, cuja abordagem da ênfase as relações interpessoais e ao crescimento que delas resulta, centrado na personalidade do indivíduo, capaz de desenvolver-se como pessoa integrada. Dá-se ênfase à vida do indivíduo, no sentido psicológica e emocional, a fim de que a pessoa possa desenvolver-se e aceitar-se como se é, e não como se gostaria de ser.

Para essa abordagem, segundo Mizukami (1986), o ensino está centrado no aluno. O que dá ênfase total as relações interpessoais e ao crescimento pessoal tanto de construção, quanto de organização da realidade.

A educação consiste em deixar a responsabilidade da educação para o aluno, tendo condições que facilitem a aprendizagem, podendo tornar-se tanto emocional, como cognitiva.

Alguns criticam a essa teoria, pois trata-se na verdade de uma abordagem clínica, o que justifica a falta e a necessidade de diretrizes educacionais. O que de certo modo, falha a essa abordagem, tornando assim necessárias mais experiências a respeito, mas sem deixar de revelar suas vantagens, pois vê o homem como o centro da aprendizagem num "vir-a-ser" contínuo.

A escola nesta teoria deve dar ao aluno a possibilidade de aprender, em todos os aspectos que isso implica com seus erros e tentativas, sem perder a motivação para isso. Possibilitando assim o desenvolvimento total do ser humano.

Figura 4.4 - Abordagem Cognitiva

Fonte: arquivo Clip Art Windows

A abordagem cognitivista diz respeito ao estudo dos processos de organização, conhecimento, processamento e estilos de pensamento, ou seja, ver a aprendizagem mais do que fatores externos ao aluno e ao ambiente, mas enquanto fatores internos ao indivíduo. Tudo isso em relação a como e de que forma o aluno processa as informações sem descartar as influências do meio, por isso, é uma abordagem também interacionista, ou seja, o conhecimento é produto da interação entre sujeito e objeto. Seus representantes principais são Jean Piaget e Jerome Bruner.

"O indivíduo é considerado como um sistema aberto, em reestruturação sucessivas, em busca de um estágio final nunca alcançado por completo". (MIZUKAMI, 1986, p.60).

O conhecimento progride conforme a assimilação de estruturas já existentes, o que provoca uma reestruturação, buscando o Máximo do desenvolvimento. A inteligência é considerada uma construção histórica, onde se desenvolve também a afetividade.

O conhecimento é uma construção contínua. Mizukami (1986) cita que Piaget admite, pelo menos, duas fases: a fase exógena, da constatação e da cópia, e a fase endógena, das relações e combinações. Considerando que o sujeito pode parar na primeira etapa do conhecimento, mas o verdadeiro conhecimento implica a fase endógena.

A educação para Piaget é um todo, ele considera tanto os elementos morais, como os intelectuais.

Figura 4.5 - Abordagem Sócio-Cultural

Fonte: arquivo clip Art Windows

Figura 4.6 - Paulo Freire

FONTE: http://www.images.google.com.br

Um dos maiores representantes brasileiros dessa abordagem é Paulo Freire e sua teoria é a concepção Interacionista, ou seja, o homem e o meio interagem.

Segundo Mizukami (1986),
> O homem é o sujeito da educação e, apesar de uma grande ênfase no sujeito, evidencia-se uma tendência interacionista, já que a interação homem-mundo, sujeito-objeto é imprescindível para que o ser humano se desenvolva e se torne sujeito de sua práxis (MIZUKAMI,1986, p.86).

Essa abordagem tem como meta desenvolver sujeitos críticos, sujeitos de sua própria educação, interagindo com o meio e intervindo na realidade.

"A participação do homem como sujeito na sociedade, na cultura, na história, se faz na medida de sua conscientização, a qual implica a desmistificação" (MIZUKAMI,1986, p.88).

Nessa abordagem, segundo a autora acima citada, o conhecimento se constrói na interação homem/meio. Através da relação crítica, em que o conhecimento não é apenas em relação ao conteúdo formal, mas também em todas as situações e desafios podem se encontrar as respostas ou mais de uma resposta ao mesmo desafio. Essa resposta não apenas modifica o meio, mas modifica a si próprio. Desse modo, ao contrário da abordagem tradicional a relação ensino-aprendizagem, se dá de forma horizontal, jamais ela é imposta.

Apesar dessa abordagem não descartar o preparo das aulas, como o planejamento, porém, o conteúdo programático é feito a partir da consciência que se tem da realidade, pois

> A verdadeira educação, para Freire, consiste na educação problematizadora, que ajudará a superação da relação opressor-oprimido. A educação problematizadora ou conscientizadora, ao contrário da educação bancária, objetiva o desenvolvimento da consciência crítica e a liberdade como meios de superar as contradições da educação bancária, e responde a essência de ser da consciência, que é a sua intencionalidade. A dialogicidade é a essência desta educação. Educador e educando são, portanto, sujeitos de um processo em que crescem juntos, porque "... ninguém educa ninguém se educa; os homens se educam entre si, mediatizados pelo mundo (MIZUKAMI, 1986, p.97).

E a escola para esta teoria é uma instituição que existe num contexto de uma determinada sociedade e que propicia o desenvolvimento e crescimento tanto dos alunos quanto dos professores. Assim, a educação assume um caráter amplo, não se restringindo a escola apenas.

3 - A atuação do professor nas várias abordagens de ensino

Na Abordagem Tradicional, Segundo Mizukami (1986), a relação professor/aluno é vertical. O professor detém o poder em relação a tudo, ou seja, metodologia de aula, conteúdo apresentado, avaliação etc.

"Ao professor compete informar e conduzir seus alunos em direção a objetivos que lhes são externos, por serem escolhidos pela escola e/ou pela sociedade em que vive e não pelos sujeitos do processo" (MIZUKAMI, 1986, p. 14).

Assim, o papel do professor está ligado à transmissão de conteúdo, e ao aluno cabe a repetição dos dados que o professor forneceu, sendo, muitas vezes, dependente emocional e intelectualmente deste.

A classe é tomada como se fosse um auditório e as aulas são quase sempre expositivas. O conteúdo já esta pronto pelo professor e o aluno se limita a escutá-lo. Após a exposição do professor, são passados exercícios de repetição e recapitulação. O conteúdo é considerado pronto quando o aluno é capaz de reproduzi-lo.

A avaliação é realizada visando à reprodução do conteúdo aprendido, ou seja, provas exames, chamadas orais etc.

Na Abordagem Comportamental, Segundo Mizukami (1986), a relação professor aluno, cabe ao professor a responsabilidade de planejar e desenvolver o sistema de ensino, ou seja, todo o controle da educação através das contingências de reforço, de modo a aumentar a probabilidade de respostas dos alunos.

> Os passos de ensino, assim como os objetivos intermediários e finais, serão decididos com base em critérios que fixam os comportamentos de entrada e aqueles os quais o aluno deverá exibir ao longo do processo de ensino. O professor, neste processo, é considerado como um planejador e um analista de contingências ou mesmo, como se denomina mais recentemente, um engenheiro comportamental (MIZUKAMI, 1986, p. 32).

A metodologia de ensino utilizada deve ter como estratégia as especificações dos objetivos, o envolvimento do aluno, o controle de contingências, o *feedback* aos alunos, sendo que a apresentação do conteúdo deve ser em pequenos passos. Além de uma instrução individualizada que visa o desempenho e desenvolvimento de cada um, e que possibilita, que um maior número de alunos atinja os objetivos esperados.

> Basicamente, o instrutor dispõe de três formas para arranjar ou combinar reforços e contingências: encadeamento, modelagem, fading ou enfraquecimento do estimulo ou ainda mudança graduada do estimulo. Dessa forma será possível gerar um alto nível de aprendizagem por parte do aluno sem se recorrer a contingências aversivas no processo de instrução (MIZUKAMI, 1986, p. 34).

Assim, segundo Mager (1971) *apud* Mizukami (1986, p. 78), existem três elementos básicos quanto à implantação dos objetivos:

> 1ª O que se quer ensinar;
> 2ª Em que nível quer que o aluno aprenda;
> 3ª Em quais condições o aluno deve responder.

Em relação à avaliação do aluno, esta progride em seu ritmo e consiste em entender se o aluno aprendeu ou não.

Na Abordagem Humanista, segundo Mizukami (1986), cabe ao professor desenvolver suas próprias estratégias de ensino, de forma única. Afinal, é um ser único, assim, como seus alunos são.

Assim, o relacionamento professor/aluno é pessoal e único.

> O professor, nessa abordagem, assume a função de facilitador da aprendizagem, e nesse clima facilitador, o estudante entrará em contato com problemas vitais que tenham repercussão na sua existência. Daí o professor ser compreendido como um facilitador da aprendizagem, devendo, para isso, ser autêntico (aberto as suas experiências) e congruente, ou seja, integrado (MIZUKAMI, 1986, 52).

Igualmente, o professor deve aceitar o aluno como ele é, compreender seus sentimentos, se colocar em seu lugar. O aluno por sua vez deve entender o significado do que aprendeu e responsabilizar-se pela própria aprendizagem.

Nessa proposta de ensino não se enfatiza a técnica, entretanto Rogers (1972) apud Mizukami (1986, p. 89), coloca que ao aluno deve ser proporcionado:

> • o estímulo e a curiosidade; deve ser encorajado a escolher seus próprios interesses;
> • deve lhe ser provido todos os tipos de recursos; permitir ao aluno fazer as próprias

escolhas, certas e erradas;
- dê ao aluno o papel na construção do seu programa de ensino;
- capacite o aluno a desenvolver-se de forma inteligente, flexível e criativa.

Na **Abordagem Cognitivista**, segundo Mizukami (1986), a relação professor/aluno é muito próxima, cabe ao professor evitar rotinas, fixação de respostas e hábitos. Deve propor problemas sem, no entanto dar a resposta, sendo a sua função provocar desequilíbrios.

Cabe ao professor ser um investigador das potencialidades do aluno, orientador do seu trabalho, a ponto de que seus objetivos sejam alcançados, além de observador do comportamento dos alunos.

Cabe ao aluno um papel ativo na aprendizagem, além de observar, comparar, levantar hipóteses, analisar, etc. em relação a sua aprendizagem.

Em relação à metodologia de ensino, não existe um modelo, uma técnica definida, o que existe é uma teoria de conhecimento e de desenvolvimento humano, que traz implicações para o ensino.

As avaliações tradicionais como provas, testes, exames e notas são pouco aprovadas por esta abordagem.

Na **Abordagem Sócio-Cultural**, segundo Mizukami (1986), a relação professor/aluno é horizontal e o ensino não é imposto. "Para que o processo educacional seja real é necessário que o educador se torne educando e o educando, por sua vez, educador" (MIZUKAMI, 1986, p.99).

Mizukami (1986) coloca que quando isso não ocorre, não há aprendizado, pois para que a aprendizado ocorra é necessário que o aluno esteja conscientizado do processo.

> Um professor que esteja engajado numa prática transformadora procurará desmistificar e questionar, com o aluno, a cultura dominante, valorizando a linguagem e cultura deste, criando condições para que cada um deles analise seu contexto e produza cultura (MIZUKAMI, 1986, p.99).

Assim, cabe ao professor desenvolver o senso crítico em seu aluno, fazendo com que ele reflita nos fatos e que consiga expressar o seu ponto de vista. Tendo sempre a preocupação com cada aluno em particular e não apenas com os produtos da aprendizagem. Neste método a avaliação é sempre em forma de autoavaliação.

Neste sentido, chegamos ao término de nossa aula sobre as concepções teóricas e sobre as abordagens do processo de ensino, assim, cabe a você, futuro professor, analisar e refletir sobre a abordagem que mais lhe convier enquanto prática profissional. Assim, em nossas próximas aulas, vamos continuar estudando, detalhadamente, alguns teóricos e suas abordagens.

Retomando a aula

Parece que estamos indo bem. Então, para encerrar essa aula, vamos recordar:

1 - As Concepções teóricas

A Concepção Inatista vê o homem, como pronto e acabado, posterior ao nascimento pouco ou nada se tem a fazer para sua educação. A Concepção Ambientalista, como o nome já diz, o papel do ambiente é fundamental para o desenvolvimento do homem, pois este se constitui de acordo com o meio em que se encontra. E a Concepção Interacionista, meio e homem exercem influência recíproca um ao outro. Nessa concepção a criança se desenvolve de acordo com as interações sociais com outras pessoas.

2 - As abordagens teóricas

As abordagens teóricas da educação fundamentam a ação docente e todo o processo educativo. São elas: a Abordagem Tradicional, a Abordagem Comportamental, a Abordagem Humanista, a Abordagem Cognitivista e a Abordagem Sócio-Cultural. Cada uma das abordagens citadas entende o homem, a educação, a escola e o conhecimento de uma maneira diferenciada. Cabe a nós conhecermos uma a uma e extrair todo o conhecimento necessário para a atuação profissional.

3 - A atuação do professor nas várias abordagens de ensino

Cada abordagem de ensino traz a técnica profissional do professor, deste a relação professor/aluno, como na Abordagem Tradicional onde a relação professor/aluno é de maneira vertical, até a Abordagem Sócio-Construtivista e sua relação professor/aluno horizontal bem como a metodologia empregada em sala de aula e concluindo com suas técnicas de avaliação do conteúdo apresentado.

Vale a pena

Vale a pena ler,

MIZUKAMI, M. G. N. Ensino: as abordagens do processo. São Paulo: EPU, 1986.

Vale a pena acessar,

http://homes.dcc.ufba.br/~frieda/mat061/as.htm

Vale a pena assistir,

Sociedade dos poetas mortos.

Aula 5º

A perspectiva comportamental

Olá, nesta aula estudaremos a perspectiva Comportamental ou behaviorista, por ser uma das primeiras perspectivas teóricas em relação à educação. Assim, vamos abordar o pensamento de Watson, Ivan Pavlov e Skinner.

Sendo assim, bom estudo!

Se ao final desta aula, surgirem dúvidas, vocês poderão saná-las através das ferramentas "Fórum" ou "Quadro de Avisos" e através do "*Chat*".

Comecemos, então, analisando os objetivos da nossa aula.

Boa aula!

Objetivos de aprendizagem

Ao término desta aula, o aluno será capaz de:

- refletir sobre aprendizagem na concepção comportamental;
- analisar quais as técnicas e métodos desta teoria que podem contribuir com a atuação profissional do pedagogo.

Seções de estudo

1 - O Comportamentalismo de J.B.Watson, I. Pavlov, B.F.Skinner
2 - A Teoria Comportamental
3 - O Comportamentalismo e a atuação do professor

1 - O comportamento de J.B. Watson, I. Pavlov, B.F. Skinner

Figura 5.1 - Teóricos comportamentalistas

I. Pavlov | B.F.Skinner | J.B.Watson

FONTE: http://www.images.google.com.br. Acessado em 14 de maio de 2012, às 18 horas.

O termo behavior vem do Inglês e significa comportamento. Assim, behaviorismo significa estudo do comportamento. Sua origem se deu por volta de 1913 pelo americano John B. Watson. Foi através do estudo do comportamento que a psicologia ganhou o *status* de ciência deixando de ser um estudo da filosofia, pois passou a ser um objeto observável e mensurável. O comportamentalismo tem uma ampla relação com a educação. A qual, iremos estudar detalhadamente.

Os teóricos behavioristas buscam a relação entre comportamento e meio. Chegando a conceitos como de Estímulo e Resposta (Teoria S-R). É B.F.Skinner (1904-1990) que irá estudar esse processo, que teve como base o condicionamento operante.

Pavlov em 1927, em seu laboratório de fisiologia, observou que se um animal estiver privado de alimento por horas, irá salivar no momento que lhe é apresentado o alimento. E que nas mesmas condições poderá emitir o comportamento da salivação sem a presença do alimento, mas apenas por ver a pessoa que sempre o alimenta. Fez dessa forma, diversas experiências, como por exemplo, emitindo o som de uma campainha no momento da apresentação do alimento ao animal, percebeu que após alguns dias, mesmo sem a presença do alimento, apenas emitindo o som da campainha o animal salivava. O som neste caso seria um estímulo. Chamou de condicionamento.

> O que Pavlov quis mostrar é que tudo o que aprendemos deve ser explicado pelo modo como os estímulos ambientais e internos – do sistema nervoso, mesmo – são dispostos para produzir respostas. Esse modelo de aprendizagem chama-se Condicionamento e pode ser observado com facilidade em nosso dia-a-dia (CUNHA, 2000, p.49).

Seu experimento demonstrou que algumas funções autônomas como a salivação poderiam ser previstas e condicionadas, ou seja, que estes comportamentos poderiam ser provocados.

> Havia a possibilidade de se controlar com eficácia diferenças individuais e de se descobrir leis de comportamento validas para qualquer membro de uma espécie. A alegação de Skinner era de que, desta forma, a pesquisa psicológica poderia eventualmente elevar-se de ciência probabilística para ciência exata (FADIMAN, 2002, P. 192).

Antes de Skinner, J. B. Watson é o primeiro psicólogo behaviorista reconhecido, sendo que sua teoria versa sobre o fato de a consciência não existir, contudo dizia que toda a aprendizagem dependia do meio externo, ou seja, era condicionada.

Abaixo segue um dos seus escritos extremados sobre a educação. "Nunca as abrace ou beije (as crianças), nunca as deixe sentar-se em seu colo. Se preciso, beije-as uma vez na testa quando dizem boa noite. Dê-lhes um aperto de mão" (WATSON, 1928 apud FADIMAN, 2002, 191).

Assim, a proposta da teoria de Watson foi considerada extremista, podemos perceber pela citação acima, porém, sua ênfase no comportamento atraiu o interesse de Skinner, que passou a pesquisar o comportamento e construiu sua teoria.

Skinner *apud* Fadiman (2002), nasceu em 1904 na Pensilvânia, seu pai era advogado. Após terminar seus estudos voltou para casa e tentou tornar-se escritor. Sua experiência como escritor foi desastrosa e dessa forma, foi para Nova Iorque, por seis meses, depois foi para a Europa, e na volta entrou para a Faculdade de Psicologia em Harvard.

Skinner em Harvard se submeteu a um cronograma rígido de estudos, que iniciava as seis da manha indo ate às 9 horas da noite, sendo que raramente saia. Recebeu seu Ph.D. e trabalhou durante cinco anos na faculdade de medicina de Harvard, fazendo pesquisas no sistema nervoso de animais, em seguida tornou-se professor em Minesota.

Em 1938, publicou *O comportamento de Organismos*. Após nove anos em Minesota, assumiu o departamento de Psicologia da Universidade de Indiana. E três anos depois voltou para Havard.

Em 1948 escreveu *Walden Two*, sendo esta sua obra mais vendida. Em seguida escreveu *Ciência e comportamento Humano* em 1953, *Cumulative Record* em 1959, *The Technology of Teaching* em 1968, *O mito da Liberdade* em 1971 e *About Behaviorism* em 1974.

2 - A Teoria Comportamental

De acordo com Bock et al. (1998), "existe um número bastante grande de teorias da aprendizagem. Essas teorias poderiam ser genericamente reunidas em duas categorias: as teorias do condicionamento e as teorias cognitivistas".

Vamos nos ater, nesta aula, na teoria do condicionamento, pois estas teorias definem a aprendizagem pelas suas consequências comportamentais e enfatizam as condições ambientais como forças propulsoras da aprendizagem, sendo que para está à aprendizagem é uma conexão entre o estímulo e a resposta.

Cunha (2000) traz a relação entre a Psicanálise e o

comportamentalismo, pois, para a primeira, o inconsciente e a vida emocional são seus conceitos fundamentais, para a segunda teoria a importância é dada apenas a estímulos do meio externo e as respostas do ser humano, não levando em consideração outros aspectos.

Skinner admitiu o estudo de pensamentos e sentimentos, desde que estes sejam abordados a partir de suas manifestações comportamentais. Ou seja, não admitindo as questões subjetivas do comportamento humano. Neste sentido, é uma teoria que se limita apenas ao observável, mensurável, quantificável, sendo, por isso, a grande responsável pela ciência psicológica. Porém, tendo suas restrições. Agora, veremos porque essa teoria é tão utilizada pela educação.

Já que o comportamentalismo é a relação entre estímulos e respostas, significa que se soubermos utilizar os estímulos corretos teremos as respostas que desejarmos. Assim, "o comportamentalismo fornece uma perspectiva de entendimento do ser humano que viabiliza modificar o comportamento numa direção previsível, viabilizando o controle das ações da pessoa e a obtenção segura de resultados" (CUNHA, 2000, p. 47).

O que na escola, significa que a partir do planejamento adequado e práticas pedagógicas direcionadas a aprendizagem será mais eficiente.

Os experimentos de Skinner, que dão um sentido para a aprendizagem. Skinner formalizou alguns conceitos, utilizando experimentos com ratos de laboratório em uma gaiola, que ficou conhecida como a "Caixa de Skinner".

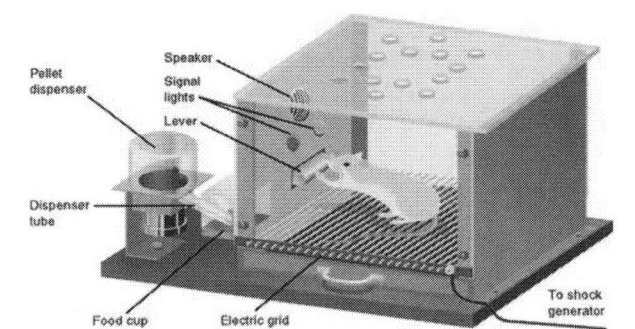

Figura 5.2 - Caixa de Skinner

FONTE: http://www.images.google.com.br. Acessado em 12 de março de 2012, às 20 horas.

A caixa de Skinner é um compartimento no qual há uma alavanca junto ao bebedouro, colocado em seu interior o rato, que movimenta-se tocando a alavanca e, sendo estimulado através da liberação da água, ele emitirá a resposta de novamente tocar a alavanca. Dando a conotação do animal ter aprendido como obter a água (CUNHA, 2000, p. 50).

Assim, dois conceitos fundamentais de Skinner são:

• Condicionamento e reforçamento, assim, Condicionamento Respondente, seria o comportamento reflexo em que o organismo responde automaticamente a um estímulo. No caso, a descoberta de Pavlov sobre a salivação do cachorro na presença do alimento.

• O Condicionamento Operante, sendo este o maior interesse de Skinner, diz respeito ao controle do comportamento após a realização do comportamento, ou seja, o processo de modelar e manter o comportamento.

Exemplo:

> Estou tentando ensinar minha filha a nadar. Ela gosta de água, mas não tem vontade ou tem medo de molhar a cabeça ou o rosto, ou de soltar bolhas embaixo da água. Isto tem retardado consideravelmente o processo. Concordei em lhe dar uma bala se ela molhar o rosto. Quando ela o fizer livremente, eu lhe darei uma bala somente se mergulhar toda a cabeça. Depois que ela for capaz de fazer isto, ganhará uma bala apenas se soltar bolhas embaixo da água. Atualmente, ainda estamos nas fases iniciais deste acordo. Às vezes ela deseja ganhar uma bala e coloca seu rosto na água. Outras vezes ela não quer a bala e se recusa a executar o comportamento de molhar o rosto.

EXEMPLO RETIRADO DO LIVRO TEORIAS DA PERSONALIDADE DE FADIMAN, 2002, p. 194.

Já o reforçamento é qualquer estímulo que aumenta a probabilidade da resposta. Skinner dá o nome de reforçador ao estímulo que produziu a resposta desejada, no caso do rato seria a água. Chamando a esse procedimento Condicionamento Operante, pois o resultado obtido depende de uma atuação do organismo que altera o ambiente físico. Dessa forma, para os behavioristas a ênfase é em controlar o comportamento.

Por esse motivo fala-se sobre a relação do comportamentalismo no processo ensino – aprendizagem, pois no momento que o professor quer um determinado comportamento do aluno, como por exemplo, que traga suas tarefas, este pode ser estimulado com a nota, ou com as "estrelinhas" no caderno, ou também pode ser punido.

Outro exemplo é o aprendizado de uma mãe em relação ao filho, quando a mãe só libera a sobremesa após a criança comer a refeição principal, sendo a sobremesa o estímulo para o comportamento de comer a refeição.

> Segundo a concepção skinneriana, nosso repertório de comportamentos é estabelecido com base naquilo que o ambiente fornece e, também, dadas às disposições ambientais, esse mesmo repertório é por nós modificado tendo em vista os reforçadores que almejamos. Uma criança aprende a fazer birra [...] quando a mãe, cansada de repreendê-la, cede a seus apelos e lhe dá a bala que ela insistentemente pede. No futuro, em condições semelhantes, é provável que a criança repita o mesmo comportamento (CUNHA, 2000, p. 51).

Segundo o autor citado acima, é isso que irá fazer com que o comportamento se instale. Um exemplo para isso pode ser a criança que ao fazer birra à mãe atende seu pedido, o comportamento dessa criança será condicionado a toda vez que quiser alguma coisa, fará birra para conseguir. Se caso a mãe deseja que esse comportamento não mais se manifeste, pode tentar fazer a extinção do comportamento através da punição por exemplo.

Alguns comportamentos depois de instalados serão mantidos ao longo do tempo sem o estímulo reforçador.

Mais alguns conceitos:

> **Condicionamento** - Uma espécie de aprendizagem na qual um estímulo originalmente ineficaz vem eliciar (condicionamento clássico) ou estabelecer uma situação para (condicionamento operante) uma resposta particular.
> **Condicionamento Clássico** - Aprendizagem associativa na qual o reforço é dado contíguo com a resposta, mas independentemente de sua ocorrência.
> **Condicionamento Respondente** - É o comportamento reflexo ou não voluntário e inclui respostas que são eliciadas (produzidas) por modificações especiais de estímulos do ambiente. Ex.: a contração das pupilas quando uma luz forte incide sobre os olhos.
> **Condicionamento Operante** - comportamento voluntário e abrange uma quantidade muito maior de atividade humana. Ex.: A birra na criança. Retirado do livro Psicologias de Bock et al, 1998, p. 41.
>
> Outros termos:
> **Modelagem** - Um procedimento operante experimental no qual reforço seletivo é usado para treinar o sujeito, através de aproximação sucessivas em algum novo comportamento.
> **Reforçador** - É a recompensa prometida pelo reforço.
> **Reforço** - É o fator que torna provável o aumento da freqüência de uma resposta.
> **Reforço Positivo** - é aquele que, quando apresentado, atua para fortalecer o comportamento que o precede.
> **Reforço Negativo** - é aquele que fortalece a resposta que o remove.
> **Extinção** - A ausência do reforço. Uma forma de extinção á a Punição.
> **Generalização** - capacidade de responder de forma semelhante a situações que julgamos semelhantes.
> **Discriminação** - capacidade de responder de forma diferente a estímulos diferentes.
>
> *Fonte: Retirado do livro Psicologias de Bock et al. 1998, p. 45-48*

3 - O comportamentalismo e a atuação do professor

O comportamentalismo é muito utilizado na escola, pois o professor pode usar vários desses recursos, tanto para instalar como para extinguir um comportamento.

Segundo Cunha (1992), como nessa abordagem os experimentos foram realizados com animais, fez com que isso reduzisse a uma teoria com exemplificações simples, abordando situações pouco complexas.

Porém, é através do comportamentalismo que se pode entender melhor o comportamento humano, sem a necessidade de submeter pessoas a experiências laboratoriais.

A crítica é que o comportamentalismo iguala animais e homens e que estes teriam uma atividade mental bem mais complexa, pois a teoria desconsidera algumas peculiaridades humanas como as, psicológicas, históricas e culturais. Ou seja, se para um aluno um determinado reforço é estimulante, para o outro às vezes não serve, cabendo ao professor descobrir quais estímulos reforçam o comportamento de seus alunos.

Outra grande contribuição do comportamentalismo, diz respeito ao tecnicismo, pois inspirou atitudes e procedimentos pedagógicos, como: ações, métodos, técnicas e instrumentos.

Nesse sentido, o comportamentalismo leva a crítica de como desenvolver pessoas críticas e construtivas, se a teoria vê a todos como iguais.

Os educadores de hoje certamente almejam outras metas para a escola e a coletividade brasileiras. E o comportamentalismo não poderia contribuir para a efetivação dessas metas? Ao tentar transportar esse paradigma para o campo pedagógico, os professores deverão julgar até que ponto e em que sentido ele pode ser útil, sem perder de vista o papel da educação escolar na manutenção e a transformação da ordem social (CUNHA, 2000, p. 67).

Mas, deixando de lado todas as críticas, é notório que a teoria comportamental, em todas as obras de aprendizagem, tem grande influência, afinal apresenta uma aplicação de ideias voltadas, especificamente, para a Educação, trazendo benefícios, formulando ideias, diagnosticando situações, criando regras funcionais.

Assim, Carpenter e Haddan *apud* Moreira *el al.* (1993), propõem um modelo funcional de ensino – aprendizagem a partir da teoria de Skinner.

Assim, o **reforço** serve para manter os resultados ou alterá-los. Assim, cita que devemos ensinar em pequenas doses, de forma que os alunos possam adaptar-se aos conteúdos e assim progressivamente.

O **Condicionamento Operante**, em sala de aula, significa que o aluno realize algum comportamento, ou de alguma resposta esperada ou próxima do esperado, pois se for emitido um reforço, aumenta-se as chances de em situações semelhantes o aluno emitir respostas semelhantes ao esperado, " o reforço de uma resposta operante aumenta a probabilidade de que se repitam outras das mesma classe" (MOREIRA *et al*, 1993, p.31).

Outro critério muito interessante utilizado na Educação é o que o autor chama de **Reforço diferencial**, ou seja, o mesmo reforço não pode ser utilizado para todos os tipos de alunos, dois alunos podem ser considerados brilhantes, porém cada um apresenta um grau de comportamento e de aprendizagem diferente do outro.

Moreira *et al.* (1993, p. 33) ainda nos mostra algumas fases em relação ao comportamento da educação, entre estes temos:

> A **fase de adaptação** é uma fase onde o aluno responde de maneira emocional a uma situação nova, e deste modo apresenta ansiedade, assim, o professor deve esclarecer aos alunos o objetivo do conteúdo e dos seus métodos, descrever claramente cada etapa da aprendizagem, descrever a importância de cada tema, proporcionar ao aluno uma visão panorâmica dos trabalhos que possa realizar para obter os resultados e os méritos.

Moreira *et al.* (1993, p. 34) ainda cita a **fase da Modelagem**, onde o aluno não pode exercer o efeito máximo desta fase sem que esteja livre da ansiedade, "a modelagem afeta a maneira de como o aluno atua, sendo uma técnica fundamental na educação, pois corresponde a todos os comportamentos do aluno e consequentemente a seus bons ou maus rendimentos".

Depois Moreira *et al.* (1993, p. 34) ainda cita a **fase da Manutenção**, por colocar que é um "processo de intensificação do comportamento aprendido, sendo seu efeito na educação se observa na retenção, aplicação e transferência da aprendizagem".

Algumas condições são sugeridas pelo autor na retenção de conhecimentos:

√ apresentar material em múltiplos contextos;
√ abundar-se de exemplos e ilustrações sobre conceitos importantes;
√ atribuir tarefas que requeiram o uso do novo material;
√ proporcionar reforços só depois da conclusão das tarefas;
√ incrementar gradual complexidade nas tarefas ou problemas;
√ aplicar práticas dos conhecimentos demonstrados;
√ destinar aos estudantes a tarefas de apresentar demonstrações apropriadas;
√ destinar grupos de estudantes em um trabalho determinado; consistente em descobrir, enumerar e descrever aplicações não tratadas na classe nem no texto;
√ realizar sessões de valorização critica da estrutura, funções e significados do conteúdo;
√ apresentar projetos individuais e grupais.

FONTE: Moreira et al. (1993, P. 35)

Carpenter e Haddan *apud* Moreira *et al* (1987) citam um modelo para facilitar a aprendizagem do aluno ao qual segue no quadro abaixo:

1 – Os objetivos para cada tema são apresentados em forma clara.
2 – O conteúdo é apresentado em unidades relativamente pequenas de trabalho de informação. Isto dá ao aluno a sensação de chegar a alguma parte. Por outro lado, o mantém ativo.
3 – As unidades de trabalho de informação são dispostas em uma seqüência que mantenha o aluno em elevada continuidade.
4 – Cada unidade contém suficientes sinais para facilitar o êxito na consecução da tarefa apresentada.
5 – Depois de haver completado cada trabalho, se põe à disposição do aluno uma resposta-modelo.
6 – O aluno estabelece seu próprio ritmo de trabalho.
7 – A situação de aprendizagem é preparada e dirigida com o fim de assegurar ao educando um mínimo de distrações.
8 – Se apresenta uma prova de revisão que esclarece ao aluno os comportamentos específicos necessários para satisfazer os objetivos estabelecidos no começo do tema.

FONTE: CARPENTER E HADDAN apud MOREIRA et al. (1993, P. 36).

Assim, podemos perceber que a teoria comportamental traz o enfoque de um ensino programado, que se inicia em programas simples, e depois em programas mais complexos. Sempre são dados aos alunos o *feedback* de sua atuação, tanto em relação aos acertos, bem como dos erros, no caso dos erros terão a oportunidade de tentar novamente em outra oportunidade.

Desse modo, ocorre a aprendizagem na teoria comportamental.

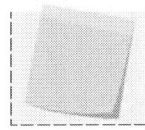

Retomando a aula

Parece que estamos indo bem. Então, para encerrar essa aula, vamos recordar:

1 - O Comportamentalismo de J.B. Watson, I. Pavlov, B.F. Skinner

O termo behavior vem do Inglês e significa comportamento. Assim, behaviorismo significa estudo do comportamento. Ou seja, é uma teoria comportamental. Sua origem se deu por volta de 1913, pelo americano John B. Watson. Foi através do estudo do comportamento que a psicologia ganhou o status de ciência deixando de ser um estudo da filosofia, pois passou a ser um objeto observável e mensurável.

Pavlov em 1927, em seu laboratório de fisiologia, observou que se um animal estiver privado de alimento por horas, irá salivar no momento que lhe é apresentado o alimento. E que nas mesmas condições poderá emitir o comportamento da salivação sem a presença do alimento, mas apenas por ver a pessoa que sempre o alimenta. Fez, dessa forma, diversas experiências, como por exemplo, emitindo o som de uma campainha no momento da apresentação do alimento ao animal, percebeu que após alguns dias, mesmo sem a presença do alimento, apenas emitindo o som da campainha o animal salivava. O som neste caso seria um estímulo. Chamou de condicionamento.

Seu experimento demonstrou que algumas funções autônomas como a salivação poderiam ser previstas e condicionadas ou seja, que estes comportamentos poderiam ser provocados.

Antes de Skinner é J. B. Watson, o primeiro psicólogo behaviorista reconhecido, mas é Skinner que se aprofunda e desenvolve a teoria behaviorista ou comportamental.

2 - A Teoria Comportamental

O comportamentalismo é a relação entre estímulos e respostas, significa que se soubermos utilizar os estímulos corretos teremos as respostas que desejarmos. Assim, "o comportamentalismo fornece uma perspectiva de entendimento do ser humano que viabiliza modificar o comportamento numa direção previsível, viabilizando o controle das ações da pessoa e a obtenção segura de resultados" (CUNHA, 2000, p.47).

O que na escola, significa que a partir do planejamento adequado e práticas pedagógicas direcionadas a aprendizagem será mais eficiente.

Dois conceitos fundamentais de Skinner são: Condicionamento e reforçamento, assim, Condicionamento Respondente, seria o comportamento reflexo, onde o organismo responde automaticamente a um estimulo. No caso a descoberta de Pavlov sobre a salivação do cachorro na presença do alimento.

O condicionamento Operante, sendo este o maior interesse de Skinner, diz respeito ao controle do comportamento após a realização do comportamento, ou seja, o processo de modelar e manter o comportamento.

Por isso, a relação do comportamentalismo no processo

ensino – aprendizagem, pois no momento que o professor quer um determinado comportamento do aluno, como por exemplo, que traga suas tarefas, este pode ser estimulado com a nota, ou com as "estrelinhas" no caderno, ou também pode ser punido. Outro exemplo é o aprendizado de uma mãe em relação ao filho, quando a mãe só libera a sobremesa após a criança comer a refeição principal, sendo a sobremesa o estímulo para o comportamento de comer a refeição.

3 - O comportamentalismo e a atuação do professor

Assim, Carpenter e Haddan apud Moreira *et al.* (1993), propõem um modelo funcional de ensino – aprendizagem a partir da teoria de Skinner.

Assim, o reforço serve para manter os resultados ou alterá-los. Assim, cita que devemos ensinar em pequenas doses, de forma que os alunos possam adaptar-se aos conteúdos e assim progressivamente.

O Condicionamento Operante, em sala de aula significa que o aluno realize algum comportamento, ou de alguma resposta esperada ou próxima do esperado, pois se for emitido um reforço, aumenta-se as chances de em situações semelhantes o aluno emitir respostas semelhantes ao esperado, " o reforço de uma resposta operante aumenta a probabilidade de que se repitam outras da mesma classe" (MOREIRA *et al.* 1993, p.31).

Outro critério muito interessante utilizado na Educação é o que o autor chama de Reforço diferencial, ou seja, o mesmo reforço não pode ser utilizado para todos os tipos de alunos, dois alunos podem ser considerados brilhantes, porém cada um apresenta um grau de comportamento e de aprendizagem diferente do outro.

Moreira *et al.* (1993) ainda nos mostra algumas fases em relação ao comportamento da educação, entre estes temos:

A fase de adaptação é uma fase onde o aluno responde de maneira emocional a uma situação nova, e deste modo apresenta ansiedade, assim, o professor deve esclarecer aos alunos o objetivo do conteúdo e dos seus métodos, descrever claramente cada etapa da aprendizagem, descrever a importância de cada tema, proporcionar ao aluno uma visão panorâmica dos trabalhos que possa realizar para obter os resultados e os méritos.

Moreira *et al.* (1993) ainda cita a fase da Modelagem, onde o aluno não pode exercer o efeito máximo desta fase sem que esteja livre da ansiedade, a modelagem afeta a maneira de como o aluno atua, sendo uma técnica fundamental na educação, pois corresponde a todos os comportamentos do aluno e consequentemente a seus bons ou maus rendimentos.

Moreira *et al.* (1993) ainda cita a fase da Manutenção, por colocar que é um processo de intensificação do comportamento aprendido, sendo seu efeito na educação se observa na retenção, aplicação e transferência da aprendizagem.

Vale a pena

Vale a pena ler,

PSICOLOGIAS: Uma Introdução ao Estudo da Psicologia. Ana Maria Bock, Odair Furtado e Maria de Lourdes T. Teixeira. Editora Saraiva, 1998. Capítulo 3 – O Behaviorismo.

Vale a pena acessar,

http://www.brasilescola.com/educacao/dificuldades-aprendizagem.htm. Acessado em 12/07/2010, às 20 horas.

Vale a pena assistir,

Escritores da Liberdade.

Minhas anotações

Aula 6º

A perspectiva cognitivista

Olá, nesta aula estudaremos a perspectiva Cognitivista de Piaget, Bruner e Ausubel; vida e obra de cada um. Bem como as contribuições para o estudo da Aprendizagem.

Sendo assim, bom estudo!

Se ao final desta aula, surgirem dúvidas, vocês poderão saná-las através das ferramentas "FÓRUM" ou "Quadro de Avisos" e através do "*Chat*".

Comecemos, então, analisando os objetivos da nossa aula.

Boa aula!

Objetivos de aprendizagem

Ao término desta aula, o aluno será capaz de:

- compreender sobre aprendizagem na concepção de Jean Piaget;
- analisar sobre aprendizagem na concepção de J. Bruner;
- entender a aprendizagem na concepção de Ausubel.

Seções de estudo

1 - O Cognitivismo de Jean Piaget
2 - O Cognitivismo de Jerome Bruner
3 - O Cognitivismo de David Ausubel

1 - O Cognitivismo de Jean Piaget

Figura 6.1 - Jean Piaget (1896-1980)

FONTE: http://www.images.google.com.br. Acessado em 23 de maio de 2012. Ás 19 horas.

Sua Vida:

Segundo o site Psicopedagogiabrasil, Jean Piaget, nasceu na Suíça em 1896. Desde criança interessou-se em fósseis e zoologia. Formou-se em Biologia e desde jovem interessou-se por Filosofia, principalmente Epistemologia.

Licenciou-se em 1915, dedicando-se a literatura de Kant, Herbert Spencer, Auguste Comte, entre outros. Em 1918 recebeu o título de Doutor em Ciências, seguindo depois para Zurique onde estudou no laboratório de Psicologia.

Em 1921, assumiu a direção do Instituto Jean Jacque Rousseau, de Genebra, passando a estudar sistematicamente a inteligência. Lecionando em várias universidades.

Piaget morreu em Genebra em 17 de setembro de 1980, deixando uma valiosa contribuição no campo da Psicologia contemporânea.

Sua Teoria:

Segundo Cunha (1992), Piaget preocupou-se com vários aspectos do conhecimento dando ênfase ao estudo do desenvolvimento. Sendo sua maior preocupação o "sujeito epistêmico", isto é, o estudo dos processos de pensamento presentes desde a infância até a idade adulta. Interessou pela visão interacionista do homem, (muitos chamam a sua teoria de interacionista ou construtivista), pois para Piaget os processos mentais não dependem unicamente dos processos emocionais e irracionais, como na psicanálise, nem somente através dos processos de aprendizagem, que podem ser controlados como na teoria comportamental.

É um ramo da filosofia que trata dos problemas filosóficos relacionados à crença e ao conhecimento (SITE: http://pt.wikipedia.org/wiki/Epistemologia).

Ele procurou entender a criança e o homem num processo ativo de interação, buscando compreender quais os mecanismos mentais, que o sujeito usa nas diferentes etapas da vida para poder entender o mundo. Pois para Piaget a adaptação à realidade externa depende basicamente do conhecimento.

Estudou a constituição do conhecimento, ou seja, quais os processos mentais envolvidos numa dada situação de resolução de problemas que possibilitam na criança aquela atuação. Pois, a criança constrói estruturas mentais e adquire modos de funcionamento dessas estruturas em função de suas tentativas incessantes de entender o mundo ao seu redor, ela compreende seus eventos e sistematiza suas ideias num todo coerente.

Piaget observou o desenvolvimento de seus próprios filhos, passando a observar suas reações desde os primeiros dias de vida. Assim, se interessou em saber como o conhecimento acontece, ou seja, como uma pessoa passa de um estado de não saber ao estado de saber. "O problema epistemológico que despertou a atenção de Piaget diz respeito a como se passa de um tipo de conhecimento a outro [...]" (CUNHA, 1992, p. 71).

O Método de Piaget, não consiste em medir a inteligência com testes e provas, mas entender como o indivíduo compreende o mundo que o cerca, como formula suas hipóteses e resolve problemas.

Assim, o método piagetiano, é uma abordagem de pesquisa e não uma estratégia de trabalho pedagógico. O que faz com que esse método verifique as singularidades de cada sujeito, sendo que cada aluno deve ser tratado de acordo com suas particularidades e não de uma forma massificada, em que todos devem seguir o mesmo ritmo.

Essa teoria também defende a ideia que, o conhecimento só é possível, quando sujeito (aluno) age sobre o objeto (conhecimento). "O aluno deve ser despertado para a relevância daquilo que vai ser ensinado. [...] Não havendo motivação, o aluno não se posiciona de modo ativo diante da matéria"(CUNHA, 1992, p.74-75).

O livro Psicopedagogia Clínica, de Maria Lucia Weiss (2001), traz um exemplo nítido do que Piaget nos fala, o exemplo é de uma criança que não tinha interesse pelo conteúdo estudado nas aulas de ciências, ao se deparar com a matéria dada em sala de aula, a autora coloca que o desinteresse da criança foi justificado, pois o conteúdo da disciplina dizia respeito ao "tubo digestivo da minhoca", sendo assim, qual poderia ser o interesse de uma criança em estudar tal assunto.

> A concepção epistemológica adotada por Piaget aproxima suas ideias de todas as correntes pedagógicas que enfatizam a atividade do educando e a estruturação de um ambiente escolar que corresponda às características pessoais do aluno – seus interesses, sua personalidade, seu conhecimento cotidiano (CUNHA, 1992, p.75).

Os conceitos mais importantes na Teoria de Jean Piaget são: Construção e Invenção, este conceito diz que a criança está empenhada em entender e compreender sua experiência dentro de um todo coerente, aquisição de operações, sendo a aquisição das operações o centro do crescimento intelectual, assimilação, que é a incorporação de um novo objeto ou ideia a uma ideia ou esquema já possuído pela criança, acomodação e equilíbrio, é a tendência de se ajustar a um novo objeto, a fim de se adequar a tal objeto.

Segundo Piaget, existe quatro estágios principais de desenvolvimento intelectual: sensório-motor (de 0 a 18 meses), pré-operacional (dos 18 meses aos 7 anos), operatório-concreto (dos 7 aos 12 anos) e lógico formal (dos 12 anos em diante). Todos esses conceitos serão vistos detalhadamente a seguir.

• **Conceitos Fundamentais:**

Figura 6.2 - Processo ativo: criança e homem

FONTE: http://www.images.google.com.br. Acessado em 12 de maio de 2012, às 19 horas.

Segundo Rappaport (1981), Piaget mostrou a criança e o homem num processo ativo de contínua interação, procurando entender quais os mecanismos mentais que o sujeito usa nas diferentes etapas da vida para poder entender o mundo. Ele acreditava que embora os seres humanos sejam capazes de aprender certas coisas em determinado período de sua vida, parecem ser incapazes de aprender as mesmas coisas em outros momentos.

Dessa forma, sua preocupação central foi a elaboração de uma teoria do conhecimento que pudesse explicar como o organismo conhece o mundo, pois para ele só o conhecimento possibilita um estado de equilíbrio interno, que o capacita a adaptar-se ao meio ambiente. Desse modo, ele coloca o sujeito como elemento central da aprendizagem e do desenvolvimento. Assim, a aprendizagem, segundo esse autor, ocorre conforme estágios do desenvolvimento que ele dividiu em quatro: período sensório-motor, período pré-operacional, período das operações concretas, período das operações formais. Mas a aprendizagem só será possível a partir de quatro determinantes básicos dessa teoria, são eles:

1. **Hereditariedade**: o indivíduo herda uma série de estruturas biológicas (sensoriais e biológicas) que predispõem ao surgimento de certas estruturas mentais. Esse organismo vai amadurecer em contato com o meio, e dessa interação resultarão determinadas estruturas cognitivas que vão funcionar durante toda a vida do sujeito.
2. **Adaptação**: Piaget valoriza a curiosidade intelectual e a criatividade, sugerindo que o ato de conhecer é prazeroso e gratificante tanto para a criança como para o adulto e se constitui uma força motivadora para o seu próprio desenvolvimento. Assim, o conhecimento possibilita novas formas de interação com o ambiente, proporcionando uma adaptação cada vez mais completa e eficiente. As novas questões movimentam o organismo para ação que vão se utilizar das estruturas mentais já existentes ou então, quando essas estruturas mostram-se ineficientes, elas são modificadas para lidar com a nova situação. Assim entrariam em ação dois processos complementares: a assimilação e a acomodação. O processo de assimilação se refere à tentativa, feita pelo sujeito, de solucionar uma determinada situação, utilizando uma estrutura mental já formada. Quando essas estruturas antigas não conseguem solucionar os problemas, elas irão servir para tentar solucionar, mas elas serão mudadas com vistas a solução do problema, a isso Piaget denomina acomodação.
3. **Esquema**: a partir de um equipamento biológico hereditário, a criança irá formar estruturas mentais com a finalidade de organizar este caos de sensações e estados internos desconhecidos no aspecto mental, poderíamos dizer que a nossa estrutura unitária básica é o esquema, que pode ser simples, ou complexo.
4. **Equilíbrio**: é o processo de organização das estruturas cognitivas num sistema coerente, interdependente, que possibilita ao indivíduo um tipo ou outro de adaptação à realidade (PIAGET, 1980, p. 78).

Sendo os quatro períodos do desenvolvimento:

1. **Sensório-motor**: ocorre no período do nascimento até dois anos de idade, onde são realizados reflexos básicos, modificados juntamente com a maturação do sistema nervoso e interação criança-meio.
2. **Pré-operatório**: compreende a fase de dois a sete anos; período em que se desenvolve a capacidade simbólica na linguagem, jogo simbólico e imitação. Neste, já existem esquemas interiores organizados. São características as ações egocêntricas e autocentradas, em que a criança vê o mundo somente por sua perspectiva.
3. **Operações concretas**: ocorre no período de sete a doze anos em que a criança está presa à realidade concreta e desenvolve a capacidade de pensamento lógico e argumentação; por meio destes, a criança tenta convencer as pessoas de seu pensamento.
4. **Operatório formal**: de doze anos em diante, há o desenvolvimento da linguagem na elaboração de hipóteses. Distingue-se o real e o fantasioso e é possível pensar em termos abstratos. A partir deste momento, o adolescente pode desenvolver-se a partir do que lhe é permitido pelo meio (PIAGET, 1980, p. 78).

Conforme Palangana (2001), cada um desses estágios representa um momento do desenvolvimento, em que são construídas estruturas cognitivas. Desta forma, a cada nível dispõem-se novos esquemas com propriedades diferentes das anteriores. A sequência desses níveis é invariável, diferencia-se o ritmo adquirido por cada um e a idade em que se alcança um novo estágio.

Para Piaget, o desenvolvimento desses estágios é acompanhado pelo desenvolvimento do indivíduo, mostrando que esses dois aspectos constituem um mesmo processo, cujo ápice é a adaptação ativa do indivíduo ao mundo. E essa interação sujeito/objeto e outros sujeitos é a única fonte de conhecimento e o pleno desenvolvimento.

Para essa abordagem o sujeito é ativo em seu processo de desenvolvimento. A escola então, deve valorizar e incentivar a autonomia e a liberdade, pois, é a partir do próprio interesse do aluno que este irá se desenvolver.

Cunha (1992) cita que, no entanto nesta abordagem há duas vertentes de pensamento, as quais originam diversas práticas pedagógicas. Uma dessas vertentes denominada de "construtivismo radical" considera que a escola não deve planejar o aprendizado. Assim, não deve haver currículo, pois todo conhecimento deve vir do interesse do aluno, que conduz esse processo cabendo ao professor, apenas organizar ações para que a aprendizagem aconteça. Essa vertente é criticada, pois, coloca em plano secundário todo o saber desenvolvido pela humanidade e por acreditar que a criança sozinha pode elaborar o conhecimento e incluindo conceitos e juízos de moral.

A segunda vertente, também construtivista, diferencia-se da anterior por organizar o aprendizado escolar em tópicos, o que também é criticado, pois, o planejamento escolar nessa vertente é rigorosamente planejado, para que o aluno passe de estágios mais simples aos mais elaborados, mas a crítica é que o aluno ficaria preso a isso. Não dando a liberdade ao desenvolvimento como a teoria piagetiana acredita. "Planejar o tipo de indivíduo em que a educação almeja obter" (CUNHA, 1992, p.101).

Jean Piaget foi um dos maiores responsáveis no campo da psicologia contemporânea da aprendizagem. A teoria piagetiana, traz uma grande contribuição na prática docente, apesar de não sistematizar essa prática ao professor, mas, proporciona um entendimento sobre o desenvolvimento da criança e consequentemente a compreensão de como ocorre a aprendizagem.

Passaremos a estudar a partir de agora outro teórico de grande contribuição para o cognitivismo, Jerome Brumer e sua teoria sobre a aprendizagem.

2 - O Cognitivismo de Jerome Bruner

Figura 6.3 - Jerome Bruner (1915)

FONTE: http://www.images.google.com.br. Acessado em 27 de janeiro de 2012, às 20 horas.

Sua Vida:

Segundo o site Wikipedia.org, Brumer, nasceu em 1915 na cidade de Nova Iorque.

Se graduou na Universidade de Duke em 1937, seguindo para a Universidade de Harvard, onde em 1941 conseguiu o título de doutor em Psicologia.

Em 1960 fundou o Centro de Estudo Cognitivos em Harvard. Durante sua carreira teve uma impressionante produção de livros e artigos científicos

Sua Obra:

Segundo Moreira (1983), Jerome S. Bruner, desde seu doutorado em Harvard, tem se caracterizado como um dos mais produtivos estudiosos do desenvolvimento do pensamento, percepção, representações e habilidades da criança e relações entre cultura e desenvolvimento cognitivo.

Ainda segundo Moreira (1983), para Bruner, é notoria a inadequadção da escola para acompanhar o avanço técnico-científico atual. Apesar de ter escrito sobre esses aspectos em sua obra de 1970, já tinha essa visão futurista sobre a falta de interesse das crianças pela escola tradicional, acarretada pela dinamicidade da tecnologia atual.

Moreira (1983) cita ainda:

> Examinando os dados do problema, surge clara a necessidade de redefinição da natureza, direção e objetivos da educação, em função justamente das constantes modificações de circunstâncias e conhecimentos que são característicos do mundo de hoje. Sem tal redefinição, a distância entre o que a escola oferece e o que se exige aumentará cada vez mais (MOREIRA, 1983, p. 79).

Bruner define a aprendizagem como um processo de relação do sujeito com o mundo externo, o que resulta a organização interna do conhecimento.

> À medida que o ser se situa no mundo, estabelece relações de significação, isto é, atribui significados à realidade em que se encontra. Esses significados não são entidades estáticas, mas pontos de partida para a atribuição de outros significados (BOCK et al, 1998, p.102).

Essa teoria está preocupada com o "processo" de compreensão, transformação, armazenamento e utilização das informações. Assim, para Bruner apud Bock (1998), o ensino envolve a organização da matéria de maneira eficiente e significativa para o aprendiz.

O autor coloca ainda, que no ato de ensinar devemos partir de conceitos gerais para ideias mais específicas e particulares da matéria, aumentando a dificuldade dos conteúdos.

Segundo Bruner apud Bock (1998), o método da descoberta e o método básico de trabalho educacional. Para ele o aprendiz deve ter o interesse em aprender (fazendo perguntas, experimentos, investigação). E também, o método da compreensão, onde o aprendiz deve compreender o problema a ser solucionado, pois assim, o professor terá condições de mesmo no erro, descobrir seu raciocínio, fazendo com que o aluno compreenda o problema. Por isso, esse autor concebe a aprendizagem como "solução de problemas", pois é a partir de problemas do cotidiano que os indivíduos se ajustam ao meio.

Segundo Piletti (1991), para essa teoria a aprendizagem

deve ser estimuladora para o aluno, no sentido de fazê-lo raciocinar, pois só assim, o aluno tendo suas próprias decisões será treinado ou ensinado para a ação.

> A matéria de ensino deve, pois, se constituir em um conjunto desafiador de problemas a serem examinados e resolvidos pelo aluno, conjunto este apresentado num crescendo de complexidade operacional, em função dos diferentes estágios do desenvolvimento mental, dos interesses das necessidades futuras do indivíduo (MOREIRA, 1983, p. 85).

Ainda, segundo o autor acima, a tarefa da educação para Bruner é dar meios que leve o aluno a aprender a pensar, a compreender e saber utilizar seu proprio estilo de pensamento em seu benefício.

Na obra de Bruner, verificamos além da ênfase ao ensino, voltado ao desenvolvimento intelectual, o cultivo à excelência. Bruner ainda coloca a importância do papel da estrutura da materia de ensino na aprendizagem; das condições internas do aprendiz e a forma de ensinar-lhe; da importância do pensamento intuitivo no processo de aprender e de pensar produtivamente.

Bruner *apud* Moreira diz que "a atividade intelectual é a mesma, quer a do cientista que a de um aluno de 3ª serie da escola primária quando empenhado em compreender algo" (1983, p. 102).

Bruner colocar também que a diferença é de grau e não de estrutura. Para isso é necessário dar condições a criança para que se desenvolva. E nesse sentido Bruner esclarece de que modo ensinar uma criança.

Assim, dá importância a "transferência" de conhecimento de situações passadas para resolver problemas atuais. Ou seja, o material aprendido deve ser empregado em diferentes situações.

Assim, como coloca que o conteúdo deve ser programado, então a criança deve ser levada a descoberta. "a oportunidade de explorar situações" (MOREIRA, 1983, p. 103).

O ensino seria chamado assim, de exploratório e descreve seis partes de fatores deste ensino.

> 1ª Atitude da criança: o professor deve conduzir a criança a usar sua mente para resolver um problema. Pode ser fortalecida pelo professor à medida que este estimule a criança que ela pode resolver o problema, que pode pensar sobre. Moreira (1983), cita que as crianças devem ser alentadas a dizer coisas como: "Espere que eu pense a respeito"..."deixe-me usar a cabeça". Ou seja, convencer a criança que ele pode e tem condições de resolver o problema.
> 2ª Compatibilidade do grau de desenvolvimento da criança a tudo aquilo que lhe for apresentado.
> 3ª Ativação da criança, onde ela experimenta sua própria capacidade de resolver problemas e de ter resultados satisfatórios. Assim, se sinta recompensada e motivada para outros desafios. Bruner acredita que essa recompensa não é externa, como na teoria comportamental, mas, uma recompensa interna, que desenvolva a motivação.
> 4ª Aplique suas aptidões – A criança precisa aplicar suas aptidões na solução de problemas.
> - Aptidão para insistir em uma ideia.
> - Aptidão para formular uma hipótese.
> 5ª Auto-regulação – necessidade de refletir sobre suas próprias condutas e reflexões, chegando a observação do seu proprio desempenho.
> 6ª Capacidade de Manipular facilmente a informação, de maneira que o professor possa empregá-las na solução de problemas (MOREIRA, 1983, p. 103).

Além disso, na teoria de Jerome Bruner a aprendizagem só ocorre mediante a motivação, que pode estar ligada tanto a fatores internos quanto a externos. Pois, sendo a <u>motivação</u> o conjunto de fatores que mobilizam ou conduzem a ação de um indivíduo, pode-se entender também, como o desejo, termo usado na teoria psicanalítica. Nesse sentido, só haverá aprendizagem se houver motivação.

> *É o processo que mobiliza o organismo para a ação (BOCK et al, 1998, p.106).*

Figura 6.4 - Motivação

FONTE: www.dailygalaxy.com/.../10/birth-of-an-ice.html. Acessado em 23 de maio de 2012, às 20 horas.

Quando nos referimos à motivação, devemos pensar que esta funciona como um "*iceberg*". Veja a imagem acima, a maior parte do gelo está submersa, o que aparece é só uma pequena ponta do *iceberg*, assim é a motivação, a maior parte desta está submersa no mundo subjetivo de cada um, o que aparece é a menor parte, e, muitas vezes, nem essa. É necessário descobrir o que pode despertar essa motivação interna de cada um, e cabe a você futuro professor, despertar a motivação de seus alunos, ou de seus atletas, seja qual for o contexto que estiver inserido.

Vemos que nas duas teorias apresentadas os fatores internos inerentes ao sujeito, quanto os fatores externos em relação ao meio são fundamentais para que a aprendizagem ocorra.

3 - O Cognitivismo de David Ausubel

Moreira (1983) cita que a teoria de Ausubel é uma teoria cognitiva e assim, se preocupa com o processo de compreensão, transformação, armazenamento e uso da informação envolvida na cognição.

Para Ausubel, novas ideias e conceitos são aprendidos, à medida que conceitos básicos já estejam claros e sirvam de base a novas informações.

A aprendizagem somente se torna significativa a partir do

momento em que o indivíduo interage com esses conceitos e assimila-os. Sendo esse processo o mais importante na aprendizagem escolar.

A ideia central da teoria de Ausubel é a Aprendizagem Significativa, que, para ele, a aprendizagem significativa é um processo através do qual uma nova informação relaciona-se com um aspecto relevante da estrutura de conhecimento do indivíduo. Ele definiu como conceitos subsunçores, pois seriam informações já existentes na estrutura cognitiva do indivíduo. Ou seja, a nova informação "ancora-se" em conceitos relevantes preexistentes na estrutura cognitiva do aprendiz.

> Ausubel vê o armazenamento de informações no cérebro humano como sendo altamente organizado, formando uma hierarquia conceitual na qual elementos mais específicos de conhecimentos são ligados (e assimilados) a conceitos mais gerais, mais inclusivos. Estrutura Cognitiva significa, portanto, uma estrutura hierárquica de conceitos (MOREIRA, 1983, p.128).

A aprendizagem Mecânica, para Ausubel são as novas informações com pouca ou nenhuma relação com conceitos relevantes ou existentes. Desse modo, não há interação entre a nova informação e aquela já armazenada, como na aprendizagem significativa.

Segundo essa teoria, esse processo se dá de duas maneiras:

1. **Aprendizagem Mecânica**: Aprendizagem de novas informações com pouca ou nenhuma associação com conceitos já existentes na estrutura cognitiva.

2. **Aprendizagem Significativa**: Processo onde um novo conteúdo, relaciona-se com conceitos relevantes, claros e disponíveis na estrutura cognitiva, sendo assimilados por ela (BOCK et al, 1998, p. 102-103).

Vejamos o exemplo:

A partir do momento que a criança desenvolve os conceitos de cão, gato, leão, ela pode mais tarde aprender que todos esses são subordinados ao conceito de mamífero. E a partir do momento que outras aprendizagens ocorrem vinculadas e subordinadas ao conceito de mamíferos, temos o que Ausubel chamou de **aprendizagem superordenada**.

Ausubel, *apud* Moreira (1983), nos dá conceitos de **diferenciação progressiva** e **reconciliação integrativa**. Assim a **diferenciação progressiva**, é a constante elaboração e modificação, dos subsunçores quando estes adquirem novos significados. Já a **reconciliação integrativa**, é o fato que na aprendizagem superordenada as ideias estabelecidas são associadas a novas informações e os elementos existentes na estrutura cognitiva podem se reorganizar e adquirir novos significados. Ou seja, há uma recombinação de elementos já existentes com novas informações, formando uma nova estrutura.

É importante destacar que a diferenciação progressiva, quanto à reconciliação integrativa são funções interligadas e dinâmicas, e apesar de existir uma crítica em relação à teoria de Ausubel por ser muito teórica e não servir à prática, não é desta maneira que Moreira (1983) nos coloca.

Pois do ponto de vista da teoria de Ausubel, o desenvolvimento de conceitos é facilitado quando os elementos mais gerais são introduzidos em primeiro lugar e, posteriormente, esse conceito vai sendo modificado. Assim, para o autor o princípio da diferenciação progressiva deve ser levado em conta no momento de se programar um conteúdo de ensino. Assim, como cita Moreira (1983, p.137),

> 1 - é mais fácil para seres humanos captar aspectos diferenciados de um todo mais inclusivo, previamente aprendido, do que chegar ao todo a partir de suas partes diferenciadas;
> 2 - a organização do conteúdo de uma certa disciplina na mente de um indivíduo é uma estrutura hierárquica na qual as idéias mais inclusivas estão no topo da estrutura e progressivamente incorporam proposições, conceitos e fatos menos inclusivos e mais diferenciados.

Segundo Novak *apud* Moreira (1983, p.137-138),

> para atingir-se a reconciliação integrativa de forma mais eficaz deve-se organizar o ensino "descendo e subindo" nas estruturas conceituais hierárquicas 'à medida que a nova informação é apresentada. Isto é, começa-se com os conceitos mais gerais, mas é preciso ilustrar logo como os conceitos subordinados estão a eles relacionados e, então, voltar, através de exemplos, a novos significados para os conceitos de ordem mais alta na hierarquia.

Ainda em relação à organização do ensino, Ausubel nos coloca que é necessário uma organização sequencial do programa do conteúdo da matéria, de maneira tão coerente quanto possível, do mesmo modo quanto é importante a insistência no ensino para a consolidação do conteúdo aprendido.

Sendo assim, encerramos nossa aula sobre a perspectiva cognitivista. Espero que tenham se beneficiado do conteúdo aprendido e que este possa ser bem utilizado por vocês futuros professores em sala de aula.

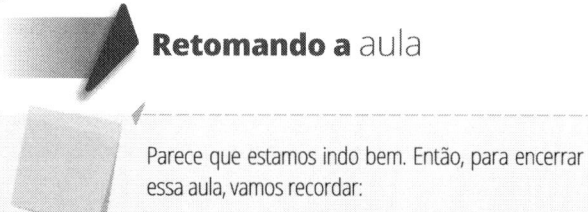

Retomando a aula

Parece que estamos indo bem. Então, para encerrar essa aula, vamos recordar:

1 - O Cognitivismo de Jean Piaget

Segundo Cunha (1992), Piaget preocupou-se com vários aspectos do conhecimento dando ênfase ao estudo do desenvolvimento. Sendo sua maior preocupação o "sujeito epistêmico", isto é, o estudo dos processos de pensamento presentes desde a infância até a idade adulta. Interessou pela visão interacionista do homem, (muitos chamam a sua teoria de interacionista ou construtivista).

Ele procurou entender a criança e o homem num

processo ativo de interação, buscando compreender quais os mecanismos mentais, que o sujeito usa nas diferentes etapas da vida para poder entender o mundo.

Assim, se interessou em saber como o conhecimento acontece, como uma pessoa passa de um estado de não saber ao estado de saber. "O problema epistemológico que despertou a atenção de Piaget diz respeito a como se passa de um tipo de conhecimento a outro [...]". (CUNHA, 1992, p. 71).

Assim, o método piagetiano, é uma abordagem de pesquisa e não uma estratégia de trabalho pedagógico. O que faz com que esse método verifique as singularidades de cada sujeito, sendo que cada aluno deve ser tratado de acordo com suas particularidades e não de uma forma massificada onde todos devem seguir o mesmo ritmo.

2 - O Cognitivismo de Jerome Bruner

Bruner define a aprendizagem como um processo de relação do sujeito com o mundo externo, o que resulta a organização interna do conhecimento.

Essa teoria está preocupada com o "processo" de compreensão, transformação, armazenamento e utilização das informações. Assim, para Bruner apud Bock (1998), o ensino envolve a organização da matéria de maneira eficiente e significativa para o aprendiz.

O autor coloca ainda, que no ato de ensinar devemos partir de conceitos gerais para ideias mais específicas e particulares da matéria, aumentando a dificuldade dos conteúdos.

Segundo Piletti (1991), para essa teoria a aprendizagem deve ser estimuladora para o aluno, no sentido de fazê-lo raciocinar, pois só assim, o aluno tendo suas próprias decisões será treinado ou ensinado para a ação.

Ainda segundo o autor acima, a tarefa da educação para Bruner é dar meios que leve o aluno a aprender a pensar, a compreender e saber utilizar seu próprio estilo de pensamento em seu benefício.

Na obra de Bruner verificamos além da cÊnfase ao ensino voltado ao desenvolvimento intelectual e ao cultivo da excelência. Bruner ainda coloca a importância a:

1 – O papel da estrutura da materia de ensino na aprendizagem;

2 – As condições internas do aprendiz e a forma de ensinar-lhe;

3 – A importância do pensamento intuitivo no processo de aprender e de pensar produtivamente.

Assim, como coloca que o conteúdo deve ser programado, então a criança deve ser levada a descoberta. "a oportunidade de explorar situações" (MOREIRA, 1983, p. 103).

O ensino seria chamado assim, de exploratório e descreve seis partes de fatores desse ensino. 1ª A Atitude; 2ª Compatibilidade; 3ª Ativação; 4ª Aplique suas aptidões; 5ª Autorregulação; 6ª Capacidade de Manipular facilmente a informação.

Além disso, na teoria de Jerome Bruner a aprendizagem só ocorre mediante a motivação, que pode estar ligada tanto a fatores internos quanto a externos.

3 - O Cognitivismo de David Ausubel

Segundo Moreira (1983), a teoria de Ausubel é uma teoria cognitiva e, assim, se preocupa com o processo de compreensão, transformação, armazenamento e uso da informação envolvida na cognição.

A aprendizagem somente se torna significativa a partir do momento que o indivíduo interage com esses conceitos e assimila-os. Sendo este processo o mais importante na aprendizagem escolar.

A ideia central da teoria de Ausubel é a Aprendizagem Significativa, para ele a aprendizagem significativa é um processo através do qual uma nova informação relaciona-se com um aspecto relevante da estrutura de conhecimento do indivíduo. Ele definiu como **conceitos subsunçores**, pois seriam informações já existentes na estrutura cognitiva do indivíduo.

A aprendizagem Mecânica, para Ausubel são as novas informações com pouca ou nenhuma relação com conceitos relevantes ou existentes. Desse modo, não há interação entre a nova informação e aquela já armazenada, como na aprendizagem significativa.

Ausubel *apud* Moreira (1983), ainda nos dá conceitos de diferenciação progressiva e reconciliação integrativa. Na da teoria de Ausubel, o desenvolvimento de conceitos é facilitado quando os elementos mais gerais são introduzidos em primeiro lugar e posteriormente esse conceito vai sendo modificado. Ainda em relação a organização do ensino Ausubel, nos coloca que é necessário uma organização sequencial do programa do conteúdo da matéria, de maneira tão coerente quanto possível, do mesmo modo quanto é importante a insistência no ensino para a consolidação do conteúdo aprendido.

Vale a pena

Vale a pena **ler,**

PSICOLOGIA NA EDUCAÇÃO. Claúdia Davis e Zilma de Oliveira. Cortez Edit. São Paulo, 1994. pág. 36-57

Vale a pena **acessar,**

http://www.psicopedagogiabrasil.com.br

Vale a pena **assistir,**

O homem sem face

7º Aula

A perspectiva sócio construtivista

Olá, nesta aula estudaremos a perspectiva sócio construtivista de Vygotsky, sua vida e obra, o papel atribuído ao social no desenvolvimento do ser humano e, em especial, ao papel da linguagem na constituição do pensamento. Por último, estudaremos o papel atribuído ao professor nesta perspectiva.

Sendo assim, bom estudo!

Se ao final desta aula, surgirem dúvidas, vocês poderão saná-las através das ferramentas "Fórum" ou "Quadro de Avisos" e através do "*Chat*".

Comecemos, então, analisando os objetivos da nossa aula.

Boa aula!

Objetivos de aprendizagem

Ao término desta aula, o aluno será capaz de:

- refletir, sobre aprendizagem nesta concepção;
- analisar a importância da linguagem nesta perspectiva;
- compreender a implicância do papel do professor.

Seções de estudo

1 - O Sócio-Construtivismo de Vygotsky
2 - O Papel da Linguagem para Vygotsky
3 - O Papel do Professor para Vygotsky

1 - O Sócio - Construtivismo de Vygotsky

Figura 7.1 - Lev Seminovitch Vygotsky (1896-1934)

FONTE: http://www.images.google.com.br. Acessado em 23 de maio de 2012, ás 20 horas.

Vida e Obra:

Nascido na Rússia em 1896, Vygotsky escreveu uma ampla obra sobre o desenvolvimento da criança apesar de sua vida curta, pois faleceu aos 37 anos de idade.

Segundo Davis (2000), para essa teoria o desenvolvimento infantil se dá numa interação ativa, que é histórica e social, ou seja, a construção do desenvolvimento é primordialmente social.

Para Vygotsky é a partir da base biológica do comportamento humano em interação com o meio social que a criança irá partir de estruturas orgânicas elementares, formando novas e mais complexas funções mentais, que irão depender das experiências vividas pela criança.

Assim, o componente biológico no homem é responsável pelas reações inatas e o organismo não tem condições de fugir desses "limites biológicos", porém, esse sistema de reações inatas é determinado pela estrutura do meio onde se desenvolve o biológico.

Desse modo, como coloca Vygotsky, "toda educação é de natureza social, queira ou não". Assim, a "experiência capaz de formar novas reações e novos aprendizados". Sendo assim, a experiência pessoal do educando é à base de todo o trabalho pedagógico.

Um dos aspectos mais significativos da obra do autor, e que reflete toda a sua ideia, diz respeito ao parágrafo citado abaixo:

> Não se pode educar o outro. É impossível exercer influência imediata e provocar mudanças no organismo alheio, é possível apenas a própria pessoas educar-se, ou seja, modificar as suas reações inatas, através da própria experiência. 'Os nossos movimentos são os nossos mestres'. No fim das contas, a própria criança se educa. [...] Nesse sentido, a educação em todos os países e em todas as épocas sempre foi social, por mais antissocial que tenha sido em sua ideologia (Vygotsky, 2004, p. 447).

Desse modo, ao citar que o próprio educando se educa o autor não desvaloriza o papel do professor, ao contrário, se refere ao professor como o responsável pela organização do ambiente de tal modo que, "no processo de educação o mestre deve ser os trilhos por onde se movimentam com liberdade e independência os vagões, que recebem dele apenas a orientação do próprio movimento" (VYGOTSKY, 2004, p.448).

Figura 7.2 - Ação pedagógica

Fonte: arquivo Clip Art Windows

O autor cita ainda que a velha pedagogia transformava o aluno em uma esponja, que apenas absorvia os conhecimentos alheios, e justifica que quando o conhecimento não passa pela experiência pessoal não deve ser visto como conhecimento. Assim, "A psicologia exige que os alunos aprendam não só a perceber, mas também a reagir. Educar significa, antes de mais nada, estabelecer novas reações, elaborar novas formas de comportamento" (VYGOTSKY, 2004, p.448).

Desse modo, o autor ainda faz referência ao papel do professor, como o papel do jardineiro, que, por mais difícil que seja manter o jardim bonito não desiste dos seus objetivos, assim, o professor deve cuidar do meio, pois ao mudar o meio, educa a criança. Afinal, "o meio social é a verdadeira alavanca do processo educacional, e todo o papel do mestre consiste em direcionar essa alavanca" (VYGOTSKY, 2004, p.448).

Chegando a fórmula do processo educacional, cita: "A educação se faz através da própria experiência do aluno, a qual é inteiramente determinada pelo meio, e nesse processo o papel do mestre consiste em organizar e regular o meio" (VYGOTSKY, 2004, p.448). Pois, o meio pode ser tanto benéfico quanto prejudicial e nocivo à criança. É necessário entender que esse meio precisa ser propício ao desenvolvimento da criança, e desse modo, o princípio espontâneo no processo educacional é completamente rejeitado por Vygotsky.

O autor ainda cita que o papel ativo da educação e de tudo o que a circunda, bem como os seus personagens sociais, afinal, a educação é algo vivo, que inquieta, e o meio não é algo absoluto, nem estático, ambos mudam, meio e homem, num processo em dialética constante.

> É por isso que no processo de educação também cabe ao mestre um papel ativo: o de cortar, talhar e esculpir os elementos do meio combiná-los pelos mais variados modos para que eles realizem a tarefa de que ele, o mestre, necessita. Deste modo, o processo educativo já se torna trilateralmente ativo: é ativo o aluno, é ativo o mestre, é ativo o meio criando entre eles. Por isso, o menos possível é interpretar esse processo como placidamente pacífico e regular. Ao contrário, a sua natureza psicológica mostra que ele é uma luta sumamente

complexa, na qual se lançaram inúmeras forças das mais complexas e diversas, que ele é um processo dinâmico, ativo e dialético, que não lembra um processo de crescimento lento e evolutivo, mas um processo movido saltos, revolucionário de embates contínuos entre o homem e o mundo (VYGOTSKY, 2004, 449).

É na inter-relação do homem com o mundo, que podemos pensar na questão subjetiva deste homem em contato com o meio, assim, a individualidade de cada ser humano é também parte desse processo e neste sentido a educação faz a seleção social, pois transforma o homem biológico em homem social.

O processo de formação de pensamento ocorre pela assimilação de experiências, que se dá através da comunicação. Ou seja, dá interação com os outros, dá maneira como os adultos nomeiam e atribuem valor ou não aos objetos.

Para essa teoria, o desenvolvimento não ocorre conforme estágios do desenvolvimento como afirma a teoria de Piaget. Sendo os fatores biológicos responsáveis pelo desenvolvimento apenas no início da vida, depois que prevalece o social, ou seja, são as relações humanas que afetam o pensamento e o raciocínio.

Davis (2000) diz que Vygotsky considera três teorias principais entre desenvolvimento e aprendizagem. A primeira teoria desenvolvimento precede a aprendizagem, pois é necessário certo desenvolvimento maturacional para que a aprendizagem aconteça, ou seja, a teoria de Piaget. Na segunda teoria, aprendizagem e desenvolvimento são acúmulos de respostas, pois ocorrem simultaneamente. E a terceira teoria aprendizagem e desenvolvimento são processos independentes que se interagem. Em que, ao mesmo tempo, que um processo é desenvolvimento o outro também.

Para Vygotsky essa última teoria entre desenvolvimento e aprendizagem é a mais correta, porém que cada criança irá se desenvolver conforme as experiências que são fornecidas pela interação social através da linguagem. Nesta teoria entre o desenvolvimento atual e o que a criança tem capacidade de desenvolver cria o termo, "zona de desenvolvimento potencial". Esse conceito é fundamental para um ensino efetivo, pois o professor prepara a aula de acordo com o que a criança é capaz de realizar, ou seja, seu nível de desenvolvimento real, sempre com um grau a mais de desafio, que seria o nível de desenvolvimento potencial ou proximal, ou seja, aquilo que a criança tem capacidade de desenvolver.

Na próxima seção vamos estudar o papel da linguagem na constituição do pensamento.

2 - O Papel da Linguagem para Vygotsky

Figura 7.3 - A linguagem

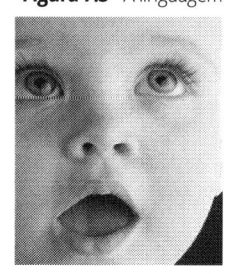

FONTE: http://www.images.google.com.br. Acessado em 12 de março de 2012, às 20 horas.

No dicionário Aurélio de língua portuguesa, Ferreira (2001), o termo linguagem significa, 1. O uso da palavra articulada ou escrita como meio de expressão e de comunicação entre pessoas. O termo Linguagem na enciclopédia virtual Wikipédia, define linguagem como:

> qualquer sistema de signos que serve de meio de comunicação de ideias ou sentimentos através de signos convencionais, sonoros, gráficos, gestuais etc., podendo ser percebida pelos diversos órgãos dos sentidos, o que leva a distinguirem-se várias espécies de linguagem: visual, auditiva, tátil, etc., ou, ainda, outras mais complexas, constituídas, ao mesmo tempo, de elementos diversos. Os elementos constitutivos da linguagem são, pois, gestos, sinais, sons, símbolos ou palavras, usados para representar conceitos de comunicação, ideias, significados e pensamentos. Embora os animais também se comuniquem, a linguagem propriamente dita pertence apenas ao Homem (WIKIPÉDIA).

Dentre os vários conceitos e especificações de linguagem, encontra-se a linguagem falada, linguagem escrita, linguagem visual, linguagem corporal, linguagem de sinais, linguagem virtual, etc.

Também existem várias teorias que buscam pesquisar e estudar a Linguagem, dentre estas podemos destacar a Linguística, que é o estudo científico da linguagem verbal humana. A semiótica vem da raiz grega *semeion*, que quer dizer signo, portanto é a ciência da **linguagem**. A psicanálise, que estuda a linguagem do inconsciente. E tantas outras teorias que se dedicam a esse estudo, como a sociologia, a psicologia etc.

Desse modo, Vygotsky iniciou o estudo da linguagem através de estudos das teorias de filogênese do desenvolvimento intelectual, dando atenção a obra de Koehler e Yerkes sobre os macacos antropoides (VYGOTSKY, 1996, p.IX). Após isso, ele pesquisou a fala nas crianças, que apresentam uma fase pré-linguística no que diz respeito ao uso do pensamento, e uma fase pré-intelectual quanto ao uso da fala. Em sua obra *Pensamento e Linguagem*, faz um estudo sobre o tema utilizando as pesquisas de três teóricos:

Filogênese: evolução da espécie.

Karl Buehler - psicólogo e psiquiatra alemão. Membro da escola de Würzburg, estudou os mecanismos do pensamento e da vontade e dedicou-se à psicologia da forma;

Willian Stern - Psicólogo alemão, nascido em 1871 e falecido em 1938, fundador, com Binete Galton, da psicologia diferencial. Criou, na Universidade de Hamburgo, um laboratório de psicologia onde desenvolveu várias pesquisas, recorrendo ao método experimental. É Stern que cria o termo Quociente de Inteligência (Q.I.) para designar a razão entre a idade mental e a idade cronológica. Para além da psicologia diferencial desenvolveu estudos nas áreas da psicologia judiciária e genética; e

Jean Piaget - Sir Jean William Fritz Piaget, foi um epistemólogo suíço, considerado o maior expoente do estudo do desenvolvimento cognitivo. Estudou inicialmente biologia, na Suíça, e posteriormente se dedicou à área de Psicologia, Epistemologia e Educação. Foi professor de psicologia na Universidade de Genebra de 1929 a 1954; tornando-se mundialmente reconhecido pela sua revolução epistemológica.

Durante sua vida Piaget escreveu mais de cinquenta livros e diversas centenas de artigos.

Desse modo, se referindo a relação entre pensamento e linguagem, declara que:

> O fato mais importante revelado pelo estudo genético do pensamento e da fala é que a relação entre ambos passa por várias mudanças. O progresso da fala não é paralelo ao progresso do pensamento. As curvas de crescimento de ambos cruzam-se muitas vezes; podem atingir o mesmo ponto e correr lado a lado, e até mesmo fundir-se por algum tempo, mas acabam se separando novamente. Isso se aplica tanto a filogenia como a ontogenia (Vygotsky, 1993, p.29).

Dessa forma, para entendermos com mais facilidade a teoria de Vigostsky, torna-se fundamental destacar as sua principais ideias que foram citadas por Harry (1995), a primeira ideia de Vygotsky refere-se à relação indivíduo/sociedade, ele dizia que as características humanas não estão presentes desde o nascimento, nem são resultados das pressões do meio externo, elas resultam da interação dialética do homem e seu meio sócio-cultural.

A segunda ideia refere-se à origem cultural das funções psíquicas. As funções psicológicas se originam nas relações indivíduo e seu contexto social e cultural.

A terceira tese refere-se à base biológica do funcionamento psicológico: o cérebro é visto como órgão principal da atividade da mente e produto de uma longa evolução e não significa um sistema imutável e fixo.

O quarto postulado refere-se aos instrumentos técnicos e os sistemas de signos, construídos historicamente que fazem mediação dos seres humanos entre si e deles com o mundo. A linguagem é um signo mediador, a relação do homem com o mundo não é uma relação direta, pois é mediada por meios que se constituem como ferramentas auxiliares.

A quinta tese postula que a análise psicológica deve ser capaz de conservar as características básicas dos processos psicológicos, exclusivamente humanos.

Para Oliveira (1998), Vygotsky atribui à linguagem duas funções básicas, sendo a primeira o **Intercâmbio social**. Assim os primeiros sons emitidos pela criança, como o choro, o balbucio, o riso são formas de chamar a atenção, de alívio emocional, mas também de entrar em contato com o outro. E a segunda função da linguagem é o **pensamento generalizante**, pois é através da linguagem que um determinado objeto é agrupado com outros elementos da mesma categoria, como o é diferenciado.

Figura 7.4 - O pensamento generalizante

Fonte: arquivo Clip Art Windows

Assim Vigotsky (1993) enfatiza a relação dialética existente entre o indivíduo e o social, e a dependência dessa relação no que se refere à evolução da cultura e do desenvolvimento do indivíduo. É por essa mediação que a criança é capaz de aprender e desenvolver conceitos, por meio da internalização, passando do plano social para o plano individual, resultando na compreensão.

O surgimento da linguagem imprime três mudanças essenciais nos processos psíquicos do homem. A primeira, a linguagem permite lidar com os objetos do mundo exterior, mesmo quando eles estão ausentes. A segunda refere-se ao processo de abstração e generalização que a linguagem possibilita, ou seja, por meio da linguagem é possível abstrair e generalizar as características dos objetos, eventos, situações presentes na realidade. A terceira função da comunicação entre os homens que garante como consequência a preservação, transmissão e assimilação das informações e experiências formuladas pela humanidade ao longo da história.

Para Vygotsky, inicialmente a atividade psicológica é bastante elementar e determinada por sua herança biológica. Aos poucos as interações com seu grupo social e com os objetos de sua cultura passam a governar o comportamento e o desenvolvimento do seu pensamento. Assim, os processos de funcionamento mental do homem são fornecidos pela cultura, por meio da mediação simbólica, é então a partir de sua inserção num dado contexto cultural, de sua interação com membros do seu grupo e de sua participação em práticas sociais historicamente construídas, que a criança internaliza as formas de comportamento consolidadas na experiência humana.

A conquista da linguagem representa um momento especial no desenvolvimento do ser humano, essa capacitação habilita as crianças a buscarem recursos que auxiliem nas soluções dos problemas, na superação à ação impulsiva, no planejamento melhor de suas ações e ao controle do seu próprio comportamento. Mostra que a linguagem tanto expressa como organiza o pensamento da criança.

Nesse sentido, antes de aprender a falar, a criança já utiliza uma inteligência prática que consiste na sua capacidade de agir no ambiente e resolver problemas práticos com o auxílio dos instrumentos intermediários, sendo esse o **estágio pré-linguístico do desenvolvimento do pensamento**. Esta relação entre pensamento e linguagem é considerada um dos temas mais complexos da psicologia. Vigotstky dedicou-se a esse assunto durante muitos anos de sua vida.

Rego (1995) enfatiza que Vigotsky, através de seus experimentos, entendeu que o desenvolvimento da linguagem passa por estágios que obedecem a uma trajetória dinâmica: a fala evolui de uma fala exterior para uma fala egocêntrica e desta para uma fala interior, isto é, pensamento, ao contrário de Piaget que postula uma trajetória de dentro para fora. "O pensamento e Linguagem têm origens diferentes e desenvolvem-se segundo trajetórias diferentes e independentes, antes que ocorra a estreita ligação entre esses dois fenômenos" (OLIVEIRA, 1998, p.43).

Segundo Oliveira (1998), o **significado** é o componente essencial da palavra, sendo desse modo um pensamento, pois é no significado, que pensamento e fala se unem, sendo também aonde se encontram as duas funções básicas da linguagem: o intercâmbio social e o pensamento generalizante.

São os significados que causam a mediação simbólica entre indivíduo e mundo, pois são os significados que fornecem o entendimento do mundo a uma pessoa, ou seja, uma palavra sem significado é um som vazio. Sendo assim, os significados das palavras vão mudando ao longo da vida, principalmente no que diz respeito à criança.

Oliveira (1998) diz ainda que a transformação dos significados das palavras ainda está relacionada ao "**sentido**", entendo sentido como o significado da palavra para aquele determinado indivíduo, pois envolve o fator emocional.

Como foi possível verificar nas perspectivas esboçadas, o domínio da linguagem promove mudanças radicais na criança, nos modos de se relacionar com o seu meio, a linguagem possibilita novas formas de comunicação com os indivíduos e de organização do modo de agir e pensar.

E, assim, nas palavras do próprio Vygostky (1994, p.108), [...] "pensamento e palavra, não é uma coisa, mas um processo, um movimento contínuo de vaivém do pensamento para palavra e vice-versa". Pois,

> pensamento e Linguagem, que refletem a realidade de uma forma diferente daquela da percepção, são a chave para a compreensão da natureza da consciência humana. As palavras desempenham um papel central não só no desenvolvimento do pensamento, mas também na evolução histórica da consciência como um todo. Uma palavra é um microcosmo da consciência humana (VYGOTSKY, 1994, p.132).

A linguagem também tem papel importante para Vygotsky, pois irá também contribuir para a formação e organização do pensamento. Com as experiências da fala e com as experiências sociais, a criança adquire conhecimento. Como exemplo a forma como a mãe age e fala a respeito de algo ou de algum objeto irá fazer com que a criança tenha uma percepção diferente sobre aquele objeto.

Dessa forma, a criança não de uma forma passiva, mais ativa vai interiorizando instruções e construindo conhecimentos. Ativa, pois cada ser é capaz de apropriar-se do conhecimento vindo do social de uma maneira particular, e à medida que a criança cresce vai internalizando a ajuda externa que com o tempo torna-se desnecessária.

> O processo de internalização é, ao contrário, um processo ativo, no qual a criança apropria-se do social de uma forma particular. Reside aí, na verdade, o papel estruturante do sujeito: interiorização e transformação interagem constantemente, de forma que o sujeito, ao mesmo tempo que se integra no social, é capaz de posicionar-se frente ao mesmo, ser seu crítico e seu agente transformador. Assim, à medida que as crianças crescem, elas vão internalizando a ajuda externa que se torna cada vez menos necessária: a criança mantém, agora, o controle sobre a própria conduta (DAVIS, 1994, p.50).

Para Vygotsky, pensamento e linguagem estão interligados, pois a fala e que reorganiza os processos mentais. É através da fala que a criança irá entender o mundo que a cerca.

Para esse autor, não existem fases do desenvolvimento como propõe Piaget, e sim as interações sociais através da linguagem, que vão construindo e modificando as funções de percepção, atenção, capacidade de solucionar problemas. É a linguagem que organiza os processos mentais. Esse autor dá uma importância tão grande a essa questão que para ele linguagem e pensamento são "círculos interligados".

3 - O Papel do Professor para Vygotsky

Vygotsky nos traz uma importante reflexão sobre o trabalho docente e sobre as principais concepções teóricas que pautam este trabalho, chegando ao papel que, para Vygotskiana, seria o verdadeiro sentido da docência.

Nesse sentido, cita alguns autores e suas considerações sobre o trabalho do mestre, entre eles:

> Para a pedagogia de Rousseau, o mestre é apenas o vigia e protetor da criança contra a perversão e as mas influências. Para Tolstói, o mestre deve ser forçosamente um homem virtuoso, capaz de contagiar a criança com sua experiência pessoal. Para a pedagogia ascética o educador é quem sabe por em prática os ensinamentos: "quebra a vontade da tua criança para que ela não se destrua". No Domostrói exigem-se mais uma vez novas qualidades do educador quando se prescreve: "Executa teu filho por causa da mocidade dele e terás paz na tua velhice, e terás beleza na tua alma. E não afrouxes, bate na criança: se a espancas com uma vara, ela não vai morrer, vai ficar ainda mais sadia, tu a espancas pelo corpo mas salvas a alma da morte". Para Hauy o mestre é um hipnotizador, a pessoa capaz de sugestionar e subordinar a vontade do outro. Para Pestalozzi e Froebel, o educador é um jardineiro infantil. [...] (VYGOTSKY, 2004, p.446).

Diante das concepções teóricas citadas pelo texto, nenhuma cumpre o papel que para Vygostky seria o verdadeiro papel do mestre. Assim, para este autor, numa nova pedagogia o professor deve atuar como uma fonte de consulta, assim, como um livro, ou um dicionário, apenas estimulando e instigando o aluno ao aprendizado. O aluno por sua vez, deve com toda a sua energia, procurar por conta própria obter conhecimento.

Figura 7.5 - O papel do professor

Fonte: arquivo Clip Art Windows

Nesse sentido, a teoria não reduz o papel do professor a nada, muito pelo contrário, mas coloca-o numa posição privilegiada, cabendo a ele tornar-se o organizador do meio, sendo este o único fator educativo de fato. Afinal, se o aprendizado se dá pela experiência, é através do meio que o aprendizado será facilitado.

> Para a educação atual não é tão importante ensinar certo volume de conhecimento quanto educar a habilidade para adquirir esses conhecimentos e utiliza-los. E isso se obtém apenas como tudo na vida no processo de trabalho. Sobre o professor recai um novo papel importante, cabe-lhe tornar-se o organizador no meio social, que é o único fator educativo (VYGOTSKY, 2004, p.448).

O texto faz uma crítica ao papel do professor enquanto detentor do saber quando este se situa neste papel como uma caricatura de um personagem, ou seja, entre a arrogância e a ignorância acredita ser este o seu papel, isto é, dá mais importância a um papel desempenhado, do que ao próprio conhecimento transmitido. E neste sentido, rememora ao papel docente quando daquele professor que ingressa na docência apenas enquanto último recurso de sobrevivência, inadaptado e pouco capacitado, citando que: "[...] o trabalho docente tornou-se espaço para onde se canaliza tudo o que há de inadaptado, mal sucedido e fracassado em todos os campos da vida" (VYGOTSKY, 2004, p.451).

E assim esse professor sem entusiasmo em sua profissão, inadaptado e pouco capacitado, não consegue transmitir interesse e motivação a seu aluno, não que tenha que exaltar um simples conhecimento, mas, que situe a esse conhecimento a devida importância. E dessa forma, o professor somente conseguirá desempenhar esse papel de forma capacitada e bem sucedida se tiver um conhecimento amplo e irrestrito do conhecimento.

> Até hoje o aluno tem permanecido nos ombros do professor. Tem visto tudo com os olhos dele e julgado tudo com a mente dele. Já é hora de colocar o aluno sobre as suas próprias pernas, de fazê-lo andar e cair, sofrer dor e contusões e escolher a direção. E o que é verdadeiro para a marcha que só se pode aprendê-la com as próprias pernas e com as próprias quedas. Se aplica igualmente a todos os aspectos da educação (VYGOTSKY, 2004, p.452).

O autor ainda critica a velha pedagogia que pensava erroneamente em atingir êxito na educação através do que chamou da "inspiração do mestre", dizendo que este também não é o caminho correto para a educação, pois mesmo quando o professor é "inspirado", o problema é este não atingir a inspiração do aluno, ou seja, apesar do mestre ter conhecimento e inspiração suficiente não consegue atingir o conhecimento necessário ao aluno.

Cita também em outros casos, como, por exemplo, quando o professor de tão "inspirado", como citado no senso comum o professor "estrela", torna-se "adorado" por seus alunos, assumindo como o autor nos coloca, formas profundamente antipedagógicas.

Nesse sentido, chama-nos a atenção ao que, para a psicanálise, é fundamental na aprendizagem, que é a transferência do aluno para o professor. Sendo a transferência, a atualização de vínculos afetivos que tem origem no passado da criança, principalmente em relação aos pais e que são atualizados no papel do professor. E, neste sentido, cita que é necessário fazer com que as crianças tenham suas próprias inspirações e não cair no engano de fazer os alunos se inspirarem por seus pais. "Já é hora de a pedagogia seguir esse caminho e escolher pessoas que conheçam com precisão as leis e a técnica dos caminhos pelos quais se cria na alma da criança o próprio entusiasmo". (VYGOTSKY, 2004, p. 454).

E nesse contexto que o autor nos dá a solução para a educação, dizendo que a ciência é o caminho mais seguro para a assimilação da vida. Sendo que a primeira exigência, para um professor do futuro, é ser um professor até o fim e que seja outra coisa além de professor.

Assim, ele deve ser médico, enfermeiro, político etc. Pois, somente desse modo, terá o dinamismo, o entusiasmo a que o texto se refere. Dessa forma o trabalho educacional estará fundido ao trabalho social do cientista, ou do político, do artista etc.

Para isso a escola deve transcender aos murros e grades a que estão confinados. Conforme cita Munsterberg *apud* Vygotsky (1910),

> é na escola do futuro essas janelas estarão abertas da forma mais escancarada, o professor não só irá olhar mas participara ativamente das "obrigações da vida". O que criava o bolor e a estagnação da nossa escola devia-se ao fato de que nelas as janelas para o vasto mundo estavam hermeticamente fechadas, e fechadas antes de tudo na alma do próprio professor (VYGOTSKY, 2004, p. 457).

O professor dotado deste saber poderá transformar a educação em uma criação da vida. Para essa refundição é preciso utilizar o material congênito do comportamento, pois o caráter criativo no processo pedagógico para a teoria de Vygotsky é fundamental. Ou seja, é necessário que a criança busque, que descubra, que procure, e cabe assim, o papel do mestre como ponto decisivo. O que o autor chama de luta.

> Em face da estrutura caótica da sociedade capitalista, três quartos das modernas diretrizes sociais constituem um sistema de sociofobias, ou seja, de uma hábil abstração pelo organismo de ações sociais validas. Por isso educar no organismo uma sólida resultante social em sua maior parte é uma luta encarniçada ora latente, ora evidente entre o educador e o educando. Por isso, a sociologia (pedagogia, psicoterapia), não deve e nem pode ser apolítica. O verdadeiro sociólogo, ou seja, o educador e não o gramofone sempre é político. A educação dos reflexos sociais é a educação na linha social do organismo, ou seja, a educação não pode deixar de ser política. A pedagogia (sociologia) nunca foi apolítica, uma vez que, ao trabalhar com o psiquismo e os reflexos sociais sempre infundiu voluntária ou involuntariamente, essa ou aquela linha social,

ou seja, política em correspondência com os interesses da classe social dominante que a orientavam (VYGOTSKY, 2004, p.458).

Nesse contexto, o autor coloca que toda a educação é social, pois toda a educação modifica o ser humano, transforma a humanidade, modifica paradigmas, ou seja, ensina determinadas maneiras e gestões sociais. Assim, toda "fundição do homem" nasce do incomodo, da inquietude, da insatisfação. Toda a experiência do "sentir e pensar" é usada para o trabalho pedagógico, ou seja, quanto mais incomodados estamos, mais servimos ao processo criativo, mais servimos à educação. Assim, Vygotsky (2004) faz uma equiparação da inquietude da educação com o processo criativo, justificando que não devemos escamotear essa inquietude e sim fazer a criança "chocar-se" com esse desconforto e vencê-lo, assim como a sede e a fome para a sobrevivência.

> A vida se revela como um sistema de criação, de permanente tensão e superação, de constante criação e combinação de novas formas de comportamento. Assim, cada idéia, cada movimento e cada vivência são uma aspiração de criar uma nova realidade um ímpeto no sentido de alguma coisa nova (VYGOTSKY, 2004, p.462).

E conclui que os problemas da educação só serão resolvidos quando não servirem para alguns ideais sociais, que a mutilam e deformam.

Retomando a aula

Parece que estamos indo bem. Então, para encerrar essa aula, vamos recordar:

1 - O Sócio-Construtivismo de Vygotsky

Para Vygotsky, é a partir da base biológica do comportamento humano em interação com o meio social, que a criança irá partir de estruturas orgânicas elementares, formando novas e mais complexas funções mentais, que irão depender das experiências vividas pela criança.

Assim, o componente biológico no homem é responsável pelas reações inatas e o organismo não tem condições de fugir desses "limites biológicos", porém, esse sistema de reações inatas é determinado pela estrutura do meio onde se desenvolve o biológico.

Desse modo, como coloca Vygotsky, "toda educação é de natureza social, queira ou não". Assim, a "experiência capaz de formar novas reações e novos aprendizados". Sendo assim, a experiência pessoal do educando é à base de todo o trabalho pedagógico.

É na inter-relação do homem com o mundo, que podemos pensar na questão subjetiva deste homem em contato com o meio, assim, a individualidade de cada ser humano é também parte desse processo e neste sentido a educação faz a seleção social, pois transforma o homem biológico em homem social.

O processo de formação de pensamento ocorre pela assimilação de experiências, que se dá através da comunicação. Ou seja, dá interação com os outros, dá maneira como os adultos nomeiam e atribuem valor ou não aos objetos.

2 - O papel da Linguagem para Vygotsky

Para Oliveira (1998), Vygotsky atribui à linguagem duas funções básicas, sendo a primeira o Intercâmbio social. Assim os primeiros sons emitidos pela criança, como o choro, o balbucio, o riso são formas de chamar a atenção, de alivio emocional, mas também de entrar em contato com o outro. E a segunda função da linguagem é o pensamento generalizante, pois é através da linguagem que um determinado objeto é agrupado com outros elementos da mesma categoria, como o é diferenciado.

O surgimento da linguagem imprime três mudanças essenciais nos processos psíquicos do homem. A primeira, a linguagem permite lidar com os objetos do mundo exterior mesmo quando eles estão ausentes. A segunda refere-se ao processo de abstração e generalização que a linguagem possibilita, ou seja, por meio da linguagem é possível abstrair e generalizar as características dos objetos, eventos, situações presentes na realidade. A terceira função da comunicação entre os homens que garante como consequência a preservação, transmissão e assimilação das informações e experiências formuladas pela humanidade ao longo da história.

Para Vygotsky inicialmente a atividade psicológica é bastante elementar e determinada por sua herança biológica. Aos poucos as interações com seu grupo social e com os objetos de sua cultura passam a governar o comportamento e o desenvolvimento do seu pensamento. Assim, os processos de funcionamento mental do homem são fornecidos pela cultura, por meio da mediação simbólica, é então a partir de sua inserção num dado contexto cultural, de sua interação com membros do seu grupo e de sua participação em práticas sociais historicamente construídas, que a criança internaliza as formas de comportamento consolidadas na experiência humana.

A linguagem também tem papel importante para Vygotsky, pois irá também contribuir para a formação e organização do pensamento. Com as experiências da fala e com as experiências sociais a criança adquire conhecimento

Para esse autor não existem fases do desenvolvimento como propõe Piaget, e sim as interações sociais através da linguagem, que vão construindo e modificando as funções de percepção, atenção, capacidade de solucionar problemas. É a linguagem que organiza os processos mentais. Esse autor dá uma importância tão grande a essa questão que para ele linguagem e pensamento são "círculos interligados".

3 - O Papel do Professor para Vygotsky

O verdadeiro papel do mestre, para Vygotsky, seria de atuar como uma fonte de consulta, assim, como um livro, ou um dicionário, apenas estimulando e instigando o aluno ao aprendizado. O aluno por sua vez, deve com toda a sua energia, procurar por conta própria obter conhecimento.

Nesse sentido, a teoria não reduz o papel do professor a nada, muito pelo contrário, mas, coloca o professor numa posição privilegiada, cabe a ele tornar-se o organizador do meio, sendo este o único fator educativo de fato. Afinal, se o aprendizado se dá pela experiência, é através do meio que o aprendizado será facilitado.

Sendo a primeira exigência para um professor do futuro é que seja professor até o fim e que seja outra coisa além de professor.

Assim, ele deve ser médico, enfermeiro, político etc. Pois, somente desse modo, terá o dinamismo, o entusiasmo a que o texto se refere. Pois dessa forma, o trabalho social estará fundido ao trabalho social do cientista, ou do político, do artista, etc.

Para isso a escola, deve irromper aos murros e grades a que estão confinados. E neste modo o autor coloca que toda a educação é social, pois toda a educação modifica o ser humano, transforma a humanidade, modifica paradigmas, ou seja, ensina determinadas maneiras e gestões sociais. E conclui que os problemas da educação só serão resolvidos quando não servirem para alguns ideais sociais, que a mutilam e deformam.

Vale a pena

Vale a pena ler,

Vygotsky: Aprendizagem e desenvolvimento: um processo sócio - histórico. OLIVEIRA, M. K. São Paulo: Sciopione, 1998.

Vale a pena acessar,

http://www.pgie.ufrgs.br/alunos_espie/espie/franco/public_html/textos/piavygo.htm

Vale a pena assistir,

Uma Mente Brilhante

Minhas anotações

# 8º Aula

A perspectiva humanista

Olá, nesta aula, iremos estudar a perspectiva Humanista, entre os teóricos desta perspectiva temos S. Freud, C. Rogers. Algumas dessas teorias cabem muito mais à teoria do desenvolvimento ou à prática clínica, porém todas de alguma maneira contribuíram para o estudo da aprendizagem humana. Portanto, iniciaremos nosso estudo com a Psicanálise e sua contribuição para a aprendizagem.

Sendo assim, bom estudo!

Se ao final desta aula, surgirem dúvidas, vocês poderão saná-las através das ferramentas "Fórum" ou "Quadro de Avisos" e através do "*Chat*".

Comecemos, então, analisando os objetivos da nossa aula.

Boa aula!

Objetivos de aprendizagem

Ao término desta aula, o aluno será capaz de:

- refletir sobre a teoria Psicanalítica e suas contribuições no entendimento da aprendizagem humana.;
- compreender sobre a teoria Humanista de Rogers e suas contribuições no entendimento da aprendizagem humana.

Seções de estudo

1 - A Teoria Psicanalítica de Freud
2 - A Teoria Humanista de C. Rogers

1 - A Teoria Psicanalística de Freud

Figura 8.1 - Sigmund Freud

Fonte: http://www.images.google.com.br. Acessado em 24 de março de 2012, às 20 horas.

Sua Vida:

Segundo Fadiman e Frager (2002), Sigmund Freud nasceu na cidade de Freiberg na Tchecoslováquia, no dia 6 de maio de 1856. Aos 4 anos foi morar em Viena residindo lá até 1938, indo após essa data morar na Inglaterra.

Sempre foi um excelente aluno, sendo o primeiro da sala. Por muito tempo, por ser judeu, todas as profissões, fora medicina e Direito, eram-lhe vedadas. Escolheu então fazer medicina e depois psiquiatria. Na Universidade de Viena era tratado como inferior e estranho.

Estudou medicina durante oito anos e recebeu seu diploma aos 26 anos.

Após esse período recebeu uma bolsa de estudos e foi trabalhar com Charcot em Paris. Lá percebeu que os pacientes histéricos poderiam ser tratados através da hipnose, estes pacientes apresentavam distúrbios físicos, como paralisias e cegueiras, que nada tinham de orgânico, apenas eram sintomas emocionais. "Tornou-se claro para Freud que a histeria era uma doença psíquica cuja gênese requeria uma explicação psicológica". [...] "Os sintomas de pacientes histéricos baseiam-se em cenas do seu passado que lhes causam grande impressão, mas foram esquecidas (traumas); a terapêutica, nisto apoiada, consistia em fazê-los lembrar e reproduzir essas experiências num estado de hipnose" (FADIMAN e FRAGER, 2002, p. 04).

Mas Freud achou que a hipnose não era tão efetiva quanto se esperava, voltando a Viena continuou a estudar e atender casos de histeria, abandonando por completo a hipnose e deixando seus pacientes falarem livremente sobre aquilo que os incomodavam. Construindo uma rica teoria de personalidade e técnica analítica.

Em 1896, usou pela primeira vez o termo "psicanálise". Nos anos seguintes publicou várias obras como: A Interpretação dos Sonhos – 1900, Psicopatologia da Vida Cotidiana – 1901.

Após isso, vários teóricos importantes eram seus seguidores como: Alfred Adler, Carl Jung, Sandor Ferenczi, Otto Rank, etc. Fundaram juntos uma sociedade, que passou a se chamar, Sociedade de Psicanálise, esta fez várias publicações e estudos.

Em 1933, muitos dos seus escritos foram destruídos pelos nazistas e quando os alemães ocuparam a Áustria em 1938, permitiram que Freud fosse morar em Londres morrendo um ano depois em 1939.

Publicou uma obra completa contendo 24 volumes, considerada atualmente como um clássico da psicanálise. Sua trajetória apesar das muitas críticas recebidas foi um marco. Freud é considerado o pai da psicanálise e um grande teórico

Sua Obra:

Para Freud, não há descontinuidade na vida mental. Nada é por acaso. Sempre há uma causa para cada pensamento, para cada memória revivida, sentimento ou ação. Cada evento mental é causado pela intenção consciente ou inconsciente e é determinado pelos fatos que o precederam.

Um exemplo disso é a escolha de um parceiro ou de uma profissão, pois, para a psicanálise nossas escolhas são sempre inconscientes, buscando atualizar nossos desejos emocionais.

Freud começou a procurar a descrever os elos ocultos que ligavam um evento consciente a outro e desenvolveu uma teoria sobre a estrutura de personalidade, sendo formada por três instâncias:

> Id - São impulsos inatos é chamado de "Princípio do Prazer". Podemos citar como exemplo o bebê que ao nascer seria apenas "Id", pois tudo que faz está na busca da obtenção de seu prazer, seja de saciar a fome, de obter cuidados. O bebê não quer saber se está na hora ou se a mãe pode ou não atendê-lo naquele momento, ele busca saciar seu prazer.
> Ego – É a energia voltada para a realidade, tenta executar ações equilibradas no convívio com os outros, também chamado de "Princípio da Realidade". Como no exemplo acima, a criança enquanto cresce vai aprendendo que em certas situações deverá esperar para ser atendida.
> Superego – É o depositário das normas e princípios morais apresentados pela família e internalizados pela pessoa, assim, por volta dos sete anos à criança já tem internalizado normas e regras sociais de convivência. Porém, apesar de nesta idade já ter adquirido o superego, ela é também id e ego, assim, como também o adulto, onde as três instâncias psíquicas estão em "funcionamento" (FREUD apud (CUNHA, 2000, p. 34).

Como exemplo podemos pensar em uma pessoa que vai até uma loja de departamentos e sabendo que não tem condições de pagar as compras, mesmo assim emite cheques sem fundo, pois o prazer de comprar naquele momento (Id) é maior que seu princípio de realidade (ego), ou mesmo das normas e regras (superego).

As instancias psíquicas constituem pulsões reprimidas que não são conscientes para a pessoa. Essas pulsões são chamadas de inconsciente. Tudo aquilo que foi reprimido com base nas concepções morais, dando origem às neuroses.

Assim, o tratamento da neurose consiste no livre acesso das energias reprimidas a consciência. O que consiste que o paciente fale livremente, sendo que o terapeuta não faz juízo de valor, não censura, não faz parte de sua função apresentar soluções ou conselhos. O trabalho do terapeuta é interpretar o que significa estabelecer vínculos entre os conteúdos da fala e os conteúdos do inconsciente.

Por exemplo: uma mulher que conta ao terapeuta que se casou com um homem alcoólatra que a espanca toda a vez que chega em casa embriagado, (esta mulher não será censurada pelo terapeuta por não denunciá-lo, mas o terapeuta tentara entender o motivo que a faz permanecer calada e submissa a tal situação). No decorrer das sessões a mulher lembra que seu pai também bebia muito e que tinha muitas brigas com sua mãe. O terapeuta, então, entende que esta mulher de maneira inconsciente escolheu este parceiro por ter semelhanças com seu pai (modelo/identificação enquanto homem), e neste sentido, vai fazendo a paciente entender a sua própria situação.

Na psicanálise fala-se de Pulsões e Instintos, forças propulsoras que incitam as pessoas à ação. Todo o instinto tem quatro componentes: uma fonte, uma finalidade, uma pressão e um objeto.

> *Podemos dizer que os Instintos são forças propulsoras dos animais que incitam a ação*

Freud descreveu dois instintos básicos, o sexual (gratificação) e a agressividade (destrutiva), chamou as esses instintos de Pulsão, Pulsão Sexual (Pulsão de vida) e Pulsão Agressiva (Pulsão de morte). São forças mantenedoras da vida ou incitadoras da morte.

Para a teoria psicanalítica, desde o nascimento até a morte temos estes dois instintos básicos. Peguemos, novamente, o exemplo do bebê que hora ama a sua mãe e quando esta demora tempo demais a lhe dar o alimento, ele a morde o seio.

Freud (1905), em sua obra apontou o processo de descoberta da sexualidade nos primeiros anos da infância, modificando o pensamento que havia até aquele momento sobre a criança passiva. Para Freud, a criança tem uma energia sexual desde que nasce, porém na criança essa sexualidade não é genital, como no adulto. Ele deu o nome de libido a essa energia.

> *A criança apresenta uma sexualidade, pois desde muito cedo se interessa pelas diferenças sexuais e quer saber de onde nascem os bebês.*

> *Libido é a energia sexual.*

A libido, portanto, é uma energia de natureza sexual, componente do id, presente no ser humano desde o nascimento, e é ela que impulsiona a pessoa em busca de satisfação. E o prazer, para Freud, é a motivação maior a todos nós, pois o que dita a vida humana é o "princípio do prazer (CUNHA, 2000, p.26).

Assim, a libido é uma energia sexual e localiza-se em uma região do corpo. É importante destacar que Freud não falou de sexo, mas, de sexualidade, ou seja, de uma sexualidade (libido) que existe desde bebê, mas que está presente no corpo todo, ou em regiões conforme especificamos abaixo.

Para Freud o desenvolvimento acontece conforme as fases sexuais abaixo:

- Fase Oral – Quando nascemos a região do corpo que se encontra com energia é a região da boca (lábios, língua). Assim, além de mamar a criança tem prazer sexual ao mamar. Notem que sexual e sexualidade são termos diferentes.

- Fase Anal – A segunda fase do desenvolvimento que assume relevância (por volta dos dois anos de vida ou antes), é a fase anal, onde a libido se desloca da boca para o anus, nas atividades excretórias da criança. Nesta fase do desenvolvimento a criança sente prazer em produzir as fazes e gosta de apresentar aos pais. O importante também é saber que mesmo que a libido se deslocou para outra parte do corpo, não impede que um pouco dessa energia ainda fique contida na fase anterior. Um exemplo claro disso é o fumante, que mesmo passando por todas as fases do desenvolvimento ele ainda "está fixado" na fase oral, pois o prazer nessa região é muito grande, como exemplo disso o vicio do cigarro.

- Fase Fálica – É a terceira fase de desenvolvimento é a "Atividade da zona genital". Possui esse nome por ser o período em que a criança conhece as genitálias masculina. Neste momento do desenvolvimento (por volta dos ¾ anos de idade) a criança percebe as diferenças sexuais. É caracterizada também, pelas sensações prazerosas nos órgãos genitais, iniciadas na micção. É nesta fase que a criança vivencia o Complexo de Édipo, fundamental na formação da personalidade do indivíduo, que será explicado detalhadamente a seguir.

No complexo de Édipo, o menino, por volta de 2 ou 3 anos, sente-se apaixonado pela mãe; quer tê-la para si, coloca-se como rival de seu pai, tendo assim sentimentos de ternura para com a mãe e hostilidade para com seu pai.

No menino, o Édipo desaparece, quando vê em seu pai a figura que o impossibilita de realizar seu desejo, abandonando o investimento à mãe e identificando-se à figura paterna (FREUD *apud* (CUNHA, 2000, p. 37).

Segundo Roudinesco (1998), quando há o declínio do complexo edípico, é marcada a entrada no período chamado latência. Para Fernández (1990), a latência se inicia aos cinco anos, permanecendo até os sete aproximadamente, momento em que a criança tem possibilidade de tratar a sexualidade de forma diferente das fases psicossexuais anteriores.

> *Período de Latência – Neste período a libido estaria "adormecida", ou seja, um período onde a sexualidade da criança fica latente, é o momento em que parte dessa energia esta voltada as atividades intelectuais (por volta dos 7 anos de idade).*

A autora argumenta que o desejo e a aprendizagem implicam um processo em círculos. Isso ocorre quando com a satisfação e o prazer que há na busca de um objeto desejado, surge também o desprazer e a necessidade de buscar outro, dando continuidade a circulação do desejo. O mesmo ocorre na aprendizagem, pois, ao obter um conhecimento, aumenta-se o desconhecido e surgem novas dúvidas para que assim dê continuidade na busca de outros conhecimentos. Dessa forma, desejo e aprendizagem deparam-se com a falta para poder continuar.

> O fenômeno da aprendizagem, portanto, segundo a Psicanálise, depende do modo como se dá o aproveitamento da libido. Essa proposição não diz respeito apenas à fase de latência, pois todos os envolvimentos do indivíduo com o conhecimento – interesse, desejo de saber, recusa em aprender, etc. São influenciados pelo inconsciente (CUNHA, 2000, p. 34).

Muitas crianças, por problemas emocionais, acabam gastando energia em outros assuntos que não a aprendizagem, quando o desenvolvimento esta "normal" a criança tem desejo em aprender e tudo transcorre normal.

Para ilustrar melhor, vamos citar o exemplo de uma criança cujos pais estão brigando muito e pensam em separação, não poupando a criança das constantes discussões e brigas, esta, por sua vez, em vez de gastar a sua energia para a aprendizagem, vai gastar tentando achar a solução para que os pais fiquem juntos.

E por último temos a Fase Genital, que é a última fase do desenvolvimento da libido, como o nome diz, a energia sexual esta nos órgãos genitais (adolescência até a fase adulta). Aqui estamos falando da energia voltada a sexualidade adulta e ao sexo.

Em "a investigação sexual das crianças", Freud (1969) discorre sobre o que causa a curiosidade nas crianças sobre a vida sexual, também o que faz com que estas inventem suas teorias e tentem comprová-las mediante seus questionamentos.

Segundo Faustino (2007), alguns autores escrevem sobre as descobertas sexuais iniciais das crianças. Férez (2000), por exemplo, discute que estas, mesmo com nuances, podem ser agrupadas em três temas:

1 - De onde nascem os bebês.
2 - A diferença dos sexos.
3 - O perigo da castração (FÉREZ, 2000, p. 56).

Ao responder de onde surge a questão infantil sobre o sexual, observa-se que este está ligado a um conteúdo emocional; a exemplo disso pode-se tomar a chegada de um irmãozinho, que ocasiona, na criança, insegurança e medo de perder os cuidados e o amor dos pais. Férez (2000) explica que isso torna a criança pensativa e perspicaz. Outro tema investigado pelas crianças é sobre a diferença dos sexos.

Acredita-se que, inicialmente, as crianças pensam que todas, meninos e meninas, possuem um pênis; porém esta crença é desfeita quando observam as outras crianças. O menino, por notar que tem um pênis e a menina não o tem, acredita que ela o perdeu; inicia-se, assim, o complexo da castração, em que o menino teme perder também o seu falo. Na menina este momento é chamado de inveja do pênis, por notar que falta a ela algo que o outro possui. O menino tem algo que ela não o tem; nota, portanto, que tem uma falta e quer preenchê-la desejando ter também um órgão como o do menino.

Partindo dessas investigações, as crianças respondem suas curiosidades criando verdadeiras teorias sobre a sexualidade. Férez (2000) aponta que, possivelmente, essas curiosidades auxiliarão no desenvolvimento do interesse por conhecimentos culturais e científicos.

Assim, Freud (1969) dá certeza de que não deve ser negado às crianças o conhecimento sobre suas curiosidades infantis.

Além disto, Freud (1969) descreve que é juntamente com a primeira florescência da sexualidade na criança que surge também a pulsão de saber.

Reiterando a informação acima, Freud assevera que constatou pela psicanálise que, na criança, "a pulsão de saber é atraída, de maneira insuspeitadamente precoce e inesperadamente intensa, pelos problemas sexuais, e talvez seja até despertada por eles" (FREUD, 1969, p. 183).

Segundo Fernández (1990), para a psicanálise, não há como falar de inteligência excluindo o desejo, pois assim é possível conhecer a dinâmica que envolve o não aprender. Pois se não há desejo em aprender não há energia voltada para tal atividade.

Freud é considerado o grande estudioso do desejo, revolucionário, partindo do princípio de que há uma origem inconsciente para este, sendo sua origem da infância.

O fenômeno da aprendizagem, portanto, segundo a Psicanálise, depende do modo como se dá o aproveitamento da energia. Essa proposição não diz respeito apenas à fase de latência, pois todos os envolvimentos do indivíduo com o conhecimento – interesse, desejo de saber, recusa aprender etc. – são influenciados pelo inconsciente.

Um exemplo disso é a criança que se recusa a aprender por medo de crescer e perder a proteção dos pais, ou mesmo crianças que percebem que se crescerem o casamento dos pais poderá acabar, pois sendo ela o foco do problema do casal, todas as energias estarão voltadas a ela e não a dinâmica familiar conflituosa. E assim, permanecem sem aprender.

Conceito

Outro fenômeno estudado por Freud, que diz respeito ao sucesso no tratamento, é o que ele chamou de **transferência**, ou seja, é a relação entre o paciente e terapeuta com o estabelecimento de vínculos afetivos que tem origem no passado, especialmente na infância, no tratamento esses vínculos são apenas atualizados.

A transferência também ocorre em sala de aula, na relação do aluno com o professor. O que queremos nos referir aqui, é que a criança vê muitas vezes o professor carregado de afeto, que pode ser tanto positivo – sentimentos bons, quanto negativos – sentimentos ruins e que esses sentimentos e emoções expressos ao professor são, apenas, atualizações de sentimentos de seu passado em relação aos próprios pais, ou seja, a criança coloca o professor no lugar da mãe ou do pai.

Dessa forma, a psicanálise tende a mostrar que os fenômenos de sala de aula são muito mais humanos que técnicos, ou seja, menos ênfase no método e mais ênfase na preocupação com a pessoa.

> Cabe ressaltar que não é a intenção que o professor torne-se psicoterapeuta dos alunos, mas que aceita a existência de fenômenos inconscientes e que entendam que os processos de ensino – aprendizagem não se resume a técnica e que a relação professor aluno, também é uma relação humana que ocorre a transferência.

Segundo Cunha (2000), para a Psicanálise, as questões objetivas como: método, planejamento, conteúdos das matérias, etc. São questões menos importantes no ato de educar, pois,

> Ao mostrar que os fenômenos da sala de aula

são muito mais humanos do que técnicos, o paradigma psicanalítico abre um caminho diferente e frutífero para os professores, o caminho da vivência humanizadora, da compreensão do outro, da busca de boas relações do indivíduo consigo mesmo e com os que o cercam. Menos ênfase no método e mais preocupação com a pessoa (CUNHA, 2000, p. 17).

Ainda, segundo o autor acima, o professor deve observar a atitude do seu aluno, tentando desvendar seus desejos ocultos.

Para a Psicanálise a criança deve ter desejo em aprender, pois os componentes intelectuais possuem também carga emocional e isso tem haver tanto com o universo do professor quanto do aluno.

Desejo poderia ser também entendido enquanto motivação, o conceito de desejo vai além da motivação, pois se entende por desejo uma força interna que impulsiona o indivíduo na obtenção de algo, enquanto a motivação pode ser entendida como uma força externa. Assim, o desejo é um conceito mais amplo, existe o desejo de casar, de ter um filho ou de ter uma profissão e mesmo de aprender.

Nesse sentido, fizemos um apanhado geral da teoria psicanalítica e sua abordagem humana para a educação e para a aprendizagem. Na próxima seção vamos estudar o humanismo de C. Rogers.

2 - A Teoria Humanista de C. Rogers

Figura 8.2 - Carl G. Rogers (1902-1987)

Fonte: http://www.images.google.com.br. Acessado em 12 de março de 2012, às 20 horas.

Carl Rogers desenvolveu uma teoria do Ser Humano, chamada de teoria humanista, que entendia o ser humano como responsável pelo seu crescimento pessoal, capaz de se desenvolver e se aceitar, assim também entendia a aprendizagem, cada ser humano é capaz de aprender.

Em nossas aulas vamos estudar a sua teoria, iniciando pela sua vida e depois a sua obra, concluindo com suas ideias sobre a aprendizagem.

Sua Vida:

Segundo Fadiman e Frager (2002), Carl Rogers nasceu em 1902, em Oak Park, Illinois.

Pertenceu a uma família rigorosamente religiosa e que como Jung contribuiu profundamente em sua vida e obra.

Em sua biografia relata que passou os anos da sua infância e adolescência no isolamento. Era ótimo aluno, muito interessado no desempenho científico, porém, não se relacionava com ninguém. "Já conseguia perceber que era diferente, um solitário, sem um lugar ou possibilidade de encontrar um lugar no mundo das pessoas". [...] "era socialmente incompetente em qualquer tipo de contato que não fosse superficial" (FADIMAN e FRAGER, 2002).

Estudou na Universidade de Wisconsim e só nesse período conseguiu se relacionar com as pessoas, nessa época, longe de sua família.

No segundo ano de faculdade começou a estudar religião e mais tarde estudou em um seminário de teologia, terminando seu trabalho de graduação em Psicologia no *Teachers college* na *Columbia*, tendo com isso se afastado muito da maneira de pensar de sua família, e desenvolvendo sua própria filosofia de vida. "Mais tarde, num curso de Psicologia, ficou agradavelmente surpreso por descobrir que uma pessoa poderia ter mérito fora da igreja, trabalhando próximo a indivíduos que precisavam de ajuda" (FADIMAN e FRAGER, 2002).

Ainda segundo os autores acima, seu primeiro emprego foi num centro de orientação infantil, onde nos seus 12 anos de atendimento local, desenvolveu o que chamou de Terapia Centrada no Cliente. Também nessa atividade, Rogers escreveu *"The clinical treatment of the Problem child"* em 1939, o que proporcionou a ele também a carreira docente na Universidade de Ohio. Lá também escreveu "Psicoterapia e consulta" em 1942.

Em 1945, a Universidade de Chicago lhe ofereceu um cargo destinado a formar um centro de aconselhamento, de onde foi diretor deste até o ano de 1957. Em 1951, Rogers publicou *"Terapia Centrada no Cliente"*. O livro continha sua teoria sobre personalidade e sobre terapia. Em 1961, escreveu "Tornar-se Pessoa".

Fadiman e Frager (2002) relatam que houve um episódio na carreira promissora de Rogers, em Chicago, em que ele se envolveu com a patologia de uma cliente perturbada e ficou à beira de um esgotamento emocional. Tirou férias do trabalho por três meses e se submeteu à terapia com um colega, sendo que após a terapia tornou-se mais eficaz com seus clientes. Suas interações tornaram-se mais livres e espontâneas.

Em 1957, foi trabalhar na Universidade de Wisconsin em Madeson, sendo uma época muito difícil para Rogers, pois entrou em conflito com o departamento de psicologia. Sentia-se limitado na sua liberdade de ensinar.

Em 1963, Rogers abandonou a docência e foi para o Instituto da Ciência do Comportamento, na Califórnia, ajudando a estabelecer o Centro de Estudos da Pessoa.

Em 1970, publica *"Grupos de Encontro"*. E em 1972 *"Novas Formas de Amor"*, onde analisa os relacionamentos conjugais.

Rogers construiu uma teoria, publicou várias obras e se dedicou ao centro de Estudos da Pessoa, além de construir uma família com vários filhos e netos. Faleceu em 1987.

Sua Teoria:

Carl Rogers construiu sua própria teoria e nunca se identificou com nenhuma teoria específica.

A sua posição, como ele mesmo definiu, está no trecho abaixo de Lao-Tsé:

> Se eu deixar de interferir nas pessoas, elas se encarregarão de si mesmas,

Se eu deixar de comandar as pessoas, elas se comportam por si mesmas.
Se eu deixar de pregar às pessoas, elas se aperfeiçoam por si mesmas,
Se eu deixar de me impor às pessoas, elas se tornam elas mesmas.

Para Rogers, há um campo de experiência específico e único para cada indivíduo. Esse campo inclui eventos, percepções, sensações e impactos que normalmente a pessoa não toma consciência, mas poderia tomar se prestasse atenção devida a esses estímulos.

De início a atenção é colocada naquilo que a pessoa experimenta, como é limitado por restrições psicológicas e limitações biológicas. Temos tendência a dirigir nossa atenção para perigos imediatos, assim como para experiências seguras ou agradáveis, ao invés de aceitar todos os estímulos que nos rodeiam. (FADIMAN e FRAGER, 2002, p. 226).

O self

Rogers define o *self* como o autoconceito que as pessoas têm de si mesmas, baseado em experiências passadas, estimulações presentes e expectativas futuras. Para alguns autores o *self* é visto como uma faceta da personalidade estável e imutável. Para Rogers, o *self* está num processo constante de mudança, assim como toda a estrutura de personalidade para Rogers.

Self Ideal

Rogers define o *self* como "o conjunto de características que o indivíduo mais gostaria de poder reclamar como descritivas de si mesmo". (ROGERS *apud* FADIMAN, 2002). Também como o *self*, o *self* ideal é uma estrutura móvel e variável, mas a diferença entre "o que é" e o "que se quer ser", propicia desconforto e insatisfação. Para Rogers é nesse aspecto que surgem as dificuldades neuróticas, pois aceitar-se como se é na realidade e não como se quer ser é um sinal de Saúde Mental.

Congruência e Incongruência

A congruência é definida como o equilíbrio entre a experiência, a comunicação e a tomada de consciência, sendo a incongruência o desequilíbrio entre a experiência, a tomada de consciência e a comunicação. Um exemplo nítido disso é a criança pequena que expressa sentimentos de forma autêntica e verdadeira, pois, se sente raiva, chora ou grita, se tem fome também, e se ama, beija, abraça e diz seu sentimento. Já um exemplo de incongruência é uma pessoa tomada de raiva que diz estar tranquila, ou uma pessoa com semblante triste que diz estar feliz e contente. Estes são exemplos tanto de congruência quanto de incongruência. Porém, é necessário compreender que em termos de incongruência a pessoa não está mentindo, mas sim, tem dificuldade, ou melhor, uma incapacidade de se mostrar "ela mesma", de demonstrar seus sentimentos e de se revelar verdadeiramente.

A pessoa não é capaz de expressar suas emoções e percepções reais em virtude do medo e de velhos hábitos de encobrimento que são difíceis de superar. Por outro lado, é possível que a pessoa tenha dificuldade em compreender o que os outros esperam dela (FADIMAN e FRAGER, 2002).

Tendência à Auto-Atualização

Para Rogers, todas as coisas vivas participam de um processo de expandir-se, desenvolver-se, amadurecer. Essa é a noção de Rogers na Tendência à Auto-Atualização, pois em todos nós há uma tendência em buscar uma direção, uma maior congruência na vida.

É importante observar que esta tendência atualizante é o postulado fundamental de nossa teoria [...] A este respeito, lembremos a noção do eu (*self*). O eu (*self*) nada 'faz', representa simplesmente uma expressão da tendência geral do organismo para funcionar de maneira a se preservar e se valorizar (ROGERS apud FADIMAN, 2002).

Terapia Centrada no Cliente

Rogers sempre utilizou o termo cliente ao invés de paciente. Para ele, paciente é em geral uma pessoa que está doente e precisa ser ajudada. Já um cliente é alguém que precisa de um serviço que pensa que sozinho não poderá realizá-lo. O cliente é alguém capaz de entender sua situação e de ser ajudado.

Desse modo, nessa abordagem, o cliente tem a capacidade para sua recuperação e é através do terapeuta, do seu interesse pessoal e de algumas qualidades, que isso se conduzirá a contento. "Antes do terapeuta ser qualquer coisa para o cliente, ele deve ser autêntico, genuíno, e não estar desempenhando um papel – especialmente o de um terapeuta quando está com o cliente" (FADIMAN e FRAGER, 2002).

O que só será possível a partir do momento que o terapeuta também se conheça e se entenda, sendo fiel aos seus próprios sentimentos, desenvolvendo um serviço terapêutico incondicional e livre de juízos, sendo que uma das condições fundamentais para isso é manter sempre uma boa comunicação.

Exemplo:

O indivíduo vem buscar ajuda. A situação de ajuda está normalmente definida. O conselheiro estimula livre expressão dos sentimentos em relação ao problema.
O conselheiro aceita, reconhece e clarifica (os sentimentos negativos).
Expressão receosa e hesitante dos impulsos positivos (que promovem a maturidade).
(O conselheiro) aceita e reconhece os sentimentos positivos. Compreensão, apreensão e aceitação de si.
Esclarecimento de possíveis decisões, linhas de ação.
Ações positivas.
Aprofundamento da autocompreensão.
Confiança na ação autodirigida = maior independência.
Decrescente necessidade de ajuda."

EXEMPLO RETIRADO DO LIVRO TEORIAS DA PERSONALIDADE. FADIMAN e FRAGER, 2002, p. 240

Assim, é na terapia que as pessoas tornam-se conscientes de seus desajustes, sendo o crescimento uma capacidade nata de cada um. Dessa maneira, aceitar-se é condição fundamental, só assim, se poderá aceitar aos outros.

Rogers define que esse "não aceitar-se" vem das imposições familiares ainda enquanto crianças, pois desde pequenos, não somos aceitos de forma total e genuína. Sendo a criança, dependente do amor dos pais, busca "agradá-los" muitas vezes deixando de ser verdadeira com ela própria.

Cabe ressaltar aqui que o valor dos relacionamentos é interesse central na obra de Rogers, tanto que acredita que é na experiência com os outros que um indivíduo é capaz de se descobrir, de experienciar, de revelar seu próprio self. Rogers defende tanto o valor dos relacionamentos, que escreveu em sua obra sobre o casamento, definindo que:

Os melhores casamentos ocorrem com parceiros que são congruentes consigo mesmos, que têm poucas condições de valor como empecilho e que são capazes de genuína aceitação dos outros. Quando o casamento é usado para manter uma incongruência ou para reforçar tendências defensivas existentes, é menos satisfatório e é menos provável que se mantenha (FADIMAN e FRAGER, 2002).

Rogers define ainda quatro elementos imprescindíveis para que um relacionamento seja contínuo, benéfico e significativo. São eles:

- Dedicação e Compromisso;
- Comunicação – expressão de sentimentos;
- Não-aceitação de papéis;
- Tornar-se um self separado.

Pense então num relacionamento do tipo casamento ou namoro e os elementos citados acima. Afinal, dedicação e compromisso com o outro é fundamental, a expressão dos sentimentos é caracterizado através do dialogo, a não aceitação de papeis diz respeito a não aceitar os papeis impostos socialmente e nem os papeis impostos da(o) companheira(o), e por último tonar-se um *self* separado, diz respeito a ser você mesmo, único, e dessa forma o outro deve aceitar você como é, consequentemente você deve aceita-lo também, devem ter seus próprios compromissos e afazeres, bem como vontades e interesses próprios.

Rogers e a Educação

Para Rogers, assim como sua terapia deve ser centrada no cliente, a aprendizagem deve ser centrada no aluno. Sendo o papel do professor apenas de facilitador.

Segundo Ferreira (2003), Rogers concebe o ser humano como fundamentalmente bom e capaz de se desenvolver, apenas precisa de ajuda para poder evoluir. Prioriza o indivíduo enquanto pessoa, valorizando a auto-realização e seu crescimento pessoal. Ou seja, valoriza o educando como um todo, considerando seus pensamentos e ações e não apenas seu intelecto.

Ainda, segundo a autora acima citada, nessa perspectiva, para Rogers a aprendizagem é um processo de aprimoramento do indivíduo e não apenas do conhecimento. Tem por objetivo desenvolver os pensamentos, os sentimentos, as ações de forma integrada, a fim, de que se possa fazer escolhas mais seguras. O que significa falar que não existe desenvolvimento cognitivo sem o desenvolvimento afetivo, assim, os sentimentos dos alunos devem ser levados em consideração.

Para esta teoria todos os indivíduos têm potencialidades para aprender, sendo apenas necessário um ambiente favorável. Tornado-se significativa a partir do momento que o aluno percebe a importância do conteúdo estudado.

Segundo Ferreira (2003, p.153), para Rogers existe algumas condições para que a aprendizagem se efetive:

1 - Confiança na capacidade dos outros de aprender por si mesmos - O professor precisa crer na sua própria capacidade, bem como na capacidade do seu aluno.
2 - O professor-facilitador partilha com os estudantes a responsabilidade pelo processo de aprendizagem - deve ser um facilitador, assim, é responsabilidade também do aluno por seu próprio desenvolvimento.
3 - O professor facilitador prové os recursos da aprendizagem - como facilitador não interfere na aprendizagem, mas, proporciona recursos, livros, apostila, etc. para que ela aconteça.
4 - O estudante escolhe o seu próprio programa de estudos – ele faz a opção da direção da sua aprendizagem e a segue de acordo com seu próprio tempo.
5 - É oferecido um clima facilitador - Ao estudante deve ser oferecido um clima acolhedor tanto como professor como com seus colegas, para que aprendizagem aconteça.
6 - O foco da aprendizagem não está no conteúdo, mas em oferecer um processo contínuo de aprendizagem.
7 - A disciplina é responsabilidade do aluno – Não é o professor que impõe a disciplina, mas o próprio aluno que se conscientiza da importância desta.
8 - A avaliação é feita pelo próprio aprendiz – É a autoavaliação, que no máximo pode ser auxiliada por membros do grupo ou facilitador.

Neste sentido, a aprendizagem para a teoria humanista de Rogers, diz respeito à capacidade de cada aluno, porém capacidade facilitada pelo professor que proporciona condições adequadas para seu desenvolvimento.

Neste sentido, chegamos ao término da nossa aula e assim, cabe a você, futuro professor, tirar proveito dos ensinamentos de todas as teorias abordadas nesta disciplina, de forma que proporcione condições necessárias para que seu papel de educador seja exercido da melhor forma possível, a fim de que o processo ensino/aprendizagem de seu aluno seja possível.

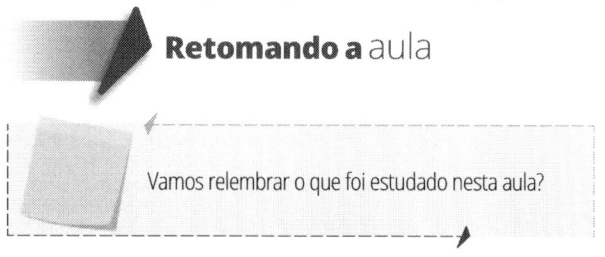

Retomando a aula

Vamos relembrar o que foi estudado nesta aula?

1 - O Humanismo de Freud

Segundo Cunha (2000), para a Psicanálise, as questões objetivas como: método, planejamento, conteúdos das matérias, etc. São questões menos importantes no ato de educar, pois, os fenômenos de sala de aula, são considerados bem mais humanos do que técnicos. A ênfase é no ser humano, no processo de humanização na educação.

Ainda, segundo o autor acima, o professor deve observar

a atitude do seu aluno, tentando desvendar seus desejos ocultos. Pois para a Psicanálise a criança deve ter desejo em aprender, pois os componentes intelectuais possuem também carga emocional e isso tem haver tanto com o universo do professor quanto do aluno.

Desejo poderia ser também entendido enquanto motivação, o conceito de desejo vai além da motivação, pois se entende por desejo uma força interna que impulsiona o indivíduo na obtenção de algo, enquanto a motivação pode ser entendida como uma força externa.

2 - O Humanismo de C. Rogers

Segundo Ferreira (2001), para Rogers todos os indivíduos têm potencialidade para aprender, sendo então significativa quando o aluno percebe a importância do conteúdo estudado. A aprendizagem diz respeito a uma mudança na percepção do sujeito. A maior parte da aprendizagem significativa é adquirida na prática, quando o aluno participa do processo a aprendizagem. A avaliação não será feita pelo professor, mas em sistema de autoavaliação.

Vale a pena

Vale a pena ler,

ROGERS, Carl. *Tornar-se pessoa*. São Paulo: Martins Fontes, 1997.

FADIMAN, J.; FRAGER, R. *Teorias da Personalidade*. 4ª ed. São Paulo; HARBRA, 2002. Cap. 1 e 8.

Vale a pena acessar,

http://www.cefetsp.br/edu/eso/filosofia/freudchaui.html

Vale a pena assistir,

Com mérito.

Referências bibliográficas

BOCK, Ana M. Bahia. *Psicologias*: uma introdução ao estudo de psicologia. 11. ed. São Paulo: Saraiva, 1998.

CAMPOS, Dinah M. de S. *Psicologia da Aprendizagem*. 20ª ed. Rio de Janeiro, Vozes, 1991.

DROUET, Ruth Caribé da Rocha. *Distúrbios da aprendizagem*. São Paulo: Ática, 1995.

MORIS, C. G. *Introdução a Psicologia*. Tradução Ludmila Lima e Marina Sobreira D. Baptista. São Paulo: Prentice Hall, 2004.

SCHUTZ, D. P., SHULTZ, S. E. *História da Psicologia Moderna*. São Paulo: Cultrix, 1995.

WITTER, G. R. e LOMONACO, J. F. B. *Psicologia da Aprendizagem*. Coordenadora Clara Regina Rappaport. São Paulo: EPU, 1984. Coleção Temas Básicos de Psicologia. Vol.09.

http://www.pedagogia.com.br/historiadaeducacao. acessado em 12/04/2010.

http://www.images.google.br. acessado em 16/08/2008.

CORDIÉ, Anny. *Os atrasados não existem*: psicanálise de crianças com fracasso escolar. Porto Alegre: Artes Médicas, 1996.

MUSSEN, Paul H. *Desenvolvimento e personalidade da criança*. 3. ed. São Paulo: Harbra, 1995. p.33;323.

VYGOTSKY, L. *A Formação Social da Mente*: desenvolvimento dos processos psicológicos superiores. 6 ed. São Paulo: Martins Fontes, 1998.

VYGOTSKY, L. *Pensamento e Linguagem*. 3 ed. São Paulo: Martins Fontes, 2005

VYGOTSKY, L. *Psicologia Pedagógica*. 1 ed. São Paulo: Martins Fontes, 2004.

BARBOSA, Heloísa. *Por que Inclusão?*. 1999. http://www.defnet.org.br/heloiza.htm. acessado em 13/06/2010.

PAÍN, Sara. *Diagnóstico e tratamento dos problemas de aprendizagem*. Porto Alegre: Artes Médicas, 1985.

PAPALIA, D. E. *O mundo da criança*. São Paulo: McGraw do Brasil, 1981.

REGO, T. C. R. *A indisciplina e o processo educativo*: uma análise na perspectiva vygotskyana. In: AQUINO, G. J. (Org.). Indisciplina na escola: alternativas teóricas e práticas. São Paulo: Summus Editorial, 1996. p. 83-101.

Revista Planeta Azul - MOA: São Paulo, Janeiro, 2000.p.04. Autor desconhecido.

WINNICOTT, D. W. *Os bebês e suas mães*. São Paulo: Martins Fontes, 1996.

http://www.psicopedagogia.com.br acessado em 08/07/2009.

http://www.brasilescola.com/educacao/dificuldades-aprendizagem.htm. acessado em 12/07/2010.

http://www.educa.aragob.es. Acessado em 12/07/2010.

DAVIS, C. *Psicologia na Educação*. São Paulo: Cortez, 2000.

MIZUKAMI, M. G. N. *Ensino*: as abordagens do processo. São Paulo: EPU, 1986.

BOCK, Ana M. Bahia. *Psicologias*: uma introdução ao estudo de psicologia. 11. ed. São Paulo: Saraiva, 1998.

CUNHA, M. V. *Psicologia da educação*. Rio de Janeiro, DP&A, 2000.

FADIMAN, J; FRAGER, R. *Teorias da Personalidade*. 4ª ed. São Paulo: HARBRA, 2002.

MOREIRA, M.A. *Ensino e aprendizagem*: enfoques teóricos. São Paulo: Edit. Moraes, 1983.

http://www.images.google.com.br. Acesso em 07/07/2009.

PALANGANA, I. C. *Desenvolvimento e aprendizagem em Piaget e Vygotsky*: a relevância do social. São Paulo: Summus, 2001.

PILETTI, C. *História da educação*. São Paulo: Ática, 1990.

RAPPAPORT, Clara Regina. *Psicologia do desenvolvimento*: teorias do desenvolvimento. São Paulo, EPU, 1981.

http://www.images.google.com.br acesso em 20/08/2008.

http://www.dailygalaxy.com/.../10/birth-of-an-ice.html acesso em 20/08/2008.

http://www.psicopedagogiabrasil.com.br/biografia_jean_piaget.htm acesso em 14/06/2009.

http://pt.wikipedia.org/wiki/Jerome_Bruner acesso em 12/10/2009.

http://pt.wikipedia.org/wiki/Epistemologia acesso em 14/06/2009.

FERREIRA, A.B.H. *Miniaurélio séc. XXI:* minidicionário da língua portuguesa. 4 ed. Ver. Ampliada. Rio de Janeiro: Nova Fronteira, 2000.

HARRY.D. *Vigotsky em foco:* Pressupostos e Desdobramentos. Campinas. SP: Papirus, 1995.

OLIVEIRA, Z. M.R (org.). *A criança e seu desenvolvimento:* Perspectivas para se discutir a educação infantil. 2.ed. São Paulo: Cortez, 1997.

OLIVEIRA, M. K. Vygotsky: *Aprendizagem e desenvolvimento:* um processo sócio - histórico. São Paulo: Sciopione, 1998.

REGO, T.C. Vigotsky. *Uma Perspectiva Histórica Cultural da Educação.* Petrópolis. RJ. Vozes, 1995.

VIGOTSKY, L. S. *Pensamento e Linguagem.* São Paulo: Martins Fontes, 1993.

VIGOTSKY, L. S. *Formação Social da Mente.* São Paulo: Martins Fontes, 1998.

http://www.images.google.com.br acesso em 06/07/2010.

http://pt.wikipedia.org/wiki/Linguagem acesso em 25/10/2009.

CUNHA, M. V. *Psicologia da educação.* Rio de Janeiro, DP&A, 2000.

FADIMAN, J: FRAGER, R. *Teorias da Personalidade.* 4ª ed. São Paulo: HARBRA, 2002.

FERNÁNDEZ, A. *A inteligência aprisionada:* abordagem psicopedagógica, clínica da criança e sua família. Porto Alegre: Artes Médicas, 1990.

FÉREZ, N. R. *O esclarecimento (sexual das crianças).* In: NERY, Eliene.(Org.). Psicanálise, Educação, Sexualidade. Belo Horizonte: Mazza.2000. p.114-133.

FERREIRA, B. W. *A aprendizagem na perspectiva Humanista.* IN: LA ROSA, Jorge (org.) Psicologia e Educação: o significado do aprender. Porto Alegre: Edipucrs, 2003. p. 148-166.

FREUD, S. [1905] *Os Três Ensaios sobre a Teoria da Sexualidade.* In: _____. Obras Psicológicas Completas. Rio de Janeiro: Imago, 1969, p.169-195. (Edição Standard brasileira das obras psicológicas completas de Sigmund Freud, 7).

ROUDINESCO, E.; PLON, M. In: *Dicionário de Psicanálise.* Tradução de Vera Ribeiro e Lucy Magalhães. Rio de Janeiro: Jorge Zahar, 1998, 874p.

http://www.images.google.com.br. acesso em 12/10/2009.

Minhas anotações

Graduação a Distância
2º SEMESTRE

Ciências Biológicas

HISTOLOGIA

UNIGRAN - Centro Universitário da Grande Dourados

Rua Balbina de Matos, 2121 - CEP 79.824 - 9000
Jardim Universitário
Dourados - MS
Fone: (67) 3411-4141 / Fax: (67) 3411-4167

Os direitos de publicação desta obra são reservados ao Centro Universitário da Grande Dourados (UNIGRAN), sendo proibida a reprodução total ou parcial de acordo com a Lei 9.160/98.

Os artigos de sites e revistas indicados para a leitura foram registrados como nos originais.

Apresentação do Docente

Bem-vindo!

Sou o professor Luis Fernando Benitez Macorini, graduado em Biomedicina pelo Centro Universitário da Grande Dourados (UNIGRAN), Mestre em Ciências da Saúde com área de concentração em Farmacologia e Toxicologia pela Universidade Federal da Grande Dourados, doutorando em Ciências da Saúde com área de concentração em Farmacologia e Toxicologia pela Universidade Federal da Grande Dourados, possuo pós-graduação lato sensu em Biomedicina Estética pelo Centro Universitário da Grande Dourados. Atualmente sou coordenador do curso de Biomedicina e professor da UNIGRAN educacional, das disciplinas de Fisiologia Humana, Biofísica, Imunologia Básica e Clínica, Ética e Biossegurança e Fundamentos da Biomedicina. Atuo como membro titular da comissão de Biossegurança da UNIGRAN (CBUNIGRAN) no cargo de diretor executivo e do Comitê de Ética em Pesquisa com Seres Humanos (CEP) do Centro Universitário da Grande Dourados. Sou delegado regional do CRBM 1ª região do estado de Mato Grosso do Sul. Possuo experiência em pesquisa científica nas áreas de síndrome metabólica, atividade antimicrobiana, ansiolítica, antioxidante, hipolipemiante, hipoglicemiante, anti-inflamatória, anti-hipertensiva de produtos naturais.

MACORINI, Luis Fernando Benitez. Histologia. Dourados: UNIGRAN, 2020.

60 p.: 23 cm.

1. Modelagem. 2. Renderização.

Sumário

Conversa inicial 4

Aula 01
Introdução à histologia e morfologia celular 5

Aula 02
Tecido epitelial 13

Aula 03
Tecido conjuntivo 21

Aula 04
Sistema nervoso 29

Aula 05
Tecido muscular e sistema tegumentar 37

Aula 06
Sistema circulatório e sistema linfático 43

Aula 07
Sistema digestório e respiratório 49

Aula 08
Sistema urinário e sistema tegumentar 55

Referências 59

Conversa Inicial

Prezados(as) estudantes,

Bem-vindos(as) à disciplina de Histologia Humana que vai aprofundar seus conhecimentos sobre estruturas teciduais do nosso organismo no curso de Ciências Biológicas na UNIGRAN Net.

Para que seu estudo se torne proveitoso e prazeroso, esta disciplina foi organizada em 8 aulas, com temas e subtemas que, por sua vez, são subdivididos em seções (tópicos), atendendo aos objetivos do processo de ensino-aprendizagem.

Na aula 1, estudaremos a Introdução à Citologia e Morfologia Celular, as células e suas características na formação tecidual. Na aula 2, veremos o tecido epitelial, as suas características morfológicas e as funções. Na aula 3, abordaremos o tecido conjuntivo, tecido esse de suma importância para os órgãos do corpo humano. Na aula 4, trabalharemos as características do tecido nervoso e a sua formação. Na aula de número 5, detalharemos o tecido muscular que é fundamental para que exista a contração do músculo e também veremos o tecido tegumentar com suas características e formações. Já nas aulas 6 e 7, estudaremos o tecido circulatório, incluindo o tecido linfático, o tecido digestório e o respiratório. Finalmente, na última aula, refletiremos um pouco sobre o sistema urinário como um todo e abordaremos: Rins, Ureteres, Bexiga, Uretra e até mesmo o Néfron.

Esperamos que, até o final da disciplina vocês possam: ampliar a compreensão sobre as características dos tecidos e a formação dos órgãos, além de conhecer as funções celulares.

Para tanto, a metodologia das aulas será composta de atividades via plataforma, videoaulas, interatividade com professor e atividades baseadas em problemáticas, além de material complementar como fragmentos de livros e artigos científicos tratando dos mais variados temas.

Porém, antes de iniciar a leitura, gostaríamos que vocês parassem um instante para refletir sobre algumas questões.

- Como ocorre a formação dos tecidos humanos?
- Qual a necessidade de células especializadas?
- Todos os tecidos formarão órgãos?

Não se preocupem. Não queremos que vocês respondam, de imediato, todas essas questões. Mas esperamos que, até o final, vocês tenham respostas e também formulem outras perguntas.

Vamos, então, à leitura das aulas?

Boa leitura!

Aula 1º

Introdução à histologia e morfologia celular

Caros(as) alunos(as), esta é nossa primeira aula!
Para iniciar nossos estudos na disciplina, trataremos dos conceitos gerais da Histologia e Morfologia Celular. O que estuda a Histologia? Quais são as características morfológicas das estruturas celulares? Qual a importância de conhecer as estruturas morfológicas?
Não se preocupem, por enquanto não precisam responder esses questionamentos. Vamos primeiro obter conhecimento teórico.
Para iniciar nossas atividades, vamos conhecer e analisar os objetivos de aprendizagem e as seções de estudo a serem desenvolvidas nesta aula.
Bons estudos!

— Bons estudos!

Objetivos de aprendizagem

Ao término desta aula, vocês serão capazes de:

- definir conceitos de Histologia;
- reconhecer a Morfologia das estruturas celulares;
- analisar possíveis variáveis para cada estrutura a partir dos contextos básicos de Histologia Humana.

Seções de estudo

1 – Histórico e Microscopia
2 – Morfologia celular
3 – Componentes celulares

1 - Histórico e Microscopia

A invenção e o advento das lentes de contato, juntamente com a sua combinação no microscópio possibilitou uma maior compreensão dos constituintes dos organismos.

No ano de 1590, os irmãos Jansen inventaram um aparelho conhecido como microscópio. Entretanto, apenas em 1611, Kepler apresentou o projeto de um microscópio composto que revolucionaria as imagens microscópicas. Porém, somente em 1665, Robert Hooke, físico e biólogo analisou pela primeira vez através de um microscópio fatias de cortiça, com um aumento de 270 vezes, onde observou compartimentos no qual designou de células (MONTANARI, 2016).

Além desses, Antoni van Leewenhoek (1632-1723) foi um fabricante holandês de microscópios que se dedicava também a pesquisas. Colecionou 419 lentes e 246 microscópios. Ele foi o primeiro microscopista a registrar células livres, isto é, o primeiro a conseguir visualizar protozoários, bactérias e algumas células de tecidos humanos (MONTANARI, 2016).

Em 1833, outro pesquisador, Robert Brown, descobriu um elemento esférico no centro de uma célula, denominando-o núcleo (do latim nuculeus, semente de uma noz pequena). O núcleo celular foi descoberto graças à melhoria dos microscópios (MONTANARI, 2016; JUNQUEIRA, 2007).

Seguindo a história, no ano de 1838 foi postulado o princípio de que todos os vegetais são constituídos de células pelo pesquisador chamado Schleiden. Em 1839, Theodor Schwann, anatomista e fisiologista, estendeu a formulação de Schleiden para os animais, revolucionando os estudos e pesquisas científicas. Assim, foi estabelecida a teoria celular que afirma que a célula é a menor unidade de vida, sendo a unidade funcional do corpo humano (MONTANARI, 2016).

1.1 Conceito

O conceito de que a célula é a menor unidade estrutural e funcional dos organismos é caracterizado porque a unidade estrutural constitui os tecidos e os órgãos, e a unidade funcional é capaz de exercer as funções básicas da vida, como produção de energia, reprodução e metabolismo (MONTANARI, 2016).

Além disso, as células podem ser classificadas como procariontes e eucariontes. É tido que as células procariontes surgiram anteriormente das eucariontes em massa líquida rica em compostos simples. Para comprovação, existem relatos de identificação de fósseis de procariontes de três bilhões de anos, enquanto as células eucariontes possuem registros históricos acerca de um bilhão de anos (MONTANARI, 2016; JUNQUEIRA, 2007).

Células Procariontes são caracterizadas por não possuir envoltório nuclear delimitando o material genético. Não possuem citoesqueleto e organelas membranosas, o que faz com que não ocorram os processos de exocitose e endocitose.

O grande exemplo de células procariontes são as bactérias e alguns tipos de algas. As células eucariontes possuem envoltório nuclear, formando um núcleo verdadeiro que tem como finalidade proteger o DNA do movimento do citoesqueleto (MONTANARI, 2016). O citoplasma dos eucariontes, diferentemente dos procariontes, é subdividido em compartimentos, aumentando a eficiência metabólica, o que permite que atinjam maior tamanho sem gerar prejuízos das suas funções. Essas células são encontradas nos sistemas mais complexos, como protozoários, fungos, plantas e animais (JUNQUEIRA, 2007).

1.2 A microscopia como método de estudo

O microscópio óptico é um equipamento que permite amplificar em até 1000x uma estrutura. Com ele é possível visualizar estruturas microscópicas como as células e alguns de seus componentes - o núcleo, o que facilita todo o conhecimento da histologia a ser desenvolvido.

Um microscópio óptico está dividido em três partes: a mecânica, a ótica e a fonte de iluminação. A parte mecânica servirá como suporte do equipamento, a parte óptica servirá para ampliação do objeto composto de lentes e oculares, e a fonte de iluminação iluminará o objeto por uma fonte de luz comum. Nesse contexto, a parte mecânica de um microscópio está dividida nas seguintes estruturas:
- Base (ou pé)
- Braço
- Tubo (ou canhão)
- Revólver
- Platina (ou mesa)
- Chariot
- Diafragmas de campo luminoso
- Condensador

Já a parte óptica que compõe as lentes de aumento está inserida no tubo e no revólver do microscópio. Para observação no equipamento, uma lâmina de vidro é preparada contendo a amostra a ser analisada e é colocada sobre a platina para observação sendo possível movimentá-la pelo chariot. Além disso, é possível regular a passagem do feixe luminoso através de uma estrutura chamada de diafragma (JUNQUEIRA, 2007).

Ainda sobre as estruturas do microscópio, o condensador é um sistema do equipamento que tem como objetivo concentrar a luz e projetar, em forma de cone, sobre o objeto a ser analisado para poder ser capitado. Assim, a luz passa pelo objeto chegando até a objetiva que, por sua vez, irá ser projetada e a imagem amplificada pelas objetivas, a qual amplia a imagem.

As objetivas são lentes que possuem função de amplificar as imagens para serem analisadas. O objeto observado pode ter um aumento, por exemplo, dependendo da escolha da objetiva em 40x, 100x, 400x ou 1000x (JUNQUEIRA, 2007).

Figura 1 - Componentes do microscópio de luz: 1 - oculares; 2 - tubo (ou canhão); 3 - braço; 4 - parafuso que fixa o tubo; 5 - botão que regula a intensidade luminosa; 6 - interruptor; 7 - parafuso micrométrico; 8 - parafuso macrométrico; 9 - parafuso do *chariot* (movimento lateral); 10 - parafuso do *chariot* (movimento anteroposterior); 11 - diafragma do campo luminoso; 12 - suporte da lente condensadora; 13 - alavanca do diafragma do condensador; 14 - lente condensadora (ou condensador); 15 - parafusos de centralização; 16 platina (ou mesa); 17 - objetivas, e 18 - revólver.

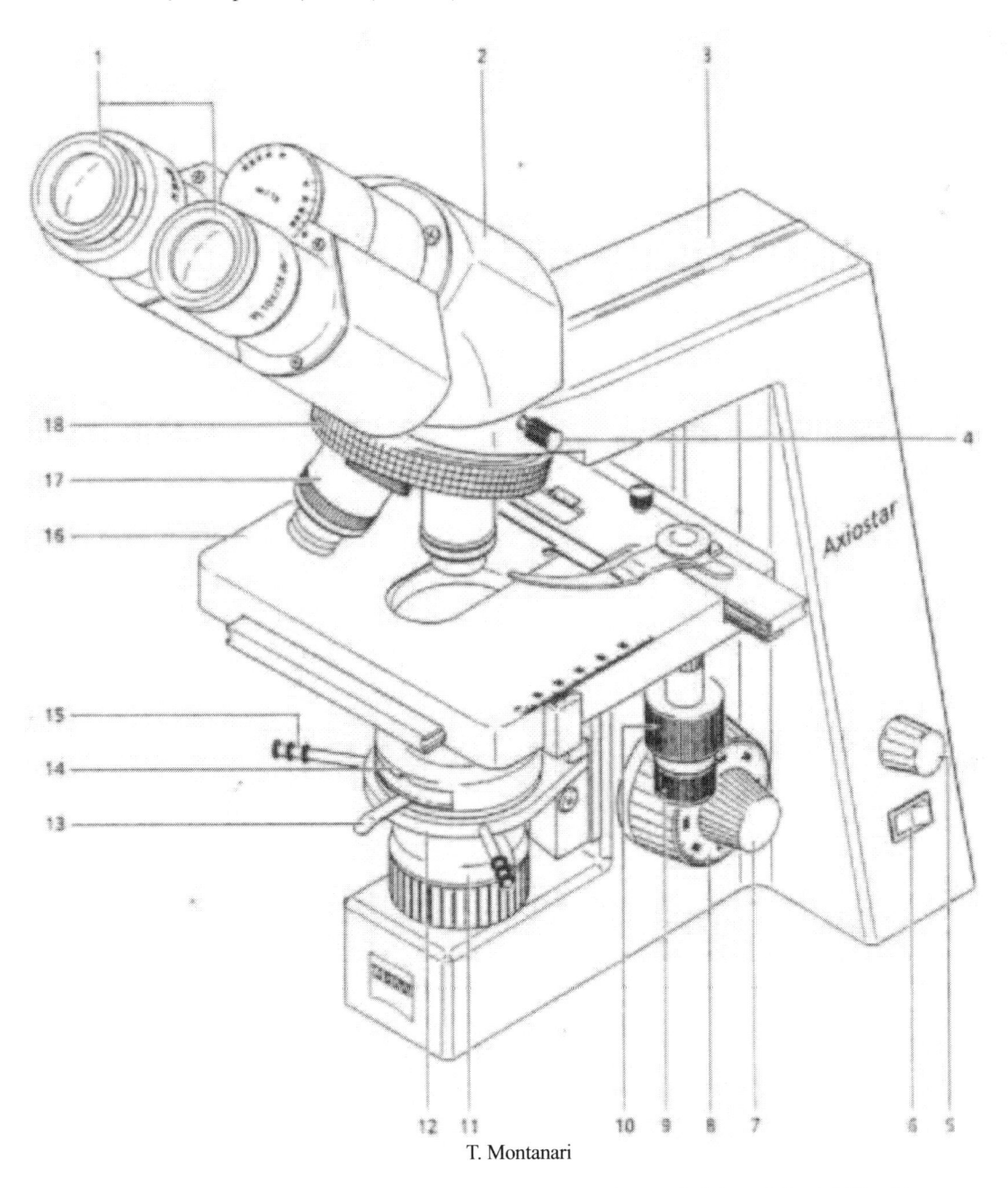

T. Montanari

Fonte: Carl Zeiss Microscopy. Axiostar transmitted-light microscope - operating manual. Göttingen, 1999. n. B 40-031. p. 1.2.

1.3 Preparo do Material Histológico para análise em Microscópio

Diversos são os tipos de materiais que podem ser aplicados na análise microscópica. Dentre eles, temos os mais simples de preparo, por exemplo, o esfregaço de sangue para análise hematológica ou, até mesmo, uma gota de material líquido como urina ou líquor (Líquido Céfalo Raquidiano) ou microbiológicas ou da mucosa oral, que podem ser espalhados na lâmina com alça coletora ou com a própria espátula de coleta. Entretanto, o preparo de material histológico como cortes de tecidos e órgãos requer técnicas mais específicas como cortes em fatias com uma espessura bem fina (JUNQUEIRA, 2007).

O primeiro passo para iniciarmos a análise de cortes histológicos é realizar a fixação do material coletado, a fim de evitar o processo de autólise e preservar a morfologia e a composição química do tecido. Fixadores bastante usados são o formol (ou paraformaldeído), o glutaraldeído e misturas fixadoras, como o líquido de Bouin (MONTANARI, 2016).

Uma característica peculiar para iniciar uma observação em microscópio é que os materiais biológicos devem passar por cortes finos, o suficiente para que a luz projetada seja capaz de atravessá-los.

Para iniciar o processo de corte do material biológico, ele deverá ser blocado em estrutura rígida. Para esse processo de formação de bloco de tecido, utilizamos um material que tem como característica se solidificar após a penetração no tecido, a parafina, formando os blocos de cortes histológicos. Para que isso ocorra, o tecido passará pelos seguintes processos químicos antes dos cortes e do preparo das lâminas:

- Desidratação em uma série alcóolica de concentração crescente e diafanizado em xilol, após o processo de fixação.
- As amostras passarão por aquecimento em estufa a 50 – 56°C e impregnação por parafina líquida.
- Colocação em um molde com mais parafina líquida, já em temperatura ambiente. Após a solificação da parafina, forma-se um bloco. Com o auxílio do micrótomo, esse bloco será cortado em fatias de 5 a 8 µm de espessura.

1.4 Coloração das amostras

Após os preparos e os cortes dos tecidos adicionados a lâminas para visualização, faz-se necessário promover a coloração para marcação de estruturas celulares. Assim, devido à natureza incolor das amostras, foram desenvolvidos corantes que possuem finalidades para certas estruturas celulares, como as organelas, possibilitando a sua localização.

Para a realização do processo de coloração das amostras, é necessário a dissolução da parafina em xilol e a hidratação do tecido direto em lâmina antes do processo de coloração. Após esses procedimentos, iniciará a coloração. A mais comumente utilizada é a coloração por hematoxilina e eosina (HE). A hematoxilina é um corante de cor azul-violeta contendo cargas positivas, chamado assim de corante catiônico, e a eosina é um corante rosa contendo cargas negativas, então, denominado de corante aniônico (MONTANARI, 2016).

As cargas positivas da hematoxilina ligam-se as cargas negativas do tecido, corando o núcleo em azul, violeta ou roxo. Essa coloração ocorre devido à ligação do corante no grupamento fosfato dos ácidos nucleicos. Por sua vez, o corante eosina que possui cargas negativas liga-se as cargas positivas dos tecidos, (como os radicais amino das proteínas básicas do citoplasma), tornando-o meio avermelhado ou rosa (MONTANARI, 2016).

Pode-se também referir-se aos corantes devido a sua natureza básica ou ácida. Os corantes básicos são aqueles capazes de ligar-se eletrostaticamente com grupos carregados com cargas negativas no tecido, enquanto o corante ácido gera uma ligação eletrostática com grupos com cargas positivas do tecido.

Denomina-se então regiões basófilas aquelas que o tecido é corado por hematoxilina, e as regiões do tecido que são coradas com o corante eosina (ácido) são denominadas acidófilas ou eosinófilas.

Além da hematoxilina, disponha-se de outros corantes catiônicos como: azul de metileno, o azul de toluidina, o azul de Alcian (Alcian blue) e a fucsina básica. Os corantes aniônicos também utilizados nas rotinas histológicas são: xylidine ponceau, o sirius red, o fast green, o orange G, a floxina, o azul de anilina e o verde luz (MONTANARI, 2016; JUNQUEIRA, 2007).

2 - Morfologia celular

O tamanho e a forma celular estão diretamente relacionados com as suas funções, e são os fatores caracterizados como extrínsecos e intrínsecos que podem ainda, determinar essas condições. Existem diversos tipos de células que constituem os mais variados tipos de tecidos. Como exemplo, observamos que as células epiteliais, que constituem o tecido epitelial, possuem várias faces (tipos), denominadas poliédricas. Já as células pavimentosas possuem largura e comprimento celular maior que a sua altura. No caso de igualdade da largura e comprimento celular, dizemos que esta estrutura é cúbica. A célula colunar (cilíndrica ou prismática) por sua vez possui altura maior que a largura e comprimento da célula (MONTANARI, 2016).

Para melhor entendimento do tamanho e da forma celular, observamos que nas figuras 1.2 e 1.3, respectivamente, possuimos células pavimentosas que facilitam a passagem de substâncias, e células cúbicas e colunares que têm essa forma definida devido a maior presença de organelas que irão exercer atividade de secreção, absorção ou transporte de íons (MONTANARI, 2016).

Figura 1.2 - Imagem obtida ao microscópio de luz de células pavimentosas de um vaso sanguíneo e de células cúbicas de um túbulo renal. HE. Objetiva de 100x (1.373x).

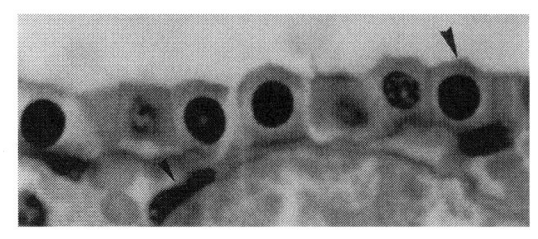

Fonte: Montanari, T. Histologia: texto, atlas e roteiro de aulas práticas. 3.ed. Porto Alegre: Ed. da autora, 2016. 229 p.

Figura 1.3 - Fotomicrografia de células colunares e de células caliciformes (▶) no intestino. M - microvilos. HE. Objetiva de 100x (1.373x).

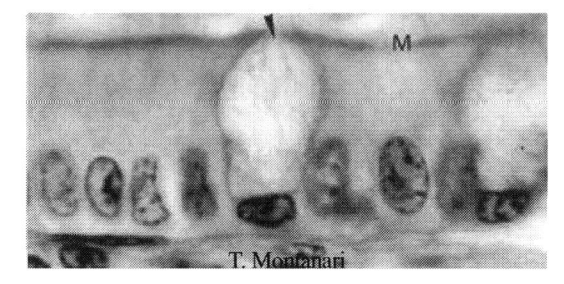

Fonte: Montanari, T. Histologia: texto, atlas e roteiro de aulas práticas. 3.ed. Porto Alegre: Ed. da autora, 2016. 9 p.

Geralmente o núcleo induz a diferenciação e a morfologia da célula, incluindo também alterações nas membranas plasmáticas. Uma das características importantes é que, muitas vezes, não é possível observar os limites das células, pois a membrana plasmática é muito fina e não é visível ao microscópio, e para diferenciar analisa-se a forma da célula pelo seu núcleo. Porém, isso não é aplicado às células que retêm seus produtos de secreção ou de reserva, como por exemplo, a célula caliciforme do intestino, porque o núcleo fica comprimido por essas substâncias retidas (MONTANARI, 2016).

O tecido conjuntivo possui uma grande variabilidade de células e com isso também uma grande variabilidade de formas celulares. O estado funcional e o ambiente podem provocar mudanças na morfologia celular, como é o caso das células adiposas, que inicialmente são fusiformes, porém com o armazenamento de lipídios adquirem uma forma esférica, mas no tecido adiposo, por causa da compactação, podem ser poliédricas (Figura 1.4) (MONTANARI, 2016).

Figura 1.4 - Célula adiposa. HE. Objetiva de 100x.

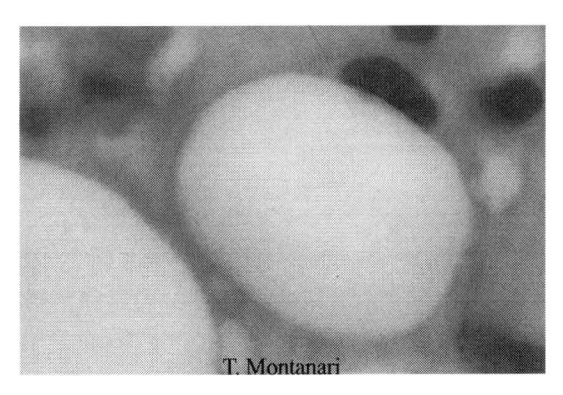

Fonte: Montanari, T. Histologia: texto, atlas e roteiro de aulas práticas. 3.ed. Porto Alegre: Ed. da autora, 2016. 9 p.

As células musculares se tornam adaptadas à atividade contratil, tornando assim, uma célula mais constante em relação à morfologia. Quando alongadas: fusiformes ou cilíndricas, e quando estão contraídas, promovem o encurtamento do tecido (Figura 1.5) (MONTANARI, 2016).

Figura 1.5 - Corte longitudinal do músculo estriado cardíaco. HE. Objetiva de 40x (550x).

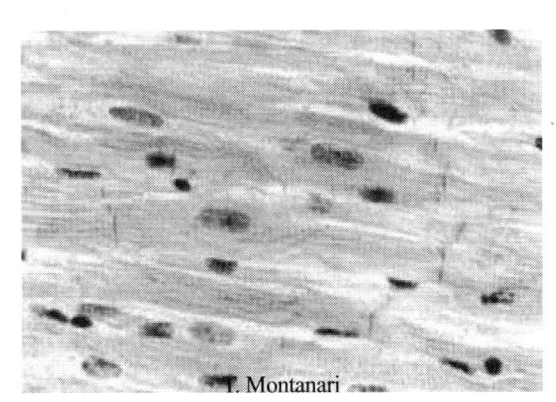

Fonte: Montanari, T. Histologia: texto, atlas e roteiro de aulas práticas. 3.ed. Porto Alegre: Ed. da autora, 2016. 10 p.

3 - Componentes celulares

3.1 Membrana celular

A membrana celular (ou plasmática), que mede de 9 a 10 nm de espessura, serve para delimitar a célula. Devido a sua fina espessura, não é visível ao microscópio de luz. Na microscopia eletrônica a membrana é visível na forma de uma estrutura trilaminar: duas linhas escuras separadas por uma linha central clara, o que é designada unidade de membrana, conforme apresentado na figura 1.6 (MONTANARI, 2016). A membrana plasmática é composta por uma bicamada lipídica, nela inseridas proteínas, glicoproteínas, glicolipídios e proteoglicanas. Esse conjunto ou arranjo é denominado *modelo mosaico fluido (Figura 1.7)* (JUNQUEIRA, 2007).

Figura 1.6 - Imagem obtida ao microscópio eletrônico de transmissão de células germinativas vizinhas, mostrando a membrana plasmática com sua aparência trilaminar, denominada unidade de membrana (▶). 15.000x.

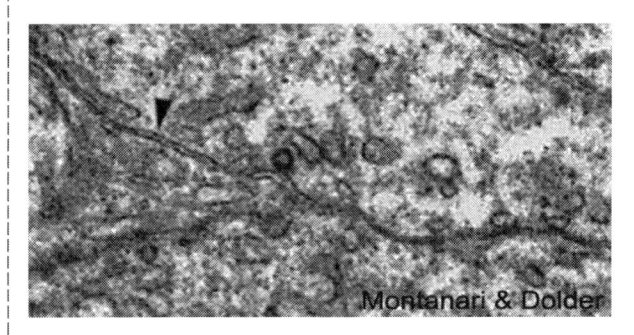

Fonte: Montanari, T. Histologia: texto, atlas e roteiro de aulas práticas. 3.ed. Porto Alegre: Ed. da autora, 2016. 10 p.

Figura 1.7 - Ilustração da membrana plasmática e do glicocálix. A bicamada lipídica está em vermelho; as proteínas, em azul, e as cadeias glicídicas, em preto.

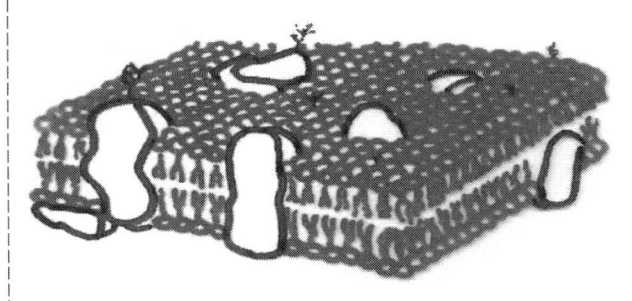

Fonte: Montanari, T. Histologia: texto, atlas e roteiro de aulas práticas. 3.ed. Porto Alegre: Ed. da autora, 2016. 11 p.

Os fosfolipídios são os principais componentes da formação da membrana plasmática. Possuem duas porções, sendo uma porção polar (hidrofílica), chamada de cabeça, e uma porção apolar (hidrofóbica), denomidada de cauda, que corresponde a duas cadeias de ácidos graxos (MONTANARI, 2016). (Figura 1.8). A porção hidrofóbica é voltada para o interior da membrana e a porção hidrofílica para o exterior, em contato com o meio aquoso (MONTANARI, 2016).

Figura 1.8 - Representação do fosfolipídio.

Fonte: Montanari, T. Histologia: texto, atlas e roteiro de aulas práticas. 3.ed. Porto Alegre: Ed. da autora, 2016. 11 p.

O colesterol é responsável por proporcionar estabilidade mecânica desse modelo, através da diminuição da permeabilidade da membrana a pequenas moléculas de água. A membrana plasmática possui, inseridas nas suas camadas fosfolipídica, proteínas que estão arranjadas assimetricamente. Essas proteínas possuem diversas classificações, sendo elas: *integrais, periféricas, ancoradas a membrana e semi-inseridas* (MONTANARI, 2016).

As proteínas integrais também chamadas de transmembranas são anfipáticas e devido a inserção na bicamada lipídica, a sua extração requer métodos que sejam capazes de dissolver a membrana, para isso, utiliza-se solventes orgânicos (MONTANARI, 2016).

Já as proteínas periféricas estão ligadas de modo não covalente a outras proteínas ou então à superfície da membrana. Para a sua extração não é necessário a dissolução da membrana, utilizando técnicas como variação de pH, eliminação de Ca2+ e tratamento com EDTA (MONTANARI, 2016).

As proteínas ancoradas: são ligadas covalentemente aos fosfolipídios de modo que são necessários métodos drásticos para realizar a sua extração. As proteínas semi-inseridas: estão posicionadas na parte hidrofóbica da membrana e na parte hidrofílica do citosol. Por fim, as proteínas têm como função servir como proteínas estruturais, enzimas, ligantes, canais, carreadores e receptores.

Além disso, o glicocálix é a porção glicídica da membrana plasmática. (Figura 1.9). Possui espessura de 10 a 50 nm e carga negativa. Tem capacidade de atrair íons Na+, a fim de aumentar a disponibilidade deste íon para uso celular e manter um ambiente hidratado através da atração de água. O glicocalix também tem função de proteção a danos químicos e físicos, e função de reconhecimento e adesão das células. Um exemplo deste processo de reconhecimento é o sistema ABO de grupos sanguíneos das hemácias.

Figura 1.9 - Eletromicrografia da superfície de uma célula, onde o glicocálix (G) é visível. M – microvilos. 13.500x.

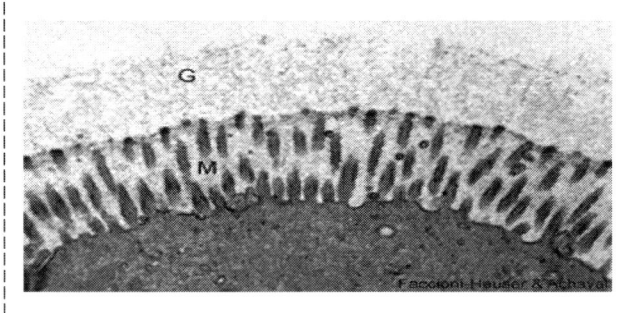

Fonte: Montanari, T. Histologia: texto, atlas e roteiro de aulas práticas. 3.ed. Porto Alegre: Ed. da autora, 2016. 11 p.

3.2 Transporte celular

Como as células possuem membrana plasmática, essa característica torna-as semipermeáveis a substâncias, porém, muitas vezes, necessitam de moléculas que não possuam passagem livre e, para isso, compõem um sistema de transporte.

O transporte celular é fundamental para manutenção das características das células, além de ativação de expressão gênica de proteínas, atividades intrínsecas e metabolismo. Esses mecanismos de transporte podem ser classificados como Transporte Passivo (não há gasto de energia) e Transporte Ativo (utiliza de ATP para realizar os transportes da transmembrana). Entre os tipos de transporte passivo destacam-se a difusão simples e a difusão facilitada.

Difusão simples é a passagem de moléculas entre os lipídios a favor do gradiente de concentração, como no caso de moléculas pequenas e apolares (O2, CO2, nitrogênio (N2), benzeno e óxido nítrico) e moléculas pequenas, polares e não carregadas (H2O, ureia, glicerol e etanol).

Difusão facilitada é o processo no qual o transporte é a favor do gradiente eletroquímico, sendo necessária a intermediação de proteínas presentes na membrana plasmática. Moléculas carregadas, por exemplo, como os íons, aminoácidos e nucleotídeos, e grandes moléculas não carregadas, como a glicose, são transportadas por esse processo.

Os processos que envolvem transporte através de proteínas transportadoras contra um gradiente eletroquímico necessitam quebra de ATP (gasto energético), sendo denominados processos de transporte ativo. Um exemplo desse processo é o transporte de Na+ e K+ pela Na+-K+ ATPase (ou bomba de Na+ e K+).

Essas proteínas transportadoras, relatadas anteriormente, podem exercer diversos processos de transporte como, por exemplo:
- Uniporte: soluto único transportado de um lado para o outro da membrana (MONTANARI, 2016).
- Simporte: necessário dois solutos. O transporte de um soluto irá depender do transporte de outro soluto na mesma direção (MONTANARI, 2016).
- Antiporte: necessário dois solutos. Nesse processo, o transporte de um soluto também irá depender do transporte de outro, mas na direção oposta (MONTANARI, 2016).

Além disso, outro mecanimo de internalização de

substância por uma célula é o processo de endocitose, que é caracterizado pela entrada de substâncias na célula com a invaginação da membrana plasmática em vesículas (JUNQUEIRA, 2007).

Algumas definições desse mecanismo podem ser denominadas como exocitose, endocitose e pinocitose. O processo de saída através da fusão de vesículas à membrana é denominado exocitose. Pinocitose é a entrada de fluidos e solutos na célula através de vesículas. Endocitose mediada por receptor é o processo que utiliza-se de receptores nas vesículas para entrada seletiva de macromoléculas (JUNQUEIRA, 2007).

Para ingerir partículas maiores, tais como microorganismos ou restos celulares, a célula emite pseudópodos para formação de grandes vesículas (fagossomos). Esse processo é caracterizado pela fagocitose.

3.3 Citoplasma

Também denominado citosol, está presente nas células. É formado por uma solução coloidal viscosa e possui um aspecto relativamente uniforme. No citoplasma contém 80% de água, mais a presença de diversos íons, aminoácidos e proteínas. É no citoplasma que se localizam o núcleo e as organelas celulares, bem como o complexo de Golgi, as mitocôndrias, o retículo endoplasmático, os lisossomos, ribossomos e inclusões lipídicas. Essas estruturas promovem diversas funções como respiração, síntese proteica, digestão, etc. Também estão inseridos no citoplasma as estruturas que promovem sustentação e atividades dinâmicas da célula, o citoesqueleto e os centríolos (BARBOSA & CORTE-REAL, 2005).

3.4 Núcleo

Estrutura de extrema importância para as células por conter o código genético da célula, os ácidos nucleicos. É no núcleo que ocorre a duplicação do DNA e a transcrição do RNA. A sua localização é centralizada e a forma varia conforme o tipo celular. O envoltório, camada de proteção nuclear, é composto por duas camadas, a interna e a externa, que possuem composiçõs proteicas diferenciadas (Figura 2)

Figura 2. (A) Monocitos mostrando o núcleo ocupando grande do citoplasma da célula; (B) célula eucariótica, apresentando núcleo com poros (setas) e mitocôndrias (M).

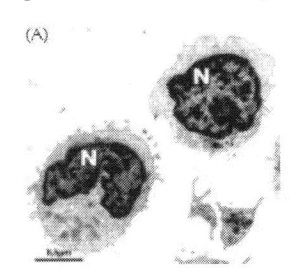

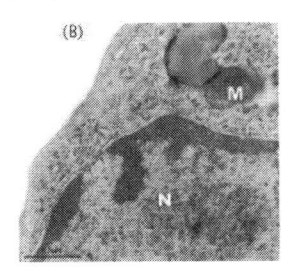

Fonte: Molinaro, E, M; Caputo, L, F, G; Amendoeira, M, R, R. Conceitos e Métodos para a Formação de Profissionais em Laboratórios de Saúde, v. 2. Rio de Janeiro: EPSJV, IOC, 2009.

3.5 Retículo Endoplasmático

É encontrado ocupando cerca de 10% do volume celular na maioria das células. Formado por uma rede de membranas conectadas na forma de cisternas. Podemos observar dois tipos de RE, o retículo endoplasmático *liso* e o *rugoso*. Ambos apresentam características diferentes, tanto na morfologia, quanto na função exercida por cada um (JUNQUEIRA, 2007).

O Retículo endoplasmático liso é também chamado de agranular e caracteriza-se por não conter ribossomos aderidos a membrana. As funções estão relacionadas com a síntese de hormônios e lipídios, desintoxicação celular e armazenamento de cálcio (BARBOSA & CORTE-REAL, 2005).

O Retículo endoplasmático rugoso é denominado também com RE granular e caracteriza-se pela presença de polirribossomos. A sua forma é variada e pode ser encontrada em diversos pontos da célula ou concentrada em uma determinada área do citoplasma. O RER é responsável, juntamente com os poliribossomos, pela síntese e exportação proteica (Figura 2.1) (BARBOSA & CORTE-REAL, 2005).

Figura 2.1. Retículo endoplasmático rugoso (RE) dilatado de fibroblasto, apresentando ribossomos aderidos à membrana.

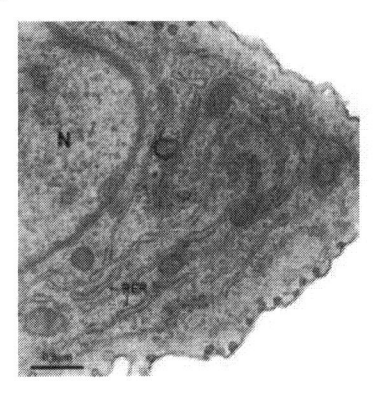

Fonte: Molinaro, E, M; Caputo, L, F, G; Amendoeira, M, R, R. Conceitos e Métodos para a Formação de Profissionais em Laboratórios de Saúde, v. 2. Rio de Janeiro: EPSJV, IOC, 2009.

3.6 Complexo de Golgi

Organela celular constituída de discos membranosos, achatados e empilhados. Esses discos são denominados *cisternas*. As cisternas são divididas em *cisternas cis, cisternas medianas e cisternas trans*. As funções do CG são relacionadas com o processamento de lipídeos e proteínas, separação e endereçamento de moléculas sintetizadas (BARBOSA & CORTE-REAL, 2005).

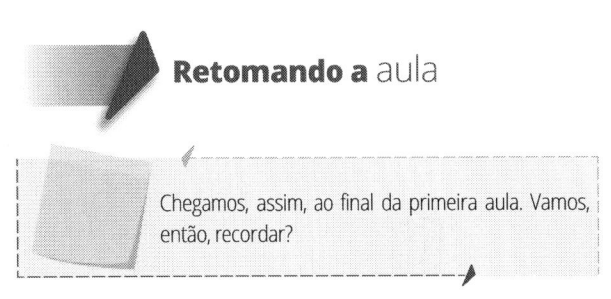

Retomando a aula

Chegamos, assim, ao final da primeira aula. Vamos, então, recordar?

1 – Histórico e Microscopia

Nesta primeira seção, vimos que a invenção de lentes de contato, combinadas ao microscópio, proporcionaram ao ser humano uma melhor compreensão dos constituintes do organismo. Constatamos que com a melhoria dos microscópios foi possível identificar diversas estruturas e morfologias celulares. Além disso, nesse período foi estabelecida a teoria que afirma que a célula é a menor unidade de vida estrutural e funcional do ser humano.

2 – Morfologia celular

Nesta seção, estudamos o diferencial da morfologia celular de modo geral. O tamanho e a forma celular estão diretamente relacionados com as suas funções. Vimos também que existem diversos tipos de células que constituem os mais variados tipos de tecidos. Como exemplo, as células epiteliais, que constituem o tecido epitelial.

3 – Componentes celulares

Nesta seção, vimos as principais estruturas dos componentes celulares como: Membrana Plasmática, Núcleo, Citoplasma, Retículo Endoplasmático e Complexo de Golgi com foco morfológico. Além disso, estudamos os transportes ativos e passivos que modificam estruturas celulares.

Vale a pena

Vale a pena ler,

JUNQUEIRA, L. C.; CARNEIRO, J. *Histologia básica*. 10. ed. Rio de Janeiro: Guanabara Koogan, 2004.
MONTANARI, T. *Histologia:* texto, atlas e roteiro de aulas práticas. 3. ed. Porto Alegre: Ed. da autora, 2016.

Minhas anotações

Aula 2º

Tecido epitelial

Prezados(as) alunos(as). Nesta aula, iremos abordar conceitos, morfologias, características, funções e componentes do tecido epitelial, além de realizar a classificação morfológica de cada região dessa importante estrutura.
Bom trabalho. Bons estudos!

— Bons estudos!

Objetivos de aprendizagem

Ao término desta aula, vocês serão capazes de:

- definir tecido epitelial;
- caracterizar e identificar componetes do tecido epitelial;
- classificar morfologicamente o tecido epitelial.

Seções de estudo

1 – Características e funções
2 – Componentes do tecido epitelial
3 – Epitélio de revestimento

1 - Características e funções

A justaposição das células e a presença de pouca matriz extracelular dão as características para o tecido chamado de epitelial (termo introduzido pelo anatomista holandês Ruysch no século XVIII).

Tem como principal função revestir, cobrir e proteger. Reveste a superfície corpórea, trato digestório, respiratório, urogenital, vasos sanguíneos e linfáticos, entre outros. Esse tipo de tecido é capaz de realizar processos de absorção (epitélio intestinal), excreção (túbulos renais) e secreção (glândulas). O epitélio também é capaz de exercer função sensorial e germinativa, como nos órgãos sensoriais e testículos (JUNQUEIRA, 2007).

2 - Componentes do tecido epitelial

O tecido epitelial é composto por células epiteliais e matriz extracelular, consistindo na lâmina basal. Essas células são justapostas com várias faces (poliédricas), contendo muito citoplasma, polaridade e citoesqueleto desenvolvido (JUNQUEIRA, 2007).

A Lâmina Basal é a camada situada na base do tecido, composta por glicoproteínas e proteoglicanas. Possui 40 a 120nm de espessura (Figura 2.2). Tem por função promover a adesão entre o tecido epitelial e o conjuntivo, exercendo importante papel no processo de filtração seletiva e servindo como barreira para as substâncias que se deslocam por ambos os tecidos. Ela influencia no processo de diferenciação e proliferação das células epiteliais. Quando as células perdem o contato com a lâmina basal, elas sofrem apoptose (MONTANARI, 2016).

Figura 2.2 - Eletromicrografia de parte de um capilar, onde é indicada a lâmina basal (LB) da célula endotelial. 22.000x.

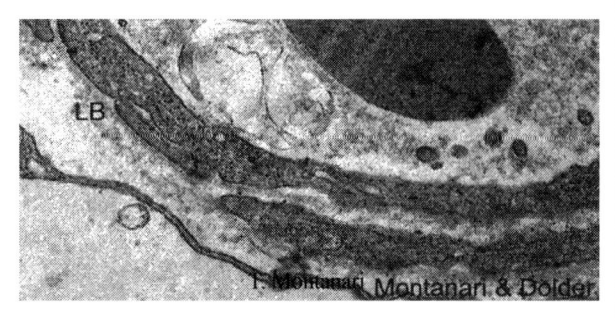

Fonte: Montanari, T. Histologia: texto, atlas e roteiro de aulas práticas. 3. ed. Porto Alegre: Ed. da autora, 2016.

2.1 Especializações da superfície das células epiteliais

Para aumentar a superfície de absorção, as células epiteliais podem promover evaginações na superfície apical formando estruturas como Microvilos (ou microvilosidades). Com diâmetro de 50 a 100 nm e comprimento de 1 a 3 μm, eles podem ser encontrados na superfície da maioria das células, inclusive, nas células absortivas, como as dos túbulos renais e intestino, em que estão mais presentes. (Figura 2.3 e 2.4).

Figura 2.3 - Fotomicrografia de células colunares e de células caliciformes no intestino. M - microvilos. HE. Objetiva de 100x (1.373x).

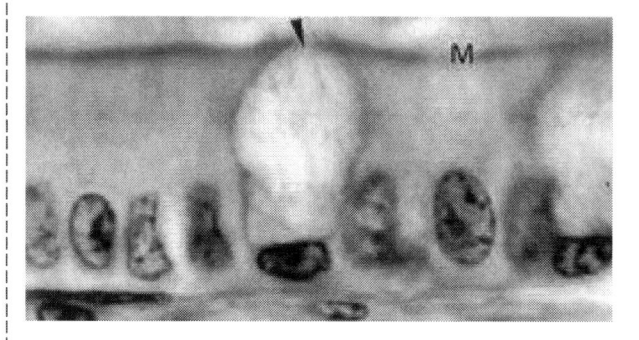

Fonte: Montanari, T. Histologia: texto, atlas e roteiro de aulas práticas. 3.ed. Porto Alegre: Ed. da autora, 2016.

Figura 2.4 - Microvilos observados ao microscópio eletrônico de transmissão.

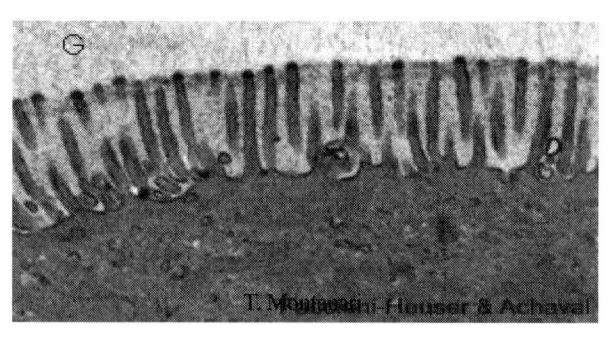

Fonte: Montanari, T. Histologia: texto, atlas e roteiro de aulas práticas. 3. ed. Porto Alegre: Ed. da autora, 2016.

Os microvilos podem ainda ser classificados como estereocílios, que são microvilos longos e imóveis, com diâmetro de 100 a 150 nm até 120μm de comprimento. Tem a capacidade de aumentar a superfície de absorção, principalmente no trato reprodutor masculino, como no epidídimo. Também atuam como mecanorreceptores sensoriais, a exemplo das células pilosas da orelha interna (Figura 2.5) (MONTANARI, 2016).

Figura 2.5 - Estereocílios na superfície apical do epitélio do epidídimo. HE. Objetiva de 40x (550x).

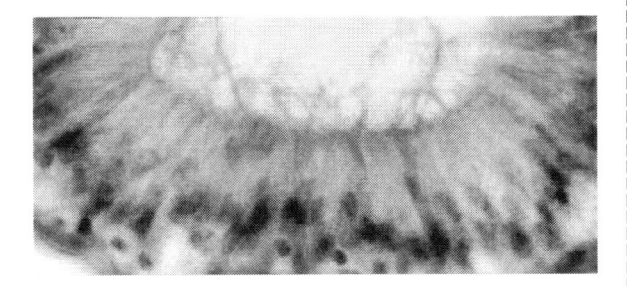

Fonte: Montanari, T. Histologia: texto, atlas e roteiro de aulas práticas. 3.ed. Porto Alegre: Ed. da autora, 2016. 229 p.

Além disso, existem as placas da membrana, que são áreas da membrana celular apical que revestem o trato urinário. Tem capacidade de suportar a osmolaridade da urina e possui proteínas exclusivas chamadas de uroplaquinas. Tem grande importância no processo de aumento da superfície luminal do órgão, sendo capaz de dobrar e se desdobrar conforme o enchimento e esvaziamento da bexiga (JUNQUEIRA, 2007).

Outra particularidade das estruturas superficiais das células epiteliais são as pregas basolaterais (invaginações ou interdigitações), que são processos de invaginações das superfícies basal e laterais das células. Essas características promovem o aumento da superfície de contato melhorando os processos de absorção, estando também diretamente envolvidas na ativação de transporte de líquidos, eletrólitos e solutos. Entre as invaginações das células epiteliais há uma grande concentração de mitocôndrias a fim de fornecer energia para os mecanismos de transportes ativo transmembrana. Um exemplo são os Epitélios dos túbulos renais e ductos de glândulas salivares que possuem este tipo de estrutura (Figura 2.6) (MONTANARI, 2016).

Figura 2.6 - Corte semifino do rim, mostrando um túbulo cujas células possuem microvilos (M), que aumentam a superfície para absorção de substâncias, e invaginações e mitocôndrias para o transporte de íons. Azul de toluidina. Objetiva de 100x (1.373x).

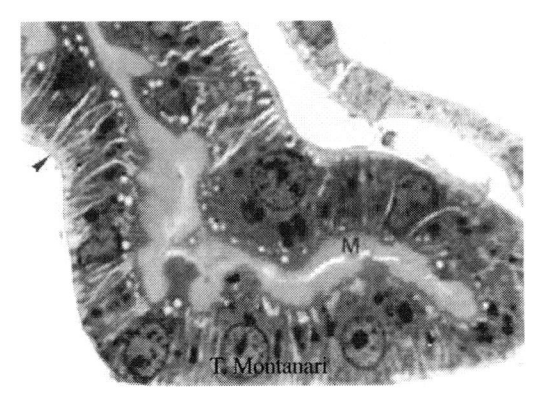

Fonte: Montanari, T. Histologia: texto, atlas e roteiro de aulas práticas. 3. ed. Porto Alegre: Ed. da autora, 2016.

Outras estruturas são os Cílios que estão presentes na superfície apical da célula. Com cerca de 250 nm de diâmetro e 5 a 10 μm de comprimento, eles são maiores que os microvilos.

Possuem movimento graças ao axonema, permitindo que o material que está na superfície da célula seja transportado, por exemplo, o epitélio da traqueia (Figuras 2.7 e 2.8). Há células que possuem um único cílio, servindo como espécie de antena sensorial, a fim de captar estímulos mecânicos, químicos, osmóticos ou luminosos. Esse tipo de estrutura ciliar é comumente encontrado nas células pilosas do aparelho vestibular na orelha interna, nas células dos túbulos renais e nas células da rede testicular (MONTANARI, 2016).

Figura 2.7 - Fotomicrografia do epitélio da traqueia. As partículas inaladas são capturadas pelo muco produzido pelas células caliciformes, e este muco é deslocado pelos cílios em direção à faringe, onde é deglutido. Objetiva de 40x (550x).

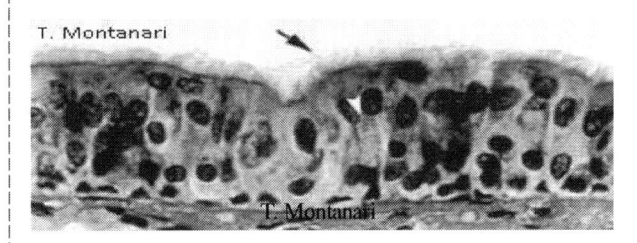

Fonte: Montanari, T. Histologia: texto, atlas e roteiro de aulas práticas. 3.ed. Porto Alegre: Ed. da autora, 2016.

Figura 2.8 - Cílios observados ao microscópio eletrônico de varredura. 8.500x.

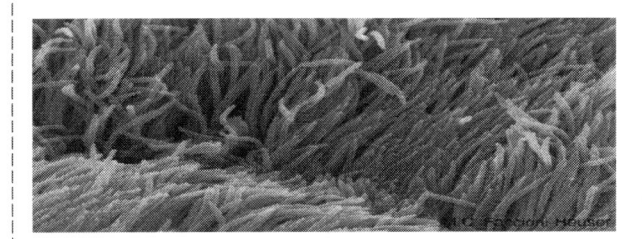

Fonte: Montanari, T. Histologia: texto, atlas e roteiro de aulas práticas. 3.ed. Porto Alegre: Ed. da autora, 2016.

Por fim, os flagelos têm cerca de 55 μm de comprimento e é uma estrutura similiar ao cílio, porém, mais alongada. Essa estrutura serve para promover a motilidade da célula. No ser humano os flagelos estão presentes em células do espermatozoide. (Figura 2.9) (MONTANARI, 2016)

Figura 2.9 - Fotomicrografia de espermatozoide humano. Giemsa. Objetiva de 100x (1.716x).

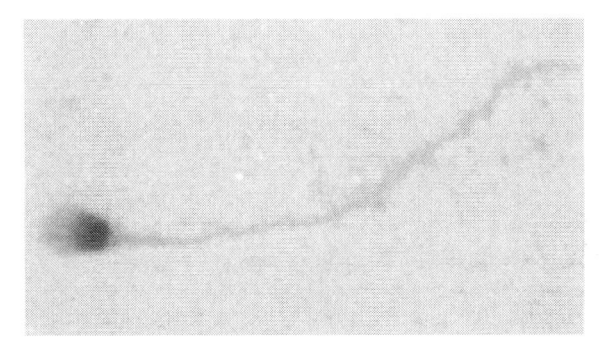

Fonte: Montanari, T. Histologia: texto, atlas e roteiro de aulas práticas. 3. ed. Porto Alegre: Ed. da autora, 2016.

2.2 Classificação

A classificação dos epitélios projeta-se conforme a sua função e é dividida em epitélio de revestimento e epitélio glandular. O epitélio sensorial e o epitélio germinativo podem ser considerados epitélios de revestimento ou classificados como epitélio especial (JUNQUEIRA, 2007).

3 - Epitélio de revestimento

A formação de camadas celulares que permitem o revestimento de superfícies (como a superfície externo do corpo, orgãos, cavidades, etc) ocorre devido à justaposição das células epiteliais, sendo esse tipo de epitélio classificado conforme o formato celular e o número de camadas de células que o compõem (JUNQUEIRA, 2007).

As células do Epitélio de Revestimento podem ser classificadas em *pavimentosa, cúbica, colunar e cilíndrica (ou prismática)*. Também é possível classificar o tipo de epitélio de revestimento conforme as camadas celulares, sendo o epitélio *simples* aquele que possui somente uma camada de células e o *estratificado* quando houver mais de uma camada celular. Caso as células de um epitélio de revestimento simples forem pavimentosas, ele é denominado de *epitélio simples pavimentoso*. Para as outras classificações celulares utiliza-se o mesmo conceito (*epitélio simples cúbico, epitélio simples cúbico, epitélio simples colunar*) (figura 3.0) (JUNQUEIRA, 2007).

Figura 3.0 - Tecido epitelial. Imagem obtida ao microscópio de luz de células pavimentosas de um vaso sanguíneo e de células cúbicas de um túbulo renal. HE. Objetiva de 100x (1.373x).

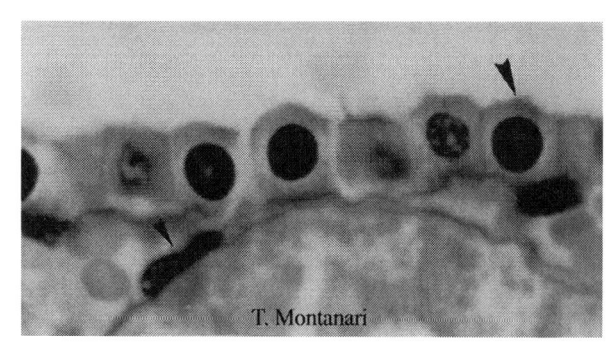

Fonte: Montanari, T. Histologia: texto, atlas e roteiro de aulas práticas. 3.ed. Porto Alegre: Ed. da autora, 2016.

Outro epitélio de revestimento do tipo simples é o epitélio pseudoestratificado. Nele todas as células apoiam-se na lâmina basal. Esse tipo de epitélio possui diferentes tamanhos celulares: células baixas que são as basais e células mais altas do tipo colunar. Os núcleos estão em diferentes alturas, fazendo com que lembre o epitélio estratificado. Daí o nome de pseudoestratificado. No trato reprodutor, mais específico no epididimo, observa-se epitélio pseudoestratificado colunar com estereocílios (JUNQUEIRA, 2007).

No caso do epitélio estratificado dominará o formato das células que estiverem na camada mais superficial. Por exemplo, as células pavimentosas caracterizam o *epitélio estratificado pavimentoso*, como é o caso no epitélio esofágico. Também podemos observar o *epitélio estratificado pavimentoso queratinizado*, como ocorre no tecido da pele, no qual suporta mais atrito. (figura 3.1)

Figura 3.1 - Epitélio estratificado pavimentoso queratinizado da pele (D - ducto da glândula sudorípara). HE. Objetiva de 10x (137x).

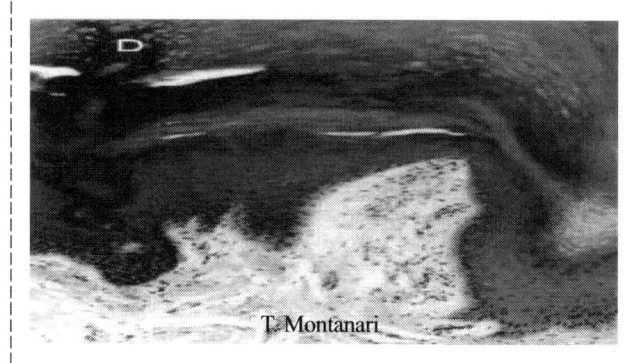

Fonte: Montanari, T. Histologia: texto, atlas e roteiro de aulas práticas. 3.ed. Porto Alegre: Ed. da autora, 2016.

3.1 Epitélio glandular

O epitélio de revestimento pode ter a presença de células que possuem a capacidade de secretar substâncias. Esse tipo de tecido denomina-se *epitélio glandular*. Podemos considerar *glândulas unicelulares* aquelas que possuem uma secreção em menor grau como, por exemplo, as células caliciformes no epitélio dos intestinos e da traqueia. Nos casos em que é necessário uma quantidade maior de secreção, formam-se *glândulas pluricelulares*, que suprem essa necessidade através de um aumento da área do epitélio secretor com a sua invaginação, ramificação ou o seu enovelamento. Essas glândulas do tipo pluricelular podem ser envolvidas por uma cápsula composta de tecido conjuntivo emitindo septos, que se dividem em lobos e subdividem-se em lóbulos. São pelos septos que os vasos sanguíneos e fibras nervosas penetram na glândula. O *paranquima glandular* é constituido pelas células epiteliais e o *estroma* por tecido conjuntivo (JUNQUEIRA, 2007).

As glândulas ditas *exócrinas* são aquelas que permanecem conectadas à superfície epitelial formando um ducto. A secreção vai para a superfície por meio desse ducto (JUNQUEIRA, 2007).

As glândulas *endocrinas* caracterizam-se por perda da conexão com a superfície epitelial, fazendo com que a secreção seja liberada para os vasos sanguíneos (JUNQUEIRA, 2007).

As glândulas exócrinas podem ser classificadas segundo a sua forma da porção secretora: *tubular, acinosa ou alveolar e tubuloacinosa* (JUNQUEIRA, 2007).

- Tubular: pode apresentar formato reto ou enovelada (figura 3.2 e 3.21).
- Acinosa: apresenta forma arrendondada (figura 3.21).
- Tubuloacinosa: quando apresentam os dois tipos de porções secretoras (figura 3.3).

Pela ramificação da porção secretora: *simples ou ramificada*.
- Simples: não há ramificação (figura 3.2 e 3.21).
- Ramificada: quando há ramificação (figura 3.21 e 3.3).

Pela ramificação do ducto: *simples ou composta*.
- Simples: não há ramificação (figura 3.2 e 3.21).
- Composta: quando há ramificação.

Pelo tipo de secreção: *serosa, mucosa, seromucosa*.
- Serosa: secreta um fluido aquoso, rico em enzimas.
- Mucosa: secreta o muco, um fluido viscoso, com glicoproteínas.
- Seromucosa (ou mista): possuem células serosas e mucosas (figura 3.3).

Ou pela liberação da secreção: *merócrina (ou* écrina), apócrina, *holócrina*.
- merócrina: secreção é liberada (exocitada) sem provocar danos celulares.
- apócrina: além da liberação da secreção, uma parte do citoplasma é perdida.
- holócrina: ocorre morte celular e é liberada juntamente com a secreção (Figura 3.21). (JUNQUEIRA, 2007).

Figura 3.2 - O epitélio que reveste a luz do intestino grosso invagina-se, formando as glândulas de Lieberkühn (ou intestinais), que são glândulas exócrinas tubulares simples retas. HE. Objetiva de 10x (137x).

Fonte: Montanari, T. Histologia: texto, atlas e roteiro de aulas práticas. 3.ed. Porto Alegre: Ed. da autora, 2016.

Figura 3.21 - O epitélio do couro cabeludo invagina-se, formando os folículos pilosos onde se origina o pelo; as glândulas sebáceas, que são glândulas exócrinas alveolares ramificadas holócrinas e as glândulas sudoríparas, que são glândulas exócrinas tubulares simples enoveladas. HE. Objetiva de 4x (55x).

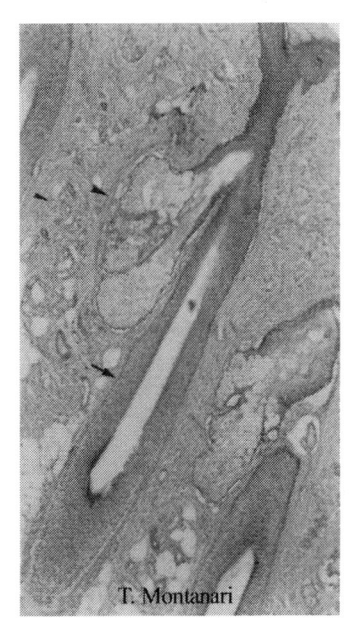

Fonte: Montanari, T. Histologia: texto, atlas e roteiro de aulas práticas. 3.ed. Porto Alegre: Ed. da autora, 2016.

Figura 3.3 - A glândula submandibular apresenta células mucosas e serosas. As células mucosas arranjam-se em uma forma tubular, enquanto as células serosas arranjam-se em forma arredondada. A porção secretora mucosa ramifica-se. É uma glândula tubuloacinosa ramificada seromucosa. HE. Objetiva de 40x (550x).

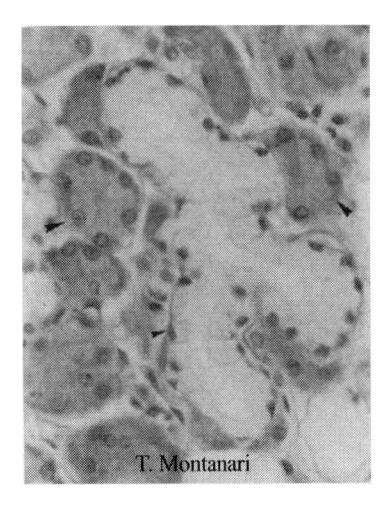

Fonte: Montanari, T. Histologia: texto, atlas e roteiro de aulas práticas. 3.ed. Porto Alegre: Ed. da autora, 2016.

Ao redor das glândulas exócrinas, entre a lâmina basal e as células epiteliais, existem células do tipo *mioepiteliais*. São células do tipo estreladas ou fusiformes e possuem mecanismos para contração a fim de comprimir a glândula e expulsar a secreção (Figura 3.4) (JUNQUEIRA, 2007).

Figura 3.4- Célula mioepitelial em torno da glândula uterina de camundonga. Objetiva de 100x.

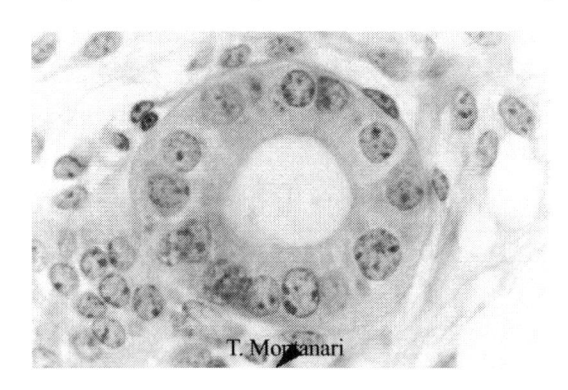

Fonte: Montanari, T. Histologia: texto, atlas e roteiro de aulas práticas. 3. ed. Porto Alegre: Ed. da autora, 2016.

Quadro 1 - Classificação das glândulas exócrinas.

Forma da porção secretora	tubular	reta	Ex.: glândula intestinal (ou de Lieberkühn)
		enovelada	Ex.: glândula sudorípara
	acinosa ou alveolar		Ex.: glândula salivar parótida Ex.: glândula sebácea
Ramificação da porção secretora	simples		Ex.: glândula intestinal, glândula sudorípara
	ramificada		Ex.: glândula sebácea, glândula submandibular
Ramificação do ducto	simples		Ex.: glândula intestinal, glândula sudorípara
	composta		Ex.: glândula salivar parótida
Tipo de secreção	serosa		Ex.: glândula salivar parótida
	mucosa		Ex.: glândula duodenal (ou de Brünner)
	seromucosa		Ex.: glândula salivar submandibular
Liberação da secreção	merócrina		Ex.: glândula salivar submandibular
	apócrina		Ex.: glândula mamária
	holócrina		Ex.: glândula sebácea

Fonte: Montanari, T. Histologia: texto, atlas e roteiro de aulas práticas. 3. ed. Porto Alegre: Ed. da autora, 2016.

As glândulas endócrinas podem ser classificadas segundo o arranjo das células epiteliais. Essa classificação pode ser do tipo:

- Folicular: arranjo celular em forma de folículos (pequenas vesículas no qual se acumula secreção). Ex: tireoide (figura 3.5) (MONTANARI, 2016).
- Cordonal: células dispostas em fileiras. Formam cordões no qual se anastomosam em torno de capilares. Ex. Glândula adrenal (ou suprarrenal) (Figura 3.6).

Figura 3.5 - A tireoide é uma glândula endócrina folicular, já que as células epiteliais formam folículos, onde armazenam os hormônios secretados. Estes posteriormente vão para os vasos sanguíneos do conjuntivo. HE. Objetiva de 40x (550x).

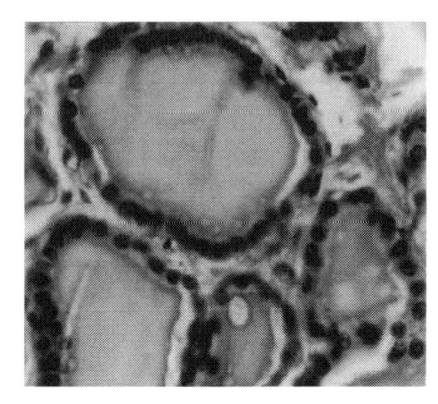

Fonte: Montanari, T. Histologia: texto, atlas e roteiro de aulas práticas. 3. ed. Porto Alegre: Ed. da autora, 2016.

Figura 3.6 - A suprarrenal (ou adrenal) é uma glândula endócrina cordonal. Objetiva de 10x.

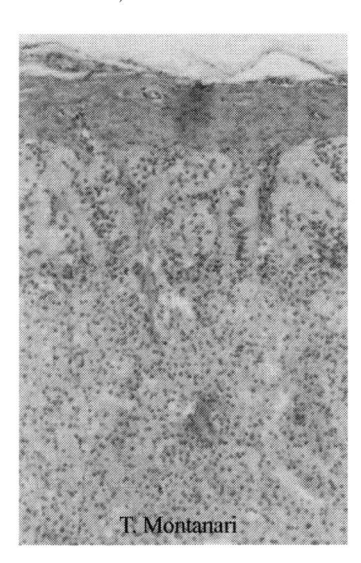

Fonte: Montanari, T. Histologia: texto, atlas e roteiro de aulas práticas. 3. ed. Porto Alegre: Ed. da autora, 2016.

Alguns órgãos possuem a capacidade de exercer funções como processos exócrinos e endócrinos. Esses órgãos recebem o nome de glândula mista, por exemplo, o pâncreas é uma glândula exócrina acinosa composta serosa, que tem como função liberar o suco pancreático no duodeno, e também possui as ilhotas de Langerhans, glândulas endócrinas cordonais, secretoras dos hormônios insulina e glucagon (Figura 3.7) (MONTANARI, 2016).

Figura 3.7 - O pâncreas é uma glândula mista constituída pelas ilhotas de Langerhans (IL), cujas células epiteliais, arranjadas em cordões, secretam insulina e glucagon para a corrente sanguínea, e pelos ácinos serosos (S) que sintetizam as enzimas digestivas que vão, através de ductos (D), para o duodeno. O núcleo no centro dos ácinos é da célula centroacinosa, que pertence ao ducto que penetra na porção secretora. HE. Objetiva de 40x (550x).

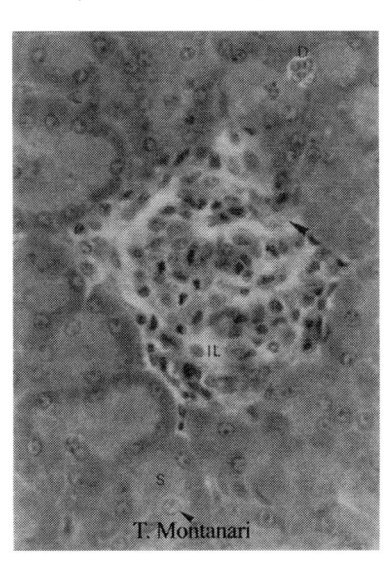

Fonte: Montanari, T. Histologia: texto, atlas e roteiro de aulas práticas. 3. ed. Porto Alegre: Ed. da autora, 2016.

3.2 Células epiteliais especializadas

São células que possuem uma atividade funcional especializada. Para executar essas atividades possuem determinadas organelas que são mais desenvolvidas que as outras.

As funções exercidas por essas células são:
- Síntese de proteínas: Ex. célula serosa das glândulas salivares e do pâncreas.
- Síntese de glicoproteínas: Ex. célula caliciforme dos intestinos, do sistema respiratório e a célula mucosa das glândulas salivares.
- Síntese de lipídios. Ex. células da suprarrenal (ou adrenal).
- Transporte de íons: Ex. células dos túbulos renais.
- Sensorial. Ex. células olfatórias e as dos corpúsculos gustativos.
- Germinativa: Ex. células dos túbulos seminíferos nos testículos que se diferenciam nos espermatozoides.

3.3 Nutrição e inervação

Os epitélios não são vascularizados, e sua nutrição é realizada por difusão a partir dos vasos sanguíneos que correm no tecido conjuntivo.

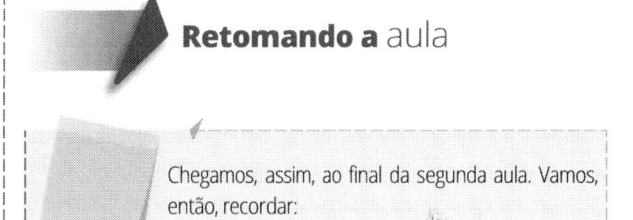

Retomando a aula

Chegamos, assim, ao final da segunda aula. Vamos, então, recordar:

1 – Características e funções

Nesta seção, vimos às características e as funções do tecido epitelial. Pudemos observar que esse tecido tem como principal função revestir, cobrir e proteger. Reveste a superfície corpórea, trato digestório, respiratório, urogenital, vasos sanguíneos e linfáticos, entre outros.

2 – Componentes do tecido epitelial

Na seção 2, estudamos os componentes do tecido epitelial. Pudemos observar que o tecido epitelial é composto por células epiteliais e matriz extracelular, consistindo na lâmina basal. Essas células são justapostas com várias faces (poliédricas), contendo muito citoplasma, polaridade e citoesqueleto desenvolvido.

3 – Epitélio de revestimento

Nesta seção, vimos que a formação de camadas celulares que permitem o revestimento de superfícies ocorre devido à justaposição das células epiteliais. Também foi possível classificar o tipo de epitélio de revestimento conforme as camadas celulares, sendo o epitélio *simples* aquele que possui somente uma camada de células e o *estratificado* quando houver mais de uma camada celular.

Vale a pena

Vale a pena ler,

UNQUEIRA, L. C.; CARNEIRO, J. *Histologia básica*. 10. ed. Rio de Janeiro: Guanabara Koogan, 2004.
MONTANARI, T. Histologia: texto, atlas e roteiro de aulas práticas. 3. ed. Porto Alegre: Ed. da autora, 2016.

Minhas anotações

Aula 3º

Tecido conjuntivo

Prezados(as) acadêmicos(as)!
Nesta aula, estudaremos o tecido conjuntivo. Ele é caracterizado por um tecido de conexão rico em matriz extracelular, fibras e células. Entre suas funções, caracterizam-se a sustentação, o preenchimento e a nutrição de outros tecidos anexos. Será uma aula superinteressante. Então, vamos nos aprofundar? Para isso, conheceremos primeiro os objetivos de aprendizagem.
Bons estudos!

Bons estudos!

Objetivos de aprendizagem

Ao término desta aula, vocês serão capazes de:

- caracterizar e diferenciar tecido conjuntivo;
- avaliar as características morfológicas celulares dos tecidos conjuntivos;
- conhecer estruturas diversas do tecido conjuntivo.

Seções de estudo

1 – O tecido conjuntivo
2 – A classificação do tecido conjuntivo

1 - O tecido conjuntivo

1.1 Característica

O tecido conjuntivo caracteriza-se pela grande variedade de células e também pela vasta e abundante matriz extracelular.

1.2 Funções

A denominação de tecido conjuntivo é dada para esse tipo de tecido devido à capacidade unir tecidos, que servirá para conectá-los e dar preenchimento e sustentação. Esse tipo de tecido tem a capacidade de absorver impacto, resistir à tração e ainda ter elasticidade. Essas características são permitidas graças à composição diferenciada da sua matriz extracelular. Além da característica mecânica, o tecido conjuntivo é especializado em armazenar gordura, que é utilizada na produção de energia ou calor. Também é capaz de armazenar íons, como, por exemplo, o Ca2+, promover processos de cicatrização, exercer função na coagulação sanguínea e no transporte de gases e nutrientes. Por fim, o tecido conjuntivo também exerce importante papel na defesa do organismo (MONTANARI, 2016).

1.3 Componentes

O tecido conjuntivo, semelhante a outros tipos de tecido, é composto por células e por matriz extracelular. As células presentes no tecido conjuntivo são:

Células mesenquimais: células-tronco pluripotentes que dão origem as células do tecido conjuntivo (Figura 3.8). São responsáveis pelo reparo do tecido e pela produção de citocinas e fatores de crescimento, influenciando a diferenciação de outras células (MONTANARI, 2016).

Figura 3.8 - Mesênquima que derivará o tecido conjuntivo da pele em feto de camundongo. HE. Objetiva de 100x (1.373x).

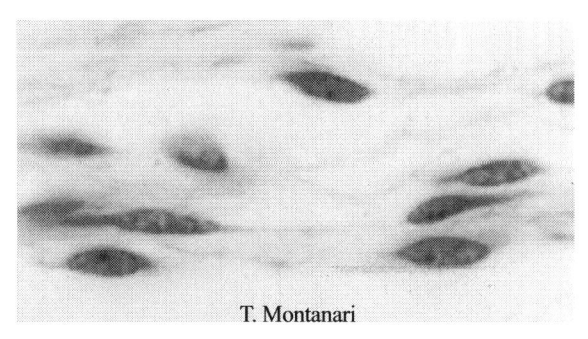

Fonte: Montanari, T. Histologia: texto, atlas e roteiro de aulas práticas. 3.ed. Porto Alegre: Ed. da autora, 2016.

Fibroblastos: são o tipo celular mais comuns do tecido conjuntivo. Possuem formato alongado ou estrelado, com longos prolongamentos, núcleo eucromático e um ou dois nucléolos proeminentes (Figura 3.9). A matriz extracelular é composta por fibras colágenas, fibras reticulares, fibras elásticas e substância fundamental. Os fibroblastos contribuem para o processo de cicatrização e síntese de colágeno, sendo também capazes de controlar a proliferação e diferenciação celular através da produção de fatores de crescimento (MONTANARI, 2016).

Figura 3.9 - Fibroblastos. HE. Objetiva de 100x (1.373x).

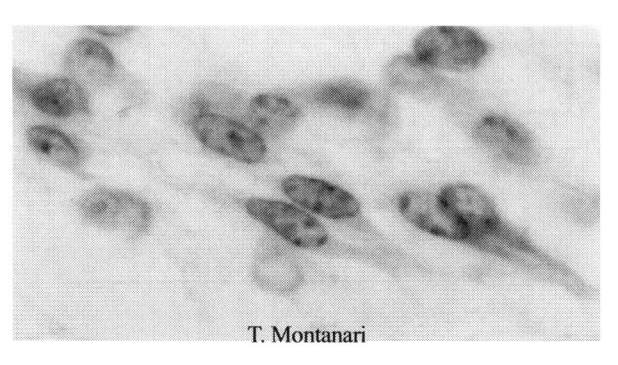

Fonte: Montanari, T. Histologia: texto, atlas e roteiro de aulas práticas. 3.ed. Porto Alegre: Ed. da autora, 2016.

Macrófagos: Segundo tipo celular mais comum no tecido conjuntivo, somente atrás dos fibroblastos. Os macrófagos são provenientes dos monócitos que migraram do sangue até o tecido conjuntivo. Com cerca de 10 a 30 µm de diâmetro, o macrófago é uma célula capaz de fagocitar e digerir bactérias, restos celulares e substâncias estranhas. Através da secreção de lisozima, colagenase, elastase e enzimas que degradam glicosaminoglicanos, promovem a destruição da parede das bactérias (figura 4.0).

Figura 4.0 - Eletromicrografia de um macrófago. L – lisossomos. 6.286x.

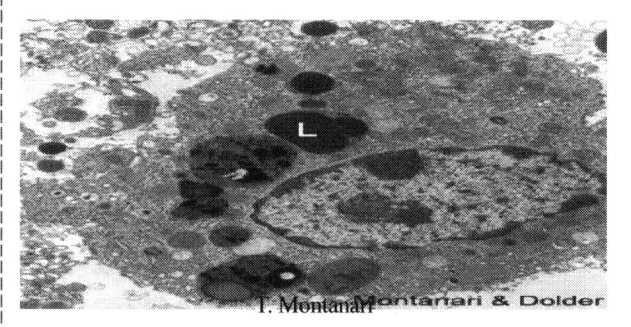

Fonte: Montanari, T. Histologia: texto, atlas e roteiro de aulas práticas. 3.ed. Porto Alegre: Ed. da autora, 2016.

Células adiposas: células do tipo esférica, muito grandes, que têm como função armazenar gordura. Em um indivíduo magro, o adipócito pode ter um diâmetro de cerca de 70 µm e em pessoas obesas pode atingir de 170 a 200 µm. As células adiposas podem ser encontradas em grande quantidade, fazendo com que seja formado um novo tipo de tecido, o *tecido adiposo (Figura 4.1)*.

Figura 4.1 - Célula adiposa. HE. Objetiva de 100x.

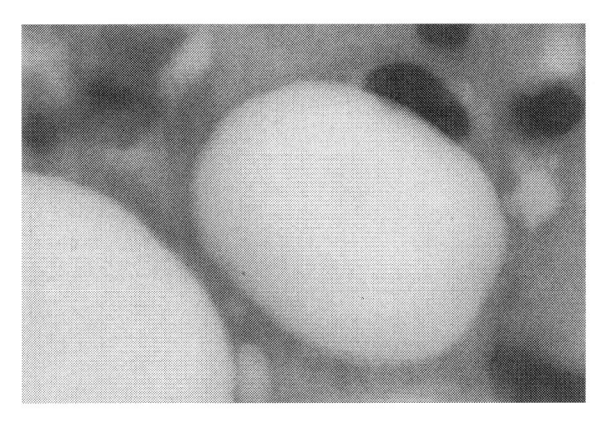

Fonte: Montanari, T. Histologia: texto, atlas e roteiro de aulas práticas. 3. ed. Porto Alegre: Ed. da autora, 2016.

Fibras colágenas: é uma glicoproteína da matriz extracelular que mede cerca de 300 nm de comprimento e 1,5 nm de diâmetro (figura 4.2). O nome colágeno foi assim denominado, porque através da sua cocção foi obtida uma gelatina usada como cola. São fibras inelásticas e mais resistentes que fios de aço de mesmo diâmetro. As fibras colágenas irão ofertar resistência à tração ao tecido. Podemos encontrar essas fibras, por exemplo, na cápsula dos órgãos, na cartilagem fibrosa, no tendão, na derme e no osso (MONTANARI, 2016).

Figura 4.2 - Eletromicrografia de fibrilas colágenas. 48.461x.

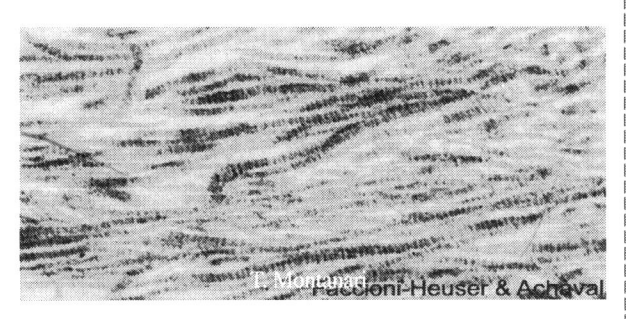

Fonte: Montanari, T. Histologia: texto, atlas e roteiro de aulas práticas. 3.ed. Porto Alegre: Ed. da autora, 2016.

Fibras reticulares: com cerca de 0,5 a 2 μm de diâmetro, as fibras reticulares são derivadas da polimerização do colágeno do tipo III. Essas fibras caracterizam-se por estarem dispostas em rede, o que justifica o seu nome (*reticulum* é diminutivo do latim *rete*, rede). Essa fibra do tipo reticular é secretada pelos fibroblastos, pelos adipócitos, pelas células do sistema nervoso periférico (células Schwann) e pelas células musculares. Elas constituem o arcabouço da medula óssea, baço e os linfonodos (órgãos hematopoéticos e linfoides). No processo de cicatrização, o fibroblasto sintetiza primeiro as fibras reticulares e após, gradualmente, sintetiza colágenos, que as substituem por serem mais fortes (Figura 4.2) (MONTANARI, 2016).

Figura 4.2 - Fibras reticulares do linfonodo. DRH. Objetiva de 40x (550x).

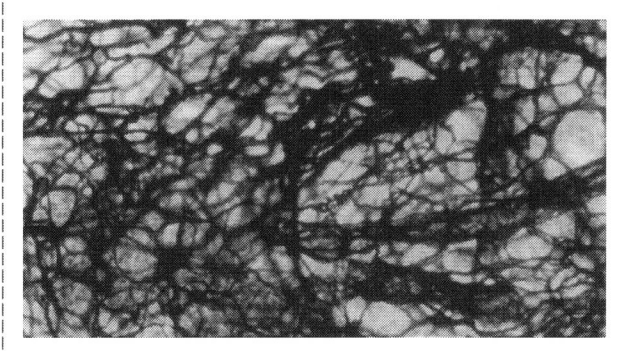

Fonte: Montanari, T. Histologia: texto, atlas e roteiro de aulas práticas. 3.ed. Porto Alegre: Ed. da autora, 2016. 229 p.

Fibras elásticas: são produzidas pelos fibroblastos e pelas células musculares lisas da parede dos vasos. As fibras elásticas são constituídas através da proteína elastina e das microfibrilas. Com diâmetro de 10 a 12 nm, as microfibrilas são formadas por primeiro, e a elastina é depositada sobre elas. Tem como principal função permitir que o tecido exerça elasticidade. Tecidos como o da bexiga, artérias, derme e ligamentos elásticos possuem fibras elásticas, conferindo a sua natureza elástica. (Figura 4.3).

Figura 4.3 - Distensão do mesentério, mostrando as fibras elásticas e, não especificamente coradas, as fibras colágenas. Resorcina-fucsina. Objetiva de 40x (550x).

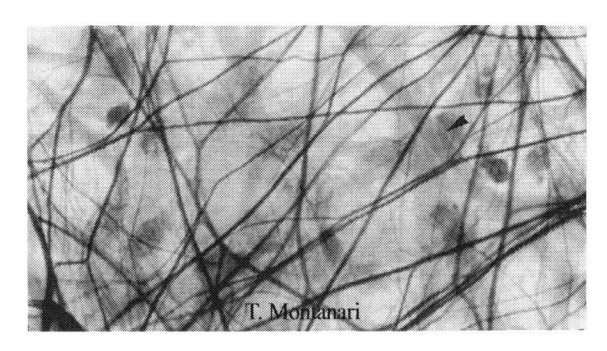

Fonte: Montanari, T. Histologia: texto, atlas e roteiro de aulas práticas. 3.ed. Porto Alegre: Ed. da autora, 2016. 229 p.

2 - A classificação do tecido conjuntivo

O tecido conjuntivo é classificado conforme a sua composição de células e de matriz extracelular. Sendo assim, temos:

Tecido conjuntivo frouxo: apresenta pouca resistência, porém é conferida flexibilidade devido às fibras estarem dispostas frouxamente. O nível celular é composto por células mesenquimais, fibroblastos, macrófagos, mastócitos, plasmócitos, leucócitos e células adiposas, e a matriz extracelular é composta por fibras colágenas, elásticas e reticulares, e substância fundamental (Figura 4.4). O tecido conjuntivo frouxo tem a função primordial de servir de apoio ao epitélio, uma vez que se encontra subjacente a ele. Também tem função de preenchimento de espaços entre órgãos, glândulas e tecidos, possui importante papel na defesa, pois contém macrófagos, mastócitos e leucócitos e tem a capacidade de armazenamento de água e eletrólitos (MONTANARI, 2016).

Figura 4.4 - Tecido conjuntivo frouxo do intestino. HE. Objetiva de 40x (550x).

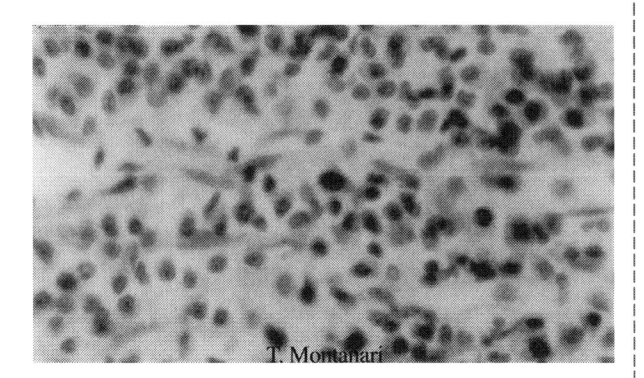

Fonte: Montanari, T. Histologia: texto, atlas e roteiro de aulas práticas. 3.ed. Porto Alegre: Ed. da autora, 2016. 229 p.

Tecido conjuntivo denso (modelado e não modelado): tecido rico em fibras colágenas. A principal célula presente nesse tecido é o fibroblasto, produtor de fibra. Esse tecido tem como função conferir resistência e envolver órgãos, glândulas e outros tecidos.

Tecido conjuntivo denso modelado: as fibras colágenas estão paralelas devido à tração exercida em um determinado sentido, por exemplo, os tendões. (Figura 4.5).

Tecido conjuntivo denso não modelado: caracteriza-se pela disposição das fibras em diferentes direções, conferindo resistência à tração exercida em todos os sentidos. Por exemplo, a derme (Figura 4.6).

Figura 4.5 - Corte do tecido conjuntivo denso modelado do tendão, onde são visualizados fibrócitos e fibras colágenas abundantes e paralelas. HE. Objetiva de 40x (550x).

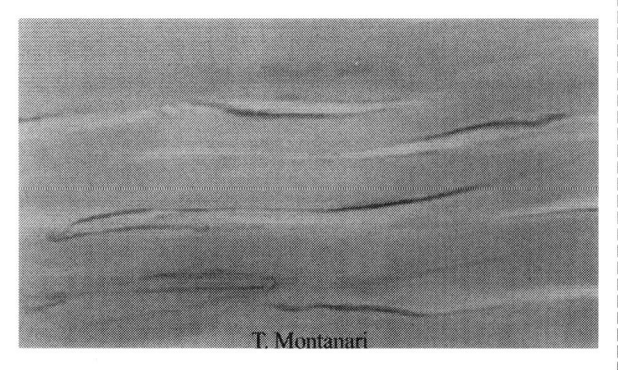

Fonte: Montanari, T. Histologia: texto, atlas e roteiro de aulas práticas. 3.ed. Porto Alegre: Ed. da autora, 2016. 229 p.

Figura 4.6 - Corte do tecido conjuntivo denso não modelado da derme, onde são observados os feixes de fibras colágenas em diferentes direções e núcleos de fibroblastos. HE. Objetiva de 40x (550x).

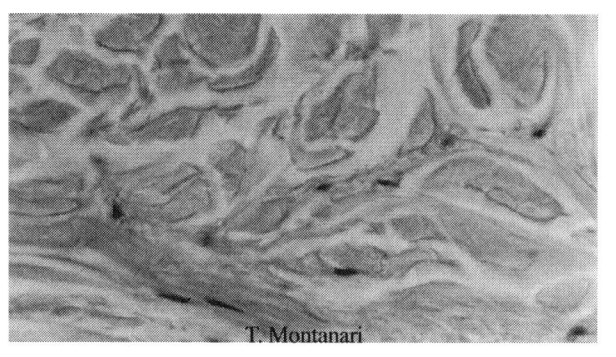

Fonte: Montanari, T. Histologia: texto, atlas e roteiro de aulas práticas. 3.ed. Porto Alegre: Ed. da autora, 2016. 229 p.

Tecido elástico: caracteriza-se por ser constituído de fibras elásticas que são secretadas via fibroblastos. Nos vasos sanguíneos a secreção destas fibras ocorre pelas células musculares lisas. Citamos como exemplo, as células presentes nos ligamentos amarelos da coluna vertebral e nas artérias de grande calibre. Sua função é conferir a elasticidade às artérias, que sofrem pressão da pressão sanguínea vinda do coração, alterando sua forma e retornando à normalidade. Esse tecido também exerce elasticidade a ligamentos (Figura 4.7).

Figura 4.7 - Tecido elástico da aorta. Orceína. Objetiva de 10x (137x).

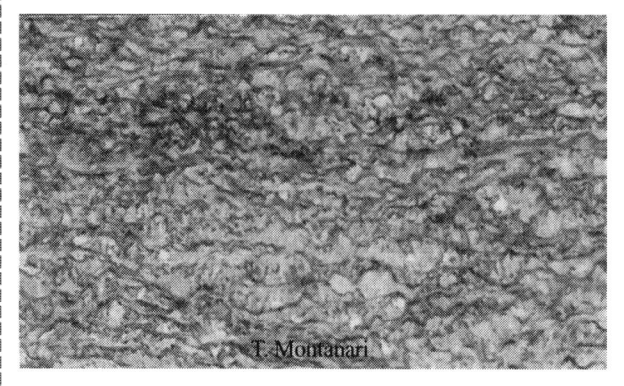

Fonte: Montanari, T. Histologia: texto, atlas e roteiro de aulas práticas. 3. ed. Porto Alegre: Ed. da autora, 2016. 229 p.

Tecido Reticular (ou linfoide): tecido rico em fibras reticulares, células de defesa (macrófagos, linfócitos e plasmócitos). Esse tecido tem a principal aplicabilidade em órgãos que variam de volume, como ocorre nos órgãos hematopoéticos, devido ao arranjo frouxo das fibras reticulares. A circulação livre de células e fluidos pelos espaços são possíveis graças a sua estrutura trabeculada. Órgãos como baço possuem esse tipo de tecido, além da medula óssea e linfonodos (figura 4.8).

Figura 4.8 - Tecido reticular do linfonodo.

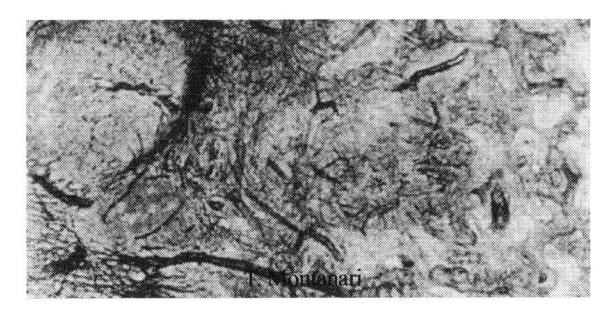

Fonte: DRH. Objetiva de 4x (55x).

Tecido mucoso: há predomínio da substância fundamental, especialmente de ácido hialurônico, conferindo uma consistência gelatinosa ao tecido. Esse tipo de tecido possui células semelhantes às células mesenquimais, como por exemplo, no cordão umbilical e polpa dentária jovem (Figura 4.8).

Figura 4.8 - Tecido mucoso do cordão umbilical, com células mesenquimais e substância fundamental em abundância. HE. Objetiva de 40x (550x).

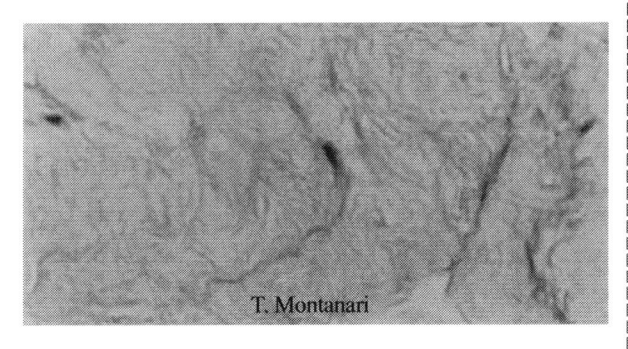

Fonte: Montanari, T. Histologia: texto, atlas e roteiro de aulas práticas. 3.ed. Porto Alegre: Ed. da autora, 2016. 229 p.

Tecido adiposo: composto basicamente por células adiposas e matriz extracelular, que irá consistir nas fibras reticulares e lâmina externa. Pode ser classificado em *tecido adiposo unilocular e multiocular*. O unilocular se caracteriza por células muito grandes (com diâmetro de cerca de 70μm em pessoas magras e pode atingir 170 a 200μm em pessoas obesas).

Isoladamente são esféricas e tornam-se poliédricas pelo processo de compressão recíproca. Dependendo do acúmulo de carotenos da dieta, a cor varia entre branco e amarelo-escuro. O tecido adiposo do adulto é constituído basicamente por esse tecido adiposo. Tem como função manter o isolamento térmico, absorção de impacto e manter órgãos e tecidos no lugar. Encontra-se na hipoderme. O tecido adiposo multilocular caracteriza-se por células menores comparadas ao do tecido unilocular. O termo multilocular refere-se à presença de muitas gotículas lipídicas. Este tipo de tecido adiposo tem a função de produzir calor (termogênese sem tremores), sendo mobilizado mediante a exposição do frio. Nos humanos, este tecido está presente nos fetos, no recém-nascido e no indivíduo adulto, em torno de órgãos e localizações vitais (ombros, a parte superior das costas, em torno dos rins, da aorta e do mediastino).

Tecido Cartilaginoso: as células do tecido cartilaginoso são os *condroblastos e os condrócitos*. Caracterizam-se por ser um tecido onde as células estão crescendo ou secretando matriz extracelular ativamente e são diferenciadas em baixa atividade de síntese. As células do tipo condroblastos são alongadas com projeções pequenas que provocam o aumento a superfície, assim facilitando as trocas com o meio. Os condrócitos são células mais esféricas com a superfície também irregular. A matriz cartilaginosa é composta por fibrilas colágenas, fibras elásticas e/ou fibras colágenas. A composição da matriz cartilaginosa confere hidratação às células, atuando também como mecanismo de proteção a compressão e resistência tecidual. Esse tecido pode ser classificado em:

Cartilagem Hialina: tecido é firme, flexível e possui grande resistência ao desgaste. Forma o primeiro esqueleto do feto, que servirá como suporte, além de promover rápido crescimento. Na fase de crescimento do indivíduo (crianças e adolescentes) constitui os discos epifisários entre a diáfise e a epífise dos ossos longos, locais estes de crescimento ósseo em sentido de comprimento. Nas articulações de ossos longos confere amortecimento de impactos e diminuição de fricção. Pode também ser encontrado no nariz, na traqueia e nos brônquios, mantendo essas vias abertas para a passagem do ar (figura 4.9).

Cartilagem elástica: esse tipo de cartilagem tem a capacidade de ser mais flexível devido à presença de fibras elásticas na sua matriz cartilaginosa. Está presente no pavilhão auricular, na tuba auditiva, na parede do canal auditivo e na laringe (Figura 4.91).

Cartilagem fibrosa: tecido associado ao tecido conjuntivo. Contém fibras colágenas, além das fibrilas colágenas e da substância fundamental. A cartilagem fibrosa detém de maior resistência à tração e a deformação sob estresse devido à presença das fibras colágenas. Podemos observar esse tipo de cartilagem nas articulações temporomandibulares, esternoclaviculares e dos ombros, na inserção de alguns tendões nos ossos, no anel fibroso dos discos intervertebrais, na sínfise púbica e nos meniscos das articulações dos joelhos (Figura 4.92) (MONTANARI, 2016).

Figura 4.9 - Cartilagem hialina da traqueia, onde se observam o pericôndrio (P) com fibroblastos, os condroblastos, os condrócitos, os grupos isógenos (I) e a matriz cartilaginosa. HE. Objetiva de 40x (550x).

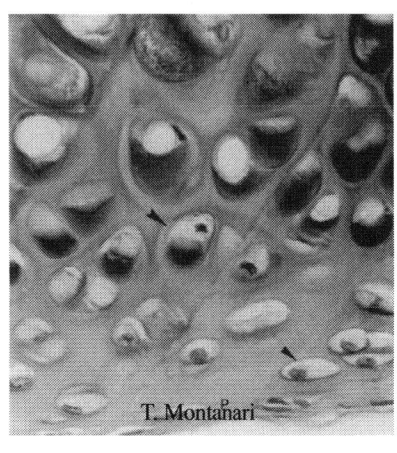

Fonte: Montanari, T. Histologia: texto, atlas e roteiro de aulas práticas. 3. ed. Porto Alegre: Ed. da autora, 2016.

Figura 4.91 - Cartilagem elástica da epiglote. Hematoxilina de Verhoeff. Objetiva de 40x.

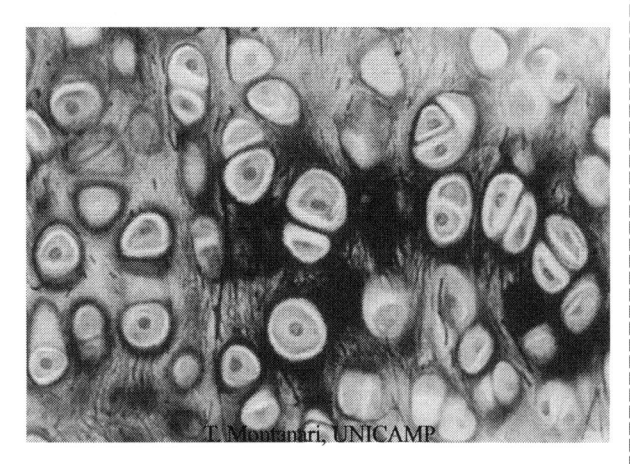

Fonte: Montanari, T. Histologia: texto, atlas e roteiro de aulas práticas. 3.ed. Porto Alegre: Ed. da autora, 2016.

Figura 4.92 - O tecido cartilaginoso não possui vasos sanguíneos, linfáticos e inervações, embora os vasos sanguíneos possam atravessar o tecido. A nutrição, bem como os gases, são difundidos nos vasos dos tecidos conjuntivos vizinhos ou do líquido sinovial das articulações.

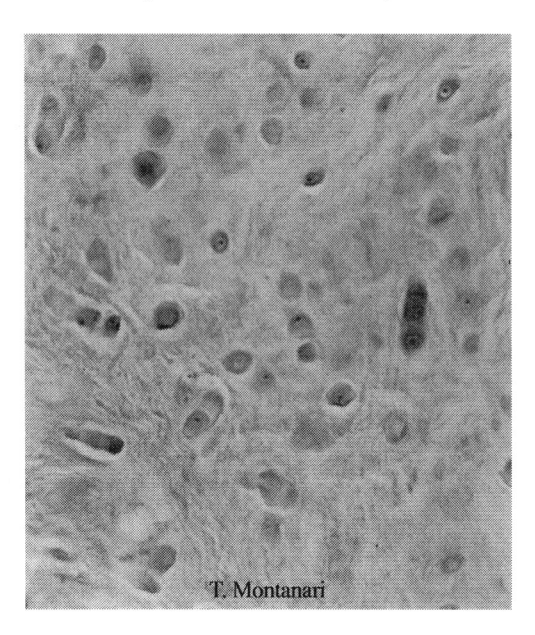

Fonte: Montanari, T. Histologia: texto, atlas e roteiro de aulas práticas. 3.ed. Porto Alegre: Ed. da autora, 2016. 229 p.

Tecido Ósseo: caracteriza-se por ser um tecido rígido e duro, porém adaptável as demandas impostas ao organismo durante o processo de crescimento. Tem como função sustentar a estrutura corpórea, além de estar ligado à musculatura a fim de exercer movimento. Também serve para alojar a medula óssea e órgãos vitais, conferindo-os proteção. Podem armazenar íons como cálcio e fosfato para manter a homeostase dos seus níveis séricos.

As células que compõem o tecido ósseo são: *células osteoprogenitoras, os osteoblastos, os osteócitos e os osteoclastos*. As células osteoprogenitoras, os osteoblastos e os osteócitos variam funcionalmente do mesmo tipo celular. As células *osteoprogenitoras* derivam das células mesenquimais e dão origem aos osteoblastos. Elas se situam na matriz óssea. Os *osteoblastos* são responsáveis por produzir a matriz óssea, e por isso, são observados adjacentes a ela. Os osteoblastos sintetizam o componente orgânico da matriz óssea, o osteoide. Eles ainda participam da mineralização da matriz óssea.

Os osteócitos são os osteoblastos aprisionados pela matriz óssea. Na medula óssea estão os precursores dos osteoclastos que podem ser detectados na circulação sanguínea. Esses precursores irão migrar para os sítios de reabsorção óssea onde sofrem fusão dando origem aos osteoclastos (células gigantes, multinucleadas com 2 a 100 núcleos) (figura 5.0).

A matriz óssea consiste em uma porção orgânica chamada de osteoide que possui fibras colágenas, proteoglicanas, glicosaminoglicanos (ácido hialurônico) e glicoproteínas de adesão. Também consiste em uma parte inorgânica com cálcio, fosfato, bicarbonato, citrato, magnésio, sódio e potássio (MONTANARI, 2016).

A parte orgânica compõe aproximadamente 35% da matriz enquanto a parte inorgânica 65%. As fibras colágenas promovem resistência aos tipos de trações, enquanto as proteoglicanas e os glicosaminoglicanos criam suporte à compressão através da ligação a fatores de crescimento podendo inibir a mineralização. As glicoproteínas de adesão estão associadas às células e aos componentes da matriz extracelular. Os íons cálcio e o fosfato, mais abundantes, encontram-se como cristais de hidroxiapatita. Esses cristais conferem dureza e rigidez ao osso.

Figura 5.0 - Corte da mandíbula em formação a partir do mesênquima (M). As células osteoprogenitoras diferenciam-se em osteoblastos, que produzem a matriz óssea. Circundados por ela, são os osteócitos. Dois osteoclastos realizam reabsorção óssea. HE. Objetiva de 40x (550x).

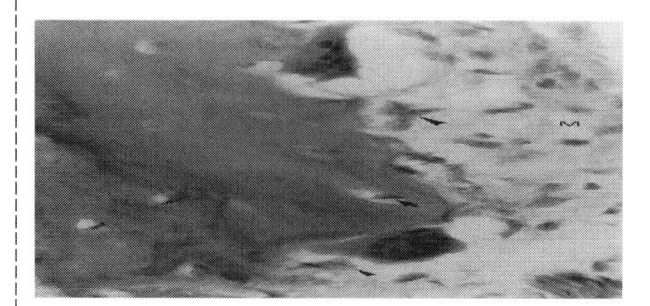

Fonte: Montanari, T. Histologia: texto, atlas e roteiro de aulas práticas. 3. ed. Porto Alegre: Ed. da autora, 2016. 229 p.

O tecido ósseo pode ser classificado em primário ou secundário baseado na sua constituição, sendo então:

Tecido ósseo primário: primeira estrutura óssea a ser elaborada, posteriormente substituída pelo secundário. Caracteriza-se por ser uma estrutura mais fraca. No adulto, esse tipo de tecido ósseo persiste próximo às suturas dos ossos do crânio, nos alvéolos dentários, em alguns pontos de inserção dos tendões e nos locais de reparo ósseo.

Tecido ósseo secundário: caracteriza-se por ser mais calcificado e com fibras colágenas dispostas paralelamente, em lâminas (lamelas), o que torna a matriz óssea mais resistente.

O aspecto estrutural do tecido classifica-se como *esponjoso ou compacto*. O tecido ósseo secundário esponjoso encontra-se no interior dos ossos e seus espaços são preenchidos pela medula óssea. O tecido possui uma rede trabecular que é disposta a resistir às tensões físicas que são aplicadas sobre a estrutura óssea, atuando como espécie de um sistema de vigas internas. (Figura 5.1). O tecido compacto, também chamado de cortical, encontra-se por sua vez na porção periférica dos ossos e tem como função formar um envoltório resistente a deformação.

Figura 5.1- Corte de osso esponjoso descalcificado. O endósteo, constituído por células osteoprogenitoras e osteoblastos, reveste a superfície interna das trabéculas ósseas. Os osteócitos são observados nas lacunas, circundados pela matriz óssea, e o osteoclasto encontra-se na cavidade medular, adjacente à matriz. HE. Objetiva de 40x (550x).

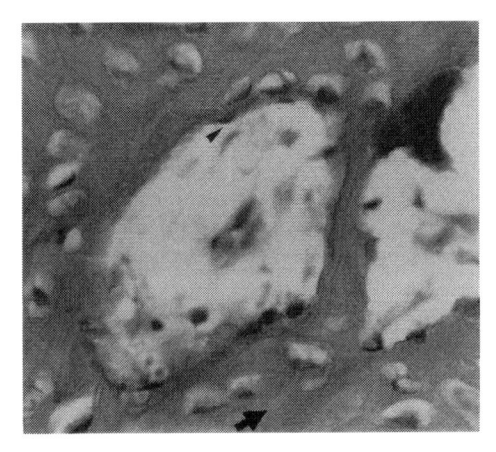

Fonte: Montanari, T. Histologia: texto, atlas e roteiro de aulas práticas. 3. ed. Porto Alegre: Ed. da autora, 2016.

Tecido mieloide ou tecido hematopoiético: denomina-se tecido mieloide por ser um tecido localizado na medula óssea e tecido hematopoiético por ser capaz de produzir células sanguíneas (promover a hematopoese). A medula óssea encontra-se no interior do canal medular dos ossos longos e nas cavidades dos ossos esponjosos. A medula do recém-nascido denomina-se medula óssea vermelha, devido a alta formação de eritrócitos. No adulto, grande parte da medula perde função, deixando de ser ativa e se torna rica em células adiposas, sendo assim, denominada de medula óssea amarela. O tecido mieloide é composto por: *células hematopoiéticas, células mesenquimais, fibroblastos, células reticulares, células adiposas, macrófagos, plasmócitos e mastócitos*. As células sanguíneas derivam das células hematopoiéticas, enquanto as células mesenquimais, os fibroblastos e as células reticulares são responsáveis por compor o estroma da medula óssea. A sustentação dos vasos sanguíneos é feita pela produção de fibras colágenas provenientes dos fibroblastos. As fibras reticulares, sintetizadas via células reticulares, formam uma rede de sustentação para as células hematopoiéticas, juntamente com o prolongamento celular. As células reticulares também secretam fatores capazes de estimular a proliferação e a diferenciação das células hematopoiéticas, junto com os macrófagos e células do estroma do tecido mieloide (MONTANARI, 2016).

Tecido sanguíneo: em um indivíduo adulto, o volume total de sangue é de aproximadamente 5 L. O tecido conjuntivo sanguíneo é constituído pelas células sanguíneas, que são: eritrócitos (hemácias ou glóbulos vermelhos), as plaquetas, os leucócitos (neutrófilos, eosinófilos, basófilos, monócitos e linfócitos) e pelo plasma, que é um líquido composto por substâncias orgânicas e inorgânicas. (Figura 5.2) (MONTANARI, 2016).

Figura 5.2 - Eletromicrografia do corte transversal de um capilar com hemácia (H) e plaqueta (p) na sua luz. 8.171x.

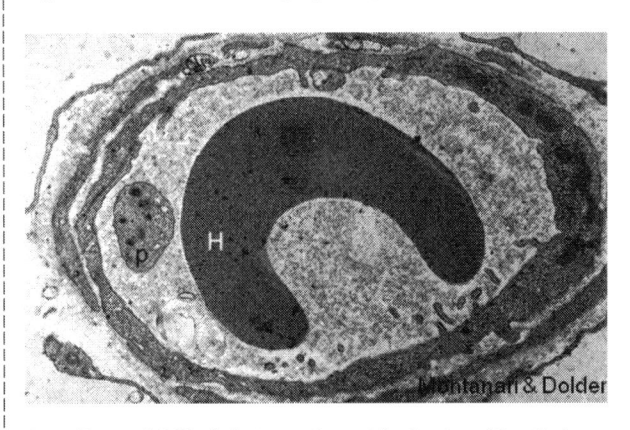

Fonte: Montanari, T. Histologia: texto, atlas e roteiro de aulas práticas. 3.ed. Porto Alegre: Ed. da autora, 2016. 229 p.

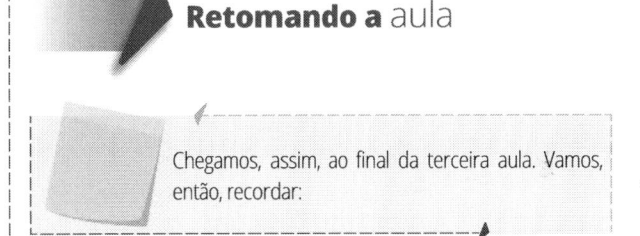

Retomando a aula

Chegamos, assim, ao final da terceira aula. Vamos, então, recordar:

1 – O Tecido Conjuntivo

Nesta seção, abordamos o tecido conjuntivo e suas principais funções. Observamos de início que o tecido conjuntivo tem como principal característica uma grande variedade de células e possui abundante matriz extracelular. Relembramos que a denominação conjuntivo é dada para esse tipo de tecido devido à capacidade de unir tecidos, que servirá para conectá-los e dar preenchimento e sustentação. O tecido conjuntivo também exerce importante papel na defesa do organismo.

2 – A classificação do Tecido Conjuntivo

Na seção 2, vimos todas as classificações do tecido conjuntivo. Destacamos os mais variados tipos de tecidos, como, por exemplo, tecido conjuntivo frouxo e tecido conjuntivo denso, e observamos que cada um desses tecidos possuem características celulares diferentes. Vale a pena reforçar que o tecido conjuntivo é composto por células e por uma matriz extracelular (Células mesenquimais, Fibroblastos, Macrófagos, Células adiposas), e que também é classificado conforme a composição de suas células e de sua matriz extracelular (Tecido conjuntivo frouxo, Tecido conjuntivo denso, Tecido elástico, Tecido Reticular, Tecido mucoso, Tecido adiposo, Tecido Cartilaginoso, Tecido Ósseo, Tecido mieloide e Tecido sanguíneo).

Vale a pena

Vale a pena ler,

JUNQUEIRA, L. C.; CARNEIRO, J. *Histologia básica*. 10. ed. Rio de Janeiro: Guanabara Koogan, 2004.
MONTANARI, T. Histologia: texto, atlas e roteiro de aulas práticas. 3.ed. Porto Alegre: Ed. da autora, 2016.

Minhas anotações

Aula 4º

Sistema nervoso

> Prezados(as), esta é nossa quarta aula! CHEGAMOS NA METADE!
> Para contribuir ainda mais, desta vez iremos conhecer o Tecido Nervoso! Ele é responsável por formar todo o sistema nervoso, e é um importante componente para o equilíbrio do nosso organismo. Afinal, o Sistema Nervoso comanda nossos estímulos para respostas diversas através de sinais químicos e elétricos desenvolvidos em seus tecidos, levando ao Impulso Nervoso. Sendo assim, bora aproveitar mais esse conteúdo?
> Bons estudos!
>
> — Bons estudos!

Objetivos de aprendizagem

Ao término desta aula, vocês serão capazes de:

- caracterizar o tecido nervoso;
- diferenciar morfologicamente as estruturas do tecido nervoso;
- avaliar o papel de cada célula na manutenção do equilíbrio do nosso organismo.

Seções de estudo

1 – O tecido nervoso
2 – Componentes celulares e morfológicos do sistema nervoso

1 - O tecido nervoso

O tecido nervoso encontra-se amplamente distribuído pelo organismo, mas por estar interligado, resulta no sistema nervoso. É o tecido responsável por formar o sistema nervoso e é classificado como *sistema nervoso central (SNC) e periférico (SNP)*. O SNC é constituído por órgãos como encéfalo e a medula espinal, e o SNP por aglomerados de neurônios, por gânglios nervosos, e por feixes de prolongamentos dos neurônios, os nervos (MONTANARI, 2016).

1.1 Funções

Ao receber informações do meio ambiente através dos sentidos, como visão, audição, olfato, gosto e tato e do meio interno, como temperatura, o sistema nervoso inicia um processamento que tem como objetivo elaborar uma resposta e exercer uma ação. É citado como exemplo, a contração muscular e secreção de glândulas. Também responde sensações de prazer e dor em formas cognitivas, como pensamento. O sistema nervoso tem uma importante função no armazenamento das informações para uso posterior, dito como memória.

2 - Componentes celulares e morfológicos do sistema nervoso

O tecido nervoso se apresenta com abundância e variabilidade em relação às suas células, porém tem característica de ser pobre em matriz extracelular. O tecido é composto por *neurônios* que exercem papel fundamental na transmissão da informação através de processos em que envolvem diferença de potencial elétrico na sua membrana, enquanto as demais células, as células da neuróglia (ou glia), promovem sustentação e participam da atividade neural ou processos de defesa. Sustentam-nos e podem participar da atividade neuronal ou da defesa.

No Sistema Nervoso Central, essas células são os *astrócitos, os oligodendrócitos, as células da micróglia e as células ependimárias*. Por sua vez, no SNP são as *células-satélites e as células de Schwann*. A matriz extracelular do tecido nervoso compõe cerca de 10 a 20 % do volume do encéfalo, não se detendo de fibras, porém com a presença de mielina, que servirá para conferir uma estrutura gelatinosa ao líquido tissular, permitindo assim a difusão entre os capilares e células.

Neurônio: O neurônio está divido em três regiões: Dendrito, Corpo Celular e Axônio. O corpo celular possui cerca de 5 a 150 μm com o núcleo e outras organelas celulares. A partir do corpo celular são formados os dendritos e o axônio. O corpo celular pode variar conforme a localização e a atividade funcional do neurônio, podendo ser classificado em: *piramidal estrelada, fusiforme, piriforme ou esférica* (Figura 5.4, 5.5 e 5.6). O núcleo do neurônio é esférico ou ovoide e claro, além de grande, podendo variar de um a três nucléolos proeminentes (MONTANARI, 2016).

Figura 5.4 - Neurônios piramidais do cérebro. Impregnação pela prata pelo método de Golgi. Objetiva de 40x (550x).

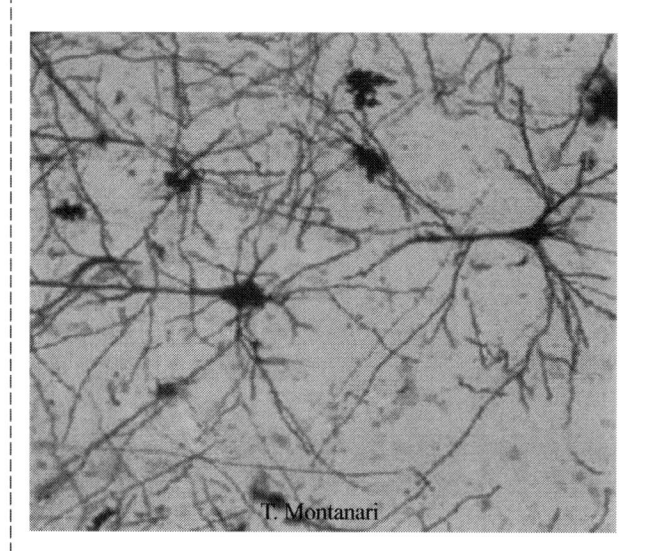

Fonte: Montanari, T. Histologia: texto, atlas e roteiro de aulas práticas. 3.ed. Porto Alegre: Ed. da autora, 2016. 229 p.

Figura 5.5 - Célula de Purkinje do cerebelo. Método de Cajal-Castro. Objetiva de 40x (550x).

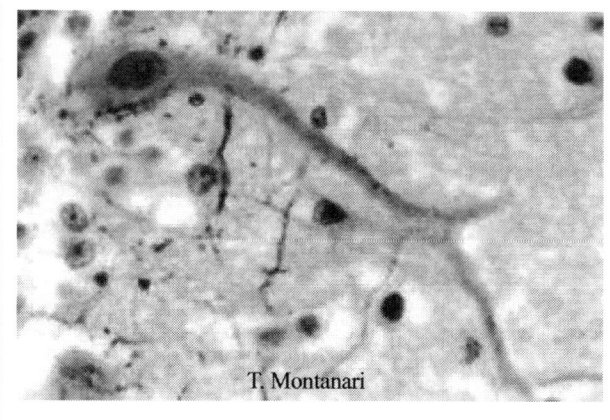

Fonte: Montanari, T. Histologia: texto, atlas e roteiro de aulas práticas. 3.ed. Porto Alegre: Ed. da autora, 2016. 229 p.

Figura 5.6 - Neurônio pseudounipolar do gânglio sensorial. HE. Objetiva de 100x (851x).

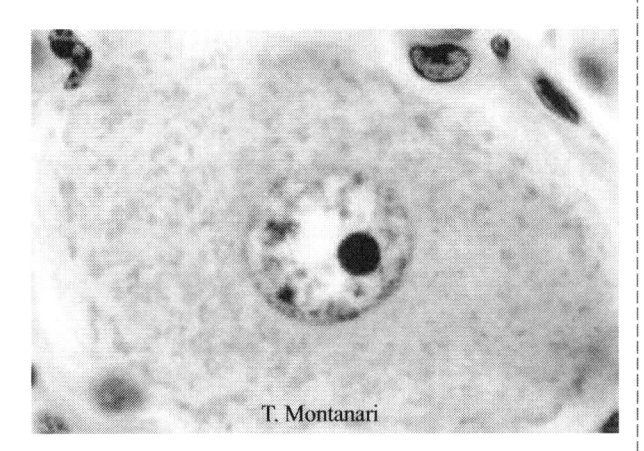

Fonte: Montanari, T. Histologia: texto, atlas e roteiro de aulas práticas. 3.ed. Porto Alegre: Ed. da autora, 2016. 229 p.

Os dentritos neurais são estruturas que formam as terminações aferentes que têm como função receber os estímulos do meio ambiente, das células epiteliais sensoriais ou de outros neurônios. Eles sofrem ramificação e afilam-se até as extremidades exibindo pequenas expansões bulbosas chamadas de espículas dendríticas, onde se permite ocorrer o contato com outros neurônios. (Figura 5.7).

Figura 5.7 - Espículas dendríticas. Método de Golgi. A – objetiva de 40x (416x); B – objetiva de 100x (1040x).

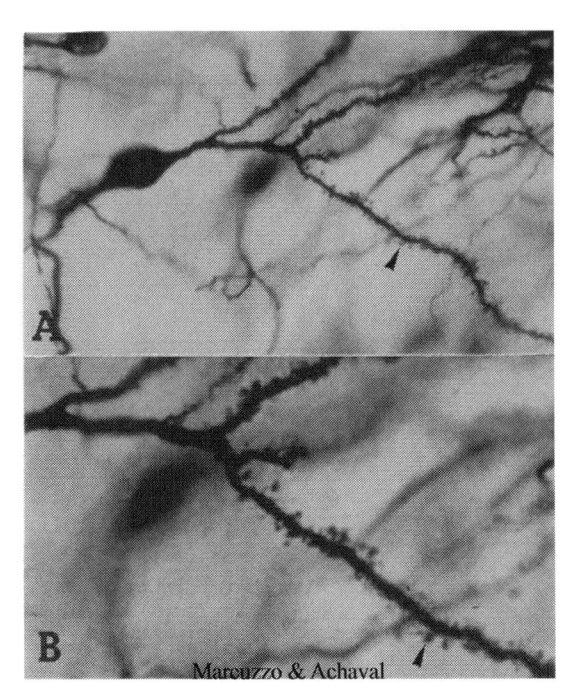

Fonte: Montanari, T. Histologia: texto, atlas e roteiro de aulas práticas. 3.ed. Porto Alegre: Ed. da autora, 2016. 229 p.

O axônio é uma estrutura semelhante a um eixo, o qual se refere a um prolongamento eferente do neurônio. Ele é responsável por conduzir os impulsos a outros neurônios e células musculares ou glandulares. Sua estrutura é mais delgada que os dendritos, com um diâmetro constante. O tamanho do axônio varia a cada neurônio, podendo medir 1 a 20µm de diâmetro e 1 mm a 1,5m de comprimento. Ao longo do seu comprimento, o axônio pode exibir ramificações. A porção final do axônio é o telodendro, que sofre ramificação e se dilata nas extremidades, havendo o contato com a célula seguinte (botões sinápticos) (Figura 5.8) (JUNQUEIRA, 2004).

Figura 5.8 - Microscopia confocal de neurônio piramidal do córtex motor de rato, onde são indicados dendritos (D), axônio (A), espículas dendríticas e botões sinápticos. Dupla marcação fluorescente, com o DNA corado em azul com DAPI (laser com 405nm de comprimento) e a membrana corada em vermelho com DiIC18 (laser com 555nm de comprimento). Objetiva de 60x e zoom de 2x.

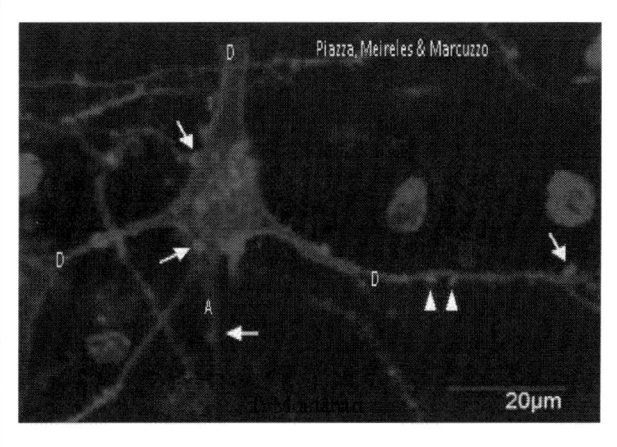

Fonte: Montanari, T. Histologia: texto, atlas e roteiro de aulas práticas. 3.ed. Porto Alegre: Ed. da autora, 2016. 229 p.

O corpo celular e a extremidade proximal do axônio de alguns neurônios detêm de capacidade sensorial, enquanto em outros neurônios, os dendritos podem transmitir impulsos. No SNC há uma distinção baseada no reconhecimento das estruturas neurais, sendo que onde encontram-se os corpos celulares dos neurônios, denomina-se *substância cinzenta*, e onde situam-se os prolongamentos e as células da glia, refere-se a substância branca. O axônio neural possui uma bainha de mielina, dito como um material lipídico esbranquiçado que o envolve (MONTANARI, 2016).

O número de prolongamentos determina a classificação dos neurônios em bipolares, pseudounipolares e multipolares:

Os Neurônios bipolares caracterizam-se por dois prolongamentos, um dendrito e um axônio. Ex. na retina, na mucosa olfatória e nos gânglios coclear e vestibular.

Já os Neurônios pseudounipolares: o surgimento ocorre na vida embrionária em forma de neurônios bipolares, porém os dois prolongamentos característicos do tipo bipolar fundem-se próximo ao corpo celular. As arborizações terminais do ramo periférico recebem estímulos, agindo como dendritos, e esses estímulos, por sua vez, transitam pelo prolongamento sem passar pelo corpo celular, se dirigindo ao SNC. Essa estrutura funcionará como um axônio. Ex. gânglios sensoriais cranianos e espinais (Figura 5.9)

Figura 5.9 - Gânglio sensorial. Possui uma cápsula de tecido conjuntivo denso não modelado (▶). Os corpos dos neurônios pseudounipolares predominam na zona cortical, e as fibras nervosas, formadas pelo prolongamento dos neurônios envoltos pelas células de Schwann, situam-se na zona medular. Elas captam estímulos dos ambientes interno e externo e os enviam para o cérebro, pelos nervos cranianos ou para a medula espinal, pelos nervos espinais. HE. Objetiva de 4x (34x).

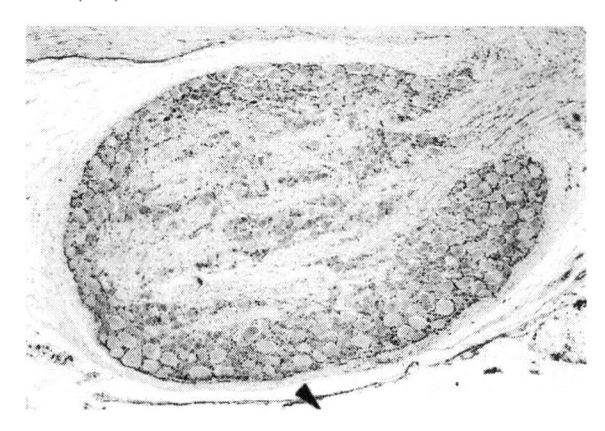

Fonte: Montanari, T. Histologia: texto, atlas e roteiro de aulas práticas. 3.ed. Porto Alegre: Ed. da autora, 2016. 229 p.

Entretanto, os neurônios multipolares caracterizam-se por ser a maioria dos neurônios, apresentando mais de dois prolongamentos. Ex. cérebro (Figuras 5.91), no cerebelo e na medula espinal (Figuras 5.92).

Figura 5.91 - O córtex do cérebro é de substância cinzenta: estão presentes os corpos dos neurônios, além das células da glia, como os astrócitos protoplasmáticos. Método de Golgi. Objetiva de 10x.

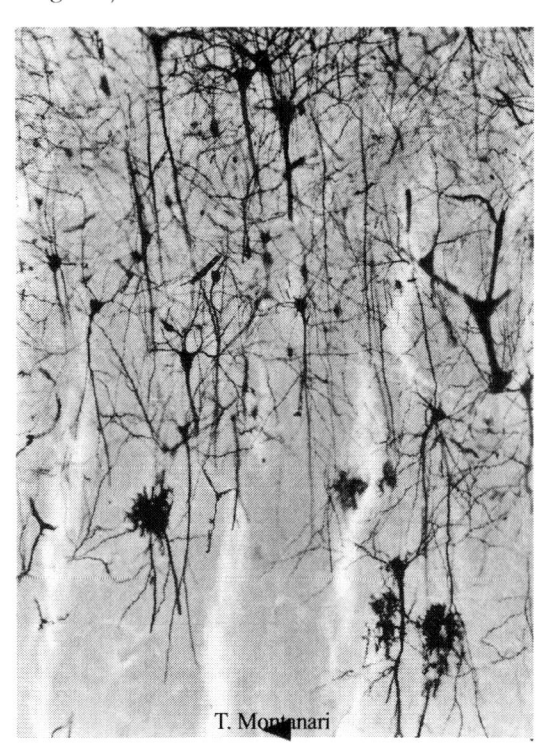

Fonte: Montanari, T. Histologia: texto, atlas e roteiro de aulas práticas. 3.ed. Porto Alegre: Ed. da autora, 2016.

Figura 5.92 - Na medula espinal, a substância cinzenta localiza-se internamente, em forma de H ou borboleta. Nos cornos dorsais (D) (ou posteriores), entram os axônios dos neurônios situados nos gânglios sensoriais, que captam estímulos do ambiente externo ou interno. Os cornos ventrais (V) (ou anteriores) contêm neurônios multipolares, motores, cujos axônios conduzem os impulsos para os músculos. No centro, há o canal medular (ou ependimário). HE. Objetiva de 4x (34x).

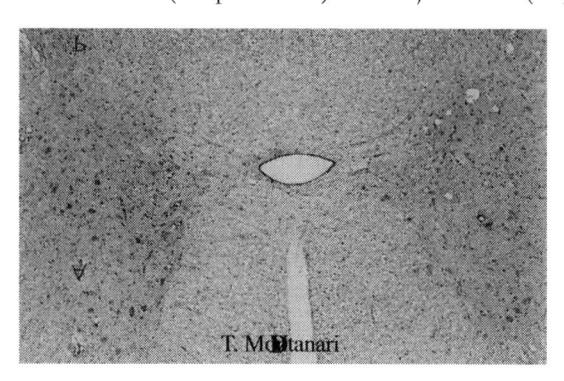

Fonte: Montanari, T. Histologia: texto, atlas e roteiro de aulas práticas. 3.ed. Porto Alegre: Ed. da autora, 2016.

Podemos também classificar os neurônios segundo a sua função, sendo:
- Neurônios sensoriais ou aferentes: aqueles que são responsáveis por receber estímulos sensoriais do meio ambiente e do organismo e enviam ao SNC para que ocorra o processamento. São neurônios do tipo pseudounipolares.
- Interneurônios: são responsáveis por estabelecer conexão entre os neurônios. São neurônios bipolares ou multipolares.
- Neurônios motores ou eferentes: tem a sua origem no SNC e tem como função conduzir o impulso para outros neurônios, músculos ou glândulas. São caracterizados por serem neurônios multipolares.
- Astrócitos: com uma morfologia estrelada provocada pelos prolongamentos e núcleo grande, ovoide ou ligeiramente irregular. Possuem uma cromatina frouxa, nucléolo central e o citoplasma contém a proteína ácida fibrilar glial. Esse tipo celular exibe lâmina basal e comunicam-se uns com os outros por junções do tipo *gap*. A principal função dos Astrócitos é fornecer suporte físico e metabólico aos neurônios do SNC, além de contribuir para a manutenção da homeostase. (Figura 6.0)

Figura 6.0 Astrócitos da substância cinzenta de cérebro humano, Coloração: impregnação de Golgi. Aumento 240x.

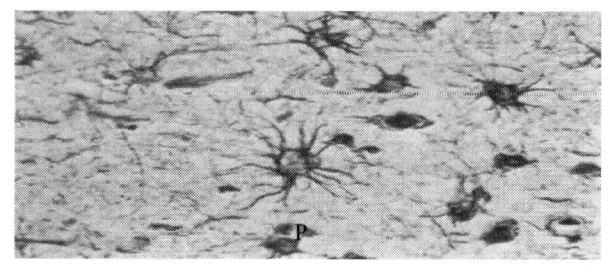

Fonte: Junqueira, L. C.; Carneiro, J. Histologia básica. 10. ed. Rio de Janeiro: Guanabara Koogan, 2004.

- Oligodendrócitos e células de Schwann: os oligodendrócitos têm importante papel no tecido nervoso, pois são eles os responsáveis por produzir as bainhas de mielina, estrutura que confere isolamento elétrico para os neurônios do sistema nervoso central. As células de Schwann exercem a mesma função dos oligodendrócitos, porém a sua localização está em torno dos axônios do sistema nervoso periférico. Cada célula de Schwann é capaz de formar mielina em volta de um seguimento de apenas um único axônio. (Figura 6.1)

Figura 6.1 - Fibras nervosas de um nervo em corte longitudinal. É possível observar os axônios envoltos pela bainha de mielina, núcleos de células de Schwann e nódulos de Ranvier. HE. Objetiva de 100x (851x).

Fonte: Montanari, T. Histologia: texto, atlas e roteiro de aulas práticas. 3.ed. Porto Alegre: Ed. da autora, 2016.

- Células microgliais: são células especializadas que têm como função atuar na apresentação de antígenos, secreção de citocinas e remoção de restos celulares. O corpo celular tem formato alongado e possui prolongamentos ramificados e com espículas. Possui cromatina condensada e núcleo abastonado.
- Epineuro: é uma camada fibrosa de tecido conjuntivo denso não modelado, responsável por revestir o nervo e preencher os espaços que ficam entre os feixes de fibras nervosas. (Figura 6.2).
- (Figura 6.3).
- Endoneuro: está presente nas fibras nervosas, envolvendo os axônios. São fibras reticulares sintetizadas pelas células de Schwann, fibrilas colágenas, fibroblastos esparsos e glicosaminoglicanos. (Figura 6.3).

Figura 6.3 - Corte transversal de um nervo mostrando o endoneuro (E) e o perineuro (P). HE. Objetiva de 100x (851x).

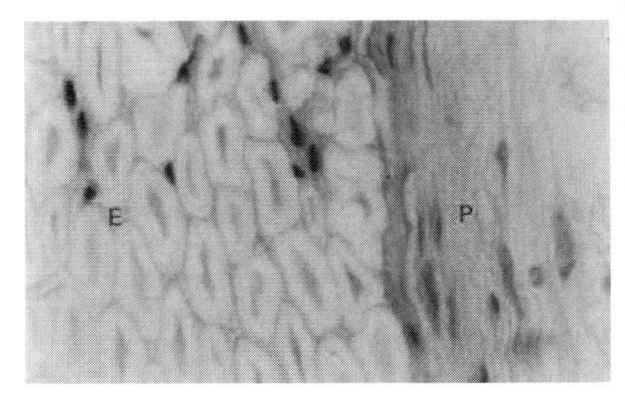

Fonte: Montanari, T. Histologia: texto, atlas e roteiro de aulas práticas. 3.ed. Porto Alegre: Ed. da autora, 2016.

Figura 6.2 - Corte transversal de um nervo, onde são indicados o perineuro (P), ao redor de fascículos nervosos, e o epineuro (E), formando o envoltório mais externo. No centro, no epineuro, há a artéria muscular principal. Objetiva de 3,2x.

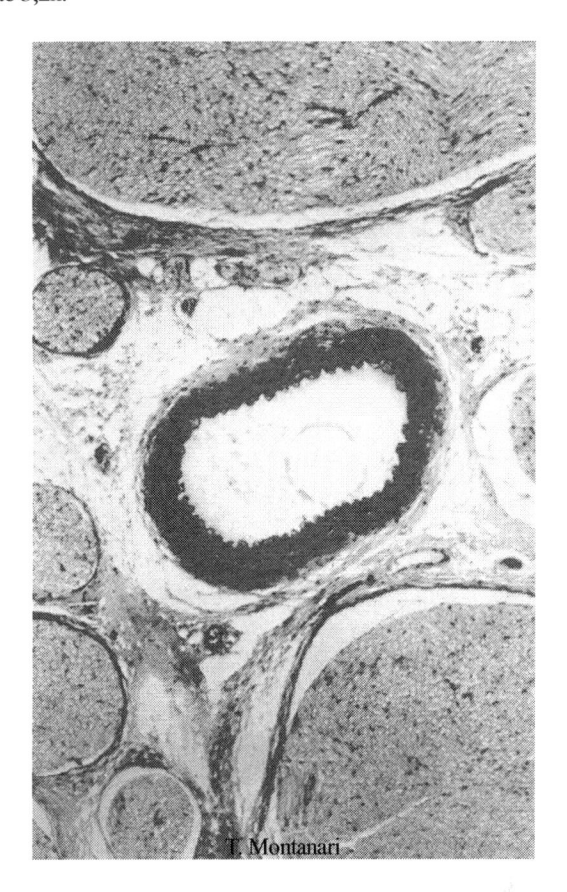

Fonte: Montanari, T. Histologia: texto, atlas e roteiro de aulas práticas. 3.ed. Porto Alegre: Ed. da autora, 2016.

- Meninges: é um conjunto de três membranas conjuntivas que são responsáveis por proteger todo o SNC. São compostas por *dura-máter, aracnoide e a pia-máter.* (Figura 6.3).
- Dura-máter: também definida como paquimeninge é camada de proteção mais externa, resistente e espessa. É composta por tecido conjuntivo e fibras colágenas.
- Aracnoide: é a camada de proteção intermediária que se localiza entre a dura-máter e a pia-máter. É constituída por uma membrana conjuntiva fina e delgada. A meninge aracnoide é separada da dura-máter por um espaço virtual denominado *espaço subdural*. Já entre a meninge aracnoide e a pia-máter observa-se o *espaço subaracnóideo.*
- Pia-máter: é a camada mais interna, delgada e encontra-se aderida intimamente ao tecido nervoso. Entre os envoltórios do SNC encontram-se os espaços extradural, subdural e espaço subaracnoideo. É no e espaço subaracnoideo que o líquido cefalorraquidiano circula.

Figura 6.3 Estrutura das meninges, que mostra a superposição da pía-máter, aracnoide e dura-máter. Os astrócitos formam um arcabouço tridimensional que é ocupado pelos neurônios (não mostrados). Os prolongamentos dos astrócitos formam uma camada contínua envolvendo os vasos sanguíneos, contribuindo para a estruturação da barreira hematoencefálica.

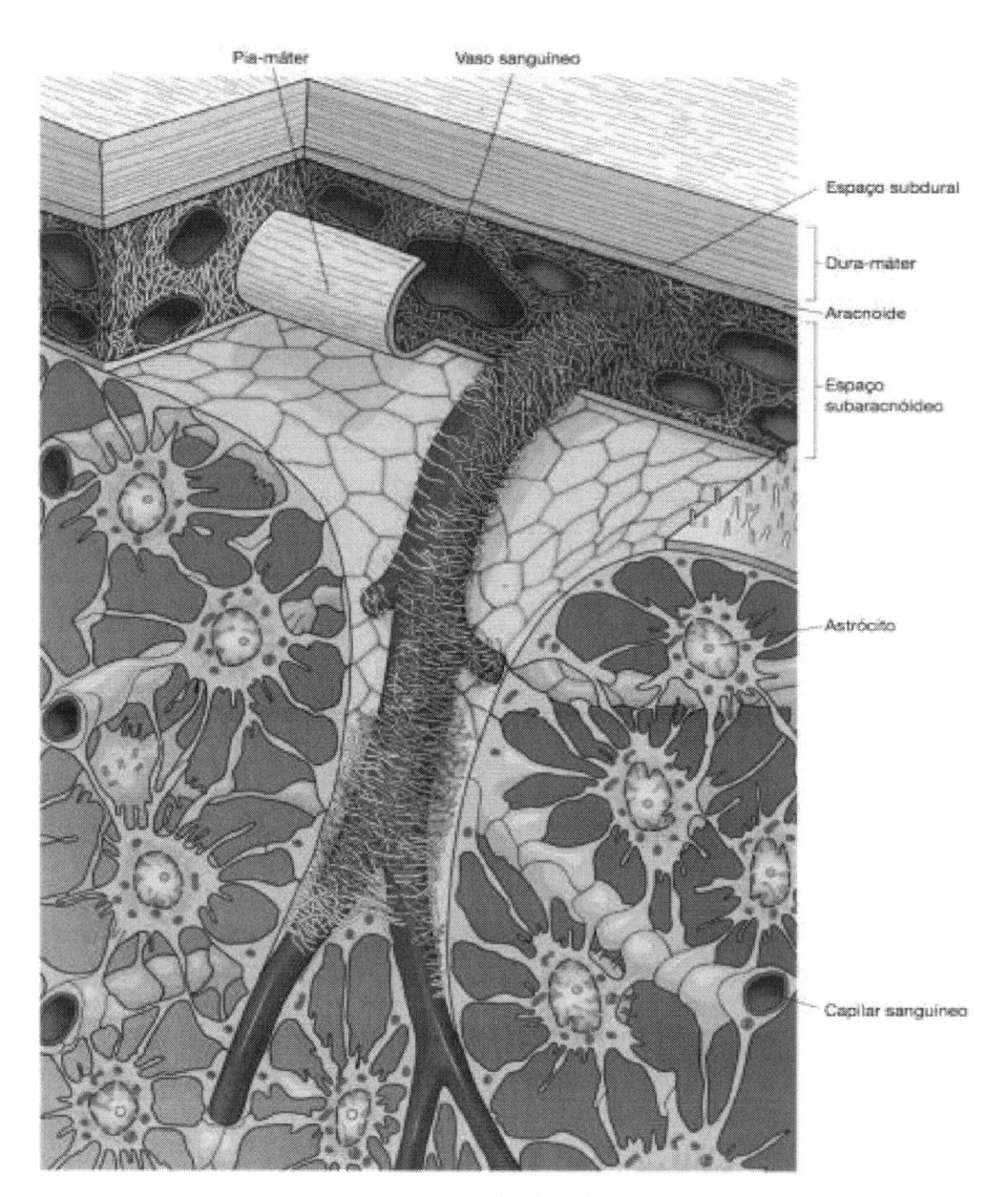

Fonte: Junqueira, L. C.; Carneiro, J. Histologia básica. 10. ed. Rio de Janeiro: Guanabara Koogan, 2004.

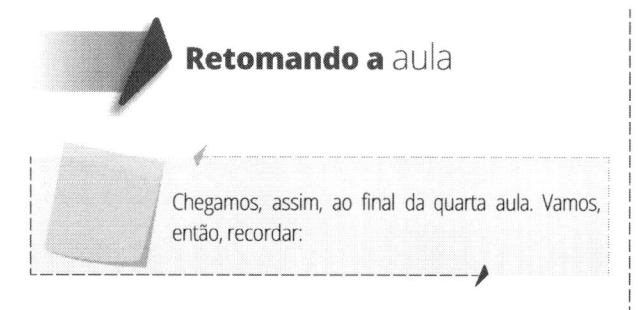

Retomando a aula

Chegamos, assim, ao final da quarta aula. Vamos, então, recordar:

1 – O tecido nervoso

Na primeira seção, vimos as características gerais do tecido nervoso que é amplamente distribuído pelo organismo. Esse tecido é responsável por formar o sistema nervoso, que pode estar dividido em *sistema nervoso central (SNC) e periférico (SNP)*. O sistema nervoso é caracterizado como controlador dos sinais e respostas a partir de estímulos: sentidos, visão, audição, olfato, temperatura corporal, entre outros.

2 – Componentes celulares e morfológicos do sistema nervoso

Nesta seção, vimos que o tecido nervoso se apresenta com abundância e variabilidade em relação as suas células, porém tem a característica de ser pobre em matriz extracelular.

O tecido é composto por neurônios que exercem papel fundamental na transmissão da informação, através de processos em que envolvem diferença de potencial elétrico na sua membrana.

Vale a pena

Vale a pena ler

JUNQUEIRA, L. C.; CARNEIRO, J. *Histologia básica*. 10. ed. Rio de Janeiro: Guanabara Koogan, 2004.

MONTANARI, T. Histologia: texto, atlas e roteiro de aulas práticas. 3.ed. Porto Alegre: Ed. da autora, 2016.

Minhas anotações

Minhas anotações

Aula 5º

Tecido muscular e sistema tegumentar

Caríssimos(as) alunos(as)!
Estão mais ambientalizados com nossa disciplina? Pois bem, a partir desta aula vocês terão o conhecimento da formação e das características do tecido muscular que formaram nossos tão importantes músculos. Os músculos podem ser classificados como músculo estriado esquelético, cardíaco e liso. Vamos estudar mais um pouco? Divirtam-se!
Bons estudos!

Bons estudos!

Objetivos de aprendizagem

Ao término desta aula, vocês serão capazes de:

- diferenciar estruturas celulares do tecido muscular;
- caracterizar morfologicamente as células que compõem os tecidos musculares;
- desenvolver conhecimento técnico-científico baseado em características morfológicas para diferenciar os músculos do nosso organismo.

Seções de estudo

1 – Características e funções do tecido muscular
2 – Componentes do tecido muscular
3 – Sistema tegumentar

1 - Características e funções do tecido muscular

Tecido responsável pela contração dos tecidos, utilizando ATP como energia. Constituído por células alongadas com grande quantidade de filamentos de proteínas contráteis.

A função do tecido muscular é promover a contração do tecido, a fim de gerar movimento das estruturas ligadas a ele como, por exemplo, os ossos, e com isso levando à movimentação do corpo. Além do movimento ósseo, promove movimentos pelo organismo de substâncias e líquidos, como os alimentos e o sangue, respectivamente.

2 - Componentes do tecido muscular

As células musculares, também chamadas de fibras musculares, são alongadas e ricas nos filamentos de actina e miosina. Esses filamentos são responsáveis pela contração da musculatura. A actina (Figura 6.4) compõe os filamentos finos com cerca de 1 μm de comprimento e 7nm de diâmetro, enquanto a miosina (Figura 6.5) forma os filamentos espesso, com cerca de 1,5 μm de comprimento de 15nm de diâmetro (MONTANARI, 2016).

Figura 6.4 - A polimerização de monômeros de actina-G forma a actina-F, ou seja, o filamento de actina.

T. Montanari

Fonte: Montanari, T. Histologia: texto, atlas e roteiro de aulas práticas. 3.ed. Porto Alegre: Ed. da autora, 2016. 229 p.

Figura 6.5- Molécula de miosina II.

Fonte: Montanari, T. Histologia: texto, atlas e roteiro de aulas práticas. 3.ed. Porto Alegre: Ed. da autora, 2016.

Classificação
Os músculos estão classificados como Músculo Estriado Esquelético, Músculo Estriado Cardíado e Músculo liso, sendo que cada um possui suas características morfofisiológicas peculiares.

O músculo estriado esquelético possui abundante quantidade de proteínas como actina e miosina, e a sua organização celular caracteriza-se por estriações transversais, conferindo, então, o nome ao tecido. Esse tipo de musculatura está ligado ao esqueleto e está sob controle voluntário. (Figura 6.6). Observa-se ao microscópio de luz que os filamentos finos e espessos apresentam bandas claras e escuras e estão dispostos de tal forma que essas bandas se alternam ao longo da fibra muscular. As bandas claras, denominadas *bandas I,* são compostas somente por filamentos finos. As bandas escuras, por sua vez, possuem filamentos finos e espessos e são denominadas *bandas A.* (figura 6.7). No centro da Banda A, observa-se a *banda H*, sendo uma região mais clara. No centro da banda H há uma faixa mais escura denominada *banda M* (Figura 6.7) (MONTANARI, 2016).

Figura 6.6 - Corte longitudinal do músculo estriado esquelético. HE. Objetiva de 40x (550x).

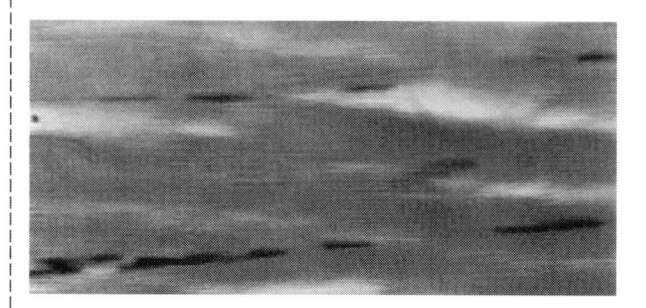

Fonte: Montanari, T. Histologia: texto, atlas e roteiro de aulas práticas. 3.ed. Porto Alegre: Ed. da autora, 2016.

Figura 6.7 - Eletromicrografia do músculo estriado esquelético, onde são indicadas as bandas A, I e H e as linhas M e Z. Ainda são assinaladas as mitocôndrias (mit) e o glicogênio (G).

Fonte: Montanari, T. Histologia: texto, atlas e roteiro de aulas práticas. 3. ed. Porto Alegre: Ed. da autora, 2016.

Músculo estriado cardíaco é um tecido que apresenta estriações ocasionadas pelo arranjo dos filamentos contráteis, que estão localizados no coração. As células da musculatura estriada cardíaca apresentam formato cilíndrico com cerca de 10 a 20 μm de diâmetro e 80 a 100 μm de comprimento (Figura 6.9) (MONTANARI, 2016).

Figura 6.9 - Corte longitudinal do músculo estriado cardíaco. HE. Objetiva de 40x (550x).

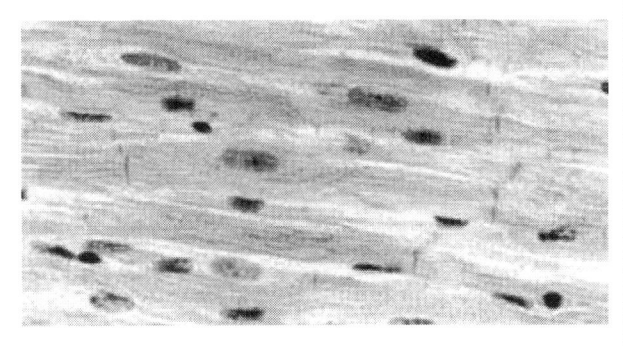

Fonte: Montanari, T. Histologia: texto, atlas e roteiro de aulas práticas. 3.ed. Porto Alegre: Ed. da autora, 2016.

Já no Músculo liso a musculatura possui células fusiformes, com diâmetro de 3 a 10 μm e comprimento variado com 20 μm nos pequenos vasos, 200 μm no tecido do intestino e 500 μm no útero em período de gravidez. O núcleo das células é central e alongando, porém, quando o tecido está contraído, os núcleos celulares são pregueados, semelhantes ao formato de um saca-rolha. Os feixes de filamentos contráteis estão dispostos em planos diferentes, fazendo com que as células não apresentem estriações, dando origem à denominação de musculatura *lisa*. *A contração muscular ocorre de forma involuntária e lenta e é controlada pelo SNA (Figura 7.0).*

Figura 7.0 - Cortes transversal e longitudinal do músculo liso. HE. Objetiva de 40x (550x).

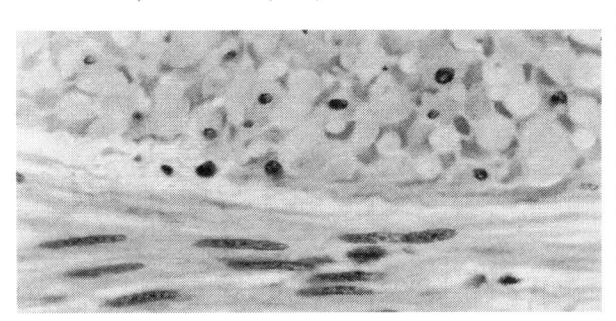

Fonte: Montanari, T. Histologia: texto, atlas e roteiro de aulas práticas. 3.ed. Porto Alegre: Ed. da autora, 2016.

Epimísio, Perimísio e Endomísio

Os músculos, além de suas características teciduais específicas, também possuem um envoltório de tecido conjuntivo que reveste suas estruturas, conhecido como Epimísio, Perimísio e o Endomísio.

Epimísio é um tecido conjuntivo denso, não modelado, que envolve a musculatura esquelética. No músculo é a região de tecido conjuntivo mais externa.

Já o Perimísio possui septos de tecido conjuntivo frouxo, que se divide em feixes de fibras musculares. Possui envolvidos vasos sanguíneos, linfáticos e também nervos.

O Endomísio possui lâmina basal, fibras reticulares e tecido conjuntivo frouxo em pequena quantidade, que envolve cada célula muscular e tem a função de ancorar as fibras musculares entre si. Além disso, são ricamente vascularizados por capilares sanguíneos e possuem terminais axonais formando a placa motora.

3 - Sistema tegumentar

Funções

A pele é considerada um dos maiores órgãos do corpo humano e possui diversas funções como: proteção contra atrito e raios UV, função sensorial, termorregulação, regulação do equilíbrio hídrico, função excretora e de imunidade.

Componentes do sistema tegumentar

O sistema tegumentar é composto pela pele (figura 9.6) e seus anexos, os pelos, unhas, glândulas sudoríparas, sebáceas e mamárias). A pela é constituída por derme, epiderme, porções epiteliais que se originam do ectoderma, a conjuntiva que tem a sua origem no mesoderma. A pele possui duas classificações que se relacionam diretamente com a sua espessura, podendo ser do tipo *espessa (grossa)* (figura 9.5) ou fina. Observa-se o tipo de pele espessa em regiões de maior atrito como palma da mão, planta dos pés e algumas articulações. A pele fina, por sua vez, é encontrada nas demais regiões do corpo. Anexo e abaixo à derme encontra-se a hipoderme (denominada também de tecido celular subcutâneo), e um tecido conjuntivo frouxo que pode conter grande número de adipócitos. A função da hipoderme é unir a pele com os órgãos subjacentes. A derme e a epiderme são unidas através de papilas, denominadas papilas dérmicas, as quais irão se encaixar nas cristas epidérmicas.

Figura 9.5 - Corte de pele grossa, onde são observadas a epiderme, de epitélio estratificado pavimentoso queratinizado, e parte da derme, de tecido conjuntivo. D - ducto da glândula sudorípara. HE. Objetiva de 10x (137x).

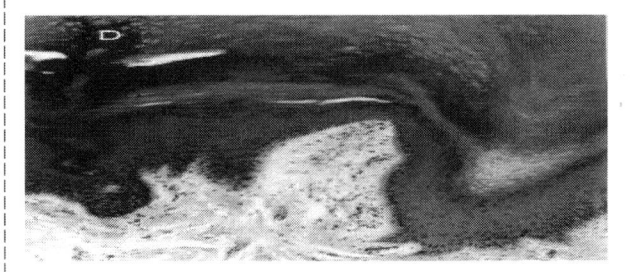

Fonte: Montanari, T. Histologia: texto, atlas e roteiro de aulas práticas. 3.ed. Porto Alegre: Ed. da autora, 2016.

Figura 9.6- Pele (couro cabeludo). Caracteriza-se pela presença de inúmeros folículos pilosos *(setas)*. (HE Pequeno aumento).

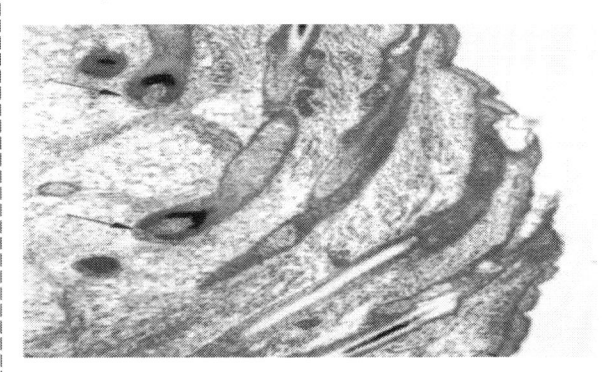

Fonte: Junqueira, L. C.; Carneiro, J. Histologia básica. 10. ed. Rio de Janeiro: Guanabara Koogan, 2004.

Epiderme: composta por epitélio estratificado pavimentoso queratinizado com abundância em queratinócitos. Possui de quatro a cincos camadas denominadas de estratos. Os estratos seguem uma ordem que parte da derme em direção à superfície. A ordem dos estratos é: *basal, espinhosa, granulosa, lúcida* (presente somente na pele espessa) e *córnea* (Figura 9.7).

Estrato basal: composto por células prismáticas, basófila e que são repousadas sobre a membrana basal. Considerado um estrato germinativo por conter células-tronco em abundância. A renovação da epiderme é caracterizada por intensa atividade mitótica e atividade juntamente com a camada espinhosa. A camada basal contém filamentos de queratina. As células secretoras de melanina, melanócitos, são encontrados nesse estrato e na junção da derme com a epiderme.

Estrato espinhoso: composto por células cuboides ou ligeiramente achatadas, sendo seu núcleo centralizado, e citoplasma apresentando queratina e expansões curtas que dão às células um aspecto espinhoso.

Estrato granuloso: contém de 3 a 5 fileiras de células achatadas poligonais, com núcleo centralizado e citoplasma basófilo.

Estrato lúcido: presente somente na pele do tipo espessa é constituído por uma camada delgada de células achatadas, translucidas e eosinófilas. Não possui núcleo e organelas.

Estrato córnea: composto por células achatadas que estão mortas, sem núcleo e núcleo repleto de queratina.

Figura 9.7 - Pele. Na pele espessa a epiderme é mais espessa e apresenta várias camadas de limites não muito precisos. (HE. Grande aumento.)

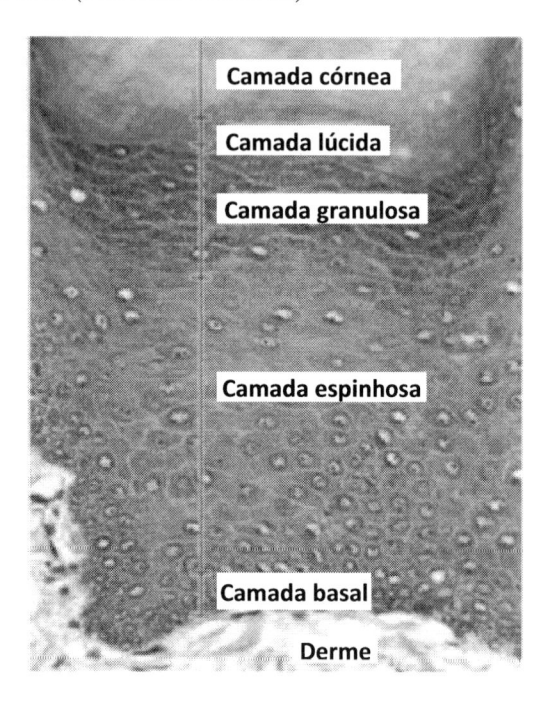

Fonte: Junqueira, L. C.; Carneiro, J. Histologia básica. 10. ed. Rio de Janeiro: Guanabara Koogan, 2004.

Derme: a derme é constituída por duas camadas, sendo uma formada por tecido conjuntivo frouxo (superficial), denominada derme papilar. A derme do tipo *reticular* (Figura 9.6), por sua vez, é constituída por tecido conjuntivo denso (mais profunda). Não é muito distinto o limite entre a camada papilar e reticular. A derme apresenta também vasos sanguíneos e linfáticos, inervações, folículos pilosos e glândulas do tipo sebáceas e sudoríparas.

Figura 9.6 - Derme reticular, de tecido conjuntivo denso não modelado. Os feixes de fibras colágenas em diferentes direções resistem à tração e, consequentemente, dão firmeza à pele. HE. Objetiva de 40x (550x).

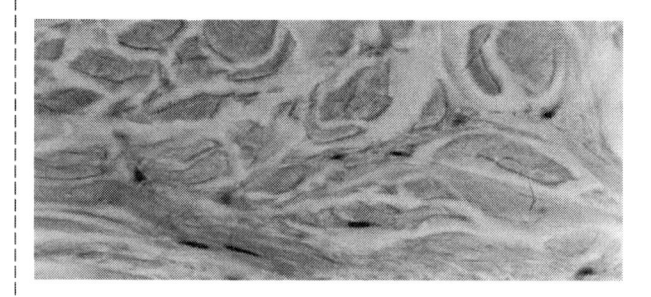

Fonte: Montanari, T. Histologia: texto, atlas e roteiro de aulas práticas. 3. ed. Porto Alegre: Ed. da autora, 2016.

Pelos e unhas: os pelos são estruturas compostas por queratina modificada e seu crescimento é de forma contínua. São desenvolvidos a partir do folículo piloso que forma invaginações na epiderme. Os pelos podem apresentar três camadas: *raiz, córtex* e *cutícula*. As unhas são estruturas em forma de placas celulares queratinizadas, e são encontradas na superfície do dorso das falanges terminais dos dedos.

Glândulas: as glândulas da pele são divididas em sebáceas e sudoríparas. A glândula sebácea é do tipo exócrina acinosa simples ramificada holócrina. Estão situadas na derme e os ductos estão localizados na superfície da pele. Não é possível encontrar esse tipo de glândula na palma da mão e planta dos pés. As glândulas sudoríparas são do tipo exócrina tubulosa simples enovelada e se localizam em toda a extensão da pele (MONTANARI, 2016).

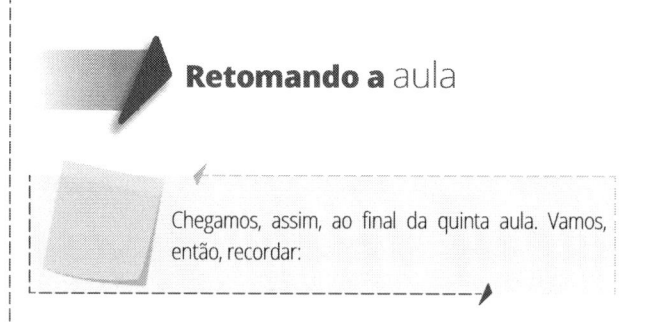

Retomando a aula

Chegamos, assim, ao final da quinta aula. Vamos, então, recordar:

1 – Características e funções do tecido muscular

Nesta seção, vimos que o tecido muscular é formado por células alongadas com grande quantidade de filamentos de proteínas contráteis. A função do tecido muscular é promover a contração do tecido, a fim de gerar movimento das estruturas ligadas a ele. As células musculares, também chamadas de fibras musculares, são alongadas e ricas nos filamentos de actina e miosina. Esses filamentos são responsáveis pela contração da musculatura

2 – Componentes do tecido muscular

Nesta seção, vimos que o tecido muscular pode ser classificado como: Músculo estriado esquelético, Músculo liso e Músculo estriado cardíaco. Além disso, o músculo pode ser revestido por três tipos de tecido conjuntivo: Epimísio, Endomísio e Perimísio.

3 – Sistema tegumentar

Nesta seção, trabalhamos todo o sistema tegumentar, que é constituído pela pele e seus anexos como os pelos, unhas, glândulas sudoríparas, sebáceas e mamárias. A pele é constituída por derme, epiderme, porções epiteliais que se originam do ectoderma, e a conjuntiva, que tem a sua origem no mesoderma. A pele possui duas classificações que se relacionam diretamente com a sua espessura, podendo ser do tipo *espessa (grossa) ou fina*. A derme e a epiderme são unidas através de papilas denominadas papilas dérmicas, as quais irão se encaixar nas cristas epidérmicas.

Vale a pena

Vale a pena ler

JUNQUEIRA, L. C.; CARNEIRO, J. Histologia básica. 10. ed. Rio de Janeiro: Guanabara Koogan, 2004.
MONTANARI, T. Histologia: texto, atlas e roteiro de aulas práticas. 3. ed. Porto Alegre: Ed. da autora, 2016.

Minhas anotações

Minhas anotações

Aula 6º

Sistema circulatório e sistema linfático

Caros(as) alunos(as)!
Nesta aula, estudaremos o sistema Circulatório e o Sistema Linfático. São dois importantes sistemas que auxiliam tanto na circulação corpórea e suprimento de nutrientes, oxigênio, eletrólitos e líquidos quanto no sistema imunológico do nosso organismo. Para determos os totais conhecimentos, precisamos conhecer todas as estruturas morfológicas que acompanham os tecidos desses sistemas. Sendo assim, desejo a todos uma excelente leitura do conteúdo.
Bons estudos!

Bons estudos!

Objetivos de aprendizagem

Ao término desta aula, vocês serão capazes de:

- diferenciar estruturas celulares dos tecidos musculares e linfáticos;
- caracterizar morfologicamente as células que compõem os tecidos estudados;
- desenvolver conhecimento técnico-científico baseado em características morfológicas para diferenciar os tecidos desses dois sistemas.

Seções de estudo

1 – Sistema Circulatório
2 – Sistema Linfático

1 - Sistema Circulatório

1.1 Funções

Sistema responsável por transportar sangue através dos tecidos, levando oxigênio, nutrientes, células de defesa, hormônios, entre outras substâncias. Tem grande importante por contribuir ativamente na homeostase e funcionamento do organismo.

1.2 Constituintes

Os constituintes do sistema circulatório ou cardiovascular são: *coração, artérias, capilares* e *veias*, sendo:
- Coração: é o órgão responsável por gerar propulsão a fim de impulsionar o sangue para os tecidos.
- Artérias: são vasos eferentes que levam o sangue do coração aos demais órgãos e tecidos. É responsável por conduzir O2 e nutrientes via circulação sanguínea.
- Capilares: formados por uma rede de túbulos delgados no qual facilita a troca de metabólitos, água e eletrólitos entre o sangue e os líquidos intersticiais.
- Veias: são vasos do tipo aferentes que têm a função de levar o sangue de volta ao coração para promover hematose.

Coração é a "bomba" que faz todo o sangue circular. Sua origem embrionária vem de dois vasos que se fusionam. Além disso, é constituído de três túnicas que são semelhantes as dos vasos sanguíneos, sendo elas: *o endocárdio, o miocárdio* e o *epicárdico* (MONTANARI, 2016).

Endocárdio: possui camada subendotelial de tecido conjuntivo denso, com fibras elásticas e células musculares, que ficam em contato com o sangue (Figura 7.1). Na camada subendocárdica há tecido conjuntivo frouxo com pequenos vasos sanguíneos, nervos e ramos do sistema condutor nos ventrículos.

Miocárdio: túnica responsável pelo bombeamento do sangue, é composto por músculo estriado cardíaco. Possui um nodo sinoatrial no qual as células sofrem despolarização. As células que sofrem despolarização e são responsáveis pela contração cardíaca são constituídas por células musculares cardíacas especializadas, pobres em filamentos contráteis

Epicárdico (pericárdio visceral): constituído por tecido conjuntivo frouxo revestido por epitélio simples pavimentoso chamado de mesotélio. Contém fibras elásticas, vasos sanguíneos e linfáticos e também fibras nervosas. Nessa camada de tecido pode acumular-se tecido adiposo em volta das artérias coronárias. O pericárdio visceral e o pericárpio parietal, constituídos também de mesotélio, servem para delimitar a cavidade pericárdica que, ao ser preenchida por um fluido seroso, evita o atrito das superfícies, permitindo o movimento livre do coração no momento das contrações.

O coração possui uma região central constituída de tecido conjuntivo denso não modelado com regiões de cartilagem fibrosa. Essa estrutura é denominada esqueleto fibroso, que tem como finalidade sustentar a estrutura, inserir musculatura cardíaca e agir como isolante elétrico, a fim de impedir o livre fluxo de impulsos elétricos entre os átrios e ventrículos.

As válvulas cardíacas são formadas por uma porção central de tecido conjuntivo denso, recoberto por tecido elástico e revestido por endotélio.

Figura 7.1 Corte transversal de parte da parede da veia cava inferior humana.

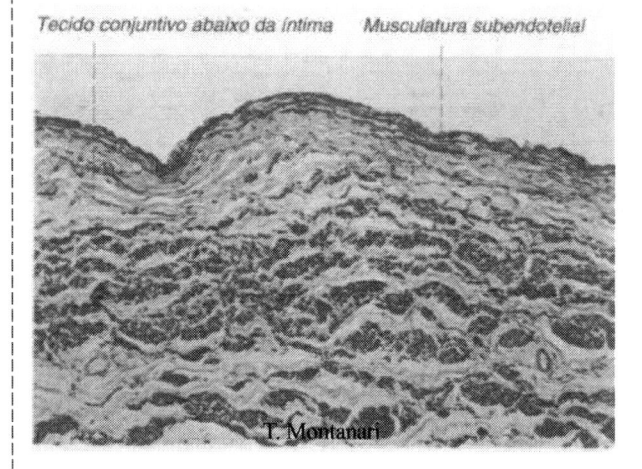

Fonte: Sobotta, J. Atlas de Histologia - Citologia, Histologia e Anatomia Microscópica. 7. ed. Rio de Janeiro: Guanabara Koogan, 2007.

Artérias e veias: os vasos sanguíneos são constituídos por 3 túnicas: *íntima média* e *adventícia* (Figuras 7.2 e 7.3). Sendo assim, descrevemos como:

Túnica íntima: formada por endotélio, cama subendotelial de tecido conjuntivo frouxo com presença de células musculares e lâmina elástica interna constituída de material com capacidade elástica.

Túnica média: é formada por um tecido elástico ou tecido muscular liso. O tecido do tipo elástico é constituído por diversas lâminas elásticas que são fenestradas, permitindo assim a difusão de nutrientes pelo tecido. As células musculares lisas que são organizadas em forma de espiral irão aparecer dispostas circularmente no corte do vaso. Há presença de fibras colágenas, reticulares e elásticas, bem como proteoglicanas e glicoproteínas secretas pelas células musculares.

Túnica adventícia: é composta por um tipo de tecido conjuntivo denso não modelado e também de tecido frouxo. O tecido conjuntivo frouxo continua do órgão até a inserção no vaso. A túnica adventícia possui fibras colágenas e elastinas que são sintetizadas pelos fibroblastos, juntamente com proteoglicanas. Há presença de capilares linfáticos, nervos e também de pequenos vasos, denominados como vasos dos vasos, que desempenha papel nutricional (vasa vasorum).

Figura 7.2 - Artéria de médio calibre, constituída pelas túnicas íntima (I), média (M) e adventícia (A). HE. 34x.

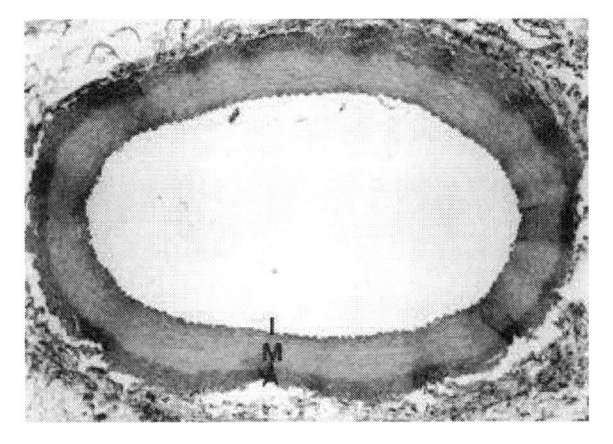

Fonte: Montanari, T. Histologia: texto, atlas e roteiro de aulas práticas. 3.ed. Porto Alegre: Ed. da autora, 2016.

Figura 7.3 - Aumento maior das túnicas da artéria, onde é possível observar as células endoteliais e a lâmina elástica interna da túnica íntima (I), o músculo liso, as fibras elásticas e a lâmina elástica externa (▶) na túnica média (M) e parte da túnica adventícia (A), ainda com material elástico. HE. 340x

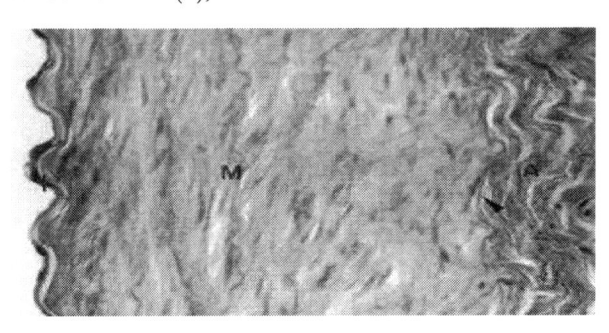

Fonte: Montanari, T. Histologia: texto, atlas e roteiro de aulas práticas. 3.ed. Porto Alegre: Ed. da autora, 2016.

Capilares: formado por endotélio constituído por epitélio simples pavimentoso em formato tubular com pequeno calibre. Possui pericitos ao redor das células endoteliais, nos quais compartilham a mesma lâmina basal. Possui núcleo alongado e prolongamento citoplasmáticos. A regulação do fluxo sanguíneo é controlada pelos filamentos de actina e miosina. (Figura 7.4) (MONTANARI, 2016).

Figura 7.4 – Capilar. HE. 1.373x.

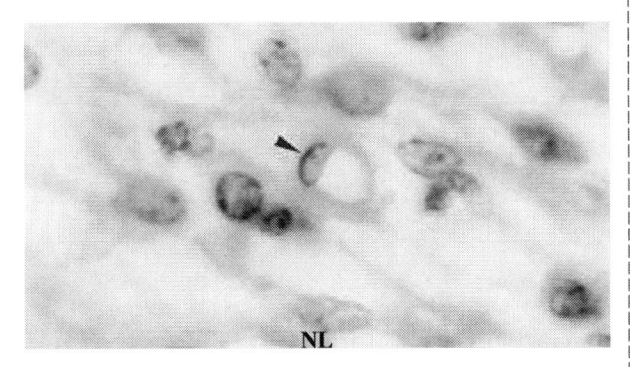

Fonte: Montanari, T. Histologia: texto, atlas e roteiro de aulas práticas. 3.ed. Porto Alegre: Ed. da autora, 2016.

Em relação à continuidade da parede endotelial, os capilares possuem três distinções, sendo: *capilares contínuos, fenestrados e sinusoides.*

- Capilares contínuos: a entrada de substâncias ocorre por pinocitose devido ao espaço intercelular ser vedado por junções de oclusão. Localizam-se no tecido conjuntivo, nervoso e muscular. No tecido nervoso estabelece a barreira hematoencefálica (Figura 7.5) (MONTANARI, 2016).
- Capilares fenestrados: as células são unidas semelhantemente aos capilares contínuos, porém, além de possuir vesículas de pinocitose, apresentam fenestras (poros/janelas) que facilitam a difusão de metabólitos. Encontra-se esse tipo de capilar nos órgãos onde ocorre intensa troca de substâncias entre as células e o sangue como, por exemplo, os rins, intestinos e glândulas endócrinas (Figura 7.6) (MONTANARI, 2016).
- Capilares sinusoides: possui trajeto sinuoso e calibre aumentado. Com diâmetro interno de 30 a 40 μm possui, além dos poros sem diafragma, amplos espaços entre as células endoteliais. A lâmina basal desse capilar é descontínua. O trajeto sinuoso tem como finalidade reduzir a velocidade da circulação sanguínea. Esta e as demais caraterísticas do capilar sinusoide possibilita uma intensa troca de substância entre o sangue e os tecidos, além da entrada ou saída de células sanguíneas. Estão presentes no fígado e órgãos como baço e tecido hematopoético como medula óssea. (Figura 7.7) (MONTANARI, 2016).

Figura 7.5. Corte oblíquo de uma arteríola do mesentério de rato com a organização tripla característica de sua parede: (1) o endotélio e a lâmina elástica interna subjacente = camada íntima; (2) uma camada única de células musculares lisas constitui a camada média, que é circunscrita externamente pela camada adventícia (3) de tecido conjuntivo. Esta última contém feixes de axônios amielínicos (A) e é separada do tecido conjuntivo intersticial pelos delgados prolongamentos dos fibrócitos (F). Observe os "pés" do endotélio basal (^) que circundam a lâmina elástica interna e estabelecem contatos mioepiteliais típicos com as células da camada média. Aumento total 3.200.

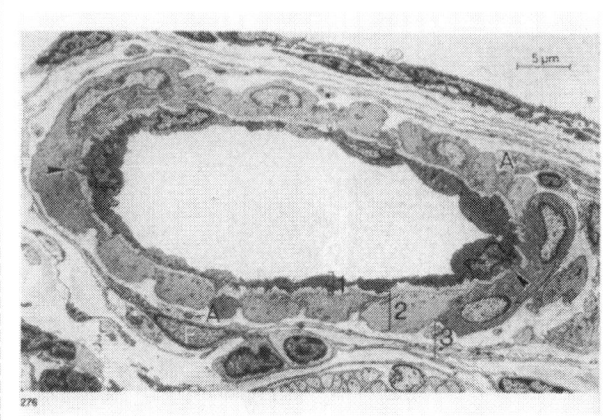

Fonte: Fonte: Sobotta, J. Atlas de Histologia - Citologia, Histologia e Anatomia Microscópica. 7. ed. Rio de Janeiro: Guanabara Koogan, 2007.

Figura 7.6 - Eletromicrografia da parede de capilar fenestrado, onde são visíveis fenestras (→) vesículas de pinocitose (P) e lâmina basal (LB).

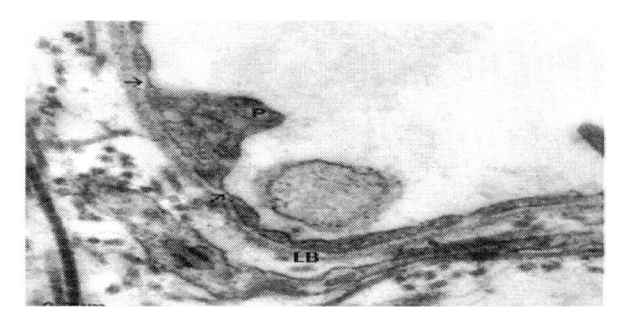

Fonte: Montanari, T. Histologia: texto, atlas e roteiro de aulas práticas. 3.ed. Porto Alegre: Ed. da autora, 2016. 229 p.

Figura 7.7 - Capilares sinusoides no fígado de um coelho injetado com nanquim. Os macrófagos são identificados por terem fagocitado partículas de nanquim. HE. 550x.

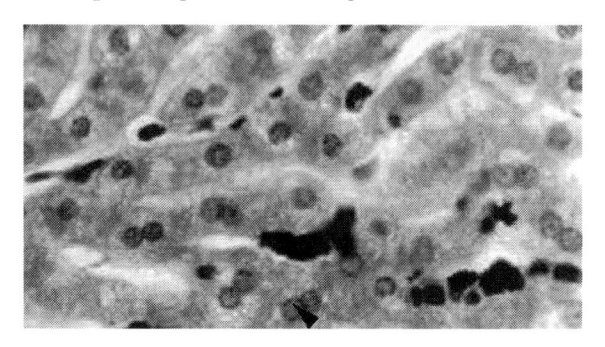

Fonte: Montanari, T. Histologia: texto, atlas e roteiro de aulas práticas. 3. ed. Porto Alegre: Ed. da autora, 2016.

Sistema Vascular Linfático: esse tecido tem como função recolher o líquido tecidual gerado nos capilares e vênulas e devolver ao sangue nas grandes veias próximas ao coração. Esse líquido denominado linfa é claro e incolor e corre em uma única direção: dos órgãos ao coração. A linfa tem como função circular os linfócitos e transportar os lipídios absorvidos no intestino delgado. O sistema vascular linfático inicia nos capilares linfáticos, que medem cerca de 10 a 50 μm de largura. Esses capilares são constituídos por endotélio, com espaços intracelulares, e lâmina basal com característica descontínua, o que permite a troca de líquidos e moléculas com o fluido intersticial. (Figura 7.8).

Figura 7.8 - Capilar linfático no tecido conjuntivo do intestino delgado. HE. 550x.

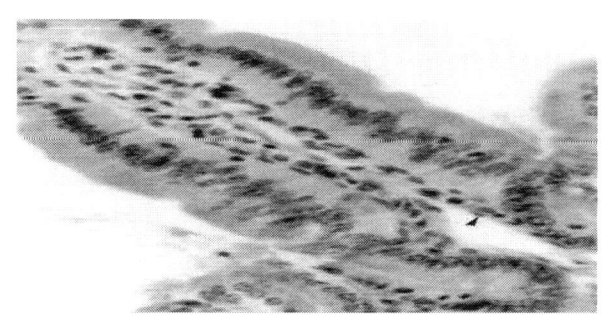

Fonte: Montanari, T. Histologia: texto, atlas e roteiro de aulas práticas. 3.ed. Porto Alegre: Ed. da autora, 2016. 229 p.

2 - Sistema Linfático

2.1 Funções

As células do sistema linfático têm como principal função proteger o organismo contra agentes estranhos como vírus, bactérias e outros patógenos, bem como eliminar as células que possuem algum tipo de alteração, células sanguíneas envelhecidas e/ou danificadas.

2.2 Constituintes

Constituído por um tipo especial de tecido conjuntivo rico em células de defesa e reticulares denominado tecido linfoide ou reticular. As células reticulares exercem sustentação para as células de defesa, através da matriz extracelular do tecido. Esse tipo de tecido está presente em locais propícios à invasão de patógenos e microrganismos. Cita-se como exemplo, a presença de tecido linfático nas vias respiratórias e no trato urogenital. Esse sistema é o principal constituinte dos órgãos linfoides que estão diretamente ligados à resposta imunológica. O tecido linfoide pode ser dividido em *tecido difuso ou nodular*. O Tecido Nodular refere-se aos nódulos linfáticos, que são estruturas esféricas com aproximadamente 1mm de diâmetro, compostas por células do tipo reticulares, linfócitos, macrófagos e plasmócitos, células foliculares dendríticas e células apresentadoras de antígenos (Figura 7.9) (MOTANARIA, 2016).

Figura 7.9 - Tecido linfoide nodular (nódulos linfáticos – NL) e tecido linfoide difuso (D) no conjuntivo do íleo. HE. Objetiva de 4x (55x).

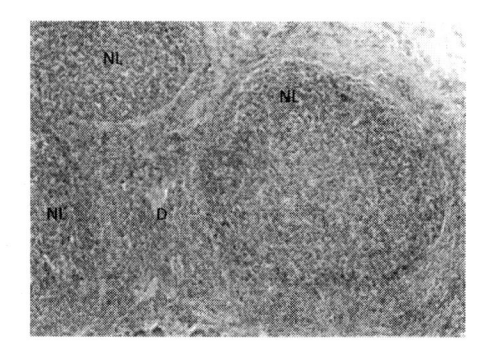

Fonte: Montanari, T. Histologia: texto, atlas e roteiro de aulas práticas. 3.ed. Porto Alegre: Ed. da autora, 2016. 229 p.

Tonsilas: aglomerados de tecido linfoide nodular que está sob o epitélio da cavidade oral e do epitélio da faringe. Tem como função proteger o organismo contra a entrada de patógenos e antígenos que possam estar presentes no ar ou em alimentos. As tonsilas possuem 3 localidades, denominadas: *tonsilas linguais, palatinas e faríngea.*

Tonsilas linguais: recobertas por epitélio estratificado pavimentoso e situada na parte posterior da língua. São numerosas e com diâmetro pequeno. O epitélio forma uma cripta em cada tonsila.

Tonsilas palatinas: situam-se entre a cavidade oral e a faringe, e são revestidas por epitélio estratificado pavimentoso que formam invaginações e resultam em 10 a 20 criptas. Externamente, e próximo à base das tonsilas palatinas, observa-se glândulas mucosas e subjacente ao tecido linfoide nodular, observam-se uma cápsula de tecido conjuntivo denso não modelado (Figura 8.0). (MONTANARI, 2016).

Tonsila faríngea: estrutura única e com localização na porção nasal da faringe. Constituída por epitélio pseudoestratificado colunar ciliado e em algumas áreas, epitélio estratificado pavimentoso. Não possui criptas, mas sim pregas rasas onde irão desembocar os ductos de glândulas seromucosa. Em relação às tonsilas palatinas, a cápsula apresenta estrutura mais fina.

Figura 8.0 - Tonsila palatina, onde podem ser observadas as criptas de epitélio estraficado pavimentoso, o tecido linfoide subjacente com nódulos linfáticos e a cápsula de tecido conjuntivo (TC). HE. Objetiva de 4x (55x).

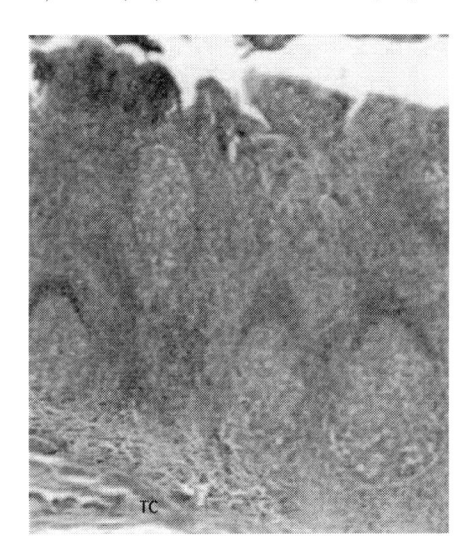

Fonte: Montanari, T. Histologia: texto, atlas e roteiro de aulas práticas. 3.ed. Porto Alegre: Ed. da autora, 2016. 229 p.

Linfonodos: com cerca de 500 a 600 linfonodos espalhados pelo corpo, são encontrados em grupos ou em cadeia. São localizados no pescoço, virilhas e axilas, por exemplo. São considerados órgãos pequenos com cerca de 1 a 20 mm, do tipo ovoide e com reentrância denominada hilo. É envolvido por uma cápsula de tecido conjuntivo denso não modelado. O arcabouço de sustentação é composto por trabéculas de fibras colágenas e fibras reticulares do tecido linfoide. (Figura 8.1) O parênquima do linfonodo é divido em *córtex*, localizado na região periférica, e medula que se localiza numa posição central e junto ao hilo (MOTANARIA, 2016).

O córtex, por sua vez, tem subdivisões: o *córtex superficial*, mais externamente e o *córtex profundo* ou *paracórtex*, localizado subjacente ao anterior. Na zona cortical possui tecido linfoide nodular (nódulos linfáticos) e, entre eles, possui tecido linfoide difuso. Ao redor das trabéculas e subjacente à cápsula, observa-se o seio subcapsular e os seios corticais. Na zona paracortical, que está subjacente à zona cortical, observa-se tecido linfoide difuso rico em linfócitos T. A zona medular possui cordões medulares, compostos por tecido linfoide difuso. Os seios medulares são responsáveis por transportar a linfa. (Figura 8.12).

Figura 8.12 - Corte de linfonodo recoberto pela cápsula de tecido conjuntivo denso não modelado (TC), que emite trabéculas para o interior. Na zona cortical superficial, há o seio subcapsular (S), os seios peritrabeculares (P) e os nódulos linfáticos. Subjacente há a zona paracortical (ZP), sem nódulos linfáticos, e a zona medular (ZM), onde são vistos os cordões medulares (cm) e os seios medulares (sm). HE. Objetiva de 4x (55x).

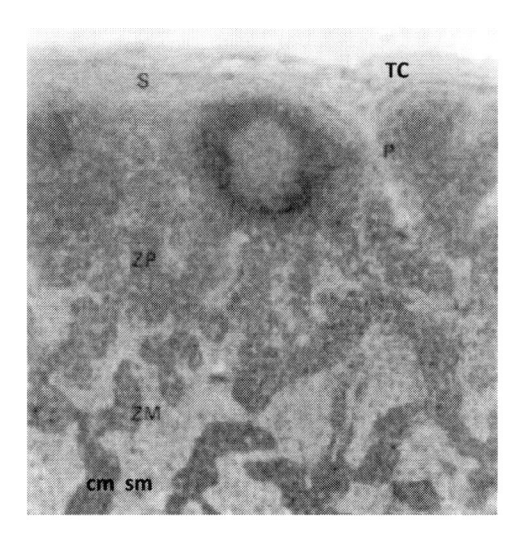

Fonte: Montanari, T. Histologia: texto, atlas e roteiro de aulas práticas. 3.ed. Porto Alegre: Ed. da autora, 2016. 229 p

Figura 8.1 - Corte de linfonodo, onde as fibras reticulares estão enegrecidas pela impregnação com prata. DRH. Objetiva de 10x.

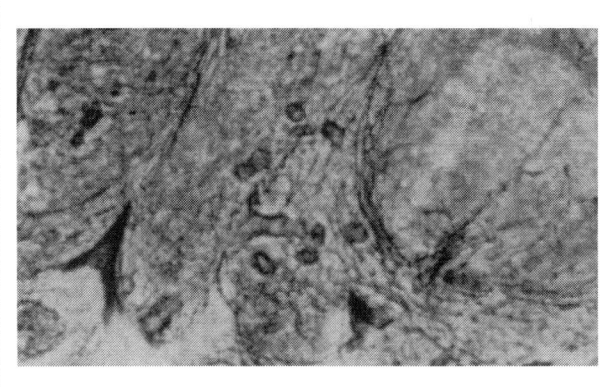

Fonte: Montanari, T. Histologia: texto, atlas e roteiro de aulas práticas. 3.ed. Porto Alegre: Ed. da autora, 2016. 229 p.

Baço: situado na região do peritônio, no quadrante superior esquerdo do abdômen, logo atrás do estômago e abaixo do diafragma. Pesa aproximadamente 250g no adulto e é considerado o maior órgão linfoide do organismo. É constituído por tecido conjuntivo que emite septos onde os vasos sanguíneos circulam para o interior da polpa esplênica. A polpa esplênica constitui o parênquima do baço e pode ser dividida em *polpa branca* e *polpa vermelha*. A polpa vermelha possui cordões esplênicos, também denominados de cordões de Billroth, que são estruturas alongadas de tecido linfoide. Possui também seios esplênicos, que são compostos por capilares sinusoides. A polpa branca, por sua vez, é composta por nódulos linfáticos (Figura 8.2).

Figura 8.2 - Corte de baço, onde podem ser observadas a polpa branca, que consiste em nódulos linfáticos, e a polpa vermelha, onde o tecido linfoide forma os cordões esplênicos. Entre estes, há os capilares sinusoides. No nódulo linfático, a arteríola central é apontada. HE. Objetiva de 40x (55x).

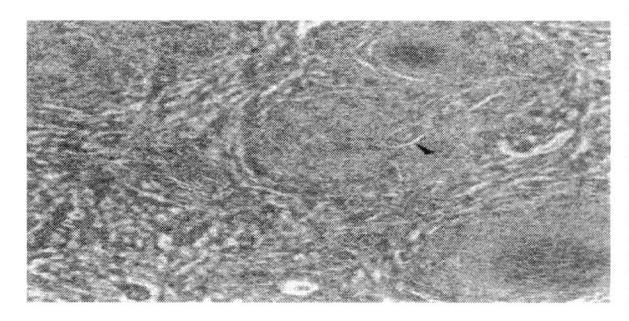

Fonte: Montanari, T. Histologia: texto, atlas e roteiro de aulas práticas. 3.ed. Porto Alegre: Ed. da autora, 2016. 229 p.

Timo: em formato piramidal e achatado, o timo é um órgão bilobada que está situado no mediastino do tórax. O peso desse órgão pode variar ao decorrer da vida. No recém-nascido, pode pesar de 12 a 15g, na puberdade, de 30 a 40g e, na velhice, pode pesar de 6 a 16g. Possui estrutura composta de tecido conjuntivo frouxo, podendo conter tecido adiposo unilocular. O tecido conjuntivo divide o parênquima do órgão em lóbulos incompletos. Em cada lóbulo podemos identificar duas camadas: *camada cortical e camada medular*. A camada cortical é periférica e rica em linfócitos nos variados graus de maturação. Já na camada medular, observa-se coloração mais clara devido à presença de muitas células reticulares epiteliais bem visíveis e à presença de corpúsculos de Hassal. (Figura 8.3).

Figura 8.3 - Zona cortical (ZC) e zona medular (ZM) de um lóbulo do timo. Notar a concentração de linfócitos T no córtex e a presença dos corpúsculos de Hassall na medula. HE. Objetiva de 10x (137x).

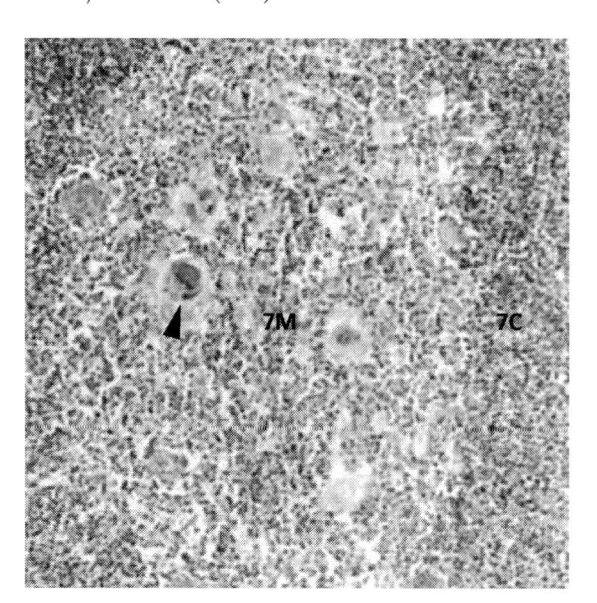

Fonte: Montanari, T. Histologia: texto, atlas e roteiro de aulas práticas. 3.ed. Porto Alegre: Ed. da autora, 2016. 229 p.

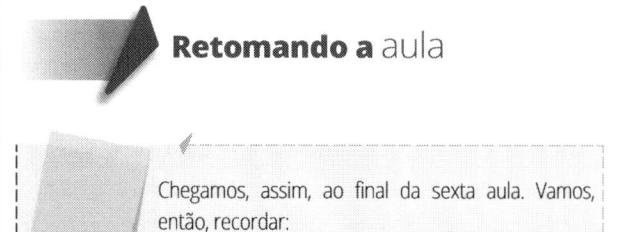

Retomando a aula

Chegamos, assim, ao final da sexta aula. Vamos, então, recordar:

1 – Sistema Circulatório

Nesta seção, vimos que o sistema circulatório é responsável por transportar sangue através dos tecidos, levando oxigênio, nutrientes, células de defesa, hormônios, entre outras substâncias. Esse sistema é composto pelo coração e vasos sanguíneos. O coração é formado pelo Miocárdio, Epicárdico e Endocárdio, e os vasos sanguíneos são constituídos de Artérias, Arteríolas, Capilares, Vênulas e Veias.

2 – Sistema Linfático

Nesta seção, vimos que o sistema linfático tem como principal função proteger o organismo contra agentes estranhos como vírus, bactérias e outros patógenos, e eliminar as células que possuem algum tipo de alteração, células sanguíneas envelhecidas e/ou danificadas. Constituído por um tipo especial de tecido conjuntivo rico em células de defesa e reticulares denominados tecido linfoide ou reticular. As células reticulares exercem sustentação para as células de defesa, através da matriz extracelular do tecido. Esse tipo de tecido está presente em locais propícios à invasão de patógenos e microrganismos.

Vale a pena

Vale a pena ler,

JUNQUEIRA, L. C.; CARNEIRO, J. *Histologia básica*. 10. ed. Rio de Janeiro: Guanabara Koogan, 2004.
MONTANARI, T. Histologia: texto, atlas e roteiro de aulas práticas. 3.ed. Porto Alegre: Ed. da autora, 2016. 229 p.

Minhas anotações

Aula 7º

Sistema digestório e respiratório

Caros(as) alunos(as), estamos quase no final da nossa disciplina! Vamos continuar aprendendo?
Nesta aula, estudaremos os tecidos de dois fundamentais sistemas do nosso organismo: Digestório e Respiratório. A avaliação morfológica desses tecidos contribuirá para um melhor conhecimento das funções exercidas por eles, que será mais aprofundado em processos fisiológicos. Sendo assim, vamos para mais uma maravilhosa aula!
Bons estudos!

— Bons estudos!

Objetivos de aprendizagem

Ao término desta aula, vocês serão capazes de:

- diferenciar estruturas celulares dos tecidos que compõem o sistema respiratório e digestório;
- caracterizar morfologicamente as células que compõem os tecidos estudados;
- desenvolver conhecimento técnico-científico baseado em características morfológicas para diferenciar as funções de cada tecido que compõe o sistema digestório e respiratório.

Seções de estudo

1 – Sistema digestório
2 – Sistema respiratório

1 - Sistema digestório

1.1 Função

A principal função desse sistema é degradar os alimentos ingeridos em pequenas moléculas, a fim de que elas sejam absorvíveis pelas células, suprindo a suas necessidades energéticas, além de auxiliar no desenvolvimento e manutenção do organismo.

1.2 Constituintes

O sistema digestório é constituído pela cavidade oral, faringe e tubo digestório, que por sua vez, é subdividido em esôfago, estômago, intestino delgado, intestino grosso e canal anal. Também fazem parte do sistema digestório órgãos como pâncreas e fígado e a vesícula biliar.

1.3 Estrutura geral do sistema

Tubo digestório possui quatro túnicas: mucosa, submucosa, muscular e serosa (adventícia).

Túnica mucosa: constituída por epitélio. Possui lâmina própria de tecido conjuntivo frouxo e muscular da mucosa constituída de músculo liso. Pode-se observar epitélio estratificado pavimentoso dependendo da região do tubo digestório. Esse epitélio exerce função protetora. Também se observam regiões com epitélio colunar a fim de promover absorção ou secreção de substâncias.

Túnica muscular: consiste em uma subcamada interna circular e externa longitudinal de musculatura lisa. Tem como função promover o movimento da mucosa a fim de aumentar o contato com o alimento.

Túnica submucosa muscular: constituída de tecido conjuntivo denso não modelado. Pode apresentar glandular e tecido do tipo linfoide. Possui um plexo nervoso submucoso chamado de Meissner, possui gânglios do sistema nervoso autônomo e tem como função controlar o movimento da musculatura da mucosa, o fluxo sanguíneo e a secreção das glândulas.

Túnica muscular: pode ser constituído de musculatura estriada esquelética ou lisa, dependendo do órgão no qual se localiza. Pode se apresentar em duas subcamadas, devido à organização das células musculares lisas: interna ou circular e externa ou longitudinal. As células musculares se arranjam em forma espiral. É mais compacta na subcamada interna e mais alongada na longitudinal (MONTANARI, 2016).

Esôfago: revestido por um epitélio estratificado pavimentoso não queratinizado. Possui glândulas esofágicas da cárdia, que tem como função secretar muco. Estão localizadas na lâmina própria da região próxima ao estômago. O muco secretado pelas glândulas esofágicas da cárdia tem como função facilitar e proteger o esôfago durante a passagem de alimentos (Figura 8.4) (MONTANARI, 2016).

Figura 8.4. Detalhe da túnica muscular do terço médio do esôfago humano. Observe que aqui há feixes de fibras musculares estriadas esqueléticas, bem como de células musculares lisas. Inclusão em plástico. Coloração: H. E. Aumento 100 X.

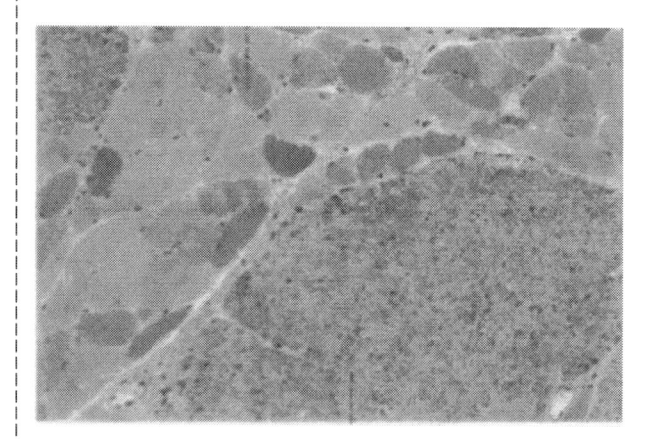

Fonte: Sobotta, J. Atlas de Histologia - Citologia, Histologia e Anatomia Microscópica. 7. ed. Rio de Janeiro: Guanabara Koogan, 2007.

Estômago: apresenta pregas da mucosa gástrica que são cobertas por depressões profundas dessa mucosa, denominada de fossetas gástricas. A superfície do estômago é revestida por epitélio cilíndrico simples. Possui pequenas lâminas que ocupam quase toda a lâmina própria e estendem-se até a faixa composta de musculatura lisa, que compõem a muscular da mucosa. Observa-se que não é uniforme a distribuição dos diferentes tipos celulares epiteliais presentes na glândula gástrica. Observa-se, ainda, dois tipos celulares, as células oxínticas ou parientais, que estão presentes no istmo e na metade superior das glândulas gástricas. Possuem núcleo esférico e são do tipo piramidais. Observa-se também o tipo celular principal chamado de zimogênicas, que estão presentes na base das glândulas fúndicas e retículo endoplasmático rugoso abundante (Figura 8.4) (MONTANARI, 2016).

Figura 8.5 - Mucosa da região do corpo do estômago. O epitélio simples colunar, de células mucosas superficiais, invagina-se, formando as fossetas (F), também com essas células, e as glândulas, com as células mucosas do colo (➤), as células oxínticas (▶) e as células zimogênicas (▶). A lâmina própria de tecido conjuntivo frouxo situa-se sob o epitélio de revestimento, entre e sob as glândulas. A muscular da mucosa é espessa (MMC – subcamada circular; MML – subcamada longitudinal). HE. Objetiva de 10x (137x).

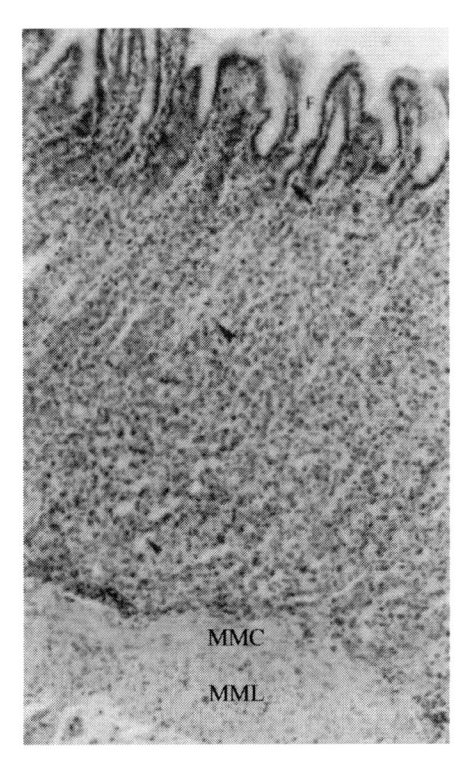

Fonte: Montanari, T. Histologia: texto, atlas e roteiro de aulas práticas. 3.ed. Porto Alegre: Ed. da autora, 2016. 229 p.

Intestino Delgado: tem como função principal absorver os nutrientes provenientes do bolo alimentar. Tem características de ser um tubo longo com aproximadamente 6m e é dividido em duodeno, jejuno e íleo. Possui uma estrutura rica em microvilosidades, composta por epitélio mais tecido conjuntivo que tem como objetivo aumentar a superfície de contado. Possui também epitélio cilíndrico simples com microvilosidades e células absortivas, enteroendócrinas e caliciforme (Figura 8.5).

Duodeno: compõem a primeira porção do intestino delgado. Nessa região observa-se as células regenerativas ou fonte e enteroendrocinas. Apresenta uma túnica muscular que é dividida em 2 subcamadas: serosa e adventícia. O duodeno é composto por um tecido conjuntivo frouxo e glândulas tubulares intestinas Lieberkuhn e muscular da mucosa evidente. O que determina o duodeno ser o único órgão com glândulas na submucosa é a presença das glândulas duodenais de Brunner.

Jejuno – íleo: formado por epitélio cilíndrico simples e mucosa com vilosidades longas e chatas. O íleo possui as chamadas Placas de Payer, que são espécies de aglomerados de nódulos linfáticos. O revestimento do órgão é feito por uma túnica muscular com duas camadas e uma túnica serosa. (Figura 8.6)

Intestino grosso: constituído por epitélio do tipo cilíndrico simples e túnicas semelhantes às do tecido do intestino delgado. O tecido não apresenta vilos nem células de Pannet, mas possui uma maior quantidade de vasos linfáticos. A estrutura possui células caliciformes, fonte, células absortivas e enteroendócrinas. (Figura 8.61).

Região reto – anal: possui um esfíncter anal interno e externo. É revestido por túnica adventícia, formada por tecido conjuntivo denso. Essa região não apresenta mucosa e é formada por um epitélio pavimentoso estratificado não queratinizado.

Figura 8.6. Fotomicrografia do epitélio de revestimento do intestino delgado. A. Células epiteliais colunares absortivas com borda em escova (ponto de seta), intercaladas com células caliciformes secretoras de muco.

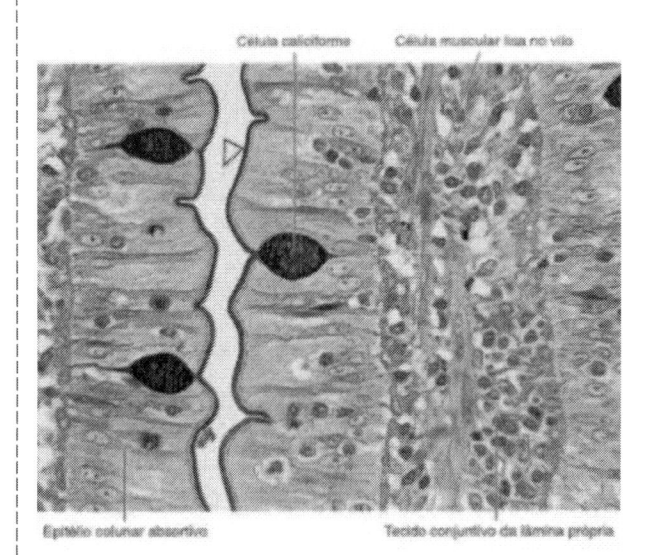

Fonte: Junqueira, L. C.; Carneiro, J. Histologia básica. 10. ed. Rio de Janeiro: Guanabara Koogan, 2004.

Figura 8.7 - Corte de íleo, que possui as placas de Peyer na submucosa. HE. Objetiva de 4x (55x).

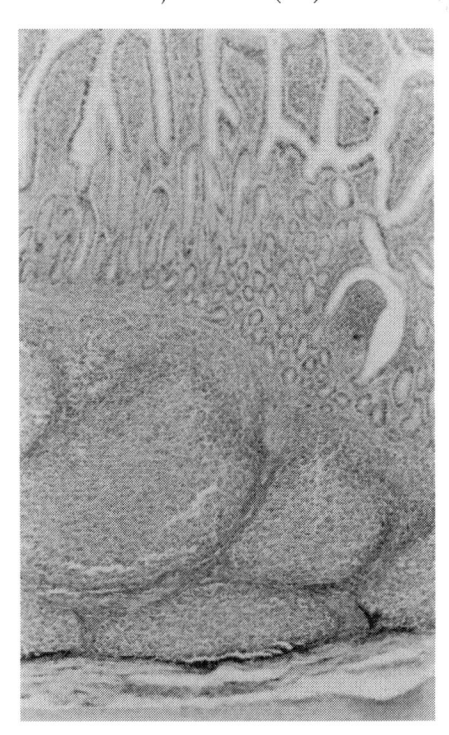

Fonte: Montanari, T. Histologia: texto, atlas e roteiro de aulas práticas. 3. ed. Porto Alegre: Ed. da autora, 2016. 229 p.

Figura 8.8 - Mucosa do intestino grosso, onde são observadas as glândulas intestinais (ou de Lieberkühn), que são glândulas exócrinas tubulares simples retas; a lâmina própria (LP) de tecido conjuntivo frouxo, e a muscular da mucosa, com as subcamadas circular (MMC) e longitudinal (MML). HE. Objetiva de 10x (137x).

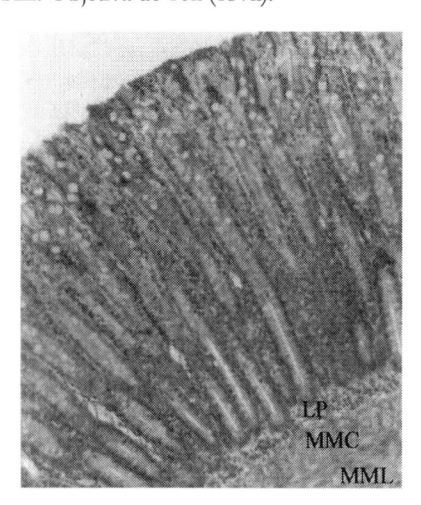

Fonte: Montanari, T. Histologia: texto, atlas e roteiro de aulas práticas. 3. ed. Porto Alegre: Ed. da autora, 2016. 229 p.

Pâncreas: é uma glândula mista com função exócrina e endócrina. A região exócrina é do tipo tubular – acinos composta, e apresenta uma cápsula de tecido conjuntivo denso dividindo-se em lóbulos. Parequima pancreático é composto por ácino mais ducto e o estroma pancreático é constituído por tecido conjuntivo de sustentação. A região endocrina possui as ilhotas de Langerhans, que consistem em um conjunto de células epiteliais imersas em tecido pancreático (Figura 8.7).

Figura 8.9 - Corte de pâncreas. A ilhota de Langerhans (IL) é uma glândula endócrina cordonal, que secreta insulina e glucagon para a corrente sanguínea. Os ácinos serosos (S) sintetizam enzimas, que vão, através de ductos, para o duodeno (D - ducto intercalar). Os núcleos no centro dos ácinos são de células centroacinosas. HE. Objetiva de 40x (550x).

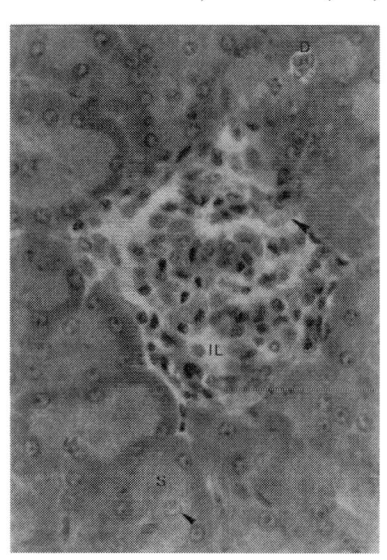

Fonte: Montanari, T. Histologia: texto, atlas e roteiro de aulas práticas. 3.ed. Porto Alegre: Ed. da autora, 2016. 229 p.

Fígado: é o principal orgão metabólico e glândula mista. Possui função endócrina através da secreção de bile pelo hepatócito. O fígado é um orgão que é revestido por uma cápsula resistente conhecida como cápsula de Glisson. Essa estrutura é formada por um tecido conjuntivo denso, sendo recorberto por uma camada de peritônio. Internamente, o fígado é formado por parenquima hepático, constituído por células epiteliais de origem endocrina, e o estroma é composto por tecido conjuntivo de origem mesenquimal. As células hepáticas são chamadas de hepatócitos e contêm de 1 a 2 núcleos centrais. (Figura 8.8).

Figura 8.10 - Espaço porta, com arteríola (a), vênula (v), ducto biliar (d) e vaso linfático (vv). HE. Objetiva de 20x (275x).

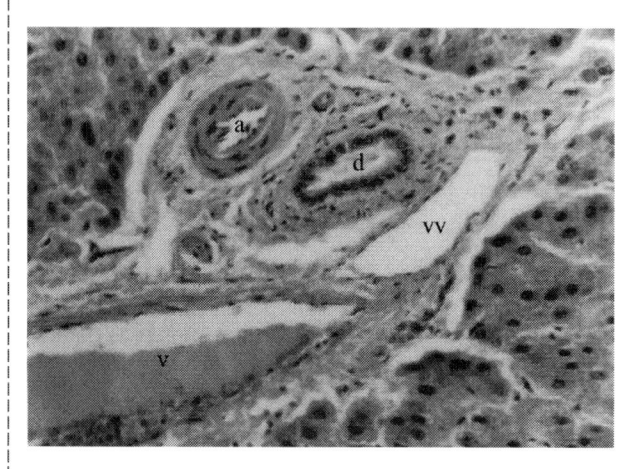

Fonte: Montanari, T. Histologia: texto, atlas e roteiro de aulas práticas. 3.ed. Porto Alegre: Ed. da autora, 2016.

2 - Sistema respiratório

2.1 Função

Esse sistema é responsável por exercer funções relacionadas com a troca gasosa, funções olfativas e de termorregulação, manutenção do equilíbrio ácido-base e função de defesa.

2.2 Componentes

Fossas Nasais: possuem três regiões distintas: vestíbulo, que é a porção anterior e dilatada, formada por um tecido epitelial pavimentoso estratificado não queratinizado, lâmina própria de tecido conjuntivo, glândulas sebáceas e sudoríparas e pequenos pelos. Também observamos uma segunda região, a área respiratória, composta por mucosa de epitélio respiratório e lâmina própria com glândulas mistas. Essa região compõe a maior parte das fossas nasais. E a terceira região é denominada epitélio olfatório, que é um neuroepitélio colunar pseudoestratificado constituído por células olfatórias, de sustentação e regeneração. A lâmina basal dessa região possui rica vascularização, nervos e glândulas ramificadas do tipo Bowman.

Seios Paranasais: são cavidades que possuem estrutura óssea e têm como principal função aquecer o ar. É constituído por um epitélio respiratório com poucas células caliciformes e menos número de glândulas.

Nasofaringe: considerada a primeira região da faringe constituída de epitélio respiratório. Dá continuidade para a orofaringe na porção oral, constituída de epitélio pavimentoso estratificado. A região nasofaringe possui lâmina própria de tecido conjuntivo frouxo e glândulas mistas (MONTANARI, 2016).

Laringe: estrutura composta por epitélio respiratório, cartilagem hialina, onde localiza-se a tireoide elástica, que possui ligamentos e músculos voluntários. Na laringe se observa a epiglote, que é considerada um prolongamento que se estende da laringe em direção à faringe e tem como função, abrir e fechar essa estrutura. Na região da laringe, encontram-se as cordas (pregas) vocais, que são constituídas de tecido epitelial pavimentoso estratificado não queratinizado. A laringe possui lâmina própria com fibras elásticas abundantes e pequenas glândulas mistas. Não possui submucosa bem definida (MONTANARI, 2016).

Traqueia: é a continuidade da laringe e sofre ramificação nos brônquios. Possui revestimento de epitélio respiratório, cartilagem hialina, músculo liso e não possui muscular da mucosa. A lâmina própria é constituída de tecido conjuntivo frouxo, com grande quantidade de fibras elásticas. O meio externo da traqueia é revestido por um tecido conjuntivo frouxo que constitui a camada adventícia. (Figura 8.9) (MONTANARI, 2016).

Figura 8.11 - Epitélio pseudoestratificado colunar ciliado com células caliciformes da traqueia. As partículas inaladas são capturadas pelo muco das células caliciformes, e esse muco é deslocado pelos cílios em direção à faringe. HE. Objetiva de 40x (550x).

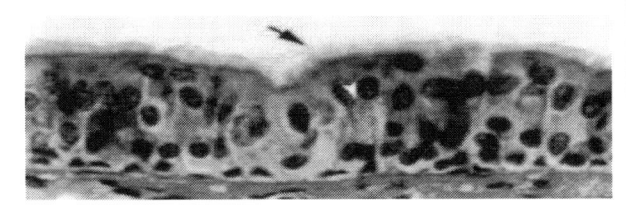

Fonte: Montanari, T. Histologia: texto, atlas e roteiro de aulas práticas. 3.ed. Porto Alegre: Ed. da autora, 2016.

Brônquios: possuem duas divisões: extrapulmonares e intrapulmonares. Os brônquios extrapulmonares são compostos por uma mucosa idêntica à da traqueia. Já os brônquios intrapulmonares são constituídos por epitélio do tipo cilíndrico simples ciliado. Dispõem de lâmina própria de tecido conjuntivo com fibras elásticas e apresentam uma camada muscular lisa em formato de espiral, porções de cartilagens e glândulas. (Figura 9.0) (MONTANARI, 2016).

Figura 9.0- Aumento maior do brônquio, mostrando: o epitélio pseudoestratificado colunar ciliado com células caliciformes, glândulas (G) no conjuntivo subjacente, o músculo liso e a cartilagem hialina. HE. Objetiva de 10x.

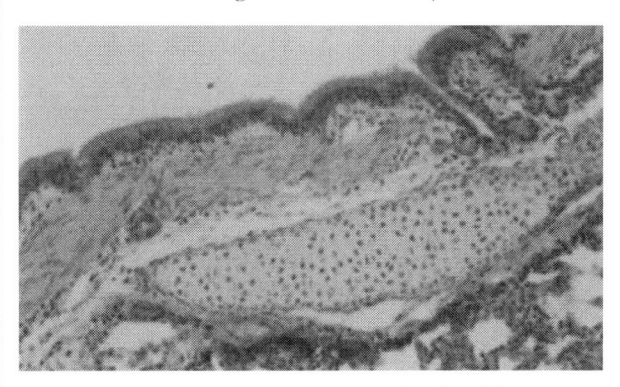

Fonte: Montanari, T. Histologia: texto, atlas e roteiro de aulas práticas. 3.ed. Porto Alegre: Ed. da autora, 2016. 229 p.

Bronquíolos (figura 9.1): têm como função transportar o Oxigênio até os alvéolos pulmonares para que ocorra a troca gasosa. Não apresentam cartilagem, glândulas e nódulos linfáticos. Nas porções inicias o epitélio é do tipo cilíndrico simples ciliado. Na porção final, por sua vez, o epitélio é do tipo cúbico simples, sendo ou não ciliado. Nesta porção, destacam-se regiões de quimiorreceptores. A lâmina própria é do tipo delgada e possui abundantes fibras elásticas. Os bronquíolos dividem-se em três tipos: bronquíolos, bronquíolos terminais e bronquíolos respiratórios.

Bronquíolos terminais: possuem uma parede mais delgada com revestimento interno composto por epitélio colunar baixo ou cúbico. Podem apresentar células ciliadas e não ciliadas. As células de Clara (responsável pela excreção e absorção de glicoproteínas nos bronquíolos) encontram-se anexas ao tecido, a fim de produzirem proteínas que atuam contra poluentes e auxiliam na proteção contra inflamação. Podem produzir em menor quantidade, surfactantes.

Bronquíolos respiratórios: formam a transição entre a região condutora e a porção respiratória. Sua estrutura é semelhante à dos bronquíolos terminais, mas diferenciam-se por apresentar expansões saculiformes, que são constituídos por alvéolos. Os bronquíolos respiratórios, mais especificamente a porção que não é ocupada pelos alvéolos, possuem um revestimento do tipo epitelial simples, que podem variar de colunas baixo a cuboide, sendo possível observar a presença de cílios na porção inicial. O músculo liso e as fibras do tipo elásticas conferem uma camada mais delgada comparada a dos bronquíolos terminais.

Figura 9.1 - Bronquíolo e, ao redor, alvéolos e um ramo da artéria pulmonar. HE. Objetiva de 10x (137x).

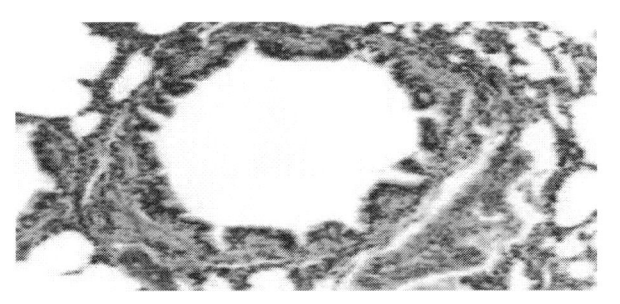

Fonte: Montanari, T. Histologia: texto, atlas e roteiro de aulas práticas. 3.ed. Porto Alegre: Ed. da autora, 2016. 229 p.

Ductos alveolares e alvéolos: constituídos por epitélio plano simples. A lâmina própria presente nas bordas dos alvéolos apresenta tecido muscular liso e fibras elásticas e reticulares. O ducto alveolar termina em um único alvéolo ou então em estruturas chamadas de sacos alveolares. A estrutura chamada de septo interalveolar constitui a parede comum a dois alvéolos. Observa-se nos alvéolos os pneumócitos do tipo I, que têm como função formar a barreira hematoaérea e os pneumócitos do tipo II, que irão produzir substâncias surfactantes. O equilíbrio da pressão e a remoção das partículas estranhas da substância surfactante ocorrem nos poros alveolares presentes nos septos interalveolares.

Retomando a aula

Chegamos, assim, ao final da sétima aula. Vamos, então, recordar:

1 – Sistema Digestório

Nesta seção, vimos que o sistema digestório é constituído pela cavidade oral, faringe, tubo digestório, que por sua vez é subdividido em esôfago, estômago, intestino delgado, intestino grosso e canal anal. Também fazem parte do sistema digestório os órgãos: pâncreas e fígado e a vesícula biliar. Vários tipos de tecidos compõem as estruturas do sistema digestório como epitélio, músculo liso, tecidos conjuntivos, tecido linfoide e túnicas. Cada tecido terá suas particularidades em cada região do sistema como visto anteriormente em nossa última aula.

2 – Sistema Respiratório

Nesta seção, vimos que o sistema respiratório é responsável por exercer funções relacionadas com a troca gasosa, funções olfativas e de termorregulação, manutenção do equilíbrio ácido-base e função de defesa. Esse sistema está dividido em: Fossas Nasais, Seios Paranasais, Nasofaringe, Laringe, Traqueia, Brônquios, Bronquíolos e alvéolos. Assim como o sistema digestório, o sistema respiratório também possui diversos tecidos em sua composição como, epitelial, conjuntivo e muscular, com suas particularidades, como visto no conteúdo desta aula.

Vale a pena

Vale a pena ler,

JUNQUEIRA, L. C.; CARNEIRO, J. *Histologia básica*. 10. ed. Rio de Janeiro: Guanabara Koogan, 2004.
MONTANARI, T. Histologia: texto, atlas e roteiro de aulas práticas. 3.ed. Porto Alegre: Ed. da autora, 2016.

Aula 8º

Sistema urinário e sistema tegumentar

Caros(as) alunos(as), chegamos aos dois últimos conteúdos que serão trabalhados nesta última aula da disciplina de Histologia Humana! Neste momento, estudaremos os tecidos do sistema urinário e sistema tegumentar. Faremos uma avaliação morfológica, caracterizando cada tipo de célula desses importantes sistemas do organismo humano que garantem também nossa homeostasia. Vamos aproveitar os últimos instantes da disciplina nesse processo de ensino-aprendizagem?

Desejo a todos(as) uma excelente leitura.
Bons estudos!

— Bons estudos!

Objetivos de aprendizagem

Ao término desta aula, vocês serão capazes de:

- diferenciar estruturas celulares dos tecidos do sistema urinário e tegumentar;
- caracterizar morfologicamente as células que compõem os respectivos tecidos estudados;
- desenvolver conhecimento técnico-científico baseado em características morfológicas, para diferenciar as células dos tecidos que compõem o sistema urinário e tegumentar.

Seções de estudo

1 – Funções e características do sistema urinário
2 – Composição do sistema urinário

1 - Funções e características do sistema urinário

1.1 Funções

A principal função desse sistema é auxiliar o organismo para que se mantenha em completa homeostase. Tem importância na eliminação de substâncias através da urina, no controle de pressão sanguínea através do controle da volemia sanguínea e produção de renina, regulação da osmolalidade, equilíbrio iônico. Também atua como uma glândula endócrina na produção de hormônios como a eritropoietina (estimula a produção de células sanguíneas), sendo de suma importância para manter o sistema hematológico.

1.2 Característica do sistema urinário

O sistema urinário é composto pelos rins, ureteres, bexiga e uretra, sendo uma das vias de excreção do organismo humano. Uma característica peculiar desse sistema é que os rins, para promover os processos de filtração sanguínea e formar o que chamamos de urina, se utiliza de microestruturas tubulares conhecidas como néfron. Os néfrons são as unidades morfofuncionais dos rins e contribuem na produção da urina, promovendo filtração, secreção e reabsorção, e são formados por uma camada única de células epiteliais que estão ligadas entre si na superfície apical (apresentam microvilosidades). Essa característica aumenta a superfície de contato dessas estruturas, facilitando seus processos fisiológicos (SILVERTHON, 2017).

Além disso, os néfrons estão divididos em estruturas tubulares como cápsula do glomérulo renal, túbulo contorcido proximal, alça de henle, túbulo contorcido distal, túbulo contorcido proximal e dúctos coletores, sendo que cada uma dessas estruturas possui funções de filtração, reabsorção e secreção de substâncias do sangue (SILVERTHON, 2017).

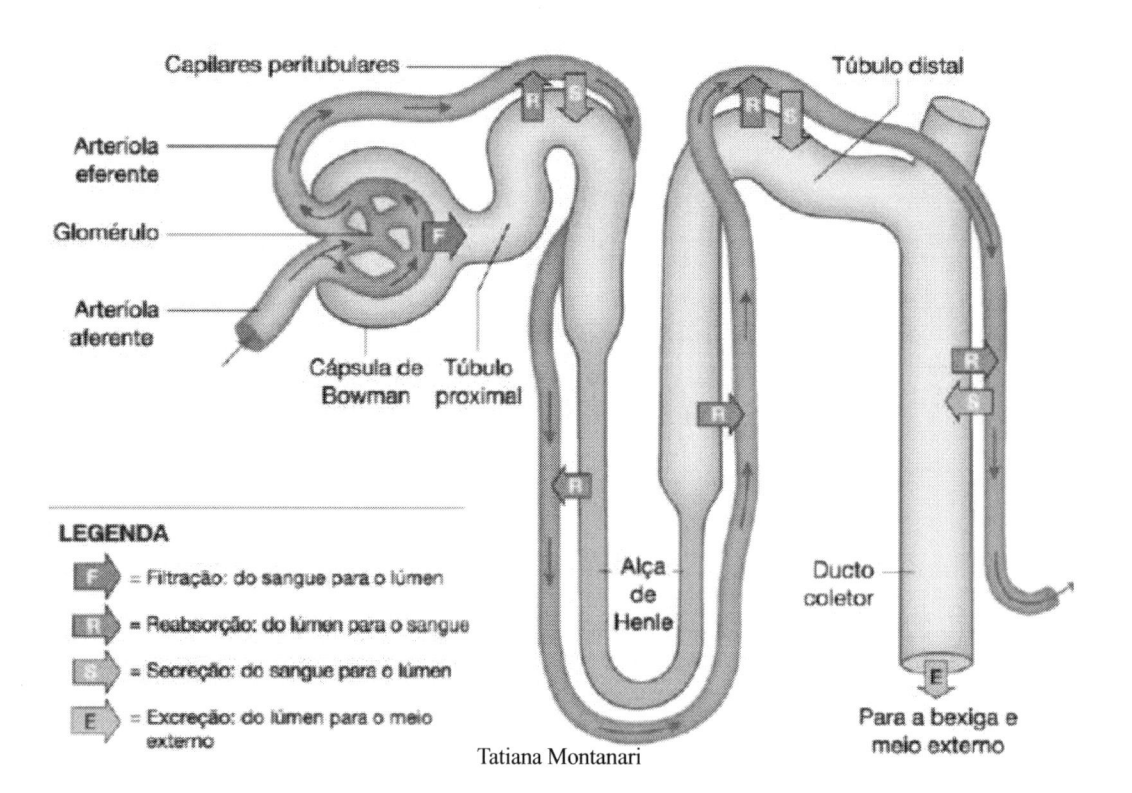

Figura 9.1 – Estruturas da formação do néfron.

Fonte: SILVERTHORN, Dee Unglaub. Fisiologia Humana: Uma abordagem integrada. Artmed. 6ª Edição, 2018.

2 - Composição do sistema urinário

Como dito anteriormente, o sistema urinário é composto de macroestruturas como rins, ureteres, bexiga e uretra. Entretanto, pequenas estruturas também estão relacionadas com esse sistema. Nesta seção, veremos algumas como:

- Rim: órgão maciço constituído por uma cápsula de tecido conjuntivo denso e que possui duas regiões, sendo elas as zonas: *cortical e medular*. Na zona cortical, o sangue é filtrado e há corpúsculos renais. A zona medular não apresenta corpúsculos renais.

- Corpúsculo renal (Figura 9.2): estrutura formada por glomérulo e cápsula de bowman. O glomérulo é composto por capilares fenestrados e células que estão presentes na parede, denominadas podócitos. O tecido do glomérulo é do tipo epitelial de revestimento plano simples. Praticamente todo o glomérulo é constituído por um conjunto de lâminas basais denominadas de *membrana basal glomerular*. Os polos do CR são do tipo urinário e vascular. No polo vascular chega uma arteríola aferente, saindo um eferente. O aparelho justa glomerular é composto por células da mácula densa, células extraglomerulares e células justaglomerulares.

Figura 9.2 - Micrografia eletrônica de transmissão que mostra partes de corpúsculo renal, incluindo capilares glomerulares que contêm hemácias, os folhetos visceral e parietal da cápsula de Bowman, bem como o espaço capsular e também de um capilar peritubular (do interstício) e um túbulo proximal. (2.850X).

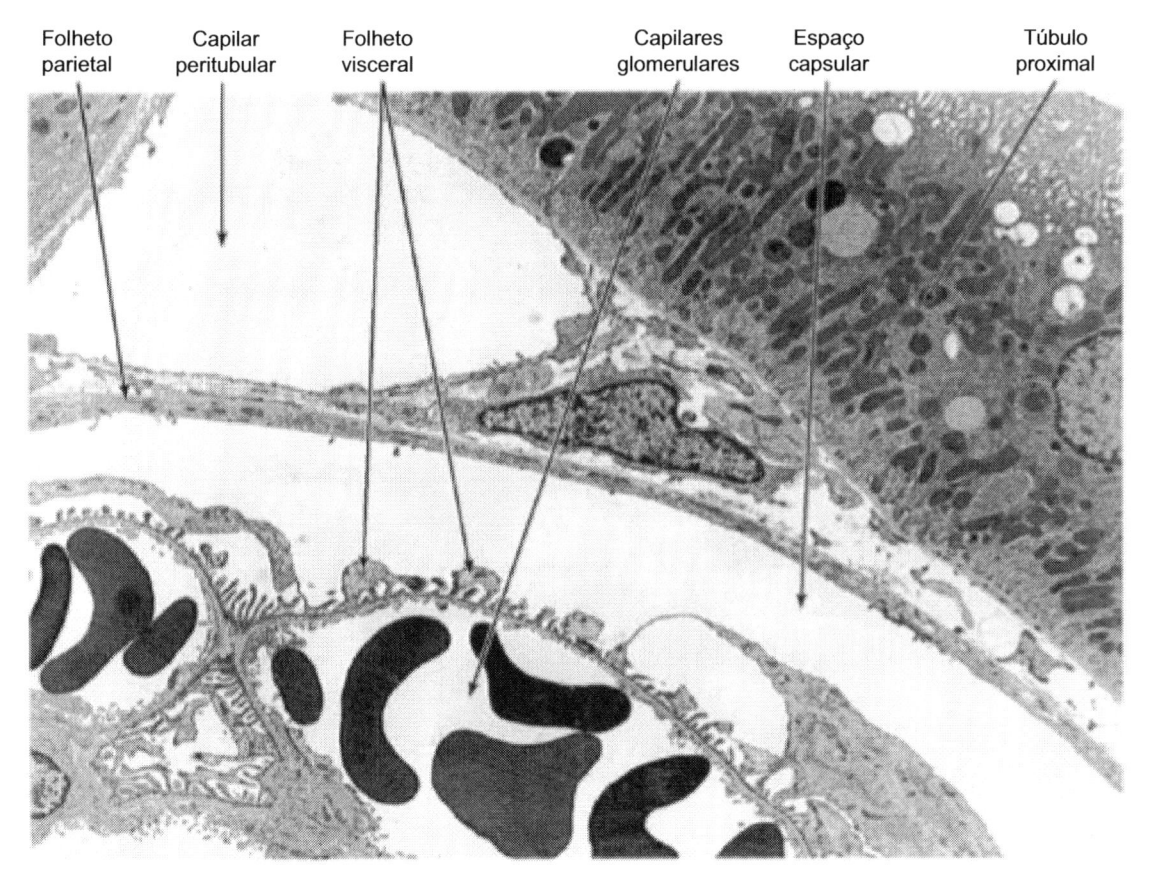

Fonte: Junqueira, L. C.; Carneiro, J. Histologia básica. 10. ed. Rio de Janeiro: Guanabara Koogan, 2004.

- Túbulo contorcido proximal: constituído por células do epitélio cúbico simples com microvilosidades que exercem função de absorver o filtrado proveniente do corpúsculo renal. Este conjunto de microvilosidades é denominado de *borda em escova*. As células do túbulo contorcido proximal são mais altas em comparação com o túbulo contorcido distal e também apresentam uma luz menor.
- Alça de Henle: tem função de concentrar a urina e reabsorver água do filtrado. Está presente somente na região medular e possui uma porção espessa composta de epitélio cúbico simples e uma porção delgada, formada de tecido epitelial de revestimento plano simples.
- Túbulo Contorcido Distal: a parte espessa da alça de Henle se torna mais tortuosa, passando então a se chamar de túbulo contorcido distal, que possui uma estrutura revestida por epitélio cúbico simples; Não apresentam borda em escova e as suas células são menores, comparadas ao túbulo contorcido proximal.
- Ureter: são dois tubos responsáveis por transportar a urina formada até a bexiga. São constituídos de tecido muscular liso e realizam movimentos peristálticos para que ocorra o transporte. Possuem epitélio de transição e a lâmina própria é constituída de tecido conjuntivo e, após a lâmina, túnica muscular composta por duas ou três camadas de musculatura lisa. São revestidos por uma túnica adventícia e não possuem muscular da mucosa e submucosa (Figura 9.3).

Figura 9.3 - Corte transversal de um ureter humano com a luz estreitada em forma de estrela (pela contração da musculatura lisa).

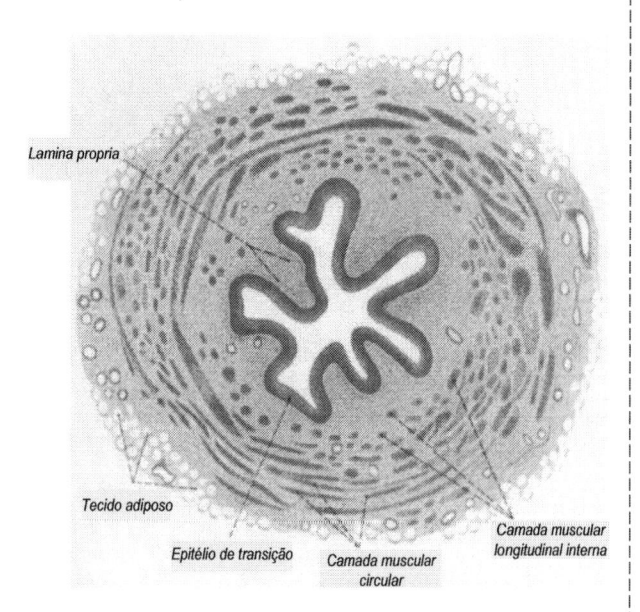

Fonte: Sobotta, J. Atlas de Histologia - Citologia, Histologia e Anatomia Microscópica. 7. ed. Rio de Janeiro: Guanabara Koogan, 2007.

Bexiga: é responsável por armazenar por determinado tempo a urina, a fim de conduzi-la para o exterior. A parede da bexiga vai se tornando mais espessa com uma mucosa formada por epitélio de transição e lâmina própria constituída de tecido conjuntivo que pode variar de frouxo a denso. Na porção externa, observa-se túnica serosa ou adventícia (Figura 9.4).

Figura 9.4- Epitélio de transição da bexiga. HE. Objetiva de 40x (550x).

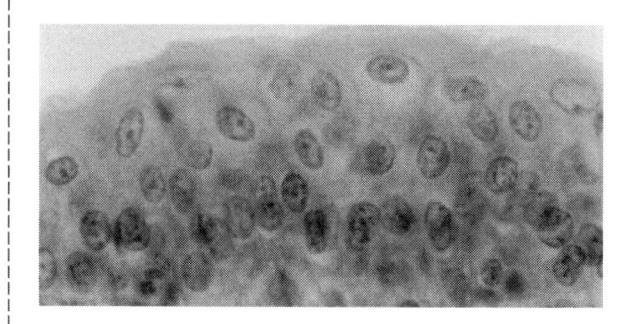

Fonte: Montanari, T. Histologia: texto, atlas e roteiro de aulas práticas. 3.ed. Porto Alegre: Ed. da autora, 2016. 229 p.

- Uretra: é um tubo que transporta a urina da bexiga ao meio externo no ato da micção. A uretra masculina também serve pra transportar o esperma durante o processo de ejaculação, porém, na feminina, o órgão é exclusivamente urinário. A uretra é comporta por três tipos de epitélios: *Polimorfo, cilíndrico e pavimentoso estratificado (em contato com o meio externo)*. Possui um esfíncter que controla a saída da urina. No sexo masculino, a uretra apresenta porções *prostáticas, membranosas, cavernosas ou penianas*. A porção prostática possui revestimento de epitélio de transição, enquanto a membranosa é revestida por epitélio pseudoestratificado colunar e cavernosa/peniana. Dispõe de possui epitélio pseudo-estratificado colunar, apresentando áreas de epitélio estratificado pavimentoso.

Retomando a aula

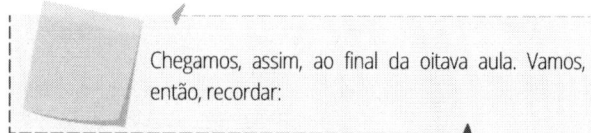

Chegamos, assim, ao final da oitava aula. Vamos, então, recordar:

1 – Funções e características do sistema urinário

Nesta seção, vimos que a principal função desse sistema é auxiliar o organismo para que se mantenha em completa homeostase. Tem importância na eliminação de substâncias através da urina, no controle de pressão sanguínea, através do controle da volemia sanguínea e produção de renina, regulação da osmolalidade e equilíbrio iônico. Também atua como uma glândula endócrina na produção de hormônios como a eritropoietina.

2 – Composição do sistema urinário

Nesta seção, vimos que o néfron está dividido em Componentes Vasculares e Componentes Tubulares. Nos componentes vasculares destacam-se as arteríolas aferente, eferente e capilares peritubulares. Já os componentes tubulares são formados pela Cápsula Renal, Túbulo Contorcido Proximal, Alça de Henle, Túbulo Contorcido Distal e Ductos Coletores. Como visto, cada estrutura possui suas particularidades em relação aos tecidos que as formam.

Finalizamos, assim, nosso conteúdo. Espero que tenham aproveitado o máximo!

Vale a pena

Vale a pena ler,

JUNQUEIRA, L. C.; CARNEIRO, J. *Histologia básica*. 10. ed. Rio de Janeiro: Guanabara Koogan, 2004.

MONTANARI, T. *Histologia:* texto, atlas e roteiro de aulas práticas. 3.ed. Porto Alegre: Ed. da autora, 2016. 229 p.

Referências

AIRES, M. B.; SOARES, R. C.; SILVA, S. O.; TING, E. *Histologia Básica*. São Cristóvão: Universidade Federal de Sergipe. CESAD, 2011.

BARBOSA, H. & CORTE-REAL, S. *Biologia celular e ultraestrutura*. Conceitos e Métodos para a Formação de Profissionais em Laboratórios de Saúde. Volume 2. Fiocruz. 2005.

DI FIORE, M. S. H. *Atlas de Histologia*. Rio de Janeiro: Guanabara Koogan, 2000.

GARTNER, L. P.; HIATT, J. L. *Tratado de histologia em cores*. 3. ed. Rio de Janeiro: Elsevier, 2007.

JUNQUEIRA, L. C.; CARNEIRO, J. *Histologia básica*. 10. ed. Rio de Janeiro: Guanabara Koogan, 2004.

KIERSZERBAUM, A. L. *Histologia e biologia celular*. Rio de Janeiro: Elsevier, 2004.

MONTANARI, T. *Histologia:* texto, atlas e roteiro de aulas práticas. 3.ed. Porto Alegre: Ed. da autora, 2016.

ROSS, Michel H.; PAWLINA, Wojciech. *Ross histologia:* texto e atlas: correlações com biologia celular e molecular. Rio de Janeiro: Guanabara Koogan, 2016.

SILVERTHORN, Dee Unglaub. *Fisiologia Humana:* Uma abordagem integrada. Artmed. 6ª Edição, 2008.

SILVERTHORN, Dee Unglaub. *Fisiologia Humana:* Uma abordagem integrada. Artmed. 7ª Edição, 2017.

Minhas anotações

Minhas anotações

Graduação a Distância
2º SEMESTRE

Ciências Biológicas

EMBRIOLOGIA

UNIGRAN - Centro Universitário da Grande Dourados

Rua Balbina de Matos, 2121 - CEP 79.824 - 9000
Jardim Universitário
Dourados - MS
Fone: (67) 3411-4141 / Fax: (67) 3411-4167

Os direitos de publicação desta obra são reservados ao Centro Universitário da Grande Dourados (UNIGRAN), sendo proibida a reprodução total ou parcial de acordo com a Lei 9.160/98.

Os artigos de sites e revistas indicados para a leitura foram registrados como nos originais.

Apresentação da Docente

Bem-vindo!

Perla Loureiro de Almeida Monteiro – Graduada em Ciências Biológicas pela UNIGRAN, 1998. Especialização em Metodologia do Ensino de Biologia, pela UNIGRAN, 2000. Mestrado em Ciências da Saúde – Minter UNIGRAN/UNB, 2006. É docente dos cursos da área da saúde como Ciências Biológicas, Farmácia, Nutrição e Tecnologia em Estética e Cosmetologia, onde ministra aulas de Citologia Genética, Embriologia e Bioética. É professora responsável pelas aulas práticas de laboratório da Faculdade de Ciências Biológicas e da Saúde da UNIGRAN.

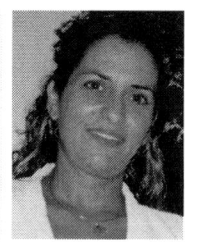

MONTEIRO, Perla Loureiro de Almeida.
Embriologia. Dourados: UNIGRAN, 2020.

60 p.: 23 cm.

1. Embriologia. 2. Desenvolvimento Embrionário.

Sumário

Conversa inicial *4*

Aula 01
Gametogênese *5*

Aula 02
Ciclo ovariano *11*

Aula 03
Primeira semana do desenvolvimento embrionário *17*

Aula 04
Segunda semana do desenvolvimento embrionário *23*

Aula 05
Terceira semana do desenvolvimento embrionário *27*

Aula 06
Quarta a oitava semana do desenvolvimento embrionário *33*

Aula 07
Embriologia animal: tipos de ovos, clivagem, gastrulação e neurulação *41*

Aula 08
Embriologia comparada *47*

Referências *59*

Conversa Inicial

Prezados alunos,

É um imenso prazer estudar junto com vocês a disciplina de Embriologia, que faz parte das disciplinas básicas de nosso curso, pois ela trata da vida, desde o momento da fecundação até o completo desenvolvimento celular, enfocando as várias transformações de um embrião. No decorrer das aulas, vamos perceber que a formação de uma nova vida é algo "mágico", maravilhoso, pois as estruturas vão se transformando a partir de uma única célula – o zigoto!

Todos os seres vivos se formam a partir de uma célula única, com informações que lhes permitem desenvolver estruturas complexas, como a nossa, por exemplo, seres humanos. Enfim, nossa disciplina vai proporcionar o conhecimento da formação do ser humano e de outras espécies, a partir do zigoto, bem como sua evolução em células-tronco, que gradativamente vão se organizando, adquirindo formas e funções diferentes.

Espero que apreciem a disciplina de Embriologia, e, assim, possamos trocar ideias através de nossa plataforma e complementar os estudos através dos vídeos e leituras sugeridas.

Grande abraço,
Profª. Me. Perla Loureiro de Almeida.

Aula 1º

Gametogênese

Caros(as) alunos(as),

É um grande prazer iniciar nossa disciplina de Embriologia. Como vocês podem perceber, vamos tratar sobre a formação do embrião, falando sobre os gametas masculino e feminino, agentes fundamentais para dar origem ao zigoto, que vai se desenvolver ao longo das semanas de estudo desta disciplina.

Por meio deste tópico, esperamos contribuir com o seu conhecimento sobre a Embriologia, que é uma disciplina de suma importância para a compreensão dos seres vivos, animais, já que ao longo do nosso curso, vamos estudar mais a fundo cada espécie animal. Sendo assim, é preciso tomar conhecimento sobre como ocorre a formação e o desenvolvendo de uma nova espécie, partindo da origem embrionária do homem e dos animais, para que você, como acadêmico, possa ter um bom desenvolvimento nas disciplinas futuras de Anatomia e Zoologia. Caso tenham algumas dúvidas, estas poderão ser sanadas através do e-mail: perla@unigran.br

Bons estudos!

Objetivos de aprendizagem

Ao término desta aula, vocês serão capazes de:

- conhecer as fases da divisão celular porque passam as células sexuais masculina e feminina;
- identificar a estrutura celular do gameta formado e suas modificações, para que ocorra a fecundação.

Seções de estudo

1 – Histórico da embriologia
2 – Gametogênese – espermatogênese
3 – Gametogênese – ovogênese

1 - Histórico da Embriologia

Iniciamos a nossa aula falando primeiramente sobre a disciplina em si. É preciso que tenhamos conhecimento de como surgiu esta disciplina e quando ocorreu o interesse científico por ela. Veremos que as indagações dos primeiros cientistas foram fundamentais para o seu enriquecimento.

O estudo da Embriologia, segundo B.M Patten (Moore, 2014), envolveu o crescimento e a diferenciação sofrida pelo organismo no decorrer do seu desenvolvimento, desde o estágio do ovo até o de um ser altamente complexo, de vida independente e semelhante a seus pais.

A Embriologia, na realidade, analisa o desenvolvimento do ser vivo, "a expressão do fluxo irreversível dos eventos biológicos ao longo do eixo do tempo". Podemos assim afirmar, que dentro do campo biológico, a embriologia procura entender o processo que dá sequência aos eventos evolutivos da vida em formação.

Referindo-se à Embriologia Humana, pode-se dizer que a vida começa quando um ovócito (óvulo) é fertilizado por um espermatozoide, ocorrendo mudanças que transformam uma única célula, o zigoto, que é o óvulo fertilizado.

A maioria das mudanças do desenvolvimento do ser vivo ocorre antes do nascimento. E é isso que a Embriologia estuda, desde a fertilização até o nascimento.

Portanto, o estudo da Embriologia vem nos auxiliar a compreender as relações normais das estruturas do corpo humano e explica como se desenvolvem as anomalias e as relações das espécies, comprovando a evolução do ser vivo.

Vamos agora, por meio de um breve resumo, apontar o Histórico da Evolução da Embriologia (Moore, 2016):

- *V a.C. - Hipócrates - mandou incubar vinte ou mais ovos de galinha, e a cada dia mandou que quebrassem e observassem.* Aqui, nos é possível entender que já havia um certo conhecimento, por meio do senso comum, sobre a questão da incubação.
- *IV a.C. - Aristóteles - descreveu os primeiros relatos de embriologia, sobre pintainhos e outros embriões.* Esse grande cientista, consegui apontar, por meio de pequenos relatos escritos, sobre o desenvolvimento embrionário.
- *II séc. d.C. - Galeno - publicou um livro "Sobre a formação do feto".* Preocupou-se com a nutrição do feto, descreveu os anexos embrionários (alantoide, âmnio e placenta). Nesse período, vemos uma grande evolução, percebam a preocupação com a questão nutricional do indivíduo gravídico (humano e animal).
- *VII séc. d.C. – Alcorão, livro sagrado dos muçulmanos -*

a. **O ser humano é produzido a partir da mistura de secreções do homem e da mulher;**
b. **A importância da gota do esperma na mulher, à qual se fixaria como uma semente;**
c. **A fixação de um novo organismo no corpo da mulher, ocorreria seis dias após o início do seu desenvolvimento.** Isto é, o que realmente acontece com o blastocisto na implantação do útero;
d. **O embrião parece com uma goma ou madeira mastiga.** O que nos lembra os somitos, estruturas que futuramente, no embrião, vão formas novas vértebras;
e. **O embrião só se parece humano em torno de 40 a 42 dias.** O que nos lembra que antes dessa data, todos os embriões são semelhantes, e isso, realmente, é bem relevante, têm fundamento;
f. **O embrião se desenvolve no interior de "três véus de escuridão".** O que provavelmente refere-se à parede abdominal anterior materna, à parede uterina e à membrana amniocoriônica, o que hoje, cientificamente é comprovado.

- *XV séc. - Leonardo da Vinci - fez desenhos de dissecção de úteros grávidos e membranas fetais.* Grande pintor conhecido até hoje, mas na realidade também um grande anatomista, pois produziu vários atlas (livros), com desenhos do corpo humano. Vejam na imagem abaixo, um útero gravídico feito por Leonardo da Vinci.

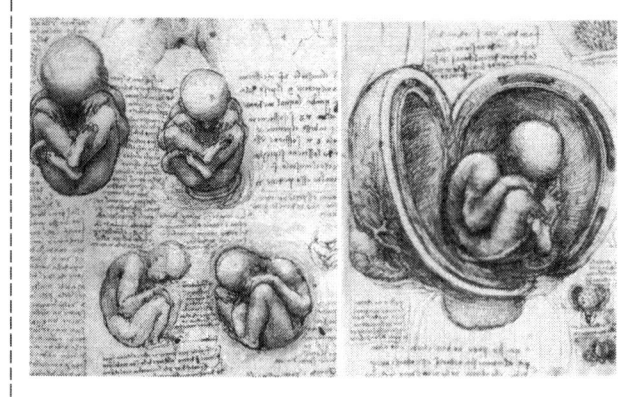

Fonte: https://rutemartinho.wordpress.com/2013/04/15/leonardo-da-vinci/.
Acesso em 03 set. 2018.

Seguindo os relatos de embriologia, temos:
- *1416 - Relatos do texto hindu - "o embrião resulta da conjunção do sangue com o sêmem, no período favorável para a concepção, após a relação".* Percebam aqui, que aos poucos vão se tendo conhecimento dos períodos de fertilidade.
- *1651 - Harvey - com o auxílio de lentes simples observou embriões de galinha, a circulação sanguínea. Observou embriões de veado no útero materno, mas não viu os estágios, então imaginou que haviam sido secretados pelo útero.* Ainda nesse período, por conta de uma microscopia rudimentar, não foi possível chegar a conclusões mais precisas.
- *1672 - Graaf - observou pequenas câmaras (blastocistos) no útero de coelhas, e concluiu que vieram de órgãos que chamou de ovário.* Descreveu os folículos ovarianos (folículos de Graaf), grande descoberta!
- *1675 - Malpighi - acreditava estudar ovos de galinha*

fecundados, observou embriões em fase inicial, e concluiu que eram galinhas em miniaturas. Já era possível acompanhar o desenvolvimento embrionário.

- *1677 - Hamm e Leeuwenhock - observaram espermatozoides num microscópio precário, e concluíram ser homens em miniaturas.* Aqui, nós temos um grande equívoco. Conhecimento prematuro. Inclusive, descreveu por meio de um desenho, sua bizarra conclusão, algo que sabemos hoje ser impossível, vejam na imagem abaixo.

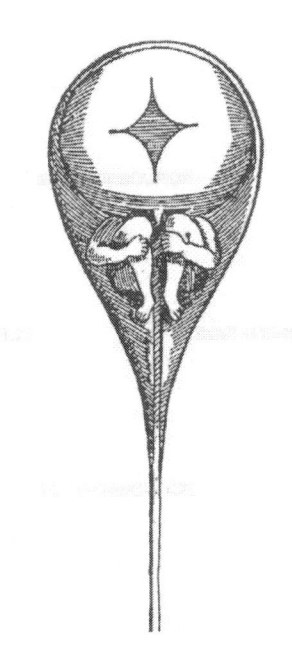

Fonte: *https://www.sciencesource.com/archive/Drawing-of-Homunculus--1694-SS2519077.html. Acesso em: 03 set. 2018.*

Esse desenho errôneo foi denominado na época de Homúnculo.

- *1759 - Wolff - observou glóbulos, o que provavelmente eram blastocistos em desenvolvimento. Notou camadas celulares de onde o indivíduo se desenvolveria. Afirmou que o desenvolvimento é o resultado do crescimento e diferenciação de células especiais.* É considerado o pai da embriologia moderna.
- *1827 - Karl Ernst von Baer - descreveu o ovócito dentro do folículo ovariano, e posteriormente o zigoto na tuba uterina e blastocistos no útero de uma cadela.* Relatos perfeitos do desenvolvimento embrionário que conhecemos até hoje.
- *1839 - Schleiden e Schwann - Teoria Celular: levou à compreensão de que o embrião desenvolvia-se de uma única célula (zigoto).* Chegamos à grande evolução da célula, a partir de então, a microscopia mais apurada permite melhor compreensão em vários campos da área da saúde, e a Embriologia segue nessa evolução.
- *1935 - Hans Spemann - Prêmio Nobel, descobriu que um tecido determinava outro, fazendo enxertos em embriões de anfíbios.* Fantástica descoberta, a Embriologia permite conhecimento sobre a presença de tecidos embrionários, ou seja, células tronco, mesmo sem ter este, total saber na época.
- *1978 - Edwards e Steptoe - conseguiram a fertilização humana in vitro "bebê de proveta".* Aqui inicia o grande marco da Embriologia, pois a partir de gametas isolados em laboratório (espermatozoide e óvulo) conseguem realizar a fecundação em ambiente externo (laboratório), e depois implantá-lo no útero com êxito.

Caros(as) alunos(as), com um breve resumo do levantamento histórico da Embriologia, pudemos compreender o quanto esta disciplina é importante para o nosso curso, pois permite conhecimento e domínio das estruturas embrionárias tanto humanas quanto animal. É possível, até mesmo, através de outros cursos de especialização, buscar o aperfeiçoamento em técnicas de implantação de embrião, assunto muito promissor na atualidade. Pensem nisso!

2 - Gametogênese – Espermatogênese

A gametogênese é a formação de células germinativas, gametas ou simplesmente óvulos para o feminino e espermatozoides para o masculino. Essa formação envolve cromossomos e citoplasma, preparando essas células para a fertilização. Os cromossomos são reduzidos à metade, ficando haploides.

As células germinativas masculinas e femininas são células especiais, pois contêm número reduzido de cromossomos, 23 em vez de 46, no processo de gametogênese. Isso ocorre através da meiose. Chamamos, então, esse processo de espermatogênese e ovogênese.

O processo da meiose I consiste em dividir os 46 cromossomos: 23 são distribuídos para uma célula-filha e os outros 23 para outra célula-filha. Por isso, dizemos que ocorreu uma redução no número de cromossomos. Ao realizar meiose II, essas últimas células-filhas redistribuem por equivalência suas cromátides, ou seja, os cromossomos se separam e distribuem, para novas células-filhas, os mesmos 23 cromossomos, o que vai resultar, ao final disso, na fusão da célula da mãe com a célula do pai, formando uma nova célula, o zigoto.

```
        46              - cromossomos – Célula-mãe
        ↓    ↓          - Meiose I – reducional
       23   23          - células-filhas
       ↓↓   ↓↓          - Meiose II – equacional
      23 23 23 23       - células-filhas
```

O esquema acima procura resumir o que falamos sobre o número de distribuição dos cromossomos na divisão meiótica, pois é algo fundamental a compreensão sobre o amadurecimento dos gametas masculino e feminino.

2.1 Espermatogênese

Como já dissemos, esse é o processo em que as células germinativas primárias, as quais recebem o nome de *espermatogônia*, são transformadas em espermatozoides maduros, o que se inicia na puberdade e se estende até a velhice, conforme representado na figura a seguir:

Fonte: https://mundoeducacao.bol.uol.com.br/biologia/espermatogenese.htm. Acesso em: 03 set. de 2018.

As espermatogônias são células que se mantêm dormentes nos túbulos seminíferos dos tecidos até iniciar a puberdade. A partir daí elas sofrem varias divisões mitóticas e crescem, transformando-se em espermatócitos primários (46,XY ou 2n)

Em seguida, esses espermatócitos primários sofrem divisão de redução, pelo processo meiótico, formando dois espermatócitos haploides secundários (23,X e 23, Y ou n e n). Logo a seguir, o segundo processo meiótico forma 4 espermátides haploides (23, X, 23, X e 23, Y , 23, Y ou n, n, n e n). Percebam que as espermátides são células arredondadas, e desse modo teriam dificuldade de locomoção ao longo do aparelho reprodutor masculino e, posteriormente, no feminino, para que houvesse a fecundação. Desse modo, as espermátides sofrem um processo de mudança de forma (metamorfose), onde o núcleo se condensa, forma o acrossomo e maior parte no citoplasma é eliminado, dando então a forma de espermatozoides. Esse processo chama-se *espermiogênese*. Isso está representado na figura a seguir:

ESPERMIOGÊNESE HUMANA

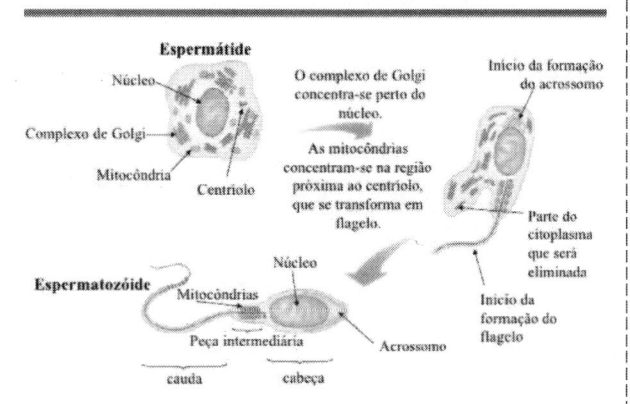

Fonte: https://pt.slideshare.net/portaldasaulas/metodos-contraceptivos-9733082. Acesso em: 03 de set. de 2018.

Na imagem acima, temos um processo complexo de transformação celular. Percebam que a espermátide é uma célula com suas devidas organelas. Ao sofrer metamorfose, algumas organelas precisam mover-se para outros locais das células. O complexo de Golgi, estrutura que tem por função armazenar substâncias, sai das proximidades do núcleo e fica agora presa à membrana plasmática, que contém enzimas que serão importantes para a perfuração do ovócito. A partir dessa fase, passa a se chamar acrossomo. Os centríolos, outras organelas que vão mudar de posição, passam agora, no espermatozoide, a alongar o citoplasma e a formar a cauda, denominada de flagelo. Já as mitocôndrias vão se posicionar no colo do espermatozoide, entre a cabeça e a cauda, para fornecer energia à célula, o que vai permitir que ela percorra longas distâncias até o momento da fecundação.

3 - Gametogênese – ovogênese

Como já falamos na seção anterior, a Gametogênese é o amadurecimento do gameta. Vamos, então, abordar a formação do gameta feminino, que é o ovócito.

A ovogênese é um processo que transforma as *ovogônias* em óvulos. *Na mulher, a maturação começa antes do nascimento e se estende ao longo da vida feminina, fazendo parte do ciclo menstrual, com exceção em períodos de gravidez.*

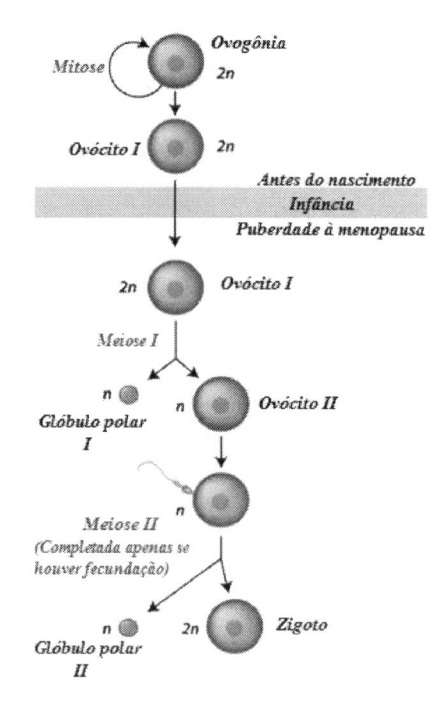

Fonte: <https://mundoeducacao.bol.uol.com.br/biologia/ovogenese.htm>. Acesso em: 03 de set. de 2018.

As ovogônias (46XX ou 2n), que são as primeiras células sexuais femininas, multiplicam-se por divisão mitótica na vida uterina, transformando-se em ovócitos primários (antes do nascimento), como podemos observar na imagem acima.

Na época do nascimento, todos os ovócitos primários (46X ou 2n) já sofreram várias divisões mitóticas e vão iniciar a Meiose I, ficando ao longo da infância com essas células na fase da divisão denominada prófase, já que esta é bem longa. Quando a menina aproxima-se da puberdade, ou seja, seu primeiro ciclo fértil, antes da ovulação (liberação da célula

– ovócito maduro), um ovócito primário completa a divisão celular, originando um ovócito II (23X ou n) e um glóbulo polar (23X ou n), sendo este último apenas uma vesícula, para depositar os cromossomos. Não é considerado uma célula.

Posteriormente, ocorre a Meiose II, em que o ovócito II se divide em ovócito maduro (23X ou n) e outro glóbulo polar (23X ou n). O primeiro glóbulo polar também se divide, formando mais dois, sendo cada um com (23X ou n).

Fonte: https://ceacs.wordpress.com/2015/10/27/atencao/preste-atencao/. Acesso em: 03 de set. de 2018.

Preste atenção ao final da ovogênese!

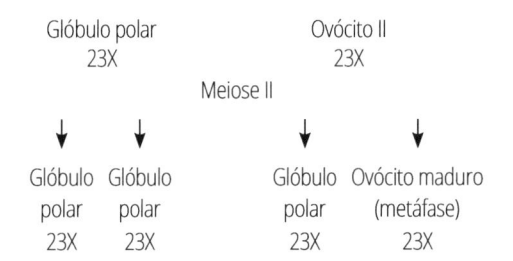

Glóbulo polar 23X		Ovócito II 23X	
	Meiose II		
↓	↓	↓	↓
Glóbulo polar 23X	Glóbulo polar 23X	Glóbulo polar 23X	Ovócito maduro (metáfase) 23X

O esquema acima nos mostra que ao final da Meiose II, teremos três glóbulos polares, que logo vão se degenerar, pois não são células, e a formação de um ovócito maduro, que ainda não concluiu a divisão celular, pois está na fase de metáfase, que só será concluída momentos antes da fecundação, isto é, se o espermatozoide chegar ao ovócito, caso contrário, a célula feminina vai se degenerar em 24h, sem concluir a divisão da Meiose II.

O que é importante concluir? Que a partir de uma célula (ovócito primário) a cada ciclo fértil da mulher, que já passou pela puberdade, no final do processo da ovogênese, vai resultar em uma célula madura, o ovócito maduro. O que não acontece no sexo masculino, a partir de uma célula (espermatogônia), vão formar quatro células maduras (espermatozoides).

Retomando a aula

Ao final desta primeira aula, vamos recordar sobre o que aprendemos até aqui.

1 – Histórico da Embriologia

Na primeira seção, fizemos um levantamento da história da Embriologia, destacando eventos importantes que levaram o homem a importantes descobertas ao longo de vários séculos. Primeiro as observações de senso comum, por meio de avaliações de incubações de ovos, depois por meio de microscópios rudimentares, em que os cientistas foram descrevendo estruturas importantes presentes nos embriões, até que, ao final da década de 70, tivemos um grande marco, que foi a fertilização *in vitro*, o primeiro bebê de proveta da história.

2 – Gametogênese – Espermatogênese

Nesta seção, primeiramente tomamos conhecimento sobre o termo Gametogênese, que significa amadurecimento dos gametas. Desse modo, foi possível conhecer como ocorre a formação do espermatozoide. Vimos que as células sexuais do menino, a partir da puberdade, até o fim da vida, vão realizar o processo da Espermatogênese, quer dizer, a partir de uma espermatogônia vão formar ao final das divisões celulares, quatro células (espermatozoides). O processo de amadurecimento não ocorre apenas com uma espermatogônia, e sim com várias. Por isso que diariamente o homem produz milhares de espermatozoides, bem diferente do sexo feminino.

3 – Gametogênese – Ovogênese

Nesta última seção de nossa aula, foi possível conhecer sobre o amadurecimento do gameta feminino, que se inicia já na vida uterina, diferentemente do que acontece com o menino, cujo processo começa quando o indivíduo está na puberdade.

Vale a pena

Vale a pena assistir

Gametogênese. Gametogênese: formação de gametas - Mundo. Disponível em: <https://mundoeducacao.bol.uol.com.br/biologia/gametogenese.htm>.

Biologia - Embriologia - Gametogênese - YouTube. Disponível em: <https://www.youtube.com/watch?v=pF9zpPYd81U>.

Embriologia- Fecundação Humana - YouTube. Disponível em: <https://www.youtube.com/watch?v=JQCfve-UyPU>.

Biologia - Embriologia: Fecundação - YouTube. Disponível em: <https://www.youtube.com/watch?v=Btc71Lxjkko>.

Minhas anotações

Minhas anotações

Aula 2º

Ciclo ovariano

Caros(as) alunos(as),

Nesta nossa aula vamos ver sobre o aparelho reprodutor masculino e feminino e o ciclo ovariano, processos estes tão importantes para o desenvolvimento embrionário, pois exigem dos gametas certos procedimentos adequados para que ocorra a fusão dos núcleos das células espermatozoide e óvulo, e, desse modo, a formação do zigoto, indivíduo novo que vai iniciar seu desenvolvimento.

Por meio desse tópico, esperamos contribuir com seu conhecimento sobre o período fértil da mulher, pois a partir do momento em que se reconhe o ciclo ovariano, é possível compreender quando pode ocorrer à fecundação. Caso tenham algumas dúvidas, estas poderão ser sanadas através do e-mail: perla@unigran.br

Bons estudos!

Objetivos de aprendizagem

Ao término desta aula, vocês serão capazes de:

- identificar as estruturas do aparelho reprodutor masculino e feminino;
- reconhecer o período fértil feminino e a ação hormonal em relação ao ciclo ovariano.

Seções de estudo

1 – Sistema Reprodutor
2 – Ciclo ovariano

1 - Sistema Reprodutor

1.1 Aparelho reprodutor masculino

Ao dar início a esta aula, primeiramente vamos reconhecer o aparelho reprodutor masculino e feminino, que são compostos por vários órgãos, e vão influenciar no percurso dos gametas, em seus respectivos aparelhos reprodutores.

A reprodução envolve a união de gametas (células germinativas), ou seja, o óvulo da fêmea com o espermatozoide do macho, resultando em um zigoto com metade das informações genéticas de cada célula, dando início, assim, a um novo ser vivo. No ser humano, o período reprodutivo começa na *puberdade*, quando ocorre a maturação sexual, seguida de mudanças físicas e psíquicas.

Nas meninas, a menarca (1ª menstruação), marca o início da puberdade, isso entre os 12 e 15 anos, ou antes. Nos meninos, entre 13 e 16 anos, podendo variar. É o processo de amadurecimento dos gametas, que vimos na aula anterior, sobre Gametogênese.

Agora vamos tomar conhecimento das estruturas que compõem o aparelho reprodutor masculino, para que possamos compreender o percurso necessário percorrido pelo espermatozoide. Vejamos os órgãos que completam o aparelho reprodutor masculino na imagem abaixo.

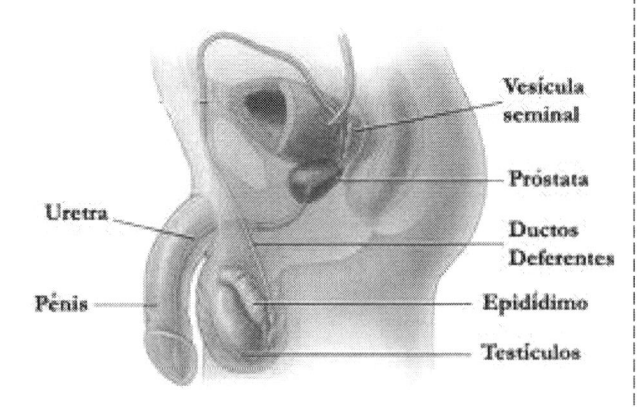

Fonte: https://www.todamateria.com.br/sistema-reprodutor-masculino/. Acesso em 02 nov. de 2018.

Os espermatozoides são produzidos nos testículos, onde estes são formados em túbulos seminíferos espiralados, detalhes na imagem abaixo.

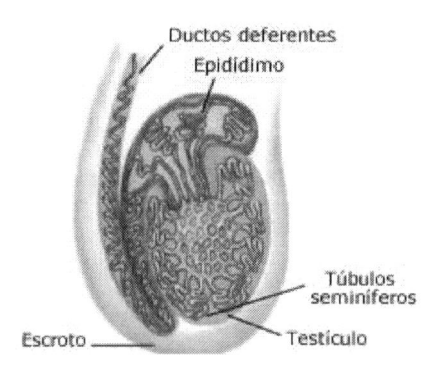

Fonte: https://www.infoescola.com/sistema-reprodutor/tubulos-seminiferos/. Acesso em 02 nov. de 2018.

Após produzidos, ficam armazenados no epidídimo, para completar seu amadurecimento, sua metamorfose completa, entre a espermátide e o espermatozoide. A esse processo denominamos Espermiogênese, visto na aula passada.

Depois de maduros, os espermatozoides são conduzidos através do ducto deferente à cavidade abdominal, fundindo-se com a vesícula seminal. Segue então para o ducto ejaculatório e a uretra, que percorrem dentro do pênis, formado por três tecidos esponjosos eréteis, que rodeiam a uretra. Com o ato sexual, esses tecidos são estimulados e se enchem de sangue. Sob pressão, fazem o pênis ficar ereto, facilitando a ejaculação.

1.2 Aparelho reprodutor feminino

O aparelho reprodutor feminino, assim como o masculino, também é formado por vários órgãos e cada qual com sua função, para que haja fecundação e posterior acomodação e desenvolvimento do feto.

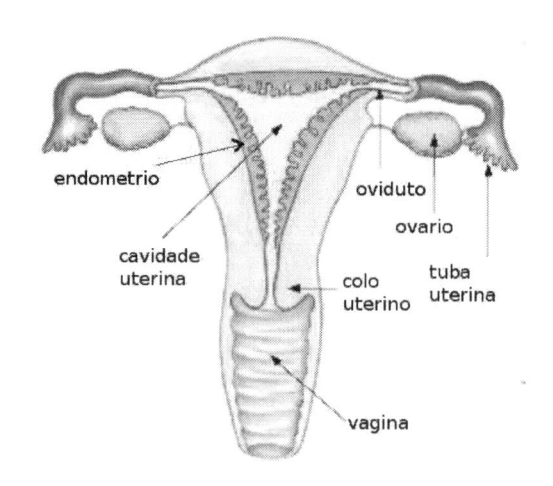

Fonte: http://biologiaantonioberreta.blogspot.com/2012/10/1-ensino-medio-aparelhos-reprodutores.html. Acesso em 02 nov. de 2018.

No aparelho reprodutor feminino existem dois ovários localizados na parte superior da cavidade pélvica, os quais produzem as células germinativas (ovócitos) que, liberados na ovulação, passam para a tuba uterina, que se comunica com o útero, onde o embrião será protegido e nutrido e, posteriormente, o feto, até o nascimento.

Da extremidade à base, a tuba uterina se divide em:
a) **fímbrias:** local de coleta do ovócito no momento da ovulação (quando a célula feminina é expulsa do

ovário). Essa estrutura promove uma "varredura" sobre o ovário e a captação do ovócito;
b) **infundíbulo:** primeira parte da tuba uterina;
c) **ampola:** segunda parte da tuba uterina, e provável encontro dos gametas, ou seja, local de maior probabilidade de fecundação;
d) **istmo:** terceira parte da tuba uterina, local que dá início ao desenvolvimento embrionário, por meio das primeiras divisões celulares.

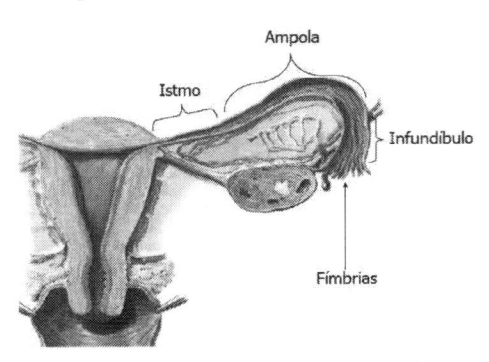

Fonte: https://www.auladeanatomia.com/novosite/sistemas/sistema-genital/sistema-genital-feminino/tubas-uterinas/. Acesso em 02 nov. 2018.

O útero é um órgão de parede espessa, de tamanho entre 7 e 8 cm de comprimento, 5 e 7 cm de largura, e 2 e 3 cm de espessura. O corpo do útero é composto por: perimétrio, miométrio e endométrio, partes destacadas na imagem abaixo. Existe a parte da cérvix e parte interna.

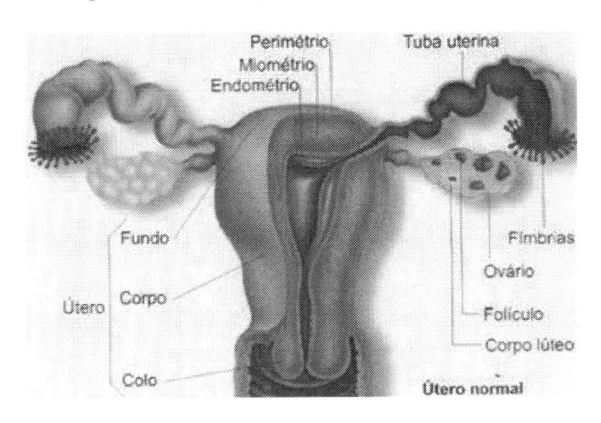

Fonte: http://www.draalessandramatos.com.br/sistema-reprodutor.php. Acesso em 02 nov. 2018

A vagina é o órgão que recebe o pênis no ato sexual, e receptor temporário de espermatozoides. A Vulva é a parte externa, formada pelos grandes e pequenos lábios. O clitóris é a união das duas pregas, grandes e pequenos lábios.

Vimos que o aparelho reprodutor é formado por vários órgãos. Desse modo, se faz necessário que conheçamos cada parte essencial para o acompanhamento do percurso dos gametas.

2 - Ciclo ovariano

Agora, vamos discutir nesta seção, sobre o ciclo ovariano, já que por meio de influências hormonais é que ocorre a liberação do ovócito do ovário, ou seja, o que chamamos de **Ovulação.**

Primeiramente, precisamos conhecer sobre a porção do sistema nervoso que vai atuar no ciclo ovariano. Começamos falando do hipotálamo, uma região do sistema nervoso central responsável por liberar gonadotrofinas (hormônios sexuais) até a hipófise, uma glândula que regula a quantidade de hormônios que vão atuar no sistema reprodutor.

As gonadotrofinas são hormônios folículos - estimulantes (FSH) e luteinizantes (LH). Estes vão atuar no ciclo ovariano em três momentos respectivamente:

- *desenvolvimento dos folículos ovarianos*, que são células ao redor do ovócito I que ao longo do amadurecimento da célula, no processo da Ovogênese, prolifera (aumenta), as células foliculares até formar o folículo maduro (teca folicular), que fará pressão na parede do ovário, para que ele se rompa e libere o ovócito II. Observe a explicação na imagem abaixo.

Evolução do Folículo Ovárico

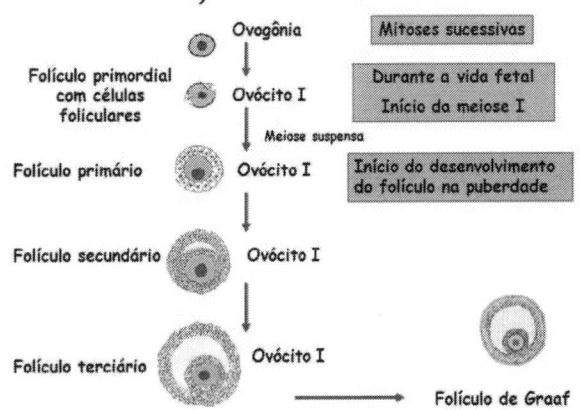

Fonte: https://slideplayer.com.br/slide/3668554/. Acesso em 02 nov. 2018

- Outra ação das gonadotrofinas no ciclo ovariano é a *ovulação*. Como já foi mencionado, é o momento em que ocorre a expulsão do ovócito secundário do ovário, o que se considera como *dia fértil*. Percebam que é uma sequência de eventos: primeiro foi formado o folículo de Graaf (folículo maduro), cuja função agora, é empurrar o ovócito para fora, o qual será capturado pelas fímbrias da tuba uterina (reveja imagem na seção anterior).

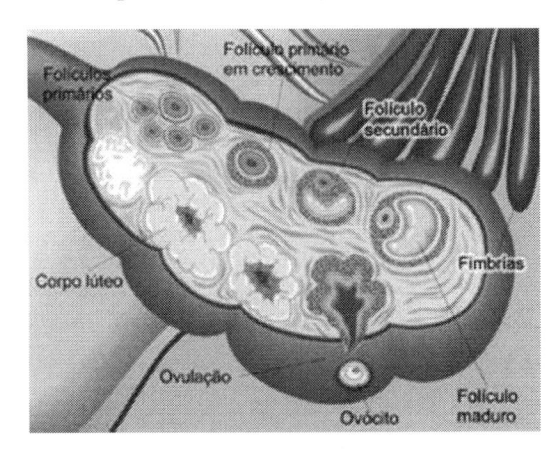

Fonte: http://mamysonhadora.blogspot.com/2016/06/controle-de-ovulacao-ultrassom-seriada.html. Acesso em 02 nov. 2018.

Na imagem acima é possível observar o momento em que se rompe o folículo maduro e o ovócito secundário é posto para fora do ovário. Logo acima, sobre o ovário, temos as fímbrias da tuba uterina, prontas para coletar o gameta feminino.

- O terceiro momento da ação das gonadotrofinas, é a formação do *corpo lúteo*, o que é possível observar na imagem anterior. O corpo lúteo é formado pelas próprias células foliculares que ficaram no ovário, após eliminarem o ovócito secundário. Agora, pela ação do hormônio LH (hormônio luteinizante), esse corpo lúteo terá a função de manter o ovário estável, ou seja, sem realizar divisão celular por cerca de novos 28 dias, impedindo que outro ovócito I se transforme em ovócito II.

Depois dessa última explicação, podemos afirmar que a mulher só se encontra fértil em um único dia do ciclo ovariano, ou seja, seu período fértil só ocorre no prazo de 24horas, período em que acontece a ovulação e o ovócito II encontra-se na região da ampola (tuba uterina), aguardando a chegada do espermatozoide para que ocorra à fecundação.

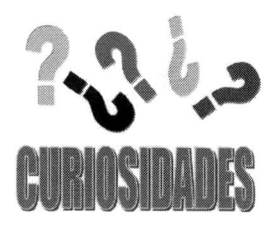

Fonte: http://dicasxadrez1.blogspot.com/2012/05/10-curiosidades-sobre-xadrez_31.html. Acesso em 02 nov. 2018

Neste momento vamos sanar algumas curiosidades que, acredito eu, sejam questionamentos de alguns de vocês, para complementar a explicação sobre o ciclo ovariano.

- Caso não tenha ocorrido relação sexual no dia fértil da mulher, o que acontece com o ovócito II que se encontra na ampola?

Resposta: Para responder essa pergunta, primeiramente vamos deixar claro, que não existe ação de nenhum método contraceptivo hormonal, certo?! Pois bem, ocorrida a ovulação, a célula feminina estará alojada na ampola, aguardando o espermatozoide. Caso não haja relação sexual, o ovócito vai sofrer apoptose (autodestruição) na própria tuba uterina, no intervalo de 24 horas.

- A mulher que faz uso de algum tipo de contraceptivo hormonal vai passa pelas ações das gonadotrofinas no ciclo ovariano: desenvolvimento dos folículos, ovulação e formação do corpo lúteo?

Resposta: Depende! Isso varia conforme o tipo de contraceptivo hormonal. Caso sejam os de alta concentração, de longa duração, como os injetáveis, DIU de progesterona, implantes cutâneos, enfim, qualquer um de uso não diário, vai ocorrer a interrupção de todo o ciclo ovariano. Isso significa que o ovário permanece em repouso enquanto durar a ação do contraceptivo. Agora, os contraceptivos diários, como as pílulas, têm efeito no organismo por 24 horas. Por isso, devem ser administrados em um horário fixo do dia. Assim, irão bloquear a ação das gonadotrofinas no ovário.

- Pode ocorrer de não haver ovulação, mesmo a mulher não fazendo uso de método contraceptivo hormonal?

Resposta: Sim, isso pode estar associado a vários fatores, mas, o mais comum, relacionado a nosso assunto, é a quantidade dos hormônios gonadotrofinas liberados pela hipófise, pois é ela quem regula e permite a transformação do ovócito I em ovócito II. Consequentemente, a ovulação não ocorrerá. Nesse caso, a mulher deve buscar orientação médica.

Importantíssimo: O ciclo ovariano deve ser regular, o que representa períodos de menstruação em dias equivalentes a cada mês. Caso haja alterações, ou transtornos fisiológicos como cólicas, dor de cabeça, enjoos ou outros sintomas, deve-se buscar orientação médica.

Muito bem, caros(as) alunos(as), espero ter contribuído para sanar as principais dúvidas em relação ao ciclo ovariano e o período fértil. Esse tema é de grande importância para a saúde da mulher e do homem, pois se refere ao conhecimento do corpo humano, já que estamos estudando, nesta disciplina, a formação de um novo indivíduo.

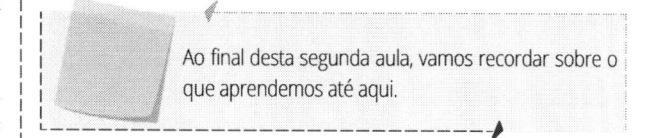

Retomando a aula

Ao final desta segunda aula, vamos recordar sobre o que aprendemos até aqui.

1 – Sistema Reprodutor

Na primeira seção, pudemos conhecer as estruturas do aparelho reprodutor masculino e feminino, vimos que são formados por vários órgãos e estes estão relacionados com a condução dos seus gametas, permitindo, assim, que haja o encontro deles e a formação do zigoto, visando a formação embrionária.

2 – Ciclo Ovariano

Na segunda seção, foi possível conhecer sobre a ação das gonadotrofinas, hormônios sexuais, que sob a ação do sistema nervoso, vão atuar nos órgãos do aparelho reprodutor, mais especificamente falando, dos órgãos femininos. Também pudemos reconhecer o período fértil da mulher, já que este está relacionado à ovulação e posterior ação dos hormônios FSH e LH no ovário, inibindo nova ovulação em um mesmo ciclo reprodutivo.

Vale a pena

Vale a pena **assistir**

Ciclo Menstrual (menstruação) e Ovulação - Sistema Reprodutor. Disponível em: <https://www.youtube.com/watch?v=ts0AXpnpGMo>.

Desenvolvimento do Folículo Ovariano - YouTube. Disponível em: <https://www.youtube.com/watch?v=nWko-TkfpQw>.

Ciclo Menstrual - Aprenda de UMA Vez Por Todas - YouTube. Disponível em: <https://www.youtube.com/watch?v=3x-cW0wsgvc>.

Ciclo Menstrual - Cola da Web. Disponível em: <https://www.coladaweb.com/biologia/desenvolvimento/ciclo-menstrual>.

Minhas anotações

Minhas anotações

Aula 3º

Primeira semana do desenvolvimento embrionário

Caros(as) alunos(as),

Nesta aula, vamos identificar as estruturas do ovócito que será fecundado e como essa célula, juntamente com o espermatozoide, vai formar o zigoto, célula tão importante, que dará origem a um novo indivíduo, por meio de várias divisões celulares, que gradualmente se desenvolvem e evoluem a cada dia em sua formação embrionária.

Por meio desse tópico, esperamos contribuir com seu conhecimento sobre o processo da fecundação entre o ovócito e o espermatozoide humano, sendo este, fundamental para a formação do zigoto. Essa estrutura passará por várias transformações, ao longo de seu desenvolvimento, até formar um embrião humano. Caso tenham dúvidas, estas poderão ser sanadas através do e-mail: perla@unigran.br

Bons estudos!

Objetivos de aprendizagem

Ao término desta aula, vocês serão capazes de:

- identificar as estruturas que formam o ovócito secundário, as quais influenciam o momento da fecundação pelo espermatozoide;
- acompanhar o processo de evolução embrionária do zigoto até a constituição do blastocisto.

Seções de estudo

1 – Fecundação
2 – Primeira Semana do desenvolvimento embrionário humano

1 - Fecundação

A partir desta seção, vamos relatar sobre a formação de um novo indivíduo. Esse processo passa por várias mudanças em sua estrutura, até que o embrião seja formado e dê continuidade ao desenvolvimento fetal.

Primeiramente, vamos reconhecer a estrutura do ovócito secundário, célula que foi formada pelo processo da ovogênese, abordado em nossa primeira aula. A célula denominada ovócito secundário, que se encontra na região da ampola da tuba uterina, tem ao redor de si, duas camadas de células que complementam sua formação. Após a membrana plasmática dessa célula, existe uma camada de células que formam a zona pelúcida, e mais externamente a *corona radiata*. Veja imagem abaixo.

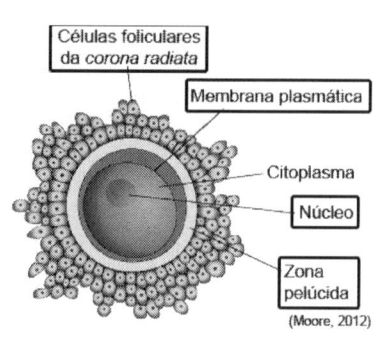

Fonte: http://www.dacelulaaosistema.uff.br/?p=95. Acesso em 03 nov. 2018.

A fertilização inicia-se após um processo de ativação dos espermatozoides recém-ejaculados, isso leva em torno de sete (7) horas. Chamamos esse *período de capacitação*, quando as glicoproteínas são removidas da superfície do acrossomo, facilitando assim a penetração na corona radiata e na zona pelúcida que envolve o ovócito secundário.

Quando os espermatozoides já estão capacitados, entram em contato com a corona radiata do ovócito secundário. Ocorrem, então, perfurações em seu acrossomo (reação acrossômica), liberando a enzima hialuronidase, que desassocia as células foliculares da corona radiata. A seguir, outras enzimas são liberadas, acrosina e neuraminidase, que permitem a abertura de parte da zona pelúcida, até que o primeiro espermatozoide penetre no ovócito.

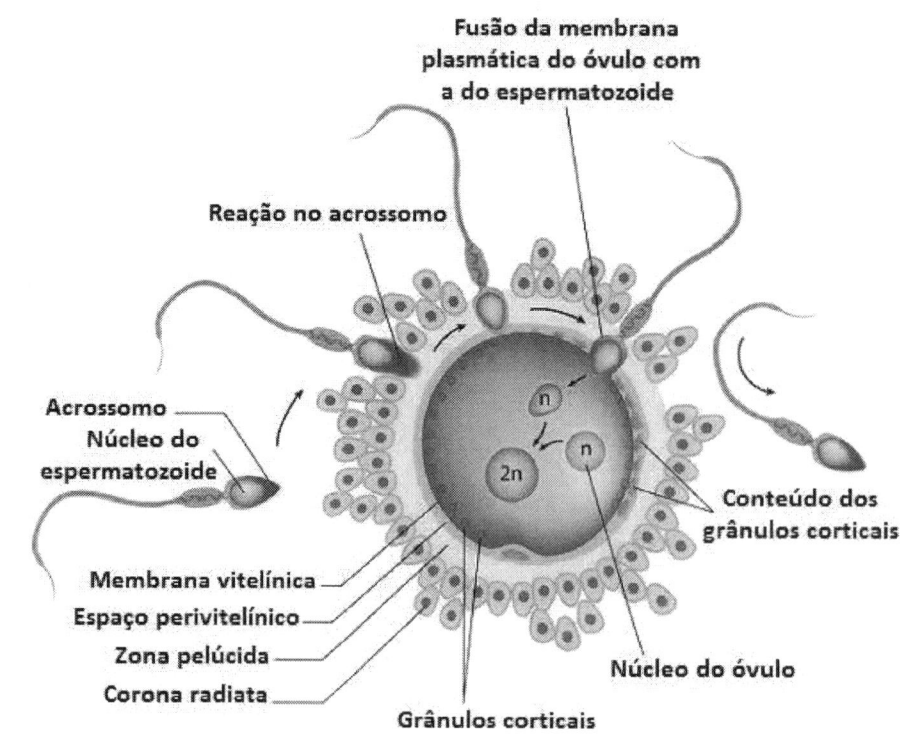

Fonte: https://www.todamateria.com.br/como-ocorre-a-fecundacao-humana/. Acesso em 03 nov. 2018.

A imagem acima nos mostra que temos a fusão dos núcleos (n) do ovócito + do espermatozoide, resultando no zigoto (2n). Também é possível identificar os grânulos corticais liberados pela zona pelúcida, após a entrada do primeiro espermatozoide no ovócito, impedindo, dessa forma, a poliespermia (que vários espermatozoides entrem na célula). Em nível celular, teríamos uma aberração cromossômica, e isso impossibilitaria o desenvolvimento embrionário.

Após sua penetração, completa-se a segunda divisão meiótica e são expelidos os glóbulos polares que haviam sido formados no processo da ovogênese. Temos, portanto, o **Zigoto**.

2 - Primeira semana do desenvolvimento embrionário humano

Com a formação do zigoto, agora inicia a jornada ao desenvolvimento embrionário. Ainda na tuba uterina, na região do istmo, o zigoto dá início a sucessivas divisões mitóticas, que denominam-se Clivagem ou Segmentação, evento este que permite à célula se multiplicar e aumentar em quantidade.

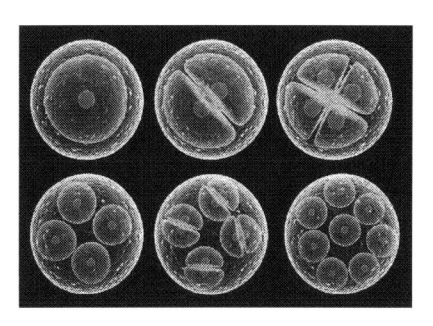

Fonte: https://brasilescola.uol.com.br/o-que-e/biologia/o-que-e-clivagem.htm. Acesso em 03 nov. 2018

Na imagem podemos ver que o zigoto, ao realizar a Clivagem, forma células-filhas idênticas, o que é característico da divisão mitótica. Cada célula formada recebe o nome de **blastômeros**, portanto, temos, 2 blastômeros, 4, 8, 16, 32, ..., e assim por diante, até obtermos um amontoado de blastômeros, que agora recebem o nome de **mórula.**

Todo o processo de formação da mórula ocorre na tuba uterina, e por volta do 3º dia após a fecundação, a mórula cai na cavidade uterina, onde há líquidos que começam a penetrar entre os blastômeros, promovendo sua separação.

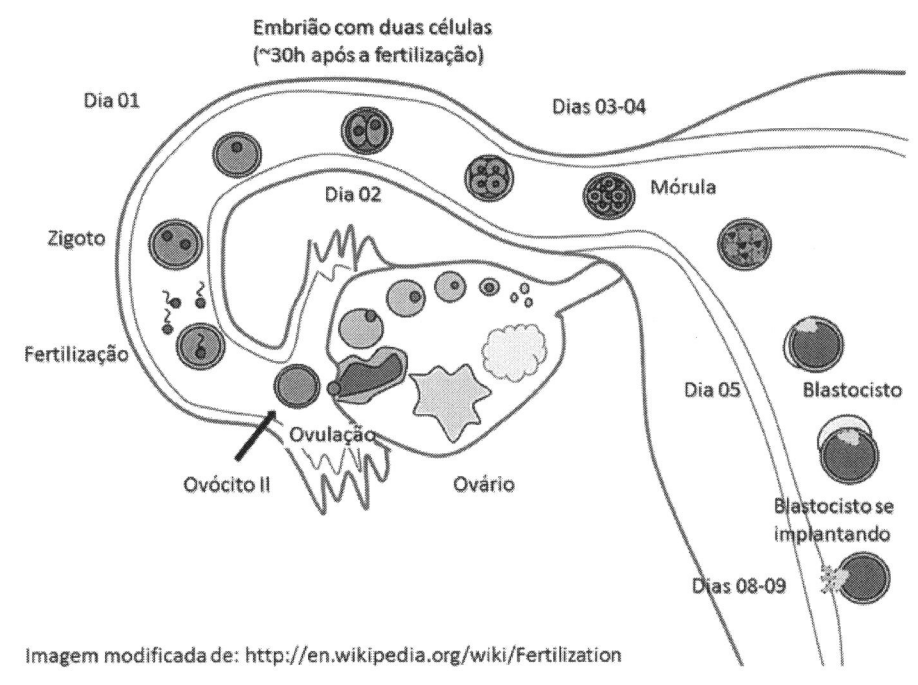

Fonte: http://maxaug.blogspot.com/2013/07/o-desenvolvimento-embrionario-dos.html. Acesso em 03 nov. 2018.

A imagem anterior completa nosso entendimento dos eventos que ocorrem nessa primeira semana do desenvolvimento embrionário. Observem que a mórula segue ao útero, e aqui os blastômeros são separados em blastômeros mais externos, denominados de **trofoblasto** e blastômeros internos, denominados de **embrioblastos** ou **massa celular interna.**

No quarto dia, após a fertilização, a mórula se converte em **blastocisto** ou blástula. Os espaços repletos de líquido fundem-se para formar um grande espaço, a **cavidade blastocística**, ou blastocele.

A zona pelúcida desaparece cinco dias após a fertilização, e o blastocisto adere ao epitélio do endométrio pelo polo embrionário, em torno do sexto dia, quando a mulher estará no 20º dia do ciclo menstrual de 28 dias.

Por volta do sexto dia após a fecundação, as células do trofoblasto sofrem divisão celular e se diferenciam em suas camadas mais internas, denominadas **citotrofoblastos**, e mais externas, **sinciciotrofoblastos** que, posteriormente, vão auxiliar na formação da placenta.

A adesão do blastocisto ocorre com a invasão de suas camadas do trofoblasto: citotrofoblasto interno e sinciciotrofoblasto, uma massa multinucleada que produz substâncias que se fixam no endométrio. Ao final da primeira semana, o blastocisto já está superficialmente implantado e nutrindo-se do sangue materno, assim como nos mostra a imagem a seguir (MOORE, 2016).

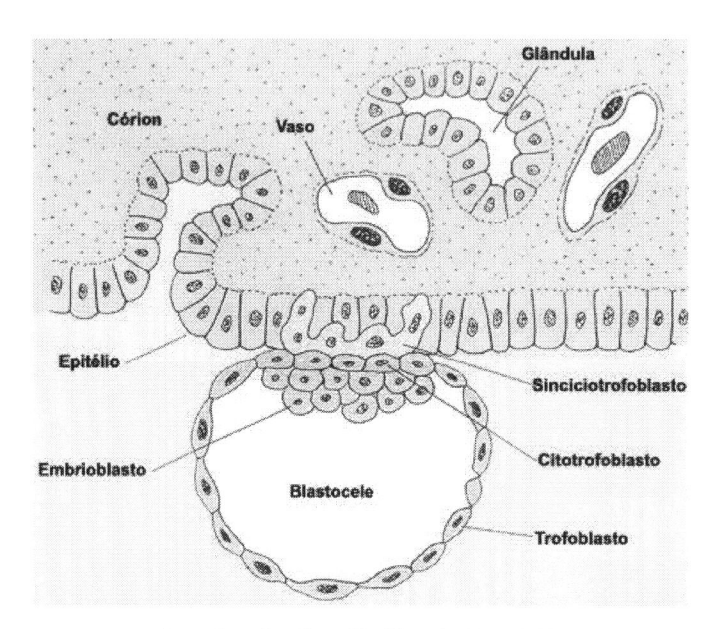

Fonte: Fonte: http://www.biowiki.com.br. 03 nov. 2018.

Ao final da primeira semana, as últimas células do embrioblasto sofrem divisão celular e formam uma camada de células denominada **hipoblasto**.

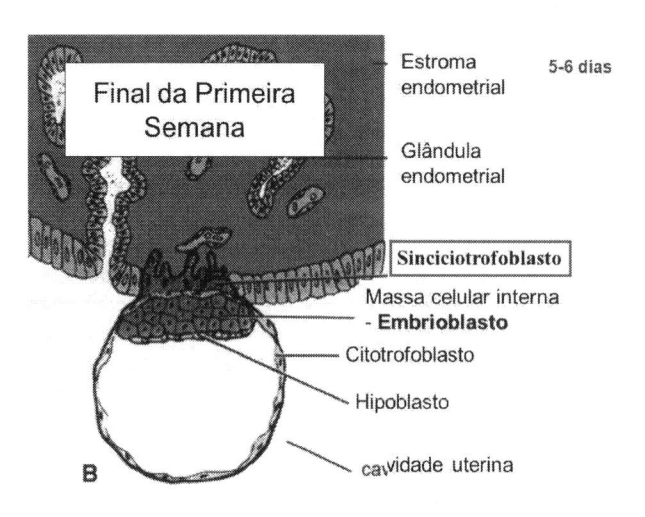

Fonte: Fonte: http://slideplayer.com.br/. Acesso em 03 nov. 2018.

Aqui, vemos a conclusão da estrutura embrionária ao final da primeira semana. Foi possível visualizar que, a partir de uma célula, que é o zigoto, obtemos ao final um blastocisto, onde vão desenvolver o embrião e seus anexos, como a placenta.

Retomando a aula

> Ao final desta terceira aula, vamos recordar sobre o que aprendemos até aqui.

1 – Fecundação

Nesta seção, pudemos ter conhecimento da estrutura do ovócito, célula feminina que apresenta certa estratégia, juntamente com o espermatozoide, para permitir a fusão de ambos os núcleos e formar o embrião. Primeiramente, o espermatozoide libera a enzima hialuronidade, que desassocia as células que compõem a corona radiata do ovócito. Depois, são liberadas mais duas enzimas, acrosina e neuraminidase, que vão desassociar parte da zona pelúcida, pois logo os grânulos corticais são liberados para fechá-la novamente, impedindo que outros espermatozoides entrem na célula feminina.

2 – Primeira Semana do desenvolvimento embrionário humano

A segunda seção aborda a fase que se sucede à formação do zigoto. Nesse período, o zigoto realiza várias divisões mitóticas, multiplicando suas células em blastômeros, até formar a mórula, estrutura que chega ao útero e logo começa a se transformar em embrioblasto, que vai formar o embrião, e o trofoblasto, que irá se dividir em duas novas camadas de células: citotrofoblasto e sincicotrofoblasto, as quais vão permitir a nidação (fixação) do blastocisto no endométrio.

Vale a pena

Vale a pena **assistir**

Primeira Semana - Aprendendo Embriologia. Disponível em: <www.famema.br/ensino/embriologia/primeirassemanas1.php>.

Primeira semana: da Clivagem à Implantação | Oi, Medicina. Disponível em: <https://oimedicina.wordpress.com/2012/.../primeira-semana-da-clivagem-a-implantaca>.

Embriologia - Clivagem e Formação do Blastocisto - YouTube. Disponível em: <https://www.youtube.com/watch?v=0ierexWtcLA>.

Minhas anotações

Aula 4º

Segunda semana do desenvolvimento embrionário

Caros(as) alunos(as),

Nesta aula, o blastocisto formado vai passar por várias transformações. São grandes mudanças que irão modificar muito as estruturas existentes: ocorrerão mudanças internas na parte superior e interior do blastocisto; transformações em toda a parte externa do blastocisto, formando o saco vitelino, elemento essencial para a nutrição posterior do embrião; e a formação da cavidade amniótica, que irá manter o embrião hidratado e amenizar as impactações mecânicas que a gestante poderá sofrer.

Por meio deste tópico, esperamos contribuir com seu conhecimento sobre o desenvolvimento embrionário da segunda semana. Como foi mencionado anteriormente, é a fase de maior mudança no blastocisto, e essas novas estruturas é que vão definir sua boa evolução embrionária daqui por diante. Caso tenham algumas dúvidas, estas poderão ser sanadas através do e-mail: perla@unigran.br

Bons estudos!

Objetivos de aprendizagem

Ao término desta aula, vocês serão capazes de:

- identificar as estruturas de formação interna no blastocisto;
- conhecer como são formadas as estruturas externas do blastocisto e quais as suas funções para o embrião.

Seções de estudo

1 – Transformações internas do blastocisto
2 – Transformações externas do blastocisto

1 - Transformações internas do blastocisto

Nesta aula, iniciaremos falando sobre as constituições do blastocisto da primeira semana. Para isso, vamos recordar a última imagem dos elementos presentes.

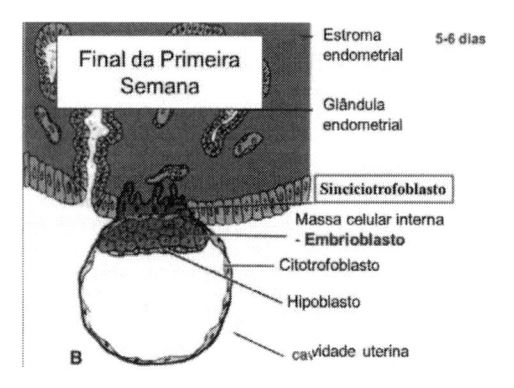

Fonte: http://slideplayer.com.br/. Acesso em 05 nov. 2018.

Ao término da Primeira Semana do desenvolvimento embrionário, tivemos a última formação do hipoblasto. Porém, ainda restaram células no embrioblasto, que a partir desse momento, iniciando a Segunda Semana, vão realizar divisão celular, dando origem ao **epiblasto**, formando, assim, um conjunto: epiblasto + hipoblasto = **Disco embrionário bilaminar**.

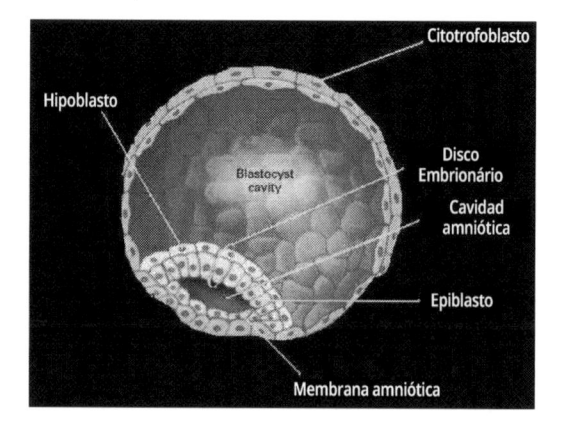

Fonte: https://oimedicina.wordpress.com/2012/03/08/segunda-semana-fim-da-implantacao-e-formacao-do-disco-embrionario/. Acesso em 05 nov. 2018

Vejam na imagem que entre as células do citotrofoblasto e epiblasto temos um espaço - **cavidade amniótica**, a qual é circundada pelo **âmnio**, uma membrana cuja função é reter líquidos que vão hidratar o embrião e o feto até o momento do parto.

Como já tivemos modificações na parte interna superior do blastocisto, teremos também na parte inferior interna.

Células do hipoblasto vão circundar toda a cavidade blastocística, formando uma membrana denominada **exocelômica**. Já a cavidade passa a ser chamada de **cavidade exocelômica** (MOORE, 2016).

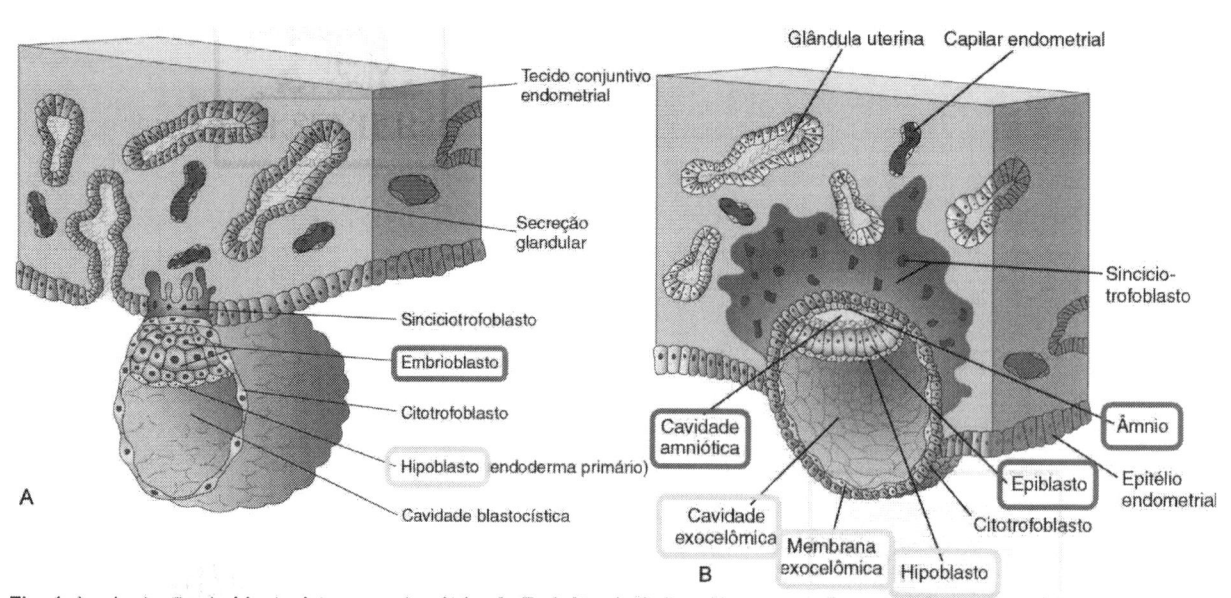

Fig. 1: Implantação do blastocisto no endométrio. A. Embrião de 7 dias. Note o embrioblasto ainda compatcto e o hipoblasto como teto da cavidade blstocística. B. Embrião de 8 dias, mostrando o aparecimento da cavidade amniótica revestida pelo âmnio, e formação do epiblasto. Além da modificação da cavidade blastocística em cavidade exocelômica revestida pela membrana exocelômica.

Fonte: Moore KL, Persaud TVN, Torchia, MG. Embriologia clínica. 9a ed. Rio de Janeiro (RJ): Elsevier; 2012.

Fonte: https://www.google.com.br. Acesso em 05 nov. 2018

Com a formação dessa cavidade exocelômica ocorre uma expansão, e esta perde a denominação e passa a ser chamada de **saco vitelino primário.**

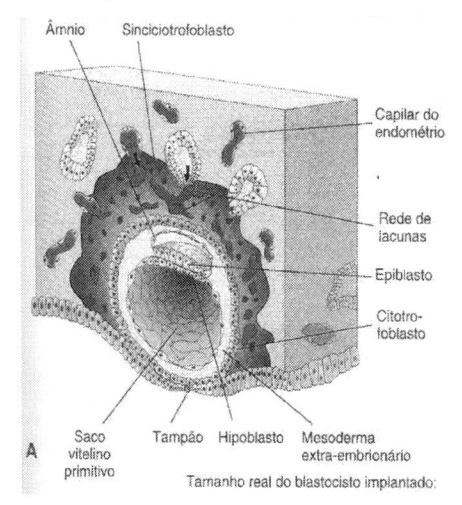

Fonte: http://slideplayer.com.br/. Acesso em 05 nov. 2018.

Até aqui ocorrem grandes transformações internas no blastocisto: na parte superior, temos a cavidade amniótica, com a membrana que é o âmnio; na parte inferior do blastocisto, temos o saco vitelino primário; e entre essas partes, ao meio, encontra-se o disco embrionário bilaminar, formado pelos epiblasto e hipoblasto.

2 - Transformações externas do blastocisto

Vamos dar início a esta seção, falando das células do hipoblasto. Algumas delas passam a circundar toda a parte externa do blastocisto e formam o Mesoderma extraembrionário (MEE), como mostra a imagem ao final da primeira seção.

Aos poucos, vão surgindo alguns espaços isolados no MEE, que gradualmente se fundem até formar o Celoma extraembrionário (CEE).

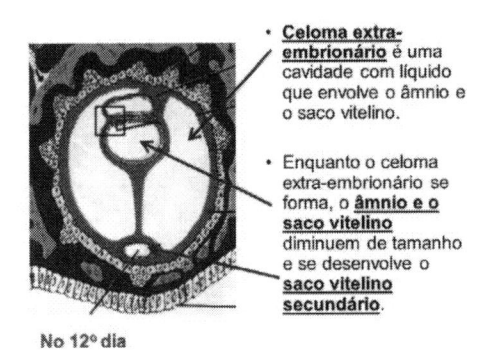

Fonte: http://slideplayer.com.br. 05 nov. 2018.

Veja que o Saco vitelino primário, com a formação do CEE. Este foi reduzido, passando a ser denominado agora de **Saco vitelino secundário.** E o MEE acaba sendo dividido em:

- mesoderma somático extraembrionário (MSEE), aquele que vai recobrir as células do âmnio;
- mesoderma esplâncnico extraembrionário (MEEE), aquele que vai recobrir as células do saco vitelino secundário.

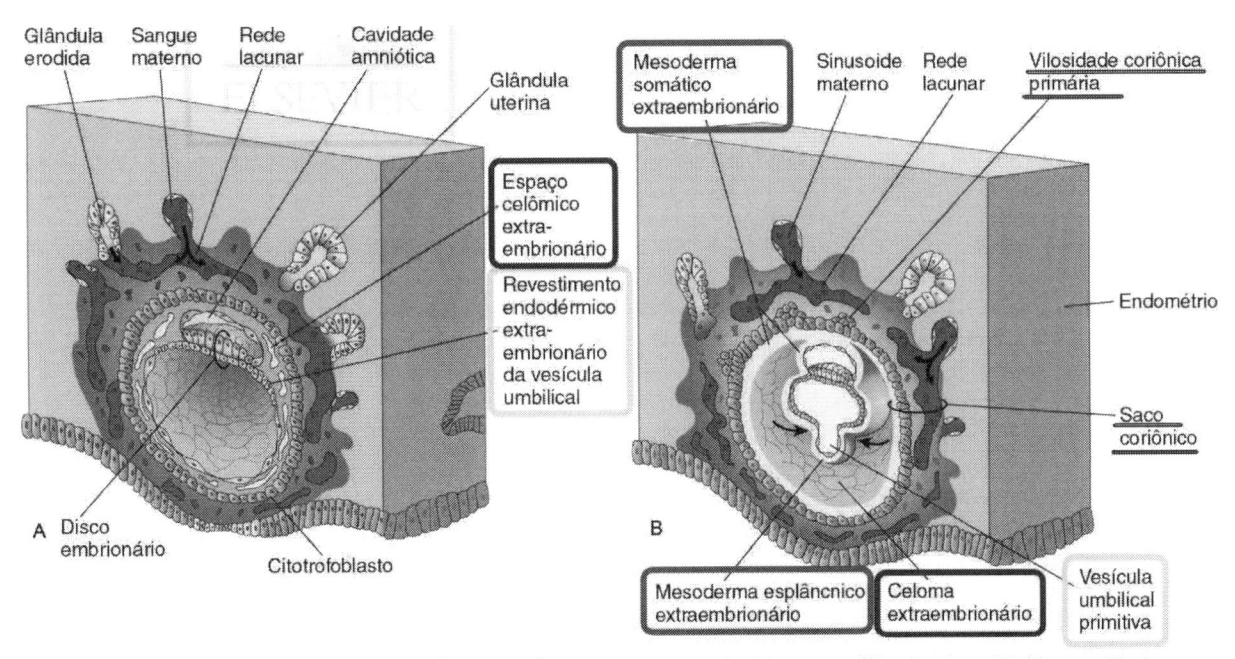

Fig. 3: Embrião de 12 dias. Note o início da formação do celoma extraembrionário e a modificação da cavidade exocelômica em vesícula umbilical primitiva. Em B, um embrião de 13 dias, onde observamos o celoma extraembrionário, a diferenciação do mesoderma somático extraembrionário e do mesoderma esplancnico extraembrionário, assim como a vesícula umbilical primitiva. Observe também o surgimento das primeiras vilosidades coriônicas primárias que participarão da formação da placenta, assim como a formação do saco coriônico.

Fonte: http://www.dacelulaaosistema.uff.br. 05 nov.2018.

Percebam que o blastocisto se desenvolveu muito desde o início da segunda semana. Agora ele precisa melhorar sua nidação, para obter mais nutrição e trocas gasosas com o tecido materno. Sendo assim, o conjunto das células do sinciciotrofoblasto + citotrofoblasto + mesoderma somático extraembrionário = formam o **córion**. Trata-se de uma estrutura nova, formada pelas três camadas de células, que vão reforçar a fixação do blastocisto no útero.

Para finalizar a segunda semana, a parte denominada Celoma extraembrionário passa a denominar-se de cavidade coriônica, que é bolsa de sustentação de todo o blastocisto.

Fonte: http://www.keepcalm-o-matic.co.uk/p/keep-calm-and-estamos-quase-l. Acesso em 05 nov. 2018.

Bem pessoal, terminamos mais uma aula, e com muitas mudanças no desenvolvimento embrionário. Estamos quase finalizando essa fase de formação do indivíduo. Vamos para a nossa aula 5!!!! Até a próxima leitura.

Retomando a aula

Ao final desta quarta aula, vamos recordar sobre o que aprendemos até aqui.

1 – Transformações internas do blastocisto

No primeiro momento do desenvolvimento embrionário da segunda semana, temos a formação do disco embrionário bilaminar, composto por epiblasto e hipoblasto, e mudanças no blastocisto acima do disco embrionário, com a formação do âmnio e cavidade amniótica. Esse local é importante para manter os líquidos que irão hidratar o embrião e amenizar os impactos mecânicos que a mãe possa sofrer. Também foi formado na parte interna inferior do blastocisto, o saco vitelino primário, que futuramente irá nutrir o embrião para o desenvolvimento de outras estruturas.

2 – Transformações externas do blastocisto

Nesta seção, foi possível observar que, partindo de algumas células do hipoblasto, estas vão circundar toda a parte externa do blastocisto para formar o mesoderma extraembrionário, elemento que, ao longo da semana vai se dividir e formar estruturas que irão auxiliar na proteção do embrião. Como houve muitas mudanças e crescimento do blastocisto, este vai precisar melhorar sua nidação, o que é feito pelo córion, estrutura formada pelo conjunto de três camadas de células.

Vale a pena

Vale a pena assistir

Minicurso de Embriologia | Aula 04 - Segunda Semana do - YouTube. Disponível em: <https://www.youtube.com/watch?v=cDOvBpLqZxw>.

Elementos de Embriologia Humana - Segunda semana do - YouTube. Disponível em: <https://www.youtube.com/watch?v=ZWN9PkHElw4>.

Embriologia Animação detalhada na 2ª Semana - YouTube. Disponível em: <https://www.youtube.com/watch?v=xrcPDFZMBMc>.

Minhas anotações

Aula 5º

Terceira semana do desenvolvimento embrionário

Caros(as) alunos(as),

Nesta aula 5, abordaremos sobre a terceira semana do desenvolvimento embrionário, vamos falar sobre três eventos de formação importantes, e de momentos críticos na constituição do embrião, pois nesta semana, a mulher já percebeu a ausência da menstruação, o que indicaria sua gravidez. Caso haja alguma interferência nesse período gestacional, tais como anemia, uso de medicamentos, drogas, álcool, enfim, pode prejudicar a formação dos sistemas nervoso e cardiovascular do embrião. Portanto, tudo deve correr da melhor forma possível, para que não haja futuras complicações com a saúde da prole e da mãe.

Por meio desse tópico, esperamos contribuir com o seu conhecimento sobre a formação do embrião humano de terceira semana, assim como ajudá-lo a identificar os três eventos principais de formação nesse período, que são: a Gastrulação, a Neurulação e a Angiogênese. Caso tenham algumas dúvidas, estas poderão ser sanadas através do e-mail: perla@unigran.br

Bons estudos!

Objetivos de aprendizagem

Ao término desta aula, vocês serão capazes de:

- analisar o evento de formação dos tecidos primários do embrião;
- conhecer como se dá a formação da base do esqueleto axial e a formação do sistema nervoso do embrião;
- reconhecer os elementos celulares que participam da primeira constituição do coração do embrião.

Seções de estudo

1 – Gastrulação
2 – Neurulação
3 – Angiogênse

1 - Gastrulação

Ao iniciar a terceira semana, já se percebe a primeira ausência da menstruação, o que pode ser constatado pelo exame da urina, através da qual é excretado o hormônio gonadotrofina coriônica humana, produzido pelo sinciciotrofoblasto.

As camadas germinativas do embrião iniciam sua formação com o hipoblasto, na primeira semana, depois com o epiblasto, na segunda semana, completando-se, na terceira semana, com a formação dos ectoderma, mesoderma e endoderma, os quais dão origem aos tecidos e órgãos do embrião.

Ao processo de transformação dá-se o nome de **gastrulação**, que forma o **disco embrionário trilaminar**. No centro desse disco embrionário, forma-se a **linha primitiva**, enquanto se alonga pela adição de células à sua extremidade caudal, que se aumenta, formando o *nó primitivo*, que tem sua origem a partir das **células mesenquimais**, que popularmente as chamamos de "células-tronco", pois são células que se adaptam a qualquer tecido, e, portanto, vão dar origem a novas estruturas do embrião.

A linha primitiva dá origem às células mesenquimais, que formam o tecido conjuntivo frouxo embrionário, denominado **mesênquima** ou mesoblasto.

O mesênquima espalha-se ao longo da linha primitiva, entre o hipoblasto e o epiblasto, para formar o **mesoderma intraembrionário**, originando futuramente os músculos, tecido conjuntivo ósseo e vasos sanguíneos. A seguir, algumas células da linha primitiva invadem o hipoblasto e deslocam lateralmente as células hipoblásticas para formar uma camada germinativa, o **endoderma embrionário**, que dará origem ao trato digestório e respiratório. As células que permanecem no epiblasto formam o **ectoderma embrionário**, que dará origem à epiderme e ao sistema nervoso (MOORE, 2016).

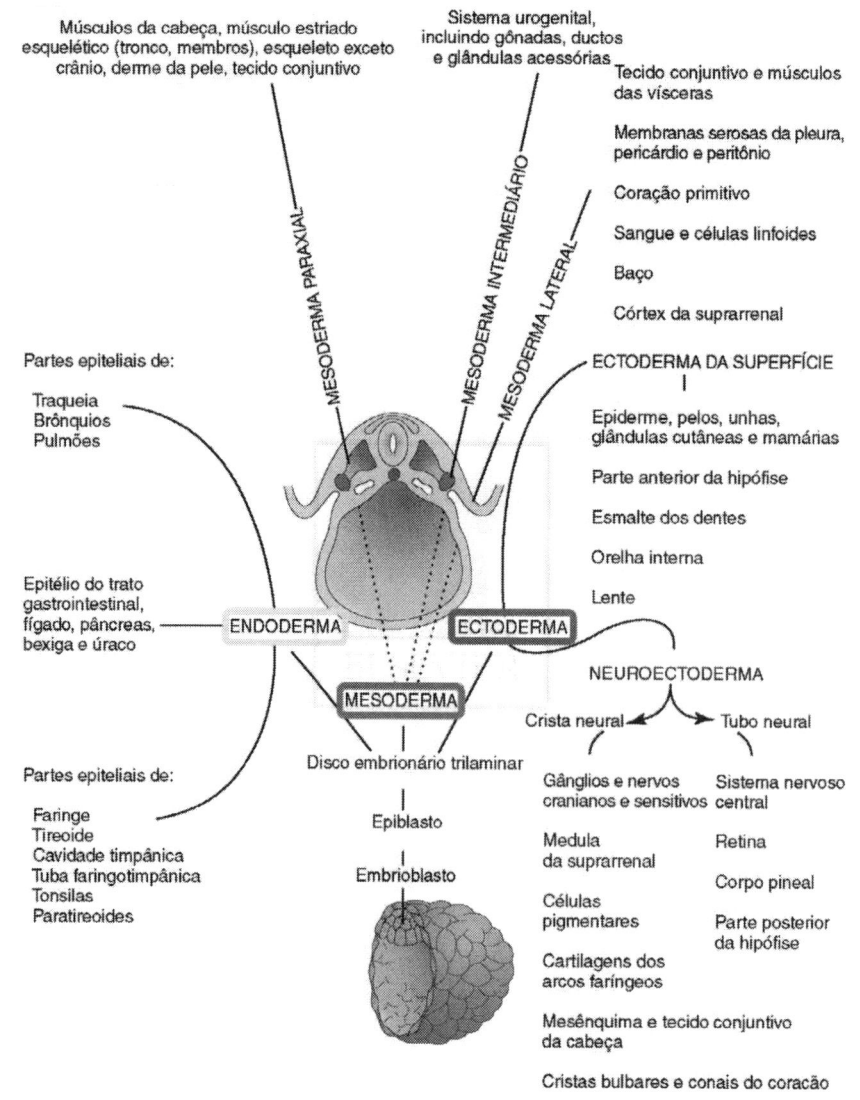

Fonte: http://www.dacelulaaosistema.uff.br/?p=531. Acesso em 07 nov. 2018.

Observe na imagem anterior que os tecidos primitivos ectoderma, mesoderma e endoderma, vão dar origem a várias estruturas do embrião, portanto, a constituição destes, nesta semana, é essencial.

2 - Neurulação

Como as transformações são simultâneas, existe na extremidade da linha primitiva o nó primitivo, de onde essas células migram cefalicamente e formam um cordão celular, o **processo notocordal**, que cresce entre o ectoderma e o endoderma até alcançar a **placa precordal**, uma pequena área circular que indica o futuro local da boca.

O processo notocordal não pode estender-se além, porque a **placa precordal** está fixa ao ectoderma, formando a *membrana orofaríngea*. Na região caudal, a linha primitiva apresenta outra área circular, a *membrana cloacal*, futuro local do ânus.

O processo notocordal se transforma em um bastão celular, a **notocorda**, onde este define o eixo primitivo do embrião, sendo a base do esqueleto ósseo (coluna vertebral, costelas, esterno e crânio) (MOORE, 2016).

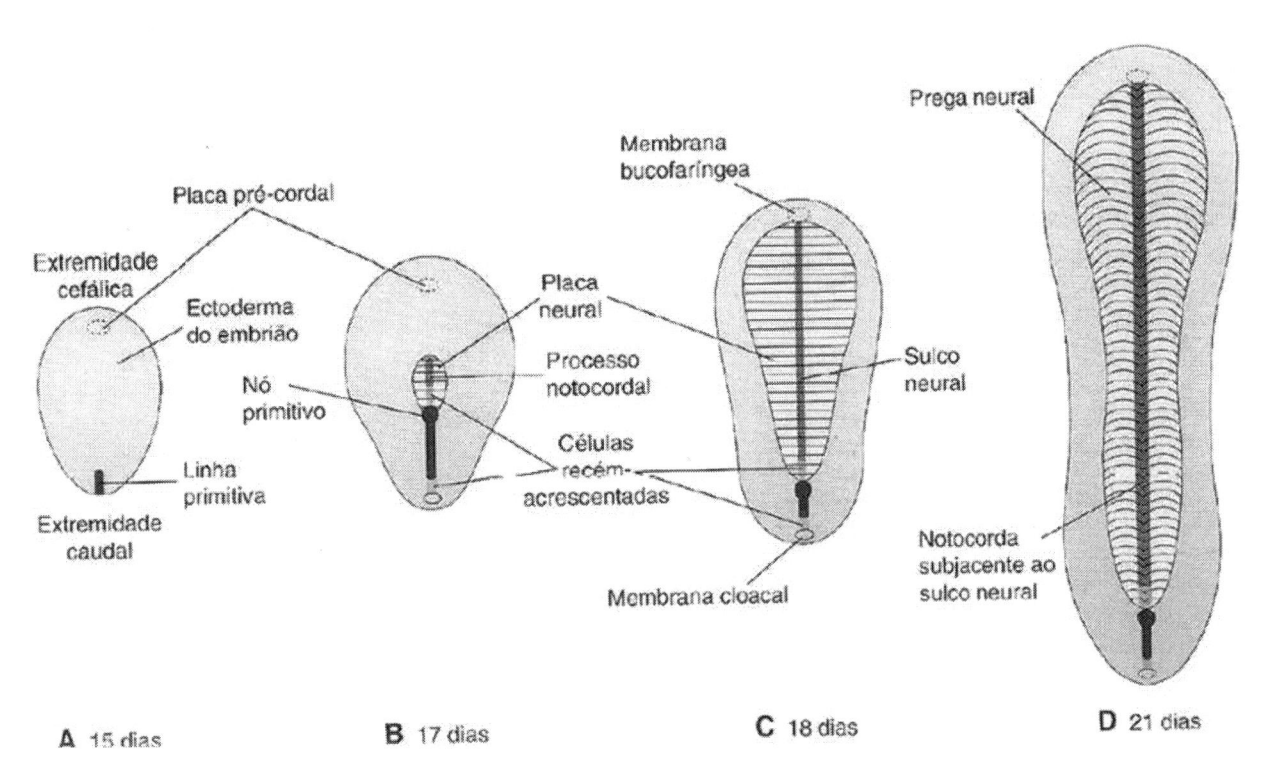

Fonte: http://www.famema.br/ensino/embriologia/primeirassemanas3.php. Acesso em 07 nov. 2018.

A notocorda em formação induz o ectoderma a formar a **placa neural**, que são os primórdios do sistema nervoso central, originando o encéfalo e a medula espinhal. Essa formação denomina-se **neurulação**.

A placa neural inicia-se junto do nó primitivo, e, com o alongamento do processo notocordal, alarga-se cefalicamente até a membrana orofaríngea. Por volta do décimo oitavo dia, a placa neural se invagina ao longo do eixo central para formar um *sulco neural* com pregas neurais de ambos os lados.

A formação do **tubo neural** inicia-se no final da terceira semana. As pregas neurais fundem-se convertendo a placa neural em tubo. Esse processo começa no meio do embrião e avança em direção às extremidades caudal e cefálica, fechando mais rápido nessa porção. O tubo neural dará origem ao encéfalo e medula espinhal (MOORE, 2016).

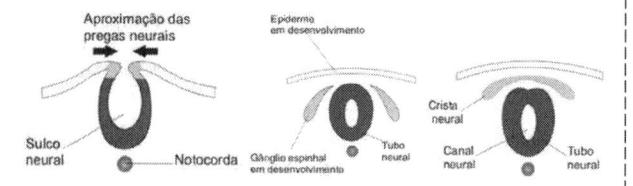

Fonte: http://bio-neuro-psicologia.usuarios.rdc.puc-rio.br/embriologia.html. Acesso em 07 nov. 2018.

Como o desenvolvimento é constante, enquanto formam-se a notocorda e o tubo neural, o mesoderma, ao lado, gera colunas longitudinais (mesoderma paraxial), que logo começam a se dividir em cubos denominados somitos. Os somitos partem do centro em direção à cauda e do centro em direção à cabeça, até concluir o esqueleto axial (coluna vertebral, costela, esterno e crânio), que posteriormente será recoberto pela musculatura e pelo tecido de revestimento, que futuramente se transformará em pele.

O desenvolvimento do celoma intraembrionário (cavidade do corpo embrionário), se inicia como espaços celômicos isolados no mesoderma lateral e no mesoderma que dará origem ao coração (mesoderma cardiogênico).

Como já vimos, o celoma intraembrionário divide o mesoderma lateral em duas camadas: mesoderma somático ou parietal - associado com o mesoderma extraembrionário que recobre o âmnio; e o mesoderma esplâncnico ou visceral - associado com o mesoderma extraembrionário que recobre o saco vitelino. O mesoderma somático e o ectoderma embrionário formam a parede do corpo **(somatopleura)**, já o mesoderma esplâncnico e o endoderma embrionário formam a parede do intestino **(esplancnopleura)**.

3 - Angiogênse

A **angiogênese** é a formação de sangue e dos vasos sanguíneos, que se inicia no começo da terceira semana no mesoderma intraembrionário. Ao final da segunda semana, a nutrição do embrião é obtida do sangue materno por difusão, através do celoma extraembrionário e do saco vitelino, trazendo nutrientes e oxigênio.

A formação do sangue e dos vasos sanguíneos segue da seguinte maneira:

- Células mesenquimais **(angioblastos)** agregam para formar massas isoladas e cordões, as ilhotas sanguíneas;
- As cavidades que surgem nessas ilhotas se organizam para formar um endotélio primitivo;
- Os vasos se fundem para formar redes de canais endoteliais e estendem-se para áreas adjacentes através de fusão com outros vasos (MOORE, 2016).

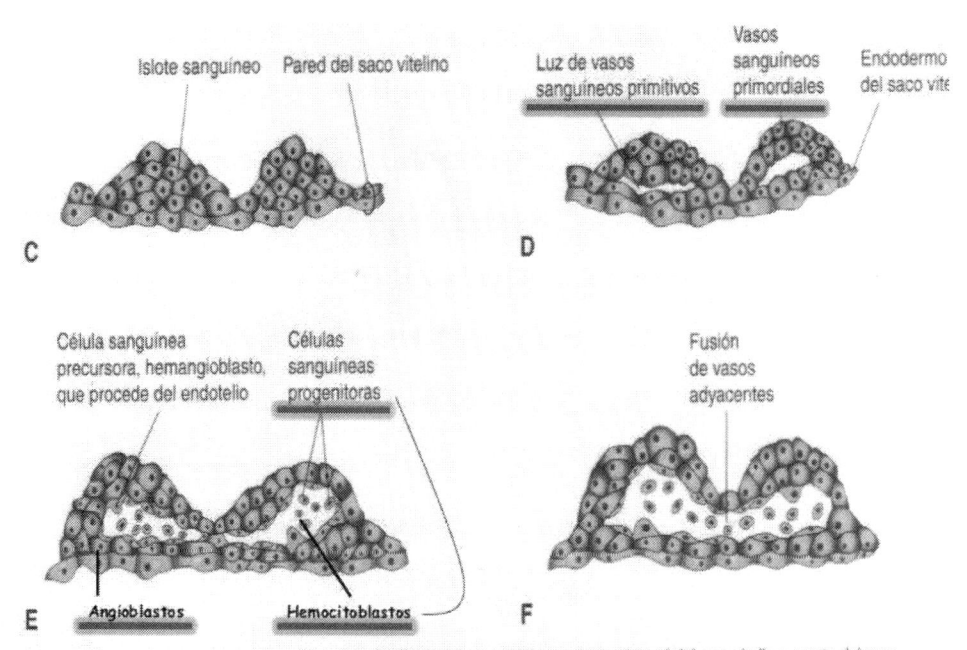

Figura 4 - 11. Fases sucesivas del desarrollo de la sangre y los vasos sanguíneos. A, Vista lateral del saco vitelino y parte del saco coriónico (alrededor de 18 días). B, Vista dorsal del embrión expuesto al quitar el amnios. C a F, Cortes de islotes sanguíneos que muestran etapas progresivas del desarrollo de la sangre y los vasos sanguíneos.

Fonte: http://pt.slideshare.net/AlanGlezSoriano/embriologia-sistema-cardiovascular. Acesso em 08 nov. 2018.

Observe que após a formação do tubo, algumas células se desprendem formando as células sanguíneas primitivas - **hemocitoblastos**.

O sangue, na terceira semana, ocorre primeiro no fígado e, mais tarde, no baço, na medula óssea e nos linfonodos. O coração primitivo se forma a partir de células mesenquimais na área cardiogênica. Os tubos endocárdicos são formados e se fundem num tubo cardíaco endotelial, que no fim da terceira semana já se ligou aos vasos sanguíneos do embrião, pedúnculo embrionário, córion e saco vitelino, formando o Sistema Cardivascular Primitivo. O sangue começa a circular e os batimentos cardíacos iniciam.

O desenvolvimento das vilosidades coriônicas inicia-se no final da segunda semana, quando crescem as células mesenquimais no interior das vilosidades coriônicas primárias, tornando-as secundárias e cobrindo toda a superfície do córion. Essas células logo começam a se diferenciar em capilares sanguíneos, que se fundem para formar redes arteriocapilares venosas, passando a se chamar **vilosidades coriônicas terceárias** ou **vilosidades tronco**. Com essa formação, os vasos logo se conectam com o coração embrionário, através dos vasos que se diferenciam no mesênquima do córion e do pedúnculo embrionário, levando oxigênio e nutrientes do sangue materno, através dos capilares fetais. O dióxido de carbono e os produtos do metabolismo difundem-se do sangue nos capilares fetais para o sangue materno, através das paredes das vilosidades (MOORE, 2016).

Principais etapas na formação da Placenta:

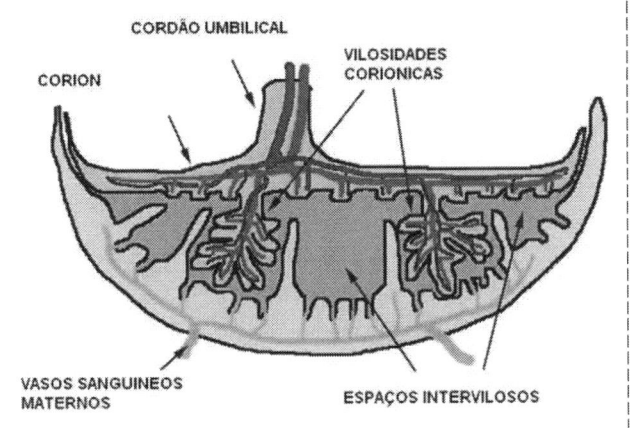

Fonte: https://slideplayer.com.br/slide/1705559/. Acesso em 08 nov. 2018.

Observe na imagem anterior, que as vilosidades coriônicas, realmente penetram no tecido materno do útero, para que ocorram as trocas de material entre mãe e embrião.

Ao mesmo tempo, células citotrofoblástica das vilosidades coriônicas proliferam e se estendem através da camada sinciciotrofoblástica para se juntarem e formar uma capa citotrofoblástica, que prende o saco coriônico ao endométrio. As vilosidades coriônicas, ligadas aos tecidos maternos, pela capa citotrofoblástica, são chamadas vilosidades de ancoragem. As vilosidades que crescem a partir dos lados das vilosidades fixas são chamadas vilosidades livres. Através delas se dá a troca de material entre a mãe e o embrião (MOORE, 2016).

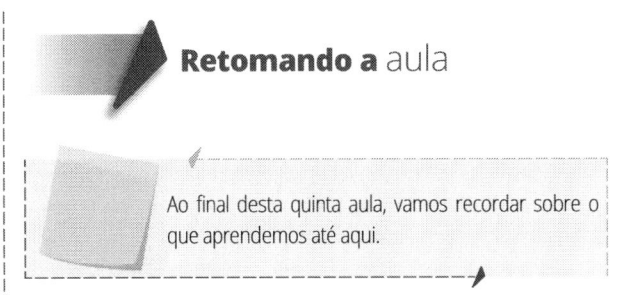

Retomando a aula

Ao final desta quinta aula, vamos recordar sobre o que aprendemos até aqui.

1 – Gastrulação

Esse processo da terceira semana de desenvolvimento do embrião é para que ocorra a formação do disco embrionário trilaminar: ectoderma, mesoderma e endoderma. Anteriormente, existia o disco bilaminar, formado por epiblasto e hipoblasto, no qual células mesenquimais se espalhavam entre as duas camadas de células e formavam o mesoderma intraembrionário. Depois algumas células mesenquimais vão invadir o hipoblasto, formando o endoderma e, posteriormente, o epiblasto, que forma o ectoderma. São estes os três primeiros tecidos do embrião que darão origem a várias estruturas de sua constituição.

2 – Neurulação

Nesta seção, vimos que, primeiramente, é formado a base do esqueleto axial do embrião, pois, ele precisa ter um eixo de sustentação para dar continuidade a sua formação. Essa formação começa pelas células mesenquimais que se espalham ao longo do disco embrionário trilaminar, formando a linha primitiva, a qual se estabelece, forma o processo notocordal, que mais tarde enrijece, e forma a notocorda (o eixo do embrião). Esclarecemos também sobre a formação do sistema nervoso, onde células mesenquimais se espalham ao longo da notocorda, e das células da ectoderme, e formam placas neurais, que logo se invaginam, tornando-se preguiadas. Aos poucos, vão se fundindo até formar o tubo neural, estrutura simples do complexo sistema nervoso que vai se formar ao longo do desenvolvimento do feto.

3 – Angiogênse

Nesta seção, conhecemos a formação do sangue e dos vasos sanguíneos. Células específicas, denominadas angioblastos, na região do mesoderma intracelular, agrupam-se formando ilhotas, que logo se fundem e formam o primeiro endotélio do coração. A seguir, alguns hemiciotoblastos (primeiras células sanguíneas), se desprendem das ilhotas e passam a circular, formando assim o sangue.

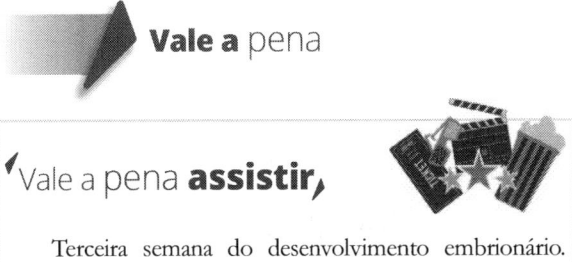

Vale a pena

Vale a pena **assistir**

Terceira semana do desenvolvimento embrionário. Disponível em: <https://www.youtube.com/

watch?v=i1bS5gqY1oQ>.

Terceira Semana do Desenvolvimento Humano - Parte 2/4 - Prof. Disponível em: <https://www.youtube.com/watch?v=0FmE8I_DR9M>.

Gastrulação - Desenvolvimento Humano na Terceira Semana. Disponível em: <https://www.infoescola.com/embriologia/gastrulacao-2/>.

Cap. 4 – 3ª semana do desenvolvimento – Neurulação e Formação. Disponível em: <www.dacelulaaosistema.uff.br/?p=500>.

Minhas anotações

Aula 6º

Quarta a oitava semana do desenvolvimento embrionário

Caros(as) alunos(as),

Nesta aula, estamos por findar a formação embrionária, já que as estruturas do embrião serão concluídas com a absorção do saco vitelino, elemento essencial na nutrição e expansão das células. Desse modo, o embrião, ao final da fase embrionária, que chamamos de organogênese, passará a ser considerado feto, indivíduo que ainda na vida uterina, terá o amadurecimento de seus sistemas, pois vão passar pelos processos metabólicos de funcionamento, até o momento do nascimento.

Por meio deste tópico, esperamos contribuir com seu conhecimento sobre a fase da organogênese do embrião. Esse é o momento em que ocorre a absorção do saco vitelino secundário e, também, gradualmente acontecem as transformações externas na estrutura do embrião, permitindo, assim, completar essa fase para, mais adiante, ele se tornar um feto. Caso tenham algumas dúvidas, estas poderão ser sanadas através do e-mail: perla@unigran.br

Bons estudos!

Objetivos de aprendizagem

Ao término desta aula, vocês serão capazes de:

- compreender o motivo pelo qual as estruturas internas e externas foram formadas na fase da organogênese;
- identificar quais as principais formações estruturais externas de cada semana, na fase da organogênse.

Seções de estudo

1 – Formação embrionária de 4ª a 8ª semana
2 – Placenta e membranas fetais

1 - Formação embrionária de 4ª a 8ª semana

Caros(as) alunos(as),

Nesta aula, vamos começar falando sobre a fase final do desenvolvimento embrionário, pois depois da organogênese, o embrião, formado, passa a ter o desenvolvimento dos seus sistemas, e é considerado feto até o nascimento.

Vamos recordar que nosso embrião é constituído do disco embrionário trilaminar. Na parte inferior do blastocisto, temos o saco vitelino secundário, rico em vitelo, ou seja, reserva nutritiva para o desenvolvimento do embrião, que acontece da quarta à oitava semana da gestação.

O processo se inicia da seguinte forma: o disco embrionário trilaminar sofre um dobramento para incorporação do saco vitelino secundário, permitindo assim a formação de suas estruturas internas e externas. Nesse momento, temos o embrião como se fosse um C, quer dizer, ele se curva em direção ao saco vitelino (MOORE, 2016).

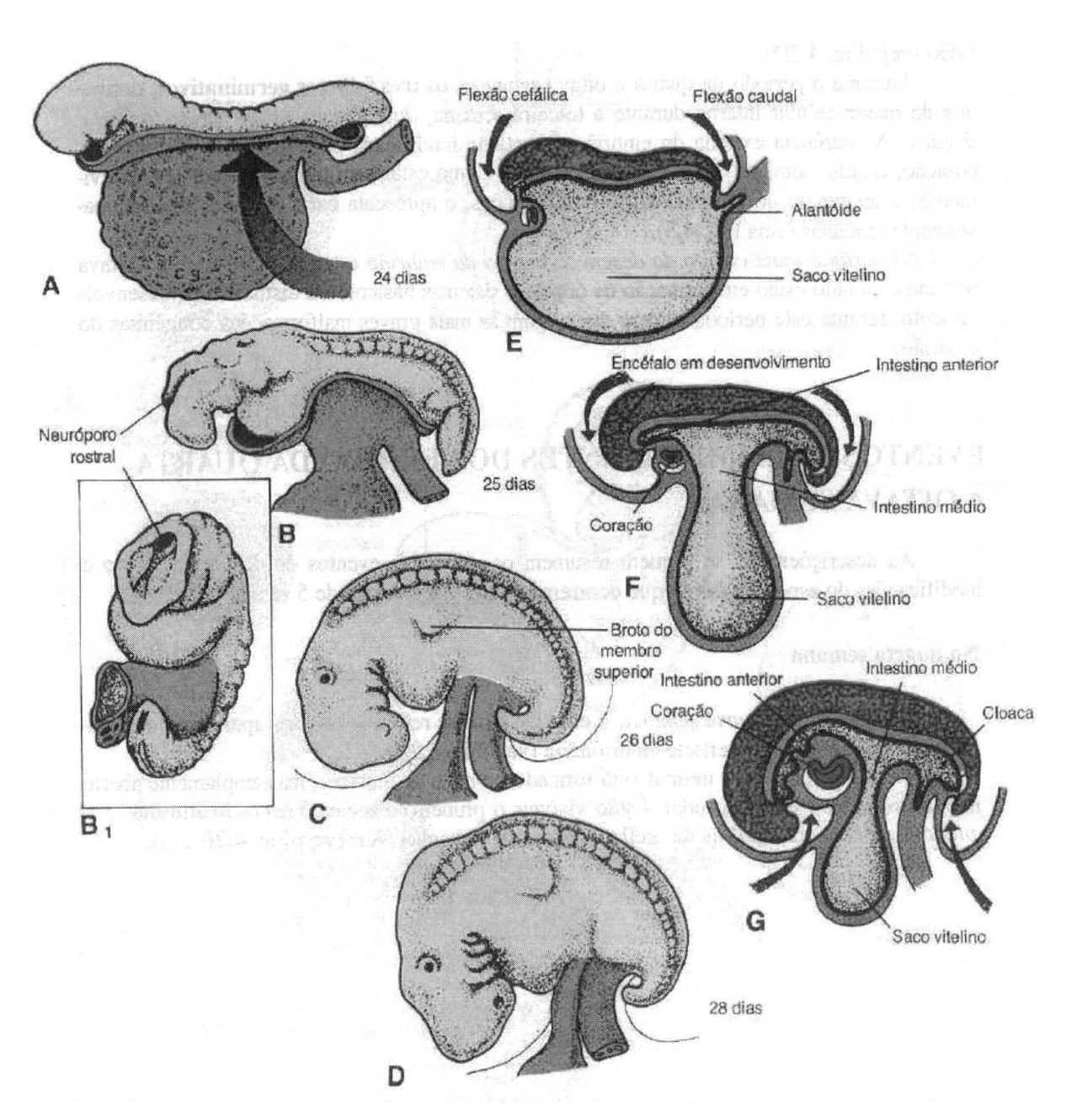

Fonte: Moore, 2015.

A imagem acima nos mostra que gradualmente o embrião vai absorvendo o saco vitelino e cada vez mais fica curvado e vai adquirindo o aspecto humano. Relacione as letras da imagem (A – E), (B – F), (C – F) e (D – G).

Gradualmente temos a constituição de pregas, e a formação de estruturas vão surgindo, pelo fato da absorção do saco vitelino:

- **Prega cefálica**: irá incorporar parte do saco vitelino, formando o intestino anterior. São estruturas que farão parte do sistema digestivo, como região da boca e esôfago.
- **Prega caudal**: irá incorporar parte do saco vitelino, formando o intestino posterior, estruturas que compõem o intestino grosso do indivíduo.
- **Pregas laterais**: irá incorporar o restante do saco vitelino, formando o intestino médio, estruturas que compõem o intestino delgado do indivíduo.

Portanto, ao longo das semanas finais, o embrião vai adquirindo estruturas importantes, que veremos nas semanas, separadamente, conforme a classificação de Moore (2016).

4ª Semana

A forma do embrião é quase reta e os somitos (primórdios dos músculos e das vértebras) produzem elevações conspícuas na superfície. O tubo neural é formado entre as duas fileiras de somitos que ainda estão abertas, caudal e rostral. A essa abertura dá-se o nome de neuróporos.

Por volta do 24º dia são visíveis o primeiro arco mandibular e o segundo arco hioide. Uma discreta curva é produzida no embrião pelas pregas cefálica e caudal, enquanto o coração produz uma grande saliência ventral.

No 26º dia, surge um terceiro arco branquial e o prosencéfalo produz uma saliência proeminente na cabeça, dando, em seguida, um alongamento longitudinal em forma de "C".

Entre o 26º e 27º dia são visíveis os brotos dos membros superiores, pequenas saliências nas paredes do corpo, além das fossetas óticas e os primórdios dos ouvidos internos.

No 28º dia, os brotos dos membros inferiores aparecem como pequenas saliências nas paredes laterais do corpo. Surgem os placoides do cristalino, espessamento ectodérmico indicando os futuros cristanos, visíveis lateralmente na cabeça. Ao final da 4ª semana são visíveis o quarto arco branquial e a cauda constituída por um traço.

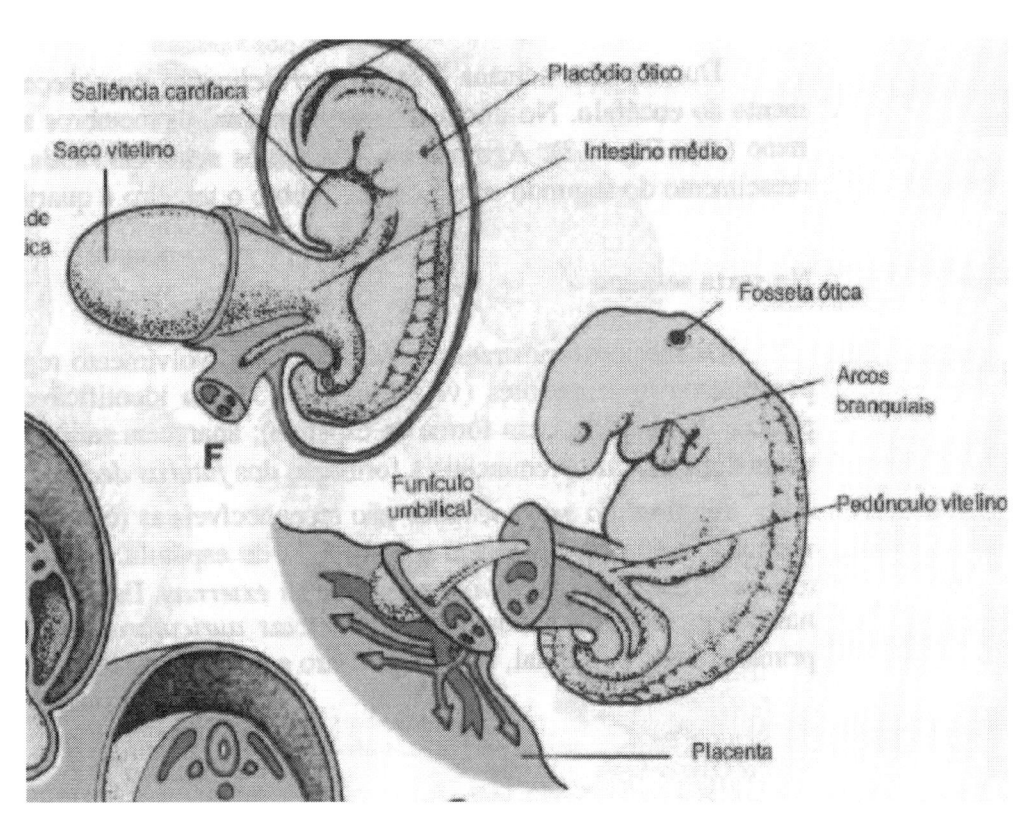

Fonte: Moore, 2015.

5ª Semana

Há um amplo crescimento da cabeça, pelo desenvolvimento rápido do encéfalo. O rosto está em contato com a saliência cardíaca. O segundo arco, ou arco hioide, ultrapassou o terceiro e o quarto arco, formando uma depressão ectoderma conhecida como *seio cervical*.

Os membros superiores e inferiores possuem a forma de remo e são visíveis as fossetas do cristalino e nasal. Ao final, formam-se as placas das mãos e surgem os primórdios dos dedos das mãos, denominados raios digitais, onde após um ou dois dias ocorre o desenvolvimento dos membros superiores.

6ª Semana

A cabeça é bem maior que o tronco, e a curvatura da saliência cardíaca, mais acentuada devido à posição da cabeça sobre o encéfalo e a região cervical. Já são visíveis a região do cotovelo e do pulso, e também as mãos em forma de remo com sulcos (raios digitais), futuros dedos.

Entre os dois primeiros arcos branquiais, surgem como uma pequena saliência, onde acabam se fundindo para formar a aurícula do ouvido externo. Os olhos ficam mais evidentes. Os somitos são visíveis na região lombossacra até meados desta semana. E, afinal, o tronco e o pescoço já começam a endireitar.

7ª Semana

Existe uma comunicação reduzida do intestino primitivo com o saco vitelino, através pedúnculo vitelino. Surge a *hérnia umbilical*, proveniente dos intestinos que penetram o celoma extraembrionário, na porção proximal do cordão umbilical. Os membros sofrem considerável mudança, surgem chanfraduras entre os raios digitais das mãos. No final desta semana, surgem os raios digitais dos pés.

8ª Semana

O embrião está no início da última semana embrionária, e seus dedos são ligados por membranas bem visíveis. A cauda ainda persiste, embora pequena. Ao final da semana, os dedos das mãos e dos pés se alongam e se distinguem. A cauda desaparece.

A aparência humana já é bem visível. Apresenta cabeça ereta, embora ainda bem maior que o resto do corpo. Define-se a região do pescoço, e as pálpebras já estão marcadas. O abdome é menos protuberante e os intestinos encontram-se próximos ao cordão umbilical.

No começo da oitava semana, os olhos estão abertos. As pálpebras se encontram e se unem por fusão epitelial. As aurículas dos ouvidos externos começam a assumir sua forma final, mas ainda estão em posição abaixo da cabeça.

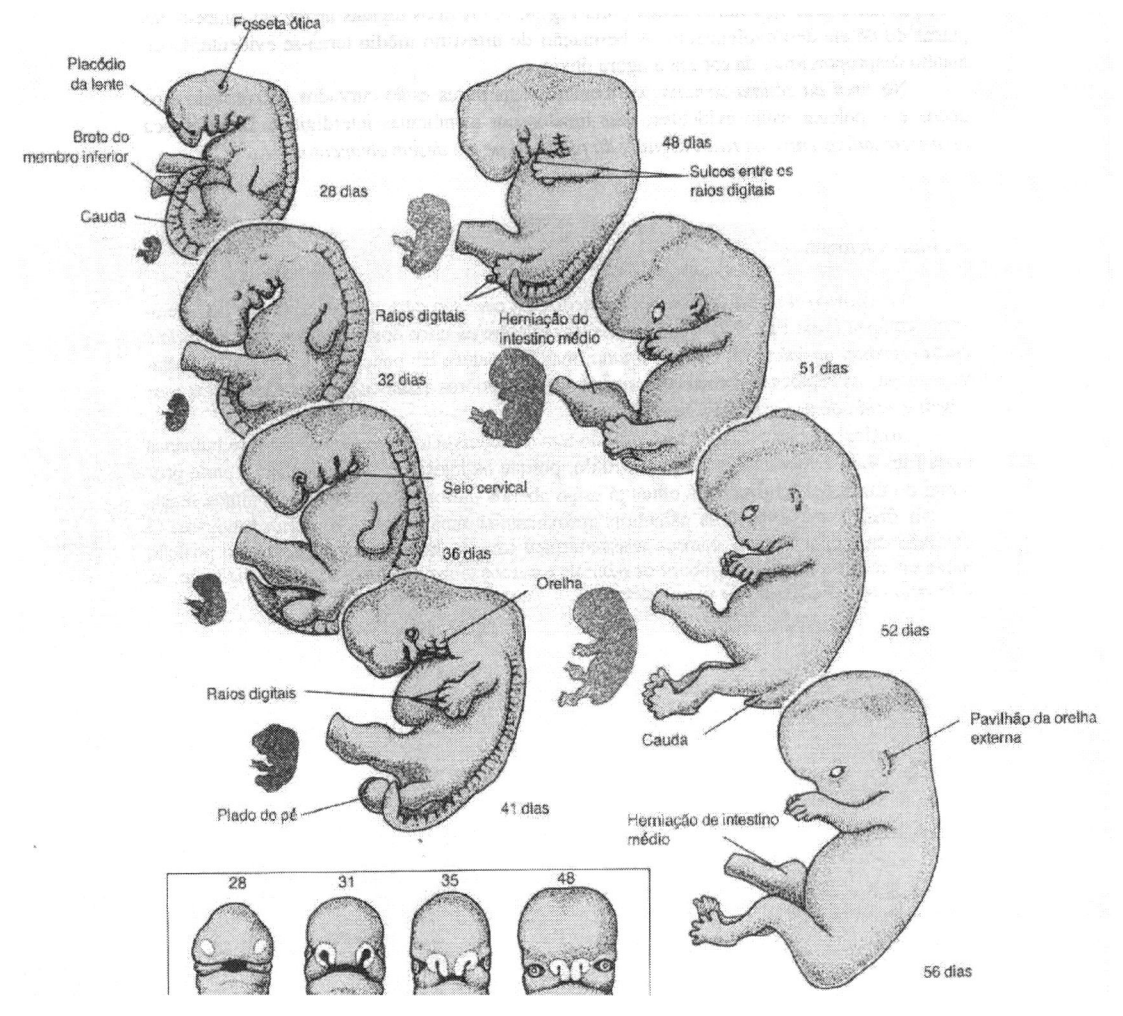

Fonte: Moore, 2015.

Como podemos observar, o embrião começa a adquirir traços humanos. Daqui por diante, passa a fase fetal, ou seja, de desenvolvimento de seus sistemas fisiológicos.

2 - Placenta e membranas fetais

A placenta e as membranas fetais são de fundamental importância, pois é através delas que ocorrem as trocas de substâncias entre a mãe e o feto. Os vasos do cordão umbilical é que fazem essa união, circulação placentária e fetal (MOORE, 2016).

2.1 Placenta

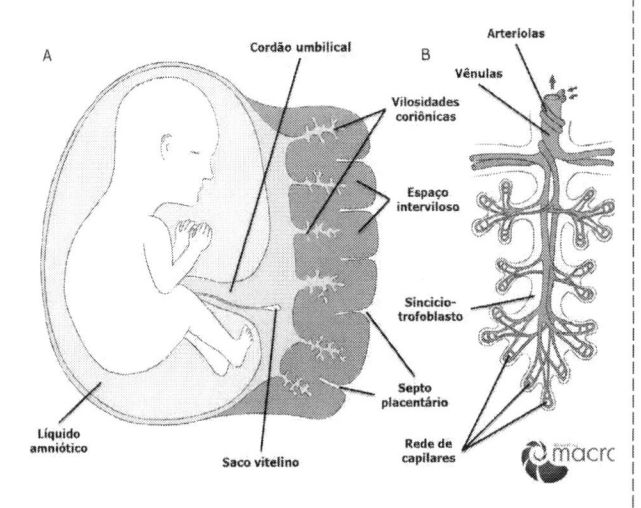

Fonte: http://www.nano-macro.com/2012/09/9-meses-post-23.html. Acesso em 08 nov. 2018

Segundo Moore (2016), a placenta é o principal local de trocas de nutrientes e gases entre a mãe e o feto. É considerada um órgão materno fetal, com dois componentes:
- uma porção fetal, que se origina de parte do saco CORIÔNICO
- uma porção materna, que se deriva do endométrio

A placenta e o cordão umbilical estão intimamente ligados, pois funcionam como um sistema de transporte, onde os nutrientes e o oxigênio vão do sangue materno para o sangue fetal, e os produtos de excreção e o dióxido de carbono, do sangue fetal para o sangue materno, através da placenta.

As principais funções e atividades da placenta e das membranas fetais: proteção, nutrição, respiração, excreção e produção de hormônios.

Como sabemos, após o parto, a placenta e as membranas fetais são expelidas do útero, e isso é denominada *decídua* (do latim, que cai), que se refere ao endométrio grávido.

Três regiões da decídua recebem nomes de acordo com sua relação com o local da implantação:

- **Decídua basal** - é a parte da decídua situada mais distante do concepto, que forma o componente materno da placenta.
- **Decídua capsular** - é a parte superficial da decídua que recobre o concepto.
- **Decídua parietal** - é constituída por todas as partes restantes da decídua.

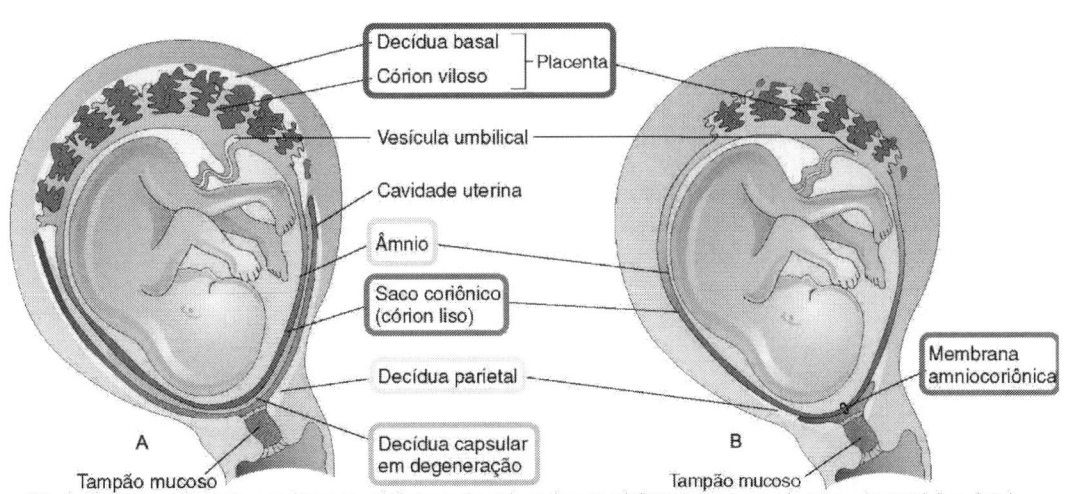

Fig.3: Cortes sagitais de um útero gravídico mostrando o desenvolvimento das membranas placentária e fetal.
A. Note a fusão do âmnio com o córion liso e degeneração da decidua capsular. B. Fusão da membrana amniocoriônica com a decidua capsular, obliterando a cavidade uterina e formação da placenta.
Moore, K.L. Embriologia Clínica/Keith L. Moore, T.V.N. Persaud, Mark G. Torchia. Rio de Janeiro: Elsevier, 2012.

Fonte: http://www.dacelulaaosistema.uff.br/?p=702. Acesso em 08 nov. 2018.

Em virtude do aumento de progesterona no sangue materno, as células do estroma (tecido conjuntivo) aumentam de tamanho, formando as células deciduais. Seu aumento acontece devido ao acúmulo de glicogênio e lipídios no seu citoplasma. Essas mudanças vão gerar reações deciduais, devido às alterações celulares e vasculares da gravidez.

O desenvolvimento da placenta inicia-se com o desenvolvimento do saco coriônico e das vilosidades ao final da terceira semana, e ao final da quarta semana estabelece completamente as trocas materno-embrionárias de gases, nutrientes e produtos metabólicos e excreção.

Na 8ª semana, as vilosidades coriônicas cobrem todo o saco coriônico, mas à medida que o saco cresce, a decídua capsular é comprimida, reduzindo o suprimento sanguíneo, e as vilosidades logo se degeneram, formando uma área avascular – córion liso. As vilosidades associadas à decídua basal rapidamente aumentam de tamanho, formando o córion viloso, porção frondosa do saco coriônico.

A placenta tem duas partes:
- Componente fetal da placenta, que é formado pelo córion viloso. As vilosidades - tronco que surgem deste, se projetam para dentro do espaço interviloso, contendo sangue materno, - córion liso.
- Componente materno da placenta - é formada pela mucosa uterina (endométrio), composta pelo epitélio de revestimento do útero e o tecido conjuntivo subjacente, contendo os vasos uterinos.

2.2 Membrana Placentária

De acordo com Carlson (2014), a princípio, a membrana placentária é composta pelos tecidos extrafetais: sinciciotrofoblasto, citotrofoblasto, tecido conjuntivo das vilosidades e endotélios dos capilares fetais. A membrana placentária separa o sangue materno do sangue fetal.

Com 20 semanas, as células citotrofoblásticas desaparecem das grandes áreas das vilosidades, sendo composto pelos outros componentes como vários capilares sanguíneos.

Esta membrana é apenas capaz de impedir a passagem de algumas substâncias endógenas ou exógenas.

O transporte, através da membrana placentária, ocorre por esses processos:
- difusão simples – deslocamento das substâncias de maior concentração para menor concentração, manter equilíbrio.
- difusão facilitada – por meio de cargas elétricas.
- transporte ativo – combinações temporárias de substâncias.
- pinocitose – o englobamento de uma pequena amostra do líquido extracelular.

2.3 Membranas Fetais

O mesmo autor explica que as membranas fetais são constituídas pelo *córion, âmnio, saco vitelino e alantoide*. Elas se originam no zigoto, mas não participam da formação do embrião ou do feto, exceto de partes do saco vitelino e da alantoide. Parte do saco vitelino é incorporada ao embrião como o primórdio do intestino. A alantoide se torna um cordão fibroso, conhecido como *úraco,* no feto, e como ligamento umbilical mediano, no adulto. Ele se estende do ápice da bexiga urinária ao umbigo.

2.3.1 Âmnio e córion

Depois do dobramento do disco trilaminar, o âmnio expande até a cavidade coriônica, formando o saco amniótico. Este, por sua vez, está conjugado com o córion, que margeia todo o saco amniótico, formando a união *membrana amniocoriônica*.

A rotura dessa membrana, antes de o feto chegar a termo, é o evento mais comum que leva ao trabalho de parto prematuro.

O âmnio forma uma bolsa cujo conteúdo líquido banha diretamente o corpo do embrião. Sua parede, fina e transparente, é formada internamente pelo epitélio amniótico, derivado do trofoblasto, e, externamente, pelo mesoderma extraembrionário.

As funções do âmnio decorrem da presença do líquido amniótico, que protege o embrião e o feto contra choques mecânicos; lubrifica e umedece a superfície embrionária e fetal, evitando a desidratação. Isso possibilita que o embrião boie e facilita o movimento do corpo e dos membros. E, ainda, ao ser aspirado pelo feto, o líquido amniótico contribui para dilatar e manter patentes as vias aéreas intrapulmonares.

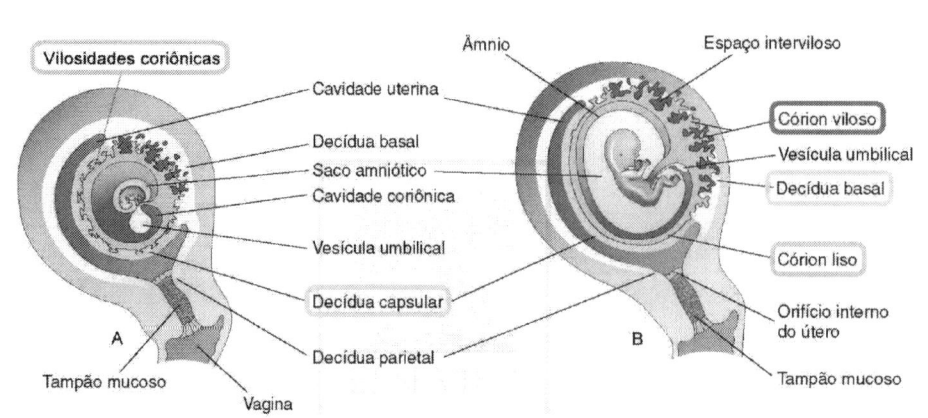

Fig.2: Desenvolvimento das membranas placentária e fetal em cortes sagitais de um útero gravídico mostrando as membranas fetais e decíduas. A. Note as vilosidades coriônicas em torno de todo saco coriônico. B. Degeneração das vilosidades coriônicas associadas à decídua capsular, formando o córion liso, e o aumento daquelas voltadas para a decídua basal, formando o córion viloso.
Moore, K.L. Embriologia Clínica/Keith L. Moore, T.V.N. Persaud, Mark G. Torchia. Rio de Janeiro: Elsevier, 2012.

Fonte: http://www.dacelulaaosistema.uff.br/?p=702. Acesso em 08 nov. 2018.

O córion é o anexo embrionário mais externo, como podemos observar na imagem. É ele que estabelece contato com a parede do útero, constituindo, juntamente com o alantoide, a parte fetal da placenta. Sua parede é formada por duas camadas, do trofoblasto e da mesoderma somático extraembrionário.

O córion é o anexo embrionário mais externo. A parte fetal da placenta (córion viloso) é presa à parte materna da placenta, pelo revestimento citotrofoblástico. As vilosidades de ancoragem são firmemente presas à decídua basal e ao saco corônico, onde passam livremente artérias e veias endometriais, através de fendas no revestimento, e abre-se no espaço interviloso.

As vilosidades coriônicas entram em contato com a mucosa do útero, possibilitando as trocas metabólicas entre a mãe e o feto, afirma Carlson (2014).

2.3.2 Saco vitelino e alantoide

Carlson (2014) acrescenta que o saco vitelino é o mais antigo dos anexos embrionários, ocorrendo em todos os vertebrados, desde os peixes até os mamíferos. Ele se forma precocemente no embrião, pela expansão do hipoblasto (endoderma). Sua parede é constituída internamente pelo hipoblasto e externamente pelo mesoderma extraembrionário.

Apesar do saco vitelino não ser funcionante no que diz respeito ao armazenamento de vitelo, sua presença é essencial por várias razões:
- Durante a segunda e terceira semanas, quando a circulação uteroplacentária está sendo estabelecida, ele desempenha um papel na transferência de nutrientes para o embrião.
- A formação do sangue na terceira semana ocorre primeiro no mesoderma extraembrionário, bem vascularizado, que cobre a parede do saco vitelino.
- Durante a quarta semana, a parte dorsal do saco vitelino é incorporada ao embrião como intestino primitivo.
- As células germinativas primitivas aparecem no revestimento endodérmico da parede do saco vitelino, na terceira semana, e migram para as glândulas sexuais em desenvolvimento.

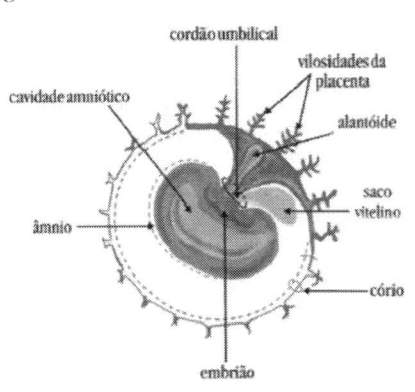

Fonte: https://www.todamateria.com.br/anexos-embrionarios/. Acesso em 08 nov. 2018

O alantoide forma-se como um divertículo endodérmico, que cresce a partir da parte caudal do intestino primitivo e expande-se para dentro do celoma extraembrionário. Sua parede é formada pelo endoderma e, externamente, pelo mesoderma extraembrionário.

Apesar de a alantoide não ser funcionante nos embriões humanos, ela é importante por quatro razões:
- A formação do sangue ocorre na sua parede durante o período que vai da terceira à quinta semana.
- Seus vasos sanguíneos se transformam na veia e nas artérias umbilicais.
- O líquido da cavidade amniótica se difunde para a veia umbilical e entra na circulação fetal para ser transferido para o sangue materno, através da membrana placentária.
- A porção intraembrionária da alantoide vai do umbigo até a bexiga, com a qual é contínua. Quando a bexiga cresce, a alantoide aumenta e forma um tubo espesso, o úraco. Após o nascimento, o úraco se torna um cordão fibroso, chamado ligamento umbilical mediano, que se estende do ápice da bexiga até o umbigo (CARLSON, 2014).

2.3.3 Cordão umbilical

Constitui o cabo de ligação entre a parte fetal da placenta e o corpo do feto. É revestido externamente pelo âmnio. Em sua constituição entram os seguintes elementos: uma veia umbilical, que traz sangue oxigenado da placenta para o feto; duas artérias umbilicais, que levam sangue hipoxigenado do feto para a placenta.

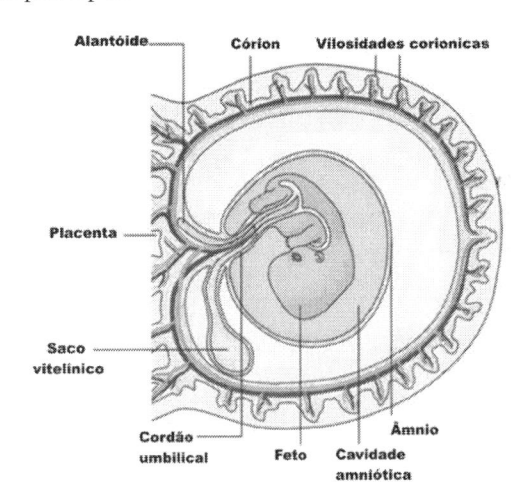

Fonte: www.sobiologia.com.br/conteudos/embriologia/reproducao14.php. Acesso em 08 nov. 2018

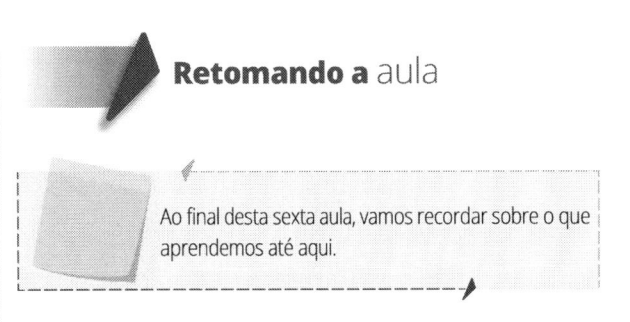

Retomando a aula

Ao final desta sexta aula, vamos recordar sobre o que aprendemos até aqui.

1 – Formação embrionária de 4ª a 8ª semana

Nesta seção, estudamos que o embrião, ao longo das semanas ditas "organogênese", passa por várias transformações estruturais, tanto internas como externas, por conta da absorção do saco vitelino secundário, que lhe permite adquirir aspectos cada vez mais humano, havendo desenvolvimento de estruturas próprias a cada semana que se passa, e, gradualmente ir tornando-se feto.

2 – Placenta e membranas fetais

Nesta seção, vimos que a placenta é um órgão fundamental, que permite as trocas de nutrientes e gases entre mãe e embrião até o final do período gestacional. A placenta apresenta elementos estruturais que a completam, como forma de proteção, como o âmnio, que mantém o embrião hidratado até o final da gestação; o saco vitelino, que permite nutrir o embrião para que suas estruturas sejam formadas; e o alantoide, que auxilia na formação do cordão umbilical.

Vale a pena

Vale a pena assistir,

EMBRIOLOGIA: DA QUARTA À OITAVA SEMANA DE - YouTube. Disponível em: <https://www.youtube.com/watch?v=XIhekYv-9Zg>.

Dobramento do embrião: Quarta semana de desenvolvimento. Disponível em: <https://www.youtube.com/watch?v=FgFqhNfU7bA>.

Desenvolvimento da Placenta e dos Anexos Embrionários - YouTube. Disponível em: <https://www.youtube.com/watch?v=INIcT4rvbAM>.

Biologia: *Aula de Embriologia* - Anexos Embrionários. Disponível em: <thiagoazeredobiologia.blogspot.com/.../aula-de-embriologia-anexos-embrionarios.htm>.

Minhas anotações

Aula 7º

Embriologia animal: tipos de ovos, clivagem, gastrulação e neurulação

Caros(as) alunos(as),

Em nossa aula sobre a Embriologia animal, vamos ver os processos gerais do desenvolvimento embrionário, como os tipos de ovos que indicam a quantidade de vitelo e local onde irá ocorrer a Clivagem, que são as divisões celulares para o desenvolvimento do ser. Posteriormente, veremos sobre o processo da Gastrulação, que envolve a formação dos tecidos primitivos dos seres animais e a formação dos elementos primários de seu sistema nervoso, que ocorre por meio da Neurulação.

Por meio desse tópico, esperamos contribuir com seu conhecimento sobre a Embriologia básica e geral dos animais, por meio dos principais eventos embrionários. Assim como no desenvolvimento humano, nos animais, iniciamos o estudo por meio da formação do zigoto, sucessivas clivagens, que são divisões mitóticas, permitindo a diferenciação de células em tecidos e órgãos. Portanto, uma aula muito importante. Caso tenham algumas dúvidas, estas poderão ser sanadas através do e-mail: perla@unigran.br

Bons estudos!

Objetivos de aprendizagem

Ao término desta aula, vocês serão capazes de:

- identificar os tipos de ovos embrionários existentes nos animais;
- reconhecer os tipos eventuais de clivagem de cada grupo animal;
- comparar a formação dos tecidos primitivos e estruturas primárias dos animais em relação ao desenvolvimento humano.

Seções de estudo

1 – Tipos de óvulo ou ovo
2 – Segmentação ou Clivagem
3 – Gastrulação
4 – Neurulação

1 - Tipos de óvulo ou ovo

Nesta aula, veremos os tipos de óvulo ou ovo que se encontram em desenvolvimento embrionário. Iniciaremos falando dos ovos de animais vertebrados, pois estes se diferem muito em relação à quantidade do vitelo e sua distribuição no citoplasma.

O vitelo é uma reserva nutritiva e energética, de composição lipoproteica, que será absorvida pelos embriões, assim como nos seres humanos, para contribuir na formação de suas estruturas internas e externas.

Vamos analisar os tipos de ovos. Nos répteis e aves, espécies ovíparas, existem grandes quantidades de vitelo, presentes na gema. Em espécies vivíparas, não temos a postura dos ovos fecundados, e a nutrição é contínua por meio do sangue da mãe para o embrião, através da placenta. Portanto, o óvulo ou ovo em desenvolvimento é denominado isolécito, ou oligolécito. Ovos com pouco vitelo, como os do ouriço-do-mar, são chamados de alécitos (*a= ausência; lecito = vitelo*)

Já nos anfíbios, o vitelo é razoável, ou seja, com quantidades em porções diferentes em relação aos polos do ovo (Polo animal e Polo vegetal).

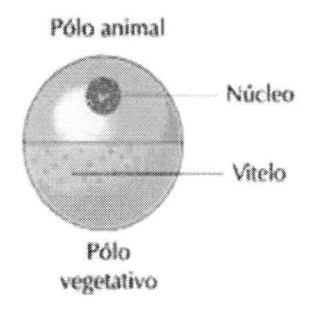

Fonte: https://www.sobiologia.com.br/conteudos/embriologia/reproducao5.php. Acesso em 10 nov. 2018

Ovos com quantidade moderada de vitelo, como os dos anfíbios, e com quantidade variada entre os polos, chamamos de telolécitos incompletos ou heterolécitos. Já os ovos de aves e répteis com grande quantidade são telolécitos completos. Passam, inclusive, a deslocar o citoplasma e o núcleo, ficando aderido à membrana plasmática.

Os insetos são animais que apresentam ovos com vitelo na região central, ao redor do núcleo, denominados centrolécitos.

OVO		VITELO
	OLIGOLÉCITO	Pequena quantidade, uniformemente distribuído. Exemplos: Equinodermos, Anfioxo, Mamíferos placentados - alécitos.
	MESOLÉCITO	Quantidade média, concentrada no pólo inferior (pólo vegetativo). Exemplo: Anfíbios.
	TELOLÉCITO	Grande quantidade. Exemplos: Aves, Répteis, Peixes.
	CENTROLÉCITO	Grande quantidade, ocupando o centro do ovo. Citoplasma periférico. Exemplo: Artrópodes.

Fonte: <https://essaseoutras.com.br/tipos-de-ovulos-oligolecito-telolecito-heterolecito-e-centrolecito/>. Acesso em 10 nov. 2018.

O quadro resume bem os tipos de ovos, a quantidade de vitelo distribuído e cita exemplos de alguns animais, permitindo que, com esse conhecimento, seja possível identificar quanto o embrião terá de vitelo para sua formação.

2 - Segmentação ou clivagem

O termo "segmentação" já nos indica que vai ocorrer uma separação, e é exatamente o que acontece nesse processo. O zigoto, que é uma célula única, realiza várias divisões mitóticas, com o objetivo de multiplicar suas células, aumentando em quantidade para formar as estruturas do embrião.

Portanto, iniciamos com um zigoto, este, ao se dividir, forma várias células até obter um maciço de células, denominado mórula.

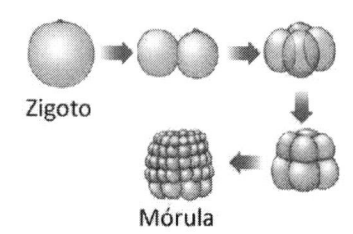

Fonte: http://repassarinformacoes.blogspot.com/2014/09/biologia-embriologia.html. Acesso em 10 nov. 2018

Na imagem, observamos que as células formadas se multiplicam e podem variar de tamanho. De modo geral, são denominadas de blastômeros, mas podemos ter os micrômeros (células menores), os mesômeros (células medianas) e os macrômeros (células grandes).

Após a formação da mórula, os blastômeros passam a se organizar e se separam para que as primeiras estruturas possam ser constituídas. Nesse momento obtemos a blástula, ou blastocele, ou blastocisto.

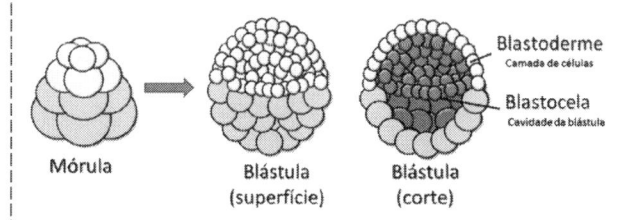

Fonte: http://maxaug.blogspot.com/2013/07/o-desenvolvimento-embrionario-dos.html. Acesso em 10 nov. 2018

A Segmentação ou Clivagem é influenciada pela quantidade de vitelo distribuída no ovo, já que o processo das divisões mitóticas ocorre rapidamente, em maior número, nas áreas ricas em citoplasma, pois o vitelo deve ficar como reserva para o futuro embrião.

A Segmentação é total ou holoblástica, quando a divisão mitótica ocorre em toda a área do ovo fecundado. Quando dizemos que é parcial ou meroblástica, a divisão ocorre em apenas uma parte, onde existe maior concentração de vitelo.

Segmentação ou Clivagem
• Conforme a quantidade e distribuição de lécito.

Segmentação ou Clivagem	Total ou Holoblástica	Igual	Óvulos Oligolécitos
		Desigual	Óvulos Heterolécitos
	Parcial ou meroblática	Discoidal	Óvulos Telolécitos
		Superficial	Óvulos Centrolécitos

Fonte: https://slideplayer.com.br/slide/1828903/. Acesso em 10 nov. 2018

O quadro nos mostra um resumo dos tipos de clivagem e em quais tipos de ovos ocorrem. Assim como mencionado, Clivagem Igual corresponde às células, ou seja, blastômeros, todos do mesmo tamanho; Clivagem desigual, indica blastômeros de tamanhos diferentes; Clivagem Discoidal, corresponde à divisão celular apenas na parte central do vitelo; e Clivagem Superficial, apresenta divisão em apenas algumas células da superfície.

3 - Gastrulação

Esse processo de formação, assim como ocorre no desenvolvimento embrionário humano, nos animais também acontece, para formar os primeiros tecidos embrionários que, de modo geral, inicia pelo ectoderme e pelo endoderme.

Nos animais, dizemos que a Gastrulação pode ocorrer por **Embolia**, ou seja, os micrômeros que se encontram no polo Animal apresentam divisão celular mais rápida do que os macrômeros que estão no polo Vegetal, fazendo com que estes sofram invaginação e acabem por colocar à camada dos micrômeros.

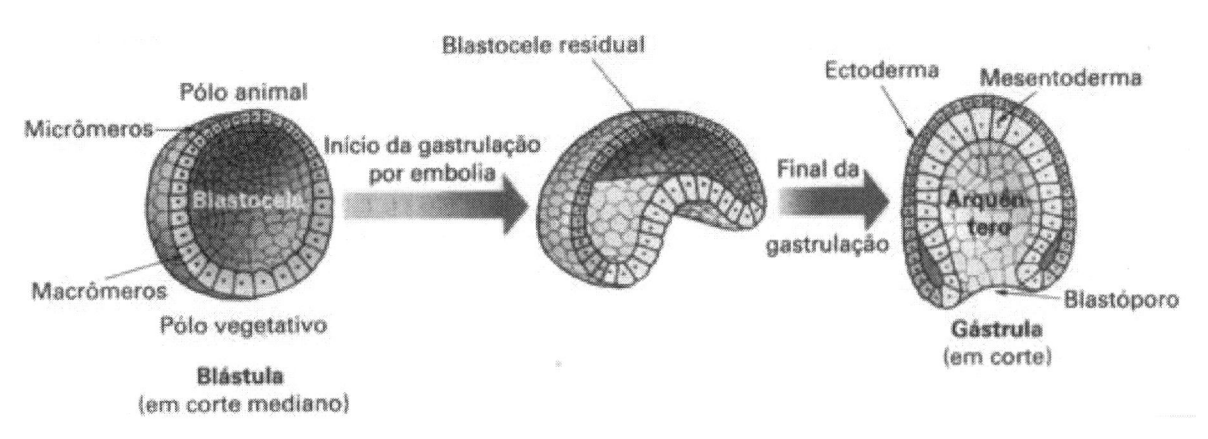

Fonte: https://www.sobiologia.com.br/conteudos/embriologia/reproducao10.php. Acesso em 10 nov. 2018.

Observem a imagem da Blastocele, que é a abertura, como ela vai diminuindo e adquire uma nova forma, que é o Arquêntero, local do futuro tubo digestivo, que se comunica com o exterior por um poro, o chamado Blastóporo. Daí temos, então, o folheto externo, o ectoderma, e o interno, denominado endoderma.

Também pode ocorrer a Gastrulação do tipo **Epibolia**, onde os micrômeros crescem recobrindo os macrômeros, ou seja, do polo Ainal para o polo Vegetal.

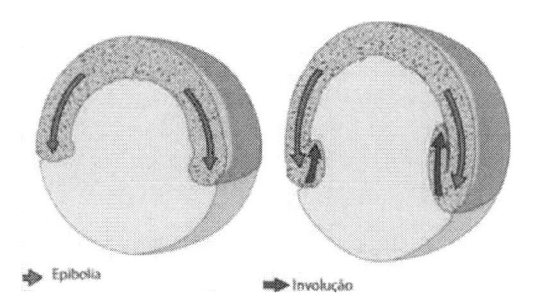

Fonte: https://pt.wikipedia.org/wiki/Gastrula%C3%A7%C3%A3o. acesso em 10 nov. 2018

Vejam que, gradualmente, as células crescem de cima para baixo. Depois se formam o Arquêntero e o Blastóporo, da mesma maneira que na Embolia.

4 - Neurulação

A partir do momento em que se constitui uma Gástrula jovem, acentua-se o crescimento e a diferenciação da mesoderme e de outras estruturas. Primeiramente, observamos o alongamento da gástrula, com sua estrutura dorsal achatada e blastômeros formando a placa neural, que logo criam pregas neurais, que gradualmente vão se fundindo para formar o tubo neural (MELLO, 1989).

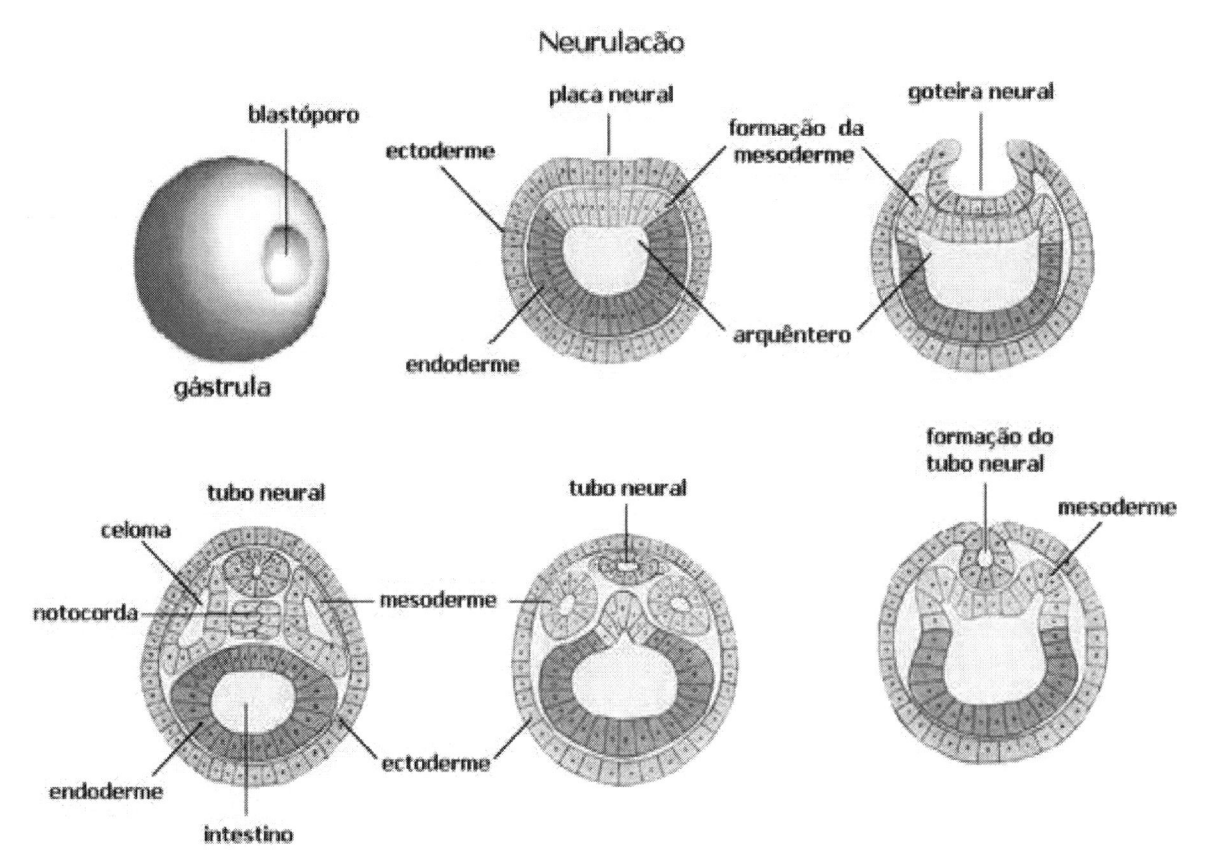

Fonte: https://www.resumoescolar.com.br/biologia/embriologia-gastrulacao-neurulacao-e-formacao-da-notocorda-e-mesoderma/. Acesso em 10 nov. 2018.

Veja na imagem, que a goteira neural também vai se fechando para formar a notocorda, cuja função é criar o eixo do corpo do animal, assim como se verifica com os humanos.

Vamos observar um corte transversal em um Anfioxo, para termos noção da formação das estruturas.

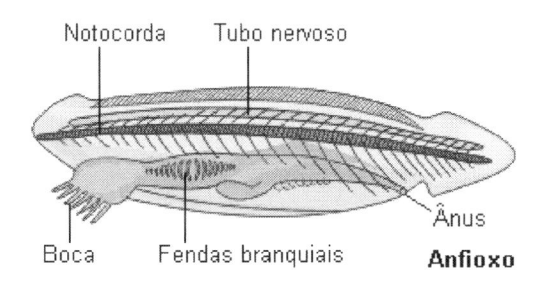

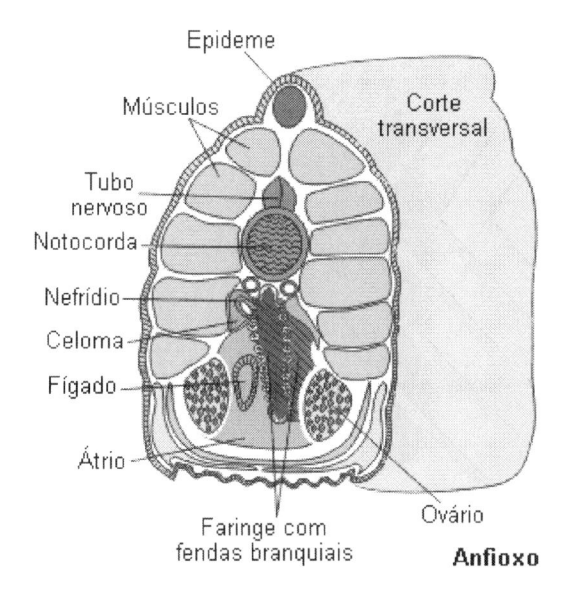

Fonte: https://www.educabras.com/enem/materia/biologia/reino_animal/aulas/filo_cordados_e_as_classes_dos_peixes. Acesso em 10 nov. 2018.

Vejam que o revestimento externo, chamado de epiderme, é formado pelo Ectoderme; os músculos, pelo Mesoderma; o Tubo Neural, por células da placa neural com origem ectodérmica; e o fígado, por células da Endoderme. Se compararmos as duas imagens anteriores, verificamos que as demais estruturas vão sendo construídas de acordo com a evolução embrionária de cada espécie.

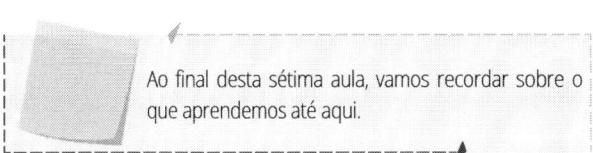

Retomando a aula

Ao final desta sétima aula, vamos recordar sobre o que aprendemos até aqui.

1 – Tipos de óvulo ou ovo

Nesta primeira seção, foi possível identificar os tipos de ovos, ou seja, o zigoto fecundado, lembrem-se disso! Os ovos são classificados de acordo com a quantidade de vitelos presentes no polo animal, parte superior, ou no polo vegetal, parte inferior. Existem ovos alécitos, sem vitelo, e os oligolécitos, com pouco vitelo.

2 – Segmentação ou Clivagem

Vimos nesta seção, que após a fecundação, existe intensa divisão celular mitótica, com o objetivo de aumentar a quantidade de blastômeros, para formar as estruturas do embrião. Porém, nos animais, a clivagem pode ocorrer de acordo com a distribuição de vitelos presentes no polo animal e/ou vegetal, implicando em clivagem total ou parcial da área nutritiva.

3 – Gastrulação

Nesta seção, observamos a formação dos tecidos primitivos do embrião animal, que começa pelo ectoderma, que vai revestir o corpo, e pelo endoderma, que constituirá o intestino do animal. Posteriormente é que vem o mesoderma, responsável pela estruturação dos músculos.

4 - Neurulação

Nesta seção, observamos a formação do tubo neural do animal, que se sucede de maneira bem mais simples que a dos humanos. Nos animais, as células do ectoderme, na região do blastóporo, sofrem invaginação e começam a migrar para o interior do arquêntero. Depois, gradualmente vão se fechando em um tubo, que será a parte responsável pelo sistema nervoso do animal.

Vale a pena

Vale a pena assistir,

Biologia - Embriologia: Tipos de Ovos - YouTube. Disponível em: <https://www.youtube.com/watch?v=YqTd5Eznz0E>.

Óvulos - Só Biologia. Disponível em: <https://www.sobiologia.com.br/conteudos/embriologia/reproducao5.php>.

Clivagem (embriologia) - Biologia. Disponível em: <evidenciabiologica.blogspot.com/2013/10/clivagem-embriologia-clivagem-sao.html>.

Gastrulação - Embriologia (Parte 5 de 9) - YouTube. Disponível em: <https://www.youtube.com/watch?v=mcTb9FYW8h0>.

Minhas anotações

Minhas anotações

Aula 8º

Embriologia comparada

Caros(as) alunos(as),

Em nossa oitava e última aula, vamos abordar o desenvolvimento embrionário dos principais grupos de animais, que consideramos os mais importantes no estudo da embriologia animal. Veremos que muitas das estruturas formadas se equivalem ao desenvolvimento embrionário humano, inclusive as funções das estruturas também serão semelhantes.

Por meio deste tópico, esperamos contribuir com seu conhecimento sobre a embriologia dos Metazoários. Aqui, será possível reconhecer que a formação embrionária acaba sendo semelhante no que diz respeito a certos processos funcionais de cada embrião. Caso tenham algumas dúvidas, estas poderão ser sanadas através do e-mail: perla@unigran.br

Bons estudos!

Objetivos de aprendizagem

Ao término desta aula, vocês serão capazes de:

- conhecer o desenvolvimento embrionário dos principais grupos de animais;
- comparar o desenvolvimento embrionário dos animais, como as estruturas de formação do desenvolvimento humano.

Seções de estudo

1 – Desenvolvimento dos equinodermos
2 – Desenvolvimento de Anfioxo
3 – Desenvolvimento dos Anfíbios
4 – Desenvolvimento das Aves

1 - Desenvolvimento dos equinodermos

É um imenso prazer falarmos, nesta nossa aula, sobre o desenvolvimento dos animais. Vamos acompanhar o desenvolvimento do ouriço-do-mar, e também da estrela-do-mar, além dos demais representantes desse grupo, como mostra a imagem abaixo.

Fonte: https://slideplayer.com.br/slide/10172994/. Acesso em 15 nov. 2018

O ovo do ouriço-do-mar terá uma Clivagem total. As primeiras duas divisões são meridionais e perdendiculares entre si. A terceira clivagem é equatorial, originando uma camada animal e outra vegetal. A quarta clivagem é meridional na metade animal e equatorial e desigual na metade vegetal, produzindo, assim, três tipos de células, os mesômeros, na região animal, os macrômeros na região mediana e os micrômeros, no polo vegetal. Chegamos, então, ao estágio de dezesseis células, após a quarta clivagem. As clivagens vão se sucedendo, mas em menor ritmo, até se estabelecer a blástula, onde se espera rearranjos profundos, que ocorrerão no processo de gastrulação.

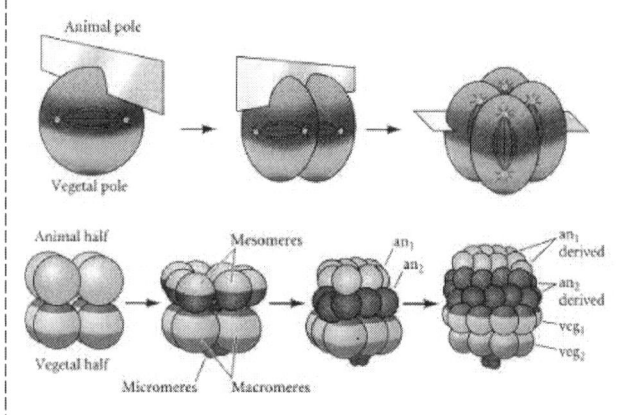

Fonte: http://biomuuuuundo.blogspot.com/2008/09/desenvolvimento-de-invertebrados-ii.html. Acesso em 15 nov. 2018

A cavidade interna, chamada de *blastocele*, é muito pronunciada nos equinodermos. Começa a se formar cedo, durante as clivagens, e vai aumentando até que fique delimitada por uma única camada de célula. Esse aumento ocorre devido ao acúmulo de água provido de fora.

A Gastrulação inicia-se com a formação da placa vegetativa. O embrião passa de uma forma arredondada para uma forma achatada ventralmente. O achatamento indica a região onde vai se formar o *blastóporo*. Dessa placa vegetativa vão-se desprendendo células que migram para o interior da blastocele e que constituirão o *mesênquima primário*. Logo após, no meio da placa vegetativa, surge uma invaginação, onde as células que são colunares se estreitam, transformando-as em piramidais, resultando na invaginação de toda parte vegetativa.

Foi comprovado que com a invagina das células germinativas (placa vegetativa), formam-se em duas etapas, primeiro o blastóporo e, em seguida, o *arquêntero*. A primeira dá-se pela força intrínseca das células da placa vegetativa, que vão originar o mesênquima primário, que são derivadas dos micrômeros. Estes se desprendem das células germinativas e entram na blastocele, posicionando-se de um lado e de outro, na depressão formada pela interiorização do arquêntero.

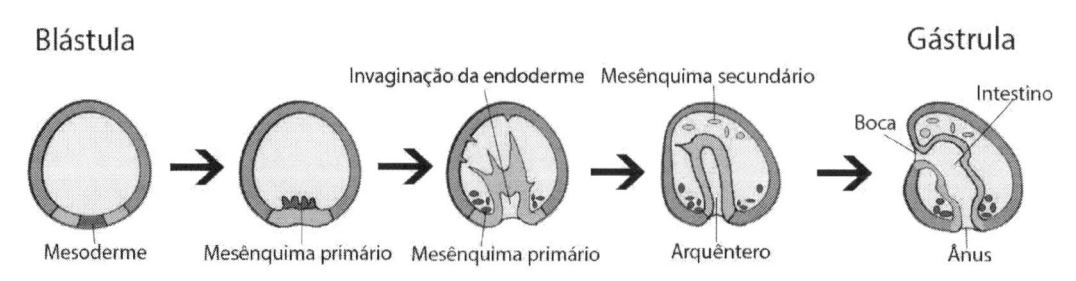

Fonte: https://pt.m.wikipedia.org/wiki/Ficheiro:Blastula_ourico.jpg. Acesso em 15 nov. 2018.

As células da blástula são todas ciliadas, e com as células do mesênquima dentro da blastocele, movem-se pela ação de pseudópodes denominados filopódios. Os filopódios das diferentes células soldam-se uns com os outros, constituindo um único denso fio. A partir daqui, formam-se duas ramificações, uma de cada lado do arquêntero, que mais tarde se irradiam, curvam-se e ramificam-se, servindo de moldes para a deposição da matriz esquelética.

As células da blastocele, que não migraram para a cavidade interna, preenchem as lacunas deixadas pelas células do mesênquima, aumentando a curvatura do arquêntero. Nessa etapa, cessa a invaginação.

Quando o arquêntero se aproxima da parede da gástrula (mesênquima), as células do mesênquima secundário dissociam-se deste e migram para a blastocele, formando uma vesícula de um lado e do outro do arquêntero, o saco celomático, onde se fundem e formam a boca, produzindo um tubo endodérmico contínuo, com o ânus no lado oposto, concluindo-se assim a formação da larva pluteus.

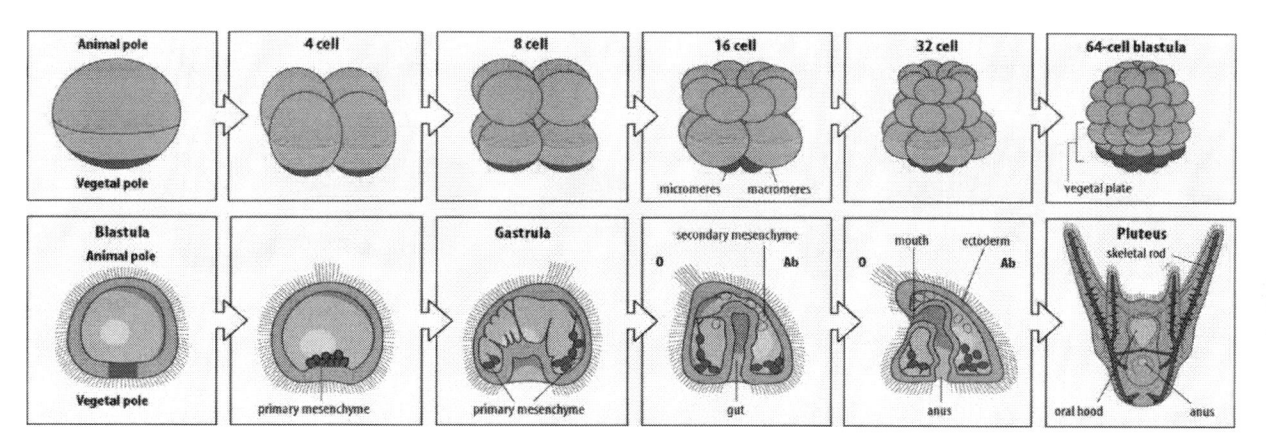

Fonte: http://bioug.blogspot.com/2013/10/6.html

Na imagem, podemos compreender o desenvolvimento embrionário dos equinodermos: processo da clivagem, blástula e gástrula, até a formação da fase larvar do animal.

2 - Desenvolvimento de Anfioxo

O anfioxo pertence ao *filo Chordata* e à classe Leptocardii. São animais que se assemelham aos peixes e habitam nas costas tropicais e temperadas. Esse animal se enterra na areia limpa de água rasa costeira, deixando apenas a extremidade anterior para fora. De vez em quando, sai para nadar por meio de movimentos laterais do corpo.

Fonte: https://simonprojetos.wordpress.com/galeria-de-fotos-2/canto-de-anfibios/anfioxo-coleta/. Acesso em 15 nov. 2018.

O anfioxo é um protocordado marinho de sexos separados, e de fecundação externa. O ovo tem aproximadamente 0,1mm de diâmetro, pouco vitelo (oligolécitos), sendo sua segmentação total e desigual. Da época da reprodução e ovipostura, que ocorre ao final do dia e na manhã seguinte, eclode uma larva ciliada de vida livre, que se alimenta e cresce durante três meses, assumindo, gradativamente, a forma adulta e, mais tarde, começa a se enterrar.

O processo da Clivagem ocorre quando a primeira divisão de segmentação faz-se num plano vertical, do polo animal ao polo vegetal, definindo desde já a simetria bilateral do animal. Isto é, um dos blastômeros dará origem, por divisões, às células dos lados direito e esquerdo do corpo. A segunda divisão de segmentação ocorre perpendicularmente ao primeiro. Após essa divisão, temos quatro blastômeros. Já a terceira divisão ocorre no plano horizontal, perpendicular aos dois primeiros e um pouco deslocada para o polo animal, de modo que os quatro blastômeros do polo animal são um pouco menores (micrômeros) que os do polo inferior (macrômeros). Temos, assim, o estágio de oito blastômeros. A quarta clivagem é feita por planos verticais, e a quinta, por planos horizontais. As divisões continuam. Aparece, então, uma cavidade central, cheia de líquido, a blastocele (MELLO, 1989).

Embriologia do Anfioxo

Segmentação holoblástica: Primeira clivagem

Segmentação holoblástica: Segunda clivagem

Segmentação holoblástica: Terceira clivagem

Após algumas *clivagens* se forma um maciço celular denominado **mórula**.

Após algumas *clivagens* se forma a **blástula**, que possui uma cavidade interna cheia de líquido."

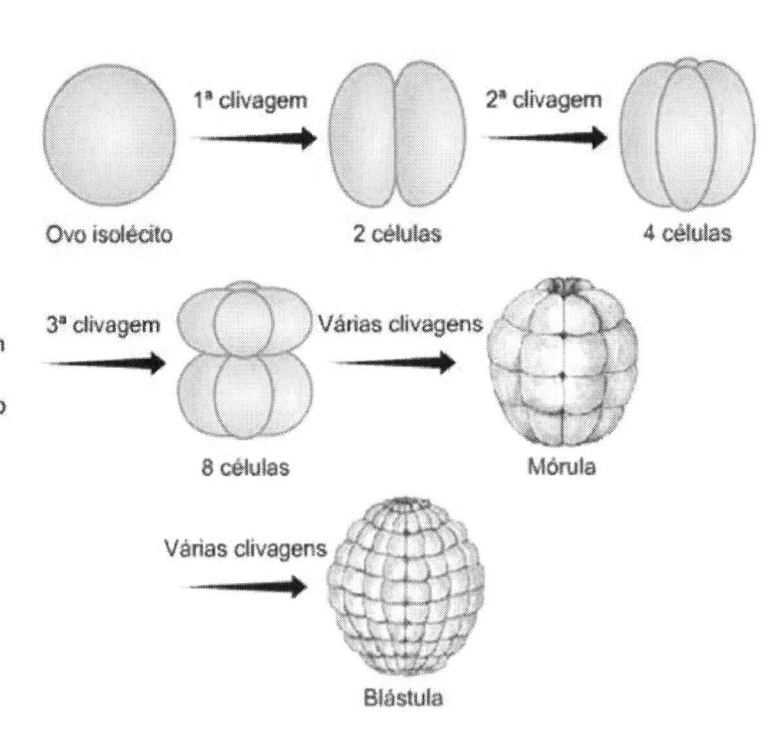

Fonte: https://slideplayer.com.br/slide/10820452/. Acesso em 15 nov. 2018.

No anfioxo a Gastrulação ocorre por invaginação, quando as células do polo vegetativo se movimentam de fora para dentro, obstruindo a blastocele. A nova cavidade que se forma é o arquêntero, cujo canal de comunicação com o exterior é o blastóporo. Este último possuirá dois lábios denominados de ventral e dorsal. Particularmente, ao nível do lábio dorsal, as células do folheto externo continuam a migrar e a se posicionar no teto do arquêntero, dando origem ao material cordomesoblástico que se diferenciará em mesoderme e notocorda.

Portanto, a gástrula do anfioxo, em seu estado inicial, é composta por duas camadas de células, ectoderme e mesoderme; uma cavidade aberta denominada arquêntero ou gastrocele; e um poro de comunicação do arquêntero com o exterior, denominado blastóporo.

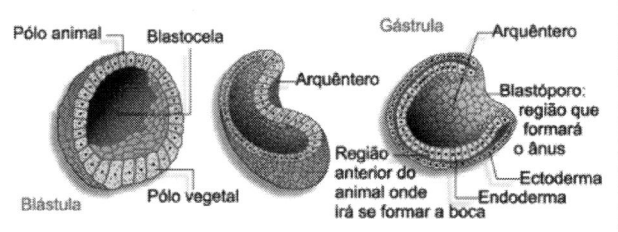

Fig. 3 – A gastrulação.

Fonte: http://embriologiadoanfioxo.blogspot.com/2015/05/embriologia-do-anfioxo.html. Acesso em 15 nov. 2018

No final da gastrulação inicia a Neurulação, com a formação do tubo neural. As células que forram o teto do arquêntero pertencem ao conjunto celular denominado mesentoderme e têm um papel definido, quando induzem as células do ectoderma dorsal (que lhe são justapostas), levando-as a se diferenciarem em tubo neural.

A formação do tubo neural começa com o achatamento da placa neural. O ectodema dos bortos da placa neural divide-se ativamente formando as pregas neurais. Estas crescem sobre a placa, até que os bordos se toquem e se fundam cobrindo, a placa neural, que se dobra, originando o tubo neural.

A notocorda e os somitos surgem simultaneamente com a formação da placa neural e do tubo neural, do lado direito e esquerdo da mesoderme, formando saliências que vão se isolando e se fechando como bolsas denominadas somitos com uma cavidade em seu interior, o celoma.

Entre os blocos somíticos, a mesoderme diferencia-se em forma de um bastão contínuo longitudinal, a notocorda, logo abaixo do tubo neural. A notocorda é típica dos cordados, e poderá persistir, no caso do anfioxo.

Separando-se os somitos e a notocorda da mesentoderme, o que resta ventralmente à notocorda, é a endoderme correspondente ao forro interno do tubo digestório.

Os somitos crescem no sentido dorsoventral, inseridos entre o ectoderme e o endoderme, até se tocarem ventralmente. A lâmina externa, que cresce colada à ectoderme é chamada somatopleura; a interna, colada a endoderme, esplancnopleura. Com isso, estabelecendo assim o esboço do animal adulto (MELLO, 1989).

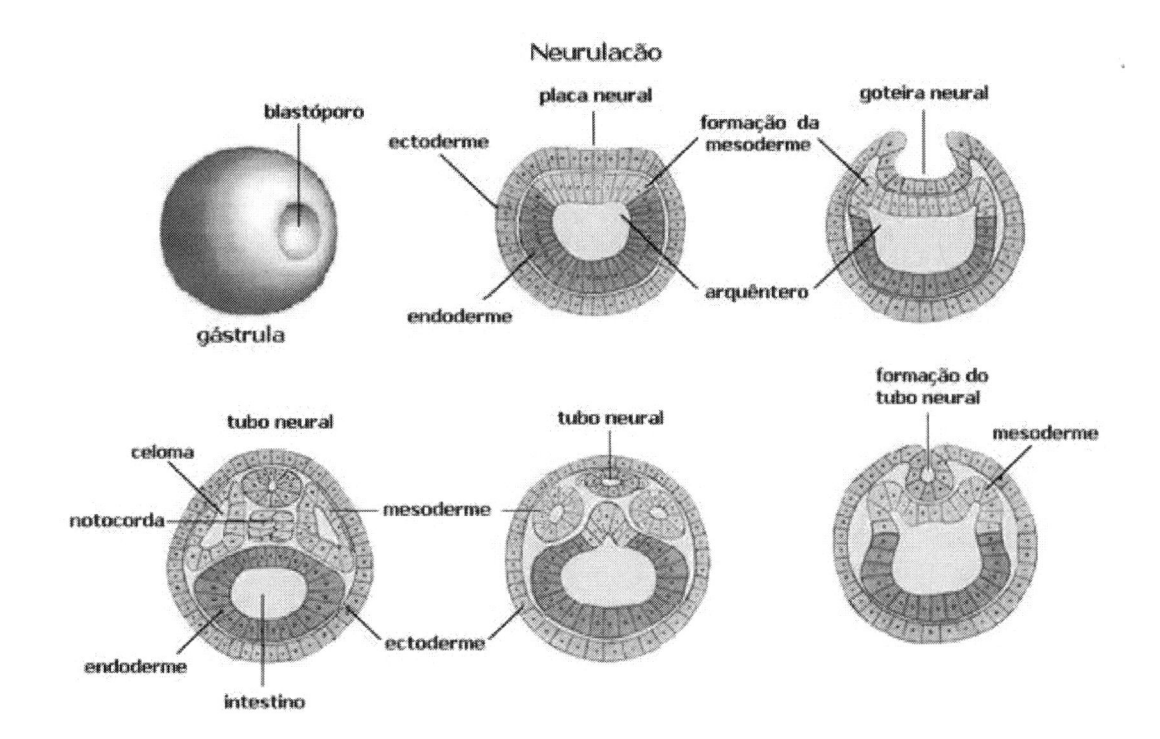

Fonte: https://www.resumoescolar.com.br/biologia/embriologia-gastrulacao-neurulacao-e-formacao-da-notocorda-e-mesoderma/. Acesso em 15 nov. 2018.

Na imagem abaixo, podemos verificar como o processo da Neurulação ocorre no corpo do animal em formação.

Embriologia do Anfioxo

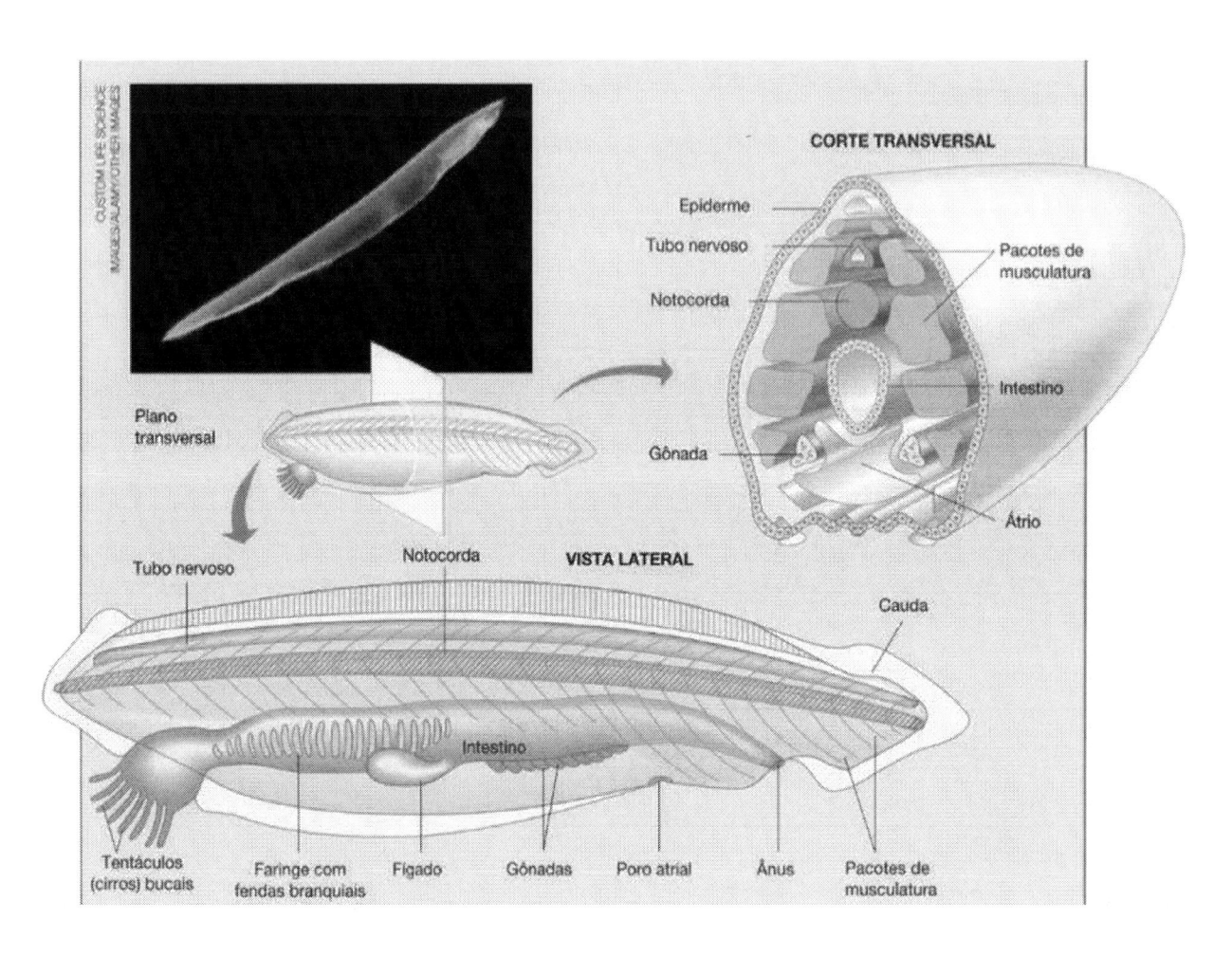

Fonte: https://slideplayer.com.br/slide/10326159/. Acesso em 15 nov. 2018.

3 - Desenvolvimento dos Anfíbios

De acordo com Mello (1989), o ovo dos anfíbios, de uma maneira geral, apresenta um diâmetro de 1 a 3mm. Trata-se de um ovo heterolécito, isto é, com moderada quantidade de vitelo.

O ovo de rã traduz perfeitamente sua polaridade, devido a sua pigmentação. O polo animal se apresenta escuro. Essa pigmentação ultrapassa ligeiramente o equador. Já o polo vegetal se apresenta despigmentado. O polo animal tem uma pequena mancha, conhecida como mancha de maturação ou mancha polar, que corresponde à zona onde o nucleoplasma extravasa, quando a membrana nuclear se rompe, após o final do crescimento do ovo. Nessa zona, a pigmentação periférica é mais clara. O núcleo que se situava no centro do ovócito migrou para a superfície, rompendo-se em seguida.

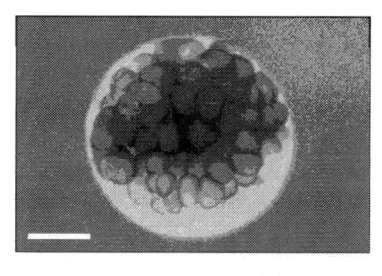

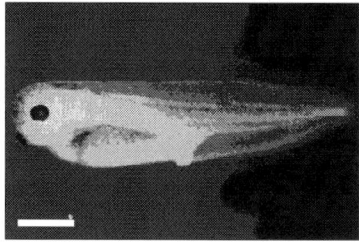

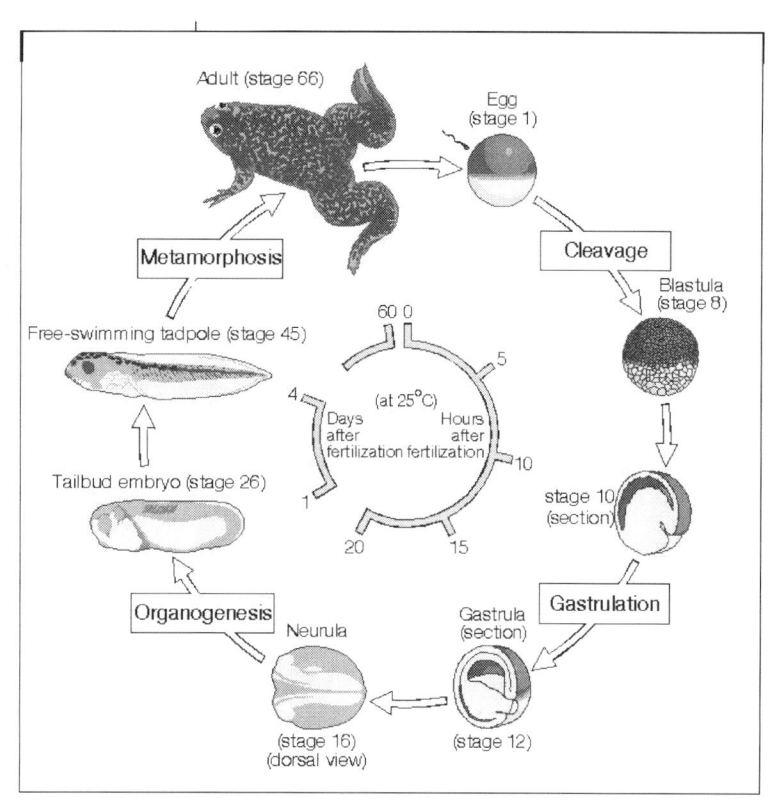

Fonte: http://bioug.blogspot.com/2012/11/1.html. Acesso em 15 nov. 2018.

Observe na imagem do desenvolvimento embrionário do anfíbio. Veja que os blastômeros apresentam mancha no polo animal. Depois, em sua formação embrionária, existe a metamorfose, que é a transformação de girino para o anfíbio propriamente dito.

A divisão meiótica do gameta feminino só ocorre após a ovulação, na parte superior do oviduto. Quando o ovócito alcança o útero, ele atinge a metáfase da segunda divisão meiótica, fase em que fica aguardando a fecundação.

Ocorrida à fecundação, o ovo já atinge sua simetria bilateral, antes mesmo da primeira segmentação.

Após a penetração do espermatozoide, segue o processo de bloqueio à poliespermia, com a reação cortical. Os grânulos corticais extravasam para o espaço periférico, desprendendo-se do córion da membrana plasmática, atingindo, então, a atividade do ovo.

No processo da Clivagem, nos anfíbios de um ovo que é heterolécito, a segmentação será total e desigual. O primeiro sulco de segmentação no ovo de rã ocorre duas horas e trinta minutos após a fecundação, com uma pequena prega no polo animal que, gradativamente vai se afundando, até atravessar também o polo vegetal, resultando em duas células-filhas, os dois primeiros blastômeros.

O segundo sulco de clivagem começa três horas depois da fecundação. Esse também é meridional, mas perpendicular ao primeiro. No final da segunda clivagem, têm-se quatro blastômeros. A terceira clivagem ocorre cerca de quatro horas e meia, depois da fecundação; o plano é longitudinal. Devido à maior concentração de vitelo no polo vegetal, o sulco de segmentação será de quatro blastômeros superiores (polo animal) e de quatro blastômeros maiores, inferiores, que contêm a parte inferior do hemisfério animal e todo o hemisfério vegetal.

A quarta clivagem, outra vez meridiana, conduz ao estágio de 16 blastômeros. Daí por diante, as clivagem tornam-se assincrônica, com uma velocidade maior no polo animal em relação ao polo vegetal (MELLO, 1989).

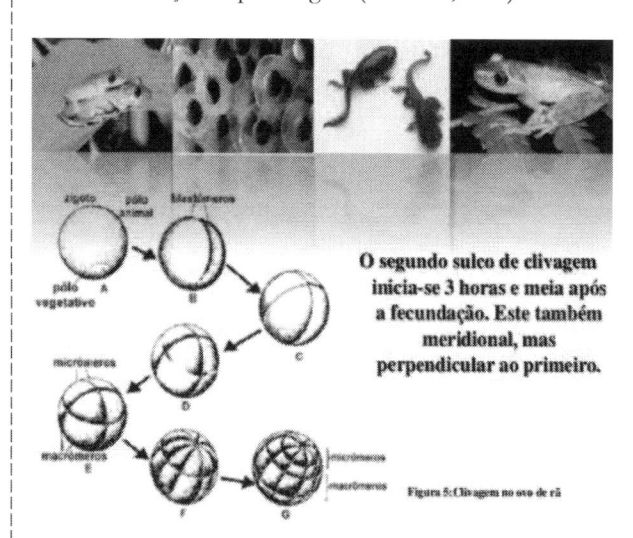

Fonte: https://pt.slideshare.net/LiniqueLogan/desenvolvimento-embrionrio-de-anfbio. Acesso em 15 nov. 2018

Conforme esclarece Mello (1989), a Blastocele começa a surgir já na fase de oito blastômeros, colocada excentricamente, no polo animal. Essa posição é uma consequência natural da concentração de vitelo, maior peso, no polo vegetal. Com nove horas de desenvolvimento, o germe é considerado uma blástula inicial; com 14 horas, uma blástula intermediária. As velocidades das divisões mitóticas aceleram-se cada vez mais no polo animal, resultando em células cada vez menores e mais numerosas em relação ao polo vegetal. Considera-se uma blástula final com 22-24 horas de desenvolvimento.

Para o autor, a Gastrulação em rãs dura também, aproximadamente, 24 horas. O processo de gastrulação leva a uma reorganização da estrutura do embrião. As células do polo vegetal invaginam-se pelo blastóporo, ocupando o interior do germe. As células do polo animal escorregam por todo o embrião, recobrindo toda a parte externa.

No final da gastrulação, o germe está constituído por um sistema de folhetos germinativos:
- ectoderme - originará a camada de revestimento externo e o sistema nervoso
- mesoderme - originará os músculos, o sistema esquelético, a derme, sistema cardiovascular e sistema urogenital
- endoderme - originará o sistema interno do tubo digestório e suas glândulas anexas e o sistema respiratório.

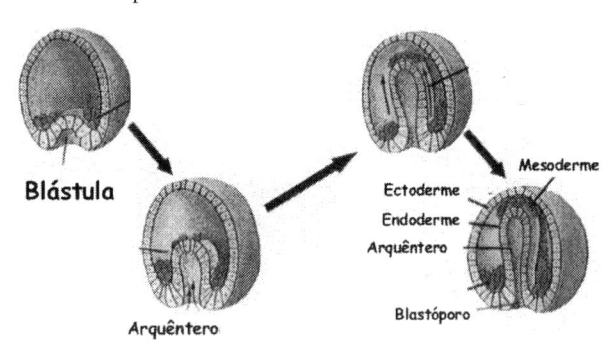

Fonte: https://blogdoenem.com.br/embriologia-blastulacao-gastrulacao-biologia-enem/. Acesso em 15 nov. 2018.

A fase da Neurulação, afirma Mello (1989), começa com 40 horas de desenvolvimento. O embrião já entra em sua fase de nêurula e esse processo já estará em fase final em torno das 50 horas.

Nessa fase, ocorre o desenvolvimento do sistema nervoso. Surge logo de início a formação da notocorda, que se diferencia da mesoderme como um bastão contínuo longitudinal.

Com o desenvolvimento, o ectoderma neural se espessa e forma a placa neural. Em seguida, aparecem as pregas neurais que acabam fundindo-se na parte superior do embrião, constituindo o tubo neural. Do tubo neural originará posteriormente o cérebro e a medula. O fechamento do tubo neural começa na região média dorsal e progride para frente e para trás. A diferença dos anfíbios é que o fechamento do revestimento externo (ectoderme de revestimento) ocorre depois do fechamento do tubo neural, o que acontece de forma contrário no anfioxo.

Daí por diante, o processo passa a ser o mesmo do anfioxo. Com a formação do tubo neural, dos lados esquerdo e direito da mesoderme formam saliências que vão se isolando e fechando como bolsas denominadas somitos, e com uma cavidade em seu interior, o celoma.

Entre os somitos e a notocorda da mesentoderme, algumas células da notocorda vão formar a endoderme, que corresponde ao forro interno do tubo digestório.

Entre a ectoderme e a endoderme, os somitos crescem ventralmente até se tocarem, originando a lâmina externa colada à ectoderme e à somatopleura, e a interna colada à endoderme, à esplâncnopleura.

Na fase de nêurula, o germe já havia iniciado seu alongamento. Notam-se saliências que correspondem aos somitos que já se projetam sob o ectoderma. Já se nota também um modelamento da cabeça, e as áreas ópticas são visíveis, bem como os botões branquiais que, progressivamente estabelecem ampla circulação, permitindo trocas gasosas.

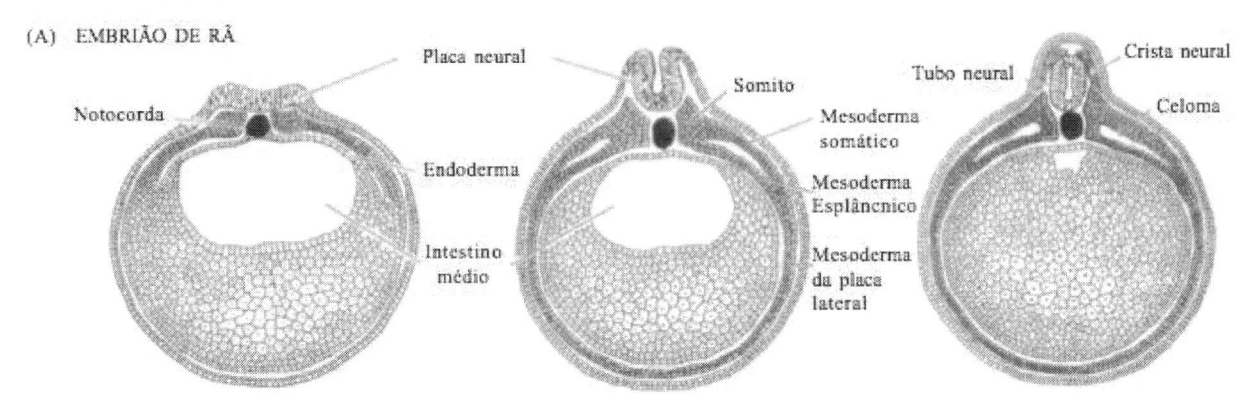

Fonte: http://bioug.blogspot.com/2012/11/1.html. Acesso em 15 nov. 2018.

O coração bate ritmicamente aos três dias e meio, quando o germe também já manifesta movimentos espontâneos. Nessa fase, a cauda já é bastante alongada, e com quatro dias de desenvolvimento, ocorre a eclosão e a larva torna-se livre.

4 - Desenvolvimento das Aves

Vamos abordar o desenvolvimento embrionário de uma galinha, que é bem semelhante ao da maioria das aves. Na galinha, bem como em outras aves, os órgãos de reprodução correspondem ao ovário e oviduto esquerdo. Apesar de serem formados no embrião, os órgãos correspondentes do lado direito degeneram quase por completo, permanecendo com estruturas vestigiais. Como não haveria lugar para dois ovos na região do oviduto, essa condição de atrofia parece estar relacionada ao tamanho do ovo e à fragilidade da casca que o recobre.

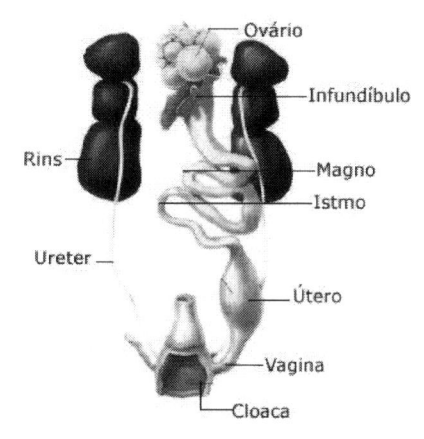

Fonte: https://alunosonline.uol.com.br/biologia/sistema-reprodutor-das-aves.html. Acesso em 15 nov. 2018

Observe na imagem que do lado esquerdo o oviduto se apresenta desenvolvido, e estão presentes os demais órgãos.

O ovo se caracteriza pela abundância de reserva acumulada em dois tempos: a gema é formada no ovário, enquanto a clara e a casca são adicionadas ao redor da gema, durante o trânsito pelo oviduto. Além de constituir um bom alimento para o homem e outros animais, o ovo corresponde à célula reprodutora da galinha (ovócito). Esta, depois de fecundada pela célula reprodutora do galo (espermatozoide), poderá dar origem a um novo indivíduo (o pintinho), desde que convenientemente "chocado", em condições naturais, pela galinha, ou "incubado" artificialmente por 20 a 21 dias, a 37,5°C.

No ovário, cada gema se encontra incluída em uma vesícula, o folículo de parede muito fina, que se associa ao ovário por um pedúnculo. A essa vesícula chegam normalmente vasos sanguíneos que transportam o sangue, e o material de reserva (vitelo) a ser acumulado. Portanto, quando a franga atinge sua maturidade sexual e vai iniciar a postura, alguns folículos, devido ao fluxo de vitelo para seu interior, passam a ter o volume gradativamente aumentado, até atingirem um diâmetro médio de 5 a 6 milímetros e pesarem 0,2 gramas.

O crescimento final da gema faz-se muito rapidamente. De seis a sete dias que precedem a sua emissão, é acumulado quase todo o vitelo. Por isso, a gema chega a aumentar até 4 milímetros de diâmetro em cada 24 horas até atingir um diâmetro máximo ao redor de 40mm e pesar 16 gramas.

É interessante acrescentar, que tal crescimento prossegue tanto durante o dia como durante a noite. Como no período diurno a galinha consome alimentos ricos em gordura e caroteno (por exemplo, milho), o vitelo acumulado apresenta cor amarela; enquanto à noite, o material acumulado contém mais proteínas e água, sendo, por isso, mais claro. Essa situação se repete durante aproximadamente uma semana, provocando na gema deposição de vitelo em camadas concêntricas. De dentro para fora encontramos sempre uma sequência de camadas clara, depois amarela, e assim sucessivamente.

Assim sendo, o ovário de uma galinha poderá apresentar gemas de diferentes tamanhos, correspondentes a diferentes etapas de desenvolvimento. Quando a gema está completa, a parede do folículo, ao longo do estigma, se rompe. Na sequência, ela se desprende do ovário e cai no oviduto.

Fonte: http://www.ebah.com.br/content/ABAAAgKYkAA/avicultura?part=3. Acesso em 15 de nov. 2018

O oviduto é um tubo com aproximadamente 30 centímetros de comprimento (na galinha poedeira) que representa um conjunto de cinco porções distintas, conforme Carlson (2014):

- Pavilhão ou infundíbulo: ele se abre na cavidade do corpo, próximo ao ovário. Seus filamentos envolvem o ovo no momento de sua liberação do ovário.
- Magno: região espiralada secretora de albume.
- Istmo: uma pequena região próxima ao útero. É uma região menos espiralada, em que se depositam fibras de queratina, as quais entrarão na composição das membranas da casca.
- Útero: porção dilatada, onde o ovo se completa e a casca é formada.
- Vagina: região terminal; desemboca na cloaca juntamente com a porção terminal do tubo digestório

e o rudimento do oviduto direito.

A porção mais próxima do ovário, e por onde a gema entra no oviduto, recebe o nome de infundíbulo, o qual tem a função de captar a gema depois que ela se desprende do ovário, evitando uma possível queda na cavidade do corpo. A fecundação do ovócito ocorre na altura do infundíbulo, para onde se dirigem os espermatozoides. Nos quinze minutos seguintes, a gema atravessa o infundíbulo e entra no "magno". Essa porção é provida de glândulas que produzem albume ou clara mais densa do ovo, isto é, aquela que está em contato direto com a gema e que mantém a chalaza. A chalaza ou calaza tem a finalidade de manter a gema do ovo sempre na mesma posição, mesmo que nele se imprima movimentos de rotação.

No seu percurso pelo oviduto, a gema permanece no magno aproximadamente três horas. A seguir, passa para o istmo, onde permanece uma hora e meia. Aí, a gema e a clara são revestidas por duas membranas de queratina, conhecidas como membranas interna e externa da casca, além de receber uma determinada quantidade de água e sais minerais.

A etapa mais demorada na formação do ovo ocorre no útero, 18 a 20 horas. A princípio, a água e os sais minerais atravessam as membranas acima citadas e são incorporados na clara, inflando todo o conjunto, até adquirir o tamanho natural do ovo. Depois disso, glândulas que se localizam na parede do útero, fornecem e adicionam ao ovo sais de cálcio (carbonato de cálcio), a fim de formar a casca. Conforme a raça da galinha, a casca apresenta cor diferente. O pigmento que confere a cor à casca é adicionado enquanto o ovo permanece no útero.

Depois de passar por todas essas etapas, o ovo é completado num período de, no mínimo, 22 a 26 horas. Agora, está pronto para ser posto, passando rapidamente pela vagina (parte terminal do oviduto), que chega na cloaca junto com o tubo digestório (reto) e o rudimento direito. Passados 30 minutos depois da postura, outra gema deixa o ovário, entra no oviduto e se dirige para o útero, continuando o ciclo.

O ovo de uma ave, recém-depositado, consta das seguintes partes: casca, membranas da casca, albúmen (clara) e vitelo (gema). A gema flutuante na clara apresenta um pequeno disco esbranquiçado, a cicatrícula. A clara, as membranas da casca e a casca correspondem às membranas secundárias adquiridas no oviduto durante a passagem do ovo.

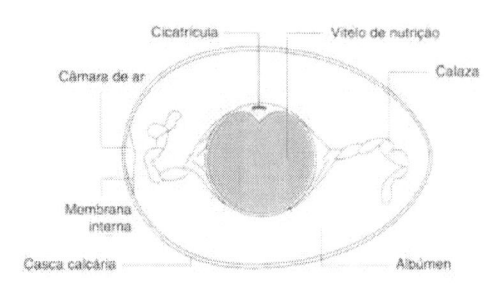

Esquema de um ovo de galinha (segundo Huettner).

Fonte: http://esalvbionoticias.blogspot.com/2011/03/biologia-12-ficha-de-leitura-n-8-data29.html. Acesso em 15 nov. 2018

Carlson (2014) afirma que o tempo de vida do espermatozoide no interior do oviduto da galinha é de aproximadamente três semanas. Isso é comprovado porque galinhas separadas do galo deixam de pôr ovos somente após esse período.

O ovócito II entra no infundíbulo nos primeiros 15 minutos após a ovulação. O primeiro corpúsculo polar já foi liberado, e a meiose está bloqueada em metáfase II. Nas aves ocorre a poliespermia, mas apenas o núcleo masculino unir-se-á com o feminino após este completar sua meiose, e só ocorre se houver fecundação.

A Clivagem do ovo de aves é meroblástica, isto é, parcial, ocorrendo apenas na região da cicatrícula (que contém o citoplasma ativo), pois devido à grande quantidade de vitelo, o fuso de segmentação não consegue ultrapassá-lo. Como essa segmentação limita-se ao disco germinativo, ela é meroblástica e discoidal.

A primeira clivagem ocorre logo que o ovo atinge o istmo, mais ou menos três horas da fertilização. O primeiro sulco de segmentação vai-se atenuando para a periferia, no limite em que o citoplasma e o vitelo tornam-se indistintos (periblasto). A seguir, inicia-se a segunda clivagem, cruzando um ângulo reto. Após 45 minutos, depois da primeira segmentação, inicia-se a terceira, que forma dois planos, vertical e paralelo ao primeiro; e perpendicular ao segundo.

A quarta segmentação obedece ainda aos planos verticais, isolando-se agora oito blastômeros no centro do germe e oito periféricos.

Depois da terceira clivagem, o ovo deixa o istmo e, quatro horas após, atinge o útero. De oito blastômeros, progride, aproximadamente, ao estágio de 256 células, esclarece o autor.

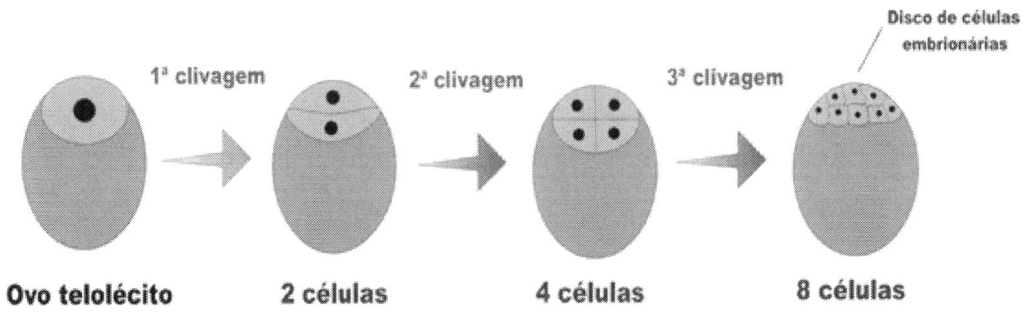

Fonte: https://www.sobiologia.com.br/conteudos/embriologia/reproducao9.php. Acesso em 15 de nov. 2018.

Ainda conforme Carlson (2014), a cicatrícula agora passa a se chamar blastoderme ou blastodisco. Quando a blastoderme atinge o estágio de 32 a 64 células, estabelecendo um limite inferior para o germe, que progride da área central para a periférica, inicia-se a separação dos blastômeros do vitelo por uma fenda – cavidade subgerminal.

As células inferiores da zona periférica continuam sem apresentar limites com o vitelo, constituindo, assim, um sincício marginal que contorna a blastoderme.

A blastoderme apresenta duas porções:
- **Área pelúcida**: correspondente aos blastômeros centrais. Como na área não há mais aderência ao vitelo, ela se apresenta transparente.
- **Área opaca**: correspondente à área de blastômeros periféricos, que não se separa do vitelo.

Células marginais da zona opaca migram perifericamente, por meio de movimentos ameboides, causando um aumento do disco embrionário

Na zona interna de transição entre a zona opaca e a zona pelúcida situam-se blastômeros grandes, ricos em vitelos, formadores do chamado "paredão germinativo".

Os ovos de galinha, no momento da postura, com mais ou menos 20 mil células, já exibem a formação do hipoblasto. O germe é um disco bilaminar com a presença de uma cavidade central. Nos ovos de pata, essa estrutura só estará formada em torno de nove horas de incubação.

Sabe-se hoje que por ocasião da postura, a maior parte das células da zona pelúcida permanece na superfície e forma o epiblasto, enquanto que outras células da zona pelúcida desprendem do epiblasto para formar o hipoblasto primário.

Em seguida, uma diferenciação caracterizada por um espessamento celular, torna-se visível em uma das extremidades do blastodisco à região da futura cauda – o crescente de Koller. As células desse crescente migram anteriormente e juntam-se às ilhas do hipoblasto primário, formando o hipoblasto secundário. Portanto, o epiblasto e o hipoblasto ficam compreendidos entre a área opaca e área pelúcida, com um espaço entre eles chamado blastocele.

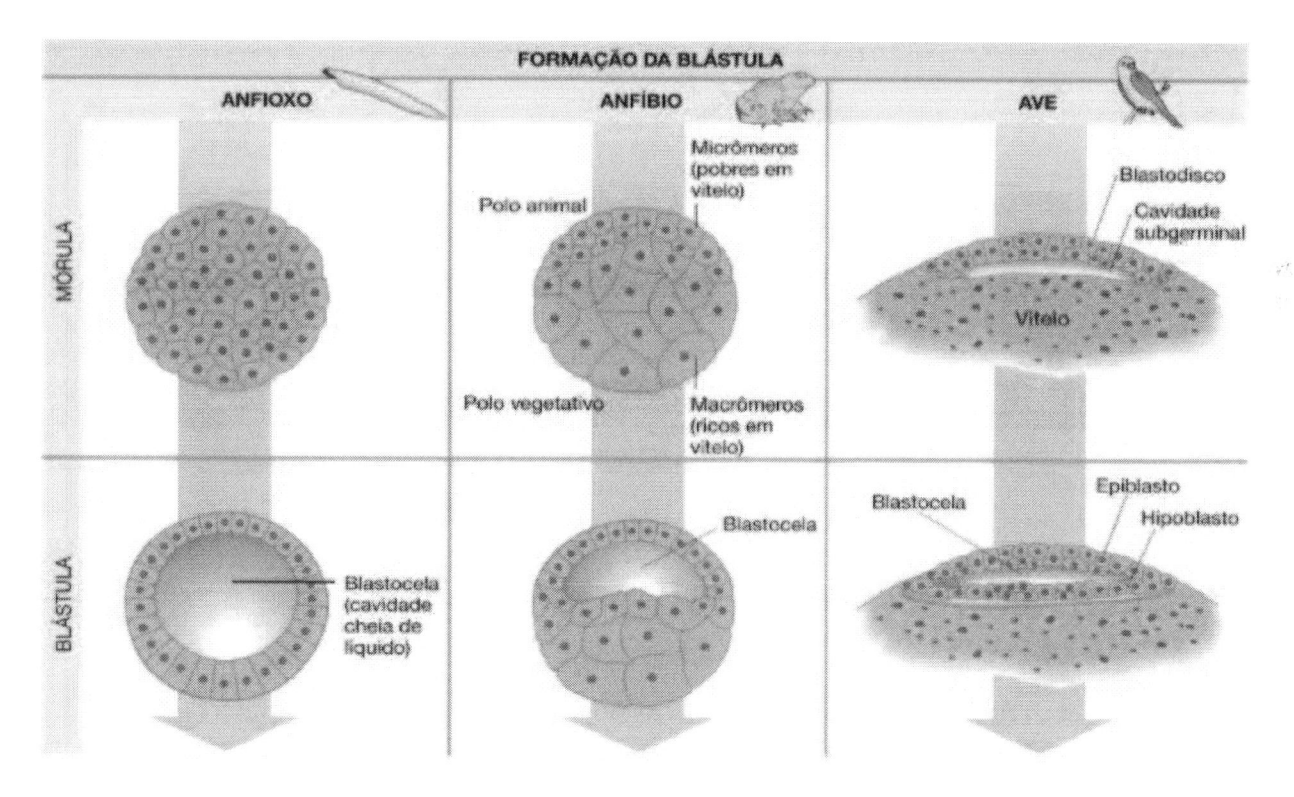

Fonte: https://slideplayer.com.br/slide/10326159/. Acesso em 15 nov. 2018.

Observe que a forma da blástula no desenvolvimento embrionário de aves ocorre apenas em uma porção, assim, obtém-se o hipoblasto e o epiblasto, destaca Carlson (2014).

O embrião das aves forma-se inteiramente a partir do epiblasto. Todas as três camadas germinativas são oriundas do mesmo ectoderme. O hipoblasto não contrubui para a formação do embrião. Algumas células do hipoblasto formam partes de membranas externas, principalmente a do saco vitelínico e a do pedúnculo, que liga o vitelo ao endoderma do tubo digestório.

A grande parte anterior da área pelúcida contém a ectoderme de revestimento. A placa neural presuntiva também ocupa a parte anterior da zona pelúcida. A parte posterior da zona pelúcida está ocupada pela notocorda, seguida pela mesoderme, endoderme e mesoderme extraembrionária.

A Gastrulação inicia-se nas primeiras horas de incubação. Ao final, o germe de aves estará formado pelos três folhetos germinativos. Essa migração ocorrerá através da linha primitiva e da fosseta primitiva do nó de Hensen.

A região posterior da blastoderme, imediatamente anterior ao crescente de Koller, começa a notar um espessamento celular. Dentro de seis a sete horas do início da incubação já é possível perceber o alongamento em sentido caudocefálico, que termina em 16 horas, em sua estrutura terminal, o nó de Hensen. Com 18 horas de incubação, a linha primitiva atinge seu alongamento máximo.

A blastoderme, com a formação da linha primitiva, perde sua forma circular, tornando-se mais alongada na zona posterior. As células do nó de Hensen migram em direção cefálica, para formar o intestino anterior, a mesoderme cefálica e a notocorda, define o autor.

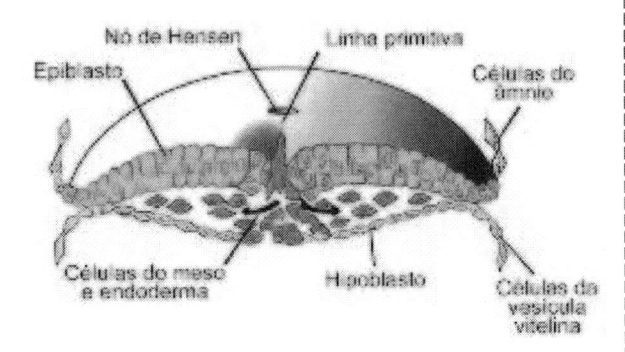

Fonte: http://nead.uesc.br/arquivos/Biologia/mod4bloco2/eb2/principios.pdf. Acesso em 15 nov. 2018

A linha primitiva corresponde ao processo blastoporal dos anfíbios, pois é por intermédio dela que ocorrerá a migração do material mesodérmico. A interposição da mesoderme só não ocorrerá em duas regiões, uma anterior, correspondente ao pró-âmnio, e uma posterior, correspondente à membrana cloacal. Nessas duas regiões a aderência entre a ectoderme e endoderme é tão intensa que não permite a interposição da mesoderme, afirma Carlson (2014).

Uma vez estabelecidos os folhetos, cessa a migração da linha primitiva e começa a regredir, mas observa-se um alongamento da notocorda em sentido caudal.

O processo da Neurulação se inicia após 20 horas de incubação, simultaneamente com a regressão da linha primitiva. Começa-se a notar um espessamento na região anterior do germe. Trata-se da placa neural que está sendo formada por indução da notocorda subjacente. As regiões laterais da placa neural levantam-se em pregas neurais, as quais se fundem formando o tubo neural, que originará o cérebro; e com a projeção da notocorda, posteriormente, estabelece-se a medula.

A fusão das pregas neurais tem início com 26 horas de incubação no cérebro médio, e progride cefalicamente e caudalmente pelos neuróporos. O neuróporo anterior fecha-se com 30 a 33 horas de incubação, e o posterior com 43 horas de incubação.

A mesoderme paraxial (ao lado da notocorda) forma os somitos, qie surgem após 20 horas de incubação, e seguem sua formação aos pares cerca de hora em hora. Na cavidade dos somitos temos o celoma intraembrionário.

Com o crescimento, a cabeça projeta-se para frente e inicia uma flexão, a dobra cefálica. Em consequência dessa curvatura, a área cardiogênica, situada na frente da região do pró-âmnio, também se dobra até a posição torácica. A endoderme que acompanha essa flexão forma o intestino anterior, médio e posterior.

O coração diferencia-se entre 25 e 33 horas. Os primeiros batimentos são notados com 37 horas. O coração sofre uma pequena posição para o lado direito. Enquanto se forma o coração, surgem também os vasos. Da aorta partem duas artérias, que irão buscar nutrientes a partir do vitelo. Voltam para o coração duas veias com o sangue enriquecido por nutrientes.

Segundo Carlson (2014), nos ovos de aves existem alguns anexos de grande importância, veja:

- Âmnio: é um fino saco membranoso que envolve todo o embrião e se torna contínuo com o corpo embrionário. Com o crescimento do embrião, a comunicação fica reduzida entre o corpo e a cavidade extraembrionária, permanecendo limitada a um pequeno tubo que contém o pedúnculo do saco alantoico (zona umbilical). O âmnio começa a ser formado com 30 a 33 horas de incubação, derivado de células da ectodérme, acompanhadas pelo mesoderma somático, que recobre todo o embrião, que fica protegido da desidratação por um fluido interno.
- Vesícula Vitelina: é constituída pela esplancnopleura (endoderme + medoderme), que se expande sobre a superfície do vitelo e o recobre.
- Vesícula Alantoica: é formada por um divertículo na endoderme caudal, e revestida externamente por mesoderma esplâncnica. Essa vesícula se desenvolve rapidamente, aos três dias de incubação, à direita do embrião. Com 14 dias de incubação, a vesícula alantoica envolve o âmnio e o saco vitelino e empurra o albúmen para a extremidade menor do ovo. Essa vesícula alantoica permite as trocas gasosas, inclusive faz o acúmulo, em uma parte, de substâncias excretadas.

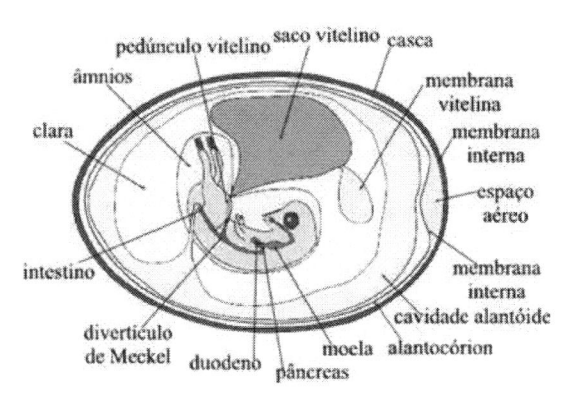

Fonte: https://www.sobiologia.com.br/conteudos/embriologia/reproducao14.php. Acesso em 15 nov. 2018

Nessa última imagem, podemos perceber que a formação do embrião de aves, assim como a presença de seus anexos, assemelha-se muito com a dos demais animais, principalmente com estruturas dos mamíferos, como do homem, por exemplo.

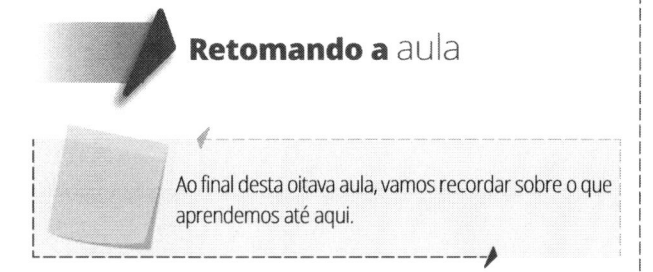

Retomando a aula

Ao final desta oitava aula, vamos recordar sobre o que aprendemos até aqui.

1 – Desenvolvimento dos equinodermos

Nesta seção, abordamos que os equinodermos são animais de desenvolvimento embrionário simples, com clivagem total e parcial, formando blastômeros desiguais em relação ao polo animal e vegetal. Sua gastrulação é bem primitiva, com formação dos mesênquimas, células que originam os tecidos até a forma do estágio larval.

2 – Desenvolvimento de Anfioxo

Nesta seção, esclarecemos que essa espécie de animal é muito semelhante aos peixes, porém, é bem mais primitiva, com o desenvolvimento embrionário iniciando pela clivagem parcial, com formação de blastômeros de tamanhos diferentes, gastrulação completa, ou seja, formação de ectoderme, mesoderme e endoderme, e com processo de neurulação para a formação do tubo neural.

3 – Desenvolvimento dos Anfíbios

Nesta seção, abordamos sobre o desenvolvimento dos anfíbios, espécie bem mais evoluída, com fecundação externa e processos embrionários de Clivagem, Gastrulação e Neurulação presentes, além de apresentar organogênese mais completa, pois evolui na formação de vários sistemas por meio dos tecidos primitivos.

4 – Desenvolvimento das Aves

Na última seção, explicamos que, ao avaliar o desenvolvimento das aves, primeiramente é importante verificar o aparelho reprodutor feminino, cujos órgãos são desenvolvidos em apenas um dos lados, por conta de acomodação das estruturas. Desse modo, conhecendo os elementos, é possível compreender a fecundação e o desenvolvimento da ave no interior do ovo, assim como os anexos embrionários desse ovo bem evoluído.

Vale a pena

Vale a pena assistir

DESENVOLVIMENTO EMBRIONÁRIO DO OURIÇO DO MAR - YouTube
<https://www.youtube.com/watch?v=nBwpQc9MceY>.

Embriologia - Desenvolvimento Embrionário do Anfioxo - YouTube
<https://www.youtube.com/watch?v=zvWlHH2DOtw>.

Embriologia dos anfíbios - YouTube
<https://www.youtube.com/watch?v=rdAwdKM7SMI>.

EMBRIOLOGIA - DESENVOLVIMENTO EMBRIONÁRIO DAS AVES ...
<https://www.youtube.com/watch?v=WI7Xd0UhoBs>.

Referências

MOORE, Keith L.; PERSAUD, T. V. N.; TORCHIA, Mark G. *Embriologia básica*. 9. ed. Rio de Janeiro: Elsevier; Rio de Janeiro: Guanabara Koogan, 2016.

CARLSON, Bruce M. *Embriologia humana e biologia do desenvolvimento*. 5. ed. Rio de Janeiro: Guanabara Koogan; Rio de Janeiro: Elsevier, 2014.

SADLER, T.W. *Embriologia médica*. 9. ed. Rio de Janeiro: Guanabara Koogan, 2005.

GARCIA, S.M.L.; JECKEL NETO, E.; FERNANDEZ, C.G. *Embriologia*. 2. ed. Porto Alegre: Artes Médicas, 2003.

MELLO, Romário de Araújo. Embriologia comparada e humana. São Paulo: Atheneu, 1989.

Minhas anotações

Minhas anotações

Graduação a Distância **2º SEMESTRE**

Ciências Biológicas

PRÁTICAS
PEDAGÓGICAS

UNIGRAN - *Centro Universitário da Grande Dourados*

Rua Balbina de Matos, 2121 - CEP 79.824 - 9000
Jardim Universitário
Dourados - MS
Fone: (67) 3411-4141 / Fax: (67) 3411-4167

Os direitos de publicação desta obra são reservados ao Centro Universitário da Grande Dourados (UNIGRAN), sendo proibida a reprodução total ou parcial de acordo com a Lei 9.160/98.

Os artigos de sites e revistas indicados para a leitura foram registrados como nos originais.

CEAD
Coordenadoria de Educação a Distância

Apresentação da Docente

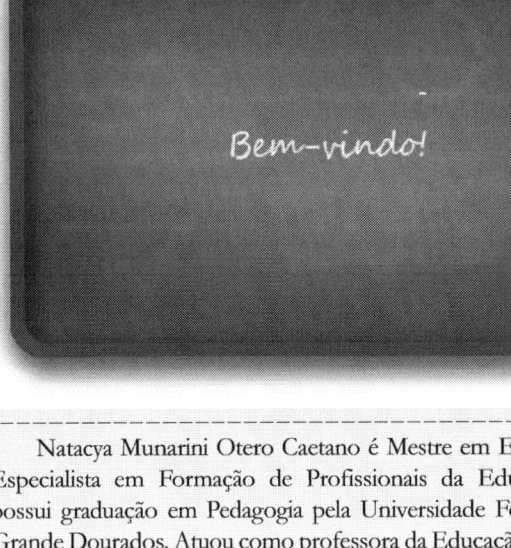

Natacya Munarini Otero Caetano é Mestre em Educação, Especialista em Formação de Profissionais da Educação e possui graduação em Pedagogia pela Universidade Federal da Grande Dourados. Atuou como professora da Educação Básica, das séries iniciais (1º ao 5º ano) e Coordenadora Pedagógica, das séries Finais (6º ao 9º ano) e Ensino Médio, no município de Dourados/MS, no período de 2009 a 2015. Possui publicações de artigos científicos em revistas especializadas, além de experiência em produção de material didático pedagógico para a Educação a Distância (EAD). Atua como professora nos cursos de Pedagogia, História, Geografia, Matemática, nas modalidades Ead e Semi Presencial e, Coordenadora Pedagógica do curso de Pedagogia EAD e Semi Presencial da UNIGRANET.

CAETANO, Natacya Munarini Otero. Práticas Pedagógicas. Dourados: UNIGRAN, 2020.

66 p.: 23 cm.

1. Docência. 2. Gestão escolar. 3. Processo de ensino e aprendizagem.

Sumário

Conversa inicial 4

Aula 01
Princípios e fundamentos da gestão escolar: aspectos importantes para a formação docente 5

Aula 02
Projeto político pedagógico: bases legais para a escola 15

Aula 03
A escola democrática e participativa: princípios e fundamentos de uma prática docente crítica 21

Aula 04
A organização do trabalho escolar: caminhos fundamentais para o sucesso em sala de aula 27

Aula 05
O processo de ensino e aprendizagem e o planejamento escolar 35

Aula 06
Planejamento, plano de aula e projeto didático: técnicas de elaboração e avaliação 43

Aula 07
A docência em sala de aula: um olhar a partir das estratégias metodológicas 55

Aula 08
Os saberes necessários à docência: perspectivas de uma prática crítica e reflexiva 61

Referências 66

Conversa Inicial

Prezados (as) estudantes:

Bem-vindos (as) à disciplina de Práticas Pedagógicas que vai tratar sobre os conhecimentos necessários para compreensão do processo de ensino e aprendizagem, para aprofundar seus conhecimentos sobre o trabalho docente no curso de Biologia na UNIGRAN Net.

Para que seu estudo se torne proveitoso e prazeroso, esta disciplina foi organizada em 8 aulas, com temas e sub-temas que, por sua vez, são subdivididos em seções (tópicos), atendendo aos objetivos do processo de ensino-aprendizagem.

Na Aula 1, procuraremos compreender os princípios e fundamentos da gestão escolar como pontos importantes para a formação docente. Na Aula 2, vamos conhecer um pouco mais o projeto político pedagógico e entende-lo a partir de suas bases legais dentro do funcionamento da escola. Na Aula 3, iniciaremos uma discussão acerca da escola democrática e participativa a partir dos princípios e fundamentos de uma prática docente crítica. Na aula 4 apresentarei a organização do trabalho escolar na busca por caminhos fundamentais para o sucesso em sala de aula. A aula 5 foi destinada à discussão sobre o processo de ensino e aprendizagem e o planejamento escolar. Na aula 06 trataremos sobre o planejamento, plano de aula e projeto didático, bem como as técnicas de elaboração e avaliação. A aula 07 apresentaremos como se constitui a docência em sala de aula a partir de um olhar das estratégias metodológicas. Finalmente, na última aula refletiremos um pouco sobre os saberes necessários à docência numa perspectiva de uma prática crítica e reflexiva Esperamos que, até o final da disciplina vocês possam: - Ampliar a compreensão sobre a Didática e sua contextualização histórica - Conhecer as principais tendências que orientam a prática docente - Identificar os aspectos necessários para ser um professor que compreende a Didática - Compreender a importância da orientação didática na construção da prática docente.

Porém, antes de iniciar a leitura, gostaríamos que vocês parassem um instante para refletir sobre algumas questões. É possível ensinar tudo a todos? A aprendizagem depende somente de uma boa aula ou ela está inserida em um contexto além da sala de aula?

Não se preocupem. Não queremos que vocês respondam, de imediato, todas essas questões. Mas esperamos que, até o final, vocês tenham respostas e também formulem outras perguntas.

Vamos, então, à leitura das aulas?

Boa leitura!

Aula 1º

Princípios e fundamentos da gestão escolar: aspectos importantes para a formação docente

Caros(as) alunos(as),
Nesta aula, disponibilizamos textos e informações sobre a organização do trabalho escolar e a gestão democrática como base teórica para o trabalho que desenvolverão na escola e que inclui: levantamento dos dados estruturais, administrativos e pedagógicos. Tratam-se de informações preliminares que pretendem lhes proporcionar a compreensão sobre a organização do trabalho escolar. Vamos lá, então.

Bons estudos!

Objetivos de aprendizagem

Ao término desta aula, vocês serão capazes de:

- identificar e interpretar, em linhas gerais os direitos à educação como um direito fundamental;
- compreender os princípios e fundamentos da Gestão Escolar Democrática na Escola, a fim de proceder à análise da organização da escola de forma crítica;

Seções de estudo

1 – O direito à educação como um direito fundamental
2 – Um pouco sobre gestão democrática na escola

> Para iniciar nossas reflexões, nesta primeira seção da Aula 1, vamos aprofundar nossos conhecimentos sobre as políticas públicas em educação, uma vez que estes novos saberes irão substanciar a compreensão dos conceitos relacionados à prática docente. Durante a leitura desta aula é importante que você tenha sempre em mão um dicionário e/ou outros materiais de pesquisa para eliminar eventuais dúvidas sobre o assunto discutido.
> Bons estudos!

1 - O direito à educação como um direito fundamental

Para entender melhor toda a dimensão do direito à educação é preciso situar-se previamente no contexto dos direitos sociais, econômicos e culturais, que são conhecidos como direitos de segunda dimensão, no âmbito dos direitos fundamentais.

Podemos entender os direitos fundamentais como sinônimo da expressão direitos humanos. Estes direitos têm seu fundamento de validade na preservação da condição humana. Além de serem reconhecidos pelo ordenamento jurídico como necessários para a própria garantia da condição humana.

Para Bobbio (1992) a "fundamentalidade" diz respeito aos direitos fundamentais ou direitos humanos que são direitos históricos, em outras palavras, são resultados de acontecimentos e conjunturas vividas pela humanidade e por cada um dos variados Estados, sociedades e culturas. Vale a pena ressaltar que mesmo por ter como base uma perspectiva naturalista, os direitos fundamentais não prescindem do entendimento estatal, da inclusão do direito positivo.

Neste sentido, o direito à educação, na ordem constitucional de 1988, está completamente ligado à dignidade da pessoa humana para o fundamento da República Federativa do Brasil, assim, de posse dos seus objetivos se deu a criação de uma sociedade livre, justa e solidária, o crescimento nacional, a erradicação da pobreza e da marginalidade, além da diminuição das desigualdades sociais e regionais e a ampliação do bem comum.

Podemos destacar que o tratamento constitucional do direito à educação está profundamente ligado à procura do ideal de igualdade que tem como característica os direitos de segunda dimensão. Desse modo, os direitos sociais alcançam a busca pela igualdade material que acontece por meio da atuação estatal realizada pela garantia de padrões pequenos de posse de bens econômicos, sociais e culturais a quem não pode ter acessibilidade por meios próprios. Por fim, os direitos sociais representam o fornecimento de condições mínimas para que a pessoa humana tenha o direito efetivo de fazer uso das liberdades que o sistema lhe outorga.

De acordo com esse contexto é válido apresentar a distinção entre a perspectiva subjetiva e objetiva dos direitos fundamentais. A perspectiva subjetiva dos direitos fundamentais de acordo com Sarlet (1998, p. 152) resume-se na "possibilidade que tem o titular (...) de fazer valer judicialmente os poderes, as liberdades ou mesmo o direito de ação ou às ações negativas ou positivas que lhe foram outorgadas pela norma consagradora do direito fundamental em questão".

Tal perspectiva faz referência à função precípua dos direitos fundamentais, que nada mais é que a proteção do indivíduo. Já a perspectiva objetiva faz referência ao reconhecimento dos direitos fundamentais como, ainda de acordo com Sarlet (1998, p.140), "decisões valorativas de natureza jurídico-objetiva da Constituição, com eficácia em todo o ordenamento jurídico e que fornecem diretrizes para os órgãos legislativos, judiciários e executivos".

Esta perspectiva vai além da dimensão de proteção do indivíduo, resultando em nova função para os direitos fundamentais que supera a tutela da própria comunidade.

> Você sabia que a grandeza dos direitos fundamentais resulta na aplicação do ponto de vista da sociedade na valorização da eficiência dos direitos fundamentais.

Em contrapartida, o reconhecimento social está colocado como elemento condicionante da atividade de direitos fundamentais. Com isso, acontece uma inegável limitação dos direitos fundamentais em sua busca individual quando colocados a frente do interesse da comunidade, estando preservado, de um modo gera, o seu núcleo essencial.

Nesse ínterim, a perspectiva objetiva acontece devido o caráter vinculativo dos direitos fundamentais junto ao Estado, colocando-lhe na obrigatoriedade de garantir sua concretização. De acordo com os pensamentos de Sarlet (1998), a perspectiva objetiva representa a autonomia dos direitos fundamentais, ressaltando a capacidade de indicar diretrizes para compreender o direito infraconstitucional, constituindo modalidade de interpretação segundo a Constituição Federal.

Diante do contexto da sociedade atual a indicação do direito fundamental do direito à educação se destaca, pois a perspectiva individual, está garantida com a obrigatoriedade direta do cidadão no plano objetivo de solidificar-se no dever do Estado em ampliar sua efetividade. Como resultado no caso de o plano subjetivo se resguardar o desempenho da personalidade humana ou mesmo sua qualificação profissional no âmbito do objetivo ao direito à educação é algo indispensável para o próprio desenvolvimento do País.

A princípio a natureza das normas constitucionais sobre educação diz respeito as normas que trabalham com a educação na Constituição Federal de 1988, pois algumas relatam um comando operativo muito claro.

Podemos citar um exemplo convincente que é a previsão do ensino fundamental obrigatório e gratuito, indiretamente no inciso I do artigo 208, na qual o parágrafo primeiro indica não apenas a imediata aplicação e eficiência, mas a indiscutível possibilidade de tutela jurisdicional.

A forma de princípios são as normas que falam sobre a educação. Entretanto, isso pode ser justificado quando a Constituição anuncia os direitos sociais eu vão em contrapartida com a obrigatoriedade do fazer para o Estado, ao mesmo tempo a contraposição da obrigatoriedade do fazer não é demonstrada de forma a instituir normas como regras, indicando as condutas e suas consequências.

Damos destaque ainda a principal consequência da norma da natureza principio lógica que é a irradiação de efeitos por um sistema normativo, "compondo-lhe o espírito e servindo de critério para sua exata compreensão e inteligência (...)", de acordo com as ideias de Bandeira de Mello (apud Campello, 2000, p. 8).

É válido ainda destacar que a disciplina indicada no texto constitucional como o princípio da dignidade da pessoa humana no artigo 1º, III, e dos objetivos do Estado brasileiro, estabelecidos no artigo 3º, os princípios especificamente relacionados com a educação, indicados nos artigos 206 a 209, apontam:

a) a obediência aos princípios da igualdade de condições para acesso e permanência na escola;
b) a liberdade para aprender, ensinar e divulgar o pensamento, a arte e o saber;
c) o pluralismo de ideias e de concepções pedagógicas e a coexistência de instituições públicas e privadas de ensino;
d) a gratuidade do ensino público em estabelecimentos oficiais;
e) a valorização dos profissionais do ensino, garantidos, na forma da lei, planos de carreira para o magistério público, com piso salarial profissional e ingresso exclusivamente por concurso público de provas e títulos;
f) a gestão democrática do ensino público, na forma da lei;
g) a garantia de padrão de qualidade;

No artigo 207, está a indicação específica para o ensino superior, na qual esta estabelecida a autonomia didático-científica, administrativa e de gestão financeira e patrimonial das universidades que tornam indissociáveis para o ensino, a pesquisa e a extensão. Para as garantias constitucionais do direito à educação podemos encontrar no artigo 208 o estabelecimento do dever do Estado com a educação, exigindo:

a) ensino fundamental obrigatório e gratuito;
b) ensino fundamental gratuito para aqueles que não tiveram acesso a ele na idade própria;
c) progressiva universalização do ensino médio gratuito;
d) atendimento especializado aos portadores de deficiência;
e) atendimento para crianças de zero a seis anos em creches e pré-escolas;
f) acesso aos níveis mais elevados do ensino, da pesquisa e da criação artística, segundo a capacidade de cada um;
g) oferta de ensino noturno adequado às condições dos alunos;
h) programas complementares de atendimento para o educando carente no ensino fundamental.

No artigo 209, consta a livre participação das redes privadas na colaboração do ensino, de acordo com às normas declaradas as pessoas políticas e a autorização e avaliação para manter o padrão de qualidade dos órgãos competentes. Concluímos esta seção com a certeza de que foi possível colaborar efetivamente para o aprendizado de todos.

2 - Um pouco sobre gestão democrática na escola

Gestão Democrática é o processo político pelo qual **todas** as pessoas envolvidas no processo de ensino e aprendizagem discutem, deliberam, planejam, buscam solução para os problemas. O conjunto das ações voltadas ao desenvolvimento da escola também se insere na Gestão Democrática, que tem como alicerce a participação plena de todos os segmentos da comunidade escolar: alunos, professores, funcionários, pais, residentes no bairro no qual a escola se insere, enfim, todos os que dela estão envolvidos e próximos. As ações, nesse processo, são definidas por meio de planejamento que considera o respeito às normas coletivamente construídas para a tomada de decisões.

> A gestão democrática entendida como ação que prevê a descentralização pedagógica e administrativa como um meio para alcançar a autonomia da escola, deseja e implanta o funcionamento de colegiados que garantam uma participação mais decisória dos protagonistas escolares (FONSECA; OLIVEIRA; TOSCHI, 2004, p.62).

Uma gestão para ser democrática, efetivamente, só será possível por meio da interação entre a escola e a comunidade. Assim, é por meio do exercício da cidadania, pautado na participação dos vários segmentos da sociedade na administração escolar, que a gestão democrática se efetiva. Porém, é fundamental, na implementação de uma gestão democrática, que não se perca de vista a função social da escola, porque,

> A organização e gestão são meios para atingir as finalidades do ensino. É preciso ter clareza de que o eixo da instituição escolar é a qualidade dos processos de ensino e aprendizagem que, mediante procedimentos pedagógico-didáticos, propiciam melhores resultados de aprendizagem. São de pouca valia inovações como gestão democrática, eleições para diretor, introdução de modernos equipamentos e outras, se os alunos continuam apresentando baixo rendimento escolar e aprendizagens não consolidadas (LIBÂNEO; OLIVEIRA; TOSCHI, 2006, p.301).

No Brasil, a partir da década de 1990, a escola adotou a gestão democrática estimulando a formação das instâncias colegiadas, que são instrumentos favorecedores da participação de todos os envolvidos no processo educacional e, dessa forma, o diretor da escola não exerce uma ação individual, mas, coletiva, com a participação da comunidade. É por meio desses espaços denominados de Instâncias Colegiadas que a gestão democrática se efetiva no interior da instituição, espaços, cuja criação e participação estão previstas no Artigo 14 da LDB/1996.

Fica evidente que sem a consolidação das Instâncias Colegiadas, não há possibilidade de exercício de uma Gestão Escolar, de fato, democrática. Mas, e a hierarquia? Deixa de existir nesse processo? Acerca dessa questão, Cury (2012) esclarece que,

> A Gestão Democrática do Ensino Público não anula, mas convive com certas especificidades hierárquicas da escola [...] A relação posta na transmissão de conhecimento implica a hierarquia de funções (mestre/aluno) e isto não quer dizer nem hierarquia entre pessoas e nem quer dizer que o aluno jamais chegue à condição de mestre. Pelo contrário, **a relação de conhecimento existente na transmissão pedagógica tem como fim, não a perpetuação da diferença de saberes, mas a parceria entre os sujeitos** (Grifos nossos)

Conseguem perceber a dimensão da Gestão Democrática? Do trabalho coletivo? Reflitam sobre esse processo e, com respaldo teórico, que lhe garantirão os argumentos necessários para a análise posterior, observem, na trajetória do estágio, se a escola segue os princípios da Gestão Democrática. Essa percepção pode ser alcançada com a leitura do Projeto Político Pedagógico (PPP) da escola e o confronto do compromisso ali expresso, com a prática observada na escola.

Vejam o esquema abaixo para que possam assimilar esse conceito:

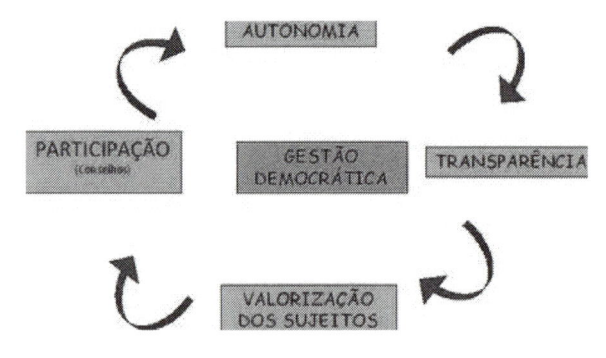

Fonte: <https://www.google.com.br/search?q=gest%C3%A3o+democr%C3%A1tica>.

Para que de fato haja a efetivação desse trabalho **é** necessário alguns caminhos, entre eles, destacaremos aqui o Projeto Político Pedagógico. Contudo, para que a leitura do PPP não seja feita superficialmente, é necessário conhecer os pontos devem ser considerados, necessariamente, num PPP, sobre os quais disponibilizamos, a seguir, um texto que consideramos bastante esclarecedor.

Resultante da construção coletiva dos "atores" da educação escolar é nele que encontramos as finalidades definidas pela escola a partir das necessidades postas pelos professores; alunos; equipe pedagógica e pais e como se pretende superá-las. Estes são, contudo, elementos "[...] mutáveis, que podem se modificar de ano para ano, no mesmo ano; de Escola para Escola, na mesma Escola" (PIMENTA, s/d, s/p). Esse caráter de provisoriedade legitima a afirmação de que se trata de um projeto que nunca estará **pronto, mas em permanente construção.**

> O projeto político-pedagógico ganha consistência e solidez à medida que vai captando sistematicamente a realidade na qual se insere. Daí ser a realização contínua de diagnósticos dessa realidade um instrumental importantíssimo nessa construção. Diagnóstico aberto, que não se cristaliza e que não se encerra na constatação da realidade, mas que a lê e a Interpreta - o que supõe conhecimento/posicionamento teórico/prático da equipe. Esse trabalho com o diagnóstico - os dados - serão definidor/redefinidor do conteúdo/forma do projeto político-pedagógico da Escola. (PIMENTA, s/p, s/d)

Tratando-se de um documento norteador, construído coletivamente, é fundamental que os professores, principalmente, e também os pais, alunos, equipe pedagógica etc., tenham ciência da perspectiva teórica adotada pela escola e expressa na proposta pedagógica, bem como de que modo a escola propõe conduzir o trabalho ali proposto, se conferem importância a todas as disciplinas contemplando-as com "o mesmo peso e mesma medida", se levam em conta a interdisciplinaridade e a transdisciplinaridade etc. Vejamos o esquema:

3. DESAFIO...
Construção coletiva do Projeto Político-Pedagógico

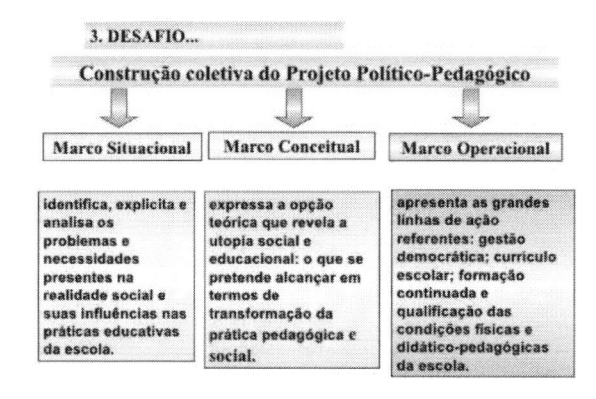

- **Marco Situacional**: identifica, explicita e analisa os problemas e necessidades presentes na realidade social e suas influências nas práticas educativas da escola.
- **Marco Conceitual**: expressa a opção teórica que revela a utopia social e educacional: o que se pretende alcançar em termos de transformação da prática pedagógica e social.
- **Marco Operacional**: apresenta as grandes linhas de ação referentes: gestão democrática; currículo escolar; formação continuada e qualificação das condições físicas e didático-pedagógicas da escola.

Fonte: <https://www.google.com.br/search?q=projeto+politico+pedagogico>.

Contudo, seja qual a for a questão em discussão, não se pode perder de vista qual a função da escola. Afinal, estamos aqui preocupados e empenhados na formação de futuros profissionais envolvidos com as questões educacionais. Por isso, vimos a necessidade e, disponibilizamos, a seguir, na próxima seção, um texto que pode ser bastante esclarecedor. Vamos a ele!

A CONSTRUÇÃO DO PROJETO POLÍTICO PEDAGÓGICO DA ESCOLA
(Publicado em Educação, Legislação Educacional por Pedagogia ao Pé da Letra no dia 25 de abril de 2013)

O planejamento é um processo permanente que implica escolhas, opções para construção de uma realidade, num futuro próximo. Embora o processo de planejamento ocorra a todo o momento na escola, é importante que as opções assumidas coletivamente estejam materializadas em um documento que, na prática, toma vários nomes: planejamento pedagógico, proposta pedagógica, projeto político-pedagógico, projeto pedagógico, projeto pedagógico-curricular ou plano da escola.

É esse documento que deve orientar a escola na importante tarefa de formação plena do indivíduo. O objetivo é, portanto, conversar sobre o que concebe o processo de elaboração de um projeto político-pedagógico, como ele pode ser construído de forma participativa, apresentar algumas sugestões para sua elaboração e refletir sobre as condições necessárias para sua implementação.

Qual o significado e a importância do projeto político-pedagógico para a escola?

A Lei de Diretrizes e Bases da Educação Nacional (LDBEN 9.394/96), no artigo 15, concedeu à escola progressivos graus de autonomia pedagógica, administrativa e de gestão financeira.

O que isso significa?

Ter autonomia significa construir um espaço de liberdade e de responsabilidade para elaborar seu próprio plano de trabalho, definindo seus rumos e planejando suas atividades de modo a responder às demandas da sociedade, ou seja, atendendo ao que a sociedade espera dela.

A autonomia permite à escola a construção de sua identidade e à equipe escolar uma atuação que a torna sujeito histórico de sua própria prática. Pensar no processo de construção de um projeto político-pedagógico requer uma reflexão inicial sobre seu significado e importância.

Vamos verificar como a LDBEN ressalta a importância desse instrumento em vários de seus artigos: No artigo 12, inciso I, que vem sendo chamado o artigo da escola, a Lei dá aos estabelecimentos de ensino a incumbência de elaborar e executar sua proposta pedagógica. O artigo 12, inciso VII define como incumbência da escola informar os pais e responsáveis sobre a frequência e o rendimento dos alunos, bem como sobre a execução de sua proposta pedagógica. No artigo 13, chamado o artigo dos professores, aparecem como incumbências desse segmento, entre outras, as de participar da elaboração da proposta pedagógica do estabelecimento de ensino (Inciso I) e elaborar e cumprir plano de trabalho, segundo a proposta pedagógica do estabelecimento de ensino (Inciso II).

No artigo 14, em que são definidos os princípios da gestão democrática, o primeiro deles é a participação dos profissionais da educação na elaboração do projeto pedagógico da escola. É bom lembrar que, pela primeira vez no Brasil, há uma Lei de Diretrizes e Bases da Educação Nacional que detalha aspectos pedagógicos da organização escolar, o que mostra bem o valor atribuído a essa questão pela atual legislação educacional.

Dessa forma, essa é uma exigência legal que precisa ser transformada em realidade por todas as escolas do país. Entretanto, não se trata apenas de assegurar o cumprimento da legislação vigente, mas, sobretudo, de garantir um momento privilegiado de construção, organização, decisão e autonomia da escola. Por isso, é importante evitar que essa exigência se reduza a mais uma atividade burocrática e formal a ser cumprida.

Um projeto político-pedagógico, voltado para construir e assegurar a gestão democrática, se caracteriza por sua elaboração coletiva e não se constitui em um agrupamento de projetos individuais, ou em um plano apenas construído dentro de normas técnicas para ser apresentado às autoridades superiores.

Mas o que é mesmo projeto político-pedagógico?

Segundo Libâneo (2004), é o documento que detalha objetivos, diretrizes e ações do processo educativo a ser desenvolvido na escola, expressando a síntese das exigências sociais e legais do sistema de ensino e os propósitos e expectativas da comunidade escolar. **Na verdade, o projeto político-pedagógico é a expressão da cultura da escola com sua (re)criação e desenvolvimento, pois expressa a cultura da escola, impregnada de crenças, valores, significados, modos de pensar e agir das pessoas que participaram da sua elaboração. Assim, o projeto orienta a prática de produzir uma realidade.**

Para isso, é preciso primeiro conhecer essa realidade. Em seguida reflete-se sobre ela, para só depois planejar as ações para a construção da realidade desejada. É imprescindível que, nessas ações, estejam contempladas as metodologias mais adequadas para atender às necessidades sociais e individuais dos educandos.

Em síntese, suas finalidades são:

- Estabelecer diretrizes básicas de organização e funcionamento da escola, integradas às normas comuns do sistema nacional e do sistema ou rede ao qual ela pertence.
- Reconhecer e expressar a identidade da escola de acordo com sua realidade, características próprias e necessidades locais. Definir coletivamente objetivos e metas comuns à escola como um todo.
- Possibilitar ao coletivo escolar a tomada de consciência dos principais problemas da escola e das possibilidades de solução, definindo as responsabilidades coletivas e pessoais.
- Estimular o sentido de responsabilidade e de comprometimento da escola na direção do seu próprio crescimento.
- Definir o conteúdo do trabalho escolar, tendo em vista as

Diretrizes Curriculares Nacionais para ensino, os Parâmetros Curriculares Nacionais, os princípios orientadores da Secretaria de Educação, a realidade da escola e as características do cidadão que se quer formar.
- Dar unidade ao processo de ensino, integrando as ações desenvolvidas seja na sala de aula ou na escola como um todo, seja em suas relações com a comunidade.
- Estabelecer princípios orientadores do trabalho do coletivo da escola.
- Criar parâmetros de acompanhamento e de avaliação do trabalho escolar.
- Definir, de forma racional, os recursos necessários ao desenvolvimento da proposta.

A partir dessas finalidades, é preciso destacar que o projeto político pedagógico extrapola a dimensão pedagógica, englobando também a gestão financeira e administrativa, ou seja, os recursos necessários à sua implementação e as formas de gerenciamento.
Em suma: construir o projeto político-pedagógico significa enfrentar o desafio da transformação global da escola, tanto na dimensão pedagógica, administrativa, como na sua dimensão política. Agora, reflita: em que medida essa concepção de projeto político-pedagógico está presente na prática de sua escola?

Que processos envolvem a elaboração de um projeto político-pedagógico?
Para que as finalidades do projeto político-pedagógico sejam alcançadas, alguns processos precisam ser desenvolvidos. Em vários momentos, esses processos se entrecruzam e são dependentes uns dos outros, como se verá a seguir. Antes, é necessário que fique claro que não há uma única forma de se construir um projeto, devido às singularidades de cada unidade escolar.

O processo de participação
A importância da participação vem sendo ressaltada por todos que defendem uma gestão democrática. No entanto, embora nenhum segmento tenha uma importância menor que a do outro nesse trabalho coletivo, é importante definir, com clareza, as responsabilidades que cada um deve assumir, considerando a existência de funções e níveis hierárquicos diferenciados dentro da escola. Ou seja, todos devem ter o seu espaço de participação, mas não se deve confundir o espaço das atribuições, ultrapassando os limites de competência de cada um: Direção, professores e profissionais de suporte pedagógico são os responsáveis diretos pela mobilização da escola e da comunidade para a construção da proposta. Além disso, cabe-lhes a tomada de decisões sobre conteúdos, métodos de ensino e carga horária das disciplinas do currículo. Os alunos são fontes de informação das suas necessidades de aprendizagem, que se vão constituir no núcleo das preocupações da escola. São eles, de fato, o alvo de todo esse esforço.
O trabalho dos funcionários, por se realizar em uma escola, tem uma dimensão pedagógica que é muito pouco reconhecida, até por eles próprios. As relações que eles estabelecem com os alunos e com os pais poderiam ser exploradas na direção da formação da cidadania. Os pais e a comunidade devem participar efetivamente das decisões sobre o orçamento e a utilização dos recursos financeiros que a escola recebe. Além disso, os pais devem participar das discussões sobre as características do cidadão que se quer formar, sobre o uso do espaço e do tempo escolar e sobre as formas de organização do ensino que a escola deve adotar.

O processo de mobilização
Para que o projeto político-pedagógico seja, de fato, um instrumento de melhoria de qualidade da escola, ele precisa ser construído coletivamente, com responsabilidade e compromisso, a partir de um processo contínuo de mobilização que envolve elaboração, execução, acompanhamento, avaliação e reelaboração.
Uma das mais importantes tarefas da equipe gestora é encontrar pontos de partida para atingir um nível esperado de mobilização, pois, durante o processo, muitas lideranças vão emergir, provocando novas adesões.
O papel do Conselho Escolar nesse trabalho de mobilização é fundamental, já que ele congrega os representantes dos diversos segmentos da escola. No entanto, é sempre desejável que a participação da comunidade seja ampliada com a presença de outras pessoas, além daquelas que já fazem parte do Conselho.
Essa mobilização é indispensável sob pena de não se conseguir construir a proposta de uma forma democrática, legitimada por aqueles que fazem da escola um espaço vivo e atuante.

O processo de negociação
É preciso compreender que nas sociedades humanas nenhum processo se faz de forma linear e harmônica e, portanto, a negociação se torna um elemento central na realização de qualquer trabalho que envolva a coletividade. A participação democrática, condição essencial de formação do cidadão, supõe a presença de conflitos. O próprio exercício da participação abre espaço para a emergência desses conflitos. É impossível evitar tais situações, porque elas existem de fato e revelam a variedade de concepções que norteiam as ações pessoais.
É necessário, pois, reconhecer a existência de tensões ou conflitos entre as necessidades individuais e os objetivos da instituição e compreender a sua natureza, de modo a capitalizar as divergências em favor de um objetivo maior. É aqui que entra o papel da negociação. Saber negociar significa dar lugar ao debate, à expressão das várias necessidades e das diferenças, produzindo um ambiente do qual resulte a assunção coletiva dos conflitos e dos problemas, a cooperação voluntária no trabalho em equipe, a repartição mais igualitária do poder e dos recursos.
Assim, a autonomia da escola não é, isoladamente, a autonomia dos gestores ou a dos professores ou a dos alunos ou a dos pais. Ela é resultante da confluência de várias formas de pensamento e de interesses diversos que é preciso saber gerir, integrar e negociar. O projeto político pedagógico, portanto, vai significar uma síntese desses diversos interesses e tem como propósito dar um sentido coletivo às autonomias individuais. Pense bem: como andam os processos de participação, mobilização e negociação na sua escola?

Que cidadão se quer formar?
Tanto a mobilização como a participação e a negociação não ocorrem no vazio. A proposta pedagógica tem um conteúdo que vai sendo construído por meio desses processos. Dentre esses conteúdos, está a definição do cidadão que se quer formar. Que características devem ter o cidadão para viver no mundo contemporâneo? A escola tem espaço para definir essas características?
Afinal, que espaço tem a escola nessa definição? A despeito de se considerar que competências, conhecimentos, habilidades e valores

são básicos para a vida do cidadão em qualquer lugar do mundo, é também reconhecida, hoje, a necessidade da preservação e do desenvolvimento de aspectos que constituem a especificidade das diversas culturas. **Isso significa dizer que o espaço da escola é o da formação de cidadãos capazes de enfrentar os novos desafios do mundo contemporâneo, mas que tenham consciência de suas raízes históricas, conhecimento da produção cultural de seu povo, de forma a afirmar a sua identidade.**

É o espaço do ensino competente que, sem negar as tradições, e até mesmo tomando-as como base, prepare seus alunos para a plena participação na vida econômica, sociopolítica e cultural do país. Para que isso se torne possível, recomenda-se: Que o coletivo da escola tome essas questões como foco de discussão, passando a entender, com maior clareza, tanto a concepção de cidadão posta nos documentos oficiais que definem e orientam a educação brasileira, quanto à dimensão do papel que a escola tem na sua formação.

Que a escola desenvolva mecanismos de conhecimento de quem são seus alunos, quais as suas condições de vida, as suas aspirações, as expectativas da família e da comunidade. Que sejam realizados levantamentos e estudos das manifestações culturais locais (religiosas, folclóricas, esportivas, artísticas) que, incorporadas ao currículo, estabeleçam elos significativos com o conhecimento escolar formal, fazendo emergir a identidade de cada grupo ou comunidade que participa da escola.

Que, a partir das questões anteriores, sejam levantadas aquelas características e competências, além das propriamente escolares, necessárias ao exercício da cidadania, na área de atuação da escola. Imagine: como você vê o futuro dos alunos da sua escola daqui a dez, vinte anos?

Como construir a identidade da escola no seu projeto político-pedagógico?

Toda escola deve ter uma alma, uma identidade, uma qualidade que a faz ser única para todos que nela passam uma parte de suas vidas. Esse vínculo cognitivo e afetivo deve ser construído a partir das vivências propiciadas a toda a comunidade escolar. E essa preocupação deve estar presente na elaboração do projeto político pedagógico, o qual deve contribuir para criar ou fortalecer a identidade da escola.

Quanto a esse aspecto, a comunidade escolar deve levantar as características atuais da escola, suas limitações e possibilidades, os seus elementos identificadores, a imagem que se quer construir quanto ao seu papel na comunidade em que está inserida. Esse levantamento dos traços identificadores da escola constitui um diagnóstico que servirá de base para a definição dos objetivos a perseguir, dos conteúdos que devem ser trabalhados, das formas de organização do seu ensino. Algumas questões podem conduzir à realização desse diagnóstico:

- onde está localizada a escola: na zona rural (fazenda, povoado, engenho, assentamento, agrovila, agroindústria) ou na zona urbana (periferia, centro, condomínio)?
- quais os principais problemas dessa comunidade?
- que formas a escola tem de inserção na comunidade?
- como o seu espaço é utilizado pela comunidade?
- que limitações ou possibilidades a escola percebe nas suas relações com a comunidade?
- quem é o aluno que frequenta a escola?
- há alunos em idade escolar fora da escola na comunidade?
- existem alunos com jornada formal de trabalho?
- como se vêm dando o desempenho escolar dos alunos nos últimos dois anos?
- quais são os índices de aprovação, reprovação e evasão apresentados pela escola?
- qual a relação entre a idade dos alunos e a série que frequentam?
- quem são os profissionais que atuam na escola?
- o número de professores é suficiente para atender os alunos?
- qual a qualificação dos professores?
- a escola tem funcionários em número suficiente?
- há agentes de apoio pedagógico?
- quais são as condições físicas e materiais da escola?
- quais as condições de uso das dependências escolares?
- como vem sendo utilizado o tempo pedagógico?
- quantas turmas ela atende?
- como são organizadas as classes?
- como está organizado o espaço da escola?
- ele vem se constituindo em espaço de formação da cidadania?

Essas e outras questões, a depender do momento e do contexto, poderão ser utilizadas tanto para identificar quanto para avaliar os avanços alcançados pela escola na construção de sua identidade e contemplar essa questão no seu projeto político-pedagógico. Aqui, vale ressaltar um dos grandes problemas que se vive, hoje, no Brasil: a dificuldade de dispor de dados confiáveis que retratem o mais fielmente possível a realidade da educação, sobretudo da educação básica, e que possam servir de apoio a um planejamento exequível. Assim, é necessário que as escolas sejam cuidadosas no levantamento de seus dados, de forma que eles possam de fato indicar como está o seu funcionamento não só para o Censo, como para seu próprio uso, no acompanhamento do seu próprio desempenho. Agora, um desafio: você conhece bem todas as características identitárias de sua escola?

Como se constitui um currículo escolar?

Sabe-se que o currículo escolar é um dos pontos mais difíceis a serem enfrentados pela escola. Duas questões podem ser inicialmente levantadas em relação a esse aspecto: Quem define o que e como a escola deve ensinar?

Tradicionalmente, as escolas públicas têm a sua prática pedagógica determinada ou por orientações oriundas das secretarias de educação ou pelos próprios livros didáticos. Isso resulta, na maioria das vezes, em uma prática curricular muito pobre, que não leva em conta nem a experiência trazida pelo próprio professor, nem a trazida pelo aluno, ou mesmo as características da comunidade em que a escola está inserida.

Por outro lado, isso restringe a autonomia intelectual do professor e o exercício da sua criatividade. E pior: não permite que a escola construa sua identidade. Relacionada a isso, existe uma concepção restrita de currículo, próxima do conceito de programa ou, pior ainda, de uma simples grade curricular, ou de mera listagem dos conteúdos que devem ser tratados.

Daí porque muitos professores se orientam apenas pelos sumários ou índices dos livros didáticos. O currículo, entretanto, abrange tudo o que ocorre na escola, as atividades programadas e desenvolvidas sob a sua responsabilidade e que envolvem a aprendizagem dos conteúdos escolares pelos alunos, na própria escola ou fora dela, e isso precisa ser muito bem pensado na hora de elaborar um projeto político-pedagógico.

Assim sendo, é indispensável que a escola se reúna para discutir a concepção atual de currículo expressa tanto na LDBEN quanto nas

Diretrizes Curriculares Nacionais para os diferentes níveis de ensino e também nos Parâmetros Curriculares Nacionais (PCN s).

A legislação educacional brasileira, quanto à composição curricular, contempla dois eixos: Uma Base Nacional Comum, com a qual se garante uma unidade nacional, para que todos os alunos possam ter acesso aos conhecimentos mínimos necessários ao exercício da vida cidadã.

A Base Nacional Comum é, portanto, uma dimensão obrigatória dos currículos nacionais e é definida pela União. Uma Parte Diversificada do currículo, também obrigatória, que se compõe de conteúdos complementares, identificados na realidade regional e local, que devem ser escolhidos em cada sistema ou rede de ensino e em cada escola. Assim, a escola tem autonomia para incluir temas de seu interesse.

É através da construção da proposta pedagógica da escola que a Base Nacional Comum e a Parte Diversificada se integram. A composição curricular deve buscar a articulação entre os vários aspectos da vida cidadã (a saúde, a sexualidade, a vida familiar e social, o meio ambiente, o trabalho, a ciência e a tecnologia, a cultura, as linguagens) com as áreas de conhecimento (Língua Portuguesa, Matemática, Ciências, Geografia, História, Língua Estrangeira, Educação Artística, Educação Física e Educação Religiosa).

Há várias formas de composição curricular, mas os Parâmetros Curriculares Nacionais indicam que os modelos dominantes na escola brasileira, multidisciplinar e pluridisciplinar, marcados por uma forte fragmentação, devem ser substituídos, na medida do possível, por uma perspectiva interdisciplinar e transdisciplinar.

O que isso significa?

Interdisciplinaridade significa a interdependência, interação e comunicação entre campos do saber, ou disciplinas, o que possibilita a integração do conhecimento em áreas significativas.

Transdisciplinaridade é a coordenação do conhecimento em um sistema lógico, que permite o livre trânsito de um campo de saber para outro, ultrapassando a concepção de disciplina e enfatizando o desenvolvimento de todas as nuances e aspectos do comportamento humano.

Com base nessas formas de composição curricular, é que os Parâmetros Curriculares Nacionais introduzem os temas transversais que, tomando a cidadania como eixo básico, vão tratar de questões que ultrapassam as áreas convencionais, mas permeiam a concepção, os objetivos, os conteúdos e as orientações didáticas dessas áreas. Essa transversalidade supõe uma transdisciplinaridade, o que vai permitir tratar uma única questão a partir de uma perspectiva plural. Isso exige o comprometimento de toda a comunidade escolar com o trabalho em torno dos grandes temas definidos pelos Parâmetros Curriculares Nacionais, como Ética, Saúde, Meio Ambiente, Pluralidade Cultural e Orientação Sexual, os quais podem ser particularizados ou especificados a partir do contexto da escola.

Como essas determinações formais do currículo vão se manifestar na escola?

A sua concretização, no espaço dinâmico que é o da escola, vai produzir, simultaneamente, diferentes formas de expressão do currículo.

Ao lado do currículo formal, determinado legalmente e colocado nas diretrizes curriculares, nas propostas pedagógicas e nos planos de trabalho, há um currículo em ação, considerado o currículo real, que é aquilo que de fato acontece na escola, e o currículo oculto, que é aquilo que não está formalmente explicitado, mas que perpassa, o tempo todo, as atividades escolares.

Essas expressões do currículo vão constituir o conjunto das aprendizagens realizadas pelos alunos, e o reconhecimento dessa trama, presente na vida escolar, vai dar à equipe da escola melhores condições para identificar as áreas problemáticas da sua prática pedagógica.

Assim, no processo de elaboração da proposta pedagógica, ao definir o que ensinar, para que ensinar, como ensinar, a equipe gestora e a comunidade escolar devem estudar a legislação educacional, bem como a documentação oficial da Secretaria de Educação e do Conselho Estadual e ou Municipal de Educação, produzida com o objetivo de orientar a implantação desses dispositivos legais no que se refere ao currículo.

A partir daí, torna-se necessário identificar que ações precisam ser planejadas e realizadas pela escola para colocar em prática um currículo que contemple os objetivos da educação básica.

A direção da escola, ou a equipe gestora como um todo, tem, nesse contexto, um papel fundamental. Além de liderar a construção permanente da proposta pedagógica, deve estar todo o tempo viabilizando as condições para sua execução, e uma delas é a formação contínua de seus professores para que eles possam desenvolver, com competência, o currículo expresso na proposta pedagógica.

Um exemplo de conteúdo da parte diversificada é o escolhido por uma escola do semiárido baiano: estratégias para a convivência com a seca.

Esses temas, que têm um caráter universal, devem ser trazidos para o contexto local de forma que o aluno aprenda da realidade e na realidade. Para atingir aquilo a que se propõe, até como decorrência da própria lei, a escola precisa ensinar a criança a estabelecer relações entre a sua experiência cotidiana e os conteúdos escolares, em torno dos quais todos trabalharão, ampliando, assim, o seu universo de referência.

A escola deve, acima de tudo, fornecer as condições para que seus alunos participem da formulação e reformulação de conceitos e valores, tendo em vista que o ato de conhecer implica incorporação, produção e transformação do conhecimento, para o exercício de uma cidadania responsável.

O currículo formal é entendido como o conjunto de prescrições oriundas das diretrizes curriculares, produzidas tanto no âmbito nacional quanto nas secretarias e na própria escola e indicado nos documentos oficiais, nas propostas pedagógicas e nos regimentos escolares.

O currículo real é a transposição pragmática do currículo formal, é a interpretação que professores e alunos constroem, conjuntamente, no exercício cotidiano de enfrentamento das dificuldades, sejam conceituais, materiais, de relação entre professor e alunos e entre os alunos. São as sínteses construídas por professores e alunos, a partir dos elementos do currículo formal e das experiências pessoais de cada um.

O currículo oculto é aquele que escapa das prescrições, sejam elas originárias do currículo formal ou do real. Diz respeito àquelas aprendizagens que fogem ao controle da própria escola e do professor e passam quase despercebidas, mas que têm uma força formadora muito intensa. São as relações de poder entre grupos diferenciados dentro da escola que produzem aceitação ou rejeição de certos comportamentos, em prejuízo de outros, são os comportamentos de discriminação dissimulada das diferenças e, até mesmo, a existência de uma profecia auto realizadora dos professores que classifica, de antemão, certos alunos como bons e outros como maus. O currículo oculto também vai se manifestar, entre outras formas, na maneira como os funcionários tratam os alunos e seus pais, no modo de organização das salas de aula, no tipo de cartaz pendurado nas paredes, nas condições de higiene e conservação dos sanitários, no próprio espaço físico da escola.

Diante disso, há algumas questões básicas que toda a escola deveria analisar: Que mensagens não explícitas a escola vem passando para seus alunos? Que conteúdos vêm privilegiando?

Que currículo está sendo construído? O que enfatiza o sucesso escolar, ou o que, implicitamente, se conforma com o fracasso?

A função primordial da escola é possibilitar a seus alunos o acesso ao conhecimento escolar. Para isso, o conhecimento disponível é esquematizado, reestruturado, segmentado, simplificado, reconstruído, como meio de promover a sua apreensão pelos alunos. O trabalho escolar, portanto, é uma transposição didática do conhecimento formal em conhecimento escolar. Assim, o professor é, de fato, um mediador na interação dos alunos com os objetos de conhecimento. A orientação didática que assume e os métodos que utiliza têm, pois, como finalidade, estimular a compreensão, generalização, transposição e aplicação de conceitos em situações diversas, de modo a permitir a solução de problemas, o levantamento de questões, a avaliação dos resultados de suas ações e a reconstrução do conhecimento em outros níveis ou seja, promover a aprendizagem. Contudo, não é isso o que vem ocorrendo na escola básica no Brasil. A má qualidade de formação do professor brasileiro não lhe fornece as condições para o exercício pleno do seu ofício, que é o de promover a aprendizagem dos seus alunos. Estudos realizados recentemente no Brasil sobre o cotidiano da sala de aula mostram, além da própria pobreza material e física das salas, o predomínio de práticas educativas rotineiras, repetitivas, centradas no professor e que utilizam a escrita pelo aluno (deveres de casa, cópia, exercícios escritos no caderno etc.) mais como um mecanismo de controle da disciplina do que como instrumento de efetiva aprendizagem.

A própria organização da sala de aula, com a disposição das carteiras escolares em fileiras, revela a opção metodológica predominante entre os professores. A ausência de material didático rico e diversificado e a falta de conhecimento aprofundado dos conteúdos que ensina levam o professor, na maioria das vezes, a recorrer a práticas tradicionais e a banalizar a importância das atividades e das rotinas escolares.

Diante disso, é preciso que a equipe gestora, junto com a equipe escolar, discuta as opções didáticas a serem assumidas, promovendo os meios para que sejam postas em prática. Para isso, há, hoje, um conjunto de princípios educativos que vêm orientando as práticas pedagógicas contemporâneas. Veja alguns desses princípios:

- Considerar o aluno como sujeito de sua própria aprendizagem
- Reconhecer que o conhecimento é construído, progressivamente, através da atividade própria do aluno e também através das interações sociais, isto é, de aluno para aluno e entre o professor e os alunos.
- Superar a fragmentação do saber dividido em disciplinas, enfatizando a interdisciplinaridade dos conhecimentos e a construção integrada de saberes, competências e valores que perpassam, de forma transdisciplinar, o conjunto do saber-fazer escolar.
- Tomar as experiências e vivências do cotidiano do aluno como ponto de partida para as novas aprendizagens escolares.
- Organizar o trabalho escolar em torno de atividades que proporcionem o prazer de conhecer, o desejo de descobrir e de fazer e que estimulem o aprender a aprender.
- Respeitar a diversidade dos alunos, como pessoas e como membros de um determinado grupo étnico cultural e socioeconômico.
- Estimular o desenvolvimento da autonomia do aluno, da sua participação na construção da vida escolar, através do incentivo ao trabalho em grupo e à aprendizagem cooperativa.

Como esses princípios podem ser concretizados na prática?

Os Parâmetros Curriculares Nacionais para o Ensino Fundamental destacam algumas formas de concretização desses princípios. São eles:

- A autonomia - pode-se concretizar no trabalho em sala de aula, através de atividades que permitam ao aluno posicionar-se, elaborar projetos pessoais e participar enunciativa e cooperativamente de projetos coletivos, ter discernimento, organizar-se em função de metas eleitas, governar-se, participar da gestão de ações coletivas, estabelecer critérios e eleger princípios éticos, entre outros aspectos.
- O respeito à diversidade tem a ver com o direito de todos os alunos realizarem as atividades fundamentais para o seu desenvolvimento e socialização. Sua concretização em sala de aula significa levar em conta fatores sociais, culturais e a história educativa de cada aluno, suas características pessoais de déficit sensorial, motor ou psíquico, ou de super dotação intelectual, dando-se especial atenção ao aluno que demonstrar a necessidade de resgatar a autoestima.
- O trabalho diversificado consiste no uso de diferentes exercícios, atividades, tarefas por grupos de alunos ou pequenos projetos, que vão permitindo a inserção de todos no trabalho escolar, independentemente dos diferentes níveis de conhecimento e experiência presentes entre os alunos de uma mesma classe.
- O princípio que deve orientar essa opção é o de que todos os alunos são capazes de aprender, cada um no seu ritmo próprio e a partir de pontos diferentes, desde que lhe sejam dadas às condições para que isso ocorra.
- A interação e a cooperação são princípios subjacentes à aprendizagem dos conteúdos escolares e à aprendizagem de formas de convivência escolar e social. Para sua concretização, a escola e os professores devem criar situações em que os alunos possam aprender a dialogar, a ouvir o outro e ajudá-lo, a pedir ajuda, aproveitar críticas, explicar um ponto de vista, coordenar ações para obter sucesso em uma tarefa conjunta.
- A seleção de material deve ser variada e cuidadosa. Todo material é fonte de informação, mas nenhum deve ser utilizado com exclusividade. A escolha do livro didático pelo professor deve ser criteriosa e estar vinculada com as suas opções metodológicas. Além dos livros didáticos dos alunos e dos livros de literatura infanto-juvenil, o professor deve recorrer a materiais diversificados como jornais, revistas, folhetos, propagandas, computadores, calculadoras, filmes, etc., que fazem o aluno sentir-se inserido no mundo à sua volta. Não se pode perder de vista que as escolas devem ter autonomia para desenvolver o pluralismo de ideias e de concepções pedagógicas, conforme expresso no art. 3º, inciso III da LDBEN.

(GRIFOS NOSSOS)
Portal do MEC
http://pedagogiaaopedaletra.com/a-construcao-do-projeto-politico-pedagogico-da-escola/

Percebem que a leitura de um PPP não pode ser feita de modo superficial? E que somente conhecendo as particularidades intrínsecas à elaboração deste se faz possível uma leitura crítica? Isso porque a complexidade característica da escola exige, para a sua compreensão, que tenhamos argumentos suficientes para que detalhes fundamentais sejam percebidos nas suas ações didático-pedagógicas que, por sua vez, refletem a organização do trabalho ali desenvolvido. Acrescentamos aqui a importância sobre essa discussão. É fundamental que você futuro docente, tenha plena clareza sobre todos os aspectos teórico e práticos, legais e políticos que envolvem a Educação.

Assim encerramos a Aula 1, certos de que esta etapa representa mais um degrau em sua formação.

Retomando a aula

Nossa aula se finaliza e espero que o conhecimento tenha sido significativo e de grandes contribuições. Vamos, então, recordar alguns pontos importantes?

1 – O direito à educação como um direito fundamental

Na seção 1, buscou-se compreender, identificar e interpretar, em linhas gerais os direitos à educação como um direito fundamental; quais são seus pressupostos e finalidade. Vimos ainda que as Políticas Públicas de Educação são um movimento contemporâneo de inclusão escolar, realizado no Brasil, na qual pressupõem que a educação é um direito de todos, com ou sem deficiência, colaborando com a possibilidade de escolas democráticas e uma sociedade justa e humana.

2 – Um pouco sobre gestão democrática na escola

Nesta seção procuramos conceituar Gestão Democrática, bem como foram expostos os princípios e fundamentos da Gestão Escolar e a dimensão da Gestão Democrática. E também iniciamos a discussão sobre o PPP, no sentido de compreender o seu significado e de perceber a sua importância, aprofundaremos o assunto na próxima aula.

Vale a pena

Vale a pena ler,

A ESCRITA DE DIÁRIOS NA FORMAÇÃO DOCENTE. Disponível em: <http://www.scielo.br/scielo.php?script=sci_arttext&pid=S0102-46982012000100009>.

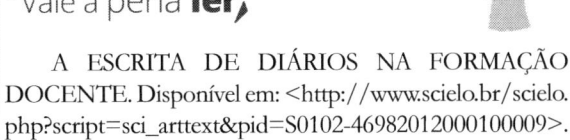

Vale a pena assistir,

Gestão Escolar Democrática - Prof. Vitor Henrique Paro
Disponível em: <https://www.youtube.com/watch?v=WhvyRmJatRs>.

Nós da Educação - Ilma Passos Alencastro Veiga
Disponível em: <https://www.youtube.com/watch?v=k_I6M3lW6ss>.

Minhas anotações

Aula 2º

Projeto político pedagógico: bases legais para a escola

Estudantes, sejam bem-vindos a mais uma aula.

Nesta segunda aula, vamos refletir ainda sobre a importância da elaboração do projeto Pedagógico e suas bases legais. Como vamos observar um discurso dinâmico, é um processo gradativo e merece mais que uma simples conversa ao que compete a sua execução. Para uma educação de qualidade e que discuta e atenda as novas demandas sociais, deve ser planejada reformulada e revista coletivamente.

No Brasil a educação acaba que sofrendo muito com tantas questões diversas e repressões a serem sempre revisitadas ao passar de todos esses anos. Repensar esses princípios que norteiam a organização e os trabalhos que precisam ser desenvolvidos no ambiente educacional. Dessa forma, pensa-se e busca-se nesta aula discussões sobre toda a estrutura e funções a serem desempenhado na gestão escolar.

Bons estudos!

Objetivos de aprendizagem

Ao término desta aula, vocês serão capazes de:

- observar a gestão educacional como um todo no espaço escolar;
- identificar os métodos e princípios sobre a gestão e sua questão fundamental de ensino;
- identificar bases legais sobre a gestão escolar que possam colaborar com a educação.

Seções de estudo

1 – PPP: Projeto Pedagógico e sua participação ativa
2 – Estrutura e organização: processo importante para a qualidade da educação

1 - PPP: Projeto Pedagógico e sua participação ativa

O **Projeto Político-Pedagógico (PPP) se constrói com uma base e referências norteadoras das ações da instituição. Por isso, seu planejamento requer, para ser expressivo e vivo deve ter olhar coletivo, e assim, a participação de todos da escola em conjunto com sua comunidade.** Todavia, levando a construção de espaços significativos de forma coletiva e que siga com um olhar a escola do presente com premissas a um futuro próximo almejando para uma educação de qualidade diante da organização, métodos e sistematização de todo o processo educacional.

As bases legais visão um aporte para o processo que se fundamenta a gestão, e mediante a fundamentação histórica da educação e o projeto agrega e até mesmo construído por este caminho, há um fundamento legal, do qual somos integrantes e gestores. Sendo assim, a aula, apresenta justamente esse aporte legal do projeto pedagógico em sua base principal, a lei de Diretrizes e Bases da Educação Nacional. Na LDB nº 9.394/96, há três artigos que dão base legal ao Projeto Político-pedagógico:

> **Art. 12**. Os estabelecimentos de ensino, respeitadas as normas comuns e as do seu sistema de ensino, terão a incumbência de:
> I. elaborar e executar sua Proposta pedagógica;
> II. administrar seu pessoal e seus recursos materiais e financeiros;
> III. assegurar o cumprimento dos dias letivos e horas-aulas estabelecidas;
> IV. velar pelo cumprimento do plano de trabalho de cada docente;
> V. promover meios para a recuperação dos alunos de menor rendimento;
> VI. articular-se com as famílias e a comunidade, criando processos de integração da sociedade com a escola;
> VII. informar os pais e responsáveis sobre a frequência e o rendimento dos alunos, bem como sobre a execução de sua proposta pedagógica.
>
> **Art. 13.** Os docentes incumbir-se-ão de:
> I. participar da elaboração da proposta pedagógica do estabelecimento de ensino;
> II. elaborar e cumprir plano de trabalho, segundo a proposta pedagógica do estabelecimento de ensino;
> III. zelar pela aprendizagem dos alunos;
> IV. estabelecer estratégias de recuperação para os alunos de menor rendimento;
> V. ministrar os dias letivos e horas-aulas estabelecidos, além de participar integralmente dos períodos dedicados ao planejamento, à avaliação e ao desenvolvimento profissional;
> VI. colaborar com as atividades de articulação da escola com as famílias e a comunidade.
>
> **Art. 14**. Os sistemas de ensino definirão as normas da gestão democrática do ensino público na educação básica, de acordo com as suas peculiaridades e conforme os seguintes princípios:
> I. participação dos profissionais da educação na elaboração do projeto pedagógico da escola;
> II. participação das comunidades escolares e local em conselhos escolares ou equivalentes.

Dessa forma, as diversas formas de apreciação dos diferentes pontos apresentados nos artigos da LDB como sobre os Conselhos Estaduais de Educação, como: proposta pedagógica e projeto pedagógico da escola, e assim, havendo diferença em seu plano de trabalho que pode ser desenvolvido no Projeto político-pedagógico da escola. Com isso, a escola pode desenvolver vários projetos, que possam abranger algumas disciplinas, mas não ser confundidos com sua base maior o projeto político- pedagógico, e sim, originalmente pensados mediante o projeto e pontos relevantes ao ensino da escola.

Além da LDB 9394/96, embora com caráter de subsídio e sem força de lei vale citar o documento introdutório dos Parâmetros Curriculares Nacionais, que permite uma leitura mais profunda das circunstâncias educacionais e da necessidade do Projeto político-pedagógico. No item intitulado: Escola: uma construção coletiva e permanente é feita referência explícita à necessidade do projeto da escola:

> Para ser uma organização eficaz no cumprimento de propósitos estabelecidos em conjunto por professores, coordenadores e diretor, e garantir a formação coerente de seus alunos ao longo da escolaridade obrigatória, é imprescindível que cada escola discuta e construa seu projeto educativo. Esse projeto deve ser entendido como um processo que inclui a formulação de metas e meios, segundo a particularidade de cada escola, por meio da criação e da valorização de rotinas de trabalho pedagógico em grupo e da corresponsabilidade de todos os membros da comunidade escolar, para além do planejamento de início de ano ou dos períodos de "reciclagem" (BRASIL, 1997, p. 21).

O documento introdutório dos PCNs ressalta que uma prática de reflexão coletiva não é algo que se atinge de uma hora para outra e a escola é uma realidade complexa, não sendo possível tratar as questões como se fossem simples de serem resolvidas. Cada escola encontra condições próprias, uma trama, um conjunto de circunstâncias para todas as pessoas. Portanto, esse projeto requer tempo para uma análise, discussão e reelaboração contínua, o que só é possível em um clima institucional favorável e com condições objetivas de realização.

A clareza do processo de planejamento e execução sobre as origens históricas do Projeto político-pedagógico significa os avanços para um trabalho de qualidade no contexto escolar. A importância de uma autonomia mediante as leis não podendo fugir de uma elaboração de forma linear nessa instituição escolar.

E assim, demonstrar a todos os envolvidos - pais, alunos, professores, diretores, coordenadores – a importância do papel e as perspectivas significativas dessa autogestão pode colaborar para o sucesso e formação dos cidadãos, ou seja, trazer, os diversos esforços para garantir à sua escola, condições de acesso e qualidade, permanência, terminalidade com do ensino em nosso país. E a mudança para a sociedade democrática está em desenvolver de forma clara e conceitual todos os processos com base legais os todos coerente. E a participação de todos que podem colaborar somente vai agregar valores enriquecedores a nossa educação para uma melhoria do passado, um presente de busca e um futuro de sucesso em nosso ensino aprendizagem. O trabalho não é fácil muito menos imediato aos olhos da comunidade e do sistema de ensino, a luta é gradativa e as melhorias somente vão se efetivar com o passar dos anos, por meio de estudos ajustes e colaboração da equipe.

E com o passar desses anos avanços são feitos, mas também retrocessos com relação ao projeto pedagógico são vistos nas escolas. Questões essas que acabam desestimulando a equipe escolar, mas que se deve respirar e retornar para que não percamos o norte, nem mesmo nosso horizonte de buscas e qualidade da educação que é um dos pontos cruciais para a formação de cada sujeito ativo e crítico em nossa sociedade.

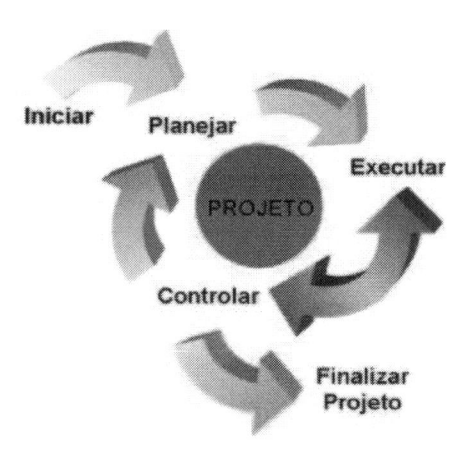

Disponível em: <https://www.booksgratis.com.br/apostila-gratis-projetos-de-administracao/>.

Considerando o contexto histórico e legal descrito nos itens anteriores, destacamos, nesta primeira década do século XXI que todo processo de construção requer parceiros. É na busca e no encontro de parceiros que podemos crescer, discutir, realizar, construir... O momento que vivemos não é um momento ímpar/único, mas pode ser considerado mais uma oportunidade que nos é dada rumo à democratização do ensino e à autonomia das escolas. O momento é de reflexão e conscientização por parte dos educadores de seu papel e do papel da escola perante a sociedade.

Antes de iniciar qualquer construção/elaboração, é primordial e de importância entender a escola como espaço de aprendizagem, de construção de conhecimentos e não mais como um espaço psicológico, assistencial, hospitalar; entendimentos que por inúmeras vezes serviram/servem para justificar nossa incapacidade de lidar com as questões cotidianas da escola e revelam a deficiência dos cursos de Formação de Professores que não preparam para o cotidiano e nem para uma opção filosófica/metodológica consistente.

Primeiramente, observamos no sentido etimológico, o termo projeto vem do latim *projectu*, particípio passado do verbo *projicere*, que significa lançar para diante. Plano, intento, desígnio. Empresa, empreendimento. Redação provisória de lei. Plano geral de edificação como afirma Ferreira (apud VEIGA, 1988, p.1).

> Todo projeto supõe *rupturas* com o presente e *promessas* para o futuro. Projetar significa tentar quebrar um estado confortável para arriscar-se, atravessar um período de instabilidade e buscar uma nova estabilidade em função da promessa que cada projeto contém de estado melhor do que o presente. Um projeto educativo pode ser tomado como promessa frente a determinadas rupturas. As promessas tornam visíveis os campos de ação possível, comprometendo seus atores e autores. (GADOTTI, 1994, p. 579).

Por outro lado, Segundo Veiga (1998, p.2) "propicia a vivência democrática necessária para a participação de todos os membros da comunidade escolar e o exercício da cidadania". Tendo como base uma forma reciproca de obter uma dimensão política e pedagógica da escola em que se atua ativamente. O projeto político-pedagógico acaba se construindo em seu processo democrático de decisões, e em seu trabalho de construção visa-se instaurar uma organização e buscando elencar que não aconteçam mais conflitos, e que "as relações competitivas, corporativas e autoritárias, rompendo com a rotina do mando impessoal e racionalizado da burocracia que permeia as relações no interior da escola, diminuindo os efeitos fragmentários da divisão do trabalho que reforça as diferenças e hierarquiza os poderes de decisão" (VEIGA, 1998, p.2).

Seguindo o raciocínio de Veiga (1998) "o projeto político-pedagógico tem a ver com a organização do trabalho pedagógico em dois níveis: como organização da escola como um todo e como organização da sala de aula", além da relação e seu contexto no meio social, para que preserve a dimensão como um todo. Nesta caminhada será importante ressaltar que o projeto político-pedagógico busca a organização do trabalho pedagógico da escola na sua globalidade. A escola tem a sua autonomia na construção desse projeto e com capacidade de delinear sua própria identidade. Dessa forma, resgata a instituição como um espaço público, de debate, uma interação de diálogo de forma a refletir coletivamente seus pontos relevantes.

Portanto, com essa observação percebemos que o projeto político-pedagógico da escola pode articular a sua organização de trabalho pedagógico e traçar seus princípios e dinâmicas de toda a equipe que atua neste ambiente escolar, e somente vem a fundar algo real e significativo para todos os profissionais que de certa forma contribuíram com a qualidade final desse projeto e de sua escola. Como diz Veiga (1998) "buscar uma nova organização para a escola constitui uma ousadia para os educadores".

Nesse sentido cada sujeito presente na escola deverá proceder sua reflexão acerca de seu papel e de suas contribuições no âmbito escolar, reconstruindo seu cotidiano profissional e entendendo seu papel perante a sociedade. E consideramos um dos princípios da gestão a condução desse processo reflexivo.

Num segundo momento, necessitamos nos sensibilizar para a importância da elaboração de um Projeto Pedagógico, não só pela exigência legal (Art. 12, Lei 9394/96) bem como pela oportunidade de se refletir acerca do trabalho pedagógico que vem sendo realizado pela escola, tendo sempre clareza do que nos alerta Osório (1997, p.02):

> [...] é arriscado chegarmos num simplismo em conceber o Projeto Pedagógico como um ente da razão e como uma única alternativa de todos os males da prática escolar, ou então, como um modelo único, imaginário e possível; ou ainda na tentação de se restringir este possível projeto num mecanismo imprescindível, enquanto instrumento, que aponte soluções para os problemas até então existentes.

Dessa forma, temos que pensar que nada se pode finalizar de imediato, mas pensamos que o projeto pedagógico vem agregar um embasamento significativo como um "instrumento" de apoio com olhares que vão se revisitando com o passar dos tempos, e que sempre estará em construção e que essa equipe pode e deve ser crítica e sempre buscar o que pode ser melhorado e demandado para a escola.

Assim, buscamos um meio de parceria com os diversos membros que podem contribuir com o processo escolar, bem como revisitar as diversas produções e pesquisas teóricas para que surjam ideias e melhorias para a prática escolar. Mas deixar claro que se pode ter um norte e a esperança que com luta e parceria com os educadores, gestões e direção escolar um futuro com mais autonomia e sucesso à nossa educação brasileira. As novas formas têm que ser pensadas em um contexto de luta, de correlações de força – às vezes favoráveis às vezes desfavoráveis. Terão que nascer no próprio "chão da escola", com apoio dos professores e pesquisadores. *Não poderão ser inventadas por alguém, longe da escota e da luta da escota. (FREITAS, 1991, p. 23). Seguindo como afirma Veiga (1998):*

> Para que a construção do projeto político-pedagógico seja possível não é necessário convencer os professores, a equipe escolar e os funcionários a trabalhar mais, ou mobilizá-los de forma espontânea, mas propiciar situações que lhes permitam aprender a pensar e a realizar o fazer pedagógico de forma coerente. O ponto que nos interessa reforçar é que a escola não tem mais possibilidade de ser dirigida de cima para baixo e na ótica do poder centralizador que dita as normas e exerce o controle técnico burocrático. A luta da escola é para a descentralização em busca de sua autonomia e qualidade. Do exposto, o projeto político-pedagógico não visa simplesmente a um rearranjo formal da escola, mas a uma qualidade em todo o processo vivido. Vale acrescentar, ainda, que a organização do trabalho pedagógico da escola tem a ver com a organização da sociedade. A escola nessa perspectiva é vista como uma instituição social, inserida na sociedade capitalista, que reflete no seu interior as determinações e contradições dessa sociedade (VEIGA, 1998, p.3).

A ação pedagógica nos leva a refletir que nada é imposto aos seus componentes, mas deve ser considerado como uma estratégia para o dialogo coletivo e democrático. O meio porque isso é reforçado seria para que a escola não fosse dirigida pelo estado e tivesse a autonomia de mudar questões que não se encaixariam ao sua realidade vigente.

2 - Estrutura e organização: processo importante para a qualidade da educação

Estudar a estrutura e a organização como um processo importante para a qualidade da educação é importante quando partimos dos princípios norteadores para o planejamento do projeto pedagógico, item de grande relevância ao contexto escolar. Desse modo, destacamos que não se pode perder de vista que a elaboração do projeto pedagógico é um processo dinâmico, que requer esforço e comprometimento coletivo com a formalização de uma educação de qualidade que discuta e atenda as novas demandas sociais. Sendo assim, sua elaboração não deve cumprir apenas uma exigência legal mais efetiva em sua prática. O texto a seguir nos auxilia exatamente na compreensão deste processo. Vamos à leitura:

Princípios norteadores do projeto político pedagógico

A abordagem do projeto político-pedagógico, como organização do trabalho da escola como um todo, está fundada nos princípios que deverão nortear a escola democrática, pública e gratuita:

a) Igualdade de condições para acesso e permanência na escola. Saviani alerta-nos para o fato de que há uma desigualdade no ponto de partida, mas a igualdade no ponto de chegada deve ser garantida pela mediação da escola.

b) Qualidade que não pode ser privilégio de minorias econômicas e sociais. O desafio que se coloca ao projeto político-pedagógico da escola é o de propiciar uma qualidade para todos. A qualidade que se busca implica duas dimensões indissociáveis: a formal ou técnica e a política. Uma não está subordinada à outra; cada uma delas tem perspectivas próprias. A primeira enfatiza os instrumentos e os métodos, a técnica. A qualidade formal não está afeita, necessariamente, a conteúdos determinados. Demo afirma que a qualidade formal: "(...) significa a habilidade de manejar meios, instrumentos, formas, técnicas, procedimentos diante dos desafios do desenvolvimento" (1994, p. 14).

c) Gestão democrática é um princípio consagrado pela Constituição vigente e abrange as dimensões pedagógica, administrativa e financeira. Ela exige uma ruptura histórica na prática administrativa da escola, com o enfrentamento das questões de exclusão e reprovação e da não permanência do aluno na sala de aula, o que vem provocando a marginalização das classes populares. Esse compromisso implica a construção coletiva de um projeto político-pedagógico ligada à educação das classes populares. A gestão democrática exige a compreensão em profundidade dos problemas postos pela prática pedagógica. Ela visa romper com a separação entre concepção e execução, entre o pensar e o fazer, entre teoria e prática. Busca resgatar o controle do processo e do produto do trabalho pelos educadores.

d) Liberdade é outro princípio constitucional. O princípio da liberdade está sempre associado à ideia de autonomia. O que é necessário, portanto, como ponto de partida, é o resgate do sentido dos conceitos de autonomia e liberdade. A autonomia e a liberdade fazem parte da própria natureza do ato pedagógico. O significado de autonomia remete-nos para regras e orientações criadas pelos próprios sujeitos da ação educativa, sem imposições externas. Para Rios (1982, p. 77), a escola tem uma autonomia relativa e a liberdade é algo que se experimenta em situação e esta é uma articulação de limites e possibilidades. Para a autora, a liberdade é uma experiência de educadores e constrói-se na vivência coletiva, interpessoal. Portanto, "somos livres com os outros, não, apesar dos outros" (grifos da autora) (1982, p. 77).

e) Valorização do magistério é um princípio central na discussão do projeto político-pedagógico.
A qualidade do ensino ministrado na escola e seu sucesso na tarefa de formar cidadãos capazes de participar da vida socioeconômica, política e cultural do país relacionam-se estreitamente a formação (inicial e continuada), condições de trabalho (recursos didáticos, recursos físicos e materiais, dedicação integral à escola, redução do número de alunos na sala de aula etc.), remuneração, elementos esses indispensáveis à profissionalização do magistério. A melhoria da qualidade da formação profissional e a valorização do trabalho pedagógico requerem a articulação entre instituições formadoras, no caso as instituições de ensino superior e a Escola Normal, e as agências empregadoras, ou seja, a própria rede de ensino. A formação profissional implica, também, a indissociabilidade entre a formação inicial e a formação continuada.
Veiga acrescenta, ainda, que: a importância desses princípios está em garantir sua operacionalização nas estruturas escolares, pois uma coisa é estar no papel, na legislação, na proposta, no currículo, e outra é estar ocorrendo na dinâmica interna da escola, no real, no concreto. (1991, p. 82).

Disponível em: <http://pep.ifsp.edu.br/wp-content/uploads/2015/01/PPP-uma-constru%C3%A7%C3%A3o-coletiva.pdf >.

Viu só como a construção desse projeto político-pedagógico, perpassa por meio dos princípios e organização do trabalho pedagógico. Com esse contraponto apresenta-se pontos relevantes para pensarmos o raciocínio de gestão escolar. Segundo Veiga (1998) a escola apresenta as finalidades desse processo, por isso é importante ressaltar que os educadores tenham clareza dessas finalidades. Entre elas Veiga, destaca (Alves 1992, p. 19).

- Das finalidades estabelecidas na legislação em vigor, o que a escola persegue, com maior ou menor ênfase?
- Corno é perseguida sua finalidade cultural, ou seja, a de preparar culturalmente os indivíduos para uma melhor compreensão da sociedade em que vivem?
- Como a escola procura atingir sua finalidade política e social, ao formar o indivíduo para a participação política que implica direitos e deveres da cidadania?
- Como a escola atinge sua finalidade de formação profissional, ou melhor, como ela possibilita a compreensão do papel do trabalho na formação profissional do aluno?
- Como a escola analisa sua finalidade humanística, ao procurar promover o desenvolvimento integral da pessoa? (VEIGA, 1998, p.6-7).

As estruturas pedagógicas referem-se, fundamentalmente, às interações políticas, às questões de ensino aprendizagem e ao currículo. Assim, essas estruturas pedagógicas viabilizam em todos os setores necessários ao desenvolvimento do trabalho pedagógico. Segundo Veiga, podemos verificar a partir da seguinte divisão:

Currículo

Currículo é um importante elemento constitutivo da organização escolar. Currículo implica, necessariamente, a interação entre sujeitos que têm um mesmo objetivo e a opção por um referencial teórico que o sustente. Currículo é uma construção social do conhecimento, pressupondo a sistematização dos meios para que esta construção se efetive; a transmissão dos conhecimentos historicamente produzidos e as formas de assimilá-los, portanto, produção, transmissão e assimilação são processos que compõem uma metodologia de construção coletiva do conhecimento escolar, ou seja,

O processo de decisão

Na organização formal de nossa escola, o fluxo das tarefas, das ações e principalmente das decisões é orientado por procedimentos formalizados, prevalecendo as relações hierárquicas de mando e submissão, de poder autoritário e centralizador. Uma estrutura administrativa da escola, adequada à realização de objetivos educacionais, de acordo com os interesses da população, deve prever mecanismos que estimulem a participação de todos no processo de decisão.

As relações de trabalho

É importante reiterar que, quando se busca uma nova organização do trabalho pedagógico, está se considerando que as relações de trabalho, no interior da escola, deverão estar calcadas nas atitudes de solidariedade, de reciprocidade e de participação coletiva, em contraposição à organização regida pelos princípios da divisão do trabalho, da fragmentação e do controle hierárquico.

A avaliação

Acompanhar as atividades e avaliá-las leva-nos à reflexão, com base em dados concretos sobre como a escola organiza-se para colocar em ação seu projeto político-pedagógico. A avaliação do projeto político-pedagógico, numa visão crítica, parte da necessidade de se conhecer a realidade escolar, busca explicar e compreender criticamente as causas da existência de problemas, bem como suas relações, suas mudanças e se esforça para propor ações alternativas (criação coletiva). Esse caráter criador é conferido pela autocrítica.

Nesse sentido, precisamos buscar elementos que auxiliem na fundamentação teórico-metodológica da elaboração do Projeto e na reflexão acerca do: Como somos? Como queremos ser? Como vamos concretizar nosso desejo? Essa busca é sem dúvida tarefa do gestor, que deve expandir-se pela Instituição escolar. Nesse contexto histórico de surgimento do princípio da democracia e sua participação, será enfatizado, na próxima aula, ao pensarmos em escola democrática e participativa a partir de princípios e fundamentos de uma prática docente crítica.

Retomando a aula

Nossa aula se finaliza e espero que o conhecimento tenha sido significativo e de grandes contribuições. Vamos, então, recordar alguns pontos importantes?

1 – PPP: Projeto Pedagógico e sua participação ativa na escola

Nesta seção pensou-se em apresentar como essa Gestão Democrática pode ser positiva e como se organiza as ações e funções no espaço escolar. O Projeto Político-Pedagógico (PPP) se constrói com uma base e referências norteadoras das ações da instituição. Por isso, seu planejamento requer, para ser expressivo e vivo deve ter um olhar coletivo, e assim, a participação de todos da escola em conjunto com sua comunidade. Todavia, levando a construção de espaços significativos de forma coletiva, e que com premissas a um futuro de qualidade educacional e democrático da escola.

2 – Estrutura e organização: processo importante para a qualidade da educação

Neste tópico é importante ressaltar os princípios norteadores para o planejamento do projeto pedagógico e que é de grande relevância ao contexto escolar. Assim, destacamos que não se pode perder de vista que a elaboração do projeto pedagógico é um processo dinâmico, que requer esforço e comprometimento coletivo com a formalização de uma educação de qualidade que discuta e atenda as novas demandas sociais. Sendo assim, sua elaboração não deve cumprir apenas uma exigência legal mais efetiva em sua prática.

Vale a pena

Vale a pena ler,

LÜCK, Heloísa. Dimensões da gestão escolar e suas competências. Editora Positivo Curitiba, 2009. Disponível em: <https://edisciplinas.usp.br/pluginfile.php/2190198/mod_resource/content/1/dimensoes_livro.pdf>. Acesso 25 de abril de 2019.

Vale a pena acessar,

Gestão democrática. Disponível em: <http://www.educacao.sp.gov.br/gestaodemocratica>.

Vale a pena assistir,

Minhas anotações

Aula 3º

A escola democrática e participativa: princípios e fundamentos de uma prática docente crítica

Prezados (as) estudantes.

Nesta terceira aula, continuamos a desenvolver e refletir sobre a escola de forma democrática, e principalmente, participativa educacional na sociedade. A participação e preparação dos estudos somente faz com que possamos ser mais críticos e empenhados em nossas vidas, tanto, na teórica como na prática.

Lembre-se que todo o processo de aprendizagem, a partir dos objetivos de aprendizagem, deverá contribuir com os estudos. Lembre-se que tudo somente se concretiza com empenho e dedicação.

Bons estudos!

Objetivos de aprendizagem

Ao término desta aula, vocês serão capazes de:

- compreender como se estabelece como uma escola democrática;
- identificar como a democracia pode ser participativa no ambiente escolar.
- compreender que a participação no espaço escolar não é somente papel dos membros da escola, mas de todos.

Seções de estudo

1 – Escola: ambiente de democracia
2 – Participação efetiva na escola

1 - Escola: ambiente de democracia

Ao pensarmos em uma escola como ambiente democrático e participativo, é necessário o entendimento acerca da democratização e participação dos membros da escola como atuantes também na sociedade.

Nesse contexto, podemos pensar que desde o Estado Liberal fomos ganhando força sobre a democracia representativa em um poder, onde houve espaço para tomadas de decisões, por meio de um representante que é eleito por uma votação popular. Dessa forma, a burguesia revisita os valores da democracia grega que abre um paralelo com os valores liberais, e assim, desenvolvendo a igualdade de oportunidade e capacidade para todos, e não, uma igualdade sobre a representação do real na sociedade. A representação democrática até o momento não estava efetivamente concluída, porque afastava o povo de muitas decisões e conhecimentos sobre temas diversos sociais e políticos.

Contudo, com o passar dos anos novos espaços foram abertos para a população, principalmente, sobre as relações políticas. Segundo Vasconcelos (apud SILVA, 2009, p.97) afirma que "[...] a democracia representativa afasta o indivíduo do conceito de cidadão. O elemento humano concebe o governo como algo alheio ou mais precisamente, como posse natural dos detentores do Poder".

> Se hoje se pode falar de processo de democratização, ele consiste, não tanto, como erroneamente muitas vezes se diz, na passagem da democracia representativa para a democracia direta quanto na passagem da democracia política em sentido estrito para a democracia social, ou melhor, consiste na extensão do poder ascendente, que até agora havia ocupado quase exclusivamente o campo da grande sociedade política (e das pequenas, minúsculas, em geral politicamente irrelevantes associações voluntárias), para o campo da sociedade civil nas suas várias articulações, da escola à fábrica: falo de escola e de fábrica para indicar emblematicamente os lugares em que se desenvolve a maior parte da vida da maior parte dos membros de uma sociedade moderna [...] (BOBBIO, 1998, p. 54-55 apud SILVA, 2009, p.).

A democracia com isso gradativamente passa por processos de libertação para a melhoria dos sujeitos ativos na sociedade moderna. Ao desenvolver ações e pressupostos leva a reflexão sobre o que vivenciam no cotidiano. Como afirma Bobbio (1998) que cita sobre o ambiente da escola e também as fábricas. O social acaba sendo elevado por conta que em algum momento o sujeito crítico, ou mesmo, leigo vão apresentar no decorrer de suas vidas um olhar significativo sobre a democracia e sua participação social. De modo à auxiliar a compreensão sobre esse movimento, leiam o texto abaixo sobre Gestão participativa e o desafio de formar cidadãos.

Gestão participativa e o desafio de formar cidadãos

Formar cidadãos que sejam capazes de exercer seu direito à informação e participação na sociedade em que estão inseridos deve fazer parte dos objetivos de um governo comprometido com a Educação e a democracia. Como assinala Moura Castro:

Todos os países que estão se dando bem fizeram um grande esforço para aperfeiçoar a Educação em todos os níveis e, em particular, resolveram o desafio de oferecer uma Educação Básica de qualidade a, praticamente, todos os seus cidadãos. (Moura Castro, 1992, p.21)

Graças à formação e manutenção da sociedade capitalista, o conhecimento se torna o principal elemento da organização social e econômica. Mudanças significativas vêm ocorrendo globalmente, o que produz alterações na sociedade como um todo e, portanto, se faz presente também na Educação, no sentido de se buscar novas tendências sociais, econômicas e tecnológicas para as atribuições da escola. Nesse contexto, a escola pública, em todos os níveis e modalidades da Educação Básica (Educação Infantil, Ensino Fundamental e Ensino Médio), precisa assumir a função social de formar um aluno capaz de construir conhecimentos, valores e atitudes que o tornem um cidadão solidário, crítico, ético e participativo.

A própria Constituição Federal de 1988, em seu artigo 205, prevê que a Educação seja promovida e incentivada com a colaboração da sociedade. E afirma, no artigo 206, o princípio da gestão democrática como orientador do ensino público. O processo de uma gestão democrática exige a participação dos diferentes segmentos da comunidade escolar nas decisões políticas de caráter pedagógico. Assim, o Plano Nacional de Educação de 2001 coloca como objetivo principal a criação de Conselhos nas escolas de Ensino Básico. Tais Conselhos são formados por representantes dos seguintes segmentos: pais, alunos, professores e funcionários, incluindo a Direção.

Para tanto, é necessária a construção de uma escola democrática, plural e com responsabilidade social. Por isso, é imprescindível a formação de uma gestão fundamentada nos princípios democráticos, que demonstre esses ideais na escolha de dirigentes e na participação de toda a comunidade escolar nos processos de formulação e avaliação da política educacional, assim como na fiscalização de sua execução. A escola deve ter como objetivo garantir uma Educação com base sólida e científica, que promova uma formação crítica de cidadania e solidariedade, buscando garantir às crianças, aos jovens e aos adultos o acesso ao conhecimento universal e a possibilidade de apropriação do mesmo.

A gestão autoritária e individual é uma prática que não satisfaz mais as exigências de uma nova sociedade que visa ser igualitária e justa. Por isso, sua presença se manifesta através da incorporação de categorias e grupos sociais envolvidos direta e indiretamente no processo educativo — e que anteriormente estavam excluídos das decisões — como pais, alunos, funcionários e professores. Segundo Paro:

A escola, assim, só será uma organização humana e democrática à medida que a fonte desse autoritarismo, que ela identifica como sendo administração (ou a burocracia, que é o termo que os adeptos dessa visão preferem utilizar), for substituída pelo espontaneísmo e pela ausência de todo tipo de autoridade ou hierarquia nas relações vigentes na escola (Paro, 2002, p. 12).

Sendo assim, é necessário que a gestão escolar tenha a consciência de que precisa estar sujeita a mecanismos de controle e fiscalização pela própria comunidade da qual faz parte, haja vista que democracia e irresponsabilidade não podem coexistir.

Para tanto, o papel da escola precisa ser reestruturado, indo além da simples transmissão de conhecimentos e saberes, a fim de formar pessoas capazes de participar ativamente de uma sociedade mais igualitária. A gestão democrática é pautada em três pontos principais, essenciais ao seu pleno desenvolvimento, participação, descentralização e transparência.

A conquista da cidadania requer um esforço dos educadores em estimular as instâncias e práticas de participação popular. Todos os segmentos da comunidade podem compreender melhor o funcionamento da escola; a participação significa a atuação dos profissionais da Educação e dos usuários na gestão dessa escola. Freire (1995) também faz uma definição importante sobre o que é essa participação. Ele relata que:

Para nós, a participação não pode ser reduzida a uma colaboração que setores populacionais devessem dar à administração pública. Participação ou colaboração, por exemplo, através dos chamados mutirões, por meio dos quais se reparam escolas e creches ou se limpam ruas e praças. A participação, para nós, sem negar esse tipo de colaboração, vai mais além. Implica, por parte das classes populares, um "estar presente na história, e não simplesmente nela estar representadas". Implica a participação política das classes populares através de suas representações em opções e decisões, e não só no fazer já o programado (Freire, 1995).

Como forma de se combater a apatia e o desinteresse da comunidade em relação aos assuntos educacionais, a escola pública precisa criar mecanismos para receber a atenção que merece. É preciso que haja uma eficiente campanha de conscientização, além de um programa específico de reuniões com horários e locais que atendam às especificidades de cada região.

A participação na gestão escolar será facilitada pela conquista de crescente autonomia, pela escola, nos domínios da gestão financeira, pedagógica, administrativa e cultural. Sobre isso Weffort ressalta:

[...] a escola que se abre à participação dos cidadãos não educa apenas as crianças que estão na escola. A escola cria comunidade e ajuda a educar o cidadão que participa da escola; a escola passa a ser um agente institucional fundamental do processo de organização da sociedade civil (Weffort, 1995, p. 99).

Nesse contexto, é imprescindível que, em prol da cidadania, a escola norteada pela proposta da gestão democrática exerça seu poder de autonomia como ferramenta, para que a comunidade escolar crie suas próprias metas e consiga se inserir de maneira mais uniforme no contexto sociocultural.

É através da autonomia que novas relações sociais opostas às autoritárias podem ser elaboradas. A autonomia nega a uniformização e valoriza o novo, o que deve ser respeitado também nos níveis mais altos da burocracia educacional, haja vista a valorização de cada aluno enquanto cidadão pensante e participante. Ao pôr fim à grande gama burocrática em torno da Educação, a unidade escolar ganha autonomia para caminhar por si mesma.

Sendo assim, a comunidade em volta da escola pode tratar in loco sobre as ações e possíveis decisões da instituição local. É partindo desse pressuposto que a descentralização da Educação se faz significante. De acordo com Gadotti:

[...] descentralização e autonomia caminham juntas. A luta pela autonomia da escola insere-se numa luta maior pela autonomia no seio da própria sociedade. Portanto, é uma luta dentro do instituído, contra o instituído, para instituir outra coisa. A eficácia dessa luta depende muito da ousadia de cada escola em experimentar o novo caminho de construção da confiança na escola e na capacidade de ela resolver seus problemas por ela mesma, confiança na capacidade de autogovernar-se (Gadotti, 1995, p. 202).

Fortalecer as bases do ensino é uma necessidade que incomoda a muitos, pois a gestão democrática descentraliza poderes, ramifica discussões de medidas e mudanças imperiosas estabelecidas pela Lei de Diretrizes e Bases para a Educação Nacional (LDB), promulgada em 1996 através da Lei nº 9.394/96. Dissolver os laços desagregando o sistema de méritos e influências políticas para a implantação de um modelo democrático-flexivo é um grande desafio.

A gestão democrática supõe a descentralização do poder para a unidade escolar, eliminando as incontáveis instâncias de poder intermediário. A comunicação direta com a escola é guiada pela concepção de que a escola é o lócus central da Educação, devendo, portanto, possuir o poder de decisão nas elaborações e decisões de seus projetos educativos. Democracia, autonomia e cidadania são conceitos que estão ligados, formando o tripé que deve ser a base da Educação. A escola que promove entre seus muros a democracia através da autonomia devolve à sociedade cidadãos que buscam transformar a realidade na qual estão inseridos de forma positiva, exercendo seus direitos e deveres com liberdade, de maneira crítica e consciente, lutando por uma sociedade menos desigual.

Havendo autonomia no ambiente escolar, a descentralização do poder abre espaço para que as práticas de formação da cidadania sejam incorporadas ao ensino público; o que pode ser comprovado através da transparência, já que esta diz respeito a toda e qualquer decisão ou ação referente à escola. Incluída no decreto que faz parte do Plano de Desenvolvimento da Educação (PDE) lançado pelo Ministério da Educação (MEC) em abril de 2007, a transparência diz respeito ao funcionamento efetivo, autônomo e articulado dos conselhos de controle social. Ou seja, seu objetivo central é garantir a democracia na gestão escolar pública, privilegiando a interação com a sociedade e tendo como apoio a divulgação de dados estratégicos que permeiam sua administração. Fonte: http://www.construirnoticias.com.br/a-gestao-participativa-e-o-desafio-de-formar-cidadaos/

Perceberam a importância e a clareza necessárias quando o assunto é Democracia. Encerramos aqui um mais um item que te levou ao entendimento de como se constrói uma escola na qual o ambiente seja democrático e pautado em relações que perpassam por decisões coletivas, a partir do princípio da igualdade.

2 - Participação efetiva na escola

Este princípio será posto em prática a partir da compreensão que a elaboração e o envolvimento dos diversos segmentos na elaboração e no acompanhamento, tanto do projeto pedagógico, como do conselho escolar, e tudo que acontece a sua volta constitui um grande desafio para a construção da gestão democrática e participativa. Um dos processos como já observamos em aulas anteriores (PPP - projeto político-pedagógico, conselhos escolares, etc.) faz com que seja um ponto de participação e papel de grande relevância educacional ao que compete a democracia e a participação na comunidade, mas também um grande desafio a ser desempenhado socialmente no âmbito escolar.

Fonte: https://www.google.com.br/search?q=democracia+partici pativa&newwindow=1&safe=active&client=firefox-b&source=lnm s&tbm=isch&sa=X&ved=0ahUKEwiatdaiioDUAhVSlpAKHVApCZgQ_ UICigB&biw=1366&bih=631#imgrc=wfGr60Gbwmjo6M

Informando

Gestão Democrática e Participativa na Escola
A gestão democrática é um dos temas mais discutidos entre os educadores, representando importante desafio na operacionalização das políticas de educação e no cotidiano da escola. Tal como os temas tratados anteriormente – a gestão educacional e a gestão escolar – sua base legal remonta à Constituição de 1988 que define a "gestão democrática do ensino público, na forma da lei" como um de seus princípios (Art. 206, Inciso VI). No mesmo sentido também se expressa a Lei de Diretrizes e Bases da Educação, que detalha o caput do artigo da Constituição, que utiliza os termos na forma desta Lei, acrescentando as palavras "e da legislação dos sistemas de ensino" (Art. 3, Inciso VIII). Cabe ressaltar que a educação brasileira esta voltada para atender de um modo geral a todos que vão à busca da mesma, garantir a todos os acessos livre e sem distinção de raça, credo ou cor.
Fonte: Portal da educação 16/05/17.

De acordo com Libâneo (2008), essa participação será o meio primordial para garantir a gestão democrática da escola, uma vez que tem a possibilidade de envolvimento de profissionais e de público no processo de decisões, no qual, se adequa ao funcionamento da organização escolar vigente. Dessa maneira, leva a proporcionar um melhor conhecimento dos objetivos e metas, da estrutura organizacional e de sua dinâmica, das relações da escola com a sua comunidade, favorecendo, assim, uma proximidade mútua entre educadores, alunos, pais e comunidade. Assim:

> O conceito de participação se fundamenta no de autonomia, que significa a capacidade das pessoas e dos grupos de livre determinação de si próprios, isto é, de conduzirem sua própria vida. Como a autonomia opõe-se às formas autoritárias de tomada de decisão, sua realização concreta nas instituições é a participação (LIBÂNEO, 2008, p. 102).

Outro ponto, relevante para os trabalhos de democracia educacional está a autonomia que viabiliza a forma de mais uma participação efetiva. Como afirma Libâneo que apresenta um conceito de democracia participativa com princípios que leva ao livre arbítrio de seus pontos na construção de todo o trabalho. E nesse meio se apresenta que:

> Uma equipe é um grupo de pessoas que trabalha junto, de forma colaborativa e solidária, visando a formação e a aprendizagem dos alunos. Do ponto de vista organizacional, é uma modalidade de gestão que, por meio da distribuição de responsabilidades, da cooperação, do diálogo, do compartilhamento de atitudes e modos de agir, favorece a convivência, possibilita encarar as mudanças necessárias, rompe com as práticas individualistas e leva a produzir melhores resultados de aprendizagem dos alunos (LIBÂNEO, 2008, p. 103).

No decorrer de nossas aulas podemos até o momento, perceber que a gestão escolar e todo o processo de organização, planejamento e desenvolvimentos no âmbito escolar são de extrema importância para que tudo finalize com êxito em qualquer empresa. A equipe ao ser constituída deve conter uma sintonia, e somente dessa forma a formação e ensino aprendizagem dos educandos da instituição terão a qualidade que tanto almejamos na educação brasileira. Outros pontos como nos apresenta o teórico são de grande valia, como, esse diálogo, atitudes coerentes, responsabilidade, uma cooperação significativa e ativa, e assim, ultrapassam todas as barreiras que são vistas nesse meio de aprendizagem.

> [...] para ser formada uma equipe, faz-se necessário a adesão do grupo de profissionais que assumem, sob modo consciente, a disposição de construir uma equipe, de tomar medidas sob forma coletiva, de colocar em prática as decisões feitas, bem como no cumprimento da cada parte atribuída. Em seguida, o trabalho feito coletivamente conquista o sentido dentro de um conjunto articulado e consciente de práticas escolares, tais como: adequada estrutura organizacional, procedimentos de gestão definidos e eficientes, práticas participativas, projeto-pedagógico-curricular, formas de avaliação da escola e da aprendizagem, formação continuada. Posteriormente, o autor afirma que para o trabalho ter pleno funcionamento, os membros da instituição escolar necessitam aprender determinadas competências, como: capacidade de comunicação e expressão da oralidade, competências para o trabalho em equipe, poder de argumentação, criatividade na solução de problemáticas existentes (LISBOA, 2014, p.4).

Essa participação não pode mais ser por obrigação ou mesmo para satisfazer outros, mas pode ser refletida como algo que pode mudar os horizontes breves da educação como um todo. Assim, esse desenvolvimento somente se efetiva em seu funcionamento em sua totalidade, por meio da prática de competências e habilidades de buscar a comunicação como um todo, e ter um olhar diferenciado e não passivo aos problemas que tanto enfrentamos na educação. Além de, como podemos observar pela fala de Lisboa (2014) um ponto muito relevante "a criatividade" de sempre mexer com a passividade de sua equipe levantar problemáticas a serem repensadas sempre que necessárias e sobre as suas inquietudes.

Neste momento de planejamento e desenvolvimento por meio da equipe escolar, finalizamos essa aula com auxílio de Vasconcellos (2007, p.56), que nos revela como é bom que todos entendam a importante função que todos possuem no processo e não somente entender que o papel pré-estabelecidos seja simbólico. E começar do princípio de que tudo se inicia pelas preocupações e necessidades, bem como do enfoque a partir de novas realidades para se obter um ponto em comum.

Retomando a aula

Finalizamos mais uma aula, e mais um conhecimento adquirido para agregar aos estudos acadêmicos. Vamos, em frente e retomarmos aos conceitos e reflexões abordadas.

1 – Escola: ambiente de democracia

Nesta seção percebemos que a representação democrática até o momento não estava efetivamente concluída, pois ainda a população não tem uma participação com decisões e conhecimentos sobre temas diversos sociais e políticos. Assim, o ambiente escolar passa por muitas reformulações e conscientização de todos para a melhoria da educação brasileira. A democracia com isso gradativamente passa por processos de libertação para a melhoria dos sujeitos ativos na sociedade moderna. Ao desenvolver ações e pressupostos leva a reflexão sobre o que vivenciam em nosso cotidiano.

2 – Participação efetiva na escola

Para finalizar observamos a participação efetiva que acontece na escola entre os membros e comunidade como um todo. Assim, a escola e todos que compõem esse universo fazem com que tudo aconteça e que possamos ter uma reflexão coletiva e discussões saudáveis, ou não, mas com avanços no meio educacional de ensino. Dessa forma, continuemos a pensar, organizar e buscar uma escola democrática e com mais participantes ativos e não somente equipes passivas de criticidade sobre questões sociais e políticas.

Vale a pena

Vale a pena **ler**

FERREIRA, Edmar Lucas. *Descentralização do Poder: A Prática da Gestão Democrática e Participativa na Escola.* 2012. Disponível em: <http://unifia.edu.br/revista_eletronica/revistas/gestao_foco/artigos/ano2013/setembro/descent.pdf>. Acesso em 25 de abr. 2019.

Vale a pena **acessar**

NOVA ENCICLOPÉDIA BARSA. *Encyclopaedia Britannica do Brasil Publicações Ltda.* Rio de Janeiro – São Paulo, 1997. Vol. 3.

Vale a pena **assistir**

Minhas anotações

Minhas anotações

Aula 4º

A organização do trabalho escolar: caminhos fundamentais para o sucesso em sala de aula

> Caros(as) alunos(as),
> Nesta aula, disponibilizamos textos e informações sobre a organização do trabalho escolar, bem como a base teórica para a organização do trabalho. Trata-se de informações preliminares que pretendem lhes proporcionar a compreensão sobre a organização do trabalho escolar. Vamos lá, então.
> Bons estudos!

Objetivos de aprendizagem

Ao término desta aula, vocês serão capazes de:

- entender a base teórica para o trabalho de campo desenvolvido na escola;
- compreender os aspectos que permeiam a organização do trabalho escolar.

Seções de estudo

1 – A articulação da teoria e da prática no processo de formação docente
2 – Função social da escola e organização do trabalho pedagógico

1 - A articulação da teoria e da prática no processo de formação docente

A educação é elemento essencial na sociedade contemporânea, entendida como um processo histórico de relações humanas, observadas, nesse sentido, em espaços sociais através das práticas educativas. A essa perspectiva educacional, atrela-se, com igual importância, o trabalho docente que, enquanto atividade humana, voltada para e com humanos, diferencia-se de outras atividades exigindo, portanto, uma formação que ultrapasse a formação disciplinar e considere, fundamentalmente, a produção social do conhecimento.

Fonte: <https://www.google.com.br/search?q=gest%C3%A3o+democr%C3%A1tica>.

Através do trabalho docente, o professor externaliza o seu papel enquanto sujeito partícipe da construção e modificação da realidade social, a partir da sua compreensão acerca desse papel e da relevância de exercer uma prática educativa associada ao contexto político e social mais amplo, processo mediado pela ação do professor nas dimensões técnica, ética e política do ato educativo. A prática educativa é uma dimensão necessária da prática social, como a prática produtiva, a cultural, a religiosa etc. "[...] enquanto prática social, a prática educativa é fenômeno típico da existência [...] exclusivamente humano" (FREIRE, 2001, p. 65 e 66).

A articulação teoria-prática deve fazer parte de todo e qualquer direcionamento dado no processo de formação docente. As experiências de pesquisa vivenciadas no decorrer da formação possibilitam que o acadêmico perceba que a prática, ao mesmo tempo em que se apoia na teoria, a atualiza e a interroga permitindo, dessa forma, que essa avance, como afirmam Esteban e Zaccur (2002): "[...] a prática sinaliza questões e a teoria ajuda a apreender estas sinalizações, a interpretá-las e a propor alternativas. [...] A prática é o local de questionamento, do mesmo modo que é objeto deste questionamento, sempre mediado pela teoria."

A prática, portanto, é objeto de investigação permanente do professor, durante sua formação e na ação profissional, o que lhe permite a construção de métodos de ensino que garantam o aprendizado dos conhecimentos. Igualmente necessário é o conhecimento da organização do trabalho escolar, de como a escola se organiza para efetivamente desenvolver o que propõe, proposta explicitada nos documentos da escola, especialmente no Projeto Pedagógico.

A escola é um espaço marcado pela multiplicidade de sistemas, e requer competências administrativas para o enfrentamento dessa complexidade, o que, por sua vez, requer a contribuição de vários profissionais: professores/ equipe pedagógica/ direção/ coordenação/ orientação/ equipe de apoio. A organização da Escola é da competência de todos, dentro e fora da sala de aula. Pimenta observa que,

> A sala de aula é determinada pelo que a circunda para além de suas paredes - e, em certa medida, interfere para além de suas paredes. Como é durante a aula que se dá a essência da Educação Escolar, é para ela que devem convergir as várias competências dos profissionais da Escola - o que não significa que **todos** atuarão na sala de aula! o que não significa, também, que nela só atuam os **professores!**; o que não significa, também, que os **professores só atuam ali!**; nem que as equipes pedagógicas e de apoio só atuam **fora** dali!; nem que aí só elas atuam. Enfim, a organização da Escola é coletiva - requer o concurso de especialistas que atuem coletivamente (PIMENTA, 2012).

É importante destacar que as relações postas no campo educacional, na atualidade, nem sempre foram como são hoje e não surgiram de repente. Por isso, se faz necessária uma breve trajetória histórica do papel da gestão escolar na educação brasileira, tomando como recorte temporal os anos 1980 e 1990.

A partir do final da década de 1980, período marcado pela redemocratização do nosso país, a gestão democrática da educação e da escola pública esteve no centro do debate educacional. Esse período histórico, que não só representou o fim do governo militar que perdurou por duas décadas, foi marcado, paralelamente, pela expectativa, e esperança, de um Brasil mais justo e desenvolvido, e tinha como principal bandeira a de uma educação de qualidade. Defendia-se que só por meio da educação o país poderia alcançar credibilidade e inserção no mercado mundial. Porém, a história nos mostra que, ao contrário do que se esperava, a educação não foi priorizada, a escola pública seguiu sucateada e os profissionais da educação vítimas de uma grande desvalorização. Era este o contexto histórico quando da promulgação da Constituição Federal (CF) de 1988 que elegeu, em seu texto, a gestão democrática como tema fundamental para a melhoria da qualidade no ensino público (Artigo 206, Inciso V) e encontrou eco na Lei 9394 de 1996, Lei de Diretrizes e Bases da Educação (LDB), que estabeleceu uma nova organização do ensino brasileiro.

A gestão escolar pode ser definida como a forma pela qual o trabalho do professor e dos demais trabalhadores da escola é organizada para atingir os seus objetivos. Assim, a organização do trabalho escolar refere-se à forma como as atividades estão discriminadas; como os tempos e espaços estão divididos; como os ritmos são

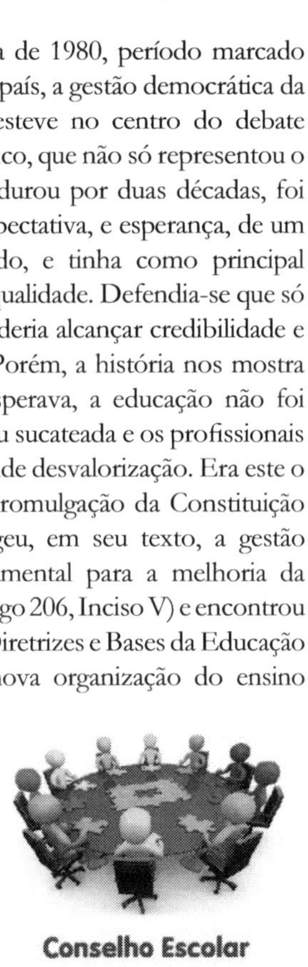

Conselho Escolar
Fonte: <https://www.google.com.br/search?q=gest%C3%A3o+democr%C3%A1tica&source>.

determinados; como é feita a distribuição das tarefas, se estão de acordo com, e como são consideradas as competências; como se percebe as relações hierárquicas que, por sua vez, refletem nas relações de poder, entre outras características inerentes à forma de como o trabalho é organizado.

A organização do trabalho escolar é dependente da organização escolar e de como esta está estruturada e sofrem, ainda, a interferência de outros fatores, como os períodos e turnos de trabalho e as estratégias curriculares.

É importante esclarecer que Gestão Educacional e Gestão Escolar não são sinônimos e ambas têm suas especificidades. Gestão da Educação refere-se ao aspecto mais amplo, às políticas públicas que envolvem o setor educacional, bem como todas as ações provenientes do Estado. Gestão Escolar, de aspecto local, envolve todos os encaminhamentos dados no âmbito escolar e se efetiva por meio de alguns elementos básicos:

a. constituição do Conselho escolar;
b. elaboração coletiva e participativa do Projeto Político Pedagógico;
c. definição e fiscalização da verba da escola pela comunidade escolar e divulgação e transparência na prestação de contas;
d. avaliação institucional das ações realizadas na e pela escola, com a participação de todos;
e. eleição direta para diretor.

Entre os elementos listados, destacamos aqui o Projeto Político Pedagógico, o qual traduz os princípios norteadores da organização do trabalho escolar. Para complementar e finalizar nossa aula, trataremos sobre uma temática muito importante quando se trata de Educação, a Função Social da Escola e a organização do trabalho pedagógico.

Fonte: <https://www.google.com.br/I?sa=i&rct=j&q=&esrc=s&source=images&cd=&cad=rja&uact=8&>.

2 - Função social da escola e organização do trabalho pedagógico

O Estudo aprofundado e detalhado acerca do Espaço Escolar tem sido uma demanda constante nas instituições de ensino, pesquisa e extensão. Entender como se dá e porque a escola é um espaço cuja sua função é Social está diretamente relacionado à organização do trabalho pedagógico.

O texto abaixo foi selecionado com intuito de contribuir para a finalização desta aula, bem como levá-los a refletir sobre como se dá a organização pedagógica da escola e qual é o real papel socialmente assumido por esse espaço. Aproveitem o que Bueno (2001) tem a nos informar e aprofundem seus conhecimentos sobre o fabuloso espaço escolar!

Função social da escola e organização do trabalho pedagógico

José Geraldo Silveira Bueno*

RESUMO

Este trabalho procura oferecer contribuição para a reflexão sobre a melhoria da escola pública de ensino fundamental a partir da perspectiva teórica que entende a escola como instituição social ímpar, pois, ao mesmo tempo em que possui formas de organização e de funcionamento muito semelhante a qualquer outra escola, apresenta peculiaridades que lhe são próprias, fruto da sua própria trajetória histórica. Tendo como interlocutor privilegiado o professor da escola pública de ensino fundamental, procura oferecer subsídios para a organização do trabalho pedagógico, de tal forma que esta própria organização, em si, se constitua em elemento fundamental para o desenvolvimento de processos de democratização do ensino no país.

Palavras-chave: ensino fundamental, trabalho pedagógico, fracasso escolar.

ABSTRACT

This paper tries to contribute to a reflection on how to make primary public schools better from a theoretical perspective which understands schools as unique social institution and the one which can organize and develop proceedings which are similar in other schools, having its own peculiarities and which came from its historic route. It has a privileged interlocutor who is the primary public school teacher who offers subsidies to the organization of a pedagogical work in such way that its own organization is a fundamental element for developing democratic teaching in our country.

Key-words: primary education, pedagogical work, scholastic failure.

Introdução

Este trabalho foi inicialmente concebido como conferência que proferi para mais de mil professores da rede municipal de ensino de Araucária - PR, a qual fez parte da Semana Pedagógica 2000, promovida pela Prefeitura Municipal daquele município.

Nesse sentido, tive, naquele momento, como interlocutores privilegiados, os professores da rede de ensino daquele município. Esta foi uma característica que mantive neste trabalho: apesar de o discurso escrito, que teve ampla divulgação, não poder se restringir a este ou àquele público, continuo a privilegiar o professor em ação como principal interlocutor.

A escola tem sido tratada, grande parte das vezes, pela literatura especializada, como uma instituição abstrata, na medida em que muito tem sido escrito sobre uma escola genérica, que parece cumprir suas funções de forma homogênea, independente de sua origem e história. Se, por um lado, a distinção entre a função da escola em relação à origem social dos alunos trouxe importantes contribuições para uma melhor compreensão da complexidade dessa instituição, por outro, parece ter desembocado, novamente, numa concepção abstrata de escola, em particular em relação à escola pública, como sendo aquela que, voltada fundamentalmente para a educação das crianças das camadas populares, cumpre o papel de reprodutora das relações sociais e de apoio à manutenção do status quo.

Este trabalho, embora procure se debruçar sobre as funções genéricas da escola, pretende se constituir em indicador para que diferentes escolas possam usufruir de alguns de seus postulados, na construção de um sistema de ensino que possa, efetivamente, se constituir, cada vez mais, em fator de mudança social, dentro de limites que qualquer instituição social possui.

De que escola estamos falando

Em primeiro lugar, cabe esclarecer que este trabalho procura estabelecer algumas reflexões críticas a respeito das instituições escolares que têm por obrigação constitucional oferecer formação básica exigida a todos os cidadãos, isto é, escola pública de ensino fundamental. Mesmo que muito do que aqui se discute possa ser de utilidade para outros níveis e modalidades de ensino, este artigo tem como interlocutores privilegiados os profissionais que atuam na escola acima mencionada. E que escola é esta hoje?

A ampliação/universalização do acesso ao ensino obrigatório no país é um fato, pode-se afirmar que, a partir da década de 60, foi se constituindo uma verdadeira escola de massas. Esse acesso generalizado à escola fundamental trouxe, é claro, um problema grave, qual seja, o da ampliação rápida da quantidade de alunos que passaram a frequentar a escola, que, por falta de uma política educacional que realmente privilegiasse a qualidade do ensino, foi atendida por meios, sobejamente conhecidos, que comprometeram o que havia sido construído em termos de qualidade de ensino: 1 ampliação do número de turnos diários, ampliação do número de alunos por turma etc.

Mas, além do impacto do crescimento quantitativo vertiginoso, a universalização do acesso à escola fundamental permitiu que crianças com condições pessoais, familiares, culturais e econômicas, que anteriormente eram excluídas por mecanismos de seletividade, passassem a frequentar a escola; fez aflorar, de forma incontestável, os problemas da seletividade escolar; e passou a ser objeto de preocupação tanto dos gestores das políticas quanto dos estudiosos e pesquisadores da educação nacional.

Assim, as teorias da "carência cultural" e dos "distúrbios de aprendizagem", de um lado, ou as teorias críticas, como as de Saviani e Freire, de outro, a respeito do fracasso escolar que se abateu fundamentalmente sobre o alunado originário das camadas populares, apesar de suas manifestas e reconhecidas diferenças, vieram ao encontro da busca de soluções para os processos de seletividade e de exclusão escolares.

Entretanto, apesar de todo o discurso e da quantidade crescente de estudos sobre o fracasso escolar, o fato é que, de forma geral, ele tem permanecido encoberto, muitas vezes, por formas que são pouco percebidas pelos próprios agentes educacionais.

1 Embora possamos considerar que a escola pública anterior à sua massificação, se apoiava em processos altamente seletivos de oferta de vagas, foi se construindo, no decorrer de sua ampliação, nas últimas décadas, no Brasil, uma tradição de ensino de qualidade que foi se deteriorando com o advento da escola de massas.

Se, em épocas passadas, os processos de seletividade escolar eram mais visíveis, como, por exemplo, a não-oferta de vagas a todos ou os processos de reprovação nas séries iniciais, com a pressão dos órgãos centrais para a diminuição da reprovação e consequente repetência escolares, hoje, uma parcela significativa do alunado tem permanecido na escola sem que dela tenha usufruído, ou melhor, de forma ainda mais explícita, as crianças permanecem na escola, obtêm registros de progresso escolar (como, por exemplo, a passagem de uma série para outra mais avançada), mas praticamente nada aprendem. A quantidade de analfabetos funcionais é a comprovação mais evidente desse processo.

A partir da promulgação da nova LDB, parece-nos que esse aspecto necessita ser ainda mais estudado, na medida que os processos de progressão continuada por ela determinados, com a substituição do ensino seriado por sistema de ciclos, se, em tese, deve ser apoiado, tem sido colocado em prática sem que se ofereça mínimas condições às unidades escolares e aos profissionais que ali atuam para que essa "não-repetência" não continue a reproduzir a formação de "pseudo escolarizados", que só têm servido para engrossar as estatísticas oficiais de "melhoria da qualidade de ensino".

Por outro lado, a deterioração das condições gerais de vida, em nosso país, tem trazido consequências graves para a escola, em especial para a escola fundamental localizada nas zonas periféricas dos grandes conglomerados urbanos, que é afetada pela violência do seu entorno social, pelo tráfico e consumo de drogas, pela elevação dos índices de criminalidade etc. Cabe aqui, entretanto, ressaltar que o rebaixamento da qualidade de ensino da escola pública no Brasil não se abateu somente sobre estas últimas, mas parece que a "cultura de escola de baixa qualidade" passou a fazer parte do imaginário tanto dos profissionais quanto dos estudiosos da educação brasileira. E, é claro, esse imaginário não foi construído com base em quimeras, mas corresponde a resultados de políticas educacionais demagógicas, que se utilizaram do discurso de priorização da escola pública para promoção da deterioração das condições de trabalho dentro das escolas: ampliação do número de turnos e de alunos por turma; ampliação do número de horas de trabalho dos professores para compensar as perdas do poder de compra oriundas de política de arrocho dos salários dos servidores públicos; absoluta falta de política de formação docente etc.

Mesmo assim, não podemos falar das escolas públicas do ensino fundamental como se elas fossem semelhantes, só se diferenciando pela clientela que atendem. Ao contrário, cada unidade escolar vai se configurando, na sua própria trajetória histórica, como uma instituição social ímpar, única. Se é verdade, tal como apontava CÂNDIDO (1966), que, por pertencerem a um determinado sistema de ensino, as escolas possuem aspectos comuns, por outro lado, cada escola é uma instituição social ímpar, única, com características próprias, fruto de sua história e das relações sociais ali estabelecidas. Os limites e possibilidades de cada escola estão dados exatamente por essa situação ambígua: não se pode imaginar, sob o risco de ingressarmos num romantismo descolado da realidade, que uma escola possa, na perspectiva de quebra dos processos de seletividade e de exclusão escolar, se organizar de tal forma que elimine as ingerências externas que não se coadunem a sua proposta.

Por outro lado, a escola possui um espaço de autonomia que lhe permite, dentro de limites, se constituir em frente de resistência aos processos de seletividade e de exclusão oriundos das políticas educacionais, que parecem privilegiar muito pouco a elevação da qualidade de ensino para todos.

As funções sociais da escola

À escola foi delegada a função de formação das novas gerações em termos de acesso à cultura socialmente valorizada, de formação do cidadão e de constituição do sujeito social. Se, em determinados momentos históricos, a escola se constituiu no locus privilegiado de acesso aos bens culturais produzidos e valorizados pela humanidade, já que outros espaços sociais e comunitários (como a "família" ou a "vizinhança") contribuíam para a formação dos sujeitos, os processos de urbanização parecem ter confinado à escola, cada vez

mais, a função de formação dos sujeitos, o que a transformou em espaço social privilegiado de convivência e em ponto de referência fundamental para a constituição das identidades de seus alunos.
Assim, independentemente do nível de consciência dos dirigentes e professores das escolas, ela foi, em razão da transformação/restrição do espaço urbano, se constituindo no local privilegiado de convivência de crianças e jovens. Isso ocorria no passado? Claro que sim, mas não com a mesma intensidade.

Pode-se dizer que, nas regiões metropolitanas densamente povoadas, a escola se constitui, hoje, no único espaço social de convivência de crianças desde os seis/sete anos de idade.

A organização do trabalho pedagógico e as funções sociais

Se a escola, como instituição social, não se limita ao acesso à cultura/conhecimento socialmente valorizado (e, na moderna sociedade urbano-industrial, parece que ela nunca se limitou a isso), é preciso que, dentro de condições historicamente determinadas, ela procure dar conta tanto do acesso à cultura como de se constituir em espaço de convivência social que favoreça e estimule a formação da cidadania.

Com relação ao acesso à cultura, embora não possamos, e não devemos, desconsiderar a importância da utilidade prática que os conhecimentos adquiridos na escola devam ter, não se pode restringir o acesso ao conhecimento somente ao seu caráter utilitarista. Isto é, a escola, por suas características peculiares, talvez seja o único espaço social em que podemos atuar com o conhecimento como forma de crescimento pessoal, isto é, de considerar e colocar em prática que "ampliar o conhecimento pessoal é meio para se lidar melhor com o próprio conhecimento".

Como espaço de convivência que favoreça o exercício da cidadania, a escola possui formas de organização, normas e procedimentos que não são meramente aspectos formais de sua estrutura, mas se constituem nos mecanismos pelos quais podemos permitir e incentivar ou, ao contrário, inibir e restringir as formas de participação de todos os membros da comunidade escolar.

Nesse sentido, uma escola que pretende atingir, de forma gradativa e consistente, crescentes índices de democratização de suas relações institucionais não pode deixar de considerar, como parte integrante de seu projeto, o compromisso de participação.

Com relação ao alunado, a escola como espaço de convivência social, se torna um centro de referência pessoal que marca os sujeitos que por ali passam, pelo simples fato de estar nessa e não em qualquer outra, fruto de traços que a identificam, a tornam única: as oportunidades de convívio, as atividades das quais participam, as formas pelas quais "vivem" o cotidiano escolar.

As unidades escolares e a política educacional

Tal como foi dito acima, não há como pensar numa melhoria efetiva da qualidade do ensino no Brasil sem modificações drásticas nas políticas educacionais, que se expressam pela viabilização efetiva de melhores condições em todos os aspectos: materiais, pedagógicos, de pessoal, de trabalho etc.

Embora deva ficar claro que as políticas educacionais restringem o alcance das ações das escolas, uma unidade escolar efetivamente comprometida com a elevação da sua qualidade pode buscar, na adversidade das condições, atingir crescentemente, paulatinamente, controladamente e supervisionadamente as suas finalidades. É na conjugação entre as lutas políticas de largo alcance e a qualificação de cada uma das nossas escolas que estaremos construindo a democratização da escola pública.

Para tanto, apresentamos abaixo algumas indicações, que não devem ser entendidas como respostas a esse tremendo desafio, mas, ao contrário, como possíveis pontos de partida para educadores que estejam efetivamente comprometidos com a elevação da qualidade de ensino em nosso país, como uma das formas importantes para a crescente democratização da sociedade brasileira.

1. Configurar um projeto pedagógico real
- envolvendo professores, funcionários, alunos, pais e comunidade;
- trabalho político de incorporação: a importância da participação não pode ser dada a priori, mas é construída na própria participação;
- o primeiro ponto de um projeto deveria ser a própria participação;
- como envolver a todos no projeto da escola, quais ações correspondem aos interesses e necessidades de cada grupo?;
- o pano de fundo da participação são as três funções primordiais da escola: acesso à cultura, formação da cidadania e espaço social, e variam de acordo com a história da cada escola.

2. Privilegiar o cotidiano escolar
- nas ações do dia-a-dia que o projeto é expresso: redução da distância entre o discurso e a prática;
- como estamos organizando, distribuindo e favorecendo o acesso ao conhecimento? Ele é útil do ponto de vista teórico e prático?;
- como estamos organizando o espaço escolar? Ele efetivamente se presta às funções do projeto? (o espaço global, os espaços dos professores, o espaço dos alunos, o espaço dos pais etc.);
- como estamos organizando o tempo escolar? Ele efetivamente se presta às funções do projeto? (o tempo total, o tempo das aulas, o tempo dos alunos, o tempo dos professores, o tempo dos pais etc.).

3. Estabelecimento de metas precisas e gradativas
- quais metas poderão ser alcançadas e em quanto tempo?

3.1 Metas para acesso ao conhecimento: organização, distribuição e acompanhamento
- nossos alunos estão aprendendo o quê?
- como eles se relacionam com esse conhecimento?
- utilizam este conhecimento de que forma: na vida prática? na continuidade dos estudos?
- como eles estão agora e o que podemos, de fato, de forma concreta, melhorar? em quanto tempo? quais indicadores iremos utilizar?

3.2 Metas para a formação do cidadão
- como são tomadas nossas decisões? quem delas participa?
- o que temos feito em relação a nossas normas e ao seu valor para a cidadania? elas são úteis? são necessárias? Quais devem permanecer, quais devem se modificar?
- como podemos aprimorar nossas decisões e normas? em quanto tempo? quais os indicadores?

3.3 Metas para o convívio social
- Nossa escola permite/favorece o convívio? em que espaços?
- Como otimizar o espaço e o tempo da escola para proporcionar convívio produtivo e satisfatório? em quanto tempo? quais os indicadores?

Considerações finais

Apesar de considerarmos a importância da instituição escolar para a elevação da qualidade do ensino no Brasil, não podemos descambar para a ingenuidade: as políticas educacionais no Brasil, a não ser em aspectos ou projetos muito específicos, não têm, de fato, privilegiado, apesar dos discursos em contrário, a qualidade do ensino, em especial do ensino público.

Nesse sentido, a escola deve ser entendida como espaço de resistência, em que se consegue pequenos ganhos, mas que, se forem constantes e contínuos, poderão contribuir tanto para elevação da qualidade do ensino em geral como se constituir em formas de embates contra políticas educacionais que desconsideram a qualidade de ensino. Por fim, apesar de toda a contribuição que estudiosos, pesquisadores e consultores possam dar, quem pode realmente efetivar uma proposta pedagógica é a própria comunidade escolar.

Para finalizar, gostaria de deixar claro, no momento em que gestores de políticas educacionais (federais, estaduais e municipais) também centram seus discursos na valorização das escolas como espaço primordial para as mudanças, que não comungo da perspectiva de que ela foi a grande responsável pelo rebaixamento da qualidade de ensino em nosso país. Parece que, como sempre, os responsáveis pelas políticas sociais (entre elas a da educação), em nosso país, encontraram um novo "bode expiatório": as unidades escolares. No passado, foram ou os alunos (por suas carências e/ou dificuldades) ou os professores e a sua falta de formação (como se essa falta de formação não fosse produto das políticas educacionais). Agora, parece que se transfere essa função à escola.

Este trabalho parte de um diferente pressuposto: a baixa qualidade de ensino no Brasil é fruto de políticas educacionais que, apesar do discurso democratizante, não privilegiaram a elevação da qualidade de ensino para todos, cujos problemas afetaram, de forma mais drástica, as escolas públicas que se voltaram ao atendimento de alunos oriundos das camadas populares.

Apesar disso, por sua própria natureza e função, a unidade escolar possui espaço de autonomia que lhe permite, frente a todas as adversidades, construir práticas que favoreçam e contribuam, dentro de limitações que precisam ser diariamente combatidas, com a construção de processos de ensino que ofereçam efetiva formação básica a todas as nossas crianças e jovens.

REFERÊNCIAS

CANÁRIO, R. *Os estudos sobre a escola*: problemas e perspectivas. In: BARROSO, J. (Org.). *O estudo da escola*. Porto: Porto Editora, 1996.

CÂNDIDO, A. *A estrutura da escola*. In: PEREIRA, L.; FORACCHI, M. M. Educação e sociedade. São Paulo: Cia. Editora Nacional, 1971.

FERRARO, A. R. *Diagnóstico da escolarização no Brasil*. Revista Brasileira de Educação, n. 12, set.-dez. 1999.

FREIRE, P. *Pedagogia do oprimido*. 2. ed. Rio de Janeiro: Paz e Terra, 1975.

PEREIRA, L. *A escola numa área metropolitana*. 2. ed. São Paulo: Pioneira, 1976.

SAVIANI, D. *Escola e democracia*. São Paulo: Cortez/Autores Associados, 1983.

VINCENT, G.; LAHIRE, B.; THIN, D. Sur l'histoire et la théorie de la forme scolaire. In: VINCENT, G. (Dir.). *L'éducation prisonnière de la forme scolaire?* Lyon: Presses Universitaires de Lyon, 1998.

Texto publicado na revista: *Educar, Curitiba, n. 17, p. 101-110. 2001.*

Editora da UFPR.

* Sobre o autor: Professor Titular e Coordenador do Programa de Estudos Pós-Graduados em Educação: História, Política, Sociedade, da Pontifícia Universidade Católica de São Paulo e Professor do Programa de Pós-Graduação em Distúrbios do Desenvolvimento da Universidade Presbiteriana.

Perceberam como o espaço escolar é um ambiente complexo e que demanda muita organização, estratégias, trabalho em equipe, articulações entre os setores, parcerias, enfim. Para que aconteça, de fato, uma gestão escolar democrática, há um longo caminho a ser percorrido.

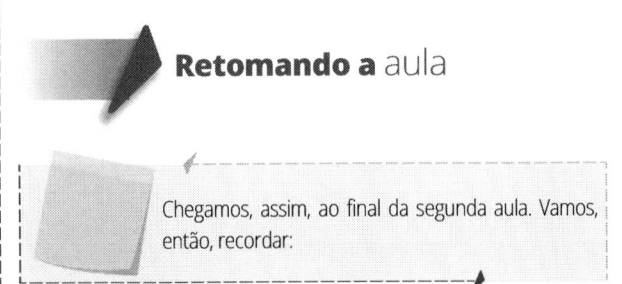

Retomando a aula

Chegamos, assim, ao final da segunda aula. Vamos, então, recordar:

1- A articulação da teoria e da prática no processo de formação docente

Nesta seção abordamos a prática como objeto de investigação permanente do professor e, aliada à teoria, como instrumento para a construção de métodos de ensino.

2 – Função social da escola e organização do trabalho pedagógico

Tratamos, nesta seção, das funções sociais da escola e a organização do trabalho pedagógico, no contexto das unidades escolares e sua relação com a política educacional.

Vale a pena

Vale a pena ler,

Material elaborado pelo MEC para o Programa de Apoio aos Dirigentes Municipais de Educação – PRADIME, disponibilizado na página do MEC, é uma ótima fonte de leitura e consultas.

Pradime: Programa de Apoio aos Dirigentes Municipais de Educação/Ministério da Educação. Secretaria de Educação Básica. – Brasília, DF: Ministério da Educação, 2006. (Caderno de Textos v.1, v.2 e v.3; Caderno de Oficinas v.1, v.2 e v.3).

<http://portal.mec.gov.br/seb/arquivos/pdf/Pradime/cader_tex_1.pdf>.

<http://portal.mec.gov.br/seb/arquivos/pdf/Pradime/cader_tex_2.pdf>.

<http://portal.mec.gov.br/seb/arquivos/pdf/Pradime/cader_tex_3.pdf>.

PIMENTA, Selma Garrido. Questões sobre a organização do trabalho na escola. Disponível em: **www.crmariocovas.sp.gov.br/pdf/ideias_16_p078-083_c.pdf** Acesso em: 25 de abril de 2019.

Texto: Ser professor/a hoje: novos confrontos entre saberes, culturas e práticas. Disponível em: <https://educarparaomundo.files.wordpress.com/2016/07/vera-maria-candau-ser-professora-hoje-novos-confrontos-entre-saberes-culturas-e-prc3a1ticas.pdf>.

Texto: Estratégias pedagógicas para alunos com dificuldades de aprendizagem. Disponível em: <http://www.cap.uerj.br/site/images/stories/noticias/5-cruz.pdf>.

Texto: Quem quer ser professor? Atratividade, seleção e formação docente no Brasil. Disponível em: <http://www.fcc.org.br/pesquisa/publicacoes/eae/arquivos/1608/1608.pdf>.

Livro: A menina repetente. Anete Abramowicz. 3 ed. Papirus. Campinas SP. 1997.

Texto: Como usar as redes socias a favor da aprendizagem. Disponível em: <http://novaescola.org.br/formacao/redes-sociais-ajudam-interacao-professores-alunos-645267.shtml>.

Texto: Aula expositiva: o professor no centro das atenções. Disponível em: <http://novaescola.org.br/formacao/aula-expositiva-professor-centro-atencoes-645903.shtml>.

Vale a pena **acessar**

A revista "Carta Educação" apresenta de forma geral os assuntos relacionados a educação, tanto no contexto nacional como internacional. São discussões, reportagens, entrevistas, materiais para preparação de aulas, enfim, é uma revista nacional direcionada principalmente para professores. Disponível em: <http://www.cartaeducacao.com.br/>.

O site "Escolas Transformadoras" é uma parceria entre a Ashoka e o Instituto Alana, para compartilhar experiências e ideias para a construção de propostas educacionais para a transformação social. São divulgadas experiências de diversas escolas que desenvolvem práticas de transformação social, além de disponibilizar materiais de cunho teórico. Disponível em: <https://escolastransformadoras.com.br/>.

Vale a pena **assistir**

O documentário "*Quando sinto que já sei*" é uma produção nacional que apresenta, no contexto atual, os aspectos que envolvem o processo de ensino-aprendizagem na sala de aula brasileira. São apresentadas propostas de inovação para a educação de acordo com as possibilidades reais. É importante que você assista o documentário, que está disponível o youtube, para conhecer diferentes metodologias que podem ser construídas na educação de crianças porque ele certamente irá contribuir para a elaboração do seu projeto didático e sua formação docente. Disponível em: <https://www.youtube.com/watch?v=HX6P6P3x1Qg>.

O filme "*Além da sala de aula*" é baseado em fatos reais, o filme narra a trajetória e os desafios enfrentados por uma professora recém-formada em uma escola temporária para sem-teto nos Estados Unidos. Disponível em: <https://www.youtube.com/watch?v=4BUOV6-L8Mo&feature=youtu.be>.

Escritores da Liberdade é um filme baseado em uma história real, aborda de maneira comovente os desafios da educação, em especial num contexto socioeconômico problemático.

Minhas anotações

Minhas anotações

Aula 5º

O processo de ensino e aprendizagem e o planejamento escolar

Muitos de vocês já conhecem o ambiente escolar, outros estão começando a construir este conhecimento dentro deste ambiente, é evidente que possuem muitas impressões e percepções sobre este contexto por meio de experiências pessoais. Nas primeiras aulas desta disciplina puderam conhecer como a organização escolar está estruturada e, a partir desta aula irão retomar e compreender conceitos que subsidiarão a prática docente que deverá ser desenvolvida em turmas da Educação Básica.

Ao longo desta aula, vocês perceberão que a temática educação escolar será apresentada por meio de alguns conceitos fundamentais para a formação do professor. A princípio será apresentada uma explanação sobre o conceito de ensino-aprendizagem e como o professor precisa pensar conhecer e refletir sobre este processo para fundamentar e construir sua prática em sala de aula, algo extremamente importante para a formação, já que vocês deverão construir um projeto didático para as séries iniciais do ensino fundamental.

Estas discussões contribuem para compreender como se constitui a prática do professor no processo de ensino-aprendizagem com a criança, é importante compreender que estes conceitos são construções sociais e que o professor precisa ser pesquisador na sua atuação, sempre no intento de oferecer uma prática de qualidade.

É fundamental que vocês realizem a leitura das aulas, dos textos complementares e das orientações para elaboração das atividades para que compreendam como o trabalho do professor precisa ser organizado. A seguir, serão apresentados os objetivos que deverão ser alcançados com esta aula.

Bons estudos!

Objetivos de aprendizagem

Ao término desta aula, vocês serão capazes de:

- compreender o conceito de aprendizagem como elemento da prática docente.
- identificar os elementos que compõe o planejamento e a importância desta ação na prática docente.

Seções de estudo

1 – Concepções sobre o processo de ensino-aprendizagem
2 – O planejamento na prática docente

1 - Concepções sobre o processo de ensino-aprendizagem

A docência é uma atividade complexa e desafiadora, o que exige do professor uma constante disposição para aprender, inovar, questionar e investigar sobre como e por que ensinar (PESCE; ANDRÉ, 2012, p.40)

Ao relacionar-se com a escola e (re)conhecer o ambiente escolar, uma das possibilidades que a disciplina de Práticas da Docência propicia é estar em contato com o meio de atuação profissional do professor. Durante esse período, oportunizaremos essa interação com a realidade da educação, da forma como ela acontece todos os dias nas instituições escolares do Brasil. É importante que se compreenda a necessidade de existir uma relação dialética entre teoria e prática, pois uma sustenta a outra.

Para Tardif (2005, p.55) a escola implica diretamente na atuação do professor, pois se torna um espaço de formação docente.

> Ora, a escola possui algumas características organizacionais e sociais que influenciam o trabalho dos agentes escolares. Como lugar de trabalho, ela não é apenas um espaço físico, mas também um espaço social que define como o trabalho dos professores é repartido e realizado, como é planejado, supervisionado, remunerado e visto pelos outros.

Quando pensamos no processo de ensino e aprendizagem da educação alguns elementos já são retomados em nosso pensamento, como por exemplo, o conceito de professor, de aluno, noções sobre como a criança aprende, o que é educação e qual a sua função, enfim, são vários conceitos que compõe o contexto educacional de formação no qual vocês estão inseridos. Se considerarmos a educação em um sentido mais amplo, fora do senso comum, podemos compreender da seguinte maneira.

> A educação consiste na apropriação da cultura. Esta, entendida também de forma ampla, envolve conhecimentos, informações, valores, crenças, ciência, arte, tecnologia, filosofia, direito, costumes, tudo enfim que o homem produz em sua transcendência da natureza (PARO, 2008, p.23).

É importante perceber que ao considerar a educação como um processo de apropriação da cultura e, que de maneira formal acontece no espaço escolar, o apropriar-se de algo acontece com os dois sujeitos: professor e aluno. Ao compreender que a aprendizagem acontece como uma reconstrução do que já foi apropriado anteriormente, o professor valoriza a individualidade da criança naquilo que ela é e estabelece uma relação de reciprocidade na construção de experiências e aprendizagens.

Roos (2004, p. 4 e 5) ao fazer uma discussão entre o processo de construção do pensamento na perspectiva da filosofia da diferença consegue apresentar uma exposição da importância do outro para tornar possível a aprendizagem, não como objetivo final de um processo, mas como a possibilidade do aprender enquanto experiência, é neste sentido que é preciso identificar o professor.

> Na vida, o aprendizado é uma busca, é pôr-se a caminho, sujeitar-se a aprender. Lançar-se em um caminho desconhecido, que não se sabe onde vai dar. Criar novas trilhas mesmo em velhos territórios, movidos por inquietações; desestabilizados pelos signos do mundo, da vida; arrebatados pelo Fora, pelo Outro do pensamento, por aquilo que nos surpreende e nos faz formular questões que, até então, não faziam parte e não poderiam ocorrer em nosso pensamento. Algo que nos perturba a ponto de impedir um reconhecimento, uma reflexão ou uma definição. Algo que nos leva ajuntar, ligar, interpretar, relacionar, ... e ... e ... e ... Um aprendizado é uma experiência, onde alguma coisa nova pode acontecer, um transpasse. *Aprender* como aquilo que nos passa de uma maneira *transversal. Aprender* como *acontecimento*.

Quando o professor assume uma postura que valoriza o aluno na sua trajetória de vida, ele poderá assumir uma prática que flexibiliza os objetivos, os conteúdos, as diferentes formas de ensinar e avaliar, enfim, quando percebe que a aprendizagem é singular para cada indivíduo e isso permeia sua prática, ele constrói a possibilidade de proporcionar uma aprendizagem significativa com a criança. É importante valorizar a construção da aprendizagem com o aluno pois, "O aprender está no meio do saber e do não saber. No meio. Para aprender há que se mover entre um e outro, sem ficar parado em nenhum dos dois" (KOHAN, 2002, p.129). A aprendizagem é uma experiência de movimento.

Assim, para o professor empenhado em promover a aprendizagem de seu aluno, há o imperativo de penetrar e interferir em sua atividade psíquica, notadamente seu pensamento. Essa necessidade antecede a tudo e, por isso mesmo, dirige a escolha dos modos de ensinar, pois sabe o professor que os métodos são eficazes somente quando estão, de alguma forma, coordenados com os modos de pensar do aluno. (JUNIOR; TACCA; TUNES, 2005, p.691)

Se retomarmos o conceito de aprendizagem, veremos que existem algumas correntes de pensamentos que são subsidiadas por três teorias que discutem este conceito imanente à educação e que são fundamentais para compreendermos como as políticas educacionais têm sido constituídas e que isso reflete na prática docente. Díaz (2011, p. 19-21) considerou sobre o Inatismo:

| Assegura que as capacidades básicas do ser humano são inatas. |
| Enfatiza fatores maturacionais e hereditários como definidores da constituição do ser humano e do processo de conhecimento (biologismo). |

Considera que o desenvolvimento (biológico, maturativo) e é pré-requisito para a aprendizagem.
Portanto, a educação em nada contribui para esse desenvolvimento, já que tudo está determinado biologicamente segundo a programação genética.
Confia nas práticas educacionais espontaneístas, pouco desafiadoras: primeiro esperar para depois fazer.
Assevera que o desempenho das crianças na escola não é responsabilidade do sistema educacional: as capacidades básicas para aprender não se criam, ou seja, se nascem com elas e elas é que permitem aprender.

Sobre o Ambientalismo:

Atribui ao ambiente à constituição das características humanas.
Privilegia a experiência como fonte de conhecimento e de formação de hábitos de comportamento (empirismo).
Diz que as características individuais são determinadas por fatores externos ao indivíduo e não necessariamente pelas condições biológicas.
Suas práticas pedagógicas estão baseadas no assistencialismo, conservadorismo, direcionismo, tecnicismo: o ensino bom, aprendizagem boa.
A escola é supervalorizada já que o aluno é um receptáculo vazio, uma "tábua vazia": deve aprender o que se lhe ensina.
Há predominância da palavra do professor, regras e transmissão verbal do conhecimento, o professor é o centro do processo ensino-aprendizagem: o professor um ente ativo... o aluno um ente passivo.

Sobre o Interacionismo:

Parte de que o biológico e o social interagem (unidade dialética), sendo que o biológico (cérebro principalmente) constitui a base da aprendizagem social.
Considera o interno (biológico e psicológico) e interação com o externo (meio, ambiente natural e social).
Defende o desenvolvimento da complexa estrutura humana como um processo de apropriação pelo homem da experiência histórica e cultural.
Assegura que nesta interação o homem transforma seu meio e é transformado nas suas relações culturais.
Valoriza o papel da escola, em particular, e da sociedade, em geral, do ponto de vista individual (para o desenvolvimento pessoal) e do ponto de vista social (para o desenvolvimento da própria sociedade).

Assegura que a aprendizagem se produz pela interação do sujeito que aprende (mediado) e do sujeito que ensina (mediador), porém, quem aprende autoconstrói seu próprio conhecimento.

A educação, nesta perspectiva, está diretamente relacionada a capacidade de aprendizagem do homem, é a socialização pela qual o homem se humaniza, é a constituição das situações e experiências propícias para o desenvolvimento das suas capacidades. É indispensável compreender que há no bojo destas correntes, tendências que implicam diretamente na prática pedagógica. Neste sentido é que dialogamos que não há e, nem deve ocorrer uma prática neutra, livre do conhecimento científico.

Consideramos que o aprender é um processo gradativo que se desenvolve no âmbito individual e coletivo, dentro de um desenvolvimento mental e social, para Piaget (1990, p.14)

> O desenvolvimento mental é uma construção contínua comparável à edificação de um grande prédio que, à medida que se acrescenta algo, ficara mais sólido, ou à montagem de um mecanismo delicado, cujas fases gradativas de ajustamento conduziriam a uma flexibilidade e uma mobilidade das peças tanto maiores quanto mais estável se tornasse o equilíbrio.

Nesta perspectiva, compreendemos que a aprendizagem se constitui através do ato de aprender e precisamos perceber este processo no campo da individualidade, ou seja, cada criança aprende dentro de um determinado tempo e nos seus limites e, neste viés se destaca a presença do professor, pois os estímulos e mediações externas produzem no sujeito uma forma peculiar de aprender. Muitos alunos estão sendo diagnosticados com dificuldades de aprendizagem nas escolas, estes alunos também devem ser considerados durante a prática docente, já que ela não deve excluir. É preciso que o professor conheça a criança, suas limitações e dificuldades e que, junto à escola ofereçam estratégias para que a aprendizagem aconteça.

Ademais, é importante perceber que poderão existir fatores de ordem cultural, social, política, cognitivo, econômico, que limitarão a aprendizagem das crianças. O processo de aprendizagem se constitui em uma relação recíproca de experiências e saberes entre o aluno e o professor, como mediador o professor precisa proporcionar condições e situações de aprendizagem. Construir um planejamento a partir da realidade é de extrema importância para o professor e, consequentemente para o aluno.

Figura 1. Fonte: <http://profladia.blogspot.com.br/2013/05/vamos-refletir-atraves-das-tirinhas-da.html>.

Vocês devem estar se perguntado o porquê de retomar estes conceitos. Retomamos porque não existe uma prática neutra na educação, o professor constrói sua prática a partir de suas concepções, sua história de vida, suas experiências e sua formação profissional. Enquanto experiências, concebemos "[...] os saberes da experiência são também aqueles que os professores produzem no cotidiano docente, num processo permanente de reflexão sobre sua prática mediatizada pela de outrem – seus colegas de trabalho, os textos produzidos por outros educadores." (PIMENTA, 2009, p.20). As práticas pedagógicas implicitamente contêm uma determinada compreensão sobre a criança e, também, sobre como a criança aprende. É neste sentido que apresentamos estas discussões, a prática precisa ser planejada e você deverá elaborar um projeto para desenvolver sua prática docente nesta disciplina.

Depois de relembrar alguns conceitos pertinentes à educação, vocês podem estar se perguntando: "Se o aluno aprende o que eu devo ensinar, e como ensinar?". Esta é uma dúvida muito peculiar na formação docente. O professor precisa compreender como a criança aprende, quais são os conteúdos que precisam ser contemplados e qual a metodologia adequada para ensinar. Não são poucos e nem simples os conhecimentos que precisamos dominar, porém são estes conhecimentos que subsidiam nossa prática e nos qualificam como profissionais da educação.

Diante dessa premissa vamos refletir sobre quatro pilares que fundamentam a aprendizagem na educação e que podem direcionar o trabalho docente. Delors (2003), ao reconhecer a gama de conhecimentos que a educação deve transmitir, identificou quatro aprendizagens que o indivíduo deve adquirir para construir ao longo da sua vida os "pilares do conhecimento".

Aprender a conhecer é a primeira das aprendizagens propostas por Delors (2003), ela se configura em conhecer os saberes construídos pela humanidade e os saberes da vida a partir de metodologias científicas. Para adquirir um saber é preciso conhecer os meios para isso, é preciso observar, ter um tempo para pesquisar, estimular a curiosidade intelectual para desenvolver o pensamento crítico e a capacidade de discernir. A criança precisa ter acesso às metodologias científicas para que durante sua vida seja "amiga da ciência", isso implica em aprender a aprender, construindo o conhecimento pela atenção, memória e pensamento.

A segunda aprendizagem é o *aprender a fazer*, que está associada a aprender a conhecer. Esta aprendizagem é construída na proposta de um ensino em que o aluno consiga transpor o conhecimento adquirido para a prática. A prática aqui, não está exclusivamente relacionada ao ensino técnico, seria um aprender com intenção de contribuir para o desenvolvimento do contexto em que o indivíduo está inserido, construindo competências para comunicação, trabalhar com pessoas e saber gerir e solucionar conflitos.

As duas primeiras aprendizagens se constituem no campo do ensino-aprendizagem, porém são processos e experiências que se desenvolvem sempre na relação com o outro, na relação com a alteridade. É dentro desta premissa que se encontra a aprendizagem: *Aprender a viver juntos, aprender a viver com os outros*. Para Delors (2003) esta aprendizagem representa um dos maiores desafios para a educação, o maior desafio é a vivência e respeito ao outro, respeitar a diferença e a singularidade que cada indivíduo possui. Para que a empatia seja um valor desenvolvido desde a infância, é preciso que ações sejam construídas no espaço escolar, que é um lugar que transborda diferença. As ações devem possibilitar que a criança conheça a si mesma, para então pôr-se no lugar dos outros e compreender suas reações, o outro deve ser reconhecido, valorizado e respeitado. Dentro desta aprendizagem diálogo e a troca de argumentos são ferramentas indispensáveis.

Nos quatro pilares apresentados por Delors (2003), a última aprendizagem é *Aprender a ser*. Nela, há a preocupação com o desenvolvimento total do indivíduo, não apenas no âmbito do conhecimento profissional, mas também na formação dos valores, na responsabilidade social e na sensibilidade ao outro. Os processos que são desenvolvidos nas outras aprendizagens subsidiam a formação do sujeito, se considerarmos que na aprendizagem dos conhecimentos técnicos e práticos os indivíduos se relacionam e estabelecem interações de acordo com a educação que recebem, os valores que o formam enquanto cidadão crítico também o formam enquanto indivíduo com responsabilidade, discernimento e sensibilidade ao outro. A educação não pode limitar-se apenas ao acesso do conhecimento sistematizado, há diferentes formas de aprender e diferentes aprendizagens.

Como puderam perceber a o processo de ensino-aprendizagem está intrinsicamente relacionado a um projeto de sujeito que a educação possui e que, a prática do professor é construída dentro de determinados objetivos, ou seja, a prática docente não é neutra, portanto precisa estar embasada tanto no aspecto teórico quanto na prática.

2 - O planejamento na prática docente

> Há controle do aprender e do pensar? Há controle dos caminhos de aprendizado e pensamento? Não! Não há controle sobre os acontecimentos. Não há controle sobre o aprender! Porém, há diferentes possibilidades em diferentes arranjos ou experimentações. É certo que ninguém aprenderá javanês tendo apenas contato com signos chineses... (ROOS, 2004, p.12).

Reflita por um instante na concepção que você possui sobre planejamento. Percebeu que planejar é algo que coloca a vida em movimento? Você certamente tem planejado sua carreira docente e está se preparando profissionalmente para chegar no ambiente escolar como professora (o). É dentro desta perspectiva que pretendemos apresentar a importância do planejamento na carreira docente, já que é este processo que propicia o embasamento da docência.

Se fizermos uma busca no dicionário Houaiss da Língua Portuguesa (2001), encontraremos a definição de planejamento como "ato ou efeito de planejar, serviço de preparação de um trabalho ou de uma tarefa, com o estabelecimento de métodos convenientes; determinação de um conjunto de procedimentos, de ações, visando a realização de determinado projeto". Este talvez seja o significado mais presente na concepção das pessoas, planejar é estabelecer meios para alcançar determinado objetivo.

É importante que vocês compreendam que o planejamento é uma ideia anterior à escola, a princípio o planejamento, como está estruturado no contexto educacional, não foi concebido para a educação.

> Refletir sobre a trajetória histórica do planejamento implica reconhecer que a atividade de planejar é essencialmente humana, demandando reflexão e intencionalidade. Diferentes conceitos e práticas de planeamento encontram-se intrinsecamente vinculados à categoria trabalho em suas múltiplas configurações e às diferentes formações sociais. Nesse sentido o planejar remete a própria evolução humana e o processo civilizatório. (SILVA, 2010, p.1)

Para Kenski (1995) planejar é uma ação que permeia todos os momentos da vida do homem. Em todas as situações e momentos somos confrontados com a necessidade de planejar e tomar decisões, em alguns momentos essa tomada de decisão poderá ser através de improvisação e, principalmente de ações previamente organizadas.

Como futuro professor, você deve compreender que o planejamento é o fundamento da sua prática e que, ao planejar há uma convicção de que uma realidade poderá ser transformada, o que o caracteriza como uma ação política, pois está comprometido com a sociedade. Atualmente, o planejamento é uma ferramenta que possibilita subsidiar e organizar a prática do professor. O planejamento é, também, a possibilidade de construção e manutenção da autonomia do professor dentro do contexto escolar.

Segundo Libâneo (2004), o planejamento é um processo de racionalização, organização e coordenação da prática docente, uma associação entre a ação escolar e o contexto social. O planejamento não se limita a fins burocráticos, apenas como preenchimento de formulários, mas é um momento de pesquisa e reflexão constante do professor, o que proporciona também a avaliação. O planejamento tem funções essenciais para a organização do trabalho docente, como:

- Elucidar quais são os princípios, as diretrizes e procedimentos de trabalho que permitem a articulação entre o papel da escola e o contexto social, político, econômico, cultural em que está inserida;
- Possibilita a efetivação da autonomia do professor, pois permite sua manifestação filosófica, político-pedagógica e profissional;
- É uma ferramenta que contribui para a construção de uma prática e oferta de ensino de qualidade evitando improvisação e rotina, pois permite o replanejamento e a flexibilidade constante diante das situações que poderão surgir no processo de ensino-aprendizagem;
- Permite considerar a realidade sociocultural e individual dos alunos para criar situações e experiências de aprendizagens.

A constante organização e reorganização do planejamento o caracteriza como flexível, algo que é fundamental que vocês compreendam. A flexibilidade não pode ser uma justificativa da improvisação, ela deve servir para que você contemple e considere as manifestações que os alunos podem expressar nas aulas, como também a discussão de assuntos do cotidiano que muitas vezes poderiam não estar contemplados no seu planejamento. Leia o texto a seguir que discute as possibilidades da flexibilidade no planejamento.

POSSIBILIDADE E NECESSIDADE DO PLANEJAMENTO

Celso dos Santos Vasconcellos

Se planejar significa antever uma intervenção na realidade visando sua mudança, a possibilidade do planejamento está intrinsecamente ligada á possibilidade desta transformação vir a correr.
A alteração da realidade é o grande desafio do homem, uma vez que por esta atividade o homem se faz, se constitui enquanto tal, se transforma também.
Neste contexto mais amplo é que se coloca a tarefa de planejar.

Transformação da realidade em geral
A realidade que nos cerca aponta para uma urgente necessidade de transformação. Paralelamente, existe um desejo, em muitos educadores, de sair dessa situação e ir para uma melhor. Vem então a questão: é possível? "é evidente, com efeito, que a atuação de uma ação ou de uma ideia pressupõe que antes de tudo elas tenham sido tornadas "possíveis"..."[1]
A resposta a esta pergunta não pode ser dada de forma idealista; há que se recorrer à analise histórica.

Atitude diante da realidade
Existe uma forma de abordar a realidade que a divide entre o bem e o mal, o positivo e o negativo, etc., de forma dicotômica, maniqueísta, como se essas coisas ocorressem em "estado puro", isoladas umas das outras; neste sentido, uma coisa boa ou má (excludentemente). Essa é uma concepção linear, mecânica, reducionista, que corre o risco de levar a duas posições equivocadas.

Sob a marca do possível: voluntarismo
De um lado, a postura voluntarista, onde o sujeito tende a ser muito otimista, a considerar que só a boa vontade resolve tudo, que "querer é poder", que depende de cada um – "se cada um fizer sua parte, o problema se resolve" –, e se descuida de levar em conta as determinações sociais que estão presentes na realidade. Entendemos que querer é a condição necessária para começar a criar um novo poder, a fim de enfrentar os poderes.
Pode haver um agravante ao voluntarismo que é o imediatismo: a tendência de se passar muito rapidamente pela análise do problema; parece que se trata simplesmente de captar o problema e colocar-se em ação para solucioná-los; é tudo "tão elementar", para que ficar perdendo tempo com estudos, teorias reuniões? "Vamos para a prática!" "Se o problema é metodologia passiva basta fazer metodologia ativa e assim por diante. O resultado disso já conhecemos: uma grande empolgação inicial, a dificuldade de colocar em prática (à medida que não foram captadas as determinações fundamentais) e, finalmente, o desanimo.

Sob marca do impossível: determinismo
Por outro lado, temos a postura determinista – adaptação às leis eternas, atitude fatalista – onde o sujeito tende a ser muito pessimista, a considerar que não adianta fazer nada, pois tudo está

determinado por forças (naturais, sociais, psicológicas) maiores que ele; o problema é estrutural, é do sistema, enquanto não mudar o sistema, não adianta; resta esperar. Nesta postura, fica muito forte o sentimento de impotência: o sujeito não pode fazer. Quem pode então? Esta pergunta não é assumida. Em nome até de uma pseudocriticidade, o sujeito acaba se demitindo, na pratica, de fazer alguma coisa para mudar a realidade.

Apesar dos enfoques diferentes, as duas posturas acabam levando ao imobilismo. A segunda, obviamente, a primeira por passar a ideia que mudar é muito fácil: ao tentar, vêm as dificuldades, levando, em pouco tempo, à acomodação.

Dialética possível-impossível

Existe, no entanto, uma forma superado de enfrentar a realidade, na realidade, na qual consegue-se perceber a complexidade contraditória da totalidade do real, ou seja, compreender que não há negatividade interagindo dinamicamente na realidade mesma, num dado momento histórico, é possível identificar qual a polaridade dominante, contudo sem deixar de percebê-la inserida no movimento, no jogo de contradições presentes nos fenômenos.

Trata-se de uma postura crítica porque procura desvendar o funcionamento do real, captar sua gênese e tendências de desenvolvimento. Mas é também uma postura transformadora porque, a partir da compreensão do real, procura interferir no seu processo, de forma, a redirecioná-la com vistas à alteração que se propõe. Como afirma D. Saviani, é preferível um poder limitado, mas real, que poder ilimitado (seja pessoal ou das estruturas), mas ilusório. Nesse enfoque dialético, em cada caso concreto, há necessidade de analise, para se saber as reais possibilidades de mudança, tendo-se em conta tanto as determinações da existência, quanto a força da ação consciente e voluntária da coletividade organizada. Compreende-se que há avanços, recuos, momento de estagnação no processo de desenvolvimento das contradições da realidade. Há que se desenvolver a "impaciente paciência histórica".

Consideremos, pois, que há possibilidade de transformação, porque o homem pode atuar sobre a realidade, em seu movimento, em seu vir-a-ser.

> "A possibilidade não é realidade, mas é, também ela, uma realidade: que o homem possa ou não possa fazer determinada coisa, isto tem importância na valorização daquilo que realmente faz. Possibilidade quer dizer liberdade. A medida da liberdade entra na definição de homem. Que existam as possibilidades objetivas de não se morrer de fome e que, mesmo assim, se morra de fome, é algo importante, ao que parece. Mas a existência das condições objetivas – ou possibilidade, ou liberdade – ainda não é suficiente: é necessário conhece-las saber utilizá-las. Querer utilizá-las. O homem, nesse sentido, é vontade concreta: isto é, aplicação efetiva do querer abstrato ou do impulso vital aos meios concretos que realizam sua vontade".[2]

Precisamos combater a retificação presente muitas vezes em nosso meio: é o homem que faz a história, mas com o tempo, parece que a história é feita por alguma potência oculta. É fundamental recuperar esta essencialidade: são os homens que fazem a transformação na história, pela ação no mundo, embora sob condições que herdaram e não que escolheram.

> "Os homens fazem sua própria história, mas não a fazem como querem; não fazem sob circunstâncias de sua escolha e sim sob aquelas com que se defrontam diretamente, legadas e transmitidas pelo passado. A tradição de todas as gerações mortas oprime como um pesadelo o cérebro dos vivos."[3]

A ação do homem não pode ser pensada a nível "molecular", mas coletivo: *"Dir-se-á que o que cada individuo pode modificar é muito pouco com relação às forças. Isto é verdade apenas até certo ponto, já que o individuo pode associar-se com todos os que querem a mesma modificação".*

Precisamos combater simultaneamente o idealismo voluntarista e o materialismo mecanista, que distorcem a dialética do real, reduzindo-a a um dos pólos, qual seja, fazem-no pura historia do espírito ou reduzem a consciência a mero reflexo do real.

Evidentemente, não podemos desprezar as condições objetivas, uma vez que "o ambiente funciona como professor", mas, por outro lado: *"Se o ambiente é o educador, ele deve ser por sua vez educado, (...) (numa) dialética revolucionaria".*[4]

Atuando sobre a realidade, os homens transformam-na, mais ou menos, de acordo com as forças presentes, dependendo do contexto. Uma vez transformada, esta realidade passa a dialetizar com outros homens que dela participam podendo exercer influencia para a transformação dos mesmos, desempenhando papel de educadora. É a repercussão da ação do homem, na realidade e nos outros homens. Essa ação deve ser exercida numa determinada direção, aquela que se deseja, tendo, portanto, um caráter intencional.

O planejamento quer ser um instrumento teórico metodológico mediador deste processo.

Transformação da escola

É possível a transformação da escola? Entendemos que, fundamentalmente, o que possibilita sua transformação é o fato da contradição estar também ali presente e não apenas fora dela, pois a escola não consegue ser um lugar puro e isolado da sociedade – apesar do sonho de muitos educadores. Para além do otimismo e pessimismo, temos que tomar a escola como local de contradições dialéticas.

Essas contradições, ao serem assumidas por vários segmentos da escola passam a atuar ainda mais fortemente, ocupado mais espaço e provocando mais reação, o que vai exigir a definição mais clara de posições por parte de todos os descobertos, são tematizadas, favorece-se a tomada de consciência, a superação do senso comum. Nesta medida, o planejamento resgata seu sentido.

Relação teoria-prática

Não há uma prática puramente material; existe sempre a presença de um mínimo de consciência, o elemento teórico. O que ocorre é que a unidade teoria prática pode se dar de forma mais ou menos precária. Neste sentido, ao contrário do senso comum, podemos dizer na prática, a teoria é aquela que de fato assimilamos, ainda que não seja aquela que desejamos.

A relação teoria-prática é uma, e apenas uma, das relações que interferem na prática. Na verdade, a prática tem relações com o contexto maior, com as estruturas da instituição, com as necessidades biológicas e com o desejo dos sujeitos, além da relação com a teoria. Assim a teoria (plano) deve ser a melhor possível não caindo porém, na ingenuidade de imaginar que basta planejar para acontecer: há toda uma luta ideológica política, econômica, social para se enfrentada, seja consigo mesmo, com os colegas de trabalho, com os educadores, com as famílias e com as instituições em geral.

> "A teoria em si (...) não transforma o mundo. Pode contribuir para sua transformação, mas para isso tem que sair de si mesma, e, em primeiro lugar, tem que ser assimilada pelos que vão ocasionar com seus atos reais, efetivos, tal transformação. Entre a teoria e a atividade pratica transformadora se insere um trabalho de educação das consciências, de organização dos meios materiais e planos concretos de ação".[5]

Devemos considerar que o que modifica efetivamente a realidade é a ação e não as ideias. No entanto, a ação sem ideia é cega e ineficaz.

Novas ideias abrem possibilidades de mudança, mas não mudam.
O que muda a realidade é a prática.

A consciência pode ser uma contra determinação em relação a determinação da prática social alienada, pois se isto não fosse possível, não haveria mudança histórica. A teoria pode ser um elemento importante na transformação da realidade econômica, social e política. Mas "esse fator subjetivo só pode ser decisivo sob a condição de integrar-se no movimento dos fatores objetivos".

Em educação, estamos precisando de uma nova relação de ideias sobre a realidade ou de uma nova relação com as ideias e com a realidade? Parece-nos fundamental pararmos de ficar correndo atrás de modismo e levar a serio algumas ideias que acreditamos, tentando transformar a prática, tentando concretizar. Até porque, sabemos que se não houver uma mudança da prática do sujeito, aquela consciência inicial não se "consolida", se volatiliza e o sujeito volta a ser determinado por sua existência (não transformada, anterior).

Neste sentido, o plano não transforma; não adianta ter planos bonitos, se não tivermos bonitos compromissos, bonitas condições de trabalho sendo conquistadas, e bonitas práticas realizadas.

VASCONCELLOS, Celso dos Santos. Possibilidade e necessidade do planejamento. In: ____. Planejamento: plano de ensino-aprendizagem e projeto educativo. São Paulo: Libertad, 1995. v. 1. p. 27-35.

Este texto aborda pontos essenciais do planejamento, como: a necessidade de conhecer a turma; de planejar a aula; de estudar o conteúdo que será trabalhado em sala de aula; de construir metodologias de aula significativas; de registrar o que aconteceu na aula, o que deu certo, o que não foi possível contemplar, o que é preciso mudar, enfim, o registro das suas impressões enquanto professor são fundamentais para a reorganização do planejamento e para a avaliação da sua prática. Professor, adote esta postura, faça relatórios da sua aula, leia, reflita, pesquise, invente, torne sua aula um momento de construção do conhecimento compartilhado entre você e o aluno. É interessante também que você procure ouvir o aluno, que você construa uma relação de diálogo, que você considere as impressões e sugestões que eles têm e, muitas vezes não expressam porque não têm este espaço.

Vocês puderam perceber que o planejamento é a orientação da prática docente, uma articulação entre a função da escola e o contexto em que está inserida. Pois bem, esta articulação deve considerar e estar subsidiada por alguns documentos, como o **Projeto Político Pedagógico (PPP)**, que é um documento elaborado pela escola de acordo com sua realidade social e seus objetivos de formar determinado sujeito. No âmbito nacional temos o Plano Nacional da Educação (PNE), um documento que constitui um marco fundamental para as políticas públicas brasileiras, apresenta 20 metas, entre diretrizes e estratégias para a política educacional dos próximos dez anos. Outro documento que deve ser contemplado no planejamento são as Diretrizes Curriculares Nacionais da Educação Básica (DCNs), que são normas obrigatórias que orientam o planejamento curricular das escolas e dos sistemas de ensino. Atualmente um novo documento está sendo construído e também deverá ser contemplado no planejamento, a Base Nacional Comum Curricular (BNCC), que é uma determinação sinalizada na Constituição e nas Diretrizes, que propõe ser a base para a renovação e o aprimoramento da educação básica como um todo.

> **Projeto Político Pedagógico (PPP):** Você pode retomar o estudo deste documento na aula 02.

Os documentos mencionados devem compor seu repertório de estudo, pois permitem ampliar seus conhecimentos sobre a educação e suas propostas políticas de desenvolvimento. Não há como exercer a docência e não conhecer estes documentos, eles são fundamentais para que você construa seus argumentos profissionais, fundamente sua prática, conheça seus direitos e deveres e ofereça uma educação com qualidade. Veja no quadro abaixo os documentos apresentados com seus respectivos links de acesso, foram acrescentados também links para acessar a Constituição Federal e a Lei de Diretrizes e Bases da Educação Nacional (LDB).

Constituição da República Federativa do Brasil de 1988:
<http://www.planalto.gov.br/ccivil_03/Constituicao/Constituicao.htm>.

Lei de Diretrizes e Bases da Educação Nacional:
<http://www.planalto.gov.br/ccivil_03/Leis/L9394.htm>.

Plano Nacional da Educação (2014 a 2024):
<http://www.publicacoes.inep.gov.br/portal/download/1362>.

Diretrizes Curriculares Nacionais da Educação Básica:
<http://portal.mec.gov.br/index.php?option=com_docman&view=download&alias=15548-d-c-n-educacao-basica-nova-pdf&category_slug=abril-2014-pdf&Itemid=30192>.

Base Nacional Comum Curricular:
<http://basenacionalcomum.mec.gov.br/#/site/inicio>.

Para que o ensino aconteça o planejamento é condição imprescindível, é dentro deste processo que metas são articuladas, estratégias são construídas e adaptadas as possibilidades reais da escola. Desta forma vocês precisam desenvolver algumas ações para que o planejamento aconteça e não fique restrito a uma exigência burocrática:

- pesquisa, contemplando os conteúdos, as diferentes formas de propor situações de experiências e aprendizagens e possibilidades metodológicas;
- criatividade e proposta de interação na elaboração das aulas;
- estabelecimento de limites e prioridades dentro da realidade local;

- verificação da singularidade dos alunos e a valorização das diferenças;
- flexibilidade para reorganizar o planejamento sempre que houver necessidade;
- comtemplar os documentos legais na elaboração;
- relacionar os objetivos com as propostas do PPP;
- adequar os conteúdos para cada ano;

Fonte: <https://www.google.com.br/search?q=planejamento+de+ensino>.

Estas ações permitem que o professor construa uma prática significativa, não apenas para como uma formalidade profissional, mas uma relação que deve ser estabelecida com o aluno, que é o centro deste processo. A charge abaixo ilustra a importância de contemplar todas estas ações para que professor e aluno construam juntos, o conhecimento.

A seguir, na aula 06, serão apresentadas as diferenças e a conceituação das ferramentas que podem ser construídas por meio do planejamento.

Retomando a aula

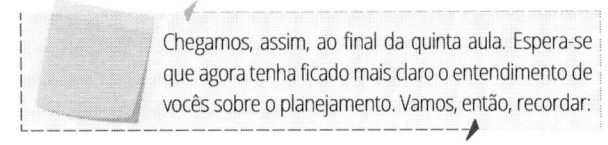

Chegamos, assim, ao final da quinta aula. Espera-se que agora tenha ficado mais claro o entendimento de vocês sobre o planejamento. Vamos, então, recordar:

1 – Concepções sobre o processo de ensino-aprendizagem

Vocês puderam compreender nesta seção que a aprendizagem se faz como reconstrução do que já foi apropriado pela criança anteriormente, quando o professor compreende isso está valorizando seu conhecimento prévio e sua potencialidade em construir novas aprendizagens. Neste sentido é necessário que se estabeleça uma relação recíproca de experiências e saberes entre o aluno e o professor, como mediador o professor precisa proporcionar condições e situações de aprendizagem.

2 – O planejamento na prática docente

Nesta seção então oportunizamos uma discussão essencial na vida profissional de um docente. Que a prática precisa ser planejada vocês já sabem, já que planejar é uma ação inerente a vida do homem, neste sentido o planejamento se faz como fundamento da prática docente. Para que o ensino aconteça o planejamento é condição imprescindível, é dentro deste processo que metas são articuladas, estratégias são construídas e adaptadas as possibilidades reais da escola.

Vale a pena

Vale a pena acessar,

<http://educere.bruc.com.br/CD2013/pdf/8148_4845.pdf>.

Vale a pena assistir,

<https://www.youtube.com/watch?v=d-DqNak7nU8>.

GLOSSÁRIO

Alteridade: qualidade ou natureza do que é outro, diferente.
Gama: conjunto de coisas variadas.
Inerente: Que é próprio ou característico de alguém, faz parte, está no interior.
Permear: Fazer passar através que algo, que atravessa, está presente ao longo de algum processo, de uma ideia, conceito.
Premissa: ideia ou parte inicial de que se parte para formar um raciocínio, são proposições a partir de uma de uma determinada concepção.
Respaldar: dar respaldo, apoio, garantia a algo ou alguém.
Senso comum: É um saber construído pelas pessoas a partir de experiências, vivências e observação do mundo, é transmitido de geração em geração e não base em métodos de pesquisas científicas.

Minhas anotações

Aula 6º

Planejamento, plano de aula e projeto didático: técnicas de elaboração e avaliação

Na aula anterior vocês estudaram sobre o processo de ensino-aprendizagem e sobre a importância do planejamento para a prática docente. Agora, serão apresentadas as orientações e algumas técnicas próprias dos Planos de Aula e Projetos Didáticos. Somado a esse momento, trataremos também, ainda que brevemente, sobre o Processo de Avaliação da Aprendizagem, na qual a principal finalidade será perceber a avaliação como uma reflexão sobre a organização do trabalho pedagógico.

Bons estudos!

Objetivos de aprendizagem

Ao término desta aula, vocês serão capazes de:

- Perceber a avaliação como reflexão – ação ao processo ensino – aprendizagem
- Refletir sobre a organização do trabalho pedagógico e as implicações para com a avaliação.

Seções de estudo

1 - Estrutura e organização do projeto didático
2 - Processo de avaliação da aprendizagem

1 - Estrutura e organização do projeto didático

Agora que você compreendeu o que é o planejamento e como ele deve ser construído no contexto escolar, é primordial reconhecer que por meio dele existem outras estratégias que também respaldam a prática docente. De modo geral, o planejamento consiste na seguinte estrutura:

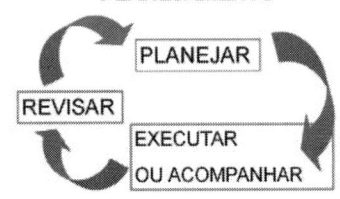

PLANEJAMENTO
PLANEJAR → EXECUTAR OU ACOMPANHAR → REVISAR

Fonte: <https://monicapanetta.files.wordpress.com/2013/02/planejamento.jpg>.

O planejamento é um processo pensado detalhadamente para alcançar determinado fim, é uma tomada de decisões para cumprir objetivos políticos e sociais. Gandin (1994, p.20) apresenta três orientações do planejamento:

a. no planejamento temos em vista a ação, isso é, temos consciência de que a elaboração é apenas um dos aspectos do processo e que há necessidade da existência do aspecto da execução e do aspecto avaliação;
b. no planejamento temos em mente que a sua função é tornar clara e precisa a ação, organizar o que fazemos, sintonizar ideias, realidade e recursos para tornar mais eficiente nossa ação;
c. temos como definida e em evidência a ideia de que todo o autoritarismo é pernicioso e que todas as pessoas que compõem o grupo devem participar (mais ou menos, de uma forma ou de outra) de todas as etapas, aspectos ou momentos do processo.

Quando há um planejamento escolar para direcionar as ações pedagógicas é possível, a partir dele, construir um Plano. Este consiste na materialização do planejamento, é um documento descritivo dos passo e objetivos que são pretendidos em consonância ao planejamento. Nesta perspectiva temos o Plano de Aula, um documento elaborado pelo professor para ser desenvolvido a curto prazo. Para Vasconcellos (2000, p.148) o plano de aula "corresponde ao nível de maior detalhadamente e objetividade do processo de planejamento didático. É a orientação para o que fazer no cotidiano".

Figura 1: <http://www.emdialogo.uff.br/content/planejando-o-futuro-com-mafalda>.

Leia o texto abaixo que discute em linhas gerais como o professor deve se organizar para preparar seu Plano de Aula.

Como elaborar um bom plano de aula?

Quanto mais antenado às estratégias disponíveis para explorar um determinado conteúdo, mais eficiente o educador será na sua tarefa. Por isso, um bom planejamento é essencial na hora de elaborar um plano de aula. Mas isso pode ser mais fácil do que parece. A doutora em Ciências Sociais pela Universidade Estadual Paulista - UNESP, Caroline Luzivotto, elaborou uma lista de perguntas que trilham o caminho de um bom planejamento, de forma simples e didática.
Segundo ela, antes de chegar com um material novo em sala de aula, o professor deve se questionar sobre:

1. Por que isso é importante?
Quando você pretende ensinar alguma coisa essa é a primeira pergunta que você deve se fazer. Você deve estar pronto para responder a essa pergunta a qualquer momento, inclusive, durante a aula.

2. Qual o meu objetivo para os estudantes? O que eles devem ser capazes de fazer ao fim deste conteúdo?
Uma boa maneira de entender se um tema é ou não fundamental é planejá-lo criando objetivos para os seus estudantes, ou seja, o que você espera que eles sejam capazes de fazer ao fim daquela discussão. Compartilhe esses objetivos com os estudantes, isso é fundamental para que vocês estejam alinhados e para que eles conheçam as habilidades mais importantes.

3. Como o tema se encaixa no currículo geral?
Para criar uma aula significativa é fundamental que você conheça todas as maneiras de encaixar o conteúdo no currículo geral do estudante. Não se apegue apenas à sua matéria, vá além e identifique como o assunto tratado na sua sala de aula pode se relacionar com outras disciplinas, isso tende a incentivar os estudantes.

4. O que os estudantes já sabem sobre isso?
Procure entender como você pode ajudar os alunos a desenvolverem o conhecimento prévio sobre o assunto a ser tratado. Antes mesmo de começar a ensinar coisas novas, procure saber o que os seus alunos já sabem sobre aquilo e, a partir daí, comece a trabalhar para

incrementar esse conhecimento.

5. Como eu posso despertar o interesse dos alunos?
O início de um capítulo ou unidade é o que vai garantir que os seus estudantes mantenham ou não o interesse naquilo que você está dizendo, portanto, você precisa chamar a atenção deles logo de cara. Uma boa maneira de fazer isso é procurar conexões entre o que está sendo estudado, a cultura geral e a vida do estudante. Outra opção é criar situações nas quais eles teriam de usar o que está sendo aprendido de forma prática.

6. Como eu posso apresentar esse material?
Pense em como aquele conteúdo pode ser melhor compreendido e não se mantenha preso a métodos tradicionais por medo de inovar. É fundamental que você pense nas maneiras como apresentará o conteúdo aos seus estudantes. Vá além do que o livro oferece, procure conteúdo agregado, como vídeos e apresentações, jogos e até mesmo seminários ou representações. Dessa maneira você poderá incentivar os estudantes em áreas além do que você está ensinando.

7. O que os estudantes farão durante as aulas?
Um bom plano de aulas deve prever diversas situações, inclusive o que os seus alunos farão durante as aulas. Os estudantes serão meros ouvintes ou participarão da aula de maneira ativa? Você proporá atividades práticas ou simplesmente apresentará o panorama do que está sendo tratado. Pensar no que acontecerá dentro de sala de aula é fundamental para criar atividades adequadas.

8. Como eu posso atender as necessidades de cada estudante?
Claro que toda a sala deve receber o mesmo conteúdo, mas você não pode deixar de lado as necessidades particulares de cada um dos seus estudantes. Essa problemática também deve aparecer no seu plano de aulas, ou seja, identifique quais são as principais dificuldades dos estudantes e pense em como resolvê-las. Uma boa dica é ficar atento ao tipo de aprendizado de cada um dos seus alunos.

9. Como eu posso ligar o conteúdo e a rotina dos estudantes?
Se você quer que sua aula seja significativa e relevante, faça com que o conteúdo abordado se aplique de maneira prática na vida dos estudantes. Descubra o que interessa a eles e trate de incluir suas descobertas no plano de aulas. Não se esqueça de que apenas você fazer essas conexões não é suficiente, ofereça a oportunidade de que seus estudantes também encontrem os pontos em comum.

10. Existe alguma tecnologia capaz de melhorar essa tarefa?
A vida dos estudantes basicamente gira em torno da tecnologia, com as redes sociais, pesquisas online e até mesmo grupos de estudo via Internet. Portanto, se você quer realmente chamar a atenção deles, o melhor é fazer isso no meio onde eles mais têm prática. Descubra ferramentas capazes de engajar os estudantes em experiências de aprendizado e dessa maneira eles estarão cada vez mais interessados em praticar o que você ensina.

Caroline Luzivotto

Disponível em: http://www.ebc.com.br/infantil/para-educadores/2013/08/como-elaborar-uma-aula-produtiva Acesso em 25 abr 2019.

A elaboração do Plano de Aula deve contemplar os seguintes aspectos:
- Qual a temática a ser trabalhada na aula;
- Qual o objetivo que o professor pretende alcançar com a aula, é comum apresentar um objetivo geral e dois ou três objetivos específicos, de acordo com o conteúdo;
- Conteúdo a ser desenvolvido em aula, apresentando uma explicação de acordo com a pesquisa e o entendimento que o professor possui a respeito;
- Qual será a metodologia desenvolvida para o professor desenvolver a aula, ou seja, a maneira como a aula será direcionada para contemplar o conteúdo;
- A previsão estimada do tempo de duração da aula;
- Quais são os recursos didáticos que serão utilizados para desenvolver a aula dentro da metodologia escolhida;
- A avaliação, que consiste nas estratégias que o professor utilizará para diagnosticar a compreensão dos alunos em relação ao conteúdo, como também, para avaliar e se necessário reorganizar seu plano.
- As atividades propostas dentro da proposta metodológica da aula e que possibilite a construção do conhecimento com os alunos.

O plano é uma orientação da prática, portanto não pode ser um documento rígido e imutável, precisam ser compreendidos por meio do movimento, podendo sofrer alterações constantemente. Para melhor exemplificação é importante destacar que segundo Takahashi (2004, p.114),

Cada aula é uma situação didática específica e singular, onde objetivos e conteúdos são desenvolvidos com métodos e modos de realização da instrução e do ensino, de maneira a proporcionar aos alunos conhecimentos e habilidades, expressos por meio da aplicação de uma metodologia compatível com a temática estudada.

O Plano de Aula pode sofrer alterações de acordo com o contexto em que a escola está inserida. Cada sistema (municipal, estadual e ainda escola pública ou privada) pode adotar um modelo que atenda aos seus objetivos sociais, políticos e filosóficos.

Agora que você conheceu a conceituação e as características do Plano de Aula, vamos explorar as características do Projeto Didático, pois será dentro desta apresentação que você irá compreender como será a docência. Veja a imagem abaixo e reflita por um instante sobre a mensagem.

Fontes: <http://observatoriodajuventude.ufmg.br/juviva-conteudo/05-03.html>.

Que o planejamento é fundamental para a docência você já sabe, considerando-o como uma orientação geral para a educação escolar, podemos retomar a definição de que o projeto é uma extensão do planejamento, como uma das estratégias que respaldam a prática docente. Sendo assim, vamos explorar o conceito e as características do Projeto Didático.

Atualmente há uma proposta na educação para o trabalho com a pedagogia de projetos, mas o que é isso? Além do plano de aula preciso elaborar projetos? Plano de aula e projeto não são a mesma coisa? Você dever estar construindo estas e outras dúvidas sobre o tema e isto é um excelente sinal. Como você leu anteriormente, o plano de aula consiste numa extensão do planejamento, feito a curto prazo, algo mais reduzido e diário para a sala de aula.

A pedagogia de projetos é uma proposta que pode desencadear uma mudança na postura pedagógica, é uma possibilidade de envolver os alunos nas experiências educativas de construção do conhecimento com as práticas vividas, é uma possibilidade ainda maior de que o aluno construa o conhecimento junto com o professor, numa relação de igualdade, onde juntos pesquisam, elaboram, discutem e decidem sobre a solução mais coerente para determinado problema. Silva e Tavares (2010, p.240) consideram que

> O método por projetos propõe que os saberes escolares estejam integrados com os saberes sociais, pois ao estudar o aluno sentirá que está aprendendo algo que faz sentido e tem significado na sua vida, assim compreende seu valor e desenvolve uma postura indispensável para a resolução de problemas sociais se permitindo como sujeito cultural.

Na estrutura do projeto temos algumas semelhanças com o plano de aula, porém o projeto didático tem uma duração maior, basicamente é estruturado da seguinte maneira:
- **Tema/temática:** consiste na escolha de um determinado tema que seja adequado ao ano escolar em que será desenvolvido e que, esteja de acordo com os conteúdos a serem desenvolvidos;
- **Justificativa:** neste item é apresentado os resultados da pesquisa que o professor realizou sobre o tema e, também, qual a justificativa para desenvolver o projeto com a turma;
- **Os objetivos:** é comum apresentar um objetivo geral e dois ou três objetivos específicos, de acordo com o tema;
- **O desenvolvimento:** em geral este item apresenta os conteúdos a serem desenvolvidos de acordo com as disciplinas, a metodologia e as atividades avaliativas;
- **A culminância:** consiste na elaboração de um momento dentro do projeto para finalizar junto com os alunos a construção do conhecimento, de modo a compartilhar com a comunidade escolar o que foi desenvolvido;
- **Avaliação:** este item apresenta qual será a abordagem avaliativa da execução do projeto feita pelo professor. Durante a execução do projeto o professor estará avaliando sua prática e a compreensão dos conteúdos pelos alunos.

Leia a seguir um excerto do texto de Fusari (1998):

O planejamento do trabalho pedagógico: algumas indagações e tentativas de respostas

José Cerchi Fusari *

O contato direto com professores tem revelado um certo grau de insatisfação destes em relação ao trabalho de planejamento. O que se ouve, com certa frequência, são falas do tipo: "Eu acho importante planejamento, mas não da forma como vem sendo realizado"; "Eu acho que dá para trabalhar sem planejamento"; "Do jeito que as coisas estão, impossível planejar o meu trabalho docente; vivo de constantes improvisações"; "Eu não acredito nos planejamentos tecnicistas que a Rede vem elaborando mecanicamente e que nada têm a ver com a sala de aula"; "Eu sempre transcrevo o planejamento do ano anterior, acrescento algo quando dá, entrego e pronto. Cumpri a minha obrigação". Diante desta realidade, uma questão necessita ser colocada: por que os professores percebem e apresentam estas atitudes diante do planejamento do trabalho pedagógico? Mais: isto não seria uma ponta do problema? Como superá-lo? Este texto, concebido sob a forma de indagações e tentativas de respostas, faz parte do esforço de buscar aclarar um pouco o nó da questão e estimular a recuperação do planejamento na prática social docente, como algo importante para a conquista da democratização do Ensino Público. As indagações selecionadas e as tentativas de respostas pretendem incitar os docentes a refletirem sobre a problemática da Educação Escolar Pública como um todo e, em especial, sobre os problemas e desafios do planejamento do ensino.

As respostas apresentadas não esgotam as questões, devendo gerar outras tantas e, assim, de pergunta em pergunta, teceremos nossa competência técnico-política como superação para os problemas básicos que afetam as nossas escolas: a evasão, a retenção e a má qualidade do ensino.

Qual é o sentido atual para o conceito de planejamento do ensino?

Na medida em que se concebe o planejamento como um meio para facilitar e viabilizar a democratização do ensino, o seu conceito necessita ser revisto, reconsiderado e redirecionado. Na prática docente atual, o planejamento tem-se reduzido à atividade em que o professor preenche e entrega à secretaria da escola um formulário. Este é previamente padronizado e diagramado em colunas, onde o docente redige os seus "objetivos gerais", "objetivos específicos" "conteúdos", "estratégias" e "avaliação". Em muitos casos, os professores copiam ou fazem fotocópias do plano do ano anterior e o entregam à secretaria da escola, com a sensação de mais uma atividade burocrática cumprida. É preciso esclarecer que planejamento não é isto. Ele deve ser concebido, assumido e vivenciado no cotidiano da prática social docente, como um **processo de reflexão**.

Segundo SAVIANI (1987, p. 23), "a palavra reflexão vem do verbo latino 'reflectire' que significa 'voltar atrás'. É, pois um (re)pensar, ou seja, um pensamento em segundo grau.

(...) Refletir é o ato de retomar, reconsiderar os dados disponíveis, revisar, vasculhar numa busca constante de significado. É examinar

detidamente, prestar atenção, analisar com cuidado. E é isto o filosofar'. Entretanto, não é qualquer tipo de reflexão que se pretende e sim algo articulado, crítico e rigoroso. Ainda segundo SAVIANI (1987, p. 24), para que a reflexão seja considerada filosófica, ela tem de preencher três requisitos básicos, ou seja, ser:
- "radical" - o que significa buscar a raiz do problema;
- "rigorosa" - na medida em que faz uso do método científico;
- "de conjunto" - pois exige visão da totalidade na qual o fenômeno aparece.

Pode-se, pois, afirmar que o planejamento do ensino é o processo de pensar, de forma "radical", "rigorosa" e "de conjunto", os problemas da educação escolar, no processo ensino-aprendizagem. Conseqüentemente, planejamento do ensino é algo muito mais amplo e abrange a elaboração, execução e avaliação de planos de ensino. O planejamento, nesta perspectiva, é, acima de tudo, uma atitude crítica do educador diante de seu trabalho docente.

Planejamento e plano de ensino podem ser tomados como sinônimos?

Apesar de os educadores em geral utilizarem, no cotidiano do trabalho, os termos "planejamento" e "plano" como sinônimos, estes não o são. É preciso, portanto, explicitar as diferenças entre os dois conceitos, bem como a íntima relação entre eles. Enquanto o planejamento do ensino é o processo que envolve "a atuação concreta dos educadores no cotidiano do seu trabalho pedagógico, envolvendo todas as suas ações e situações, o tempo todo, envolvendo a permanente interação entre os educadores e entre os próprios educandos" (FUSARI, 1989, p. 10), o plano de ensino é um momento de documentação do processo educacional escolar como um todo. Plano de ensino é, pois, um documento elaborado pelo(s) docente(s), contendo a(s) sua(s) proposta(s) de trabalho, numa área e/ou disciplina específica.

O plano de ensino deve ser percebido como um instrumento orientador do trabalho docente, tendo-se a certeza e a clareza de que a competência pedagógico-política do educador escolar deve ser mais abrangente do que aquilo que está registrado no seu plano.

A ação consciente, competente e crítica do educador é que transforma a realidade, a partir das reflexões vivenciadas no planejamento e, consequentemente, do que foi proposto no plano de ensino. Um profissional da Educação bem-preparado supera eventuais limites do seu plano de ensino. O inverso, porém, não ocorre: um bom plano não transforma, em si, a realidade da sala de aula, pois ele depende da competência-compromisso do docente. Desta forma, planejamento e plano se complementam e se interpenetram, no processo ação reflexão-ação da prática social docente.

Como formalizar o plano de ensino?

É preciso assumir que é possível e desejável superar os entraves colocados pelo tradicional formulário, previamente traçado, fotocopiado ou impresso, onde são delimitados centímetros quadrados para os "objetivos, conteúdos, estratégias e avaliação". A escola pode e deve encontrar outras formas de lidar com o planejamento do ensino e com seus desdobramentos em planos e projetos. É importante desencadear um processo de repensar todo o ensino, buscando um significado transformador para os elementos curriculares básicos:
- objetivos da educação escolar (para que ensinar e aprender?);
- conteúdos (o que ensinar e aprender?);
- métodos (como e com o que ensinar e aprender?);
- tempo e espaço da educação escolar (quando e onde ensinar e aprender?);
- avaliação (como e o que foi efetivamente ensinado e aprendido?).

O fundamental não é decidir se o plano será redigido no formulário x ou y, mas assumir que a ação pedagógica necessita de um mínimo de preparo, mesmo tendo o livro didático como um dos instrumentos comunicacionais no trabalho escolar em sala de aula. A ausência de um processo de planejamento do ensino nas escolas, aliada às demais dificuldades enfrentadas pelos docentes no exercício do seu trabalho, tem levado a uma contínua improvisação pedagógica nas aulas. Em outras palavras, aquilo que deveria ser uma prática eventual acaba sendo uma "regra", prejudicando, assim, a aprendizagem dos alunos e o próprio trabalho escolar como um todo. Sugiro que os docentes discutam a questão da "forma" e do "Conteúdo" no processo de planejamento e elaboração de planos de ensino, buscando alternativas para superar as dicotomias entre fazer e pensar, teoria e prática, tão presentes no cotidiano do trabalho dos nossos professores. Vale a pena enfrentar este desafio e pensar a respeito!

FUSARI, J. C. O Planejamento do Trabalho Pedagógico: algumas Indagações e Tentativas de Respostas. Centro de referência em Educação. Publicação: Artigo Série Ideias São Paulo: FDE, 1998. Páginas: 44-53 Disponível em: <http://www.crmariocovas.sp.gov.br/dir_a.php?t=014 Acesso em: 02/05/2017>.

* José Cerchi Fusari: Professor da Faculdade de Tecnologia de São Paulo e da Faculdade de Educação da Universidade de São Paulo.

Agora que vocês já têm um material para direcionar a elaboração do PD, apresentaremos todos os itens que precisam ser contemplados. Cada item terá uma explicação conceitual de forma a contribuir para a compreensão do que é solicitado.

O primeiro item do projeto contempla os dados de identificação do professor, da escola e da turma em que será desenvolvido o PD. É importante que você tenha em mãos a ficha de identificação da escola, solicitada na primeira atividade, pois ela apresenta as informações solicitadas neste item.

No segundo item vocês deverão apresentar a justificativa do PD. A justificativa é o momento de apresentar os resultados da sua pesquisa s obre o tema escolhido, é claro que deverá ser feita uma explanação sucinta sobre o tem. Quando você escolher o tema, certamente já terá conhecido a turma, a professora e quais serão os conteúdos trabalhados no bimestre escolar. Lembre-se que o tema deve ser escolhido com cautela, deve ser um tema relevante, atrativo e que tenha a possibilidade de organizar os conteúdos das disciplinas dentro da proposta da interdisciplinaridade. Para compreender um pouco mais sobre a interdisciplinaridade leia o excerto de um artigo com muita atenção, não se esqueça de anotar suas dúvidas durante a elaboração do projeto, elas contribuem para seu crescimento profissional e para que tenham uma descrição detalhada sobre a execução dele.

Interdisciplinaridade no contexto escolar

Andréia Bonatto et al.

A interdisciplinaridade serve como um principal complemento no conhecimento escolar transmitindo como uma nova dinâmica na metodologia aplicada. Esse conceito fica mais claro quando se considera realmente de que todo conhecimento mantêm um dialogo permanente com outros conhecimentos que pode ser de questionamento, de confirmação e de aplicação. Segundo os Parâmetros Curriculares.

> (...) É importante enfatizar que a interdisciplinaridade supõe um eixo integrador, que pode ser o objeto de conhecimento, um projeto de\investigação, um plano de intervenção. Nesse sentido ela deve partir da necessidade sentida pelas escolas, professores e alunos de\explicar, compreender, intervir, mudar, prever, algo que desafia uma\disciplina isolada e atrai a atenção de mais de um olhar, talvez vários. Explicação, compreensão, intervenção são processos que requerem um conhecimento que vai além da descrição da realidade mobiliza competências cognitivas para deduzir, tirar inferências ou fazer previsões a partir do fato observado (Parâmetros Curriculares Nacionais – Ensino Médio. Brasília: MEC, 2002, p. 88 e 89).

Ainda prevalece o modelo antigo de aprendizagem no qual existe a informação dada pelo professor e a assimilação pelo aluno. A aprendizagem escolar depende de uma interação complexa entre alunos, professores, conteúdos, tarefas e do próprio contexto educacional.

> Como na escola o aprendizado é um resultado desejável, é o próprio objetivo do processo escolar, a intervenção é um processo pedagógico privilegiado. O professor tem o papel explícito de intervir e provocar nos alunos avanços que não correriam espontaneamente. (FRISON, 2000 p. 129)

No mundo atual, moderno e informativo o professor já não é mais o provedor de conhecimento, agora ele atua como mediador da aprendizagem. Deve provocar e questionar o aluno, levando-o ao sucesso de suas pesquisas e consequentemente suas respostas desejadas. A escola compreende professor e aluno, envolvidos emocionalmente, a essa junção só surgirá aprendizagem se o professor lançar desafios e o aluno ser capaz de enfrentá-los. Del Prette e Del Prette (2001) ressaltam que as escolas são ambientes ideais para o ensino de uma conduta social de qualidade. O professor encontra no ambiente escolar um campo fértil, não só para o ensino-aprendizagem de habilidades acadêmicas, mas também um espaço de interação mútua que o possibilita levar o aluno a crescer, respeitar-se e respeitar os outros. O professor tem em suas mãos a possibilidade de elaborarem objetivos e procedimentos que tenham por meta melhorar ou promover a competência social e as relações interpessoais dos alunos.

O professor deverá ser capaz de inovar, variar suas técnicas de ensinar, buscar qualidade e não se deter em quantidades de conteúdos, ter bom relacionamento com as crianças, e além do mais ser amigo. O professor deve ensinar seus alunos para conviverem em sociedade, valorizar sempre as questões sociais como dignidade, caráter, bondade e honestidade.

k: <http://www.ucs.br/etc/conferencias/index.php/anpedsul/9anpedsul/paper/viewFile/2414/501>.

Para ter acesso ao texto completo use o link: <http://www.ucs.br/etc/conferencias/index.php/anpedsul/9anpedsul/paper/viewFile/2414/501>.

O terceiro item do PD consiste na elaboração dos *objetivos*. Neste modelo são exigidos de dois a três objetivos gerais. Os objetivos gerais consistem na finalidade que pretendemos alcançar, esta finalidade deve estar associada com a o tema proposto, ou seja, o que eu desejo com a proposta do tema e espero que os alunos alcancem com isso.

Os objetivos específicos estão associados aos conteúdos que deverão ser desenvolvidos em cada aula. Veja no quadro abaixo exemplos de verbos que podem ser utilizados como objetivos, já que todos os objetivos devem ser iniciados com uma ação.

Comparar	Calcular
Comprovar	Construir
Descobrir	Criar
Explicar	Demonstrar
Identificar	Efetuar
Proporcionar	Contribuir
Conhecer	Comunicar

Além destes objetivos você poderá consultar outros no texto de Lima (2009) no item Arquivo da Plataforma ou pelo link: <http://www.uel.br/graduacao/odontologia/portal/pages/arquivos/NDE/VERBOS.pdf>.

O quarto item é o *desenvolvimento*, este item abrange o detalhamento das aulas que serão desenvolvidas com a turma selecionada. Este item apresenta três eixos fundamentais para a organização de aula. O primeiro eixo é a escolha dos conteúdos inerentes a cada disciplina. Conforme você observou nos PCNs e no Referencial Curricular da escola em que está estagiando, em cada bimestre existem conteúdos que precisam ser contemplados em cada disciplina. Para Libâneo (1991, p.128-129) os conteúdos consistem em um:

> [...] conjunto de conhecimento, habilidades, hábitos, modos valorativos e atitudinais de atuação social, organizados pedagógica e didaticamente, tendo em vista a assimilação ativa e aplicação pelos alunos na sua vida prática. Englobam, portanto: conceitos, ideias, fatos, processos, princípios, leis científicas, regras; habilidades cognoscitivas, modos de atividade, métodos de compreensão e aplicação, hábitos de estudos, de trabalho e de convivência social; valores convicções, atitudes. São expressos nos programas oficiais, nos livros didáticos, nos planos de ensino e de aula, nas atitudes e convicções do professor, nos exercícios nos métodos e forma de organização do ensino. Podemos dizer que os conteúdos retratam a experiência social da humanidade transformando-se em instrumentos pelos quais os alunos assimilam, compreendem e enfrentam as exigências teóricas e práticas da vida social. Constituem o objeto de mediação escolar no processo de ensino, no sentido de que a assimilação e compreensão dos conhecimentos e modos de ação se convertem em ideias sobre as propriedades e relações fundamentais da natureza e da sociedade, formando convicções e critérios de orientação das opções dos alunos

frente às atividades teóricas e práticas postas pela vida social.

Depois que os conteúdos são selecionados é necessário pensar na metodologia mais adequada para conduzir a aula, ela é capaz de oferecer aos alunos diferentes situações de aprendizagens. Como exemplo de metodologias temos aula expositiva, estudo do texto, discussão/debate, seminário, aula prática, entre outras. Para cada aula você irá utilizar recursos, como Datashow, filmes, jornal, revistas, etc.

Ainda dentro do desenvolvimento temos as *atividades avaliativas*, estas compreendem nas atividades que o professor irá oferecer ao aluno para que ele consiga demonstrar o quanto compreendeu sobre o conteúdo desenvolvido na aula. É importante que você apresente diferentes atividades, isso contribui para a aprendizagem do aluno.

O último item é a *avaliação*, não confunda com atividades avaliativas. Esta avaliação aborda questões relacionadas à execução do projeto em todos os seus aspectos. Estas são as orientações sobre o conteúdo do Projeto Didático, você precisa ler para compreender o que é solicitado em cada item. As normas de elaboração e formatação desta atividade estarão apresentadas no modelo de cada semestre. Vocês já têm muito conteúdo sobre como ocorre o processo ensino-aprendizagem, o que devo considerar para planejar uma aula, enfim, agora é o momento de concretizar o conhecimento que vocês estão construindo.

2 - Processo de avaliação da aprendizagem

Afim de finalizarmos nosso material, oportunizaremos uma discussão muito pertinente à prática docente. Entendemos que, para discutir o Processo de Avaliação da Aprendizagem é fundamental o domínio e o entendimento acerca de alguns elementos que vão muito além do senso comum. Ou seja, não basta dizermos que a avaliação é um processo e é relevante. É necessário desprendermos dos conceitos apenas práticos e pautarmo-nos em algumas teorias.

Diante disso, aproveitaremos a oportunidade para tratarmos de uma Avaliação um pouco mais ampla e direcionada. Para isso, discutiremos aqui parte de um texto do professor Cipriano Carlos Luckesi (2000), na qual aborda de forma clara e objetiva alguns princípios norteadores sobre a Avaliação da Aprendizagem.

O que é mesmo o ato de avaliar a aprendizagem?

Cipriano Carlos Luckesi

A avaliação da aprendizagem escolar se faz presente na vida de todos nós que, de alguma forma, estamos comprometidos com atos e práticas educativas. Pais, educadores, educandos, gestores das atividades educativas públicas e particulares, administradores da educação, todos, estamos comprometidos com esse fenômeno que cada vez mais ocupa espaço em nossas preocupações educativas.

O que desejamos é uma melhor qualidade de vida. No caso deste texto, compreendo a avaliação da aprendizagem como um recurso pedagógico útil e necessário para auxiliar cada educador e cada educando na busca e na construção de si mesmo e do seu melhor modo de ser na vida. A avaliação da aprendizagem não é e não pode continuar sendo a tirana da prática educativa, que ameaça e submete a todos. Chega de confundir avaliação da aprendizagem com exames. A avaliação da aprendizagem, por ser avaliação, é amorosa, inclusiva, dinâmica e construtiva, diversa dos exames, que não são amorosos, são excludentes, não são construtivos, mas classificatórios. A avaliação inclui, traz para dentro; os exames selecionam, excluem, marginalizam.

No que se segue, apresento aos leitores alguns entendimentos básicos para compreender e praticar a avaliação da aprendizagem como avaliação e não, equivocadamente, como exames.

Antes de mais nada, uma disposição psicológica necessária ao avaliador O ato de avaliar, devido a estar a serviço da obtenção do melhor resultado possível, antes de mais nada, implica a disposição de acolher. Isso significa a possibilidade de tomar uma situação da forma como se apresenta, seja ela satisfatória ou insatisfatória agradável ou desagradável, bonita ou feia. Ela é assim, nada mais. Acolhê-la como está é o ponto de partida para se fazer qualquer coisa que possa ser feita com ela. Avaliar um educando implica, antes de mais nada, acolhe-lo no seu ser e no seu modo de ser, como está, para, a partir daí, decidir o que fazer.

A disposição de acolher está no sujeito do avaliador, e não no objeto da avaliação. O avaliador é o adulto da relação de avaliação, por isso ele deve possuir a disposição de acolher. Ele é o detentor dessa disposição. E, sem ela, não há avaliação. Não é possível avaliar um objeto, uma pessoa ou uma ação, caso ela seja recusada ou excluída, desde o início, ou mesmo julgada previamente. Que mais se pode fazer com um objeto, ação ou pessoa que foram recusados, desde o primeiro momento? Nada, com certeza!

Imaginemos um médico que não tenha a disposição para acolher o seu cliente, no estado em que está; um empresário que não tenha a disposição para acolher a sua empresa na situação em que está; um pai ou uma mãe que não tenha a disposição para acolher um filho ou uma filha em alguma situação embaraçosa em que se encontra. Ou imaginemos cada um de nós, sem disposição para nos acolhermos a nós mesmos no estado em que estamos. As doenças, muitas vezes, não podem mais sofrer qualquer intervenção curativa adequada devido ao fato de que a pessoa, por vergonha, por medo social ou por qualquer outra razão, não pode acolher o seu próprio estado pessoal, protelando o momento de procurar ajuda, chegando ao extremo de 'já não ter muito mais o que fazer!'.

A disposição para acolher é, pois, o ponto de partida para qualquer prática de avaliação. É um estado psicológico oposto ao estado de exclusão, que tem na sua base o julgamento prévio. O julgamento prévio está sempre na defesa ou no ataque, nunca no acolhimento. A disposição para julgar previamente não serve a uma prática de avaliação, porque exclui.

Para ter essa disposição para acolher, importa estar atento a ela. Não nascemos naturalmente com ela, mas sim a construímos, a desenvolvemos, estando atentos ao modo como recebemos as coisas. Se antes de ouvirmos ou vermos alguma coisa já estamos julgando, positiva ou negativamente, com certeza, não somos capazes de acolher. A avaliação só nos propiciará condições para a obtenção de uma melhor qualidade de vida se estiver assentada sobre a disposição para acolher, pois é a partir daí que podemos construir qualquer coisa que seja.

Por uma compreensão do ato de avaliar assentado no ponto de partida acima estabelecido, o ato de avaliar implica dois processos articulados e indissociáveis: diagnosticar e decidir. Não é possível uma decisão sem um diagnóstico, e um diagnóstico, sem uma decisão é um processo abortado. Em primeiro lugar, vem o processo de diagnosticar, que constitui-se de uma constatação e de uma qualificação do objeto da avaliação. Antes de mais nada, portanto, é preciso constatar o estado de alguma coisa (um objeto, um espaço, um projeto, uma ação, a aprendizagem, uma pessoa...), tendo por base suas propriedades específicas. Por exemplo, constato a existência de uma cadeira e seu estado, a partir de suas propriedades 'físicas' (suas características): ela é de madeira, com quatro pernas, tem o assento estofado, de cor verde... A constatação sustenta a configuração do 'objeto', tendo por base suas propriedades, como estão no momento. O ato de avaliar, como todo e qualquer ato de conhecer, inicia-se pela constatação, que nos dá a garantia de que o objeto é como é. Não há possibilidade de avaliação sem a constatação.

A constatação oferece a 'base material' para a segunda parte do ato de diagnosticar, que é qualificar, ou seja, atribuir uma qualidade, positiva ou negativa, ao objeto que está sendo avaliado. No exemplo acima, qualifico a cadeira como satisfatória ou insatisfatória, tendo por base as suas propriedades atuais. Só a partir da constatação, é que qualificamos o objeto de avaliação. A partir dos dados constatados é que atribuímos-lhe uma qualidade. Entretanto, essa qualificação não se dá no vazio. Ela é estabelecida a partir de um determinado padrão, de um determinado critério de qualidade que temos, ou que estabelecemos, para este objeto. No caso da cadeira, ela está sendo qualificada de satisfatória ou insatisfatória em função do quê? Ela, no caso, será satisfatória ou insatisfatória em função da finalidade à qual vai servir. Ou seja, o objeto da avaliação está envolvido em uma tessitura cultural (teórica), compreensiva, que o envolve.

Mantendo o exemplo acima, a depender das circunstâncias onde esteja a cadeira, com suas propriedades específicas, ela será qualificada de positiva ou de negativa. Assim sendo, uma mesma cadeira poderá ser qualificada como satisfatória para um determinado ambiente, mas insatisfatória para um outro ambiente, possuindo as mesmas propriedades específicas. Desde que diagnosticado um objeto de avaliação, ou seja, configurado e qualificado, há algo, obrigatoriamente, a ser feito, uma tomada de decisão sobre ele. O ato de qualificar, por si, implica uma tomada de posição – positiva ou negativa –, que, por sua vez, conduz a uma tomada de decisão. Caso um objeto seja qualificado como satisfatório, o que fazer com ele? Caso seja qualificado como insatisfatório, o que fazer com ele? O ato de avaliar não é um ato neutro que se encerra na constatação. Ele é um ato dinâmico, que implica na decisão de 'o que fazer'. Sem este ato de decidir, o ato de avaliar não se completa. Ele não se realiza. Chegar ao diagnóstico é uma parte do ato de avaliar. A situação de 'diagnosticar sem tomar uma decisão' assemelha-se à situação do náufrago que, após o naufrágio, nada com todas as suas forças para salvar-se e, chegando às margens, morre, antes de usufruir do seu esforço. Diagnóstico sem tomada de decisão é um curso de ação avaliativa que não se completou. Como a qualificação, a tomada de decisão também não se faz num vazio teórico. Toma-se decisão em função de um objetivo que se tem a alcançar. Um médico toma decisões a respeito da saúde de seu cliente em função de melhorar sua qualidade de vida; um empresário toma decisões a respeito de sua empresa em função de melhorar seu desempenho; um cozinheiro toma decisões a respeito do alimento que prepara em função de dar-lhe o melhor sabor possível, e assim por diante.

Em síntese, avaliar é um ato pelo qual, através de uma disposição acolhedora, qualificamos alguma coisa (um objeto, ação ou pessoa), tendo em vista, de alguma forma, tomar uma decisão sobre ela.

Quando atuamos junto a pessoas, a qualificação e a decisão necessitam ser dialogadas. O ato de avaliar não é um ato impositivo, mas sim um ato dialógico, amoroso e construtivo. Desse modo, a avaliação é uma auxiliar de uma vida melhor, mais rica e mais plena, em qualquer de seus setores, desde que constata, qualifica e orienta possibilidades novas e, certamente, mais adequadas, porque assentadas nos dados do presente.

Cipriano Carlos Luckesi é professor de Pós-Graduação em Educação na UFBA. E-mail: luckesi@bahianet.com.br Disponível Pátio On-line Pátio. Porto alegre: ARTMED. Ano 3, n. 12 fev./abr. 2000.
<http://www.nescon.medicina.ufmg.br/biblioteca/imagem/2511.pdf>.

Vejam que as definições do professor Luckesi, são muito mais amplas do que uma simples avaliação realizada através de medidas e exames. É nesse viés que entendemos a importância do diálogo entre as partes, avaliador e avaliado, no nosso caso professor e aluno. Pois dada essa construção, as consequências serão nitidamente refletidas no Processo de Ensino e Aprendizagem do indivíduo.

Vamos complementar essa leitura com uma entrevista que nos dará uma percepção diferenciada sobre a temática Avaliação, bem como permitirá a possibilidade de entender alguns pontos que nos auxiliarão em nossa prática diária. Uma vez que entendemos como Luckesi (2000) que o ato de avaliar não é um ato impositivo, mas sim um ato dialógico, amoroso e construtivo.

Considerações gerais sobre avaliação no cotidiano escolar

Cipriano Carlos Luckesi

1. Hoje, as provas tradicionais perderam espaço para novas formas de avaliação. Isso significa que elas devem deixar de existir ou devem dividir espaço com as novas atividades?

A questão básica é distinguir o que significam as provas e o que significa avaliação. As provas são recursos técnicos vinculados aos exames e não à avaliação. Importa ter-se claro que os exames são pontuais, classificatórios, seletivos, anti-democráticos e autoritários; a avaliação, por outro lado, é não pontual, diagnóstica, inclusiva, democrática e dialógica. Como você pode ver, examinar e avaliar são práticas completamente diferentes. As provas (não confundir prova com questionário, contendo perguntas abertas e/ou fechadas; este é um instrumento; provas são para provar, ou seja, classificar e selecionar) traduzem a idéia de exame e não de avaliação. Avaliar significa subsidiar a construção do melhor resultado possível e não pura e simplesmente aprovar ou reprovar alguma coisa. Os exames, através das provas, engessam a aprendizagem; a avaliação a constrói fluidamente.

2. Li algumas reportagens que defendem que o estudante deve ser avaliado durante todo o processo de ensino-aprendizagem. Mas como é esse trabalho?

O ato de avaliar a aprendizagem implica em acompanhamento e reorientação permanente da aprendizagem. Ela se realiza através de um ato rigoroso e diagnóstico e reorientação da aprendizagem tendo em vista a obtenção dos melhores resultados possíveis, frente aos objetivos que se tenha à frente. E, assim sendo, a avaliação exige um ritual de procedimentos,

que inclui desde o estabelecimento de momentos no tempo, construção, aplicação e contestação dos resultados expressos nos instrumentos; devolução e reorientação das aprendizagens ainda não efetuadas. Para tanto, podemos nos servir de todos os instrumentos técnicos hoje disponíveis, contanto que a leitura e interpretação dos dados seja feita sob a ótica da avaliação, que é de diagnóstico e não de classificação. O que, de fato, distingue o ato de examinar e o ato de avaliar não são os instrumentos utilizados para a coleta de dados, mas sim o olhar que se tenha sobre os dados obtidos: o exame classifica e seleciona, a avaliação diagnostica e inclui.

3. Como efetivar um acompanhamento individualizado dos alunos diante das condições atuais do ensino?
Para um acompanhamento individualizado dos estudantes, teríamos que ter outras condições materiais de ensino no Brasil. Todavia, importa ter claro que a prática da avaliação funciona tanto com o ensino individualizado como com o ensino coletivo. Avaliação não é sinônimo de ensino individualizado, mas sim de um rigoroso acompanhamento e reorientação das atividades tendo em vista resultados bem-sucedidos. Em minhas conferências, educadores e educadoras sempre levantam essa questão. Todavia é um equívoco pensar que avaliação e individualização do ensino, obrigatoriamente, tem que andar juntas.

4. Muitos professores ainda utilizam a avaliação como uma espécie de "ameaça" aos estudantes, dizendo "isso vale nota, portanto prestem atenção". Quais os prejuízos dessas atitudes tanto para alunos quanto para os próprios professores?
O uso de "ameaças" nas práticas chamadas de avaliação, não tem nada a ver com avaliação, mas sim com exames. Através dos exames, podemos ameaçar "aprovar ou reprovar" alguém; na prática da avaliação, só existe um caminho; diagnosticar e reorientar sempre. A avaliação não é um instrumento de disciplinamento do educando, mas sim um recurso de construção dos melhores resultados possíveis para todos. A avaliação exige aliança entre educador e educandos; os exames conduzem ao antagonismo entre esses sujeitos, daí a possibilidade da ameaça.

5. Por que alguns educadores são tão resistentes às mudanças?
São três a principais razões. A razão psicológica (biográfica, pessoal) tem a ver com o fato de que os educadores e as educadoras foram educados assim. Repetem automaticamente, em sua prática educativa, o que aconteceu com eles. Em segundo lugar, existe a razão histórica, decorrente da própria história da educação. Os exames escolares que praticamos hoje foram sistematizados no século XVI pelas pedagogias jesuítica e comeniana. Somos herdeiros desses modelos pedagógicos, quase que de forma linear. E, por último, vivemos num modelo de sociedade excludente e os exames expressam e reproduzem esse modelo de sociedade. Trabalhar com avaliação implica em ter um olhar includente, mas a sociedade é excludente. Daí uma das razões das dificuldades em mudar.

6. O que o professor precisa mudar na sua concepção de avaliação para desenvolver uma prática avaliativa mediadora?
Necessita de compreender o que é avaliar e, ao mesmo tempo, praticar essa compreensão no cotidiano escolar. Repetir conceitos de avaliação é uma atitude simples e banal; o difícil é praticar a avaliação. Isso exige mudanças internas do educador e do sistema de ensino.

7. Muito se fala sobre o futuro da avaliação, mas muitos educadores ainda não mudaram a maneira de encarar o ensino e a aprendizagem. Mudar apenas a avaliação não seria uma forma de mascarar o problema?
Se um educador se propuser a modificar seu modo de avaliar, obrigatoriamente terá que modificar o seu modo de compreender a ação pedagógica. A avaliação não existe em si e por si; ela subsidia decisões dentro de um determinado contexto. No nosso caso, o contexto pedagógico. Os exames são recursos adequados ao projeto pedagógico tradicional; para trabalhar com avaliação necessitamos de estar vinculados a um projeto pedagógico construtivo (o que não quer dizer construtivista ou piagetiano; segundo esse meu modo de ver, nesse caso, a pedagogia do Prof. Paulo Freire é construtiva, trabalha com o ser humano inacabado, em processo).

8. Qual o verdadeiro objetivo de uma avaliação?
Subsidiar a construção dos melhores resultados possíveis dentro de uma determinada situação. O ato de avaliar está a serviço dessa busca.

9. Muito se fala da avaliação e de como o professor deve lidar com ela, mas muitas vezes se esquece do aluno. Qual o verdadeiro valor da avaliação para o estudante?
A questão volta novamente ao mesmo lugar. Sua pergunta tem a ver com o conceito de examinar. O ato de avaliar sempre inclui o estudante, pois que ele é o agente de sua formação; só ele se forma. O papel do educador é acolher o educando, subsidiá-lo em seus estudos e aprendizagens, confrontá-lo reorientando-o em suas buscas.

10. A sociedade ainda é muito "apegada" a notas, reprovação, escola fraca ou forte. Como fica a relação com os pais acostumados com essas palavras quando a escola utiliza outras formas de avaliação?
Assim como os educadores, os pais foram educados em outras épocas e sob a égide dos exames. Para que possam olhar para a educação de seus filhos com um outro olhar necessitam de ser reeducados continuamente. Para isso, devem servir as reuniões de pais e mestres, que usualmente tem servido quase que exclusivamente para comentar como as crianças e adolescentes estão se desempenhando em seus estudos. Por outro lado, o sistema de avaliação a ser apresentado para os pais deve ser consistente. Por vezes, pode parecer que "avaliar" significa "qualquer coisa". Não é e não pode ser isso. Avaliar é um rigoroso processo de subsidiar o crescimento dos educandos.

11. Em muitas escolas, por mais que se tenha uma concepção de educação e de avaliação mais "avançada", elas acabam sendo obrigadas a transformar todos esses conceitos em nota. Como é que o professor pode medir o desempenho de seus alunos se, em nenhum momento, deve ser feita essa medição de um somatório?
Um processo verdadeiramente avaliativo é construtivo. Ao final de um período de acompanhamento e reorientação da aprendizagem, o educador poder testemunhar a qualidade do desenvolvimento de seu educando, registrando esse

testemunho. A nota serve somente como forma de registro e um registro é necessário devido nossa memória viva ser muito frágil para guardar tantos dados, relativos a cada um dos estudantes. Não podemos nem devemos confundir registro com processo avaliativo; uma coisa é acompanhar e reorientar a aprendizagem dos educandos outra coisa é registrar o nosso testemunho desse desempenho.

12. O que uma escola precisa desenvolver para construir uma cultura avaliativa mediadora?
Para desenvolver uma cultura da avaliação os educadores e a escola necessitam de praticar a avaliação e essa prática realimentará novos estudos e aprofundamentos de tal modo que um novo entendimento e um novo modo de ser vai emergindo dentro de um espaço escolar. O que vai dar suporte à mudança é a prática refletida, investigada.

13. Na sua opinião, qual será o futuro da avaliação no país? O que seria ideal?
O futuro da prática da avaliação da aprendizagem no país é aprendermos a praticá-la tanto do ponto de vista individual de nós educadores, assim como do ponto de vista do sistema e dos sistemas de ensino. Avaliação não virá por decreto, como tudo o mais na vida. A avaliação emergirá solidamente da prática refletida diuturna dos educadores. Uma última coisa que gostaria de dizer aos educadores: vamos substituir o nome "aluno" por estudante ou educando. O termo aluno, segundo os filólogos, vem do verbo alere, do latim, que significa alimentar; porém, existe uma forma de leitura desse termo mais popular e semântica do que filológica que diz que "aluno" significa "aquele que não tem luz" e que teria sua origem também no latim, da seguinte forma: prefixo "a" (=negação) e "lummen" (=luz). Gosto dessa segunda versão, certamente, não correta do ponto de vista filológico, mas verdadeira do ponto de vista da prática cotidiana de ensinar. Nesse contexto de entendimento, agindo com nossos educandos como seres "sem luz", só poderemos praticar uma pedagogia depositária, bancária..., como sinalizou o prof. Paulo Freire. Nunca uma pedagogia construtiva. Daí também, dificilmente, conseguiremos praticar avaliação, pois que esta está voltada para o futuro, para a construção permanente daquilo que é inacabado.

Nota: Entrevista concedida à Aprender a Fazer, publicada em IP – Impressão Pedagógica, publicação da Editora Gráfica Expoente, Curitiba, PR, n° 36, 2004, p. 4-6.

Perceberam, como o Ato de Avaliar é complexo e demanda estudo, análise, interpretação e planejamento. Por isso, vamos ao encontro de Vasconcellos (1995), quando afirma que não se trata de uma visão reformista, pois a perspectiva não é fazer ajustes no velho para que permaneça; ao contrário, o que se visa é dar pequenos passos, mas concretos, na nova direção.

Almejamos com essa aula, identificar e expor alguns pontos importantes para a prática docente. Prática essa que está amplamente associada a um planejamento e, logo, a uma avaliação. Por isso, é uma premissa básica afirmar que, planejar é uma ação inerente a vida do homem, nossas ações são planejadas, desde as mais simples até as mais complexas.

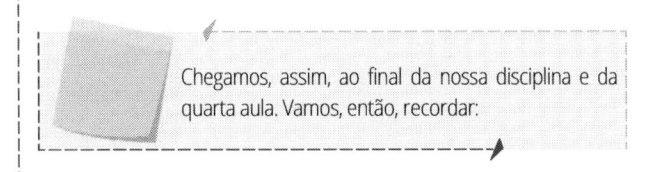

Retomando a aula

Chegamos, assim, ao final da nossa disciplina e da quarta aula. Vamos, então, recordar:

1 - Estrutura e organização do projeto didático

Ao construir sua prática, o professor precisa compreender que não é um exercício neutro, toda pratica é permeada por histórias de vida, experiências e vivências, valores sociais, profissionais e culturais. Diante desta premissa o professor precisa planejar sua prática, para que conheça sua realidade e organize experiências de acordo com o contexto em que a escola está inserida, além disso, quando compreende isso torna seu planejamento flexível, o que lhe dá a possibilidade de trabalhar com a participação da criança, contribuindo também para que reflita e reorganize, sempre que necessário, seu planejamento. Nesta seção abordamos alguns elementos fundamentais na prática do professor. Bem como o passo a passo da construção de um projeto didático a partir das normas necessárias à essa elaboração.

2 – Processo de avaliação da aprendizagem

Na segunda seção, discutimos a avaliação em um sentido mais amplo e numa perspectiva de observação contínua e progressiva sobre a ação do educador e do educando, ação essa demonstrada em atitudes de vida, na qual nos fornece dados para uma revisão contínua da atualização do processo educativo, processo esse inteiramente relacionado à vida dos alunos.

Vale a pena

Vale a pena **assistir**

O documentário "Quando sinto que já sei", é uma produção nacional que apresenta, no contexto atual, os aspectos que envolvem o processo de ensino-aprendizagem na sala de aula brasileira. São apresentadas propostas de inovação para a educação de acordo com as possibilidades reais. É importante que você assista o documentário, que está disponível o *youtube*, para conhecer diferentes metodologias que podem ser construídas na educação de crianças porque ele certamente irá contribuir para a elaboração do seu projeto didático e sua formação docente.
<https://www.youtube.com/watch?v=HX6P6P3x1Qg>.

O filme "Além da sala de aula" é baseado em fatos

reais, o filme narra a trajetória e os desafios enfrentados por uma professora recém-formada em uma escola temporária para sem-teto nos Estados Unidos.

<https://www.youtube.com/watch?v=4BUOV6-L8Mo&feature=youtu.be>.

Escritores da Liberdade é um filme baseado em uma história real, aborda de maneira comovente os desafios da educação, em especial num contexto socioeconômico problemático.

Ciências 2 - Plano de Aula
<https://www.youtube.com/watch?v=QFaYyrRXKp4>.

Minhas anotações

Minhas anotações

Aula 7º

A docência em sala de aula: um olhar a partir das estratégias metodológicas

Conforme vimos nas aulas anteriores a Docência pode ser definida como a técnica de ensinar. Consiste nos conjuntos de conhecimentos relativos ao processo de ensinar. Ao bom professor, sempre é atribuído uma boa didática, mas o que isso significa? Um professor bem-sucedido possui várias características e saberes como já foram descritos anteriormente. Esses saberes perpassam por sua prática em sala de aula diariamente, direcionando a ação pedagógica do docente. Agora vocês irão compreender como todos os aspectos que devem ser compreendidos no processo de ensino e aprendizagem estão relacionados ao trabalho pedagógico do professor.

Bons estudos!

Objetivos de aprendizagem

Ao término desta aula, vocês serão capazes de:

- compreender as abordagens que orientam os processos de ensino e aprendizagem;
- identificar as estratégias metodológicas para o professor construir sua prática.

Seções de estudo

1 - Processo de ensino e aprendizagem
2 - As estratégias metodológicas e o contexto de aprendizagem

1 - Processo de ensino e aprendizagem

Segundo Libâneo (1996), um professor que apresenta conhecimentos metodológicos, teóricos e possui domínio dos modos de fazer em sala, terá mais segurança em seu trabalho em sala de aula. Trabalho esse que deve ter como objetivos principais, assegurar aos alunos o domínio dos conhecimentos científicos, oferecer condições e meios para o desenvolvimento de habilidades e capacidades dos alunos. O professor deve ter também como foco, um aluno autônomo e independente e ter uma prática em sala de aula que propicie o desenvolvimento da personalidade dos alunos.

Para atingir esses objetivos, o professor que está em sala de aula precisa realizar um conjunto de operações didáticas, que Libâneo (1996) diz ser o planejamento, direção do ensino e da aprendizagem e a avaliação. No que se refere ao planejamento, o professor precisa ter domínio das matérias que leciona, capacidade de desmembrar a matéria para que se torne mais fácil a compreensão, ter conhecimento das características de seus alunos e explorar diversos métodos de ensino.

Para a direção do ensino em sala de aula, é preciso ter conhecimento das funções didáticas e etapas de ensino, conhecimentos dos princípios gerais da aprendizagem, habilidade de expressar ideias com clareza, falando sempre em uma linguagem acessível aos alunos de modo que os conteúdos se tornem reais aos mesmos, ter uma relação de confiança e ainda estimular o melhor de cada um.

E no que diz respeito à avaliação, Libâneo (1996) finaliza dizendo que ao professor requer que tenha uma postura de verificar com regularidade o atingimento dos objetivos e do rendimento, tanto dos alunos quanto do próprio trabalho, sempre colher dados relevantes dos alunos para direcionar suas ações em sala, a fim de, buscar a melhoria do ensino. É importante também, conhecer diversos tipos de prova e outras formas de avaliação mais qualitativas.

Todos os aspectos mencionados compõem o processo de ensino e aprendizagem, este processo é estudado por diferentes enfoques e diversos autores, na tentativa de explicar como ele pode ocorrer. Primeiramente, essa questão é tratada como processo, pois possui um caráter contínuo e não estanque. Segundo o dicionário Aulete, processo é a ação de proceder, de dar seguimento a algo, é o desenvolvimento gradativo de uma atividade, por isso, ensino e aprendizagem estão sempre atrelados ao conceito de processo.

O ensino acontece nos mais diversos lugares e momentos, com os mais diversos atores, envolvendo diversas situações, podendo ocorrer no espaço da sala de aula ou não. Cordeiro (2007) afirma que o ensino está atrelado a um conceito de aprendizagem, estabelecendo assim uma relação entre os dois. Para Libâneo (1996, p.84) "o ensino é definido como uma organização intencional, planejada e sistemática das finalidades e condições da aprendizagem".

Diante desses aspectos, algumas abordagens procuram entender como se dá esse processo, Mizukami (1986) apresenta 5 abordagens acerca desse processo amplo e complexo que envolve o cotidiano do professor, são elas a Abordagem Tradicional, Abordagem Comportamentalista, Abordagem Humanista, Abordagem Cognitivista e Abordagem Sociocultural.

1.1 Abordagem tradicional

Essa abordagem persistiu por muito tempo e serviu de base para todas as outras que vieram após sua manifestação. Trata-se de um pensamento de ensino que vê o aluno como um adulto em miniatura que precisa ser atualizado, sendo assim, um receptor de informações. O aluno apenas executa o que lhe é dito por figuras superiores a ele. Ao professor cabe o papel de garantir que o aluno adquira o conhecimento, independentemente de seu interesse.

Essa relação professor x aluno é vertical, onde o professor detém todo o poder e estabelece a direção das relações em sala de aula sem a participação dos alunos, é ele que traz o conteúdo pronto e utiliza de métodos expositivos, o aluno se limita a escutá-lo passivamente. Nas palavras de Mizukami:

> O ensino, em todas as suas formas, nessa abordagem será centrado no professor. Esse tipo de ensino volta-se para o que é externo ao aluno: o programa, as disciplinas o professor. O aluno apenas executa prescrições que lhe são fixadas por autoridades exteriores (1986, p. 8).

1.2 Abordagem comportamentalista

Esta abordagem se caracteriza pelo empirismo, o conhecimento é uma nova descoberta para o indivíduo, sendo que o é descoberto já faz parte de sua realidade. No processo de ensino e aprendizagem o foco está nas discussões propostas, sendo a ação de ensinar um arranjo e planejamento de contingência de reforço, ensinar consiste na aplicação de método científico. Para a educadora:

> Educação, ensino-aprendizagem, instrução, passam, portanto, a significar arranjo de contingências para que a transmissão cultural seja possível, assim como as modificações que forem julgadas necessárias pela cúpula decisória. O ensino é tratado em função de uma tecnologia que, além da aplicação de conhecimentos científicos à prática pedagógica, envolve um conjunto de técnicas diretamente aplicáveis em situações concretas de sala de aula (MIZUKAMI, 1986, p. 35).

1.3 Abordagem Humanista

Esta abordagem enfatiza as relações interpessoais e o crescimento que delas resulta o desenvolvimento da personalidade do indivíduo é um ensino centrado na pessoa, o que possibilita o uso de técnicas de dirigir sem dirigir. Tudo que estiver relacionado ao crescimento pessoal, interpessoal ou intergrupal estará no âmbito da educação. Há neste método uma relação baseada na confiança e respeito ao aluno. Com isso, tornam-se igualmente necessárias experiências diversas baseadas em concepções dessa abordagem cujos resultados possam subsidiar uma ação pedagógica mais sistemática, já que o facilitador da aprendizagem não é um facilitador inato: ele aprende e pode ser treinado nas atitudes que são pertinentes a esta função (MIZUKAMI, 1986, p. 56).

1.4 Abordagem Cognitivista

Esta abordagem é predominantemente interacionista e um de seus principais representantes é Jean Piaget. O homem é considerado como um sistema aberto, em busca de um estágio final nunca alcançado por completo. O desenvolvimento da inteligência implica no desenvolvimento afetivo, o processo educacional tem um papel importante ao provocar situações que desequilibrem o aluno, a educação não consistirá na transmissão das verdades, mas que o aluno aprenda por si próprio a conquistar essas verdades.

> O conhecimento, para Piaget, progride mediante a formação de estruturas e isso nega o mecanismo de justaposição dos conhecimentos em que se baseiam os behavioristas e os que advogam o que aqui denominamos de "ensino tradicional". Todo que se aprende é assimilado por uma estrutura já existente e provoca uma reestruturação (MIZUKAMI, 1986, p. 83).

1.5 Abordagem sociocultural

Nesta abordagem há uma intenção em superar a relação opressor e oprimido. A relação entre professor e aluno é horizontal, para que o processo seja real é fundamental que o educador se torne educando e, o educando educador. O homem é desafiado pela realidade e a cada situação deve responder de um jeito original. Ensino e aprendizagem recebem um significado amplo, em que não há restrições de situações formais de instrução.

> A verdadeira educação, para Freire, consiste na educação problematizadora, que ajudará a superação da relação opressor-oprimido. A educação problematizadora ou conscientizadora, ao contrário da educação bancária, objetiva o desenvolvimento da consciência crítica e a liberdade como meios de superar as contradições da educação bancária, e responde à essência de ser da consciência, que é a sua intencionalidade (MIZUKAMI, 1986, p. 98).

Compreender o que se pensa em cada uma dessas abordagens contribui para que o professor reconheça em sua prática as concepções que tem sobre o que é o aluno, o que é ensinar, o que é avaliação, enfim, o que pode significar cada um dos aspectos do processo de ensino e aprendizagem.

2 - As estratégias metodológicas e o contexto de aprendizagem

Nas palavras de Libâneo:

> Na medida em que o ensino viabiliza as tarefas da instrução, ele contém a instrução. Podemos, assim, delimitar como objeto da Didática o processo de ensino que, considerado no seu conjunto, inclui: os conteúdos dos programas e dos livros didáticos, os métodos e formas organizativas do ensino, as atividades do professor e dos alunos e as diretrizes que orientam e regulam esse processo (LIBÂNEO, 1996, p.54).

Todos os aspectos citados por Libâneo compõe o campo de atuação do professor na construção da sua prática. O processo de ensino é definido como uma sequência de atividades entre professor e aluno. Neste sentido a finalidade do ensino é proporcionar meios para que os alunos assimilem ativamente os conhecimentos. É nesta relação que o papel do professor fica evidente, como aquele que estabelece a mediação da relação cognoscitiva entre o aluno e as matérias de ensino.

A relação entre professor e aluno não começa nem termina na sala de aula, ela é parte de relações mais abrangentes. Vejamos:

> Escola, professor, aluno, pais estão inseridos na dinâmica das relações sociais. A sociedade não é um todo homogêneo, onde reina a paz e a harmonia. Ao contrário, há antagonismos e interesses distintos entre grupos e classes sociais que se refletem nas finalidades e no papel atribuídos à escola, ao trabalho do professor e dos alunos.
> As teorias da educação e as práticas pedagógicas, os objetivos educativos da escola e dos professores, os conteúdos escolares, a relação professor-alunos, as modalidades de comunicação docente, nada disso existe isoladamente isolado do contexto econômico, social e cultural mais amplo e que afetam as condições reais em que se realizam e ensino e a aprendizagem.
> O professor não é apenas professor, ele participa de outros contextos de relações sociais onde é, também, aluno, pai, filho, membro de sindicato, de partido político ou de um grupo religiosos. Esses contextos se referem uns aos outros e afetam a atividade prática do professor. O aluno, por sua vez, não existe apenas como aluno. Faz parte de um grupo social, pertence a uma família que vive em determinadas condições de vida e trabalho [...] (LIBÂNEO, 1996, p.55-56).

Todas essas dimensões devem ser consideradas no planejamento de uma aula, veja abaixo o quadro organizativo sobre os componentes do processo de ensino.

COMPONENTES DO PROCESSO DIDÁTICO E DO PROCESSO DE ENSINO

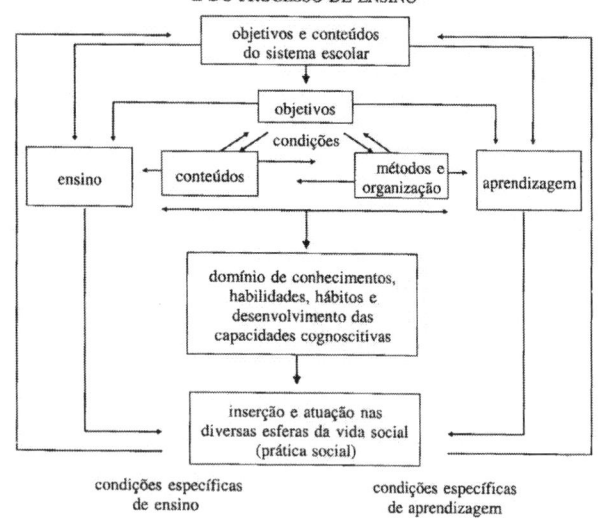

(Adaptação do gráfico elaborado por L. Klingberg.)

A metodologia do trabalho docente inclui os seguintes momentos: os métodos, formas e procedimentos de docência e aprendizagem; os materiais didáticos e as técnicas de ensino; a organização da situação de ensino. O trabalho docente é uma atividade intencional que deve ser planejada.

> Há controle do *aprender* e do *pensar*? Há controle dos caminhos de aprendizado e pensamento? Não! Não há controle sobre os acontecimentos. Não há controle sobre o aprender! Porém, há diferentes possibilidades em diferentes arranjos ou experimentações. É certo que ninguém aprenderá javanês tendo apenas contato com signos chineses [...] (ROOS, 2004, p.12).

Para Kenski (1995) planejar é uma ação que permeia todos os momentos da vida do homem. Em todas as situações e momentos somos confrontados com a necessidade de planejar e tomar decisões, em alguns momentos essa tomada de decisão poderá ser através de improvisação e, principalmente de ações previamente organizadas.

Segundo Libâneo (2004), o planejamento é um processo de racionalização, organização e coordenação da prática docente, uma associação entre a ação escolar e o contexto social. O planejamento não se limita a fins burocráticos, apenas como preenchimento de formulários, mas é um momento de pesquisa e reflexão constante do professor, o que proporciona também a avaliação. O planejamento tem funções essenciais para a organização do trabalho docente, como:

- Elucidar quais são os princípios, as diretrizes e procedimentos de trabalho que permitem a articulação entre o papel da escola e o contexto social, político, econômico, cultural em que está inserida;
- Possibilita a efetivação da autonomia do professor, pois permite sua manifestação filosófica, político-pedagógica e profissional;
- É uma ferramenta que contribui para a construção de uma prática e oferta de ensino de qualidade evitando improvisação e rotina, pois permite o replanejamento e a flexibilidade constante diante das situações que poderão surgir no processo de ensino-aprendizagem;
- Permite considerar a realidade sociocultural e individual dos alunos para criar situações e experiências de aprendizagens.

A constante organização e reorganização do planejamento o caracteriza como flexível, algo que é fundamental que vocês compreendam. A flexibilidade não pode ser uma justificativa da improvisação, ela deve servir para que você contemple e considere as manifestações que os alunos podem expressar nas aulas, como também a discussão de assuntos do cotidiano que muitas vezes poderiam não estar contemplados no seu planejamento.

Para que o ensino aconteça o planejamento é condição imprescindível, é dentro deste processo que metas são articuladas, estratégias são construídas e adaptadas as possiblidades reais da escola. Desta forma vocês precisam desenvolver algumas ações para que o planejamento aconteça e não fique restrito a uma exigência burocrática:

- Pesquisa, contemplando os conteúdos, as diferentes formas de propor situações de experiências e aprendizagens e possibilidades metodológicas;
- Criatividade e proposta de interação na elaboração das aulas;
- Estabelecimento de limites e prioridades dentro da realidade local;
- Verificação da singularidade dos alunos e a valorização das diferenças;
- Flexibilidade para reorganizar o planejamento sempre que houver necessidade;
- Comtemplar os documentos legais na elaboração;
- Relacionar os objetivos com as propostas das políticas educacionais;
- Adequar os conteúdos para cada ano.

Estas ações permitem que o professor construa uma prática significativa, não apenas como uma formalidade profissional, mas uma relação que deve ser estabelecida com a criança, que é o centro desse processo. A charge abaixo ilustra a importância de contemplar todas estas ações para que professor e aluno construam juntos o conhecimento.

Figura 11. Fonte: <https://criacria.files.wordpress.com/2011/06/tonucci-buongiorno.jpeg>. Acesso em: 24 jun. 2017.

Quando há um planejamento escolar para direcionar as ações pedagógicas é possível, a partir dele, construir um Plano. Este consiste na materialização do planejamento, é um documento descritivo dos passos e objetivos que são pretendidos em consonância ao planejamento. Nesta perspectiva temos o Plano de Aula, um documento elaborado pelo professor para ser desenvolvido a curto prazo. Para Vasconcellos (2000, p.148) o plano de aula "corresponde ao nível de maior detalhamentede e objetividade do processo de planejamento didático. É a orientação para o que fazer no cotidiano". Takahashi destaca que:

> Cada aula é uma situação didática específica e singular, onde objetivos e conteúdos são desenvolvidos com métodos e modos de realização da instrução e do ensino, de maneira a proporcionar aos alunos conhecimentos e habilidades, expressos por meio da aplicação de uma metodologia compatível com a temática estudada (TAKAHASHI, 2004, p.114).

Leia abaixo alguns excertos do livro Pedagogia da Autonomia de Paulo Freire (2009) que o ajudarão a compreender e refletir sobre a importância do planejamento na perspectiva de posicionamentos que o professor deve exercer na docência.

> Ensinar exige pesquisa. Não há ensino sem pesquisa e pesquisa sem ensino. Esses que fazeres se encontram um no corpo do outro. Enquanto ensino continuo buscando, reprocurando. Ensino porque busco, porque indaguei, porque indago. Pesquiso para constatar, constatando, intervenho, intervindo educo e me educo. Pesquiso para conhecer o que ainda não conheço e comunicar ou anunciar novidade. [...]. Pensar certo, do ponto de vista do professor, tanto implica o respeito ao senso comum no processo de sua necessária superação quanto o respeito e o estímulo à capacidade criadora do educando. Implica o compromisso da educadora com a consciência crítica do educando cuja "promoção" da ingenuidade não se faz automaticamente (p.29).

> *Saber que ensinar não é transferir conhecimento, mas criar as possibilidades para a sua própria produção ou a sua construção.* Quando entro em uma sala de aula devo estar sendo um ser aberto a indagações, à curiosidade, às perguntas dos alunos, a suas inibições; um ser crítico e inquiridor, inquieto em face da tarefa que tenho - *a de ensinar e não a de transferir conhecimento* (p.47).

> Ensinar exige comprometimento. Outro saber que devo trazer comigo e que tem que ver com quase todos de que tenho falado é o de que não é possível exercer a atividade do magistério como se nada ocorresse conosco. Como impossível seria sairmos na chuva expostos totalmente a ela, sem defesas, e não nos molhar. Não posso ser professor sem me pôr diante dos alunos, sem revelar com facilidade ou relutância minha maneira de ser, de pensar politicamente (p.96).

> Ensinar exige saber escutar. Recentemente, em conversa com um grupo de amigos e amigas, uma delas, a professora Oglair Garcia, me disse que, em sua experiência pedagógica de professora de crianças e de adolescentes, mas também de professora de professoras, vinha observando quão importante e necessário é *saber escutar*. Se, na verdade, o sonho que nos anima é democrático e solidário, não é falando aos outros, de cima para baixo, sobretudo, como se fôssemos os portadores da verdade a ser transmitida aos demais, que aprendemos a *escutar*, mas é *escutando* que aprendemos a *falar com eles*. Somente quem escuta paciente e criticamente o outro, fala *com ele*, mesmo que, em certas condições, precise de falar a ele. O que jamais faz quem aprende a escutar para poder falar com é falar *impositivamente* (p.113).

Por último e, não menos importante:

> Nas minhas relações com os outros, que não fizeram necessariamente as mesmas opções que fiz, no nível da política, da ética, da estética, da pedagogia, nem posso partir de que devo "conquista-los", não importa a que custo, nem tampouco temo que pretendam "conquistar-me". É no respeito às diferenças entre mim e eles ou elas, na coerência entre o que faço e o que digo, que me encontro com eles ou com elas. É na *minha disponibilidade* à realidade que construo a minha segurança, indispensável à própria disponibilidade. É impossível viver a disponibilidade à realidade sem segurança, mas é impossível também criar a segurança fora do risco da *disponibilidade* (p.135).

Retomando a aula

Chegamos, assim, ao final da primeira aula. Espera-se que agora tenha ficado mais claro o entendimento de vocês sobre os principais aspectos que fundamentam o processo de ensino e aprendizagem. Vamos, então, recordar:

1 - Processo de ensino e aprendizagem

Na seção 1, apresentamos as principais abordagens que fundamentam a construção da prática docente em relação ao processo de ensino e aprendizagem.

2 - As estratégias metodológicas e o contexto de aprendizagem

Na segunda e última seção, vimos que o contexto de

aprendizagem deve ser construído a partir do planejamento da reflexão que o professor estabelece sobre sua prática. Reconhecer as estratégias é fundamental para que vocês tenham subsídios para a profissão docente.

Vale a pena

Vale a pena **ler**,

Disponível em: <http://www.fcc.org.br/pesquisa/publicacoes/cp/arquivos/612.pdf>. Acesso em: 24 abr. 2019.

Disponível em: <http://www.scielo.br/pdf/edreal/v40n2/2175-6236-edreal-46058.pdf>. Acesso em: 24 abr. 2019.

Vale a pena **acessar**,

Disponível em: <http://www.todospelaeducacao.org.br/>. Acesso em: 24 abr. 2019.

Vale a pena **assistir**,

Quando sinto que já sei
Ano: 2014

Minhas anotações

Aula 8º

Os saberes necessários à docência: perspectivas de uma prática crítica e reflexiva

> Prezados (as) estudantes:
> Vocês podem estar se perguntando: Como todos esses saberes sobre a docência podem contribuir para a construção de uma prática pedagógica. Em nossa última aula vamos discutir e fazer algumas reflexões sobre os saberes necessários e indispensáveis para a formação do professor, bem como a construção da sua identidade.
> — Bons estudos!

Objetivos de aprendizagem

Ao término desta aula, vocês serão capazes de:

- identificar quais são os saberes necessários à docência;
- compreender os aspectos da formação da identidade docente.

Seções de estudo

1 - Os saberes necessários à docência
2 - Construindo a identidade do professor

1 - Os saberes necessários à docência

A partir das discussões atuais que apresentam um professor diferente daquele que era formado na tendência tradicional, alguns pesquisadores têm contribuído para compor o campo teórico da formação de professores, apresentando os saberes necessários para a docência. A relação estabelecida entre a formação do professor e a docência é apresentada na seguinte concepção por Libâneo (1996, p. 27-28),

> A formação do professor abrange, duas dimensões: *a formação teórico-científica*, incluindo a formação acadêmica específica nas disciplinas em que o docente vai especializar-se e a formação pedagógica, que envolve os conhecimentos da Filosofia, Sociologia, História da Educação e da própria Pedagogia que contribuem para o esclarecimento do fenômeno educativo no contexto histórico-social; *a formação técnico-prática* visando à preparação profissional específica para a docência, incluindo a Didática, as metodologias específicas das matérias, a Psicologia da Educação, a pesquisa educacional e outras. [...] Nesse entendimento, a Didática se caracteriza como mediação entre as bases teórico-científicas da educação escolar e da prática docente. Ela opera como que uma ponte entre o "o quê" e o "como" do processo pedagógico escolar.

Para complementar sobre a didática, Pimenta (2013, p.144) reflete:

> De quais professores precisamos hoje? Se ela tem a preocupação com o ensino, os concretizadores desse processo são os professores situados em contextos, e mais uma vez perguntamos: quais orientações e subsídios pode oferecer para a formação de professores?

A didática contribui diretamente para esta formação, porém é necessário que o professor também desenvolva competências relacionadas a sua profissão.

> [...] a Didática tem no ensino seu objeto de investigação. Considera-lo uma prática educacional em situações historicamente situadas significa examiná-lo nos contextos sociais nos quais se efetiva – nas aulas e demais situações de ensino das diferentes áreas do conhecimento, nas escolas, nos sistemas de ensino, nas culturas, nas sociedades – estabelecendo-se os nexos entre eles. As novas possibilidades da didática estão emergindo das investigações sobre o ensino como prática social viva (PIMENTA, 2010, p.17).

Antes de identificarmos as competências é importante reconhecer os diferentes saberes presentes na prática docente:

> Que *o saber docente se compõe, na verdade, de vários saberes provenientes de diferentes fontes.* Esses saberes são os saberes disciplinares, curriculares, profissionais (incluindo os das ciências da educação e da pedagogia) e experienciais.
> Que, embora os seus saberes ocupem uma posição estratégica entre os saberes sociais, *o corpo docente é desvalorizado em relação aos saberes que possui e transmite.* (TARDIF, 2011, p.33).

Podemos denominar de saberes profissionais "o conjunto de saberes transmitidos pelas instituições de formação de professores" (TARDIF, 2011, p.36). A prática docente é uma atividade que além de ser objeto de saber das ciências da educação, também mobiliza diversos saberes chamados de pedagógicos. E agora você deve estar se perguntando: Como posso compreender a organização dos saberes necessários à docência? Vamos compreender estes saberes por meio da concepção de Tardif (2011).

Saberes dos professores	Fontes sociais de aquisição	Modos de integração no trabalho docente
Saberes pessoais dos professores.	A família, o ambiente de vida, a educação no sentido lato, etc.	Pela história de vida e pela socialização primária.
Saberes provenientes da formação escolar anterior.	A escola primária e secundária, os estudos pós-secundários não especializados, etc.	Pela formação e pela socialização pré-profissionais.
Saberes provenientes da formação profissional para o magistério.	Os estabelecimentos de formação de professores, os estágios, os cursos de reciclagem, etc.	Pela formação e pela socialização profissionais nas instituições de formação de professores.
Saberes provenientes dos programas e livros didáticos usados no trabalho.	A utilização das "ferramentas" dos professores: programas, livros didáticos, cadernos de exercícios, fichas, etc.	Pela utilização das "ferramentas" de trabalho, sua adaptação às tarefas.
Saberes provenientes de sua própria experiência na profissão, na sala de aula e na escola.	A prática no ofício na escola e na sala de aula, na experiência dos pares, etc.	Pela prática do trabalho e pela socialização profissional.

Figura 9 Fonte: Os saberes dos professores (TARDIF, 2011, p.63).

Vários fenômenos podem ser identificados neste quadro, são saberes utilizados pelos professores no contexto da sua profissão e da sala de aula. Tardif (2011), organiza os saberes classificando-os como:

Saberes da formação profissional: são aqueles transmitidos pelas instituições de formação, que contribuem para uma formação científica ou erudita do professor, transformando-se em prática científica e tecnologia da aprendizagem. É a formação que o professor entra em contato com as ciências da educação.

Saberes disciplinares: além dos sabres produzidos pelas ciências da educação e dos saberes pedagógicos, há ainda os saberes que são incorporados pela instituição universitária. Estes correspondem a diversos campos do conhecimento sob a forma de disciplinas no interior das faculdades e de cursos distintos.

Saberes curriculares: durante a carreira os professores também se apropriam dos saberes curriculares, que correspondem aos discursos, objetivos, conteúdos e métodos definidos pela instituição escolar. São os programas escolares que os professores devem aprender a aplicar.

Saberes experienciais: são os saberes construídos pelos próprios professores no decorrer da prática de sua profissão, são baseados no seu trabalho cotidiano e no conhecimento que eles têm sobre o meio em que estão inseridos.

É importante pensar na perspectiva de Tardif sobre os saberes docentes, pois ele apresenta o professor como produtor de saber, considerando a atividade docente como prática reflexiva e não apenas como atividade de aplicação de técnicas.

Sendo o campo da Didática, a pesquisa do processo de ensino-aprendizagem, outras contribuições nos levam a reflexão dos saberes necessários para o exercício da docência. Pimenta (1999) contribui para ampliarmos nossa reflexão somando ao campo da prática a importância da teoria na formação do professor. A autora considera três saberes na docência:

1. a experiência (como aluno e professor);
2. o conhecimento específico (da disciplina a ser ensinada e suas implicações com o contexto contemporâneo);
3. os saberes pedagógicos. É no último saber que ela discute o professor como produtor de conhecimento não apenas a partir da prática, mas a partir da teoria, que proporciona ao professor a produção de novas leituras sobre a realidade.

E Pimenta (1999) complementa:

> Ser professor requer saberes e conhecimentos científicos, pedagógicos, educacionais, sensibilidade, indagação teórica e criatividade para encarar as situações ambíguas, incertas, conflituosas e, por vezes, violentas, presentes nos contextos escolares e não escolares (PIMENTA; SEVERINO, 2009, p. 15).

Se existe a necessidade de construir os saberes docentes, o professor precisa organizá-los dentro de suas competências. Neste sentido, vamos organizar duas explanações sobre competências da docência. A primeira é a apresentada por Rios (2010), a autora apresenta o conceito de *competência*, como *"uma totalidade que abriga em seu interior uma pluralidade de propriedades*, um conjunto de qualidades de caráter positivo presentes na prática profissional, identificadoras de um trabalho de *boa qualidade*" (RIOS, 2010, p.158).

Desta forma a autora apresenta as dimensões que se faz necessária para a docência:

- **A dimensão técnica:** relacionado ao domínio dos saberes – conteúdos e técnicas-necessários ao exercício profissional.
- **A dimensão estética:** relativo ao aspecto relacional, à sensibilidade e à criatividade.
- **Dimensão política:** é a participação na construção coletiva da sociedade, considerando direitos e deveres.
- **Dimensão ética:** é a orientação da ação fundada no respeito, na solidariedade e na justiça (RIOS, 2010, p.159). Nesta perspectiva a competência se constitui em ação, o fazer revela o saber e o dever, dentro de um compromisso ético.

A segunda explanação apresentada acerca de competências está na concepção de Perrenoud. Qualquer profissional deve desenvolver competências que estejam vinculadas a sua área de atuação. Para Perrenoud (2000, p.11 a 169) competência é a capacidade de mobilizar diversos recursos cognitivos para enfrentar um tipo de situação. Neste sentido o autor apresenta 10 competências necessárias para o docente, vamos apresentá-las de forma geral e nas suas principais especificidades. Vejamos:

- **1 - Organizar e dirigir situações de aprendizagens:** conhecer para determinada disciplina, os conteúdos a serem ensinados e sua tradução em objetivos de aprendizagem; trabalhar a partir das representações dos alunos; a partir dos erros e obstáculos à aprendizagem; construir e planejar dispositivos e sequências didáticas; envolver os alunos em projetos de pesquisa, em projetos de conhecimento.
- **2 - Administrar a progressão das aprendizagens:** conceber e administrar situações-problema ajustadas ao nível e às possibilidades dos alunos; adquirir uma visão longitudinal dos objetivos do ensino; estabelecer laços com as teorias subjacentes às atividades de aprendizagem; observar e avaliar os alunos em situações de aprendizagem de acordo com uma abordagem formativa; fazer balanços periódicos de competências e tomar decisões de progressão.
- **3 - Conceber e fazer evoluir os dispositivos de diferenciação:** administrar a heterogeneidade no âmbito de uma turma; abrir, ampliar a gestão de classe para um espaço mais vasto; fornecer apoio integrado, trabalhar com alunos portadores de dificuldades; desenvolver a cooperação entre os alunos e certas formas de ensino mútuo.
- **4 - Envolver os alunos em suas aprendizagens e em seu trabalho:** suscitar o desejo de aprender, explicitar a relação com o saber; instituir e fazer funcionar um conselho de alunos e negociar com eles diversos tipos de regras e de contratos; oferecer atividades opcionais de formação; favorecer a

definição de um projeto pessoal do aluno.

- **5 - Trabalhar em equipe:** elaborar um projeto em equipe, representações comuns; dirigir um grupo de trabalho, conduzir reuniões, formar e renovar uma equipe pedagógica; confrontar e analisar em conjunto situações complexas, práticas e problemas profissionais; administra crises e conflitos interpessoais.
- **6 - Participar da administração da escola:** elaborar, negociar um projeto de instituição; administrar os recursos da escola; coordenar, dirigir uma escola com todos os seus parceiros; organizar e fazer evoluir, no âmbito da escola, a participação dos alunos.
- **7 - Informar e envolver os pais:** dirigir reuniões de informação e debate; fazer entrevistas; envolver os pais na construção dos saberes.
- **8 - Utilizar novas tecnologias:** utilizar editores de textos; explorar as potencialidades didáticas dos programas em relação aos objetivos de ensino; comunicar-se à distância por meio da telemática; utilizar as ferramentas multimídia no ensino.
- **9 - Enfrentar os deveres e os dilemas éticos da profissão:** prevenir a violência na escola e fora dela; lutar contra os preconceitos e as discriminações sexuais, étnicas e sociais; participar da criação de regras de vida comum referentes à disciplina na escola, às sanções e à apreciação da conduta; analisar a relação pedagógica, a autoridade e a comunicação em aula; desenvolver o senso de responsabilidade, a solidariedade e o sentimento de justiça.
- **10 - Administrar sua própria formação contínua:** saber explicitar as próprias práticas; estabelecer seu próprio balanço de competências e seu programa pessoal de formação contínua; negociar um projeto de formação comum com os colegas; envolver-se em tarefas em escala de uma ordem de ensino ou sistema educativo; acolher a formação dos colegas e participar dela.

Estas são as referências e discussões que têm sido feitas no campo teórico da formação de professores, é importante que vocês conheçam e compreendam como a carreira docente está sendo construída no Brasil. Em síntese, finalizamos este eixo com a proposta de Tardif (2011, p.39):

> Em suma, o professor ideal é alguém que deve conhecer sua matéria, sua disciplina e seu programa, além de possuir certos conhecimentos relativos às ciências da educação e à pedagogia e desenvolver um saber prático baseado em sua experiência cotidiana com os alunos.

O próximo eixo apresenta as principais discussões em torno da construção da identidade do professor, é importante compreender que ser professor implica estar em um contexto com diferentes dimensões, o que evidencia a necessidade de compreender como isso acontece na educação.

Leia a reportagem sobre professores na educação brasileira:

Disponível em: <http://www.dw.com/pt-br/a-dura-realidade-de-ser-professor-no-brasil/a-17367679>. Acesso em: 24 de abr 2019.

2 - Construindo a identidade do professor

Você já se perguntou como a função do Professor é importante? Já parou para pensar quantas profissões são formadas sem que se tenha o auxílio de um professor? Essa eu mesmo respondo: nenhuma. Não há profissão no mundo que não precise do auxílio de um professor, seja para gravar uma aula, para elaborar um material, para iniciar uma criança em sua fase de alfabetização, ou até mesmo ensinar as primeiras teorias do conhecimento.

Por isso, vimos como essencial no curso de licenciatura, ainda que brevemente, introduzirmos a discussão acerca do reconhecimento da identidade deste profissional, que conforme Pimenta (1999, p.18),

> ...não é um dado imutável. Nem externo, que possa ser adquirido. Mas é um processo de construção do sujeito historicamente situado. A profissão de professor, como as demais, emerge em dado momento e contexto históricos, que resposta a necessidades que estão postas pelas sociedades, adquirindo estatuto de legalidade.

Uma identidade profissional se constrói dentro de uma significação social que ela ocupa. A construção da identidade docente está relacionada diretamente com as práticas pedagógicas que os professores constroem no seu cotidiano. Gatti destaca que:

> É preciso ver os professores não como seres abstratos, ou essencialmente intelectuais, mas, como seres essencialmente sociais, com suas identidades pessoais e profissionais, imersos numa vida grupal na qual partilham uma cultura, derivando seus conhecimentos, valores e atitudes dessas relações, com base nas representações constituídas nesse processo que é ao mesmo tempo, social e intersubjetivo (GATTI, 2003, p.196).

Sobre a identidade profissional dos professores Garcia, Hypólito e Vieira (2005, p. 54-55), compreendem como:

> [...] uma construção social marcada por múltiplos fatores que interagem entre si, resultando numa série de representações que os docentes fazem de si mesmos e de suas funções, estabelecendo, consciente ou inconscientemente, negociações das quais certamente fazem parte de suas histórias de vida, suas condições concretas de trabalho, o imaginário recorrente acerca dessa profissão [...].

De modo geral vamos compreender os três modelos da identidade dos professores: o "tecnólogo" do ensino, o prático "reflexivo" e o do ator social. Estas concepções são apresentadas por Tardif e contribuem para que possamos olhar para a nossa identidade enquanto profissionais, saber que a todo instante estamos construindo nossa identidade. Eis os três modelos de identidade:

O tecnólogo do ensino: se define por possuir competências no planejamento do ensino, seus conhecimentos são oriundos de pesquisa científica. "A ação do tecnólogo de ensino se situa no nível dos meios e das estratégias de ensino; ele busca o desempenho e a eficácia no alcance dos objetivos escolares" (TARDIF, 2011, p.302).

O prático reflexivo: é mais associado ao professor experiente do que ao professor perito, embora possua um repertório de conhecimentos ele tem muito mais uma função deliberativa e reflexiva. "O prático reflexivo é o próprio modelo do profissional de alto nível, capaz de lidar com situações relativamente indeterminadas, flutuantes, contingentes, e de negociar com elas, criando soluções novas e ideais" (TARDIF, 2011, p.302).

Já o **ator social:** desempenha o papel de agente de mudanças. "[...] ao mesmo tempo em que é portador de valores emancipadores em relação às diversas lógicas de poder que estruturam tanto o espaço social quanto o espaço escolar" (TARDIF, 2011, p.303).

É sobre a nossa concepção de sujeito e sociedade, que a identidade do professor será construída. É preciso reconhecer que a nossa ação implica na formação de outro indivíduo, é preciso refletir sobre a prática que estamos construindo, sobre a nossa prática cotidiana, "É na ação intencional, refletida, indagada, problematizada, ou seja, na práxis, na relação entre sujeitos, que se geram/transformam as práticas/resultados" (PIMENTA et al, data, p.149).

A identidade docente é uma construção, ela será feita dentro de contextos e saberes que o professor adquire durante sua formação e suas vivências e experiências pessoais. Finalizamos essas aulas com a certeza de que houve uma contribuição significativa para o seu aprendizado. Esperamos com essas aulas despertar em vocês o desejo da continuidade nos estudos e leituras, pois somente a partir de uma prática crítica e reflexiva haverá a tão almejada qualidade na educação.

Retomando a aula

Chegamos, assim, ao final da primeira aula. Espera-se que agora tenha ficado mais claro o entendimento de vocês sobre os saberes necessários à docência e os aspectos da identidade do professor. Vamos, então, recordar:

1 – Os saberes necessários à docência

Na seção 1, podemos compreender a partir de pesquisas no campo educacional, quais são os saberes considerados necessários para o professor construir sua prática.

2 – Construindo a identidade do professor

Na segunda e última seção, vimos que a relação estabelecida entre os saberes e a construção da prática docente, é o que pode possibilitar a construção de uma identidade profissional ao professor.

Vale a pena

Vale a pena **ler**

Disponível em: <https://pedagogiafadba.files.wordpress.com/2013/08/a-didc3a1tica-em-questc3a3o.pdf>. Acesso em: 24 jun. 2017.

Disponível em: <https://edisciplinas.usp.br/pluginfile.php/1287224/mod_resource/content/1/Pimenta_Form%20de%20profs%20e%20saberes%20da%20docencia.pdf>. Acesso em: 24 jun. 2017.

Vale a pena **acessar**

Disponível em: <http://escoladepais.org.br/>. Acesso em: 25 jun. 2017.

Disponível em: <https://educarparaomundo.wordpress.com/extensao-universitaria/>. Acesso em: 25 jun. 2017.

Vale a pena **assistir**

A educação está proibida
Ano: 2012

Vale a pena assistir

Tarja branca
Ano: 2014

Referências

ANDRE, E.D.A.; PESCE, M. G. *Formação do professor pesquisador na perspectiva do professor formador*. Revista brasileira de Pesquisa sobre formação de Professores. São Paulo, 2012, v. 4, n.7, 39-50. Dez.2012.

ARAUJO, U.F. *Pedagogia de projetos e direitos humanos:* Caminhos para uma educação em valores. Pro-Posições, Campinas, v.19, n. 56. 193 a 204. mai/ago, 2008.

DELORS, J. *Educação:* um tesouro a descobrir. 2ed. São Paulo: Cortez Brasília, DF: MEC/UNESCO, 2003.

DIAZ, F. *O processo de aprendizagem e seus transtornos*. Salvador: EDUFBA. 2011. 396 p.

FREIRE, P. *Pedagogia da autonomia:* saberes necessários a prática educativa. 37. ed. São Paulo: Paz e Terra. 2009.

GANDIN, Danilo. *A Prática do Planejamento Participativo:* na educação e em outras instituições. Petrópolis: Vozes, 1994.

GALIAN, C. V. A. *Os PCN e a elaboração de propostas curriculares no Brasil*. Cadernos de Pesquisa. São Paulo, v.44, n.143, 648-669, jul/set 2014.

JUNIOR, R. S.B; TACCA, M.C.V.R.; TUNES, E. *O professor e o ato de ensinar*. Cadernos de Pesquisa. São Paulo, v.35, n.126, 689-698. set/dez. 2005.

KENSKI, V. M. *Avaliação da aprendizagem*. In: VEIGA, I. P. A. (Org.). Repensando a Didática. 10. ed. Campinas: Papirus, 1995.

KOHAN, W. O. *Entre Deleuze e a Educação:* notas para uma política do pensamento. Educação e Realidade. Rio Grande do Sul, 2002, v.27, n.2, 123-130, jul/dez, 2002.

LIBÂNEO, J. C. *Didática*. São Paulo: Cortez, 1991

LIBÂNEO, J.C. *Organização e Gestão da Escola:* Teoria e Prática, 5. ed. Goiânia, Alternativa, 2004.

LIMA, Paulo Gomes. *Verbos que podem auxiliar na construção de planejamentos e planos de ensino*. 2009. Disponível em: <http://www.uel.br/graduacao/odontologia/portal/pages/arquivos/NDE/VERBOS.pdf>. Acesso em: 03/09/2016.

TARDIF, M. *O trabalho docente:* elementos para uma teoria da docência do trabalho como profissão de interações humanas. Petrópolis: Vozes. 2005.

PARO, V. *Educação como exercício de poder:* crítica ao senso comum em educação. São Paulo: Cortez. 2008. 104 p.

PIAGET, J. Seis estudos de psicologia. 24. ed. Rio de Janeiro: Forense. 1999. 136 p.

PIMENTA, S. G. *Saberes pedagógicos e atividades docentes*. 7. ed. São Paulo: Cortez. 2009.

ROOS, A. P. *Nunca se sabe quando alguém aprende*. In: II Colóquio Franco-brasileiro de Filosofia da Educação – O Devir-mestre: entre Deleuze e a Educação, 2004, Rio de Janeiro. Anais, 2004. v. único.

SILVA, M. L. *Planejamento escolar na perspectiva democrática*. Texto elaborado para o ceadmo-odle, UFPE, 2010. Disponível em: <http://coordenacaoescolagestores.mec.gov.br/ufc/file.php/1/coord_ped/sala_3/arquivos/Planejamento_Escolar_na_perspectiva_democratica.pdf>. Acesso em 01 ago. 2016.

SILVA, L.P.; TAVARES, H. M. *Pedagogia de projetos:* inovação no campo educacional. Revista da Católica, Uberlândia, v. 2, n. 3, p. 236-245, 2010.

TAKAHASHI, R. T.; FERNANDES, M. F. P. *Plano de aula:* conceitos e metodologia. Acta Paulista de Enfermagem. São Paulo, v.17, n.1, 114-118. 2004.

VASCONCELLOS, C. S. *Planejamento:* Projeto Político Pedagógico – elementos metodológicos para elaboração e realização. São Paulo: Libertad, 2000.

BRASIL. Constituição da República Federativa do Brasil - 1988 Brasília: Senado Federal, Subsecretaria de edições Técnicas, 1999.

BRASIL. Lei de Diretrizes e Bases da Educação - Lei Federal n.º 9.394/96. In: Diário oficial da República Federativa do Brasil, n.º 248, de 23 de dezembro de 1996. Brasília DF, 1996. Estabelece as diretrizes e bases para a educação nacional.

BUENO, José Geraldo Silveira. *Função Social da Escola e a Organização do Trabalho Pedagógico*. Educar, Curitiba, Editora da UFPR, N.17, p.101-110, 2001.

ESTEBAN, M.T.; ZACCUR, E. *A pesquisa como eixo da formação docente*. In: ESTEBAN, M.T.; ZACCUR, E. (Org.). Professora-pesquisadora: uma práxis em construção. Rio de Janeiro: DP&A, 2002. p. 15-31.

FREIRE, Paulo. *Pedagogia da autonomia:* saberes necessários à prática educativa. 25. ed. Rio de Janeiro: Paz e Terra, 2001.

PIMENTA, Selma Garrido. *Questões sobre a organização do trabalho na escola*. Disponível em: <www.crmariocovas.sp.gov.br/pdf/ideias_16_p078-083_c.pdf>.

Graduação a Distância
2º SEMESTRE

Ciências Biológicas

ZOOLOGIA I

UNIGRAN - Centro Universitário da Grande Dourados

Rua Balbina de Matos, 2121 - CEP 79.824 - 9000
Jardim Universitário
Dourados - MS
Fone: (67) 3411-4141 / Fax: (67) 3411-4167

Os direitos de publicação desta obra são reservados ao Centro Universitário da Grande Dourados (UNIGRAN), sendo proibida a reprodução total ou parcial de acordo com a Lei 9.160/98.

Os artigos de sites e revistas indicados para a leitura foram registrados como nos originais.

CEAD
Coordenadoria de Educação a Distância

Apresentação da Docente

Gisele Souza Rosa é graduada em Ciências Biológicas pela Socigran, atualmente Centro Universitário da Grande Dourados (UNIGRAN), mestre e doutora em Zoologia, pela Universidade Estadual Paulista (UNESP) de Botucatu. Realizou seu pós-doutorado na UNESP de Rio Claro, desenvolvendo sua pesquisa com Entomologia Forense. Ministrou aulas nos Cursos de Turismo e Ciências Biológicas na UEMS.

ROSA, Gisele Souza. Zoologia I. Dourados: UNIGRAN, 2020.

80 p.: 23 cm.

1. Invertebrados. 2. Filos. 3. Reino Animal.

Sumário

Conversa inicial 4

Aula 01
Normas taxonômicas e sistemáticas 5

Aula 02
Protozoa 13

Aula 03
Filo mesozoa, filo placozoa, filo porifera e filo cnidaria 27

Aula 04
Phatyhelminthes 39

Aula 05
Blastocelomados 47

Aula 06
Filo mollusca 55

Aula 07
Filo Annelida 63

Aula 08
Filo Echinodermata 73

Referências 80

Conversa Inicial

Olá, tudo bem com vocês?

Iniciamos aqui a disciplina de Zoologia I. Nesta disciplina, estudaremos os Invertebrados – animais sem vértebras. Essa definição baseia-se apenas na ausência de vértebras. Em nosso planeta, temos a descrição de mais de um milhão de espécies de animais. Desse número, em torno de 5% possuem espinha dorsal e são denominados vertebrados. Todos os outros, perfazendo a maior parte do Reino Animal, são invertebrados, e menos de 1 milhão de espécies foram descritas até agora. O grupo dos invertebrados reúne muitos filos, já os vertebrados apresentam parte de um filo – alguns Chordatas, que não possuem verdadeiramente colunas vertebrais. Para tanto, há duas razões para a manutenção dessa divisão, invertebrados e vertebrados: a primeira, Lamarck (conhecido pelos caracteres adquiridos), foi o primeiro a dividi-los dessa forma, e segundo, o sentimento de que como nós mesmos possuímos espinha dorsal, os animais vertebrados merecem uma "atenção especial" pelo *status* taxonômico.

Para que seu estudo tenha um maior aproveitamento, esta disciplina foi organizada em oito aulas, com temas e subtemas, que são divididos por seções, atendendo aos objetivos do processo de ensino-aprendizagem. Na aula 1 trataremos sobre as Normas taxonômicas e Sistemática, tema ligado à denominação dos animais. A partir da aula 2, estudaremos os filos, começando com o sub-reino Protozoa. Na aula 3, estudaremos os filos Mesozoa, Placozoa, Porifera e Cnidaria. Na aula 4, iniciaremos os estudos dos animais triblásticos, os platelmintos. Na aula 5, estudaremos os vermes blastocelomados, tendo como principal filo os Nematoda. Na aula 6, aprenderemos sobre um dos maiores filos do reino animal, os Mollusca. Na aula 7, estudaremos os integrantes do filo Annelida, os animais segmentados e, por fim, em nossa última aula, trataremos sobre os equinodermos, animais exclusivamente marinhos.

A metodologia utilizada será a seguinte: atendimento pessoal de orientação e esclarecimentos de dúvidas no acompanhamento das atividades; atividades mediadas pelo professor no Ambiente de Aprendizagem Virtual (AVA); aulas dialogadas, ferramentas como Fóruns, chats, Vídeos e Quadro de Avisos e Devolutiva das atividades corrigidas. No decorrer da disciplina, se demonstrarem alguma dificuldade com o conteúdo, nos procurem, estaremos sempre dispostos a atendê-los para todos os esclarecimentos.

Uma ótima leitura e um bom aprendizado.

Aula 1º

Normas taxonômicas e sistemáticas

Em nosso planeta há uma variedade enorme de organismos vivos, e como o homem interage de alguma maneira com todos eles, houve a necessidade de fazer uma denominação das plantas e animais. O documento zoológico mais antigo é um trabalho desenvolvido pelos gregos, no século V a.C., contendo uma simples classificação de animais comestíveis. Nesta aula, estudaremos as normas taxonômicas que servem para uniformizar internacionalmente a denominação dos animais. E, também, faremos uma introdução ao tema Taxonomia ou Sistemática, ramo das ciências que estuda a classificação dos organismos, ordenando-os de forma que possamos localizar no mundo orgânico sua real posição filogenética.

Bons estudos!

Objetivos de aprendizagem

Ao término desta aula, vocês serão capazes de:

- compreender a importância de uma nomenclatura internacional para todos os animais;
- saber identificar as características principais para essa nomenclatura;
- compreender a importância da Sistemática para o estudo dos animais e quais as ferramentas indispensáveis para esse estudo.

Seções de estudo

1 - Normas taxonômicas
2 - Sistemática

1 - Normas taxonômicas

Karl von Linné

Fonte: Arquivo pessoal.

O objetivo da criação de normas taxonômicas é para que um tipo único de organismo tenha somente um nome correto, e dois organismos não possuam o mesmo nome. Somente a partir de 1758 foi estabelecido um sistema para nomear os organismos. Antes disso, animais e vegetais eram nomeados com uma ou várias palavras. Karl von Linné (Lineu), grande naturalista sueco, foi quem estabeleceu a nomenclatura binomial, quando da publicação de sua obra máxima *Sistema Naturae*. Nela um organismo possui um nome científico, composto por duas partes, um nome genérico, ou gênero, e um específico. Por exemplo, *Chrysomya megacephala*, espécie de mosca varejeira facilmente encontrada na América do Sul, África e Ásia. Os dois nomes formam um binômio, em que Chrysomya é o gênero e megacephala a espécie.

Em seu trabalho, Lineu descreveu todas as espécies conhecidas por ele, como também incluiu suas diretrizes críticas para classificar os organismos, tendo distinguido mais de 4.400 espécies de animais, inclusive *Homo sapiens*. Ele enfatizou o uso das semelhanças entre as espécies, ou entre os táxons, para construir uma classificação, ao invés de se utilizar das diferenças entre eles. Ainda assim, durante décadas, os nomes para animais e plantas, de mesma espécie, continuavam duplicados, ou seja, a mesma espécie com mais de um nome. Com tudo isso, em 1842, com aval da British Association for the Advancement of Science (Associação Britânica para o Avanço da Ciência), formulou-se um código de regras, chamado código de Strickland, o qual, em 1901, passou por outra revisão, realizada pelos membros da recém-formada, International Commission on Zoological Nomenclature (Comissão Internacional de Nomenclatura Zoológica), passando a chamá-lo por International Code of Zoological Nomenclature (Código Internacional de Nomenclatura Zoológica) (BRUSCA; BRUSCA, 2007; RUPPERT, FOX; BARNES, 2005; (HICKMAN, ROBERTS; LARSON, 2004).

O I.C.Z.N. estabeleceu 1 de janeiro de 1758 como sendo a data inicial para nomenclatura zoológica, estipulando uma pequena alteração na descrição de nominação do sistema de Lineu, passando de **nomenclatura binomial** (nomes em duas partes), para **nomenclatura binominal** (nomes de dois nomes). Isso quer dizer que, os nomes genéricos e específicos podem ser de apenas uma palavra cada. Em uma publicação científica especializada, deve ser acrescido do nome do autor, de uma vírgula e do ano de publicação.

Ramapithecus brevirostri (Lewis, 1934)
Australopithecus afarensis (Johanson, 1978)

Para subespécies, a nomenclatura taxonômica passa a ser um trinômio (três nomes): a primeira corresponde ao nome genérico, a segunda, ao nome específico e a terceira, ao nome subespecífico. A última palavra é escrita com inicial minúscula e sem qualquer sinal identificativo (BRUSCA; BRUSCA, 2007).

Smilodon populator populator
Ardipithecus ramidus kadabba

Toda nomenclatura taxonômica deverá ser escrita a partir de raízes gregas ou latinas, ocorrendo a impossibilidade de utilizar palavras corretamente latinizadas. É o caso de nomes geográficos, nos quais a latinização deve obedecer corretamente às declinações, nesse caso, ao gênero neutro, em que as palavras terminam em *us* ou *is*. E com os nomes patronímicos, que são aqueles usados para homenagear pessoas, não podendo ser traduzidos, devem ser latinizados de acordo com o gênero: nomes masculinos terminam em *i* e nomes femininos terminam em *ae*.

Primates (ordem) - Latim *primus* → primeiro
Anthropoidea (subordem) - Grego *anthropus* → homem
Australopithecus africanus - macacos do sul da África
Australopithecus afarensis - do Afar, Etiópia
Paranthropus boisei - du Bois
Latimeria chulmanae - Chulmann

Para a nomenclatura do subgênero seguem-se as regras das subespécies, pois é, igualmente, trinominal. Ao nome da espécie acrescenta-se uma terceira palavra escrita com inicial maiúscula, colocada entre parêntesis.

Dryopithecus (Proconsul) africanus
Australopithecus (Plesianthropus) trnasvaalensis

No corpo de um texto, todos os nomes de subespécies, subgêneros e gêneros deverão sempre ser grifados ou destacados com um tipo de caractere diferente. As categorias taxonômicas superiores ao subgênero, sempre deverão ser escritas com uma única palavra com inicial maiúscula.

Gênero .... *Gorilla*
Phulum ... Mollusca

No caso de nomes de tribo, subtribo, família, superfamília, subordem e ordem devem ser escritos com terminações próprias:

Tribo ... ini - Hominini
Subfamília ... inae - Homininae
Família ... idae - Hominidae
Superfamília ... oidea - Hominoidea
Subordem ... ina (dina) - Olenillina

Quando uma espécie é referida erroneamente a um

gênero e, posteriormente, muda de gênero na classificação, o nome do autor que propôs a primeira classificação genérica (incorreta) costuma aparecer escrito entre parênteses, após o nome específico.

Zinjanthropus boisei (Leakey, 1959) foi reclassificado como *Paranthropus boisei* (Leakey)

Pitecanthropus erectus (Dubois, 1983) foi reclassificado como *Homo erectus* (Dubois)

Na classificação de animais, em que a posição taxonômica não está realmente estabelecida, sendo comum isso acontecer principalmente entre os fósseis, são referidos, na literatura especializada, como *incertae sedis*. Junto às normas taxonômicas aplica-se, também, a Lei da prioridade, utilizada quando diversos autores denominam um mesmo organismo diferentemente. Nesse caso, prevalece sempre aquela mais antiga, ou seja, a primeira denominação. Em decorrência das exigências na aplicação desta lei, podem ocorrer três casos básicos de invalidade: Nomina Nuda, Homonímia e Sinonímia (BRUSCA; BRUSCA, 2007).

Nomina nuda - quando um nome proposto é invalidado, por não está em concordância com o Código. Nesse caso, deverá ser substituído por outro nome proposto pelo próprio autor ou por qualquer outra pessoa que constate a invalidade.

Homonímia - quando um nome é proposto e, mais tarde, constata-se a sua utilização para denominar outro *táxon*, ele perde sua validade, devendo ser substituído por nova denominação proposta pelo próprio autor ou por outra pessoa que constate a duplicidade.

Sinonímia - quando um mesmo táxon tenha recebido duas denominações diferentes, propostas por pesquisadores diferentes, a segunda denominação perde sua validade.

Curiosidade
Quando um biólogo primeiro nomeia e descreve uma espécie nova, ele ou ela toma um espécime típico, declara-o como um espécime-tipo e deposita-o em uma instituição depositária segura, como um grande museu de história natural. Se os pesquisadores posteriores sentirem-se inseguros se eles estão ou não trabalhando com a mesma espécie descrita pelo autor original, eles podem comparar seus materiais com o espécime-tipo.

2 - Sistemática

Área da biologia que organiza, compreende e classifica os seres vivos. Seu foco principal é a relação da diversidade como, por exemplo, qual espécie é a mais aparentada com outra, definidas como grupos irmãos. Entre seus principais objetivos, estão: demonstrar a diversidade dentro do gênero, descrever a biodiversidade, ordenar as espécies e biodiversidade subjacentes a essa sistemática. Enfim, ela se preocupa em construir classes, fazer classificação, sobre as quais poderemos fazer generalizações. Podemos dizer então que, o maior objetivo da sistemática é de reconstruir a árvore filogenética ou filogenia que relaciona todas as espécies viventes e extintas (HICKMAN, ROBERTS; LARSON, 2004).

A classificação biológica consiste em delimitar, ordenar e classificar os organismos em grupos, analisando padrões na distribuição dos caracteres entre os organismos. Após essas análises, ocorrem as divisões, em que os espécimes são agrupados em espécies. Sendo estas relacionadas agrupam-se em gêneros, os quais se agrupam para formar as famílias, assim sucessivamente. Todo esse processo organiza os táxons de maneira hierárquica e com seu grau de similaridade, que refletirá os padrões de descendência evolutiva (BRUSCA; BRUSCA, 2007; RUPPERT, FOX; BARNES, 2005; HICKMAN, ROBERTS; LARSON, 2004).

Similaridade é o principal fator a ser observado por um taxonomista, nos processos de classificações. É através dela que se analisam as características compartilhadas pelos organismos, ou o relacionamento biológico entre os táxons. Conceito este, também muito utilizado entre os sistematas, pois através deles pode-se avaliar o parentesco genealógico, exibidos através de diagramas denominados árvores (BRUSCA; BRUSCA, 2007).

O cientista inglês, John Ray, foi o primeiro biólogo a trabalhar com esse tipo de classificação, classificando uns poucos grupos orgânicos, e a desenvolver o conceito moderno de espécie. Com o advento do trabalho de Karl Von Linné, Sistema Naturae, admitiu-se a existência de seis classes de animais: mamíferos, aves, anfíbios (incluindo os répteis), peixes, insetos e vermes. A partir de 1859, com os trabalhos desenvolvidos por Darwin, o sistema proposto por Linné ganhou mais consistência, pois nele atentam-se as relações filogenéticas existentes entre os diferentes animais e vegetais.

O processo de classificação dos organismos passa por duas etapas: o analítico e o sintético. No trabalho analítico, uma descrição minuciosa do organismo é realizada, em que se estabelecem os caracteres mais particulares, individualizando-os dos demais tipos orgânicos similares. Nessa etapa, identifica-se o tipo e estabelece-se a espécie. No sintético, há a formação de grupos mais amplos, através de investigações comparativas entre as espécies inventariadas, ou seja, categorias taxonômicas (HICKMAN, ROBERTS; LARSON, 2004).

Categorias Taxonômicas

Foram estipuladas duas categorias taxonômicas, as hierárquicas ou táxons, e as facultativas. As hierárquicas são obrigatórias em qualquer trabalho de classificação, já as facultativas vêm para aumentar a objetividade, complementando assim, o trabalho realizado nas hierárquicas. As categorias hierárquicas ou obrigatórias são: espécie, gênero, família, ordem, classe e phylum; as facultativas são, subespécie, subgênero, subtribo, tribo, subfamília, superfamília, infraordem, sobordem, superordem, coorte, infraclasse, subclasse, superclasse e subphylum.

Disponível em: https://pontobiologia.com.br/wp-content/uploads/2017/06/em-branco-principal-800x325.jpg. Acesso em: 08/04/2019.

A espécie é a unidade taxonômica fundamental que agrupará todos os seres vivos que possuem as mesmas características, tais como, anatomia semelhante, fisiologia e desenvolvimento embrionário, cromossomos, além do mais importante critério a ser avaliado: é se seu cruzamento gerará prole fértil.

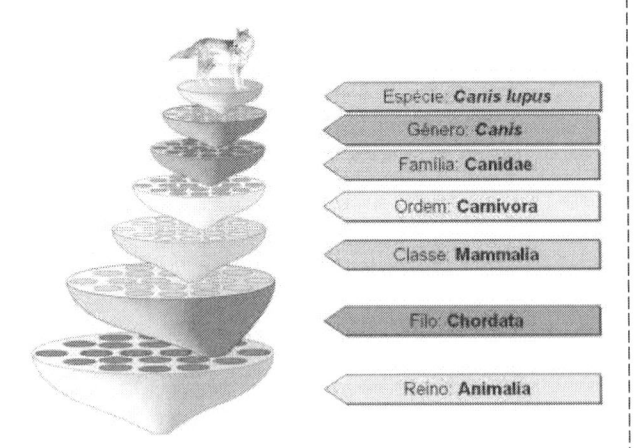

Disponível em: http://1.bp.blogspot.com/-31W63ifcVIA/UTuYfI65O0I/
AAAAAAAAAA0/VufqbvuGvDU/s1600/sl_10.jpg. Acesso em: 08.04.2019.

No sistema hierárquico de classificação (Reino, Filo, Classe, Ordem, Família, Gênero e Espécie), o número de seres vivos, no Reino, é bastante elevado, ao passo que, diminuindo as relações de parentescos, a quantidade de espécies vai diminuindo nos táxons seguintes (Filo, Classe, Ordem, Família, Gênero e Espécie).

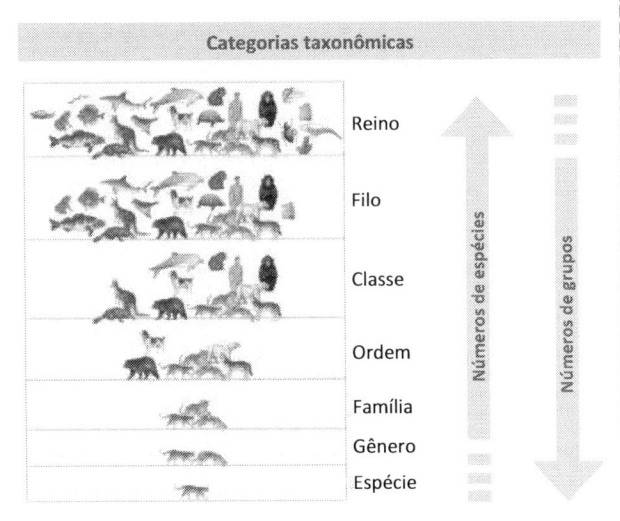

Disponível em: http://3.bp.blogspot.com/_s-Rg6mUUyg4/SamIfOEv1TI/
AAAAAAAAis/PG3TRvOcnrY/s400/categorias_taxonomicas%5B1%5D.jpg.
Acesso em: 08.04.2019.

Para propor uma nova unidade dentre as categorias taxonômicas, devemos observar alguns aspectos (Brusca; Brusca, 2007; Ruppert, Fox; Barnes, 2005; HICKMAN, Roberts; Larson, 2004):

- Gênero – agrupar espécies com grande afinidade estrutural, do ponto de vista anatômico. Exemplo: o gênero Homo contém diversas espécies, porém, com exceção do sapiens, todas estão extintas. São elas: Homo antecessor, Homo rhodesiensis, Homo rudolfensis, Homo habilis, Homo cepranensis, Homo ergaster, Homo erectus, Homo floresiensis, Homo georgicus, Homo heidelbergensis, Homo neanderthalensis, Homo sapiens.
- Família – agrupar os gêneros com afinidades anatômicas, como por exemplo, estruturas dentárias, estruturas de locomoção, atentando sempre a aspectos comuns a vários gêneros. Exemplo: Hominidae (dentro desse grupo estão as subfamílias Gorilla (gorilas), Pan (chimpanzés), Ardipithecus (extinto), Australopithecus (extinto), Pierolapithecus (extinto), Sahelanthropus (extinto), Paranthropus (extinto), Kenyanthropus (extinto), Orrorin (extinto), Homininae (seres humanos).
- Ordem – grupo taxonômico baseado em estruturas comuns, sem que estas tenham relações filogenéticas evidentes. Exemplo: Primata.
- Classe – grupo taxonômico, baseado em modificações ligadas a relações filogenéticas aparentes. Exemplo: Mammalia (seus filhos mamam, e nessa classe estão todos os mamíferos).
- Filo – neste são agrupados os organismos com modificações morfológicas e fisiológicas de grande porte. Exemplo: Chordata (possui notocorda - formação da coluna vertebral - no seu desenvolvimento embrionário, e aqui estão todos os vertebrados).
- Reino – Categoria superior da classificação taxonômica. Podendo ser Animalia (o homem é um animal, e nesse grupo estão todos os animais) e o Plantae.

A sistemática pode ser dividida em duas escolas: a evolutiva e a filogenia ou cladística. As duas partem de um ponto em comum, a relação de parentesco, quanto mais próximas, mais semelhantes. Elas divergem na interpretação dessas relações. Na evolutiva agrupam-se os organismos semelhantes, refletindo o maior ou menor grau de parentesco, observando os caracteres, as peculiaridades, tais como: estruturas, morfologia, citologia, embriologia, etc. Nela também, os caracteres que serão ou não analisados, não percorrem uma metodologia que se possa ser replicada, e também não permite a utilização de muitos caracteres ao mesmo tempo. Levanta-se aí, a seguinte questão: Todos os caracteres têm a mesma importância? Se não, quais deverão ser utilizados?

Através do conceito de homologia, desenvolvido pelo curador de Museu de História Natural de Londres, Richard Owen, no qual ficou estabelecido que, estruturas que têm a mesma origem embrionária e desenvolvimento semelhante, em diferentes espécies, que descendem de um ancestral em comum, podem exercer diferentes funções em diferentes espécies. Isso significa que a estrutura anatômica em questão tem a mesma origem evolutiva em ambos os animais, mas com funções distintas. Mas, ainda assim, paira uma questão! Como determinar quais caracteres são homólogos? Que metodologia pode ser utilizada para replicar e diferenciar esses caracteres? (BRUSCA; BRUSCA, 2007; RUPPERT, FOX; BARNES, 2005; HICKMAN, ROBERTS; LARSON, 2004).

Entre as décadas de 1950 e 1960, Willi Hennig, um

entomólogo alemão, propôs uma teoria conhecida hoje como cladística ou sistemática filogenética, que é a técnica utilizada atualmente. Nela fica estabelecida uma relação de parentesco entre dois grupos nominais ou táxons, pela detecção de uma peculiaridade ou caráter, que é expressa somente nesses grupos. Quando tal caráter serve como determinante para definição de um novo grupo, chamamos de apomorfia. Este quando exclusivo de um só grupo, denomina-se de autapomorfia, e quando compartilhado por dois ou mais grupos, chamamos de sinapomorfia. Grupos unidos por uma ou mais sinapomorfia são denominados grupos-irmãos, ou seja, aqueles que compartilham um ancestral comum mais recente, conforme exemplifica a figura abaixo (RUPERT, FOX; BARNES, 2005).

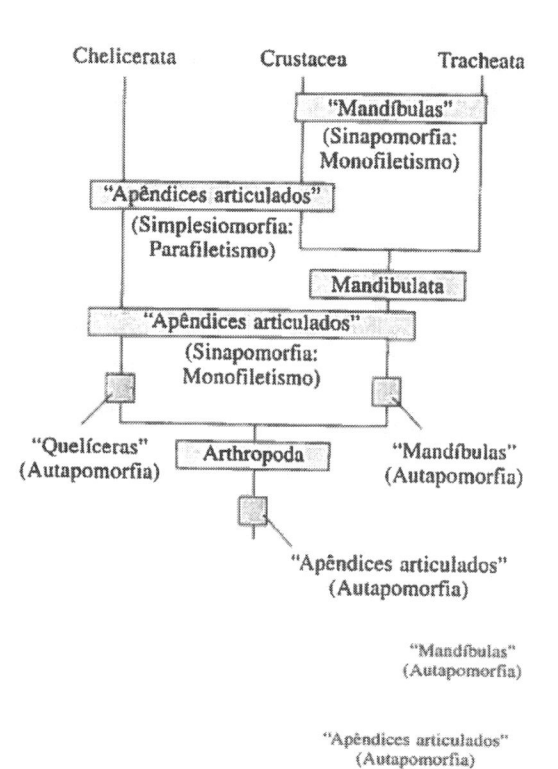

Figura 1.1 Cladística. Exemplo do uso da cladística em reconstrução filogenética (ver texto). A observação de um caráter único compartilhado (sinapomorfia), "mandíbulas," nos Crustacea e Tracheata os reúne como grupos-irmãos em um táxon monofilético, Mandibulata. Assim, a espécie original, ou ancestral, dos Mandibulata deve ter primeiro apresentado "mandíbulas" como uma novidade evolutiva (autapomorfia). Similarmente, a observação que "apêndices articulados" ocorrem apenas em quelicerados e mandibulados e em mais ninguém indica que o caráter "apêndices articulados" é uma sinapomorfia dos dois grupos-irmãos, que formam o táxon monofilético Arthropoda. O artrópode ancestral, assim sendo, primeiro adquiriu "apêndices articulados" como uma inovação evolutiva, ou autapomorfia. Se um observador, pela falta de conhecimento completo, unir quelicerados e crustáceos no que ele acredita ser um táxon monofilético, pois ambos compartilham "apêndices articulados", a reunião é falsa, uma vez que "apêndices articulados" não são exclusivos de quelicerados e de crustáceos, mas pertencem a todos os artrópodes. Assim, o caráter "apêndices articulados" não evoluiu só no ancestral comum dos quelicerados e dos crustáceos, mas em um ancestral mais antigo que também deu origem aos traqueados. Os quelicerados e os crustáceos apresentam essa peculiaridade muito ancestral como caráter primitivo compartilhado, ou simplesiomorfia. A falsa reunião com base em simplesiomorfia é denominada grupo parafilético. A autapomorfia "quelíceras" é um par de apêndices em forma de pinças no segundo segmento da cabeça.

Fonte: RUPPERT, et al., 2005.

Levando em conta que a sistemática deva refletir o relacionamento evolutivo dos organismos, os grupos taxonômicos devem ser monofiléticos, nos quais contêm todos os descendentes de um ancestral comum e nenhum outro organismo. Quando o táxon é constituído de membros que não compartilham o mesmo ancestral, é chamado de polifilético, e um grupo que contenha pelo menos alguns descendentes de um ancestral particular, é chamado de parafilético.

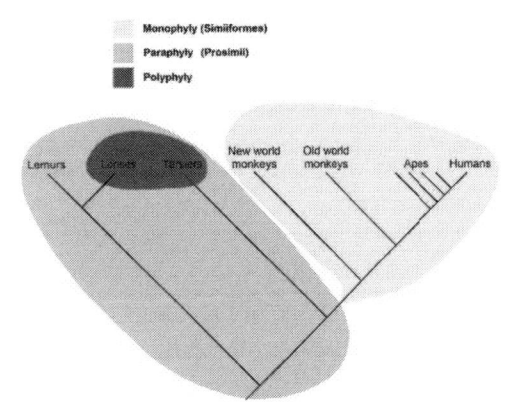

Cladograma dos primatas, mostrando um grupo monofilético (os símios, em amarelo), um grupo parafilético (os prossímios, em azul, incluindo o subgrupo representado em vermelho), e um grupo polifilético (os primatas com atividade noturno, os Lorises e os Tarsiers, em vermelho). Disponível em: https://upload.wikimedia.org/wikipedia/commons/thumb/9/97/Monophyly%2C_paraphyly%2C_polyphyly.png/800px-Monophyly%2C_paraphyly%2C_polyphyly.png. Acesso em: 08.04.2019.

Os grupos polifiléticos não são apropriados como unidades taxonômicas, mas, ainda hoje, muitos continuam presentes nas classificações, pois boa parte dos organismos não possuem estudos aprofundados suficientes para se distinguir entre homologias, que são similaridades atribuídas à herança genética comum, e homoplasias (ou analogia), que são similaridades superficiais, que surgem da convergência (RUPERT, FOX; BARNES, 2005; PURVES, SADAVA, ORIANS; HELLER, 2002).

Apenas estruturas homólogas são úteis na reconstrução filogenética com base nos grupos monofiléticos. Por exemplo, um grupo polifilético, formado por aves, morcegos e insetos, tudo porque todos possuem asas, mas, as asas de cada um desses organismos são estruturas homoplásticas, e esses organismos descendem de três ancestrais distintos, cada um evoluindo independentemente.

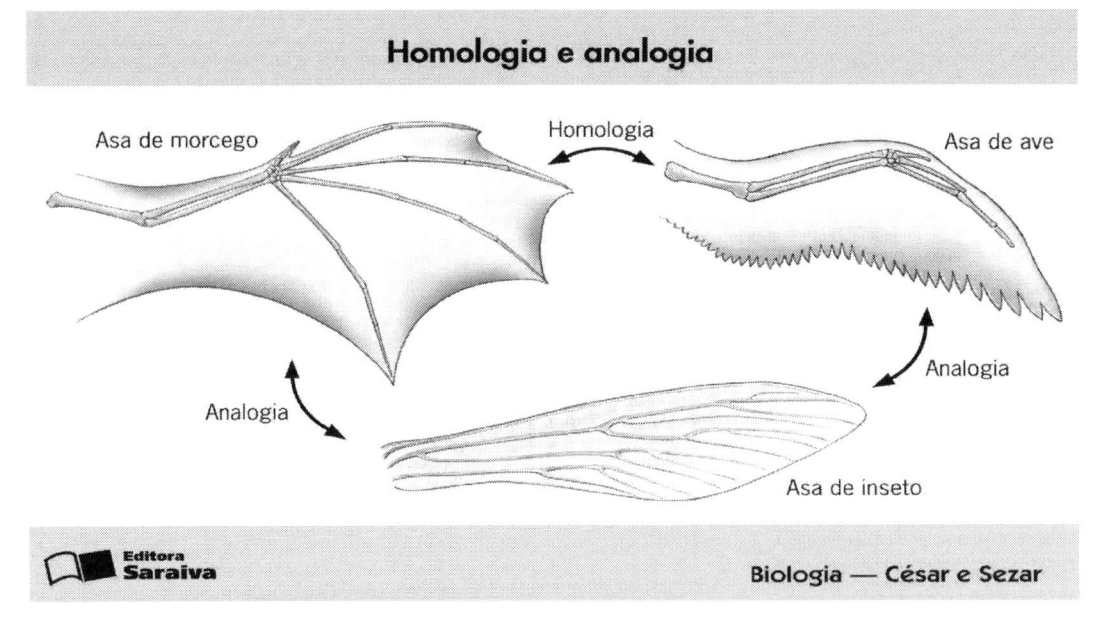

Disponível em: https://2.bp.blogspot.com/-W05iGN6kS-Y/VyZqWYB8stI/AAAAAAAAARU/d45wpI VJK4UcH7Q23CSwSJNiNFB2PWlMwCLcB/s1600/bio2_025.jpg. Acesso em: 08.04.2019.

Aplicando-se a cladística para espécies, grupos de espécies e assim por diante, somos levados a uma estrutura hierárquica ramificada, tipificando uma árvore filogenética. Uma árvore filogenética, construída de forma correta, é super-representativa. Nela, as relações de parentesco das espécies e dos táxons superiores são mostradas graficamente. As sinapomorfias são indicadas para cada par de grupos-irmãos, e as autapomorfias associadas com a espécie ancestral. Por mais simples que se possa escolher um exemplo para explicar o método de reconstrução filogenética, na prática é bem complexo. Os métodos computacionais desenvolvidos para análises filogenéticas permitem aos sistematas a análise de muitos caracteres e comparações com muitas árvores. Muitas filogenias já foram e estão sendo reconstruídas (RUPERT et al., 2005; PURVES et al., 2002).

Retomando a aula

Chegamos, enfim, ao final da primeira aula. Esperamos que tenha ficado esclarecida a importância das normas taxonômicas, da sistemática e suas aplicações. Vamos recordar:

1 - Normas Taxonômicas

O objetivo da criação de normas taxonômicas é para que um tipo único de organismo tenha somente um nome correto, e dois organismos não possuam o mesmo nome. O I.C.Z.N. estipulou a nominação do sistema de Lineu, passando de **nomenclatura binomial** (nomes em duas partes), para **nomenclatura binominal** (nomes de dois nomes). Isso quer dizer que, os nomes genéricos e específicos podem ser de apenas uma palavra cada. Em uma publicação científica especializada, deve ser acrescido o nome do autor, uma vírgula e o ano de publicação.

Para subespécies, a nomenclatura taxonômica passa a ser um trinômio (três nomes): a primeira corresponde ao nome genérico, a segunda, ao nome específico e a terceira, ao nome subespecífico. A última palavra é escrita com inicial minúscula e sem qualquer sinal identificativo (BRUSCA; BRUSCA, 2007).

2 - Sistemática

Entre seus principais objetivos, estão: demonstrar a diversidade dentro do gênero, descrever a biodiversidade, ordenar as espécies e a biodiversidade subjacentes a essa sistemática. Enfim, ela se preocupa em construir classes, fazer classificação, sobre as quais poderemos fazer generalizações. Podemos dizer, então, que o maior objetivo da sistemática é de reconstruir a árvore filogenética ou filogenia, que relaciona todas as espécies viventes e extintas (HICKMAN, ROBERTS; LARSON, 2004).

A classificação biológica consiste em delimitar, ordenar e classificar os organismos em grupos, analisando padrões na distribuição dos caracteres entre os organismos. Após essas análises, ocorrem as divisões, em que os espécimes são agrupados em espécies. Sendo estas relacionadas, agrupam-se em gêneros, os quais se agrupam para formar as famílias, assim, sucessivamente.

Vale a pena

Vale a pena assistir

https://sistematicabiologi.wixsite.com/sistematica/conceitos.

https://www.fcav.unesp.br/Home/departamentos/biologia/MARIACELIAPORTELLA/2p.-taxonomia-e-sistematica-2015.pdf.

Minhas anotações

Minhas anotações

Aula 2º

Protozoa

O tema desta aula são os protistas, organismos unicelulares eucariontes, que mesmo tendo uma única célula, realizam todas as funções vitais em seu ambiente. Eles podem ser heterótrofos ou "protozoários", e autótrofos, que realizam fotossíntese. Os organismos desses táxons são diversificados e apresentam milhares de espécies, das mais variadas formas e tamanhos, que desenvolveram uma série de estruturas celulares, oriundas das células eucariontes. Vamos lá, conhecer mais a fundo esses organismos?

Bons Estudos!!

Figura 1. Paramécio. Disponível em: https://s1.static.brasilescola.uol.com.br/be/conteudo/images/os-paramecios-sao-exemplos-protozoarios-que-se-locomovem-por-cilios-558db9073ffee.jpg. Acesso em: 08.04.2019.

Bons estudos!

Objetivos de aprendizagem

Ao término desta aula, vocês serão capazes de:

- apresentar as características básicas dos protozoários;
- identificar as principais doenças causadas por protozoários;
- explicar como deve ser feita a prevenção das principais doenças causadas por protozoários.

Seções de estudo

1 - Introdução aos protozoa, características morfológicas, nutrição e reprodução
2 - Grupos de protozoários

1 - Introdução aos protozoa, características morfológicas, nutrição e reprodução

O Reino Animal, por tradição, pode ser dividido em dois sub-reinos: Protozoa e Metazoa. Os Protozoa (= "primeiros animais") são organismos unicelulares abundantes em termos de número e biomassa, se alimentam heterotroficamente e são considerados um táxon polifilético, sem definição filogenética. Constituem um grupo de eucariontes diversificado, heterogêneo, que evoluiu a partir de algas unicelulares, com cerca de 92.000 espécies, sendo que um quarto destes, vivem como simbionte de outros organismos. Há registro fóssil de protozoários com carapaças (foraminíferos), que viveram há mais de 1,5 bilhão de anos, na Era Proterozoica. Grandes extensões do fundo dos mares apresentam espessas camadas de depósitos de carapaças de certas espécies de radiolários e foraminíferos. São semelhantes a animais em vários aspectos, tais como: não tem parede celular, tem, pelo menos, um estágio móvel no ciclo de vida, e a maioria ingere seu alimento (HICKMAN et al., 2005). Sua principal importância é a característica de consumidores de bactérias (Procariontes) e, quando parasitas, têm um enorme impacto sobre os seres humanos, considerando as milhares de pessoas acometidas por doenças como a malária e outros protozoários parasitas, além dos danos econômicos (RUPERT et al., 2005; PURVES et al., 2002).

Os protozoários são encontrados em todos os lugares possíveis à vida. Com uma grande adaptabilidade, encontram-se distribuídos em vários locais. Necessitando de umidade, vivem em ambientes marinhos ou de água doce, solo ou lugares com matéria orgânica em decomposição, plantas ou animais. Podem ser sésseis ou livres, formando grande parte dos plânctons. Possuem uma adaptação variada e as sucessões ocorrem conforme as condições ambientais. Algumas espécies vivem em colônias e outras apresentam estágios multicelulares em seus ciclos, o que leva ao questionamento do porquê não serem considerados metazoários. A justificativa é que, por possuírem formas similares não coloniais claras, apresentam mais de um tipo de célula não reprodutiva, e não têm desenvolvimento embrionário (HICKMAN et al., 2005).

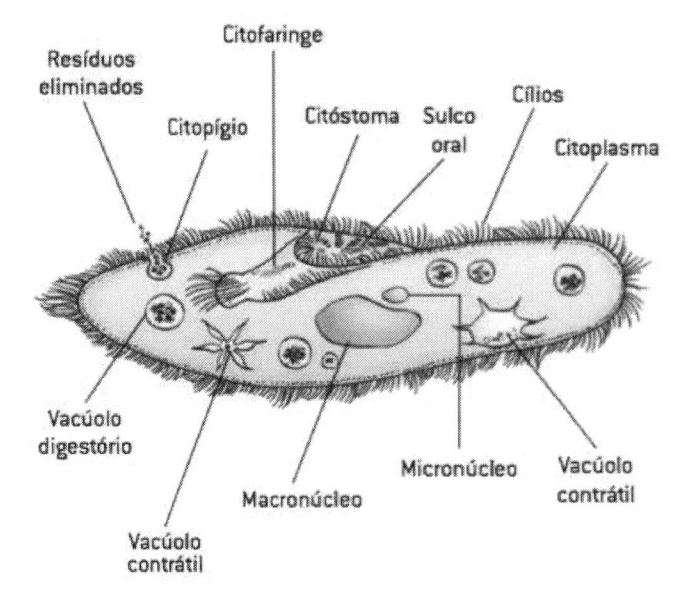

Figura 2. Organização celular de um paramécio, um protozoário ciliado. Disponível em: https://www.coladaweb.com/wp-content/uploads/2014/12/20170311-protozoario4.jpg. Acesso em: 08.04.2019.

Características Morfológicas

A maioria dos protozoários consiste em uma única célula, que varia de tamanho, de 10 μm, como se apresentam os coanoflagelados, a muitos centímetros em alguns dinoflagelados. Seu corpo geralmente é limitado apenas pela membrana celular, com rigidez ou flexibilidade dependente do citoesqueleto, que junto com a membrana celular formam a **película**, um tipo de "parede corporal". O citoesqueleto geralmente é formado por filamentos proteicos, que podem formar uma malha densa no citoplasma, próximo à superfície (Fig. 3, A), nos microtúbulos e vesículas ou na combinação desses três. Nos flagelados, nos apicomplexos e nos ciliados, esses microtúbulos podem ter características peculiares. Eles podem ser dispostos de maneira a se assemelharem a um colete microtubular (Fig. 3, B), podem se originar nos corpos basais flagelares e se irradiar para trás, até a extremidade oposta da célula (Fig. 3, C). Podem também se irradiar a partir de um centroplasto no centro da célula (Fig. 3, D), sendo cada uma dessa disposição apresentada em um tipo de protozoário (RUPPERT et al., 2005; HICKMAN et al., 2005).

Os dinoflagelados, apicomplexos e os ciliados definem os Alveolatas. Neles, logo abaixo da membrana celular, ocorrem as vesículas, também chamadas de alvéolos. Nos ciliados, esses alvéolos, quando "vazios", podem ficar túrgidos e ajudar na sustentação das células, como também no armazenamento de Ca^{2+}, utilizado no disparo das respostas celulares (Fig. 3, E). Já em alguns dinoflagelados, no interior dos alvéolos, placas de celulose são secretadas formando um endoesqueleto rígido (Fig. 3, F) (RUPERT et al., 2005).

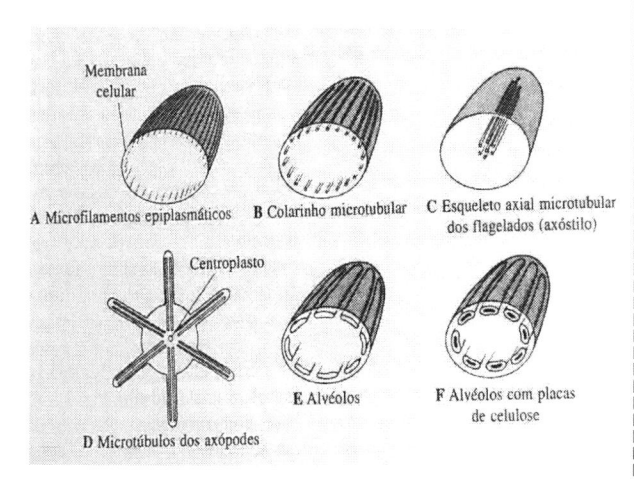

Figura 3. Protozoa: citoesqueletos de microfilamentos de actina, microtúbulos e alvéolos. Exemplos: (A) Amebas, euglenoides. (B) Euglenoides. (C) Axostilados. (D) Heliozoários. (E) Ciliados, apicomplexos. (F) Dinoflagelados. Disponível em: https://docplayer.com.br/docs-images/62/47181377/images/5-0.jpg. Acesso em: 08.04.2019.

Os protozoários possuem organelas locomotoras que podem ser do tipo flagelo ou cílios, os quais não se diferenciação morfologicamente, ou extensões fluídas do corpo chamadas pseudópodes. Os flagelos geralmente estão voltados para a extremidade anterior da célula. É um filamento longo, formado por microtúbulos proteicos, envolvidos por uma bainha, semelhante à membrana celular; em muitos protozoários, apresentam como "pelos" finos laterais, chamados de mastigonemas. Cada flagelo ou cílio possui nove pares de microtúbulos longitudinais dispostos em um círculo em torno de um par central. Essa organização de microtúbulos, válida para todos os cílios e flagelos do Reino Animal, é chamada de axonema. Para a movimentação nos cílios a água é impulsionada paralelamente à superfície na qual ele está fixado. Nos flagelos, a água é impulsionada paralelamente ao sei eixo principal (RUPPERT et al., 2005; et. al., 2004).

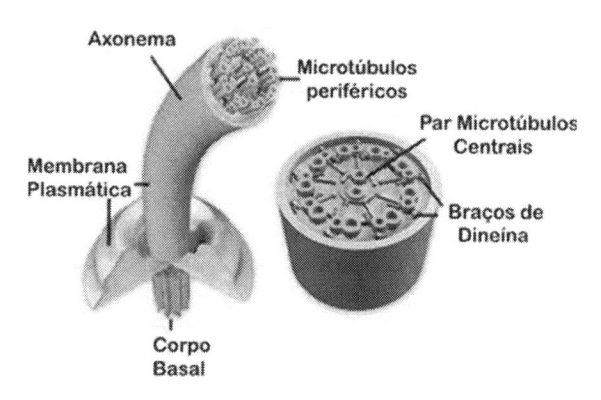

Figura 4. Estruturas de cílios e flagelos. Disponível em: https://images.slideplayer.com.br/41/11293654/slides/slide_20.jpg. Acesso em: 08.04.2019.

Nos protozoários existem várias formas de pseudópodes, sendo que as mais conhecidas são:

- Lobópodes – são grandes extensões do corpo celular, que contêm endoplasma e ectoplasma, com uma extremidade romba.
- Filópodes – com prolongamentos finos, geralmente ramificados, contendo somente ectoplasma.
- Reticulópodes – diferenciam-se dos filópodes por formar um tipo de malha de rede.
- Axópodes – são pseudópodes finos e compridos, sustentados por feixes axiais de microtúbulos, podendo ser estendidos ou retraídos.

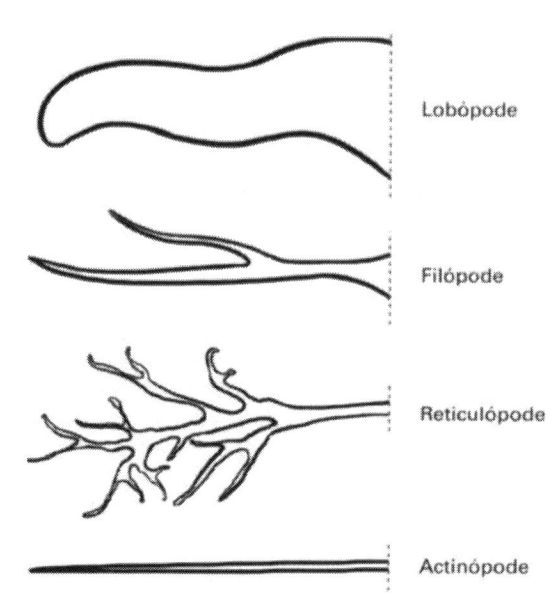

Figura 5. Tipos de pseudópodes. Disponível em: https://www.google.com.br/url?sa=i&source=images&cd=&ved=2ahUKEwj3w7GQ7tThAhWAD7kGHcfKC1wQjRx6BAgBEAQ&url=http%3A%2F%2Fwww.unijales.edu.br%2Flibrary%2Fdownebook%2Fid%3A232&psig=AOvVaw0l_dMCItS-yiZjUM8Tw7zS&ust=1555512590315081. Acesso em: 08.04.2019.

Nutrição

Os protozoários podem ser autótrofos, que sintetizam o próprio alimento, e heterótrofos, no qual o alimento já precisa estar sintetizado por outro organismo. Existe também outra classificação, muitas vezes dada aos heterótrofos, em que os protozoários ingerem partículas visíveis de alimento (fagocitose), sendo então chamados de fagotróficos ou holozoicos, e os que ingerem os alimentos em uma forma solúvel (pinocitose), que são os osmotróficos ou saprozoicos. Esses protozoários que utilizam a fagocitose e a pinocitose dependem da formação de vesículas limitadas por membranas denominadas de vacúolos digestivos, que estão associados com algum tipo de "boca da célula" ou citóstoma, formando invaginações permanentes ou estruturas para alimentação. Após a alimentação, o vacúolo encolhe gradualmente e os materiais não digeridos são expelidos pela célula. Em alguns protistas são expelidos em qualquer superfície celular, mas nos ciliados, que apresentam uma cobertura impermeável ao redor da célula, com um poro permanente (citoprocto), o conteúdo é liberado para o exterior (BRUSCA; BRUSCA, 2007; PURVES et al., 2002).

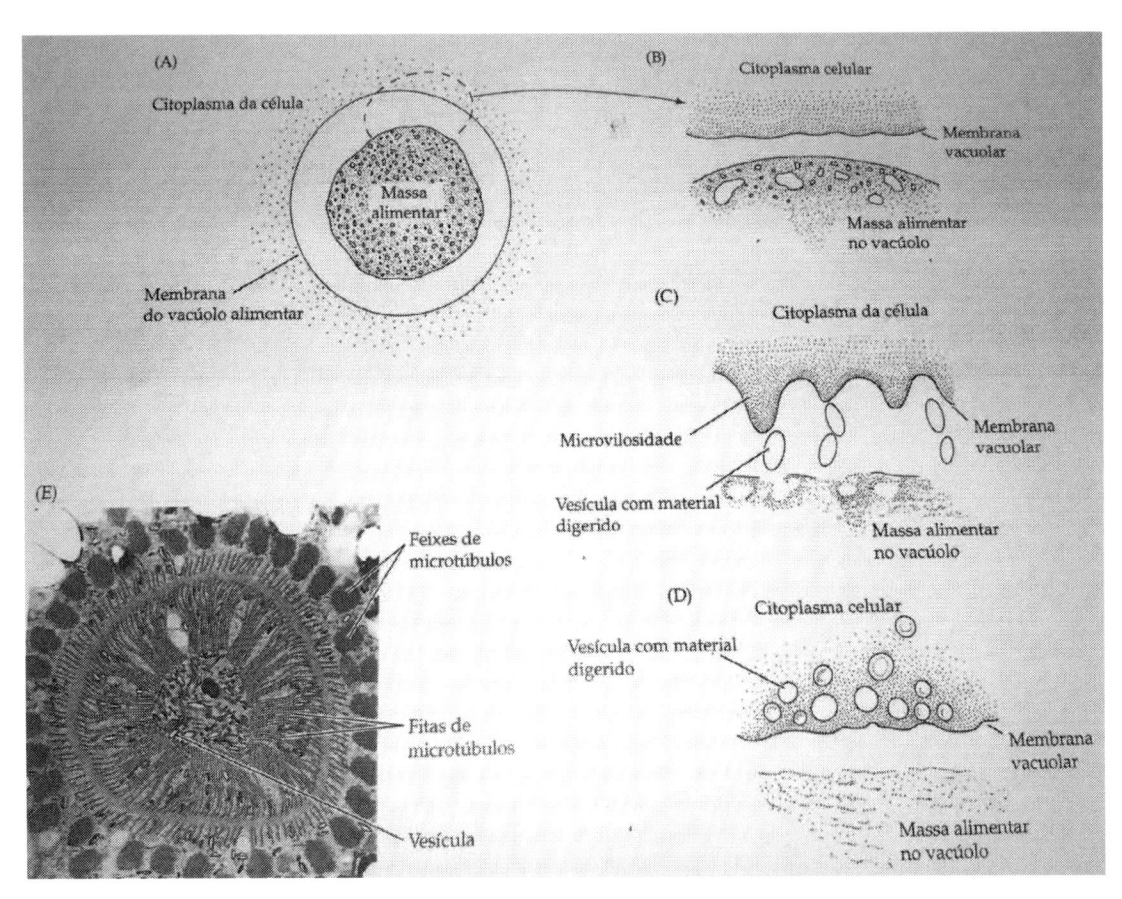

Figura 6. Atividade em um vacúolo digestivo generalizado de protista. (A) Acúmulo de alimento intacto no interior do vacúolo digestivo. (B) A membrana vacuolar e a margem do acúmulo de alimento (vista ampliada). (C) Formação das microvilosidades e das vesículas de membrana vacuolar. (D) Entrada no citoplasma das vesículas contendo produtos da digestão. (E) Corte transversal através do citóstoma do ciliado Helicoprorodon, mostrando no centro a área de formação do vacúolo digestivo. Os microtúbulos dão sustentação para a boca. (BRUSCA; BRUSCA, 2007).

Reprodução

A variação de estratégias reprodutivas nos protistas pode ser responsável pelo seu sucesso. Em sua grande maioria, lança mão tanto da reprodução assexuada como a sexuada, e em alguns assexuados também há o emprego da recombinação gênica, mesmo que esta não resulte diretamente em reprodução. Entre os processos estritamente assexuados, incluem-se a fissão binária, em que há divisão simples da célula, com mitose seguida de citocinese; fissão múltipla, em que o núcleo passa por múltiplas divisões anteriores à citocinese, resultando em muitas células filhas; brotamento, no qual há o crescimento de uma nova célula na superfície de outra mais madura, e a formação de esporos, cujas células são capazes de se desenvolver em novos organismos.

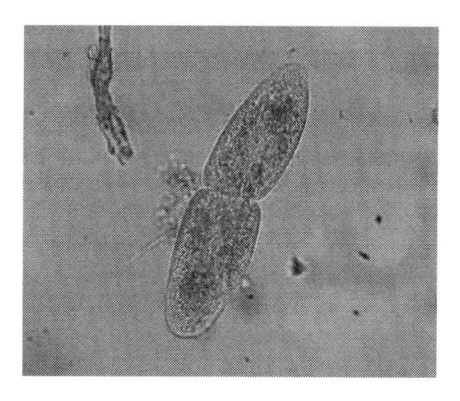

Figura 7. Fissão Binária. Disponível em: https://i.ytimg.com/vi/bXEc2UYBD9o/hqdefault.jpg. Acesso em: 08.04.2019.

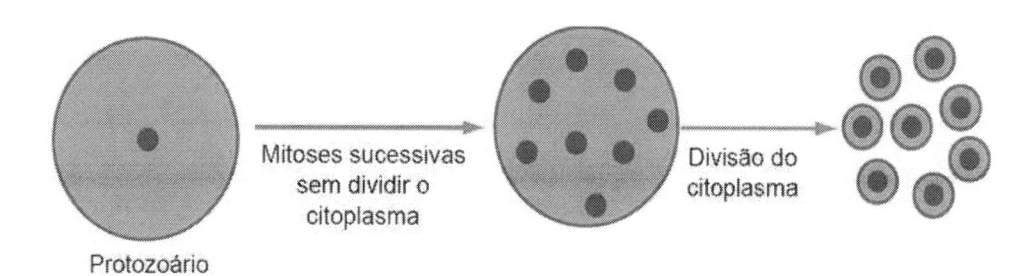

Figura 8. Fissão múltipla. Disponível em: http://s3-sa-east-1.amazonaws.com/descomplica-blog/wp-content/uploads/2015/07/03151347/inyNIX9.png. Acesso em: 08.04.2019.

Figura 9. Brotamento. Disponível em: https://blogdoenem.com.br/wp-content/uploads/2014/01/reproducao-assexuada-3.png. Acesso em: 08.04.2019

A reprodução sexuada também se dá de várias formas. Acredita-se que esta seja a responsável pela manutenção da variabilidade genética desses organismos. Algumas variedades de atividades sexuais nos protozoários são:

Singamia ou Copulação: acontece com a união completa de duas células haploides (gametas). Ocorrendo a semelhança de dois gametas de formas primitivas, classifica-se como isogamia morfológica. A partir disso se deu a origem da anisogamia, em que microgametas masculinos móveis se unem aos macrogametas femininos imóveis.

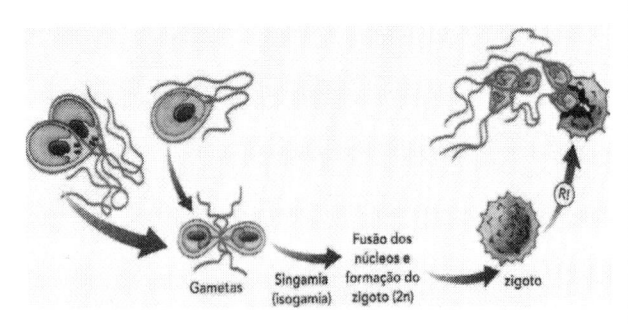

Figura 10. Singamia. Disponível em: http://3.bp.blogspot.com/-hMe6R32qtL8/U3UC7OcnyDI/AAAAAAAAGM/GG9yp38-HJ4/s1600/haplonte+2.jpg. Acesso em: 08.04.2019.

Conjugação: a partir da união parcial transitória de dois indivíduos, em que ocorre a troca mútua de núcleos haploides, após a separação, os núcleos dos ex-conjugantes possuem uma nova guarnição cromossômica combinada. A conjugação encontra-se somente nos ciliados e os parceiros são hermafroditas. Com isso, em algumas espécies de *Paramecium* verifica-se, em determinadas condições do meio, autofecundação ou autogamia.

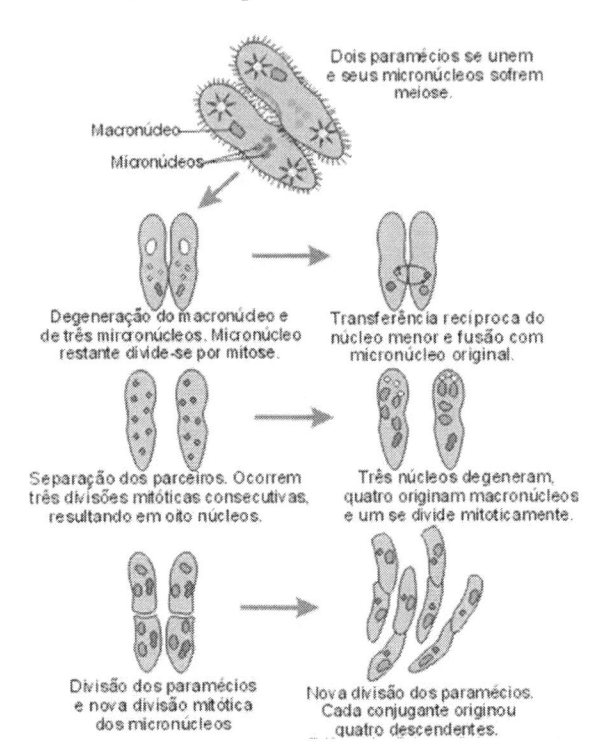

Figura 10. Conjugação. Disponível em: https://slideplayer.com.br/slide/1714033/7/images/6/TIPOS+DE+REPRODU%C3%87%C3%83O+SEXUADA+BACT%C3%89RIAS%2C+PROTOZO%C3%81RIOS+E+ALGAS.jpg. Acesso em: 08.04.2019.

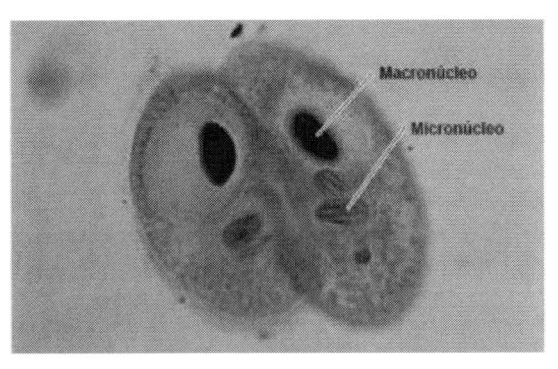

Figura 11. Disponível em: https://alunosanalisesclinicas.files.wordpress.com/2014/10/paramc3a9cio.png?w=300&h=218. Acesso em: 08.04.2019.

Citogamia: assemelha-se à conjugação por haver a ligação de dois indivíduos, sem a existência da ponte citoplasmática e da troca de micronúcleo. Esse processo é chamado de autogâmico.

Os ciliados suctórios desenvolveram uma modificação no processo da conjugação. Nestes, a aparência dos conjugantes é distinta, e havendo o encontro de um microconjugante com um macroconjugante, eles se fundem. Segundo Woodreff (1925) em Manwell (1968, p. 211), há um real significado da conjugação e sua transformação intracelular entre os protozoários. Para ele, a "conjugação tem um valor direto de sobrevivência, e produz uma profunda estimulação das atividades metabólicas da célula, que é expressa na reprodução".

Esporogonia: nesse processo, após a singamia, o zigoto passa por repetidas divisões nucleares e, somente após o término, inicia-se a reprodução das células filhas. Nessa segunda fase do processo multiplicativo, a esporogonia assemelha-se à esquizogonia (HICKMAN et al,. 2004; BRUSCA; BRUSCA, 2007).

Os principais grupos de protozoários são diferenciados em grupos baseados no modo de locomoção do organismo. São eles:
Sarcodina - locomovem-se através de pseudópodos;
Mastigophora - locomovem-se através de flagelos;
Ciliophora - locomovem-se utilizando cílios;
Sporozoa - não possuem estrutura locomotora.

2 - Grupos de protozoários

SARCODINA

Dois grupos principais são os representantes de sarcodíneos: o das amebas e o dos foraminíferos. Entre as amebas, seu principal representante é a *Amoeba proteus*. Elas vivem em pequenos cursos d'água e em lagoas de águas limpas. São incolores, sendo evidentes o ectoplasma e o endoplasma. Suas organelas, núcleo, vacúolo contrátil, vacúolos alimentares e vesículas são de fácil visualização em microscópios de luz. Os pseudópodos ("falsos pés") são utilizados na locomoção e na captura de alimentos. Ao perceberem a presença do alimento, eles se deslocam em sua direção, englobando-os. As amebas se alimentam de algas, protozoários, rotíferos e até mesmo de outras amebas, ingeridas por fagocitose. O tipo de reprodução mais comum entre os sarcodíneos é a divisão binária (HICKMAN et al., 2004).

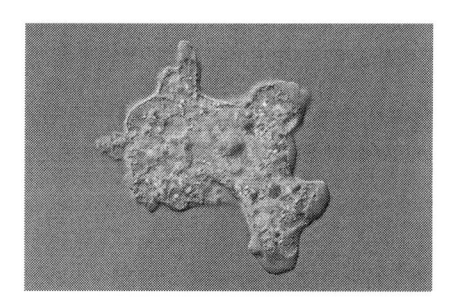

Figura 12. Amoeba proteus. Disponível em: https://render.fineartamerica.com/images/rendered/default/greeting-card/images-medium-5/1-amoeba-proteus-gerd-guenther.jpg?&targetx=-27&targety=0&imagewidth=755&imageheight=500&modelwidth=700&modelheight=500&backgroundcolor=AEB0B1&orientation=0, Acesso em: 08.04.2019.

Entre as espécies que podem ocorrer no corpo do homem, algumas são parasitas, outras não. É o caso da *Entamoeba gengivalis*, que ocorre na gengiva, e o da *Entamoeba coli*, que ocorre no intestino, mas nenhuma dessas causa doença. *Entamoeba histolytica* é a parasita mais importante do homem. Vive no intestino grosso, podendo invadir a parede intestinal, resultando em disenteria amebiana séria, às vezes fatal. Através da corrente sanguínea, ela pode migrar para o fígado e outros órgãos. Seus sintomas são pouco aparentes, e a pessoa infectada transmite os cistos por meio de suas fezes. A infecção é disseminada por água contaminada ou por alimentos que contenham os cistos. *Endolimax nana* é outro parasita intestinal que provoca dores abdominais, diarreia, vômitos e fadiga. O parasita é adquirido pela ingestão de alimentos contaminados (HICKMAN et al,. 2004; BRUCA; BRUSCA, 2007).

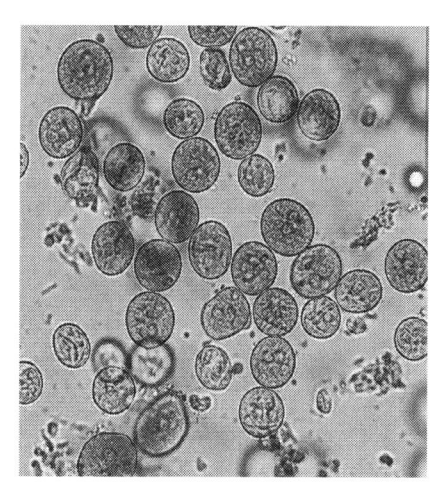

Figura 13. Entamoeba coli. Disponível em: https://scontent-atl3-1.cdninstagram.com/vp/ea814b4384c31fc3e8cfdc1505f200f7/5D452777/t51.2885-15/e35/51144979_551869745296192_4529205948652282157_n.jpg?_nc_ht=scontent-atl3-1.cdninstagram.co. Acesso em: 08.04.2019.

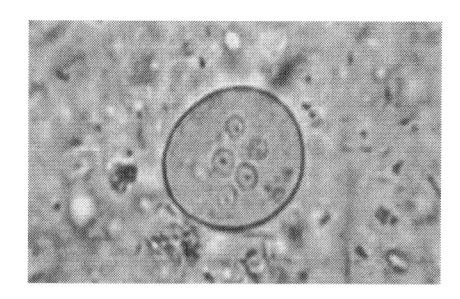

Figura 14. Entamoeba histolytica. Disponível em: http://www.waterpathogens.org/sites/default/files/Entamoeba%20Figure%201.jpg. Acesso em: 08.04.2019.

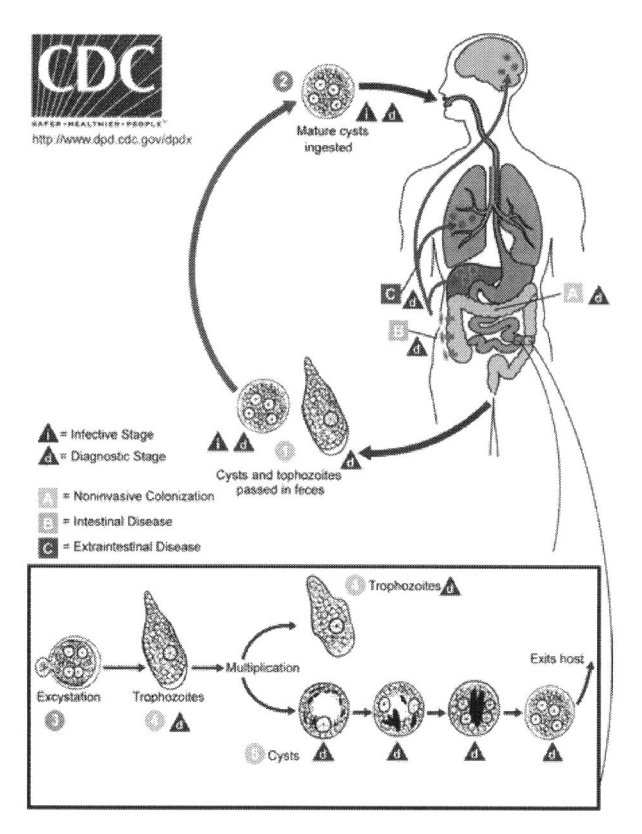

Figura 15. Ciclo da Entomoeba histolytica. Disponível em: https://www.infectiousdiseaseadvisor.com/wp-content/uploads/sites/16/2019/01/ch2094.fig1_.png. Acesso em: 08.04.2019.

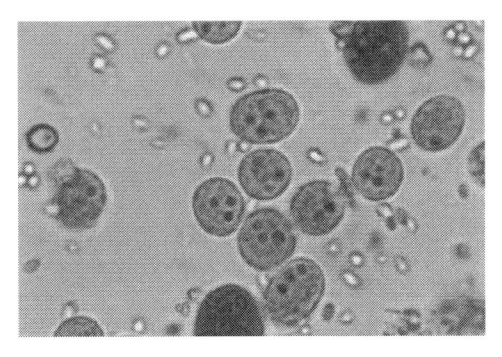

Figura 16. Endolimax nana. Disponível em: https://www.saudemais.org/wp-content/uploads/2018/01/Endolimax-nana-sintomas.jpg. Acesso em: 08.04.2019.

Os foraminíferos são sarcodíneos, principalmente marinhos, que vivem nos fundos oceânicos, com alguns poucos, em água doce e salobra. Possuem carapaça, que pode ser constituída de carbonato de cálcio secretado pelo organismo ou por grãos de areia que se aglutinam ao redor da célula. Sua forma varia muito de espécie para espécie, sendo que muitas lembram pequenos caracóis. Os pseudópodes finos atuam na captura do alimento, prolongando-se pelas aberturas da carapaça, de forma que formam uma rede protoplasmática. Nessa rede a presa é capturada e digerida. Sua reprodução é complexa, possuem fissões múltiplas e alternância de gerações haploide e diploide. Os foraminíferos também são de grande importância nas pesquisas sobre prospecção de petróleo, sendo bons indicadores da presença de combustível fóssil.

Figura 17. Foraminíferos bentônicos. Imagens: P. N. Pearson e I. K. McMillan. Disponível em: http://www.usp.br/aunantigo/imagens/forams-cov.jpg. Acesso em: 08.04.2019.

Curiosidade: Pesquisa do Instituto Oceanográfico ajuda a estabelecer um panorama da região da Bacia de Campos. Disponível em: http://www.usp.br/aunantigo/exibir?id=7834&ed=1377&f=27.

Mastigophora

Protozoários que possuem como principal meio de locomoção um ou mais flagelos, mas algumas espécies podem apresentar pseudópodes. Esse grupo está dividido em fitoflagelados, os quais geralmente apresentam clorofila e são fotossintéticos, e os zooflagelados, que realizam sua nutrição de modo heterotrófico, sendo estes, holozoicos ou saprozoicos. Os fitoflagelados possuem um ou dois flagelos (às vezes quatro) e os cloroplastos são de vida livre, sendo alguns coloniais. Os dinoflagelados podem ser considerados os mais importantes. Eles apresentam um flagelo longitudinal e um equatorial. O corpo pode ser nu ou coberto por placas de celulose ou valva. A maioria possui cromatóforos marrons ou amarelos, ou também podem ser incolores. Uma das interessantes espécies de dinoflagelados são as *Noctiluca,* que além de ser um predador voraz, é um dos muitos organismos marinhos que pode produzir luz (bioluminescência). As zooxantelas são dinoflagelados que vivem em associação mutualística nos tecidos de certos invertebrados, anêmonas do mar, bivalves e outros. Essa associação com corais pétreos é de grande importância econômica e ecológica, pois somente nessa simbiose é que podem ocorrer a formação de recifes de corais. Outra interessante característica, só que desta vez, não benéfica, é que os dinoflagelados podem prejudicar outros organismos. Um exemplo é a produção da "maré vermelha", situações em que há uma profusão em sua reprodução, ou seja, um *boom*, podendo ser altamente venenosas para alguns peixes e outros organismos marinhos (HICKMAN et al., 2004; BRUSCA; BRUSCA, 2007).

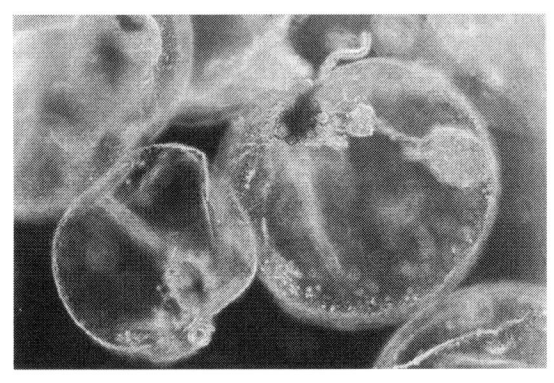

Figura 18. Noctiluca scintillans. Disponível em: https://upload.wikimedia.org/wikipedia/commons/5/53/Noctiluca_scintillans_varias.jpg. Acesso em: 08.04.2019.

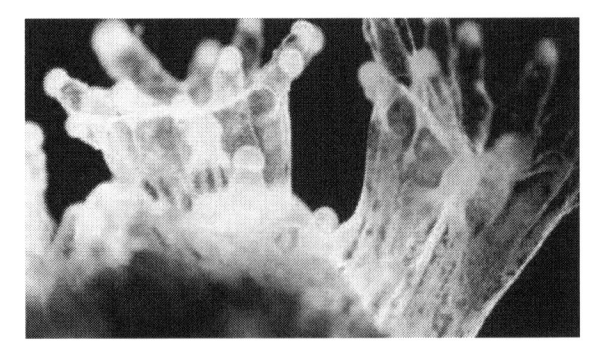

Figura 19. Zooxantelas de algas (pontos marrons) dentro de pólipos de coral. Disponível em: https://healingearth.ijep.net/files/images/Fig%2024_polyp_with_zooxanthellae.jpg. Acesso em: 08.04.2019.

Os zooflagelados são incolores e alguns dos parasitas mais importantes pertencem ao gênero *Trypanosoma*, vivem no sangue de peixes, anfíbios, répteis, aves e mamíferos. Alguns destes produzem sérias doenças no homem e em animais domésticos. A *Trypanosoma brucei gambiense* e *T. brucei rhodesiense* provocam a doença do sono nos humanos, e a *T. brucei brucei,* causa doença semelhante em animais domésticos. Esse parasita é transmitido pela mosca tsé-tsé (*Glossina* spp.). Tem como seu reservatório natural o antílope e outros animais selvagens que, aparentemente, não sofrem ação do parasita. Essa doença possui cerca de 10.000 novos casos a cada ano, podendo ser fatal em metade dos casos, e, quando não, suas sequelas são permanentes. Nas Américas do Sul e Central, o

T. cruzi é causador da doença de Chagas, que é transmitida pelo *Triatominae*, o barbeiro. Trata-se de uma doença severa em crianças menores de cinco anos, e crônica em adultos. Atinge, principalmente, o sistema nervoso central e periférico, podendo levar a óbito (HICKMAN et al., 2004).

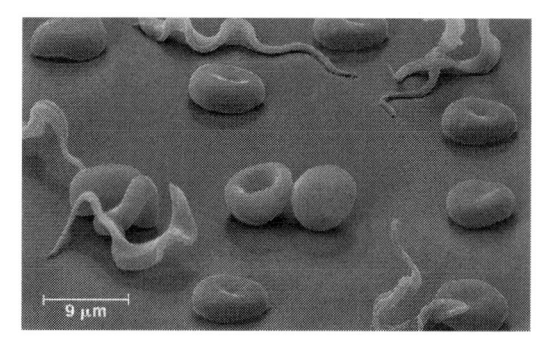

Figura 20. Trypanosoma brucei. Disponível em: https://midiaciencia.files.wordpress.com/2013/04/28_06trypanosoma-l.jpg. Acesso em: 08.04.2019.

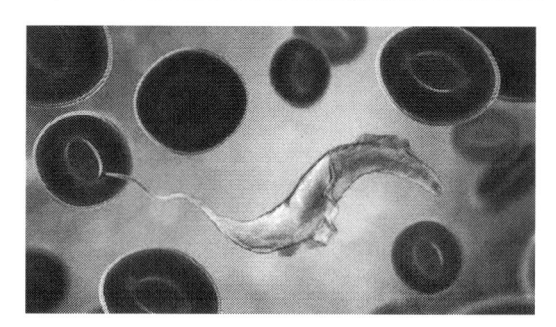

Figura 21. Trypanosoma cruzi. Disponível em: https://image.shutterstock.com/image-illustration/trypanosoma-cruzi-parasite-3d-illustration-260nw-1318500710.jpg. Acesso em: 08.04.2019.

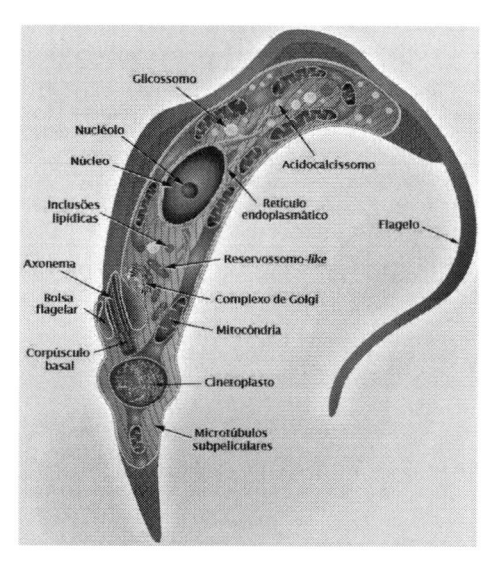

Figura 22. Trypanosoma cruzi. Disponível em: http://1.bp.blogspot.com-8qfmj0hRzHM/Ugo2-fez_eI/AAAAAAAAAFQ/YhBHMyl1CXs/s1600/Fig_5_1317994297.jpg. Acesso em: 08.04.2019.

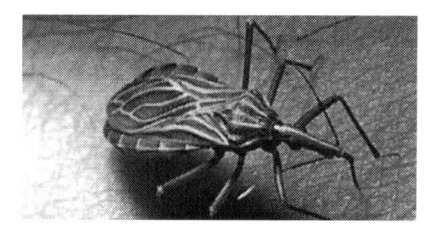

Figura 23. Barbeiro, Triatoma infestans. Disponível em: https://4.bp.blogspot.com/-XNgRIB-Fr1o/Wh2YGDzDLCI/AAAAAABM_M/StaZpXD7OGQE-L0ok443siYSv7kegr1WgCLcBGAs/s640/Barbeiro-Doen%25C3%25A7a-de-Chagas-Cataguases-MG.jpg. Acesso em: 08.04.2019.

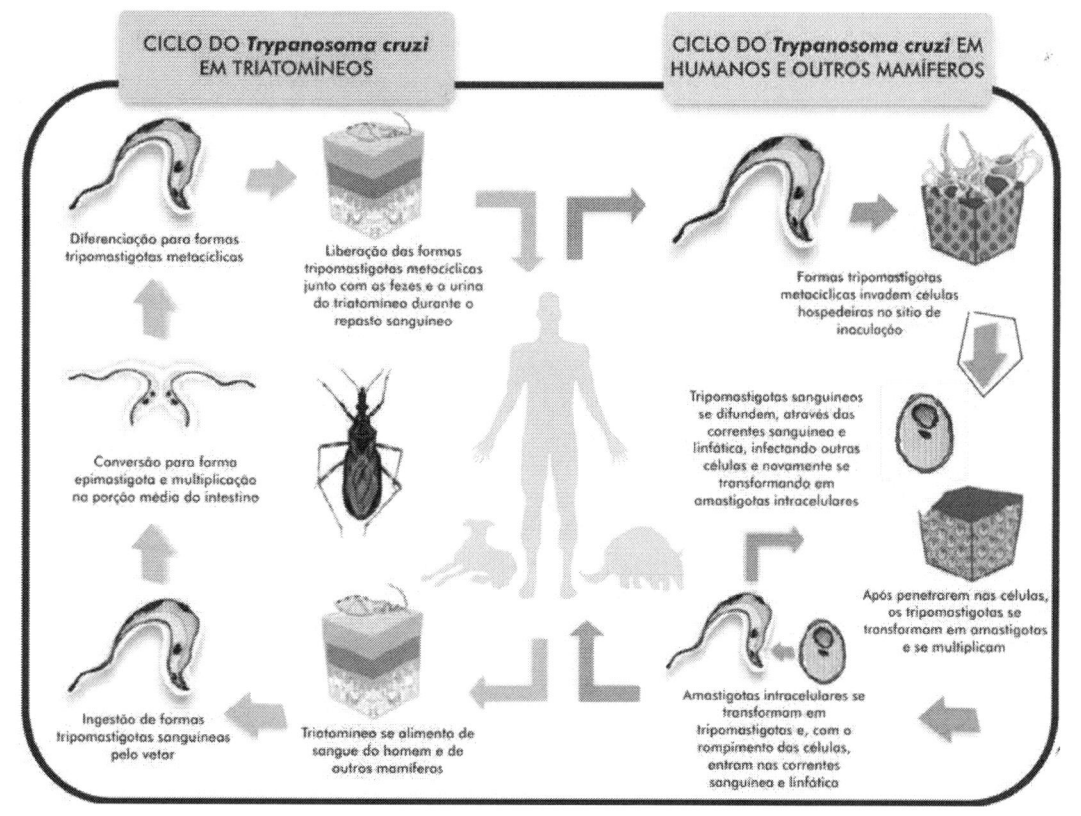

Figura 24. Ciclo de transmissão do Trypanosoma cruzi. Disponível em: https://lh6.googleusercontent.com/-uPyZj7FjvXY/UqIJSFnvs5I/AAAAAAAAQfU/ze4JozqHWwE/s640/ciclo_do_trypanosoma_cruzi.jpg. Acesso em: 08.04.2019.

Outra espécie de parasita que também causa uma importante doença em humanos e animais domésticos é a *Leishmania*. Essa infecção pode causar doença viceral grave, afetando, principalmente, o fígado e o baço. Algumas espécies podem causar lesões desfigurantes nas mucosas do nariz e garganta. O transmissor é o mosquito palha ou birigui, *Phlebotomus intermedius*.

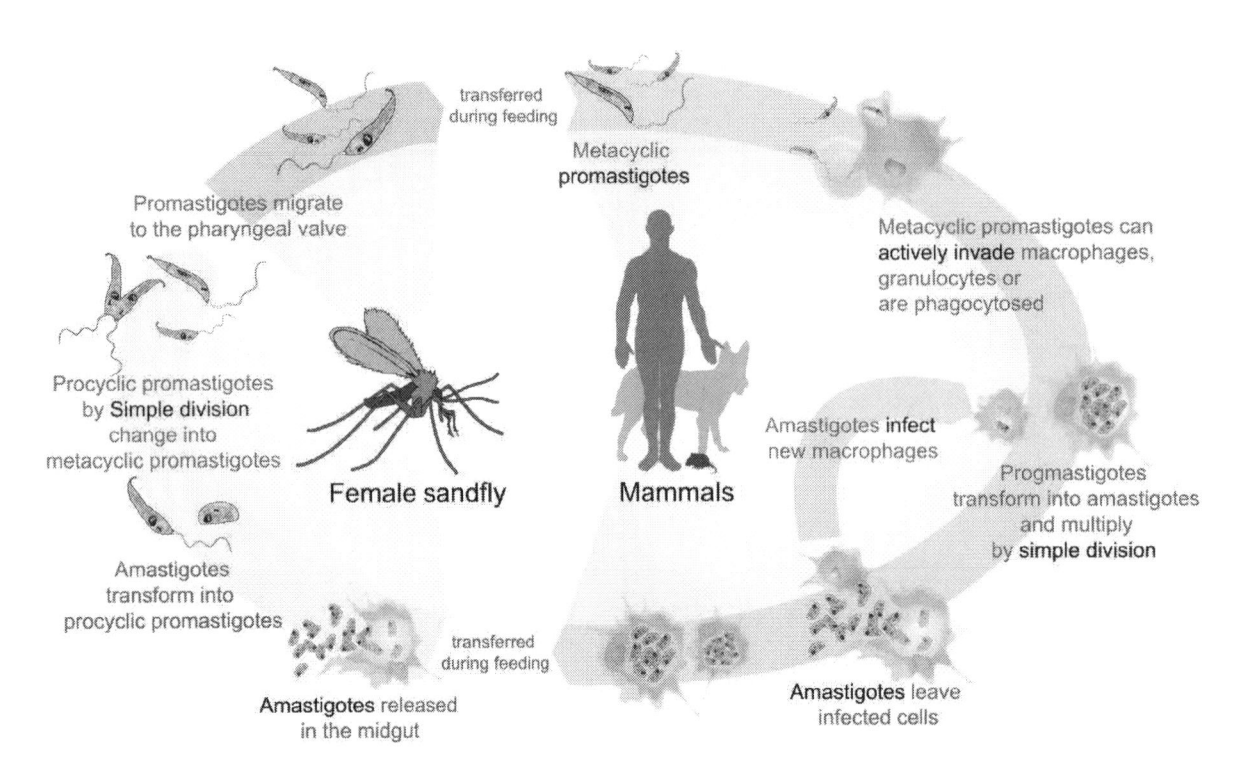

Figura 25. Ciclo de transmissão da Leishmania spp. Disponível em: https://upload.wikimedia.org/wikipedia/commons/thumb/e/e0/Leishmaniasis_life_cycle_diagram_en.svg/1280px-Leishmaniasis_life_cycle_diagram_en.svg.png. Acesso em: 08.04.2019.

Figura 26. Mosquito Palha. Disponível em: https://img.wonderhowto.com/img/61/74/63620935415390/0/new-research-shows-flesh-eating-leishmania-parasites-hide-our-bodies-fight-future-infections.1280x600.jpg. Acesso em: 08.04.2019.

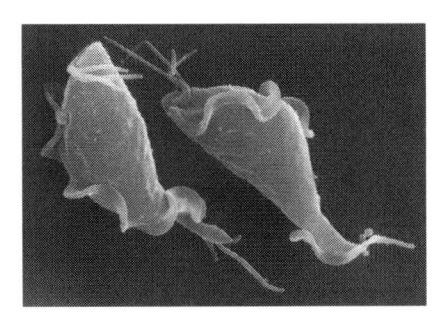

Figura 27. Trichomonas vaginalis. Disponível em: https://www.pharmaceutical-journal.com/Pictures/580xAny/9/1/1/1073911_trichomonas-vaginalis-micrograph-spl-17.png. Acesso em: 08.04.2019.

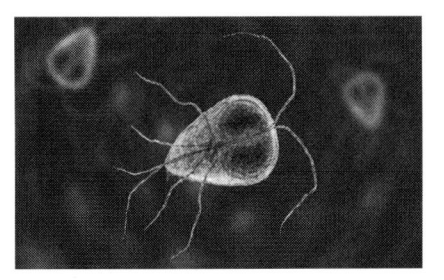

Figura 28. Giardia lamblia. Disponível em: https://st.focusedcollection.com/13422768/i/650/focused_225648946-stock-photo-giardia-lamblia-flagellated-protozoan-parasite.jpg. Acesso em: 08.04.2019.

Trichomonas spp. são parasitas simbiontes. A espécie *Trichomonas vaginalis*, por exemplo, habita o trato urogenital de homens e mulheres, produzindo uma infecção chamada tricomoníase. Sua transmissão se dá pelo contato sexual ou, também, através do uso de banheiros sem higiene. Já a *Giardia lamblia* é uma parasita do intestino, que provoca diarreias, mas pode se instalar na vesícula biliar. A giardíase se dá através da ingestão de água contaminada. O saneamento básico é seu principal meio de prevenção (RUPPERT et al., 2005).

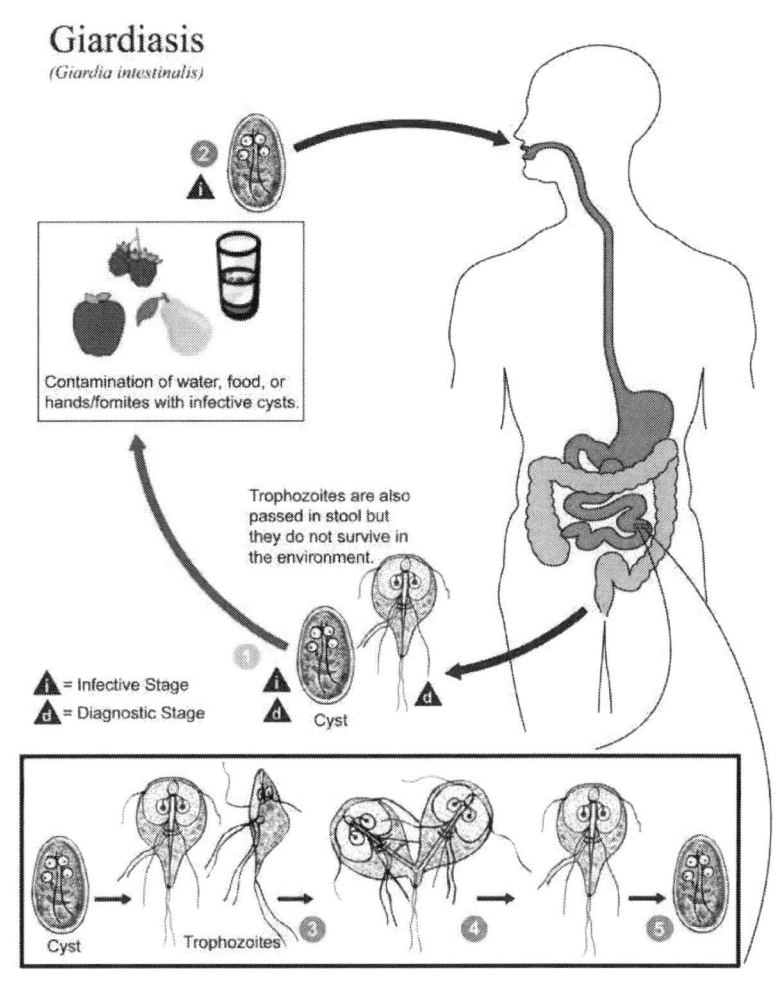

Figura 29. Ciclo de transmissão Giardia lamblia. Disponível em: https://i.pinimg.com/originals/4f/74/4c/4f744c869537ad132404637250b0d4ab.jpg. Acesso em: 08.04.2019

Ciliophora

Esses protozoários se utilizam de cílios para sua locomoção e captura de alimentos. Têm a mesma estrutura interna dos flagelos, mas diferem em tamanho, número e batimento. Possuem uma variedade de formas e vivem tanto em água doce, como em ambientes marinhos. São de vida livre em sua maioria, mas, também, podem ser comensais ou parasitas. Sempre multinucleares, possuem, no mínimo, um macronúcleo, responsável pelas funções metabólicas e de desenvolvimento, e um micronúcleo, que responde pela reprodução sexual. Em relação a sua nutrição, eles podem ser detritívoros, bacterívoros, herbívoros ou predadores. Sua excreção é, na maior parte, uma questão de regulação de volume. Sua reprodução pode ser por fissão binária, brotamento e, quando sexuada, por conjugação (HICKMAN et al., 2004; RUPPERT et al., 2005).

Os paramécios são seus representantes principais, sendo de vida livre, comuns em açudes e lagos de água doce. São de fácil identificação pela forma corpórea, semelhante à sola de um chinelo. Possuem todo o corpo recoberto por cílios, que auxiliam na locomoção, assim como na orientação da direção dos alimentos ao poro bucal.

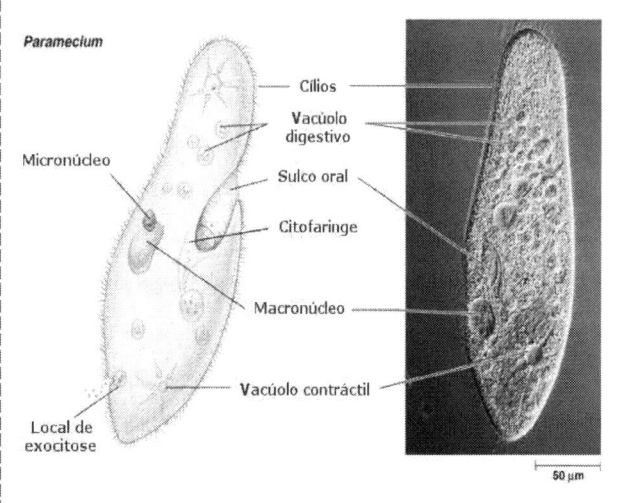

Figura 30. Paramecium. Disponível em: https://www.cientic.com/imagens/paramecia1.jpg. Acesso em: 08.04.2019.

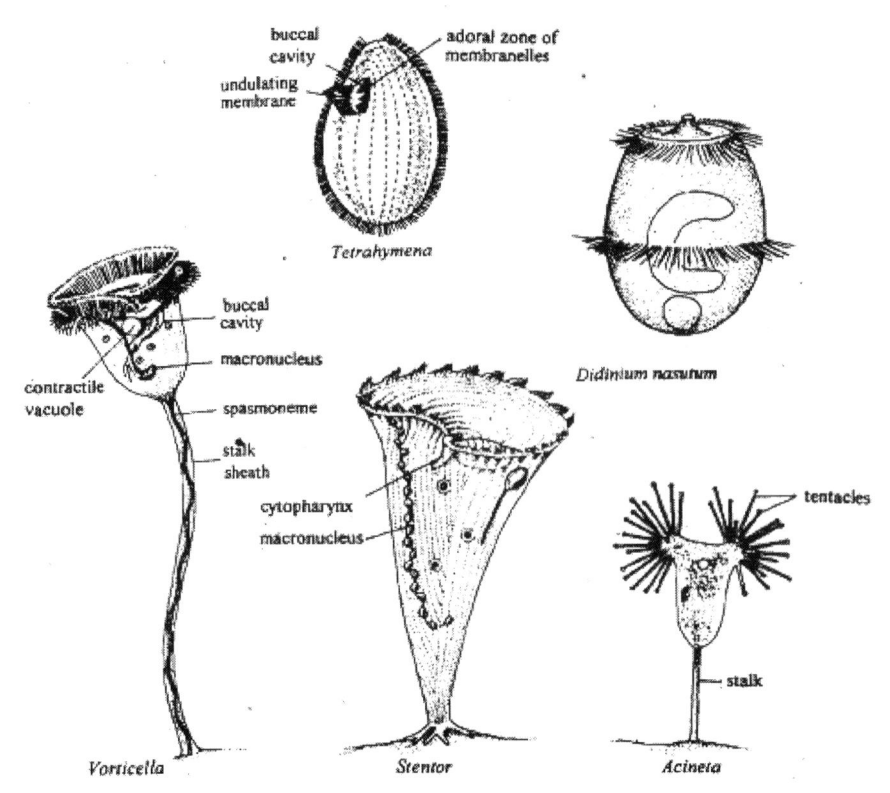

Figura 31. Diversidade de ciliados. Disponível em: http://www.expertsmind.com/CMSImages/317_Ciliated%20Protozoan.png. Acesso em: 08.04.2019.

Sporozoa

São protozoários parasitas mais importantes do Filo Apicomplexa. Sua característica principal é a ausência de estruturas empregadas na locomoção nas formas adultas. A alimentação se dá através da absorção direta dos nutrientes dos organismos que parasitam. Muitas espécies têm seu ciclo de vida com algumas fases se desenvolvendo em mais de um hospedeiro diferente. A reprodução pode ser assexuada e sexuada. Em algum ponto do ciclo de vida, esses organismos desenvolvem esporos (oocisto), característica essa que dá nome ao grupo. Logo após a formação do zigoto, ele sofre um encistamento e passa por uma divisão meiótica, dando origem a quatro esporozoítos com metade do número cromossômico do zigoto. Após mitoses sucessivas, essas células multiplicam-se, originando muitos outros esporozoítos que, finalmente, são liberados do cisto (HICKMAN et al., 2004; RUPPERT et al., 2005).

O gênero Plasmodium, em relação ao homem, é o mais importante. Ele é responsável pela transmissão da malária, doença comum, potencialmente fatal e de difícil controle. Em 2017, estima-se que houve 219 milhões de casos de malária em 90 países. Desses, 435 mil foram a óbito. Segundo dados da OMS, a região africana é a que mais sofre com a doença, onde foram notificados 92% dos casos, com 93% de mortes ocasionadas por ela. Existem cinco espécies de parasitas que causam a malária em humanos, sendo que duas delas, *Plasmodium falciparum* e *P. vivax,* apresentam a maior ameaça. A região Africana, o Sudoeste Asiático, o Mediterrâneo Oriental e o Pacífico Ocidental são contaminados, em sua maioria, com o *P. falciparum*. Nas Américas, o que predomina é o *P. vivax* (disponível em: https://www.paho.org/bra/index.php?option=com_content&view=article&id=5682:folha-informativa-malaria&Itemid=812). (Acesso em: 08. 04. 2019).

O mosquito *Anopheles* é o agente transmissor da malária. Após a picada do mosquito, os esporozoítos presentes na saliva são injetados nos humanos. Os esporozoítos penetram nas células do fígado e iniciam a esquizogonia, originando vários indivíduos, chamados de trofozoítos, que rompem as células hepáticas, podendo reinfectar novas células ou voltar à corrente sanguínea e penetrar novamente nas hemácias. No caso de *P. falciparum,* eles penetram nas células vermelhas do sangue após um único ciclo no fígado. Esse período de incubação dura em torno de 6 a 15 dias. Os merozoítos, que são resultantes da esquizogonia ocorrida no fígado, são liberados para infectar novos glóbulos vermelhos, dividindo-se por esquizogonia. Em alguns casos, os 20 merozoítos não se dividem dentro da hemácia, mas passam por um processo de diferenciação, originando gametócitos. Ao picar um indivíduo doente, o mosquito suga hemácias normais e também aquelas que contêm os gametócitos, iniciando o ciclo do Plasmodium no corpo do inseto.

Assim, uma vez no estômago do mosquito, os gametócitos diferenciam-se em gametas masculinos e femininos e, em seguida, há a fecundação. O zigoto formado fixa-se na parede do estômago criando um cisto, no interior do qual ocorre a esporogonia. O zigoto sofre meiose e as células haploides resultantes multiplicam-se várias vezes, dando origem a muitos esporozoítos, que rompem o cisto e, ao serem liberados, penetram na glândula salivar do inseto. Este, ao picar um indivíduo sadio, reinicia o ciclo (HICKMAN et al., 2004).

CICLO DA MALÁRIA

1. No homem: por ocasião da picada do pernilongo, formas infectantes do parasita, conhecidas como **esporozoítos**, abandonam as glândulas salivares do inseto e invadem o organismo humano.

2. Dirigem-se, pelo sangue, às células do fígado, onde se multiplicam.

3. A seguir, abandonam o fígado e se espalham pelo sangue, invadindo glóbulos vermelhos.

4. Em cada glóbulo vermelho, consomem a hemoglobina, sendo então chamados de **trofozoítos**. Por um processo de reprodução assexuada múltipla (conhecido como **esquizogonia**) cada trofozoíto dá origem a cerca de 36 células-filhas chamadas de **merozoítos**.

5. Esses merozoítos provocam a ruptura do glóbulo vermelho, ficam livres no sague e invadem novos glóbulos vermelhos. Nova reprodução múltipla ocorre e o ciclo de repete.

6. Após alguns ciclos de esquizogonia nas hemácias humanas, certos merozoitos transformam-se em célular sexuais, os **gametócitos**; porém, não formam gametas no organismo humano.

7. No pernilongo: sugadas por um *Anopheles* fêmea, hemácias contendo gametócitos chegam ao tudo digestivo do inseto. Os gametócitos femininos (macrogametócitos) crescem e se transformam em mega-gametas. Cada gametócito masculino (microgametócito) divide-se e origina de 6 a 8 microgametas, com forma de espermatozóide.

8. As fecundações ocorrem no tubo digestivo do inseto, caracterizando-o, assim, como hospedeiro definitivo do ciclo vital do plasmódio.

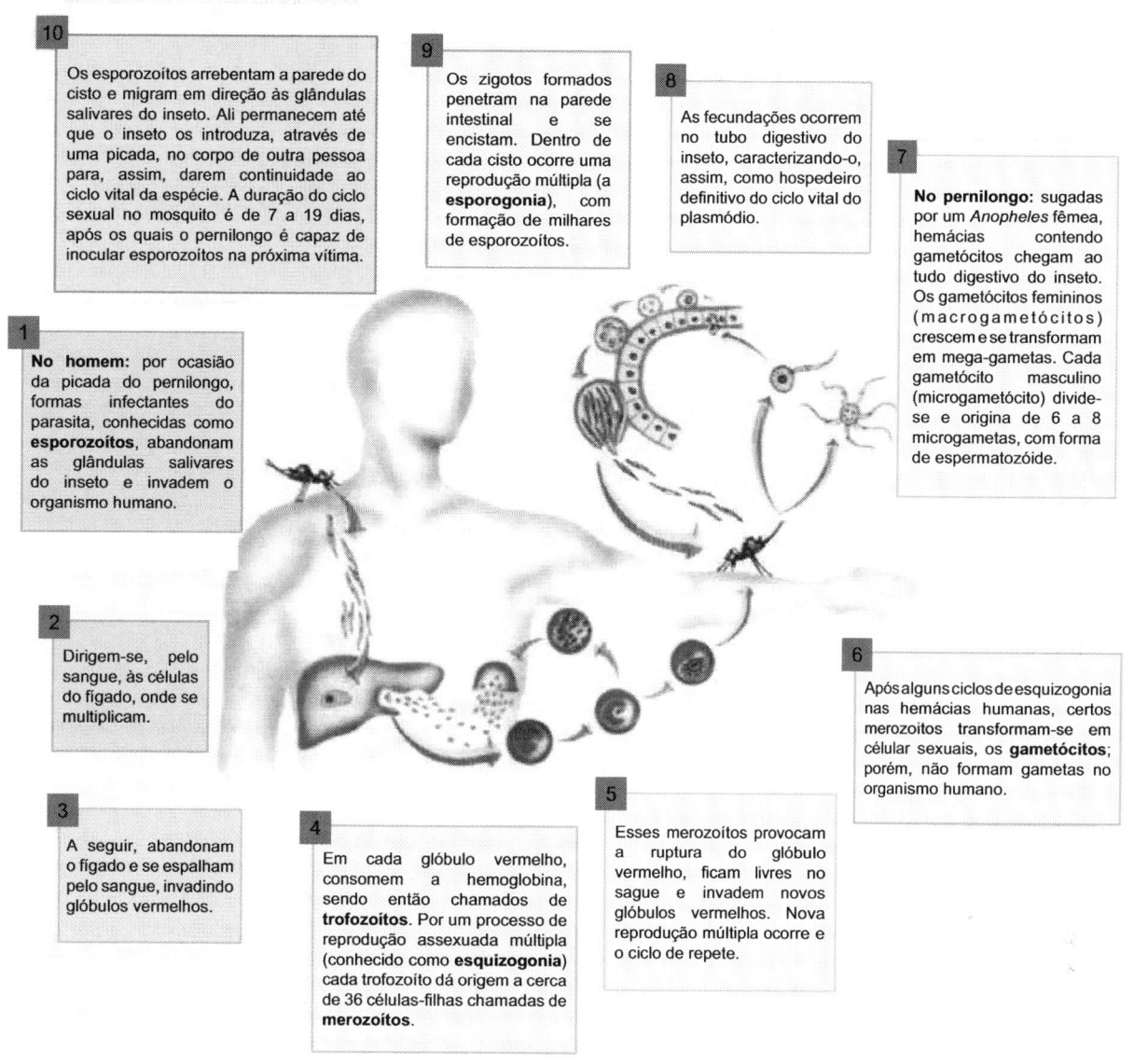

9. Os zigotos formados penetram na parede intestinal e se encistam. Dentro de cada cisto ocorre uma reprodução múltipla (a **esporogonia**), com formação de milhares de esporozoítos.

10. Os esporozoítos arrebentam a parede do cisto e migram em direção às glândulas salivares do inseto. Ali permanecem até que o inseto os introduza, através de uma picada, no corpo de outra pessoa para, assim, darem continuidade ao ciclo vital da espécie. A duração do ciclo sexual no mosquito é de 7 a 19 dias, após os quais o pernilongo é capaz de inocular esporozoítos na próxima vítima.

Figura 32. Ciclo da Malária. Disponível em: http://www.ocorpohumano.com.br/img/ciclo_malaria.jpg. Acesso em: 08.04.2019.

O *Toxoplasma gondii* é o agente causador da toxoplasmose. Seu hábitat são vários tecidos e células, líquidos orgânicos tais como, saliva, leite, esperma, etc. Parasita distribuído mundialmente, causa pouco ou nenhum mal aos humanos, exceto em pacientes com AIDS ou mulheres infectadas durante a gravidez, principalmente, nos três primeiros meses. A infecção aumenta a chance de defeito congênito nos bebês. É uma zoonose muito frequente em várias espécies de mamíferos e aves. Seus hospedeiros definitivos são gatos e outros felídeos, já o homem é um hospedeiro intermediário ou incompleto. Durante seu ciclo vital o parasita passa por um estágio de reprodução por esporogonia, no hospedeiro definitivo e por uma fase de reprodução assexuada (esquizogonia), nos tecidos de vários hospedeiros, inclusive de gatos e do homem. Nos felídeos não imunes podem ser encontradas as formas do ciclo sexuado no epitélio intestinal e também no mcio exterior, junto às fezes (sendo esta a forma resistente, dita oocisto). A contaminação pode se dar através ingestão de oocistos, cistos e, ainda, pela transmissão congênita ou placentária. Na forma congênita da toxoplasmose, na qual a mulher grávida portadora da doença serve de meio de contaminação, o parasita atravessa a barreira placentária e atinge o feto, provocando lesões oculares graves, cegueira, ou lesões no crânio e encéfalo, o que pode causar aborto, ou parto prematuro (HICKMAN et al., 2004; BRUSCA; BRUSCA; 2007).

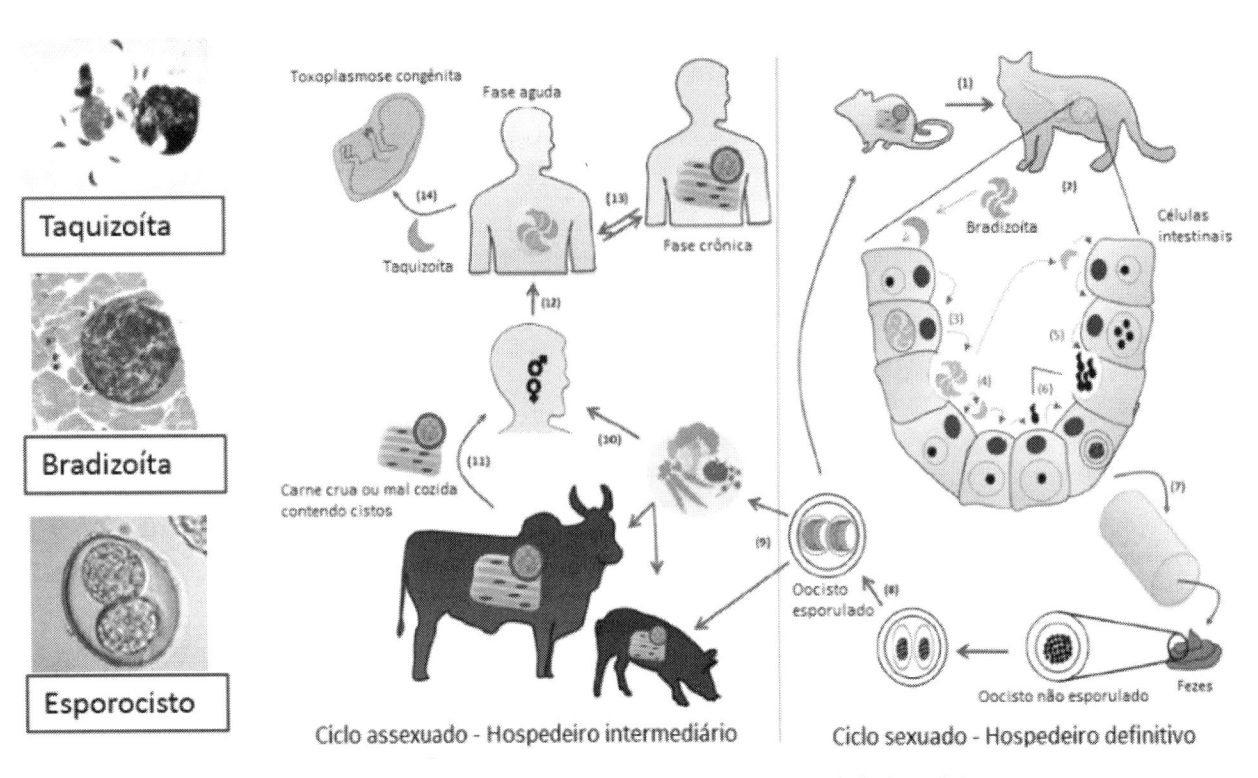

Figura 33. Ciclo da Toxoplasmose. Disponível em: https://i1.wp.com/www.casadaciencia.com.br/wp-content/uploads/2018/01/Imagem-toxoplasmose.png?resize=800%2C463. Acesso em: 08.04.2019.

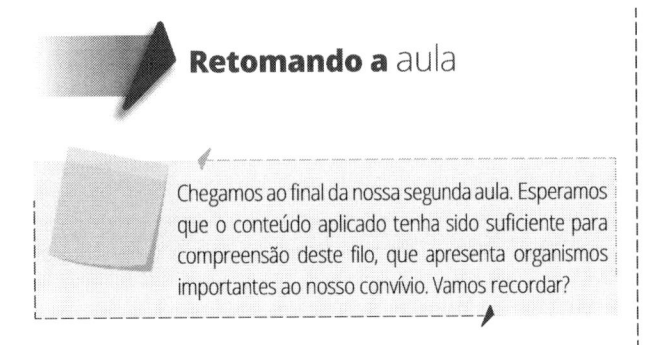

Retomando a aula

Chegamos ao final da nossa segunda aula. Esperamos que o conteúdo aplicado tenha sido suficiente para compreensão deste filo, que apresenta organismos importantes ao nosso convívio. Vamos recordar?

1 - Introdução aos protozoa, caracteristícias morfológicas, nutrição e reprodução

Os Protozoa (= "primeiros animais) são organismos unicelulares abundantes em termos de número e biomassa, se alimentam heterotroficamente e são considerados um táxon polifilético, sem definição filogenética. Constituem um grupo de eucariontes diversificado, heterogêneo, que evoluiu a partir de algas unicelulares, com cerca de 92.000 espécies, sendo que um quarto destes, vivem como simbionte de outros organismos. Há registro fóssil de protozoários com carapaças (foraminíferos), que viveram há mais de 1,5 bilhão de anos, na Era Proterozoica.

São unicelulares, na maioria das vezes são microscópicos, não possuem uma simetria definida, não possuem camada germinativa, apresentam organelas especializadas em vez de órgãos, locomovem-se por pseudópodes, flagelos, cílios e movimentos celulares. Alguns desenvolveram endoesqueletos ou exoesqueleto; nutrem-se de várias formas, podendo ser autótrofos, heterótrofos, saprozoicos. Podem viver em ambientes terrestres ou aquáticos. Sua reprodução é assexuada e sexuada.

2 - Grupos de protozoários

Os principais grupos de protozoários são diferenciados em grupos baseados no modo de locomoção do organismo. São eles:

Sarcodina - locomovem-se através de pseudópodos;
Mastigophora - locomovem-se através de flagelos;
Ciliophora - locomovem-se utilizando cílios;
Sporozoa - não possuem estrutura locomotora.

Minhas anotações

Aula 3º

Filo mesozoa, filo placozoa, filo porifera e filo cnidaria

Nesta aula estudaremos os Filos Mesozoa, Placozoa, Porifera e Cnidaria. O primeiro registro de observação dos Mesozoa se deu no final do século XVIII, a partir dos vermes retirados do interior de cefalópodes. Eles são pequenos, simples, considerados metazoários que descendem de animais mais complexos. Em seu filo têm-se duas classes: Rhombozoa e Orthonectida. O Filo Placozoa é constituído por apenas uma espécie, a Trichoplax adhaerens. Esses animais não demonstram nenhuma complexidade, nenhuma simetria e podem alterar a forma do corpo durante a movimentação. As esponjas, representantes do Filo Porífera, são animais flexivelmente organizados, sésseis e vivem aderidos ao substrato. A grande maioria é marinha, e cerca de 150 espécies vivem em água doce. Possuem uma grande variedade de formas e tamanhos, adaptadas a vários movimentos de água. Os Cnidaria possuem mais de 9.000 espécies predominantemente marinhas, incluindo as hidras, medusas, anêmonas-do-mar e corais. Tem esse nome devido às células chamadas cnidócitos, que podem ter organelas urticantes (nematocistos). Vamos lá, aprofundar um pouco mais a respeito de cada um desses filos!? Ótimos estudos.

Bons estudos!

Objetivos de aprendizagem

Ao término desta aula, vocês serão capazes de:

- compreender a importância dos filos aqui apresentados;
- saber as diferenças e similaridades entre os filos;
- identificar as principais características de cada um.

Seções de estudo

1 - Filo Mesozoa e Filo Placozoa
2 - Filo Porífera e Cnidaria

1 - Filo Mesozoa e Filo Placozoa

Pequenos animais vermiformes e ciliados, os mesozoas (mesos, no meio de, + zõon, animal) têm uma organização muito simples. Todos eles vivem como parasitas de invertebrados marinhos. Seu corpo tem um comprimento de 0,5 a 0,7 mm, e são compostos por 20 a 30 células, formando duas camadas. Durante muitos anos foi considerado como um filo, contendo duas classes bem distintas, os Rhombozoa e os Orthonectida, porém, estudos moleculares demonstraram que o clado era polifilético e continha dois grupos não aparentados, sendo, então, que esses dois passaram a filo. Os Rhombozoa vivem como parasitas renais de polvos, lulas e sépias. Quando adulto (nematógeno), possuem uma célula axial central, onde são formados os embriões vermiformes. A partir do momento que a população se torna muito grande, as células reprodutivas se desenvolvem em forma de gônada, produzindo gametas masculinos e femininos, há a formação de zigotos, que são bem diferentes da geração parental, e estes são liberados na água do mar através da urina do hospedeiro. Uma curiosidade é que esses novos indivíduos não infectam um novo hospedeiro. Os Orthonectida são parasitas de uma grande variedade de invertebrados e seu ciclo de vida passa por fases, assexuada e sexuada (HICKMAN et al., 2004).

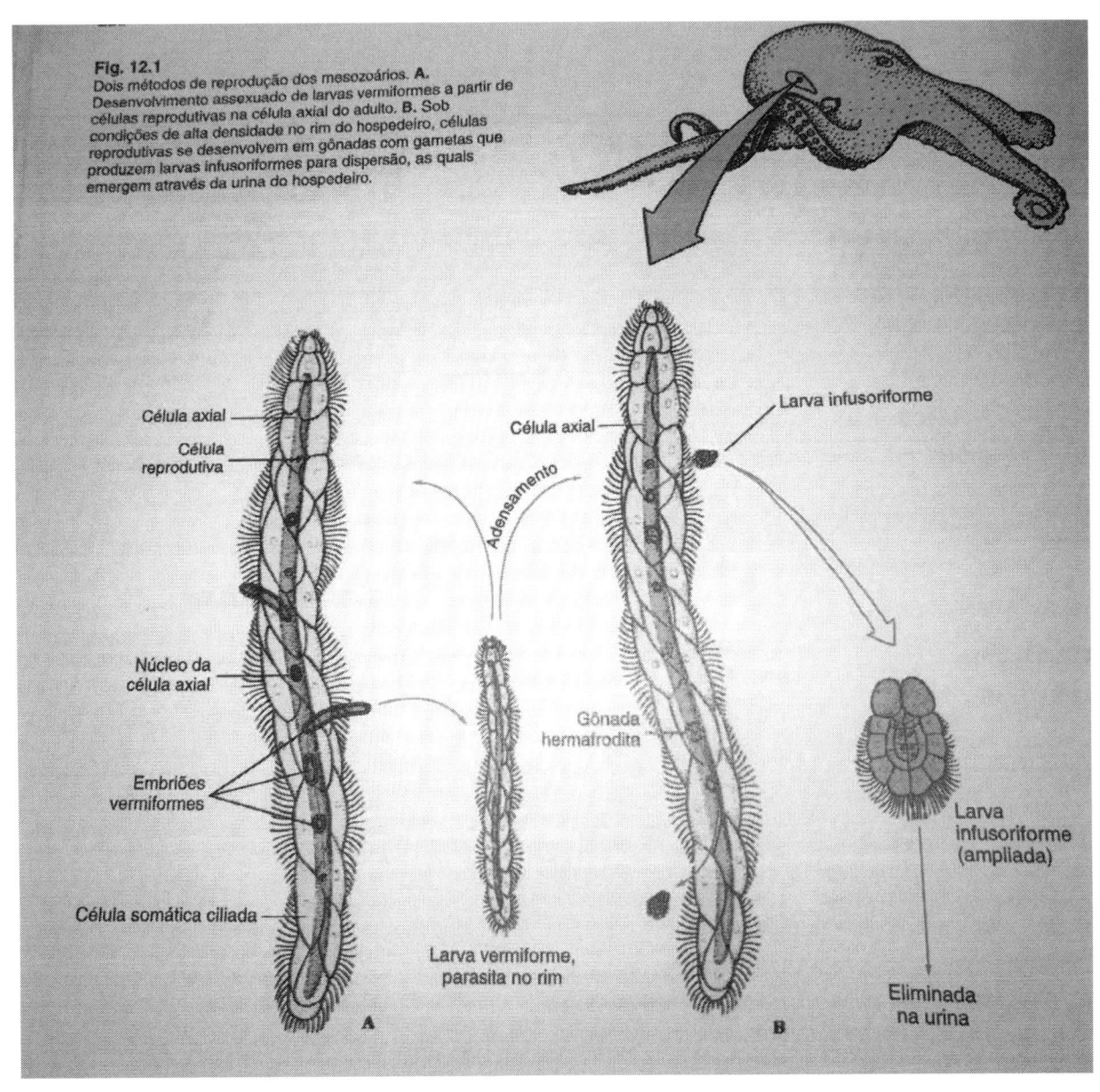

Figura 1. Métodos de reprodução dos mesozoários (HICKMAN et al., 2004).

Filo Placozoa

O filo Placozoa contém uma única espécie, a *Trichoplax adhaerens*, cujo tamanho gira em torno de 2 a 3 mm. De corpo achatado, não tem simetria, ou qualquer órgão, ou sistema. Seu corpo aparenta um disco chato de células, composto por duas camadas de epitélios, que envolvem uma camada de células fibrosas multinucleadas. Para se alimentar, deslizam sobre o alimento, secretam enzimas digestivas sobre ele e absorvem os produtos. Sua digestão é extracelular e fagocítica. Movimentam-se por cílios na superfície ventral, não demonstrando movimento direcional, mas fototaxia negativa e positiva já pode ser observada. Sua reprodução se dá por fissão, em que partes do seu corpo se movem para longe uma da outra, até romperem as suas conexões. Não se pode afirmar que exista a reprodução sexuada, mas já foi observada a formação de oócitos em animais em degeneração.

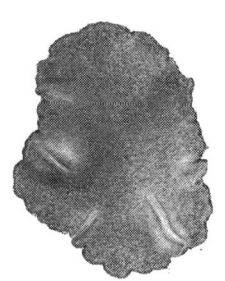

Figura 2. Trichoplax adhaerens. Disponível em: http://bogleech.com/nature/placozoa1.gif. Acesso em: 08.04.2019.

Filo Porifera: Esponjas

São animais flexivelmente organizados, sésseis e vivem aderidos ao substrato. A grande maioria é marinha e cerca de 150 espécies vivem em água doce. Possuem uma grande variedade de formas e tamanhos, adaptadas a vários movimentos de água. Seu plano corpóreo é um agregado de células montadas ao redor de um sistema de canais de água. Esses canais são formados por pequenos poros, chamados de óstios, por onde entra a água, e uns poucos maiores, chamados de ósculos, por onde saem. Sua alimentação se dá através da água que percorre por dentro de si, filtrando os pequenos organismos e partículas de nutrientes. Para isso possuem os coanócitos, que revestem o interior dos canais de água. Elas possuem três tipos básicos de sistemas de canal (HICKMAN et al., 2004):

- Asconoides - é o mais simples. A água entra através dos poros dérmicos microscópicos em uma grande cavidade chamada espongiocele, a qual é forrada por coanócitos. Os flagelos movimentam a água pelos poros e a expelem pelo ósculo maior único.
- Siconoides: assemelham-se aos asconoides, sendo maiores. Possuem um corpo tubular e ósculo único. A parede do corpo é mais espessa e mais complexa, contendo canais radiais forrados por coanócitos que desembocam na espongiocele. Esta é forrada por células semelhantes a epiteliais. A água entra através dos óstios dérmicos nos canais inalantes, transferindo-se para os canais radiais através das prosópilas, pequenas aberturas. Os coanócitos ingerem o alimento e forçam a água para dentro da espongiocele, através dos poros internos, apópilas.
- Leuconoides: é o tipo mais complexo e permite o aumento no tamanho da esponja, formam grandes massas com ósculos numerosos. Associações de câmaras flageladas recebem água dos canais inalantes e a descartam nos canais exalantes.

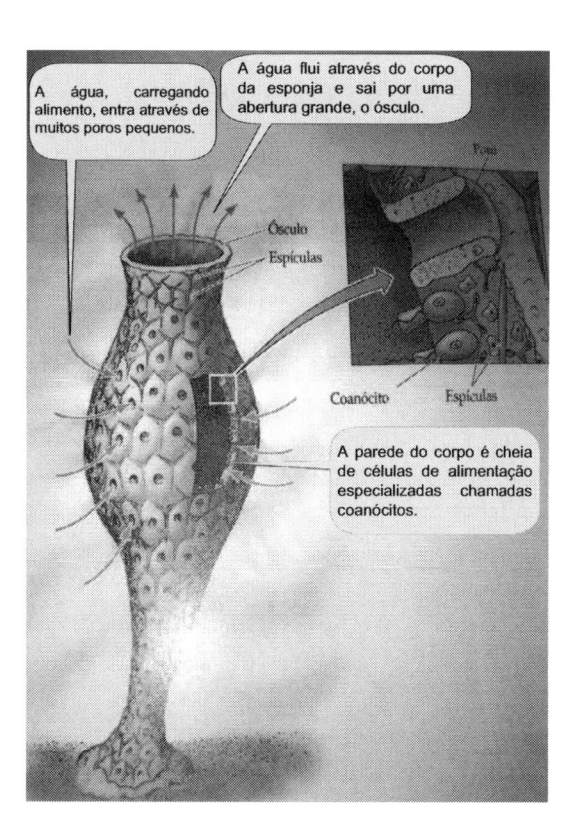

Figura 3. O Plano Corporal da Esponja. O fluxo de água através da esponja é mostrado pelas setas azuis. A parede do corpo é coberta com coanócitos, um tipo especializado de células de alimentação (HICKMAN et al., 2004).

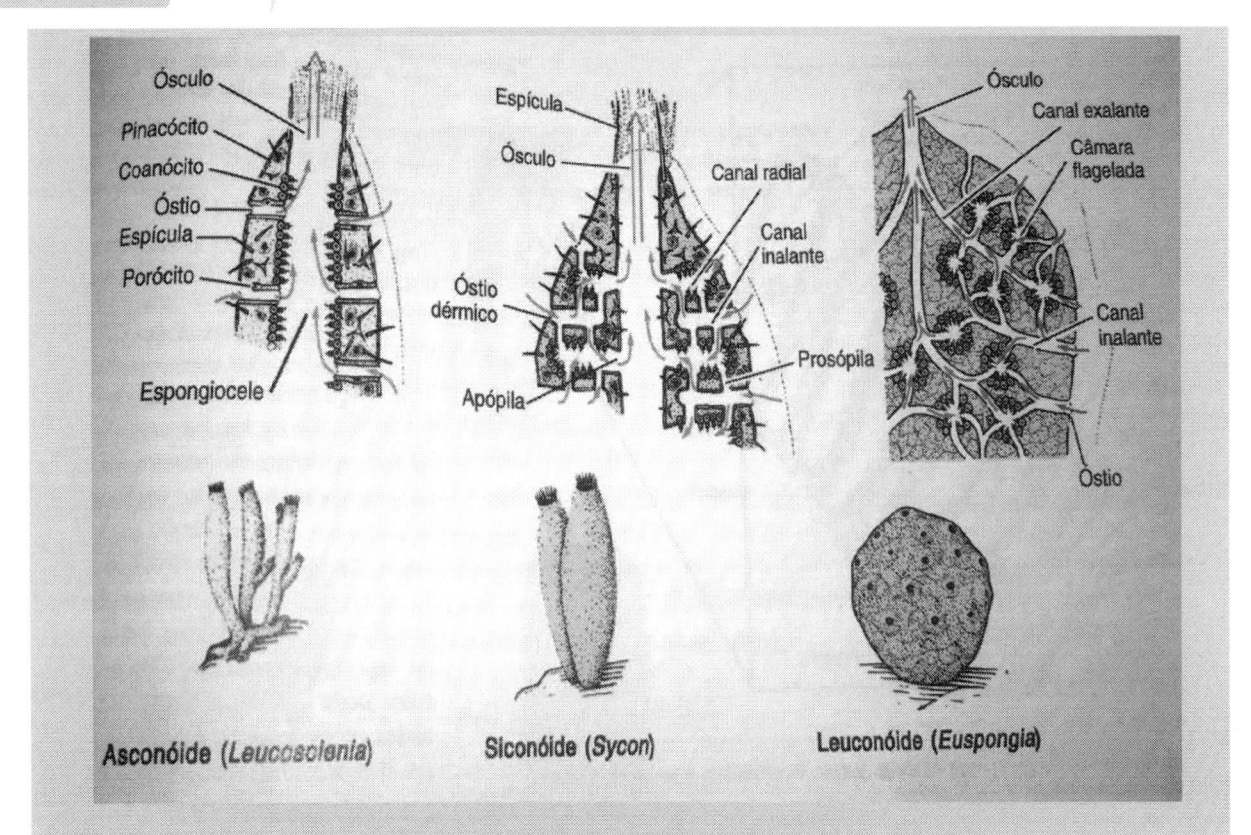

Três tipos de estrutura das esponjas. O grau de complexidade do simples asconóide até o complexo leuconóide envolveu, principalmente, os sistemas esqueléticos e de canais de água, acompanhados por um dobramento e ramificações da camada de coanócitos. O tipo leuconóide é considerado o plano principal para as esponjas por permitir maior tamanho e eficiência na circulação de água.

Figura 4. Três tipos de estrutura das esponjas (HICKMAN et al., 2004).

Pode-se dizer que a parede do corpo das esponjas é simples, formada por pinacócitos (células achatadas) que, em conjunto, constituem a pinacoderme. Não possuem uma membrana basal como outros animais, e as margens dos pinacócitos podem expandir ou contrair, fazendo com que aumente de tamanho rapidamente. Os pinacócitos basais servem para fixar as esponjas ao substrato através dos materiais secretados. Os poros são formados por porócito, um tipo celular que se estende desde a superfície externa até o átrio. A cavidade do tubo forma os poros inalantes, ou óstios, que podem se abrir ou fechar por contração. Abaixo da pinacoderme encontra-se uma camada chamada meso-hilo (ou mesênquima), que é constituída por uma matriz proteica gelatinosa contendo material esquelético e células ameboides, que são os arqueócitos. Os arqueócitos podem diferenciar-se em tipos celulares mais especializados, tais como: esclerócitos, que secretam as espículas, os espongiócitos, que secretam as fibras de espongina, os colêncitos que secretam o colágeno fibrilar e os lofócitos, que também secretam colágeno, mas são distintos morfologicamente dos colêncitos (HICKMAN et al., 2004; BRUSCA; BRUSCA, 2007).

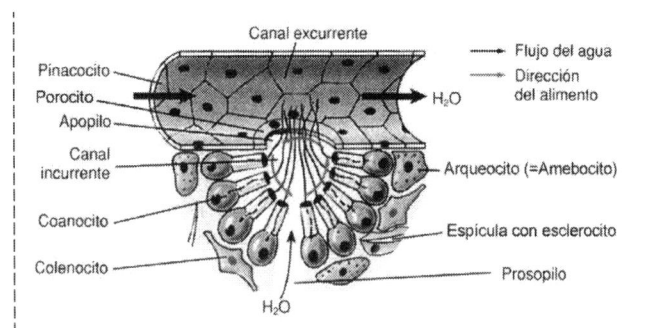

Figura 5. Corte através da parede de uma esponja, mostrando os tipos de células. Disponível em: https://www.bioscripts.net/zoowiki/temas/1C/cats.jpg. Acesso em: 08.04.2019.

O esqueleto, como em qualquer outro animal, é quem dá a sustentação a toda estrutura corpórea e nas esponjas não é diferente. Para isso, ela utiliza o colágeno que é encontrado na matriz de todas as esponjas. Esse colágeno é chamado de espongina e há de vários tipos: fibras, espículas, filamentos, espongina envolvendo espículas e outras.

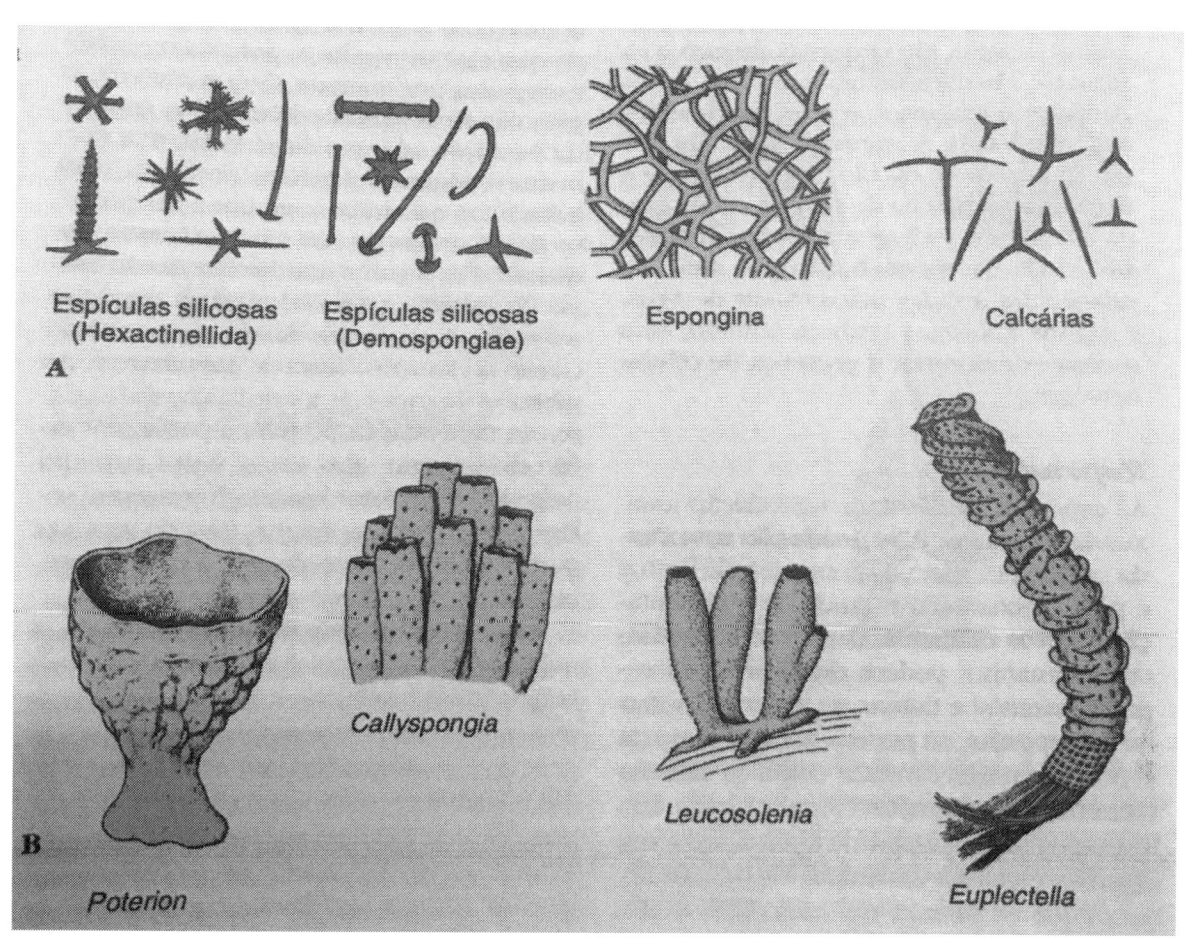

Figura 6. Tipos de espículas encontradas nas esponjas (HICKMAN et al., 2004).

A reprodução nas esponjas pode ser assexuada ou sexuada. Assexuada: por regeneração, há uma fragmentação e os pedaços são facilmente regenerados, formando novos indivíduos. Brotamento: ocorrem expansões laterais do corpo, os brotos, que se desprendem e depois se fixam em um substrato. Gemulação, os arqueócitos se juntam no meso-hilo e são envolvidos por uma camada de espongina incorporada com espículas silicosas. Quando a esponja parental morre, essas gêmulas sobrevivem e persistem dormentes. Quando o ambiente passa a ser propício, as gêmulas saem, por uma abertura especial, a micrópila, formando novas esponjas.

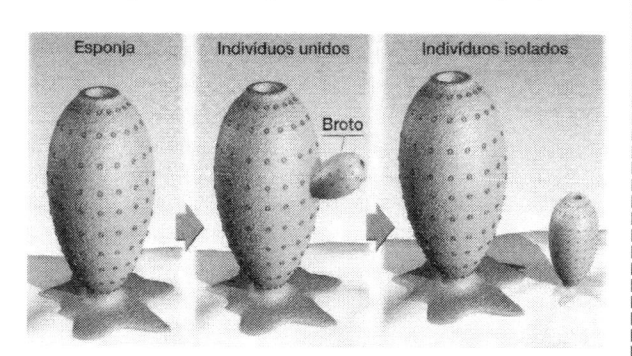

Figura 7. Reprodução Assexuada. Disponível em: https://2.bp.blogspot.com/-fPunBn82M3o/Vs9KjHn-_PI/AAAAAAAAAQk/xeirB0GhyZU/s1600/slide_9.jpg. Acesso em: 08.04.2019.

Sexuada: A maioria das esponjas são monoicas e vivíparas. Os óvulos e espermatozoides são originados dos arqueócitos e amebócitos. Os espermatozoides, quando maduros, saem pelo ósculo e penetram em outras esponjas pelos poros, sendo captados através dos pelos coanócitos. Estes se modificam em células ameboides, transportando o espermatozoide até o óvulo presente no meso-hilo, onde ocorre a fecundação. Do ovo surge uma larva ciliada, que abandona o corpo da esponja. Após breve período de vida livre (não mais que dois dias) fixa-se a um substrato e dá origem à esponja adulta.

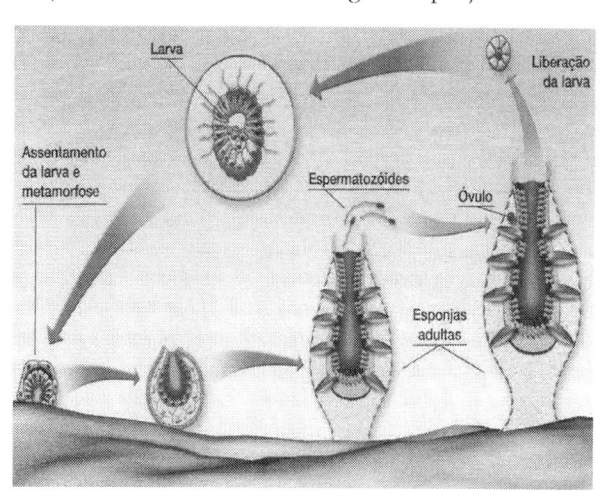

Figura 8. Reprodução sexuada. Disponível em: https://slideplayer.com.br/slide/325412/1/images/8/Reprodu%C3%A7%C3%A3o.jpg. Acesso em: 08.04.2019.

Existem aproximadamente 10 mil espécies de esponjas já descritas e distribuídas em quatro classes (HICKMAN et al., 2004; BRUSCA; BRUSCA 2007):

Classe Calcarea

São esponjas calcárias, assim chamadas porque suas espículas são compostas por carbonato de cálcio. Elas possuem espículas retilíneas ou três a quatro raios, com tendências a serem pequenas, tubulares ou vasiformes. Quanto à estrutura, podem ser: asconoides, siconoides ou leuconoides. Podem também variar de cor.

Classe Hexactinellida

São representadas pelas esponjas-de-vidro, sendo que quase todas são de mares profundos. A maioria é simétrica radialmente, com o corpo em forma de vaso ou funil e, geralmente, são sésseis. O que as distingue é a forma do esqueleto que é rígido, com espículas silicosas de seis raios que se encontram geralmente fundidos em uma malha, deixando essa estrutura semelhante a vidro. A forma siconoide é a mais característica. O átrio é bem desenvolvido, possuindo um único ósculo, o qual pode ser encontrado coberto por uma placa crivada, formada por espículas fundidas. Não possui pinacócitos e a epiderme é formada por pseudópodos interconectados de amebócitos.

Curiosidade

Algumas espécies do gênero Euplectella apresentam uma interessante relação comensal com uma certa espécie de camarão (Spongicola). Quando um jovem macho e uma fêmea entram no átrio, após crescerem, não podem escapar devido a placa crivada que cresce e recobre o ósculo. Por isso, passam a vida toda, presos no interior da esponja alimentando-se do plâncton, que lhes chega através de correntes de água e reproduzindo-se, sendo por isso considerados símbolos da união eterna por certos orientais.

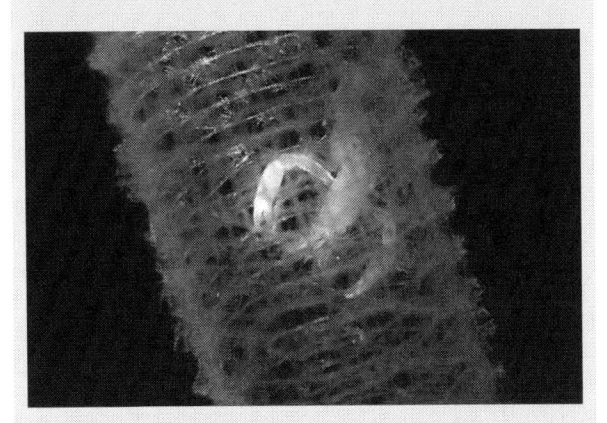

Disponível em: https://pm1.narvii.com/6099/c5052b7f0393a5c579c1ee0bcbc546ff0e71ba48_hq.jpg. Acesso em: 08.04.2019.

Classe Demonspogiae

Representa cerca de 95% das espécies de esponjas, incluindo a maioria de esponjas maiores, distribuídas desde águas rasas até profundas. As espículas podem estar completamente ausentes, ou serem silicosas, ligadas umas às outras por espongina. Todas são leuconoides, caracterizadas por diferentes cores e brilhantes devido a grânulos de pigmento localizados nos amebócitos. As esponjas de água doce geralmente são encontradas em lagoas e riachos bem oxigenados, fixando-se em madeiras submersas ou talos de plantas. Mais encontradas no outono, morrem no fim dessa estação, deixando gêmulas para produzir a próxima população. Sua reprodução é sexuada.

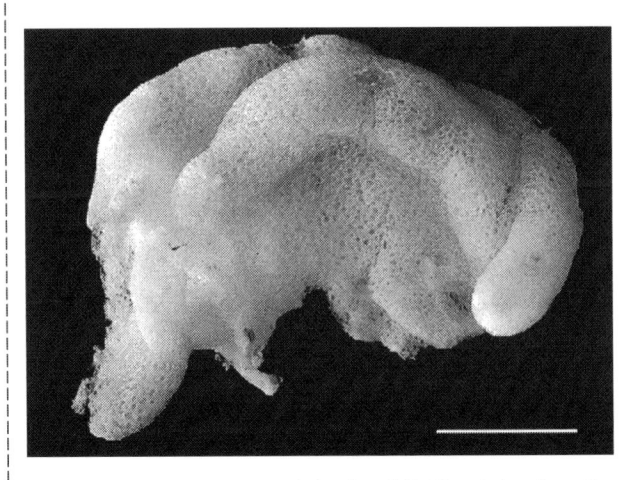

Figura 9. Classe Calcarea. Leucosolenia primordialis. Disponível em: https://www.researchgate.net/profile/Hans_Rapp/publication/242769618/figure/fig2/AS:667688040947732@1536200642832/3-Table-1-Leucosolenia-primordialis-Brondsted-1933-4-not-Haeckel-1872-Material.png. Acesso em: 08.04.2019.

Figura 10. Classe Hexactinellida. Euplectella aspergillum. Disponível em: https://i0.wp.com/cornerofthecabinet.com/wp-content/uploads/2014/10/14383389495_f142c8c33b_o.jpg?ssl=1. Acesso em: 08.04.2019.

Figura 11. Demospongiae. Disponível em: https://upload.wikimedia.org/wikipedia/commons/thumb/8/85/Sponges_in_Caribbean_Sea%2C_Cayman_Islands.jpg/1024px-Sponges_in_Caribbean_Sea%2C_Cayman_Islands.jpg. Acesso em: 08.04.2019.

Filo Cnidaria

Figura 12. Cnidários. Disponível em: https://i1.wp.com/www.sistemanovi.com.br/basenovi/image/ConteudosDisciplinas/52/116/708/301590/cnidarios.png. Acesso em: 08.04.2019.

Esse filo possui mais de 9.000 espécies predominantemente marinhas, incluindo as hidras, medusas, anêmonas-do-mar e corais, e tem esse nome devido as células chamadas cnidócitos, que podem ter organelas urticantes (nematocistos). Nos cnidários nota-se o início de uma organização tecidual. Existe uma boca, circundada por tentáculos e uma cavidade digestiva, chamada cavidade gastrovascular. A presença de boca e cavidade digestiva tem importante significado evolutivo. Os alimentos podem ser ingeridos em maiores proporções e digeridos na cavidade antes de penetrarem nas células. É tido como o filo com mais criaturas estranhas e adoráveis. Anêmonas parecidas com flores, grandes recifes de corais, são exemplos disso. Esses organismos são mais encontrados em hábitats marinhos de águas rasas, em regiões tropicais. Por vezes, vivem em simbiose com outros animais, como também em ação mutualística (HICKMAN et al., 2004; PURVES et al., 2002).

São características do Filo Cnidaria:
- simetrial radial;
- endo e exoesqueleto composto de quitina, calcário ou proteínas;
- corpo formado por dois tecidos: endoderme e gastroderme;
- cavidade gastrovascular, com uma única abertura que serve tanto como boca quanto ânus, e com tentáculos ao redor da boca;
- nematocisto na epiderme;
- sistema nervoso em rede difusa;
- reprodução assexuada por brotamento (em pólipos) ou reprodução sexuada por gametas (em todas as medusas).

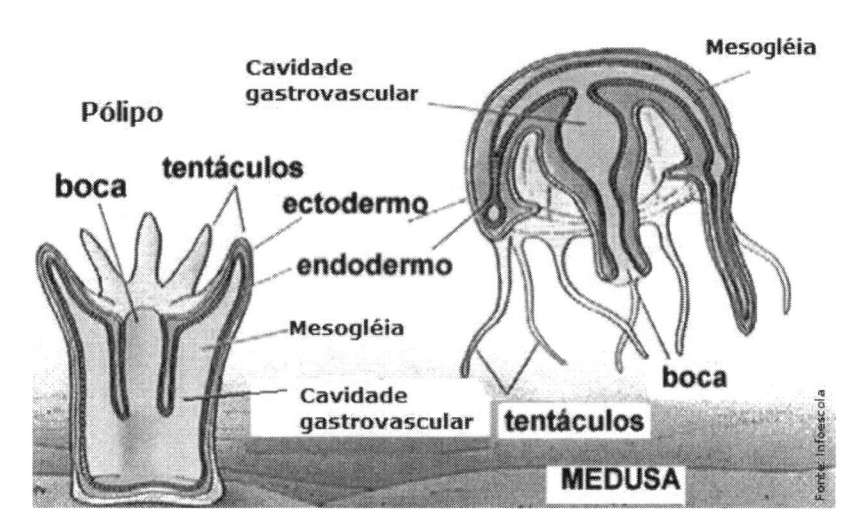

Figura 13. Estrutura corporal dos cnidários. Disponível em: http://www.ciencias.seed.pr.gov.br/modules/galeria/uploads/2/309cnidarios.jpg. Acesso em: 08.04.2019.

Os membros deste filo são de dois tipos morfológicos: pólipos, adaptados a uma vida sedentária ou séssil, e Medusa, ou água-viva, que é adaptada a uma existência flutuante ou livre-natante. A parede do corpo desses organismos é formada por três camadas: epiderme, com células epitélio-musculares, células intersticiais, de defesa e sensoriais, que revestem a parte externa do organismo; gastroderme, com a presença de células nutritivomusculares, que atuam na produção dos pseudópodos, células enzimáticoglandulares utilizadas para secretar enzimas digestivas e, em algumas espécies, algas simbióticas. Todos esses presentes no revestimento da cavidade gastrovascular; e a mesogleia, que se encontra entre as duas primeiras camadas. A característica principal desse filo é a presença do cnidócito, que desempenha a função de defesa e captura de alimento. Ele está presente por toda extensão da epiderme, mas é mais abundante nos tentáculos (HICKMAN et al., 2004, BRUSCA; BRUSCA, 2007; PURVES et al., 2002).

Os cnidócitos são células ovoides que contêm no seu interior uma cápsula com um tubo enrolado chamada nematocisto. Há mais de 20 tipos diferentes de nematocistos, que são importantes nas determinações taxonômicas. Quando ocorre algum tipo de estímulo mecânico ou químico, os cnidócitos disparam os nematocistos, que podem prender, paralisar ou inocular substâncias tóxicas na presa. Após o disparo, seu cnidócito é absorvido e um novo o substitui. O mecanismo de ação, para o disparo do nematocisto, é notável. Ocorre devido a uma combinação de forças tensionais geradas durante a sua formação e de uma pressão osmótica muito alta dentro do nematocisto. Havendo estímulo para o disparo, essa alta pressão interna faz com que a água entre em alta velocidade na cápsula, levando o opérculo a se abrir. Essa pressão força o filamento para o exterior, fazendo com que os espinhos sejam projetados para fora como se fossem pequenas lâminas de canivete, que injetam veneno quando penetrados em suas presas. Existem vários tipos de nematocistos, entre eles os penetrantes, os volventes e os glutinantes (HICKMAN et al., 2004).

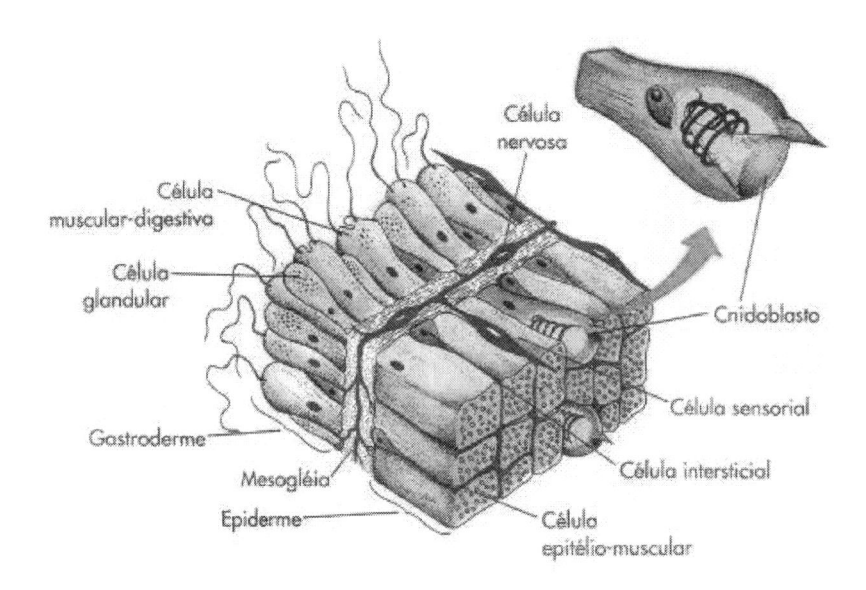

Figura 14. Tipos celulares. Disponível em: https://biologiadasguriasblog.files.wordpress.com/2017/07/b9269-estrutura.jpg?w=502&h=326. Acesso em: 08.04.2019.

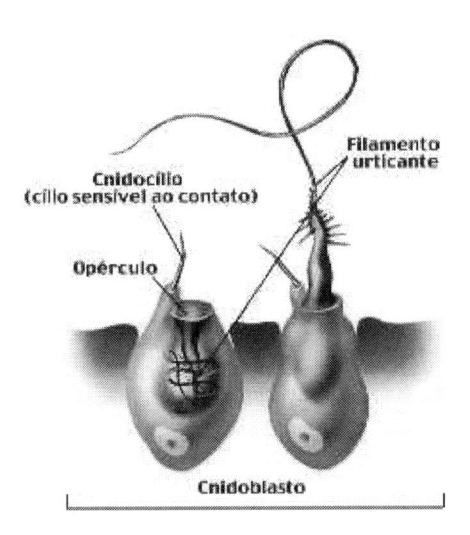

Figura 15. Cnidoblasto. Disponível em: https://www.sobiologia.com.br/figuras/Reinos2/cnidoblasto.jpg. Acesso em: 08.04.2019.

O melhor exemplo de sistema nervoso difuso do reino animal é o dos cnidários. Eles são os primeiros a apresentarem ramificações nervosas, que diferem dos dendritos e axônios dos neurônios. Suas células nervosas estão diretamente ligadas aos prolongamentos das células sensitivas e às fibras contráteis das células epitélio-musculares. Com isso, tem-se um mecanismo sensitivo-neuromotor, sendo que, as células sensitivas recebem estímulos, as células nervosas levam os impulsos e as fibras contráteis respondem com a contração e os movimentos do corpo (PURVES et al., 2002).

Classe Hydrozoa

Figura 16. Tubularia indivisa. Disponível em: https://upload.wikimedia.org/wikipedia/commons/0/03/Tubularia-indivisa.jpg. Acesso em: 08.04.2019.

Os animais dessa classe são coloniais e marinhos, com pólipos e medusas em seu ciclo de vida. Os representantes mais estudados são as *Hidras*. As de água doce não possuem a fase de medusa, já a *Obelia* tem os dois estágios. A *Physalia*, conhecida como caravela portuguesa, é uma colônia natante com uma estrutura flutuante – o flutuador, cheio de gás. Medusas e pólipos se apresentam modificados, com um único tentáculo longo para capturar alimento. Nesses indivíduos a mesogleia jamais é celular, e na gastroderme não há a presença de nematocistos, uma vez que estes ocorrem em toda epiderme. Os pólipos coloniais são sésseis e as hidras movem-se livremente em no movimento "mede-palmo". As hidras se alimentam de pequenos crustáceos, larvas de insetos e vermes anelídeos.

Figura 17. Physalia physalis. Caravela portuguesa. Disponível em: http://cifonauta.cebimar.usp.br/site_media/cache/20/6a/206a2662c70f6e78782be221cdb0635c.jpg. Acesso em: 08.04.2019.

Classe Scyphozoa

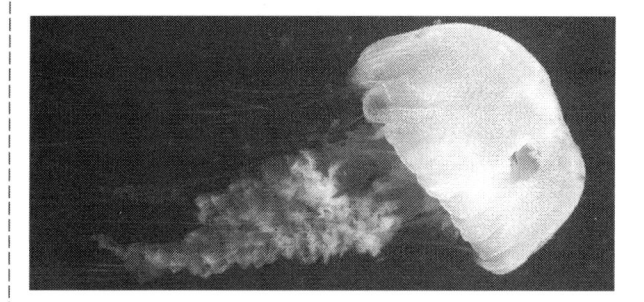

Figura 18. Chrysaora lactea. Disponível em: http://cifonauta.cebimar.usp.br/site_media/photos/ompo_vCLxSy.jpg. Acesso em: 08.04.2019.

Nesta classe encontra-se a maioria das águas-vivas maiores, com espécies com mais de 2 metros de diâmetro e tentáculos medindo 70 m de extensão. Seu ciclo de vida é predominantemente na forma de medusa. Sua mesogleia é bem espessa e firme. Sua reprodução é sexuada, passando por uma fase assexuada, enquanto na forma de pólipo que, por brotamento, em um certo período de crescimento, passa a produzir pequenas medusas. Os tentáculos e toda superfície do corpo são bem supridos de nematocistos, com a função de paralisar os animais que servem como presas, mas que podem ocasionar envenenamentos dolorosos no homem.

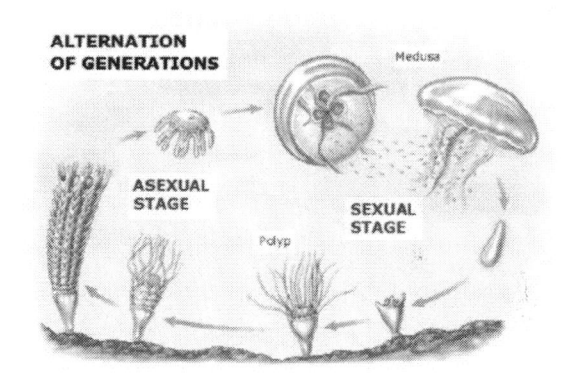

Figura 19. Ciclo de vida dos cifosoários marinhos. Disponível em: https://u.jimcdn.com/www27/o/s37af0fcd02709117/img/i702f1190ebbda9c9/1385668005/std/image.jpg. Acesso em: 08.04.2019.

Classe Cubozoa

Figura 20. Carybdea. Disponível em: http://www.geocities.ws/mundodosinvertebrados/Carybdea2.jpg. Acesso em: 08.04.2019.

De forma predominantemente medusoide, os Cubozoa **são polipoides**, na grande maioria desconhecidos. Seu tamanho corpóreo varia em até 25cm de altura, mas em média possuem 2 a 3 cm. Tem o corpo no formato de um cubo com um tentáculo ou grupo de tentáculos em cada canto, sendo que a base do tentáculo forma uma lâmina endurecida e achatada, chamada pedálio. São nadadores vigorosos e predadores vorazes, sendo sua base alimentar formada por peixes. Seu ciclo de vida completo passa por medusas e pólipos sem **éfiras**. Uma interessante característica é que apresentam uma estrutura chamada ropálio, que equivale aos olhos, dispostos em conjuntos nas quatro faces que compõem o sifão do cubozoário. Cada grupo de ropálios pode apresentar dois tipos de estruturas, uma em que detectam a luz e outra semelhante aos olhos humanos, extremamente complexos, dotados de lente, retina e córnea. Ainda não está claro como é processada a informação adquirida pelos ropálios, uma vez que não possuem cérebro e, sim, zonas de elevada densidade de nervos junto aos conjuntos de olhos, que podem ser o centro de processamento de informação. *Chironex fleckeri*, conhecida como vespa-do-mar, esse cubozoa **é responsável por envenenamentos** às vezes fatais.

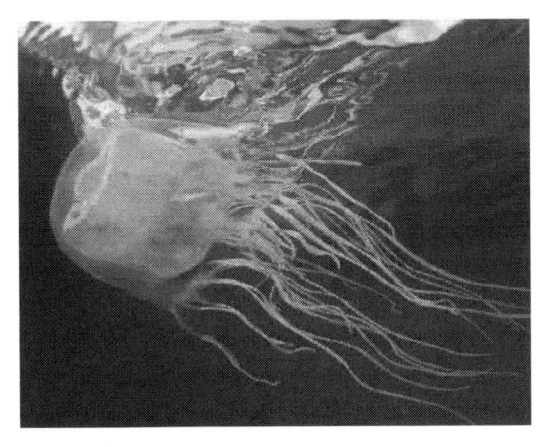

Figura 21. Chironex fleckeri, vespa-do-mar. Disponível em: https://i0.wp.com/img.fciencias.com/uploads/2016/11/vespa-do-mar2.jpg?resize=400%2C266&ssl=1. Acesso em: 08.04.2019.

Classe Anthozoa

Figura 22. Anêmona. Disponível em: https://media.istockphoto.com/photos/underwater-clownfish-in-magnificent-sea-anemone-picture-id1033131092?k=6&m=1033131092&s=612x612&w=0&h=dpOZYup15zrBNPgpIvIs9_iQYKYyJT7c-A5ZFtBzrFY=. Acesso em: 08.04.2019.

Conhecidos como os "animais-flor", são pólipos com aparência de flor. Nestes, não há nenhuma fase de medusa. São todos marinhos, encontrados em águas profundas e rasas, podendo ser solitários ou coloniais. Possuem três subclasses: Zoantharia, contendo as anêmonas-do-mar, corais pétreos e outros; Ceriantipatharia, que contém os ceriantos e antipatários; e Alcyonaria, que contém os corais moles e córneos. Podem ser de simetria polimétrica e com tentáculos tubulares simples ou tentáculos pinados ao redor do disco oral. A cavidade gastrovascular é dividida por septos. A mesogleia é um mesênquima, com células ameboides. Não apresenta órgãos para respiração e excreção. Apresenta cnidócitos nos filamentos gástricos e gônadas gastrodérmicas. Os corais formadores de recifes contêm algas simbióticas que necessitam de luz para a fotossíntese. Dessa forma, os recifes somente se desenvolvem em lugares onde a água circulante contenha pequenas quantidades de material em suspensão e a temperatura mediana não seja inferior a 20°C (HICKMAN et al., 2004; PURVES et al., 2002, BRUSCA; BRUSCA, 2007).

Figura 23. Corais. Disponível em: https://cdn-cv.r4you.co/wp-content/uploads/2016/08/coral_reef.jpg. Acesso em: 08.04.2019.

Retomando a aula

Chegamos, enfim, ao final da nossa terceira aula. Esperamos que tenha ficado esclarecida a importância de todos os filos apresentados, suas diferenças e características. Vamos recordar:

1 - Filo Mesozoa e Filo Placozoa

Pequenos animais vermiformes e ciliados têm uma organização muito simples, vivem como parasitas de invertebrados marinhos. Durante décadas foram considerados como um filo, contendo duas classes bem distintas, os Rhombozoa e os Orthonectida. Porém, estudos moleculares demonstraram que o clado era polifilético e continha dois grupos não aparentados, sendo então que esses dois passaram a filo. Os Rhombozoas vivem como parasitas renais de polvos, lulas e sépias. Os Orthonectida são parasitas de uma grande variedade de invertebrados, e seu ciclo de vida passa por fases assexuada e sexuada.

O filo Placozoa contém uma única espécie, a *Trichoplax adhaerens*. Seu corpo aparenta um disco chato de células, composto por duas camadas de epitélios, que envolvem uma camada de células fibrosas multinucleadas.

2 - Filo Porifera e Filo Cnidaria

Os Poriferas são animais flexivelmente organizados, sésseis e vivem aderidas ao substrato. Sendo a grande maioria marinha, cerca de 150 espécies vivem em água doce. Possuem uma grande variedade de formas e tamanhos, adaptadas a vários movimentos de água. Seu plano corpóreo é um agregado de células montadas ao redor de um sistema de canais de água. Pode-se dizer que a parede do corpo das esponjas é simples, formada por pinacócitos (células achatadas), que em conjunto constituem a pinacoderme. Não possuem uma membrana basal como outros animais, e as margens dos pinacócitos podem expandir ou contrair, fazendo com que ele aumente de tamanho rapidamente. O esqueleto, como em qualquer outro animal, é quem dá sustentação a toda estrutura corpórea, e nas esponjas não é diferente.

Os Cnidarias possuem mais de 9.000 espécies predominantemente marinha, incluindo as hidras, medusas, anêmonas-do-mar e corais. Têm esse nome devido às células chamadas cnidócitos, que podem ter organelas urticantes (nematocistos). São características do Filo Cnidaria:
- simetrial radial;
- endo e exoesqueleto composto de quitina, calcário ou proteínas;
- corpo formado por dois tecidos: endoderme e gastroderme;
- cavidade gastrovascular, com uma única abertura que serve tanto como boca quanto ânus, e com tentáculos ao redor da boca;
- nematocisto na epiderme;
- sistema nervoso em rede difusa;
- reprodução assexuada por brotamento (em pólipos) ou reprodução sexuada por gametas (em todas as medusas).

Vale a pena

Vale a pena **assistir**

Cnidários: Anêmonas, Medusas, Hidras... Disponível em: https://www.youtube.com/watch?v=9fi6kGuNWtw.

Minhas anotações

Minhas anotações

Aula 4º

Phatyhelminthes

Até a aula anterior estudamos os animais diblásticos, ou seja, animais com dois folhetos embrionários. A partir desta aula iniciaremos os estudos dos animais triblásticos. Nesses animais, o desenvolvimento embrionário baseia-se em três folhetos: ectoderme, mesoderme e endoderme. Eles também passam a ter simetria bilateral, em que o corpo pode ser dividido em duas metades iguais, que os tornam animais mais complexos. Os órgãos dos sentidos e centros de controle nervosos se dirigem para a região da cabeça (cefalização), e os animais passam a explorar o ambiente somente em uma direção. Os Acelomados, como os platelmintos, por exemplo, que são o grupo mais importante, são animais pouco complexos, não possuindo nenhuma cavidade corporal interna além do tubo digestivo. Vamos lá conhecer um pouco mais sobre esses organismos? Boa aula!!

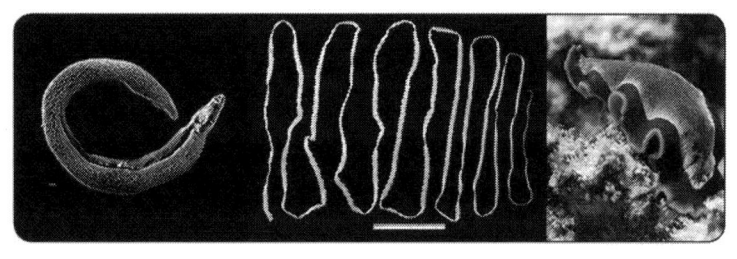

Figura 1. Três tipos de platelmintos. Disponível em: https://www.sistemanovi.com.br/basenovi/image/ConteudosDisciplinas/52/116/709/301592/platelmintos-2.png?pfdrid_c=true. Acesso em: 8.04.2019.

Bons estudos!

Objetivos de aprendizagem

Ao término desta aula, vocês serão capazes de:

- verificar as principais diferenças entre os animais da aula anterior e desta aula;
- definir as características fundamentais dos platelmintos;
- conhecer os principais animais desse grupo e sua classificação.

Seções de estudo

1 - Características dos *Platyhelminthes*
2 - Classificação dos *Plateyhelminthes*

1 - Características dos *Platyhelminthes*

Os platelmintos são animais compridos, achatados dorsoventralmente, bilaterais e sem apêndices, também chamados de vermes. As cavidades, oral e genital, geralmente estão na superfície ventral do corpo. Variam de tamanho, de milímetro a muitos metros de comprimento, como é o caso de algumas tênias. Podem ser de formas livres e parasitárias. Trata-se de um filo com cerca de 20.000 espécies conhecidas, sendo que muitas são importantes parasitas de humanos e animais, como é o caso de *Schistosoma* spp, que causa a esquistossomose, as *Taenia* spp., responsáveis pela teníase e cisticercose. São divididos em quatro classes:
- Trematoda, Mopnogena e Cestoda, todas parasitas; e
- Tuurbellaria, de vida livre.

A epiderme pode ser celular ou sincicial (ciliada). Quando sincicial, sobre a membrana basal, contém rabditos, que servirão para a proteção do corpo, formando um envoltório mucoso, quando há perda de água. Abaixo da membrana basal existem camadas de fibras musculares, e os espaços entre músculos e órgãos vicerais, são preenchidos por parênquima. Com exceção dos cestoides, o sistema digestivo inclui boca, uma faringe e um intestino, formando uma cavidade gastrovascular. Os platelmintos podem ser carnívoros, como no caso das planárias, já os monogêneos e tremátodes pastam nas células do seu hospedeiro, ingerindo restos celulares e fluidos corpóreos. Na digestão extracelular utiliza-se de enzimas proteolíticas, e na digestão intracelular o trabalho é realizado pelas células fagocitárias, o alimento não digerido é excretado através da faringe (HICKMAN et al., 2004).

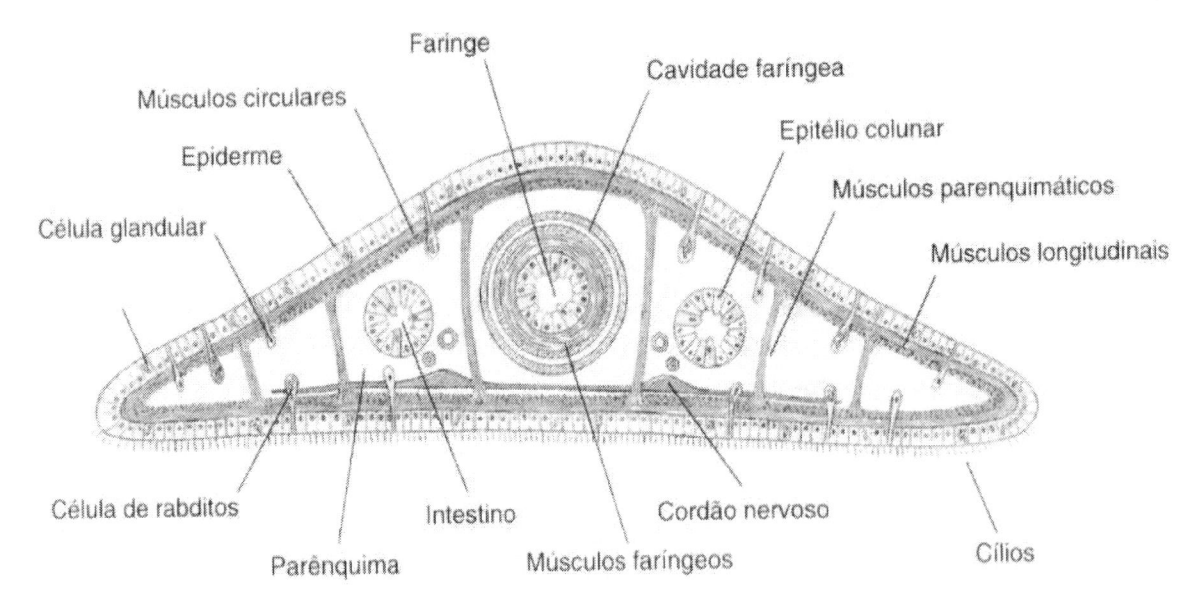

Figura 2. Corte transversal de uma planária, passando através da região da faringe, mostrando as relações das estruturas do corpo (HICKMAN, et al., 2004).

O sistema excretor é formado por dois canais laterais com ramos que apresentam células-flama (protonefrídios) calciforme e ciliada, cuja função é, principalmente, osmorreguladora e não excretora. Os excretas são eliminados através da superfície corpórea, por difusão. O sistema nervoso consiste em um par de gânglios anteriores com cordões nervosos longitudinais conectados por nervos transversais e localizados no mesênquima. Os neurônios são organizados nos tipos sensoriais, motores e de associação, o que determina uma importante evolução desse sistema. Os órgãos dos sentidos e o sistema nervoso se concentram na parte anterior do corpo do animal, chamado de cefalização. Permitida a partir da locomoção ativa, possuem ocelos que são sensíveis à luz e grande quantidade de células quimiorreceptoras sobre o corpo. A reprodução, nesse grupo, pode ser tanto assexuada como sexuada, sendo a maioria monoico, com o sistema reprodutor complexo.

2 - Classificação dos *Plateyhelminthes*

2.1 Classe turbellaria

Os turbelários, em sua grande maioria, são vermes achatados, livre-natantes, com tamanho corpóreo que varia de 5 mm até 50 cm de comprimento. Embora existam algumas espécies de água doce e terrestres, a maioria das 4.500 existentes é marinha. As planárias de água doce são as mais conhecidas por estudantes, pela facilidade que se tem em encontrá-las em qualquer lago ou até em poças d'água, sendo frequentemente utilizadas na experimentação simples de regeneração.

Sua epiderme é celular e ciliada, com inúmeras células que produzem muco. O muco auxilia na locomoção, pois sendo em geral rastejantes, para se locomover se utilizam da combinação dos movimentos musculares e ciliares, com o deslizamento através do muco. Outros turberlários nadam ativamente, através de movimentos semelhantes às ondulações produzidas pelas barbatanas de peixes. Em uma extremidade do corpo possuem uma cabeça com órgãos quimiorreceptores, dois olhos simples e um cérebro minúsculo composto por um espessamento anterior dos cordões nervosos longitudinais. Possuem uma boca e uma faringe, mas sem cavidade gastrovascular ou sistema excretor. Para facilitar a ingestão do alimento, na faringe podem possuir glândulas que produzem muco e para iniciar a digestão, enzimas proteolíticas. Alimentam-se de matéria orgânica animal, mas alguns são herbívoros. Dentre eles, há também alguns organismos comensais, que ficam aderidos a algum tipo de organismo aquático como, por exemplo, os crustáceos. O intestino desses animais varia conforme o tamanho corpóreo. Turbelários pequenos podem apresentar intestinos simples, enquanto os de forma grande, ramificados.

Com relação à reprodução, pode ser assexuada, ocorrendo a fissão binária com posterior regeneração, e sexuada. Mesmo as planárias sendo hermafroditas, não é comum a autofecundação. Geralmente há cópula entre dois indivíduos que colocam seus poros genitais em contato, ocorrendo, assim, a fecundação interna. Os ovos fecundados são expelidos e deles saem planárias jovens.

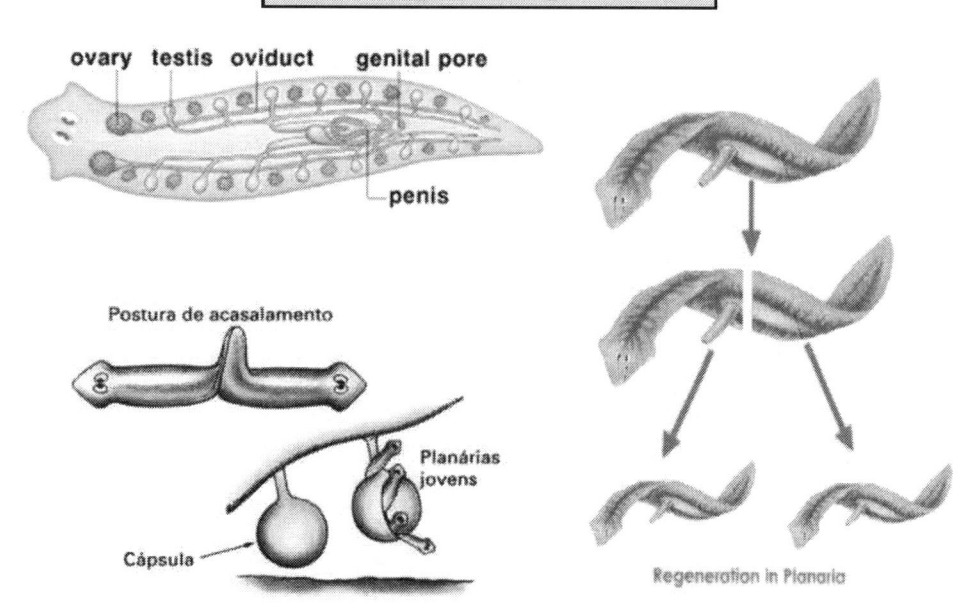

Figura 3. Reprodução sexuada e assexuada das planárias. Disponível em: https://slideplayer.com.br/slide/ 8804233/25/images/8/Reprodu%C3%A7%C3%A3o+em+plan%C3%A1rias.jpg. Acesso em: 08.04.2019.

2.2 Classe trematoda

Os tremátodes, em sua maioria, são vermes que são parasitas de grande importância médico-veterinária. Entre eles encontram-se os vermes do gênero *Schistosoma*, causador da esquistossomose, e do gênero *Fasciola, Fasciola hepatica,* que em bovinos causa a fasciolose bovina. Estruturalmente são bem semelhantes aos turbelários, sendo que a principal diferença está na epiderme modificada, chamada de tegumento, e os adultos não possuem cílios. Apresentam várias adaptações para a vida parasitária, tais como: presença de ventosas adesivas orais; tegumento com cutícula protetora que impedirá a ação de enzimas digestivas dos hospedeiros; órgãos dos sentidos pouco desenvolvidos; e capacidade reprodutiva aumentada. Alimentam-se de fluidos e tecidos dos hospedeiros. A digestão se dá no intestino, parte extracelular e parte intracelular. A excreção, tal como ocorre nos turbelários, ocorre através dos protonefrídios. Em sua maioria são hermafroditas, mas se reproduzem também por cruzamento e possuem um ciclo heteroxeno (dois ou mais hospedeiros), sendo um intermediário e um definitivo. Como em grande parte de seus hospedeiros intermediários são moluscos (caramujos). Estes, quase sempre estão associados a ambientes de água doce, mas alguns deles, também podem ser transmitidos por caramujos terrestres ou outros moluscos.

Das subclasses de Trematoda, a Digenea é o maior grupo e com muitas espécies de importância médica e econômica. A espécie **Clonorchis sinensis** é o tremátódeo mais importante do fígado humano, sendo mais comuns nas regiões da Ásia Oriental. São também parasitas de gatos, cachorros e porcos.

- sistema excretor com protonefrídios providos de células-flama;
- sistema nervoso comum a todos platelmintos, com dois gânglios cerebrais conectados a cordões longitudinais.
- são hermafroditas complexos, sem órgão copulatório protátil, o cirro.

Ciclo de vida

Os adultos normalmente vivem nas vias biliares dos seres humanos e outros animais que se alimentam de peixes. Os ovos, com miracídio, são liberados na água junto com as fezes. Nesse ambiente podem se manter viáveis durante algumas semanas, mas eclodem somente após serem ingeridos por seu hospedeiro intermediário, o caramujo *Parafossarulus* ou gêneros relacionados. Em contato com o caramujo, o miracídio entra nos tecidos, transforma-se em esporocisto e produz uma geração de rédias. Estas passam para o fígado do caramujo e continuam seu desenvolvimento até se tornarem cercárias giriniformes, que escapam na água e nadam até encontrarem um peixe da família Cyprinidae, alojando-se nos em seus músculos ou abaixo das escamas. Nesse local, as cercárias perdem sua cauda e encistam como metacercárias. A partir daí, se um mamífero ingerir esse peixe cru, o cisto de metacercária se dissolve no intestino e os vermes jovens migram para o duto biliar, onde se tornam adultos, podendo viver de 15 a 30 anos. Dependendo da infecção em humanos, pode causar uma cirrose capaz de levar à morte. O diagnóstico clínico se dá através de exames de fezes. A profilaxia é a não ingestão de alimentos crus como, também, a eliminação dos caramujos.

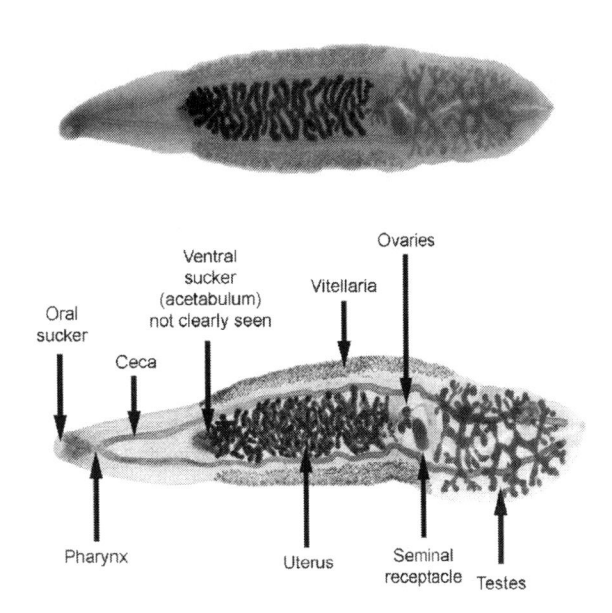

Figura 4A. Clonochis sinensis. Disponível em: https://upload.wikimedia.org/wikipedia/commons/0/03/Clonorchis_sinensis_2.png, B. Estrutura corpórea, https://i.pinimg.com/originals/52/a6/f6/52a6f682112cf8c8c2a8ecd55718dfa1.gif. Acesso em: 08. 04. 2019.

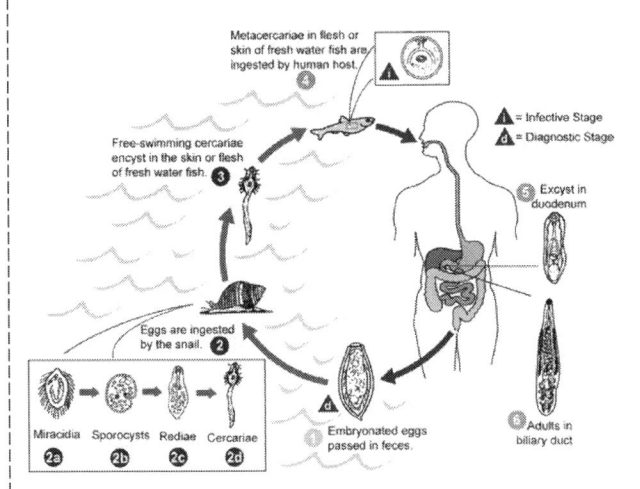

Figura 5. Ciclo de vida do Clonorchis sinensis. Disponível em: http://fundacionio.org/viajar/img/enfermedades/clonorchis%20sinensis%20ciclo%20biologico.jpg. Acesso em: 08.04.2019.

Características:
- medem de 10 a 20 mm de comprimento;
- apresentam uma ventosa oral e outra ventral;
- sistema digestivo, com faringe, esôfago e dois longos cecos intestinais não ramificados;

Schistosoma

Esquistossomose, infecção causada por esse verme parasita de sangue, está entre as principais doenças infecciosas do mundo. Três espécies contribuem para a maioria das esquistossomoses em humanos: *S. mansoni, S. japonicum* e a *S. haematobium*. A *Schistosoma mansoni* tem alta incidência na África, Antilhas e América do Sul. No Brasil é um dos maiores problemas de saúde pública, conhecida popularmente como barriga-d'água. Foi introduzida junto com os escravos vindos da África, se alastrou rapidamente devido à grande quantidade de moluscos de água doce do gênero *Biomphalaria*, que é seu hospedeiro intermediário.

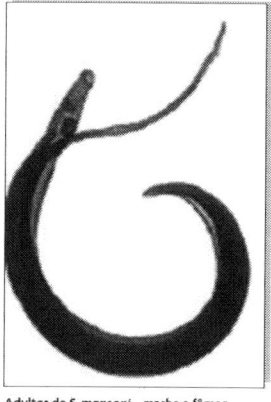

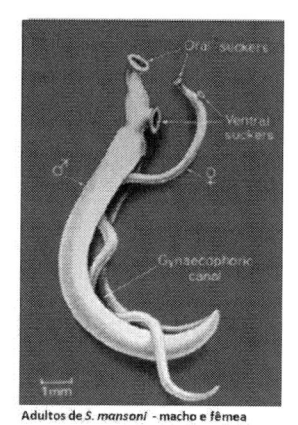

Figura 6. Adultos de S.mansoni. Disponível em: https://slideplayer.com. br/slide/6305101/18/images/10/Morfologia+Adultos+de+S.+mansoni+-+macho+e+f%C3%AAmea.jpg. Acesso em: 08.04.2019.

Características:
- habitam o sistema de veias que ligam o fígado e o intestino humano, se alimentando de sangue;
- possuem duas ventosas, uma anterior e outra posterior para fixação do animal adulto nos tecidos;
- possuem boca e se alimentam através da faringe muscular;
- são dióicos, isto é, possuem sexos separados. O macho mede cerca de 1cm de comprimento, tem corpo alongado e recurvado. Apresenta um sulco longitudinal, chamado de canal ginecóforo, onde a fêmea, que é cilíndrica, fica alojada no período reprodutivo.

Ciclo de vida

Após a cópula migram para as veias mesentéricas e fazem a ovoposição na parede do intestino. Esses ovos atravessam essa parede e são eliminados junto às fezes, ganhando o meio ambiente. Ao entrarem em contato com a água, eclodem como miracídios ciliados, que em poucas horas vão encontrar o seu hospedeiro intermediário. Havendo o encontro, penetram a pele do caramujo e se transformam em esporocistos, que produzem outra geração de esporocistos. Estes dão lugar às cercárias, sem a formação de rédias. As cercárias saem do caramujo e nadam até ter contato com a pele nua de um ser humano. Ao penetrar na pele, elas perdem sua cauda e alcançam um vaso sanguíneo, entrando assim no sistema circulatório. Esses novos parasitas ainda passam por um período de desenvolvimento no fígado, antes de migrarem para seus locais característicos.

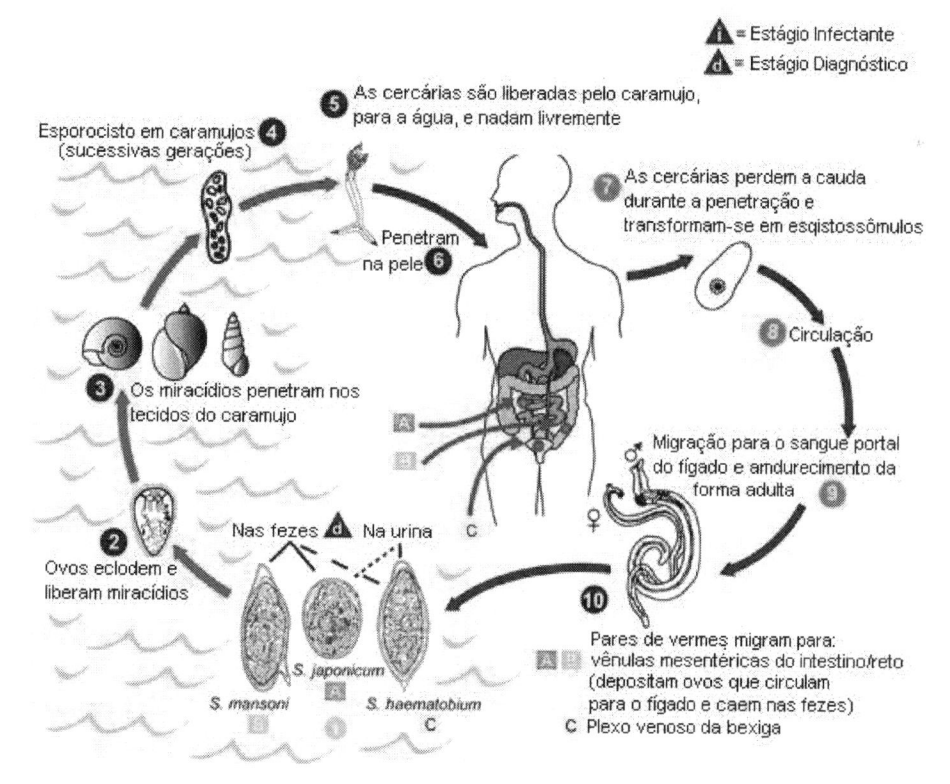

Figura 7. Ciclo de vida da S. mansoni. Disponível em: https://encrypted-tbn0.gstatic.com/images?q=tbn:ANd9GcShQZUdMWhPKM8U1YEvFTKwFxFs76TVZZeReOBDx7ukHotfbIqA. Acesso em: 08.04.2019.

o ciclo de vida direto, com um único hospedeiro. Do ovo eclode uma larva ciliada denominada oncomiracídio, que pode nadar livremente por um tempo ou já se fixar em seu hospedeiro. Essa larva possui ganchos em suas extremidades posteriores, que em algumas espécies servem como órgão de fixação para o adulto (opistáptor). Como eles se fixam em locais que sofrem com a ação das correntes de água, os vermes desenvolveram opistáptor para maior fixação, podendo ser ganchos pequenos ou grandes.

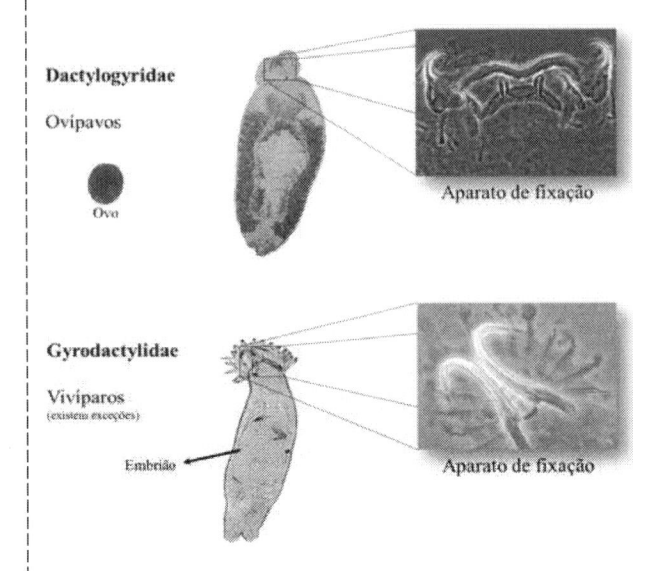

Figura 9. Caracteres morfológicos de vermes monogenéticos pertencentes à família Dactylogyridae (ovíparos) e Gyrodactylidae (vivíparos) que infestam peixes de criação no Brasil. Disponível em: http://www.aquaculturebrasil.com/wp-content/uploads/2017/01/figura-1-caracteres-morfologicos-de-vermes-monogeneticos.jpg. Acesso em: 08.04.2019

2.4 - Classe cestoda

Os cestodas ou tênias são bem diferentes das classes anteriores, pois todas são endoparasitas, que podem atingir grandes comprimentos. Mais de 1.000 espécies são conhecidas pelos parasitologistas. Com raras exceções, requerem pelo menos dois hospedeiros. Os adultos são parasitas do trato digestivo de vertebrados e, geralmente, um dos hospedeiros intermediários é um invertebrado. Apresentam um corpo longo e achatado, e não possuem tubo digestivo. É através do tegumento que apresentam microvilosidades, com aumento da área de absorção dos nutrientes e também da proteção, que impede que eles sejam digeridos pelo intestino dos seus hospedeiros. A estrutura corpórea é dividida em:

- Escólex, órgão de apreensão, está na parte anterior do organismo, faz com que o verme adulto fique fixo em seu hospedeiro, através das ventosas e ganchos ou mesmo dos tentáculos espinhosos;
- Colo, região responsável pelo crescimento do corpo do verme, localiza-se logo após o escólex;
- Estróbilo, corpo principal do verme, formado pela cadeia de proglotes, que possuem uma capacidade individual de se alimentar e reproduzir. As proglotes exibem três estádios de maturidade sexual: jovem (gônadas ainda não desenvolvidas), madura (gônadas desenvolvidas, mas não fecundadas) e grávida (já fecundada e repleta de ovos).

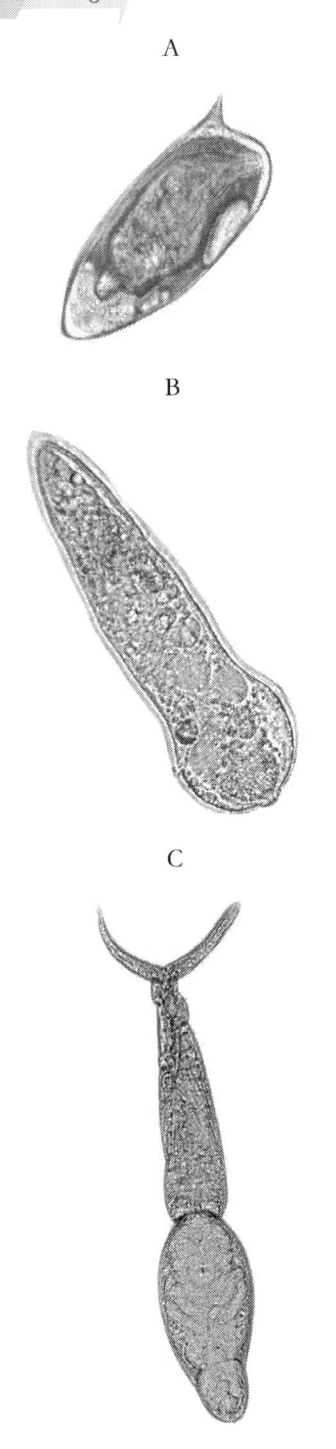

Figura 8. Estágios de vida da S. mansoni. A. Ovo. Disponível em: http://scan.myspecies.info/sites/scan.myspecies.info/files/styles/large/public/S.mansoni_egg_AE_18_10_2013.jpg?itok=1rBpfgds; B. Miracídio, http://scan.myspecies.info/sites/scan.myspecies.info/files/styles/large/public/S.mansoni_miracidia_AE_18_10_2013.jpg?itok=F-g3ui98 e C.Cercária, http://scan.myspecies.info/sites/scan.myspecies.info/files/styles/large/public/S.mansoni_cercaria_AE_18_10_2013.jpg?itok=P5EefkbR. Acesso em: 08.04.2019.

2.3 Classe monogenea

Os indivíduos dessa classe são todos parasitas, principalmente de brânquias e superfícies externas de peixes. Em condições naturais seus danos são pequenos, mas em grandes populações já acarretam prejuízos, como é o caso das aquiculturas. Podem ser ovíparos hermafroditas, como também vivíparos hermafroditas. Esses parasitas possuem

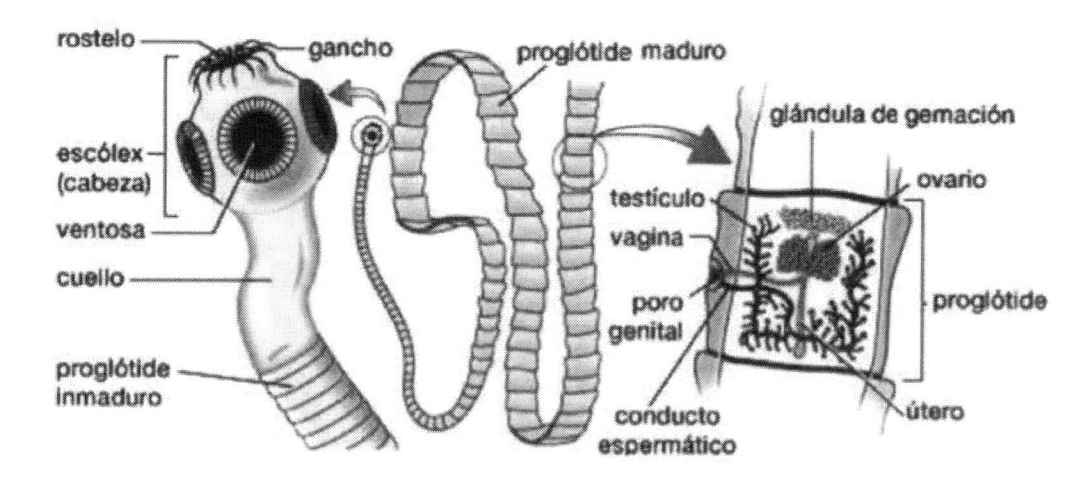

Figura 10. Estrutura corpórea de um cestoda, baseado em Taenia solim. Disponível em: https://image.slidesharecdn.com/platelmintos-170828232110/95/platelmintos-22-638.jpg?cb=1503962907. Acesso em: 08.04.2019.

Ciclo de vida

O hospedeiro definitivo, que é um vertebrado, exerce sobre o hospedeiro intermediário uma relação de predador-presa ao ingeri-lo. Ele abrigará em seu tubo digestivo os vermes adultos, que se desenvolvem alimentando-se dos alimentos que estão sendo digeridos, até a fase de amadurecimento sexual da proglotes, quando, então, ocorre a fecundação. Esta pode ocorrer entre as proglotes de indivíduos diferentes, entre proglotes diferentes do mesmo indivíduo e também por autofecundação. Na fecundação cruzada, o órgão copulador (cirro) de cada uma das proglotes penetra no poro genital da outra, liberando assim os espermatozoides. Havendo a fecundação, as proglotes grávidas ficam com o útero cheio de ovos. A partir daí os ovos se desprendem do corpo do verme, saindo para o ambiente externo, junto com as fezes. Para se desenvolverem precisam ser ingeridos pelo seu hospedeiro intermediário, ambiente no qual irão eclodir, liberando um embrião, que após seu desenvolvimento passa a ser uma larva nos tecidos ou nas cavidades corporais. Quando esse hospedeiro é um bovino, ele estará sendo contaminado pela *Taenia saginata,* que se utilizará do homem como seu hospedeiro definitivo. Quando esse hospedeiro é um artrópode como, por exemplo, a pulga, ele estará se contaminando pelo *Dypilidium caninum,* em que o hospedeiro definitivo é o cão. De acordo com a sua morfologia, as larvas recebem nomes diferentes: larvas de *Taenia* spp. são chamadas de cisticercos, já os *Dypilidium caninum* são chamados de cisticercoides.

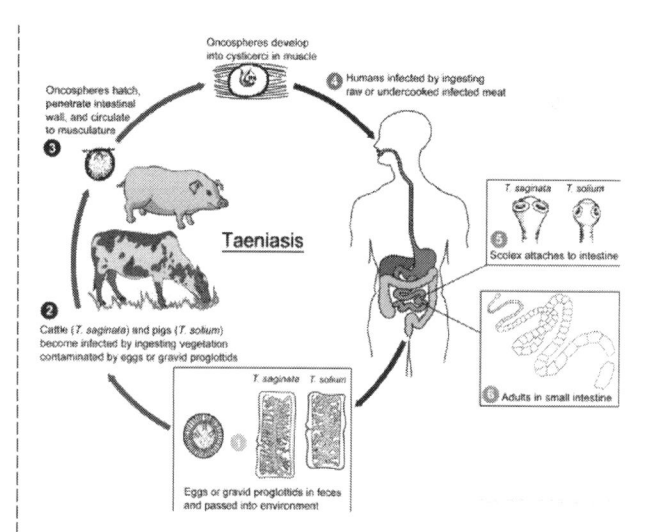

Figura 11. Ciclo de vida das teníases. Disponível em: https://guiamedicobrasileiro.com.br/wp-content/uploads/2017/07/Taenia-Saginata.gif. Acesso em: 08.04.2019.

O desenvolvimento da *T. solium* em humanos é muito mais perigoso que a *T. saginata* porque os citiscercos e os adultos se desenvolvem dentro do corpo ao ingerirmos acidentalmente os ovos ou proglótides. Os embriões liberados migram para qualquer um dos órgãos e formam cisticercos. Os locais mais comuns para o desenvolvimento são os olhos ou o encéfalo, podendo causar cegueira e problemas neurológicos, como também levar à morte.

Retomando a aula

Estamos indo bem, vamos recordar o que aprendemos nesta aula:

1 - Características dos *Platyhelminthos*

Nesta seção esclarecemos que nesse grupo se reúnem os animais do corpo achatado dorsoventralmente, triblásticos, acelomados e com simetria bilateral, conhecidos como vermes, que têm como seu principal representante as planárias. Esses animais podem ser de vida livre como também parasitas. Suas principais características são:
- possuir o sistema digestivo incompleto;
- o sistema circulatório é ausente;
- o sistema respiratório também é ausente, sendo as trocas gasosas feitas diretamente entre as células e o ambiente;
- possui sistema nervoso e sensorial;
- a reprodução assexuada, por fragmentação, com algumas espécies dioicas e outras monoicas.

2 - Classificação dos *Platyhelminthos*

Nesta seção vimos que esses animais são agrupados em três classes:

Classe Turbellaria (planárias), organismos de vida livre, hermafroditas. Durante a cópula os animais pareiam seus poros genitais e fazem a troca espermática.

Classe Trematoda, organismos endo e ectoparasitas, possuem ventosas ao redor da boca e na região ventral, que são utilizadas para a fixação.

Classe Cestoda, parasitas intestinais de vertebrados, sendo seu maior representante as tênias.

Vale a pena

Vale a pena assistir

Vale a pena assistir: Desvendada a Regeneração da Planária (Platyhelminthes). Disponível em: https://www.youtube.com/watch?v=BRT1vdkwE-k.

Minhas anotações

Aula 5º

Blastocelomados

Nesta aula, estudaremos os vermes blastocelomados, que ao contrário dos platelmintos possuem uma cavidade interna entre o tubo digestivo e os tecidos mais externos. Chamada de blastoceloma, essa cavidade tem várias funções: esqueleto hidrostático, espaço para circulação das estruturas que se movimentam por pressão, espaço para o desenvolvimento de órgãos entre outras. Seu principal filo é o Nematoda ou lombrigas, como são conhecidas. Existem também outros dois filos que são Nematomorpha e Acanthocephala. Vamos lá?!

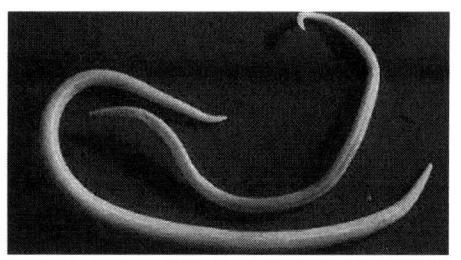

Figura 12. Nematoda. Disponível em: https://encrypted-tbn0.gstatic.com/images?q=tbn:ANd9GcTnNCfN3gfBxmkQrTnY3zN-QIE8Qj4UVI D0WuQ3hf32cEOZ9F56kvQ. Acesso em: 08.04.2019.

Bons estudos!

Objetivos de aprendizagem

Ao término desta aula, vocês serão capazes de:

- diferenciar os blastocelomados dos platelmintos;
- identificar as principais características desses organismos;
- classificar e identificar as principais classes de blastocelomados

Seções de estudo

1 - Características gerais dos blastocelomados
2 - Classificação dos blastocelomados

1 - Características gerais dos blastocelomados

Esses animais possuem simetria bilateral, não são segmentados e são triblásticos (três folhetos germinativos). Seu tamanho corpóreo varia de alguns poucos indivíduos com 1 m de comprimento a outros microscópios, mas em geral são vermes pequenos. Em vez do celoma verdadeiro, possuem pseudocele, que deriva da blastocele embrionária, ao invés de ser uma cavidade secundária do mesoderma. Todos eles têm uma parede de corpo de epiderme celular ou sincicial, uma derme e músculos que envolvem a pseudocele. O sistema digestivo é completo, com boca, intestino e ânus, e faringe muscular bem desenvolvida. Nos acantocéfalos o sistema digestivo é ausente. Não possuem órgãos circulatórios e respiratórios. O sistema excretor é de canais e, em alguns protonefrídios, podem apresentar cloacas que servirão para excretar os produtos da digestão e reprodução.

O sistema nervoso é formado por gânglios cerebrais ou por um anel nervoso circum-entérico conectado aos nervos anterior e posterior. Como órgãos de sentido utilizam os poros ciliados, papilas, cerdas e alguns deles possuem ocelos. Seu sistema reprodutor é formado por gônadas e dutos simples ou duplos, quase sempre dioicos. Os machos são menores que as fêmeas. O desenvolvimento pode ser direto ou complexo.

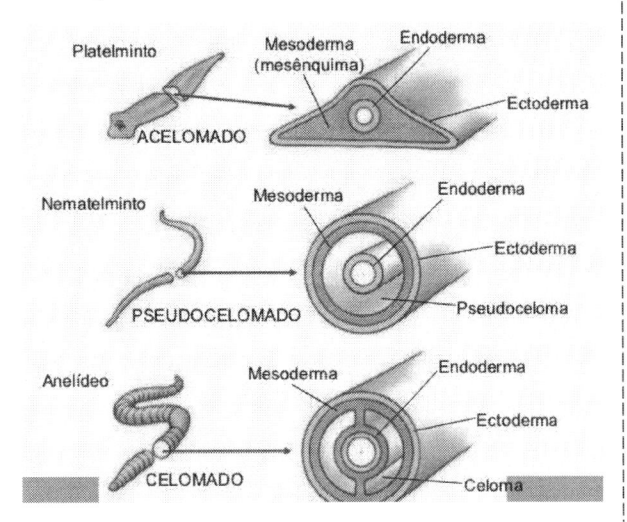

Figura 13. Plano corpóreo acelomado, pseudocelomado e eucelomado. Disponível em: http://3.bp.blogspot.com/-Nmt4tgRBVTo/VZyDh6J7hiI/AAAAAAAAJk/3M5BnwQUeuA/s1600/animais-12-728.jpg. Acesso em: 08.04.2019.

2 - Classificação dos blastocelomados

2.1 Filo Nematoda

Esse filo apresenta algo em torno de 25.000 espécies já nomeadas. São encontrados em praticamente todos os ambientes: marinhos, água doce, solo, regiões polares, trópicos, em altas altitudes e profundezas do mar. São parasitas de todos os tipos de animais e plantas, o que leva esse filo a um alto nível de importância e relevância. Seu corpo é cilíndrico e os músculos da parede corpórea apresentam desenvolvimento longitundinal, possibilitando-lhes apenas movimentos ondulatórios, como os de um chicote. Com o auxílio de cerdas, espinhos e estrias, além da força do esqueleto hidrostático, eles se locomovem sobre substrato sólido e nadam. A sustentação do corpo é dada através do esqueleto hidrostático, que é constituído pelos órgãos internos. O tegumento é coberto com uma cutícula flexível não viva, que lhes dá grande resistência até para viver em ambientes hostis. Durante seu crescimento faz quatro mudas.

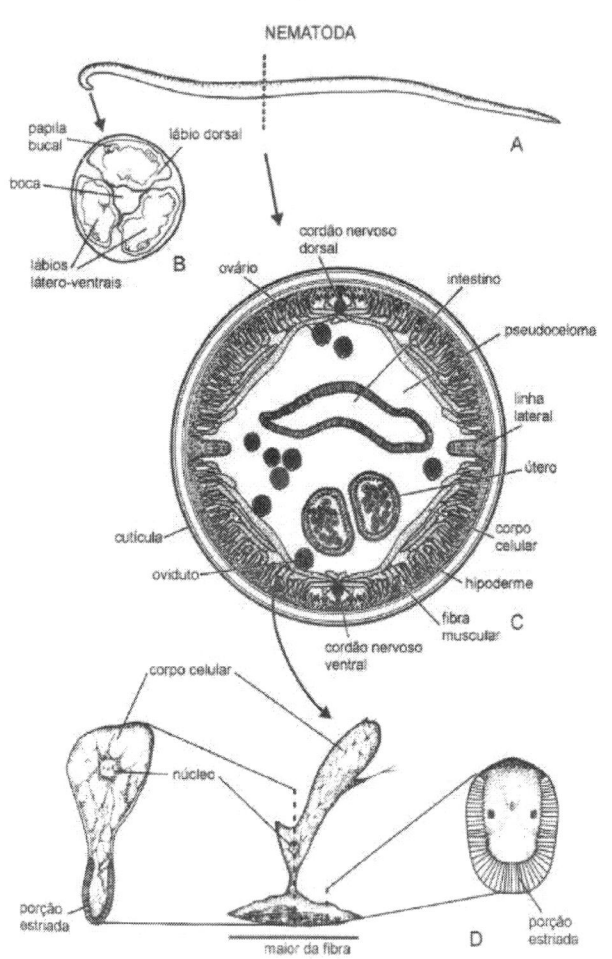

Figura 14. Estrutura Corpórea Nematoda. Disponível em: https://sites.google.com/site/ecdysozoanometazoa/_/rsrc/1468913011656/ecdysozoa/cycloneuralia/nematoda/Nematoda%202.png?height=400&width=295. Acesso em: 08.04.2019.

O tubo digestivo dos nematódeos consiste em uma boca, uma faringe muscular, um longo intestino não muscular, um reto e um ânus terminal. Para sua alimentação se utilizam das mais variadas formas: comedores de depósitos marinhos, detritívoros, predadores e, o mais comum, parasitismo de animais e plantas. Conforme o tipo alimentar, será a estrutura bucal, sendo estas dispostas radialmente em seu entorno. Sendo elas: estiletes para predar, papilas, cerdas, ganchos, mandíbulas, etc. A faringe tem uma mobilidade razoável, podendo servir para protrair estruturas e sugar líquidos. Seu sistema excretor é simples, formado por duas a três células muito grandes, imersas no blastoceloma, as células renete. Sua principal função é osmorregulatória, que é a absorção do excesso de água do blastoceloma, excretado para o meio externo por um poro próprio, e absorvendo também amônia.

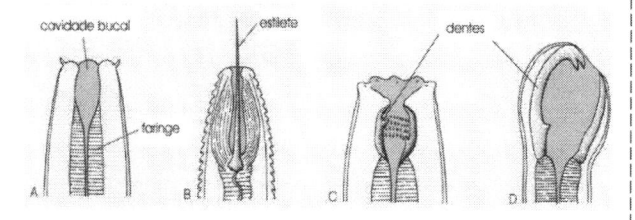

Figura 15. Nematoda, cavidade bucal. A. bacterívoro; B. predador de células de raízes de plantas (fitófago); C. carnívoro, predador de protozoários e micrometazoários; D. parasita intestinal. Disponível em: https://image3.slideserve.com/6050467/slide20-n.jpg. Acesso em: 08.04.2019.

O sistema nervoso é formado por um anel de tecidos nervosos e gânglios ao redor da faringe, que dá origem a pequenos nervos que se dirigem para a extremidade anterior e a dois cordões nervosos, um dorsal e um ventral. As papilas sensoriais são encontradas concentradas ao redor da cabeça e da cauda. A maioria das espécies de nematoda são dioicas, com algumas apresentando dimorfismo sexual. Sendo os machos bem menores que as fêmeas, estas possuem a cauda encurvada, espinhos copulatórios e poro genital, onde os machos depositam os espermatozoides durante a cópula. Os espermatozoides são expelidos por meio do ânus e se movimentam através de pseudópodos, já que esses animais não possuem células ciliadas. A fecundação é interna. O zigoto fecundado se desenvolve dentro de um ovo com a casca resistente. Os ovos podem ser eliminados no ambiente após a fecundação e aí se darem as primeiras divisões, tornando-o embrionado. O ciclo evolutivo pode ser direto ou indireto, variando conforme a formação das larvas, que se desenvolvem dentro ou fora dos ovos.

Vamos agora falar sobre os principais parasitas do homem. São eles: *Ascaris lumbricoides*, *Necatur americanos*, *Trichinella spiralis*, *Enterobius vermiculares*, *Wuchereria bancrofti*.

Ascaris lumbricoides

Um dos parasitas mais comuns encontrados em seres humanos. Estimativas realizadas sugerem que em todo o mundo, mais de um bilhão de pessoas estejam contaminadas por esse nematoda, mas desconhecem esse fato por falta de sintomas. A infecção é mais prevalente em países de clima quente e com saneamento básico deficiente. São vermes grandes, com cerca de 20 centímetros, que infestam o intestino delgado do hospedeiro, principalmente o jejuno e o íleo. Sua transmissão se dá pela falta de cuidados com a higiene, como a ingestão de hortaliças contaminadas mal-higienizadas. Uma fêmea de *Ascaris* pode ovipor 200.000 ovos por dia, que são transmitidos através das fezes do hospedeiro.

Ciclo biológico

O ciclo desses invertebrados é monoxênico, ou seja, um só hospedeiro durante toda a vida. Os ovos ovipostos pela fêmea são expulsos junto com as fezes. Em condições ambientes favoráveis, os ovos férteis, em 15 dias estarão embrionados. A primeira larva (rabditoide) forma-se dentro do ovo, passando por mudas que permanecem viáveis até a ingestão pelo hospedeiro. Essa viabilidade do ovo pode durar anos no meio ambiente. Após a ingestão, os ovos contendo as larvas (L3) atravessam todo o trato digestivo, eclodindo no intestino delgado. As larvas ali liberadas atravessam a parede intestinal na região do ceco, caem nos vasos linfáticos e veias e invadem o fígado. Isso pode ocorrer depois de um dia da infestação. Após um intervalo de dois a três dias, migram para o coração e pulmão, passando por nova muda. No pulmão, rompem os capilares e caem nos alvéolos, sofrendo novamente uma muda. Ao chegar no esôfago, a larva é engolida novamente e quando chega ao intestino se torna adulta. A fase adulta desse verme não ultrapassa um ano, e o período de desenvolvimento, da ingestão dos ovos até a fase reprodutiva, é de aproximadamente três meses. Algumas infestações são tão populosas que podem chegar a centenas, com indivíduos sendo expelidos pelo ânus, boca e até pelo nariz.

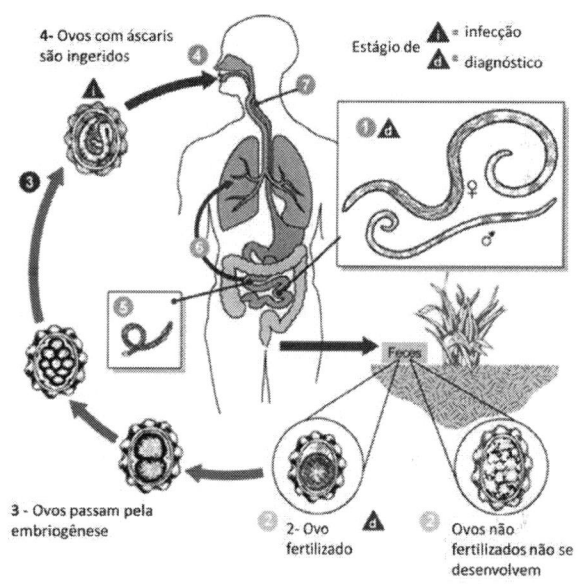

Figura 16. Ciclo Biológico de Ascaris. Disponível em: https://www.resumov.com.br/wp-content/uploads/2017/12/img_5a27eabebb049.png. Acesso em: 08.04.2019.

A patologia e os sintomas apresentados por essa infecção dependem do número de larvas presentes no organismo do hospedeiro. Sendo ela geralmente assintomática, é detectada através de exame de fezes. Nas infecções maciças, quando as larvas migram, podem ocorrer: pneumonia, bronquite, vômito, assim como lesões hepáticas. E quando os vermes adultos se encontram em quantidade superior a 30 indivíduos, podem causar traumatismo na mucosa intestinal, oclusão intestinal, hipoglicemia, etc.

Ancylostoma duodenale e Necator americanus

A ancilostomose, o popular amarelão, é transmitida através desses dois vermes, que são responsáveis por cerca de 900 milhões de pessoas infectadas. É muito frequente em regiões quentes e úmidas e com o solo arenoso. Seu único hospedeiro é o homem. Apresenta um ciclo biológico direto, com duas fases bem definidas, a de vida livre e a que se desenvolve no hospedeiro. Parasitas do intestino, sugam o sangue das suas paredes, levando a uma grande perda sanguínea. A contaminação pelo homem se dá através das larvas que penetram na pele ativamente. Pessoas que andam descalças têm mais propensão ao contágio.

Ciclo biológico

Após a cópula, a fêmeas liberam os ovos no intestino delgado do hospedeiro, os quais serão liberados junto com as fezes. Esses ovos, em ambiente externo, necessitam de condições adequadas ao seu desenvolvimento como, temperatura e umidade altas e uma boa oxigenação, para a larva eclodir. Essa larva passará por um processo de várias mudas, até que se torne infectante. Durante esse processo, sua alimentação se baseia em matéria-orgânica e microrganismos. A contaminação se dá por penetração ativa da larva, através da pele, ou por ingestão. Ocorrendo a penetração através da pele, algo em torno de 30 minutos será o tempo necessário para que essas larvas atinjam a circulação sanguínea e/ou linfática, migrando para o coração e o pulmão. A partir dos brônquios pulmonares atingem traqueia, faringe e laringe, onde serão deglutidas, chegando até o intestino delgado, seu habitat final. Aí completam seu ciclo, atingem o estágio adulto, e se fixam na mucosa intestinal por meio de "dentes" (placas cortantes), causando pequenas hemorragias. É nesse local também que se reproduzem, dando início a um novo ciclo. Se a forma de contágio for por ingestão, o ciclo é reduzido. As larvas migram do estômago para as células da mucosa intestinal, ocorrendo aí as mudas necessárias e retornando à luz do intestino para fixação, fim do desenvolvimento e posterior reprodução. O grau da patogenia será proporcional ao número de parasitas presentes no intestino. O indivíduo doente poderá ter: perturbações gastrointestinais; depressão física (fraqueza, emagrecimento); hemorragias; úlceras e, às vezes, pneumonia resultante da passagem das larvas (Necator americanus). O diagnóstico clínico se dá através do exame de fezes, onde se observa a presença de ovos.

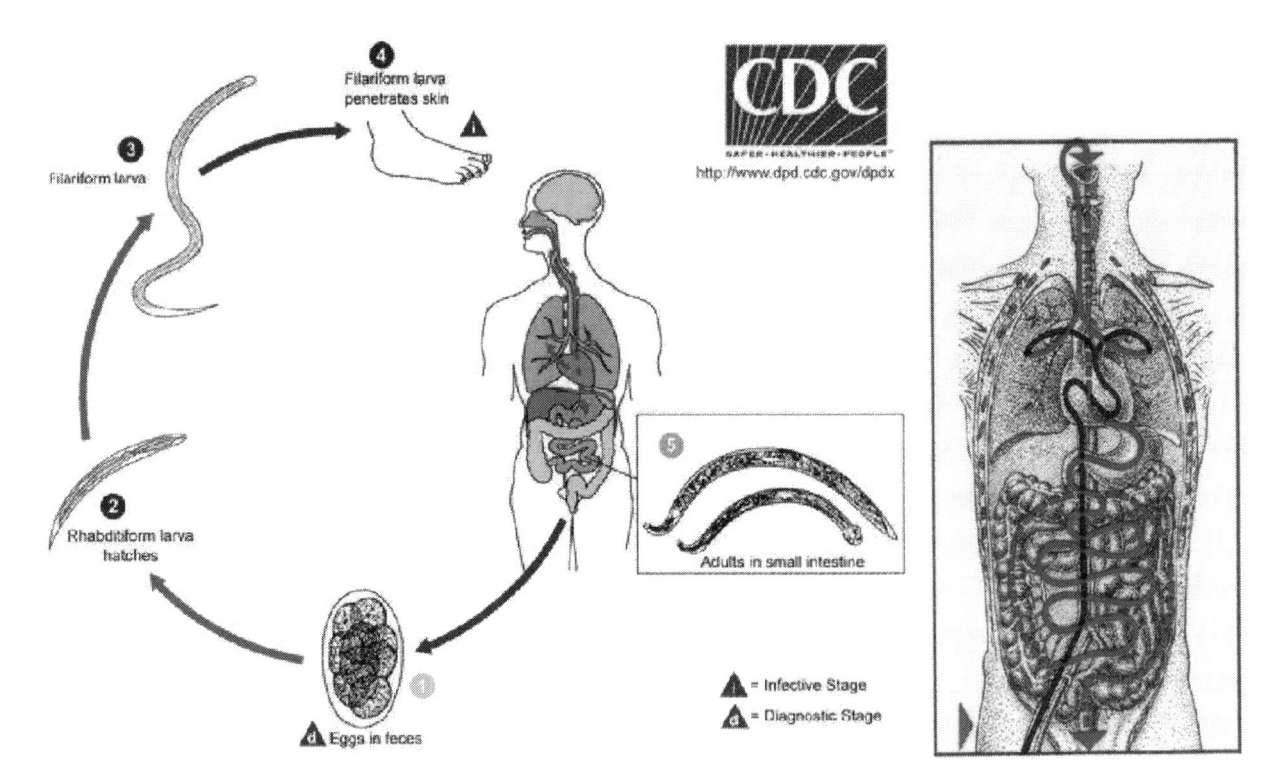

Figura 17. Ciclo Biológico do ancilostomídeo. Disponível em: http://2.bp.blogspot.com/-JtPatvXg71E/ U8axMM832ql/AAAAAAAAAEA/hv5NKXM40GA/s1600/QQQQ.png. Acesso em: 08.04.2019.

Os sintomas da doença geralmente surgem primeiro na pele, com coceira e vermelhidão no local por onde o verme entrou no corpo. Após esse período, ao chegar no intestino, os sintomas são: dor abdominal constante; cólicas em excesso; náuseas e vômitos; febre baixa persistente; perda de apetite e presença de sangue nas fezes. Outro sintoma bem comum é a coloração mais amarelada da pele, característica que dá nome à doença. Nos casos em que a infestação pelo verme é baixa, pode não haver sintomas ou demorar mais tempo para aparecer. Se a doença passa a ser crônica, ou seja, a infecção existir há muitos anos, pode ocorrer insuficiência cardíaca e comprometimento do desenvolvimento motor e cerebral, sendo por vezes de forma irreversível.

Wuchereria bancrofti

Os também conhecidos como vermes filários são heteroxinênicos. Seus hospedeiros intermediários podem ser os mosquitos Culex, Aedes, Anopheles e Mansonia, ou as pulgas. Esses helmintos são vermes circulares, com tubo digestivo completo e boca sem lábios. As fêmeas são maiores que os machos (podem chegar a 10 cm, e os machos, podem chegar a 3 cm). A reprodução é exclusivamente sexual, gerando microfilárias, que são pequenas larvas fusiformes com apenas 0,2 milímetros, e se movimentam ativamente na corrente sanguínea. Os adultos são parasitas do sistema sanguíneo e linfático do homem, onde machos e fêmeas vivem juntos "enovelados", prejudicando a circulação, podendo ali permanecer por um período longo, de 5 a 10 anos. São encontrados habitualmente no abdome, pelve, mamas e braços.

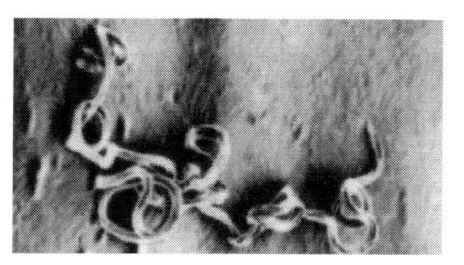

Disponível em: http://www.invivo.fiocruz.br/media/filariafio.jpg. Acesso em: 08/05/2019

Ciclo Biológico

Começa pelo seu hospedeiro intermediário, no qual as fêmeas dos mosquitos vetores se alimentam do sangue de pessoas já parasitadas, ingerindo algumas microfilárias. No estômago do mosquito, após perder a bainha atravessam a parede estomacal, caindo em sua cavidade geral e migrando para a musculatura do tórax, onde iniciam o encistamento e passam para a fase de larva rabditoide. Nesse período, após passarem por várias mudas e estágios larvais, migram até a prosbóscide, quando o mosquito se alimenta de sangue novamente. As larvas ali presentes saem do lábio e penetram ativamente pela pele do homem. Da corrente sanguínea, as mcirofilárias se dirigem para os vasos linfáticos, onde se maturam nas formas adultas sexuais. Após cerca de oito meses da infecção inicial, começam a produzir microfilárias no interior dos vasos e troncos linfáticos, que irão se acumular na rede vascular sanguínea dos pulmões. Essas microfilárias possuem hábito noturno, sendo encontradas em maior número nas primeiras horas da madrugada, quando se dirigem para o sangue, momento em que são ingeridas pelos mosquitos, reiniciando o ciclo.

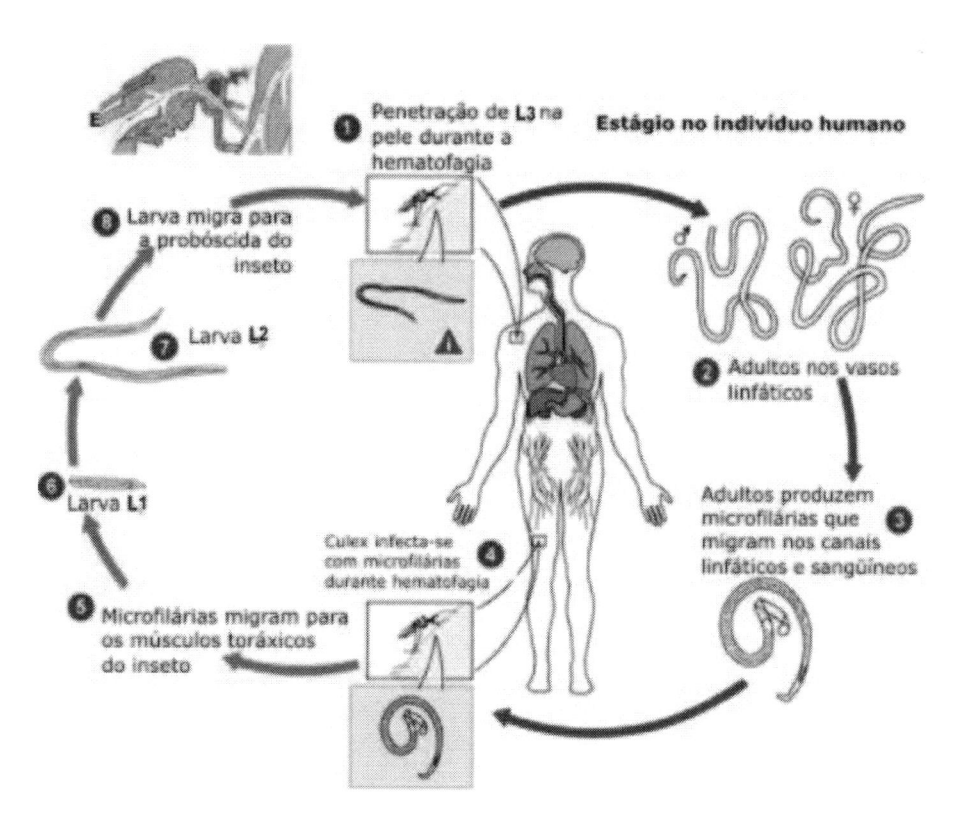

Disponível em: https://image.slidesharecdn.com/5filarioseouelefantedase-130822175557-phpapp01/95/5-filariose-ou-elefante-dase-4-638.jpg?cb=1377194197. Acesso em: 08/05/2019.

Quanto aos sintomas, a filariose pode ser assintomática. Nesse caso, as alterações têm um decurso longo e podem variar desde uma pequena estase linfática (sintoma ou sinal de patologias do sistema linfático) até a elefantíase bancroftiana, que ocorre em casos crônicos (8 a 10 anos de parasitismo), devido às ações mecânicas e irritativas, levando à contínua perturbação do fluxo linfático. Geralmente manifesta-se em uma ou em ambas as pernas ou nos órgãos genitais externos, sendo raras nos braços ou nas mamas. A pele aumenta de espessura, perde a elasticidade, fica ressecada e hiperqueratósica (endurecimento e espessamento da pele), muito sujeita a rachaduras e infecções bacterianas.

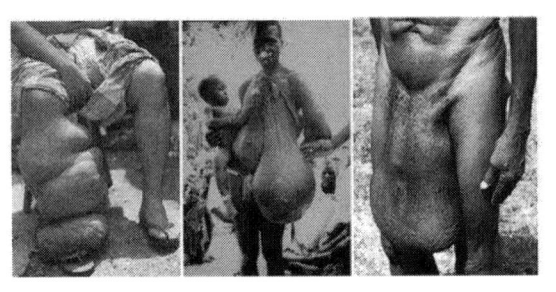

Disponível em: http://2.bp.blogspot.com/-AZrvyrqW-Qc/VNOt9uXEugI/ AAAAAAAAADE/NUjvgLt1T4Y/s1600/jjjjj.jpg. Acesso em: 08/05/2019.

Enterobius vermicularis

Os oxiurídeos são parasitas monoxênicos, comuns em crianças e adolescentes. Os parasitas adultos vivem no intestino grosso e no ceco, e se caracterizam por serem pequenos, cilíndricos, afilados e de cor esbranquiçada. As fêmeas atingem até 1cm de comprimento e os machos aproximadamente 5 mm. Apresentam duas expansões vesiculosas lateralmente à boca, denominadas aletas cervicais ou asas cefálicas. As fêmeas repletas de ovos (5 a 16 mil) migram à noite para a região anal, a fim de botar os ovos que são incolores, transparentes e parecendo assimétricos, com um dos lados achatado e o outro convexo, com as extremidades arredondadas. Possuem membrana dupla, lisa e transparente. Quando encontrados nas fezes, são embrionados e em poucas horas se transformam em larvas. Esses vermes possuem a haplodiploidia, uma característica compartilhada com outros grupos de animais como, por exemplo, insetos heminópteros. A haplodiploidia é um sistema para a determinação sexual dos descendentes, em que indivíduos machos são haploides e produzidos por partenogênese, e as fêmeas que nascem através de ovos fertilizados, são diploides.

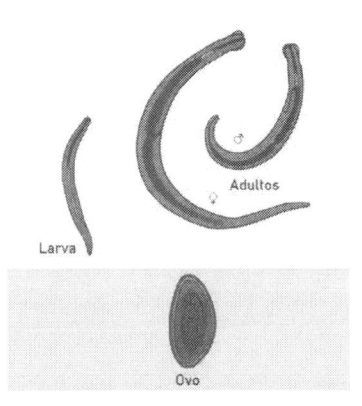

Disponível em: https://static.todamateria.com.br/upload/en/te/ enterobiusvermicularis-cke.jpg. Acesso em: 08.05.2019.

Ciclo biológico

Os machos após copularem são eliminados juntos as fezes, já as fêmeas, cheias de ovos, migram para a região anal e botam seus ovos (principalmente à noite). Os ovos liberados já estão embrionados, tornando-se infectantes em poucas horas. A região anal fica irritada, com coceiras e ao ser tocada, contamina as mãos como também as roupas de cama. Ao levar as mãos à boca, há a ingestão pelo hospedeiro. Esses ovos, ao chegarem no intestino delgado eclodem. A larva, em liberdade, passa por mudas no trajeto intestinal até o ceco, onde atingem o estágio adulto. Após um a dois meses as fêmeas se encontram na região perianal para uma reinfestação. Não havendo, encerra-se o ciclo. Muitos autores sustentam que as fêmeas não são capazes de ovipor, sendo os ovos eliminados pelo rompimento do corpo da fêmea.

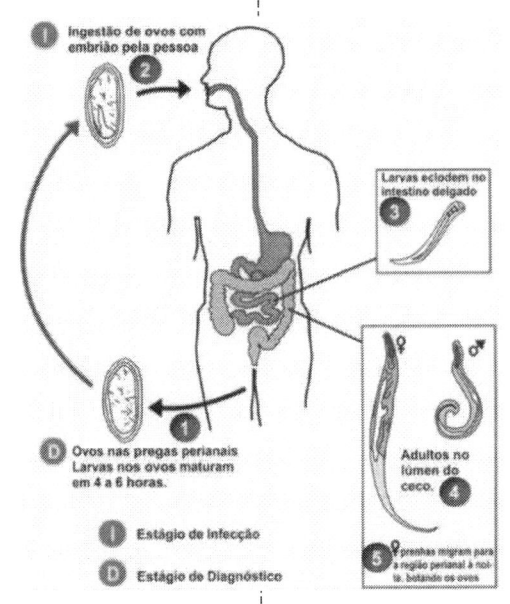

Disponível em: https://image.slidesharecdn.com/oxiurose-120809143838-phpapp02-160922000327/95/oxiurose-biologia-6-638.jpg?cb=1474502710. Acesso em: 08.05.2019.

A enterobiose pode ser transmitida de forma direta: a criança, depois de coçar a região anal, colocar a mão infectada na boca; e de forma indireta: através da ingestão de água ou alimentos contaminados, ou até mesmo, após cumprimentar uma pessoa que esteja com a mão contaminada. É muito comum que as roupas de cama, toalhas e inclusive o chão da casa de pessoas infectadas possam conter ovos, ocasionando uma certa epidemia nos que ali residem. Como sintomas, o indivíduo infectado pode manifestar diarreias, cólicas abdominais, náuseas, vômitos, prurido anal intenso, como também inflamação nessa região. Alteração de humor e perturbação do sono também são sintomas frequentes. Devido à proximidade com os genitais, em meninas pode haver a possibilidade de migrar para a vagina, alcançando o útero.

2.2 Filo Rotifera

Esses animais possuem uma coroa ciliada que, ao bater, dá-se a impressão de rodas girando, característica esta que nomeia esse filo. Encontrados normalmente em água doce, mas com algumas espécies marinhas e outras que vivem em musgos, possuem tamanhos variados, desde 40 micrômeros a 3 mm de comprimento, mas em grande parte, medem em torno de 100 a 500 micrômeros. Geralmente são transparentes, com alguns exemplares coloridos, devido à coloração do trato digestivo e com formas correlacionadas ao seu modo de vida. Os flutuadores são em geral globulares e saculiformes; os rastejadores possuem o corpo alongado e vermiforme; já os sésseis, geralmente são vasiformes; outros se apresentam coloniais. São animais bem resistentes, podendo suportar longos períodos de dessecação, assemelhando-se a grãos de areia. Nessa condição, são tolerantes a variações de temperatura.

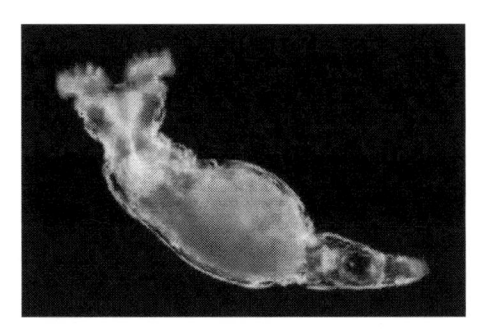

Disponível em: https://media.npr.org/assets/news/2010/01/28/bdell oidsmall-1017183a35923bd052209759b12a8f1b74132e62-s300-c85.jpg. Acesso em: 08.05.2019.

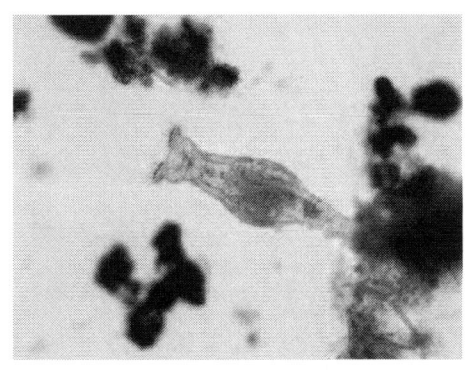

Disponível em: https://media.npr.org/assets/news/2010/01/28/bdelloidwiki-15f5b 8d82cbe7b9da4a870c510e4c7f88b0f9956-s300-c85.jpg. Acesso em: 08.05.2019.

Podemos dividir o corpo dos rotíferos em três partes: cabeça, tronco e pé. Em sua cabeça ficam os órgãos ciliados, formando uma coroa, que será variada em relação a sua morfologia dentro do filo. Podem ser mais ou menos desenvolvidos e, dependendo da espécie, esses cílios são utilizados tanto na locomoção como na alimentação. Logo após a coroa fica a boca, que em rotíferos filtradores recebe o fluxo de água produzido pelos órgãos ciliados. A boca do rotífero é tipicamente ventral e, geralmente, circundada por uma parte da coroa. Logo abaixo da boca encontra-se um tipo de faringe modificada, que é característica do filo, chamada mástax. Essa estrutura é formada por duas partes chamadas trofos, que serão importantes na taxonomia do grupo, pois apresentam uma morfologia distinta entre as espécies. Conforme o tipo de morfologia será o tipo de alimentação do rotífero, podendo ser utilizada para triturar, pinçar plantas, ou mesmo para capturar presas.

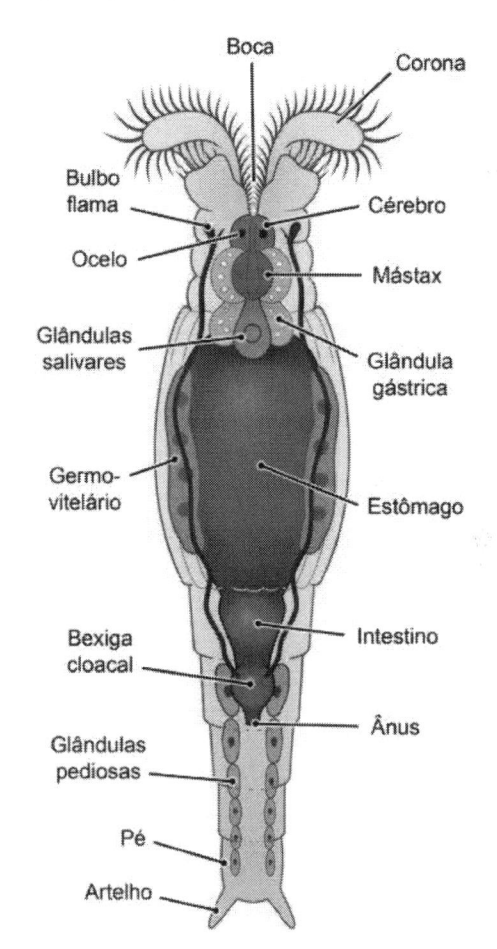

Disponível em: https://docplayer.com.br/docs-images/65/53320729/images/18-0.jpg. Acesso em: 08.05.2019.

A digestão dos rotíferos começa no mástax, auxiliados pelas glândulas salivares, que podem funcionar como lubrificantes ou secretar enzimas digestivas, sendo completadas extracelularmente no estômago. A circulação é realizada através do líquido que preenche o blastoceloma, e para excreção e osmorregulação. Possui um par, geralmente, de protonefrídios, ligados a uma bexiga que desemboca na cloaca. Quanto à reprodução, os rotíferos podem ser dioicos ou fêmeas partenogenéticas (a maioria do grupo). Nas espécies dioicas, os machos sempre são menores que as fêmeas. De uma maneira geral, o sistema reprodutivo das fêmeas é composto por dois ovários, que ficam no pseudoceloma, que desembocam na cloaca ou num poro genital (se não houver intestino). Já os machos possuem testículo ligado a um ducto espermático que termina num órgão copulatório, formado por glândulas acessórias.

Há espécies em que os machos somente são gerados em situações de stress como, por exemplo, no dessecamento do corpo d'água na seca. Nessa situação, as fêmeas partenogenéticas, após perceberem a indicação de tais condições, começam a produzir ovos haploides (n), que darão origem a machos, além dos ovos diploides (2n), que normalmente dão origem a outras fêmeas. Os machos, oriundos dos ovos haploides, copularão com as fêmeas que estão produzindo ovos haploides e os fecundarão, dando origem a um ovo diploide com a casca dura, chamado ovo dormente, que é resistente à dessecação e somente eclodirá após ser reidratado, dando origem às fêmeas, que conforme as condições favoráveis ou não, colocarão ovos diploides ou haploides.

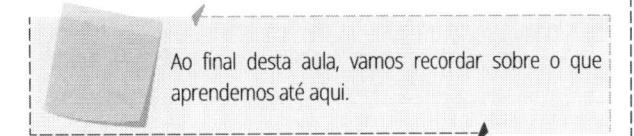

Retomando a aula

Ao final desta aula, vamos recordar sobre o que aprendemos até aqui.

1 - Características gerais dos blastocelomados

Nesta seção, vimos que blastoceloma é uma cavidade que todos os embriões de Eumetazoa possuem no começo do desenvolvimento, se mantendo somente nos blastocelomados até a fase adulta. Essa cavidade é preenchida por fluidos. Dentre sua importância destacamos: funciona como esqueleto hisdrostático, espaço para o desenvolvimento de órgãos.

2 - Classificação dos blastocelomados

Filo Nematoda

Nesta seção, abordamos que filo nematoda são vermes cilíndricos, de simetria bilateral, com órgãos sensoriais, presença de gânglios e cefalização. Não possuem estruturas respiratórias ou circulatórias e suas trocas gasosas ocorrem por difusão. Seus principais representantes e parasitas do homem são: *Ascaris lumbricoides, Necatur americanos, Trichinella spiralis, Enterobius vermiculares, Wuchereria bancrofti.*

Filo Rotifera

Vermes microscópicos, em geral de água doce, possuem uma coroa ciliada na extremidade anterior. Exibem várias formas para se alimentar e suas espécies possuem um número fixo de células.

Vale a pena

Vale a pena assistir

Vídeo sobre a Filariose no Pernambuco. Disponível em: https://youtu.be/eJpt-buOa40.

Rotífera se alimentando. Disponível em: https://youtu.be/Be_4nGxhWuE.

Minhas anotações

Aula 6º

Filo mollusca

Depois dos artrópodes, o filo Mollusca é o mais abundante dos invertebrados, com aproximadamente 50.000 espécies. Seu nome identifica umas das principais características, o corpo mole (do latim mollis = mole). Apresentam organismos razoavelmente simples, se comparados a alguns dos invertebrados mais complexos do reino animal. Variam também no tamanho corpóreo, de organismos quase microscópicos até organismos que podem atingir 18 m de comprimento, como é o caso da lula gigante, capaz de atingir 450 kg. Nesse meio também encontramos os indivíduos mais lentos e os mais velozes. Possuem uma diversificada forma alimentar, podendo ser herbívoros, carnívoros, predadores, filtradores, entre outros. Resumidamente, são características básicas desse grupo: o corpo mole, não segmentado, com simetria bilateral, triblásticos, celomados, trato digestivo completo, sistema circulatório aberto, presença de sistema respiratório, excretor e nervoso. Vamos a mais um grupo?

Figura 1. Moluscos. https://s1.static.brasilescola.uol.com.br/artigos/moluscos.JPG?i=https://brasilescola.uol.com.br/upload/e/moluscos.JPG. Acesso em: 08.05.2019.

Bons estudos!

Objetivos de aprendizagem

Ao término desta aula, vocês serão capazes de:

- conhecer alguns representantes do filo;
- conhecer as principais características morfológicas desses animais;
- comparar as características deste filo aos já estudados anteriormente.

Seções de estudo

1. Características gerais dos Mollusca
2. Classificação dos Mollusca

1 - Características gerais dos Mollusca

De maneira geral, os animais desse filo apresentam o corpo com simetria bilateral (sendo assimétricos em alguns), não segmentado, sendo frequente a cabeça definida, onde se alojam os gânglios cerebroides e os órgãos dos sentidos (tentáculos e olhos), incluindo a abertura bucal. As estruturas e órgãos sensoriais apresentados são: células sensíveis ao tato na epiderme; estatocistos (equilíbrio); osfrádios (quimiorreceptores); olhos (fotorreceptores). Nos cefalópodes, o olho já apresenta íris e cristalino, ao passo que nos demais moluscos o olho é rudimentar e aparece na extremidade dos tentáculos. No interior da boca situa-se uma estrutura exclusiva dos moluscos, a rádula, que é um órgão linguiforme raspador, que pode ser encontrado em todos os moluscos, com exceção dos bivalves e na maioria dos solenogastres. Sobre a rádula estão fixadas fileiras de pequenos dentes, que podem ser poucos, ou chegar a 250.000, prontos para raspar, perfurar, rasgar ou cortar. Além dessa função, também servem para transportar as partículas alimentares em direção ao trato digestivo. À medida que essa estrutura fica desgastada, novas fileiras de dentes são repostas continuamente.

Na região dorsal do corpo, apresentam uma massa visceral volumosa, onde se aloja a maioria dos órgãos. É também nessa região que a pele secreta a concha, constituída de carbonato de cálcio (CaCO3), e uma substância orgânica (conchiolina), representando o esqueleto. A concha é ausente em alguns moluscos. A parede ventral do corpo é especializada como um pé muscular, sendo utilizada para locomoção, fixação no substrato ou para ambas as funções. Não somente nos pés, como também a maioria das partes expostas do corpo dos moluscos é revestida por cílios e contém células glandulares mucosas. Essas glândulas mucosas são bem evidentes no pé. Elas lubrificam o substrato e, dessa forma, facilitam a locomoção, que geralmente é bem lenta. Para a locomoção, o polvo e a lula, além de se rastejarem rapidamente, emitem jatos d'água pelo sifão de propulsão. Já na parede dorsal, possuem um par de dobras chamado manto, que forma o teto de um sulco ou de uma cavidade denominada palial, local onde se encontram os órgãos respiratórios. Essas partes básicas de um molusco podem variar quanto à forma e a função dentro do filo.

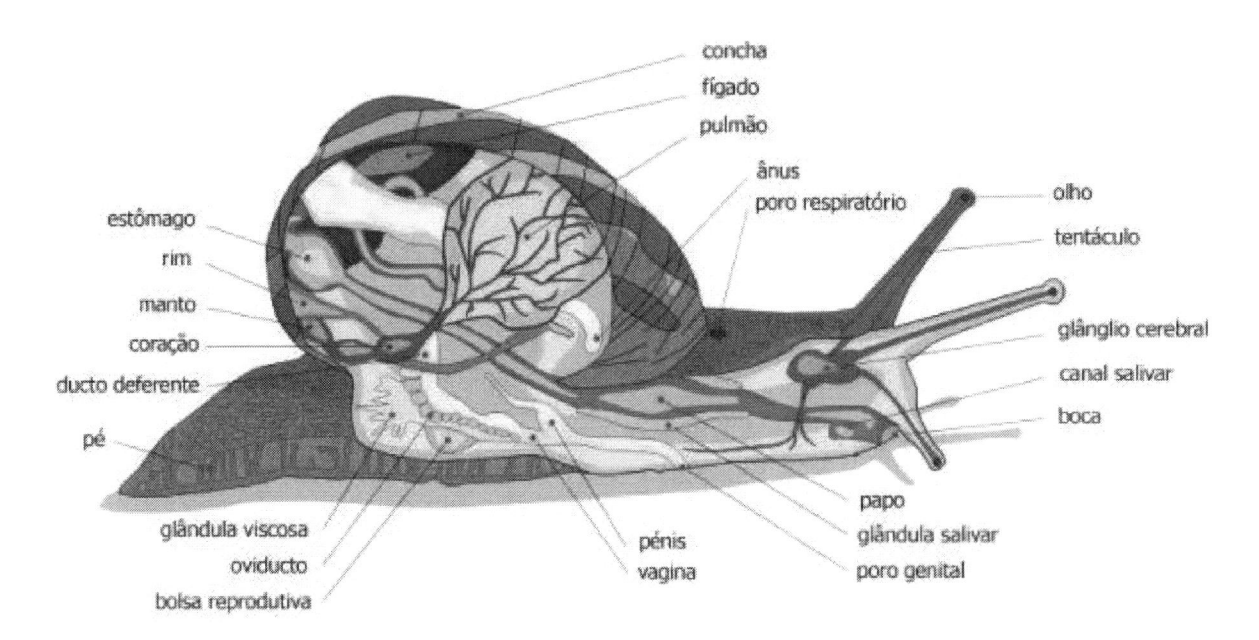

Figura 2. Anatomia dos Mollusca. Disponível em: https://utcumque.files.wordpress.com/2009/01/caracol.jpg?w=600. Acesso em: 08.05.2019.

O sistema nervoso da maioria dos moluscos é composto por um par de gânglios cerebroides, que ficam na região da cabeça, e desempenham a função de controle da maioria das atividades corporais. Na região dorsal, apresentam os gânglios viscerais, que controlam as vísceras e na região ventral, controlam as atividades do pé ventral, os gânglios pedais. Os gânglios cerebroides, na classe Cephalopoda, controlam todas as atividades corporais, assemelhando-se a um cérebro verdadeiro. Quanto à respiração, nos moluscos ela é branquial. Suas brânquias são chamadas de ctenídios, que consistem em um septo mediano e de lamelas triangulares, inseridas em um ou nos dois lados do septo. Essas brânquias foram substituídas por pulmões nos moluscos terrestres.

Como parte do sistema digestório, os moluscos apresentam a rádula, um intestino médio, dotado de uma glândula digestiva (fígado), com numerosos tubos glandulares e o ânus, que se abre na cavidade palial. Após cair na boca e, subsequentemente na rádula, os alimentos passam para a faringe, indo para o papo, onde são armazenados e amolecidos, através da ação das glândulas salivares ali presentes. Nos moluscos predadores essas glândulas produzem substâncias que paralisam as presas. Do papo, o alimento passa para o estômago, onde ocorre a digestão química, através das secreções liberadas pelo hepatopâncreas e pelo fígado, e seguem para o intestino, onde se dá a digestão intracelular, que nos cefalópodes é extracelular.

A excreção acontece a partir de um ou dois pares de nefrídeos (rins), com a drenagem das excreções nitrogenadas do fluido celômico para a cavidade do manto.

Nos moluscos houve o desenvolvimento das artérias, veias e capilares, mas mesmo assim, o sistema circulatório é sempre aberto (exceto nos cefalópodes), havendo comunicação entre as lacunas sanguíneas situadas entre vários órgãos. A posição do coração é dorsal, envolto pelo pericárdio, com duas ou três câmaras (1 par de aurículas e 1 ventrículo). Ele recebe o sangue que vêm dos órgãos respiratórios, através das veias. No sangue, apresenta um pigmento rico em cobre, a hemocianina, que o deixa azul. Nos moluscos aquáticos, a passagem do sangue das lacunas para as brânquias, os tornam oxigenados. Esse sangue retorna ao coração e novamente é bombeado para as lacunas. Já nos terrestres, a oxigenação ocorre nos pulmões, o sangue retorna ao coração e é bombeado para as lacunas. Os cefalópodes são organismos mais evoluídos, apresentando circulação fechada e o coração formado por três cavidades: duas aurículas e um ventrículo. Sua circulação se dá da seguinte forma, o sangue é bombeado do coração diretamente para os tecidos e, a partir daí, passa para o coração branquial. Ao passar pelas brânquias é oxigenado e retorna para o coração, sendo bombeado novamente para os tecidos.

Em geral os moluscos são dioicos, sendo alguns deles hermafroditas. Na fecundação externa, o desenvolvimento é indireto, em que a larva livre-natante (trocófora) emerge do ovo, sofre metamorfose direta e passa para estádio larval livre-natante, chamado de véliger (nos animais marinhos). Essas larvas têm primórdios de pé, concha e manto. Outro tipo de larva são os gloquídeos, que se fixam e se desenvolvem nas brânquias de certos peixes. Os organismos terrestres e alguns cefalópodes têm fecundação interna, com desenvolvimento direto. As larvas não passam para o estádio livre-natante, e os juvenis eclodem diretamente dos ovos.

A interação dos moluscos com o homem, em sua maioria, é de forma positiva. Várias são as espécies utilizadas como alimento, mas várias outras se contaminam com água poluída do mar, representando, assim, um fator de risco para a saúde humana, devido às intoxicações alimentares, além de outros distúrbios e doenças. Dados da organização mundial de saúde indicam que cerca de 200 milhões de pessoas são infectadas anualmente pela esquistossomose. Os moluscos também têm uma grande aplicação econômica, a produção de pérolas, que é um processo de defesa muito lento. Elas se desenvolvem no interior das conchas, através de corpos estranhos ou mesmo grãos de areia que penetram entre a concha e o manto e são envolvidas por camadas de nácar, uma substância brilhante que recobre o interior das conchas. Para a produção em larga escala, há uma intervenção do homem, com a introdução de uma pequena bolota do mesmo material da pérola, o que estimula a ostra a secretar mais nácar. Dessa forma, a produção é mais rápida, sendo bem difícil diferenciá-la de uma pérola natural.

2 - Classificação dos Mollusca

O filo Mollusca compõe-se de sete classes, sendo elas: Bivalvia, Gastropoda, Cephalopoda, Polyplacophora, Scaphopoda, Monoplacophora e Aplacophora.

2.1 Classe Bivalvia (ou Pelecypoda)

Figura 3. Bivalves. Disponível em: http://www.qualfood.com/media/k2/items/cache/597106f07a53c1d5cb7a9980c4c166ec_XL.jpg. Acesso em: 08.05.2019.

O grupo dos Bivalves teve seu surgimento no Período Cambriano, sendo hoje muito diversificado, com cerca de 10.000 espécies. São separados através de subclasses, levando-se em conta o tipo e a estrutura das guelras nos organismos vivos, bem como as características das valvas nos bivalves fósseis. Nessa classe estão os organismos que chamamos de moluscos filtradores: ostras, mexilhões, mariscos, etc. Podem ser encontrados tanto no ambiente marinho como em água doce. Como característica corpórea apresenta corpo comprimido na lateral, podendo sua concha ser de uma ou duas valvas. Quando duplas, as válvulas são unidas por dois grandes músculos dorsais, os adutores, que exercem a função de abrir e fechar a concha. Há também os músculos retratores, responsáveis pelo recolhimento do pé, e o músculo protator, que auxilia o estendimento do pé. O pé apresenta o formato de um machado, sendo a cabeça bem reduzida e a cavidade do manto bem mais espaçosa, se comparada às outras classes. As brânquias, geralmente grandes e laminares, se localizam na cavidade palial, sendo um par de cada lado. São recobertas exteriormente pelo manto e têm como função coletar partículas alimentares (esse tipo de alimentação por filtração aumenta o risco de intoxicações, quando em contato com água poluída) e respiratórias (trocas gasosas). No manto, tem-se a origem de dois canais para entrada e saída de água, o sifão inalante e exalante.

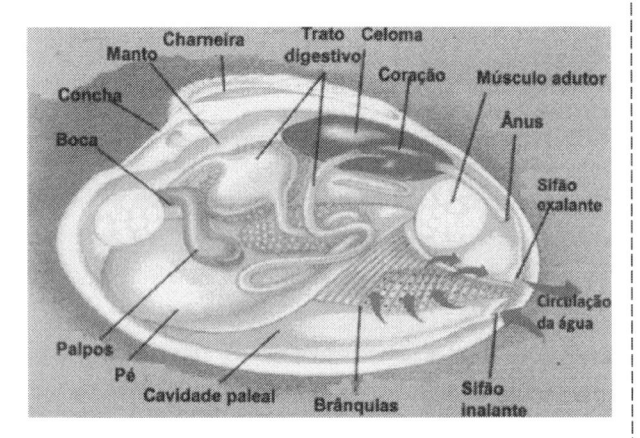

Figura 4. Esquema de um molusco bivalve. Disponível em: https://www.ipma.pt/export/sites/ipma/bin/images.site/enciclopedia/img_bivalve_esquema01.gif. Acesso em: 08.05.2019.

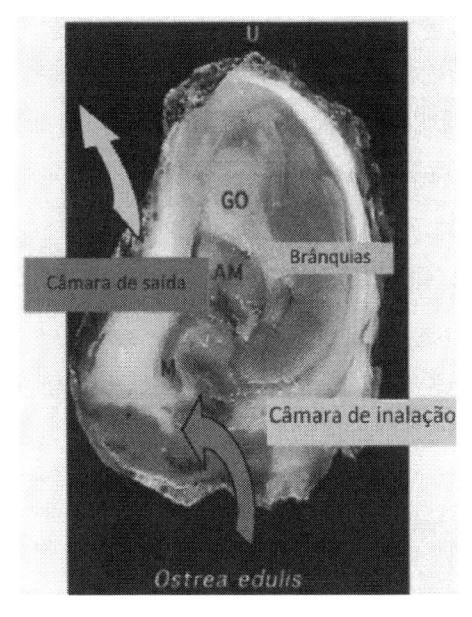

Figura 5. Circuito da água nas brânquias de um molusco bivalve. AM - Músculo adutor; GO - gónadas; M - manto; U – umbo. Disponível em: https://www.ipma.pt/export/sites/ipma/bin/images.site/enciclopedia/img_bivalve_esquema02.gif. Acesso em: 08.05.2019.

A concha dos bivalves é formada por 3 camadas distintas, sendo elas:
- **perióstraco:** reveste externamente a concha, é formado por materiais orgânicos;
- **camada prismática:** localiza-se numa posição intermediária e constitui-se de prismas calcários (CaCO3);
- **camada nacarada:** é a camada mais interna, constituída por material orgânico e calcário, tendo leve iridescência.

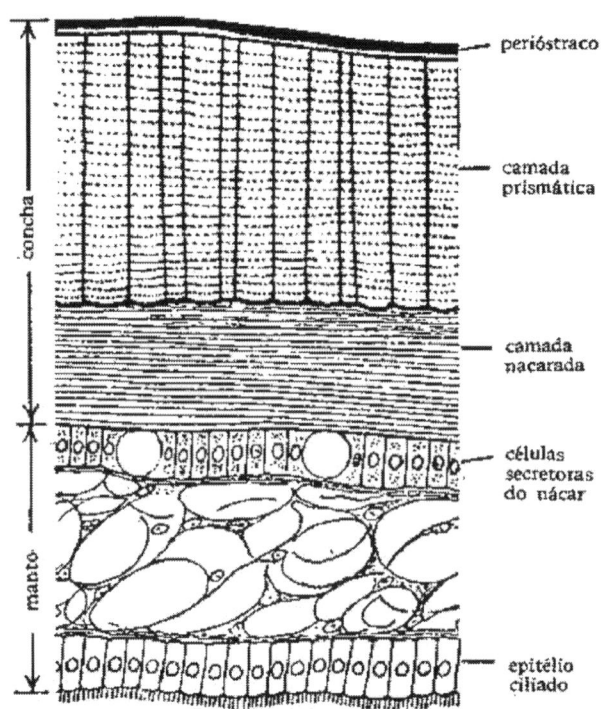

Figura 6. Secção transversal ampliada da concha e manto de um Bivalve de água doce. Disponível em: https://www.google.com/url?sa=i&source=images&cd=&ved=2ahUKEwiG9Jms-Z3jAhUhJLkGHUEZAl0QjRx6BAgBEAU&url=https%3A%2F%2Fdocplayer.com.br%2F7147768-4-1-filo-gastrotricha-do-grego-gaster-estomago-trix-cabelo.html&psig=AOvVaw0CRNP093B9_oDsbFkpWAMS&ust=1562421841690040. Acesso em: 08.05.2019.

2.2 Classe Gastropoda

É a maior classe de moluscos, representada pelos caracóis, caramujos e lesmas, que podem viver em ambiente marinho, de água doce e terrestre. A cabeça desses animais é bem desenvolvida, com dois ou quatro pares de tentáculos sensoriais, sendo que um deles possui olhos nas extremidades e uma boca com rádula. O pé é grande, musculoso, utilizado para locomoção. A massa visceral fica inserida dentro da concha, que geralmente é espiralada sobre o lado direito, embora algumas formas (como as lapas) tenham evoluído para uma concha mais simples. Nas espécies terrestres, apresentam um orifício junto à abertura da concha, o qual faz a comunicação do meio externo com a cavidade do manto, chamado de poro respiratório ou pneumostoma. Nessas espécies o manto é bem vascularizado, exercendo a função de "pulmão".

Nos Gastropoda pode-se observar o ânus e o poro excretor. Sua alimentação é bastante variada, o que vai tipificar a rádula de cada espécie como, por exemplo: os gastrópodes herbívoros desenvolveram rádulas fortes, utilizadas para raspar algas do substrato rochoso ou triturar folhas e caules, já nos detritívoras e filtradores sua rádula é mais simples ou até mesmo ausente. Nas espécies carnívoras suas peças bucais são sofisticadas. Alguns são predadores ativos que caçam pequenos peixes, como é o caso dos *Conus*. Outros gastrópodes marinhos apresentam o modo de vida endobentônico, que são aqueles indivíduos que permanecem enterrados no subsolo. Para isso, nessas espécies existe um sifão extensível que atuará como um respirador, o que permite o contato do animal com a água.

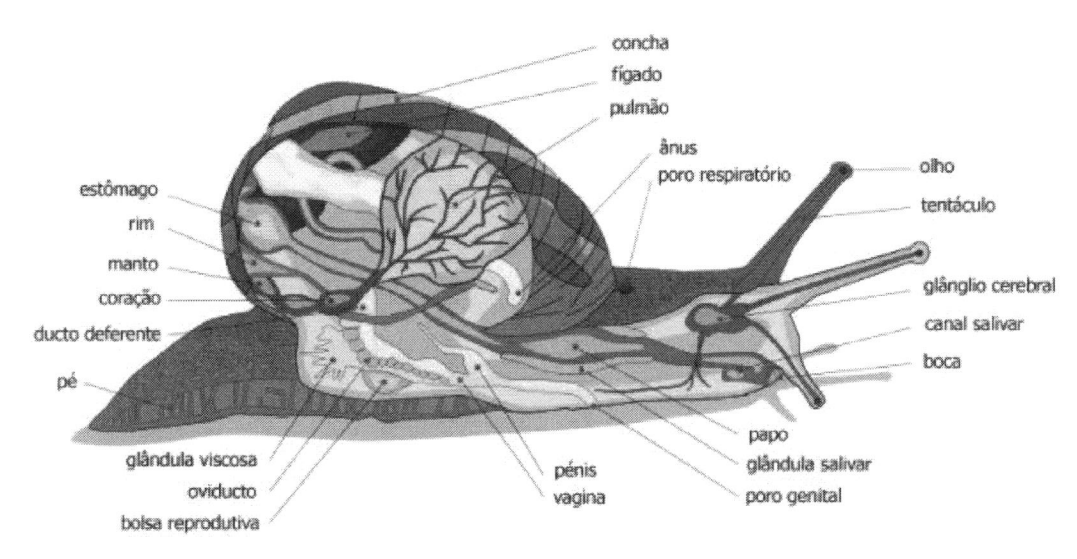

Figura 7. Anatomia interna de Gastropoda. Disponível em: https://files.passeidireto.com/91945843-f366-4cc6-95ab-79067fa36010/91945843-f366-4cc6-95ab-79067fa36010.png. Acesso em: 08.05.2019.

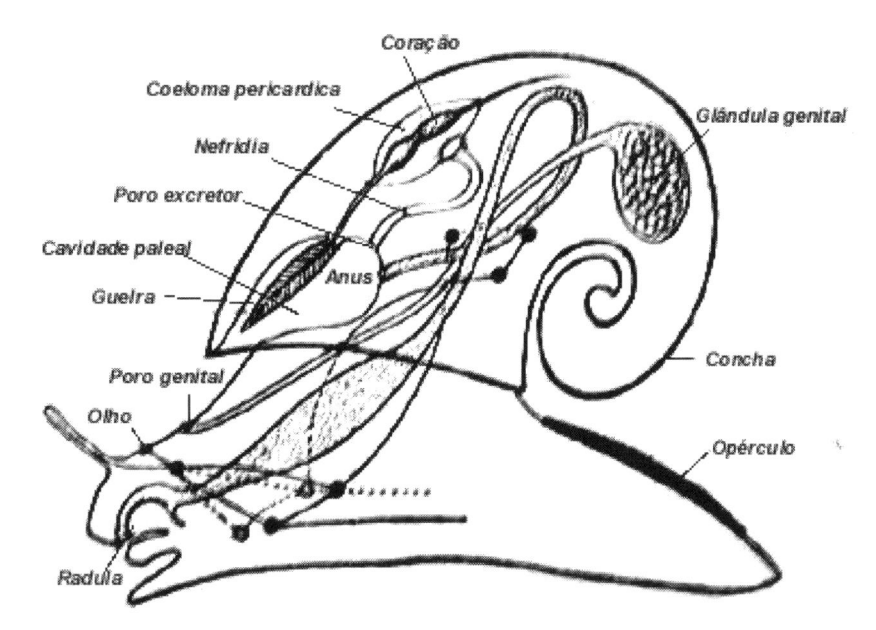

Figura 8 - Esquema de Prosobranchia. Disponível em: http://perso.infonie.be/pomacea/proso_schem2p.gif. Acesso em: 08.05.2019.

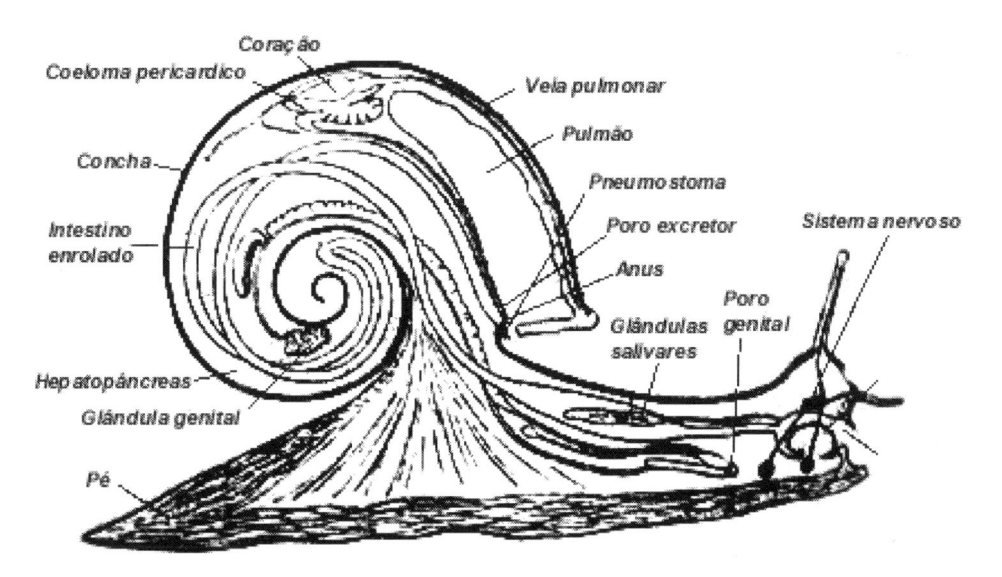

Figura 9. Esquema de Pulmonado, Disponível em: http://perso.infonie.be/pomacea/pulmon_schem2p.gif. Acesso em: 08.05.2019.

2.3 Classe Cephalopoda

Figura 10. Disponível em: http://tolweb.org/tree/ToLimages/cephcombo.250a.jpg. Acesso em: 08.05.2019.

Nessa classe existem, hoje, cerca de 800 espécies, tendo também, mais duas importantes subclasses de cefalópodes fósseis, incluindo os amonooides extintos. Esses moluscos são todos marinhos, sendo seus representantes polvos, lulas, argonautas, náutilos, etc. Esses animais, em sua estrutura corpórea se apresentam com simetria bilateral, cabeça e olhos bem desenvolvidos, boca armada de um bico quitinoso e rodeada por uma coroa de tentáculos, além da rádula (espécie de lixa), que é a sua característica marcante. São animais adaptados à vida ativa, extremamente rápidos, utilizando para isso um mecanismo desenvolvido, o sistema de propulsão na forma de funil (jato-propulsão), no qual o animal expele a água presente na cavidade do manto por contrações musculares, através de um sifão exalante. Combinada com os tentáculos, essa característica representa uma modificação do pé dos restantes moluscos. Em sua pele estão presentes os cromatóforos, que são células pigmentadas, que auxiliam na mudança de cor, utilizada para comunicação e camuflagem. A mudança de cores é dada por ações nervosas diretas. Os estatocistos são os órgãos de equilíbrio. Nesses animais a concha é interna nas lulas, externa nos nautilus e argonautas, e ausente nos polvos. Os nautilus são animais marinhos arcaicos, que foram muito abundantes no período Paleozoico, ocorrendo ainda hoje um gênero no Oceano Pacífico. Além de apresentarem uma concha externa ao corpo, apresentam braços preênsis (que podem segurar). Possuem em seu abdome uma só barbatana e sua concha é formada por uma série de câmaras separadas por paredes divisórias (tabiques), que se comunicam por orifícios sifonais. O corpo dos nautilus ocupa a última câmara, sendo que as outras se enchem de ar, fazendo o papel de flutuadores. Muitos cefalópodes possuem uma bolsa de tinta que produz um líquido escuro, que ao ser lançado, forma uma nuvem, agindo como proteção contra os predadores.

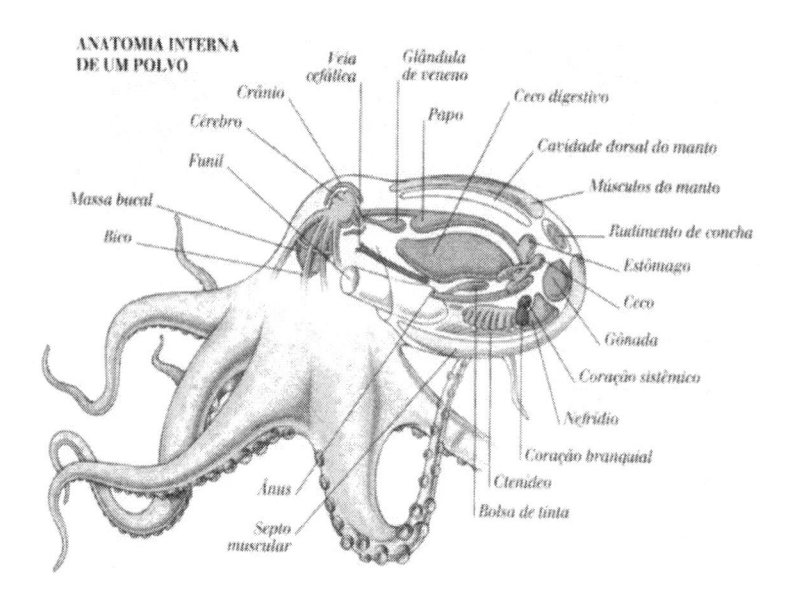

Figura 11. Anatomia interna de um Cephalopoda. Disponível em: https://encrypted-tbn0.gstatic.com/images?q=tbn:ANd9GcT8ul2lMp4f49hNaysbaDSqXPlSSmqb1T4JaZIZR57_lypal_DL. Acesso em: 08.05.2019.

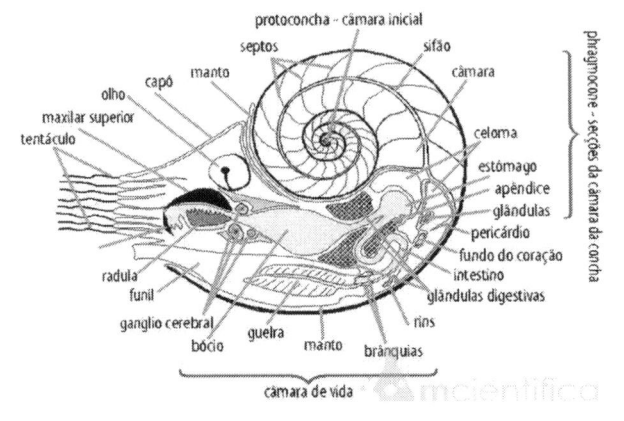

Figura 12. Esquema anatômico dos Nautilus. Disponível em: http://www.blog.mcientifica.com.br/wp-content/uploads/2012/05/Nautilus-Desenho.jpg. Acesso em: 08.05.2019.

2.4 Classe Amphineura ou Polyplacophora

Figura 13. Quítons. Disponível em: http://farm3.static.flickr.com/2168/2111646378_8f2143bb04.jpg?v=0. Acesso em: 08.05.2019.

Dentre os moluscos, a classe Amphineura ou Polyplacophora é considerada a mais primitiva. Como seu representante temos os quítons, que passaram por um alto processo de adaptação levando-os à adesão em rochas e conchas. Apresentam um corpo recoberto pelo manto, achatado no sentido dorsoventral e ovoide, com oito placas transversais interligadas e com a cabeça bem reduzida. As brânquias estão na região ventral, entre o pé e o manto. São de ambientes marinhos e se alimentam de algas e microrganismos.

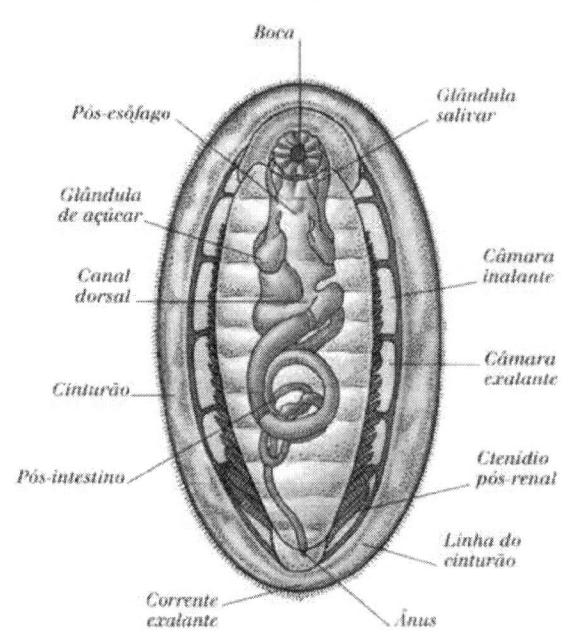

Figura 14. Esquema corpóreo de um Amphineura. Disponível em: http://www.geocities.ws/arturinfbio/infbiomol_arquivos/image006.jpg. Acesso em: 08.05.2019.

2.5 Classe Scaphopoda

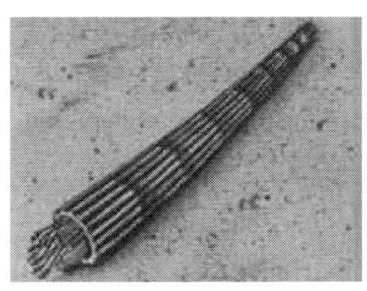

Figura 15. Dentalium sp. Disponível em: https://www.colegioweb.com.br/wp-content/uploads/21668.jpg. Acesso em: 08.05.2019.

Essa foi última classe de moluscos a aparecer. É representada por organismos marinhos cavadores, que exibem uma concha cilíndrica em forma de presa de elefante, com uma abertura em uma das extremidades. Os indivíduos maiores alcançam no máximo 15 cm. Esses animais vivem enterrados, e as partes moles do seu corpo ficam presas à concha. Seus pés, usados para cavar e se fixar na areia, são alongados, pontiagudos e cilíndricos. Os captáculos (tentáculos), órgãos tácteis e adesivos saem junto com o pé, pela abertura basal da concha. Eles exercem a função de capturar os alimentos. Neles também não existem cabeça e sistema circulatório organizado. Alimentam-se de detritos microscópicos e de pequenos organismos como os foraminíferos. São constituídos por suas subclasses, a *Dentalioida* e a *Siphonodentalioida*.

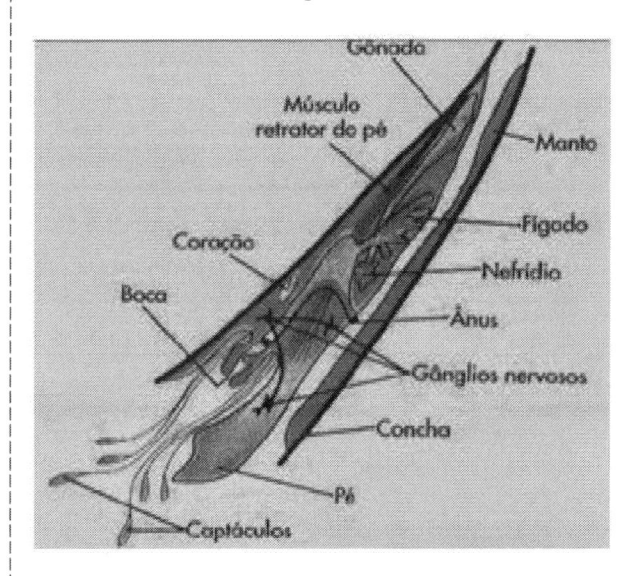

Figura 16. Esquema corpóreo de Scaphoda. Disponível em: http://1.bp.blogspot.com/-j13IT_4PTJg/U2asGKZp6HI/AAAAAAAAGY/btT6ZvOP6dk/s1600/19.jpg. Acesso em: 08.05.2019.

2.6 Classe Monoplacophora

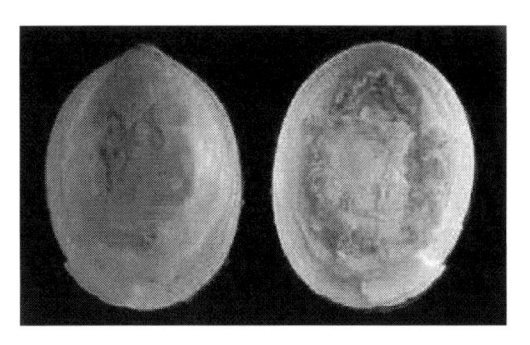

Figura 17. Monoplacophora. Disponível em: http://www.conchasbrasil.org.br/materias/monoplacophora/mono_live.jpg. Acesso em: 08.05.2019.

Os animais dessa classe são habitantes profundos do oceano. Até 1952, julgavam-se extintos, quando então foi recolhido de sedimentos marinhos um espécime vivo, mas pouco ainda se sabe sobre esse grupo de animais. De simetria bilateral, assemelham-se aos quítons, com uma concha única e arredondada, sendo muito fina e frágil. Podendo ter um formato de cone ou escudo, a uma placa achatada, sob a qual se encontra o pé circular, fraco em musculatura e rodeado nas laterais e na região posterior por uma cavidade do manto extensa. Utiliza-se desse pé para se movimentar. Sua cabeça é reduzida. Não possui olhos ou tentáculos, a respiração é feita através de cinco ou seis pares de guelras, situadas lateralmente no corpo. São detritívoros quanto à alimentação e o tamanho do corpo varia de 0,5 a 3 cm de comprimento. Como característica notável, nesses moluscos os segmentos corporais exibem uma repetição primitiva, com órgãos similares em vários segmentos, fazendo essa organização semelhante à que existe em alguns anelídeos, o que sugere uma possível ligação evolutiva entre esses dois grupos de animais.

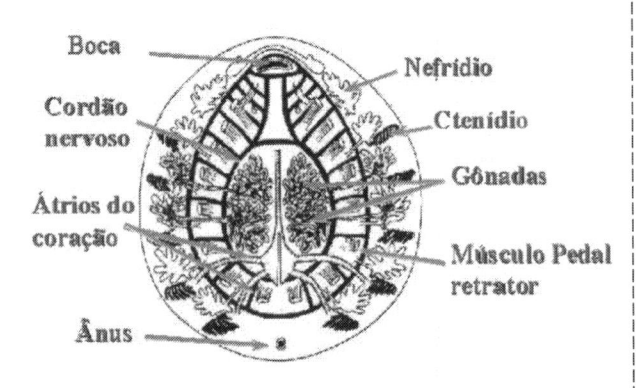

Fig. 18. Estrutura interna de um monoplacóforo mostrando órgãos do sistema digestivo, nervoso, excretor, circulatório e reprodutivo. Disponível em: cesadufs.com.br/ORBI/public/uploadCatalago/17312424022014Invertebrados_I_Aula_8.pdf. Acesso em: 08.05.2019.

2.7 Classe Aplacophora

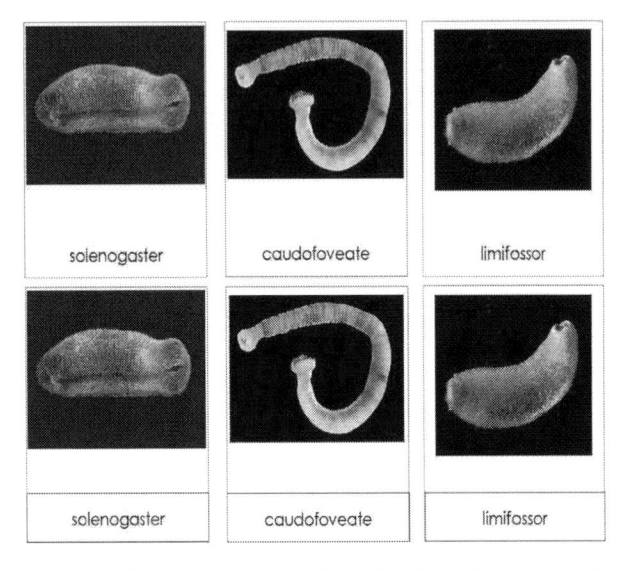

Figura 19. Aplacophora. Disponível em: https://i166.photobucket.com/albums/u111/roguemontessori/Animalia/Mollusca/Mollusc-Aplacophora_zpsnsvmw4nb.jpg. Acesso em: 08.05.2019.

Essa classe é composta por cerca de 250 espécies. Apresentam espículas calcárias e não possuem olhos e tentáculos. Acredita-se que desenvolveram uma estrutura que tem a mesma origem que o pé nos outros moluscos. Algumas dessas espécies vivem em anêmonas do mar e corais, em profundidades de aproximadamente 200 metros. São carnívoros e/ou onívoros, fazendo parte de sua dieta os foraminíferos, detritos e cnidários.

Retomando a aula

Ao final desta primeira aula, vamos recordar sobre o que aprendemos até aqui.

1 - Características gerais dos Mollusca

Nesta seção, esclarecemos que, de maneira geral, os animais desse filo apresentam o corpo com simetria bilateral, (sendo assimétricos em alguns). Não segmentado, é frequente a cabeça definida, onde se alojam os gânglios cerebroides e os órgãos dos sentidos (tentáculos e olhos), incluindo a abertura bucal. As estruturas e órgãos sensoriais apresentados são: células sensíveis ao tato na epiderme; estatocistos (equilíbrio); osfrádios (quimiorreceptores); olhos (fotorreceptores). Na região dorsal do corpo apresentam uma massa visceral volumosa, onde se aloja a maioria dos órgãos. É também nessa região que a pele secreta a concha, constituída de carbonato de cálcio ($CaCO_3$) e uma substância orgânica (conchiolina), representando o esqueleto. A concha é ausente em alguns moluscos. O sistema nervoso da maioria dos moluscos é composto por um par de gânglios cerebroides, que ficam na região da cabeça e desempenham a função de controle da maioria das atividades corporais. Como parte do sistema digestório, os moluscos apresentam a rádula, um intestino médio, dotado de uma glândula digestiva (fígado), com numerosos tubos glandulares e o ânus que se abre na cavidade palial. Nos moluscos houve o desenvolvimento das artérias, veias e capilares, mas mesmo assim, o sistema circulatório é sempre aberto (exceto nos cefalópodes), havendo comunicação entre as lacunas sanguíneas situadas entre vários órgãos. Em geral os moluscos são dioicos, sendo alguns deles hermafroditas.

2 - Classificação dos mollusca

Nesta seção detalhamos sobre o filo Mollusca, que se compõe de sete classes, sendo elas: Bivalvia, Gastropoda, Cephalopoda, Polyplacophora, Scaphopoda, Monoplacophora e Aplacophora.

Vale a pena

Vale a pena **acessar**

Moluscos - Origens da vida - o jogo da sobrevivência parte 1. Disponível em: https://www.youtube.com/watch?v=io1fPFe_K_Q.

Moluscos - Origens da vida - o jogo da sobrevivência parte 2. Disponível em: https://www.youtube.com/watch?v=UR8MUdRel7M.

Moluscos - Origens da vida - o jogo da sobrevivência parte 3. Disponível em: https://www.youtube.com/watch?v=6uWmWCBPsZM.

Aula 7º

Filo Annelida

Os integrantes desse filo são animais segmentados, com simetria bilateral. Há cerca de 15.000 espécies, em que as mais comuns são as minhocas terrestres e de água doce (oligoquetos), além das sanguessugas (hirudíneos). Possuem também representantes marinhos, em torno de dois terços do filo, os poliquetos. Como característica marcante do filo, tem-se a segmentação (metamerismo), que pode ser externa e interna, que nada mais é que a divisão do corpo em partes ou segmentos (metâmeros), que se arranjam numa série linear ao longo do eixo ântero-posterior, e na parte interna há uma disposição repetitiva dos órgãos e sistemas. Vamos lá, aprender um pouco mais sobre esse interessante grupo?

Figura 1. Hermodice carunculata. Disponível em: https://pbs.twimg.com/media/A2lgxY0CMAEA4Yt.jpg. Acesso em: 08.05.2019.

Bons estudos!

Objetivos de aprendizagem

Ao término desta aula, vocês serão capazes de:

- distinguir as principais características desse grupo;
- diferenciar este dos grupos anteriores;
- conhecer as principais classes de organismos desse grupo.

Seções de estudo

1 - Características gerais dos Annelida
2 - Classificação dos Annelida

1 - Características gerais dos Annelida

Os anelídeos também podem ser chamados de "vermes cerdosos", por muitos deles, com exceção das sanguessugas, apresentarem projeções quitinosas, chamadas de cerdas, em formato de agulhas curtas, que auxiliarão na ancoragem dos somitos durante a locomoção, o que impede o deslize para trás. Nos organismos aquáticos as cerdas são longas, como se fossem fios de cabelos, e auxilião na natação. As cerdas rígidas, características dos anelídeos cavadores ou aqueles que vivem em tubos, ajudarão na fixação dentro de suas casas, evitando a ação da água.

Os poliquetos, em sua maioria são bentônicos, podendo alguns deles ter uma vida pelágica. Já os oligoquetos e sanguessugas são encontrados geralmente no solo e em águas continentais. Algumas espécies de água doce se enterram no lodo e na areia. As sanguessugas podem ser predadoras ou especializadas em perfurar e sugar o sangue e tecidos moles de suas presas, sendo poucas delas marinhas. Geralmente apresentam um par de ventosas, uma em cada extremidade corporal, utilizadas para se fixarem ao substrato ou presa. O corpo segmentado e a formação da mesoderme, a partir de células embrionárias especiais, fazem com que os anelídeos se assemelhem aos artrópodes e aos moluscos pela presença de uma larva trocófora.

Os anelídeos possuem a parede do corpo com uma camada externa de músculos circulares e uma interna de músculos longitudinais, além de uma cutícula externa, transparente e úmida secretada pelo epitélio. Seu celoma é bem desenvolvido e dividido por septos. O fluido celomático atua como esqueleto hidrostático e faz com que o corpo permaneça túrgido. Exceto em espécimes que possuem ventosas anterior e posterior, o epitélio externo é coberto por uma cutícula e com cerdas epidérmicas em feixes ou única. A cavidade corpórea geralmente é subdividida por septos transversais, mas quase sempre suprimida ou obscurecida em alguns ou todos os segmentos. Possuem um intestino muscular com boca e ânus (sistema digestivo completo), sistema circulatório fechado e sistema nervoso com gânglios supraesofágicos pré-segmentares, anel circum-esofágico e um cordão nervoso ventral com gânglios segmentares. Os ductos segmentares podem estar combinados, restritos a um ou poucos segmentos ou parcialmente suprimidos, e sua origem é mesodérmica e ectodérmica. Nesses animais, a cefalização pode ser em grau variado. Durante seu desenvolvimento há formação de clivagem espiral com modificações e gastrulação epibólica, sendo os ovos formados com muito vitelo. Em animais marinhos, o desenvolvimento pode ser planctônico. Pode ainda ocorrer, algumas vezes, de ser através de uma larva trocófora de vida livre. Nesse estágio é frequente os ovos encapsulados.

As trocas gasosas são realizadas através da pele, brânquias ou parapódios. Em seu sistema excretor apresentam um par de nefrídios para cada metâmero, e no sistema nervoso, um cordão nervoso ventral duplo e um par de gânglios com nervos laterais em cada metâmero. O cérebro, por sua vez, é formado por um par de gânglios cerebroides conectados ao cordão. Como parte do sistema sensorial, esses animais possuem órgãos táteis, papilas gustativas e células fotorreceptoras. Alguns apresentam olhos com lentes e estatocistos. Podem ser hermafroditas ou de sexos separados, com desenvolvimento em mosaico e reprodução assexuada por brotamento em algumas espécies.

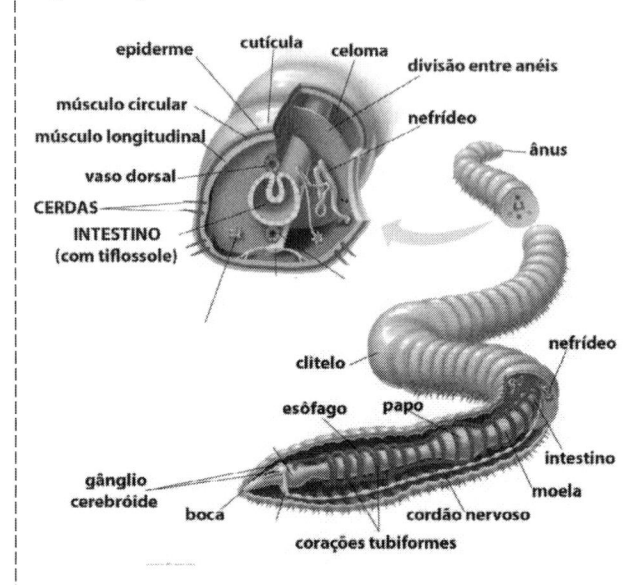

Figura 1. Anatomia interna de anelídeo. Disponível em: http://aneste.org/ut-17-anelideos/14125_html_7d19f592.jpg. Acesso em: 08.05.20.2019.

2 - Classificação dos Annelida

O filo Annelida é composto por 3 grandes grupos, são eles: Oligochaeta, Polychaeta e Hirudinea ou Achaeta. Os Oligochaeta e os Hirudinea pertencem atualmente à Classe Clitellata. Essa junção se deu pelas duas apresentarem um clitelo associado à reprodução. Alguns autores ainda as consideram como classes distintas.

2.1 Classe Clitellata

Subclasse Oligochaeta

Dentre os oligoquetos, o mais conhecido de seus representantes é a minhoca, com cerca de 6.000 espécies descritas, tanto de água doce como marinhas. Sua principal característica é a presença de clitelo associado à reprodução. Apresentam na extremidade anterior do corpo um prostômio carnoso sobre o qual projeta-se a boca, e na extremidade posterior, o ânus. Em geral, cada segmento é formado por quatro pares de cerdas quitinosas, número este que pode variar, chegando a 100 ou mais em algumas espécies. Durante a locomoção e escavação se utilizam dessas cerdas para ancorarem o corpo, o que impedirá o deslizamento. Sua movimentação é realizada através de movimentos peristálticos ao longo do corpo.

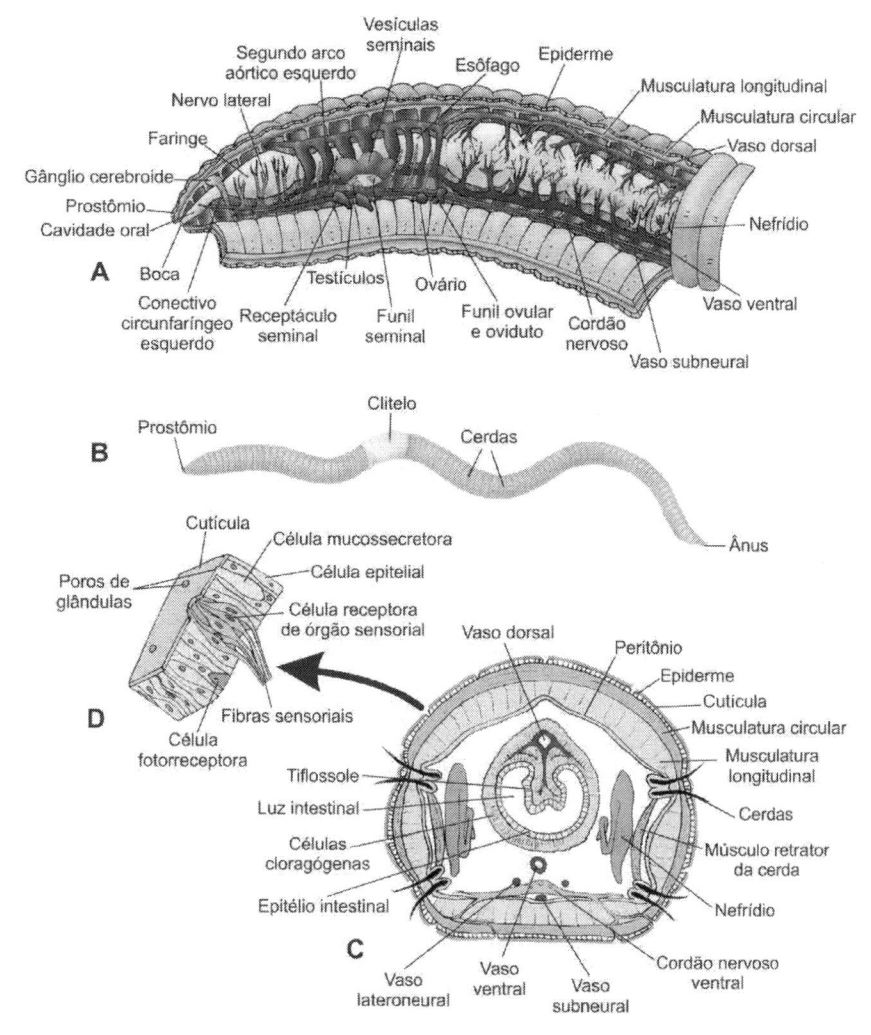

Figura 2. Anatomia da minhoca. A. Estrutura interna da porção anterior do anelídeo. B. Caraterísticas externas em vista lateral. C. Seção transversal simplificada através da região pós-clitelar. D. Porção da epiderme mostrando células sensoriais, glandulares e epiteliais. Disponível em: https://docplayer.com.br/docs-images/72/67224941/images/13-0.jpg. Acesso em: 08.05.2019.

Em sua maioria, os oligoquetos são saprófagos. A alimentação das minhocas, basicamente é feita através da ingestão de matéria orgânica em decomposição. Antes de ingerir o alimento, ele é umedecido com secreções da cavidade oral, e o prostômio, que se assemelha a um lábio, auxilia na movimentação e posicionamento do alimento, que é ingerido através da ação sugadora da faringe musculosa. Ao longo do esôfago encontram-se as glândulas calcíferas, que auxiliarão no equilíbrio da concentração do cálcio no sangue. Esse cálcio é presente no solo, que é ingerido com o alimento. Após a passagem do alimento pelo esôfago, ele fica armazenado por um tempo no papo, antes de passar pela moela, local onde o alimento é reduzido a partículas. A absorção e digestão se dão no intestino. É nele que encontramos o tiflossole, que fará com que os nutrientes sejam consideravelmente absorvidos. Desempenhando um papel semelhante às células hepáticas, esses animais desenvolveram uma camada de tecido cloragógeno, que é derivado do peritônio. Esse tecido envolve o intestino, o vaso dorsal e preenche quase todo o tiflossole, além de atuar como um centro de síntese de glicogênio e gordura, como também de excreção.

Tais espécies de animais possuem um sistema duplo de transporte: o fluido celomático e o sistema circulatório. O sangue circula num sistema de vasos fechado. Sobre o tubo digestivo, da faringe ao ânus, corre o vaso dorsal, que funciona como um verdadeiro coração, pois é provido de válvulas que bombeiam o sangue no sentido anterior para cinco pares de arcos aórticos, responsáveis pela manutenção da pressão sanguínea. Funcionando como uma aorta, o vaso ventral recebe o sangue dos arcos aórticos e o libera para o cérebro e o restante do corpo. As minhocas não possuem órgãos responsáveis pela respiração, suas trocas gasosas ocorrem através das paredes úmidas do corpo.

A excreção dos oligoguetas é realizada através dos nefrídeos. Os excretas existentes no celoma são conduzidos por ação ciliar ao nefróstoma (funil ciliado) e ao túbulo, que serão transportados pelos capilares sanguíneos até a região glandular do nefrídeo. A partir daí são eliminados para o exterior, através do nefridióporo. Os oligoquetas marinhos excretam amônia, já os terrestres excretam ureia, e tanto um quanto outro é produzido pelas células cloragógenas. Podem sofrer lise, entrando diretamente no nefrídeo, como também serem transportados pelo sangue. A osmorregulação, nesses animais, é realizada através da parede corpórea, pelos nefrídeos, intestino e poros dorsais.

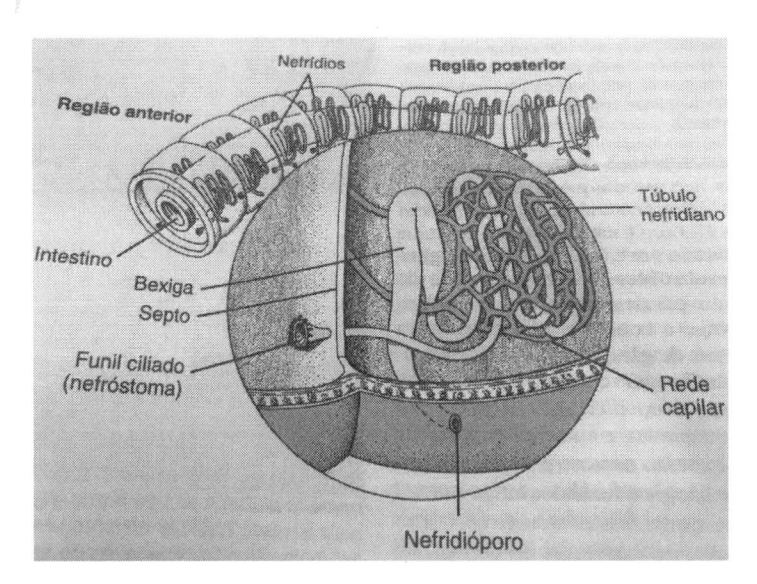

Figura 3. Nefrídio de minhoca. Os excretas são conduzidos ao nefróstoma ciliado em um segmento, passam ao longo das alças nefridiais e são expelidos pelo nefridióporo do segmento seguinte (HICKMAN et al., 2004).

Nos oligoquetas, o sistema nervoso é formado por um gânglio cerebral dorsal, com diversos nervos prostomiais dirigidos ao prostômio, que em geral desempenham função sensorial. Esses gânglios são ligados a um par de anéis circum-entéricos que se conectam com um gânglio subentérico, que controlam os movimentos corporais, e um par de cordões nervosos longitudinais ventrais, que ligados a eles estão um par de gânglios em cada segmento. O gânglio cerebral fica no segundo ou terceiro segmento, devido à redução da cabeça, e tem os cordões longitudinais quase sempre fundidos. Podem, por vezes, apresentar fibras nervosas gigantes. Se, por algum motivo, ocorrer a remoção dos gânglios cerebrais, o animal para de responder a estímulos externos, já os movimentos corpóreos serão afetados caso aconteça a remoção dos gânglios subentéricos.

Os órgãos dos sentidos, nos oligoquetas, estão distribuídos pelo corpo. Em sua maioria apresentam uma fototaxia negativa a fortes intensidades luminosas e fototaxia positiva à luz fraca. Possuem vários órgãos sensoriais unicelulares distribuídos pela epiderme. Nos protostômios há um grande número de estruturas quimiorreceptoras, e as funções tácteis se dão através de terminações nervosas livres no tegumento. As minhocas não têm olhos, mas, sim, fotorreceptores em forma de lente, localizados na epiderme.

Os oligoquetas são animais que possuem a capacidade de se autorregenerar. Determinadas espécies podem regenerar qualquer parte, enquanto outras regeneram somente algumas áreas do corpo. Geralmente esse processo é mais fácil nos segmentos posteriores do que nos anteriores. Quanto à reprodução, nesse grupo os organismos de água doce apresentam reprodução assexuada, por fissão, que poderá ser múltipla ou binária e, também, por brotamento. Existem espécies que se utilizam da estratégia de alternância sazonal de reprodução, sendo assexuada da primavera à metade do verão e sexuada até o fim do verão. Esses animais são hermafroditas (monoicos), com as gônadas e gonodutos localizados em segmentos definidos, característica esta que serve para a classificação e separação de famílias. Os machos geralmente possuem um ou dois pares de testículos dentro de estruturas celômicas modificadas, as chamadas vesículas seminais. Essas vesículas podem ter de um a três pares e é onde estão armazenados os espermatozoides, que são liberados através dos canais deferentes, ou dutos espermáticos, até os gonóporos masculinos.

As fêmeas possuem um par de ovários. Os óvulos são liberados na cavidade celômica, e através de um funil ciliado chegam aos ovidutos, sendo então levados até o gonóporo feminino. Todo o sistema feminino encontra-se atrás do sistema masculino. Em geral, a fecundação é cruzada, sob a ação dos feromônios. No período reprodutivo os indivíduos se atraem, aderindo as regiões ventrais sob o auxílio de muco. Para a cópula, cada um dos pares se posiciona com a região anterior voltado para a posterior do outro. Então, os gonóporos masculinos injetam o sêmen nos primeiros pares de espermatecas de cada indivíduo, que se separam após a liberação dos espermatozoides. A partir daí, dá-se início à produção do casulo através das glândulas do clitelo, que também fornecerão a albumina que irá alimentar os embriões. Sob a ação de contrações da musculatura, o casulo se desloca para a região anterior do corpo do animal, e os óvulos, após passarem pelo gonóporo feminino, são injetados no casulo. A mesma coisa acontece com o sêmen, quando o casulo atravessa a região das espermatecas, caracterizando essa fecundação como externa. A eclosão de indivíduos jovens dependerá das condições ambientais, podendo levar dias ou até meses.

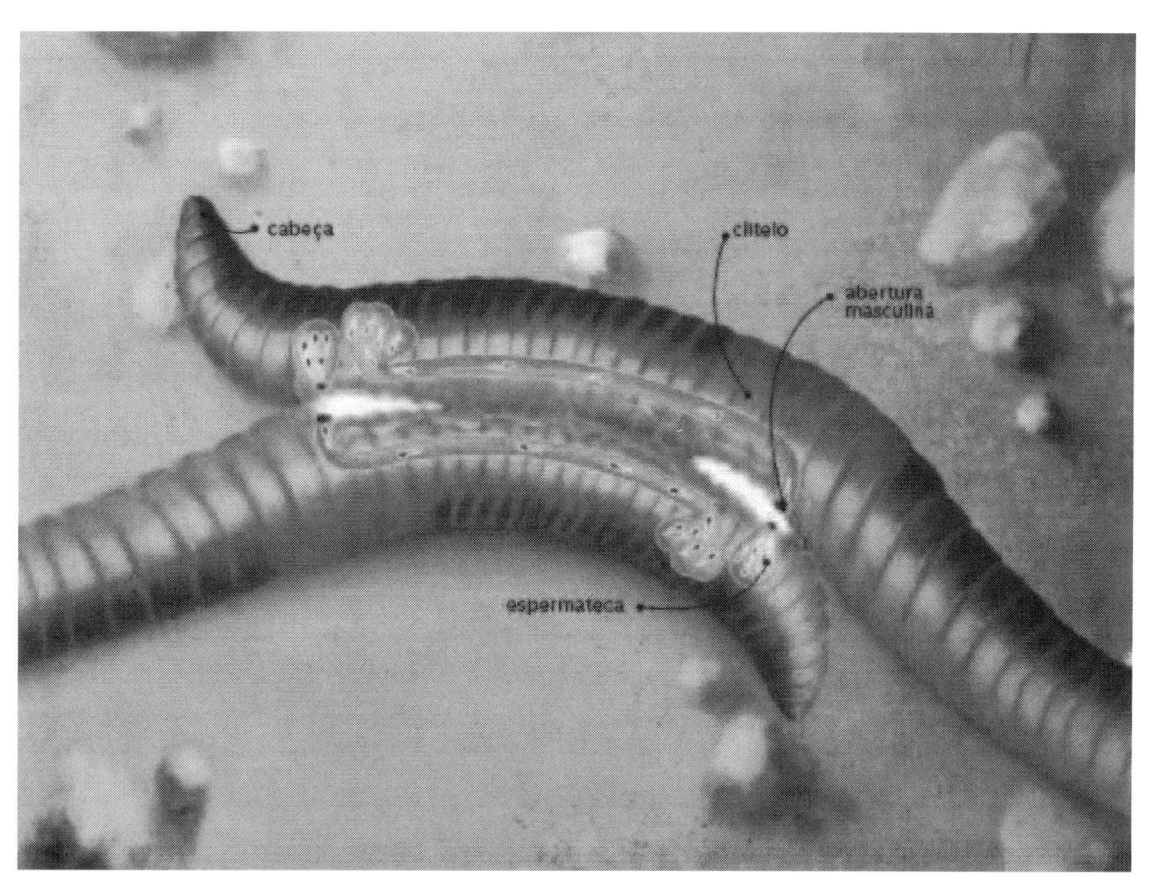

Figura 4. Reprodução dos oligoquetas. Disponível em: https://abrilsuperinteressante.files.wordpress.com/2018/07/57aca3b50e21637197017ad0minhocas_13.jpeg?quality=70&strip=info. Acesso em: 08.05.2019.

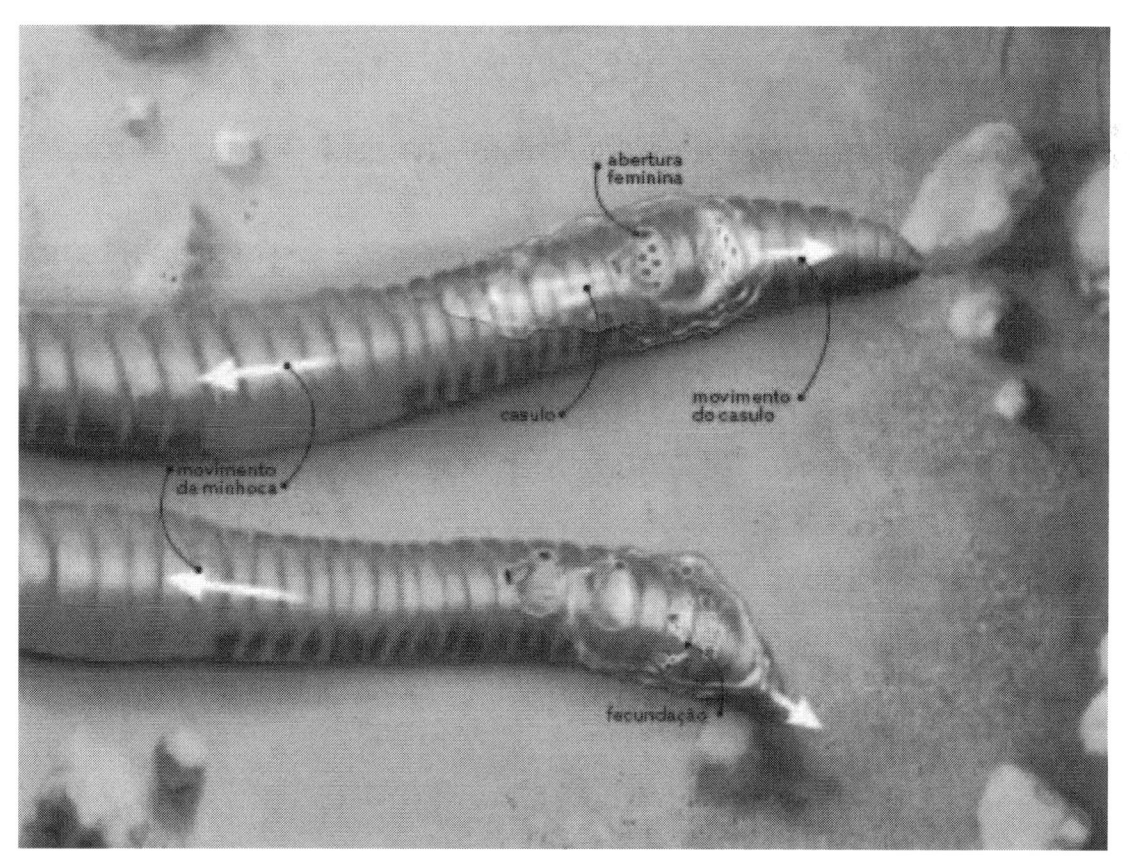

Figura 5. Reprodução dos oligoquetas. Disponível em: https://abrilsuperinteressante.files.wordpress.com/2018/07/57aca3b50e21637197017aceminhocas_23.jpeg?quality=70&strip=info. Acesso em: 08.05.2019.

Subclasse Hirudinoidea

Figura 6. Sanguessuga. Disponível em: http://statig1.akamaized.net/bancodeimagens/di/ab/8t/diab8tgbtcvr3piaxprpxukl0.jpg. Acesso em: 08.05.2019.

Os hirudíneos possuem cerca de 500 espécies, que podem ser sanguessugas (maioria), predadoras e detritívoras, geralmente encontrados em ambientes de água doce, com alguns exemplares marinhos e restritos a ambientes terrestres úmidos. Seu tamanho corpóreo varia em torno de 0.5 a 2 cm, mas a espécie amazônica, *Haementeria ghiliani*, pode chegar a 45 cm de comprimento. Em seu corpo apresentam exatos 34 segmentos, uma ventosa anterior e outra posterior. Não possuem cerdas e são achatados dorsoventralmente, sendo a espécie *Acanthobdella peledina* a única a não possuir ventosas.

Esses animais apresentam o tipo de locomoção mede-palmos. Após a fixação da ventosa posterior, há uma contração da musculatura circular, que faz com que o corpo se alongue, havendo então a fixação da ventosa anterior. Em seguida, solta-se a ventosa posterior, a musculatura longitudinal se contrai e o animal se projeta para frente.

Os hirudinoides possuem boca no meio da ventosa anterior, mandíbulas, probóscide, faringe, esôfago e glândulas salivares que secretam hirudina, considerada um ótimo anticoagulante, com substâncias anestésicas e vasodilatadoras. Todos esses elementos formam o estomodeu, que faz parte do sistema digestório. O estômago é formado por vários cecos gástricos que auxiliam na ingestão de uma grande quantidade de alimento. Esses animais podem ingerir até 10 vezes o seu próprio peso. Todo o processo de digestão ainda não é bem esclarecido, mas acredita-se que a ação da enzima exopeptidases contribua para a lenta digestão, fazendo com que algumas espécies se alimentem somente de 3 a 4 vezes por ano.

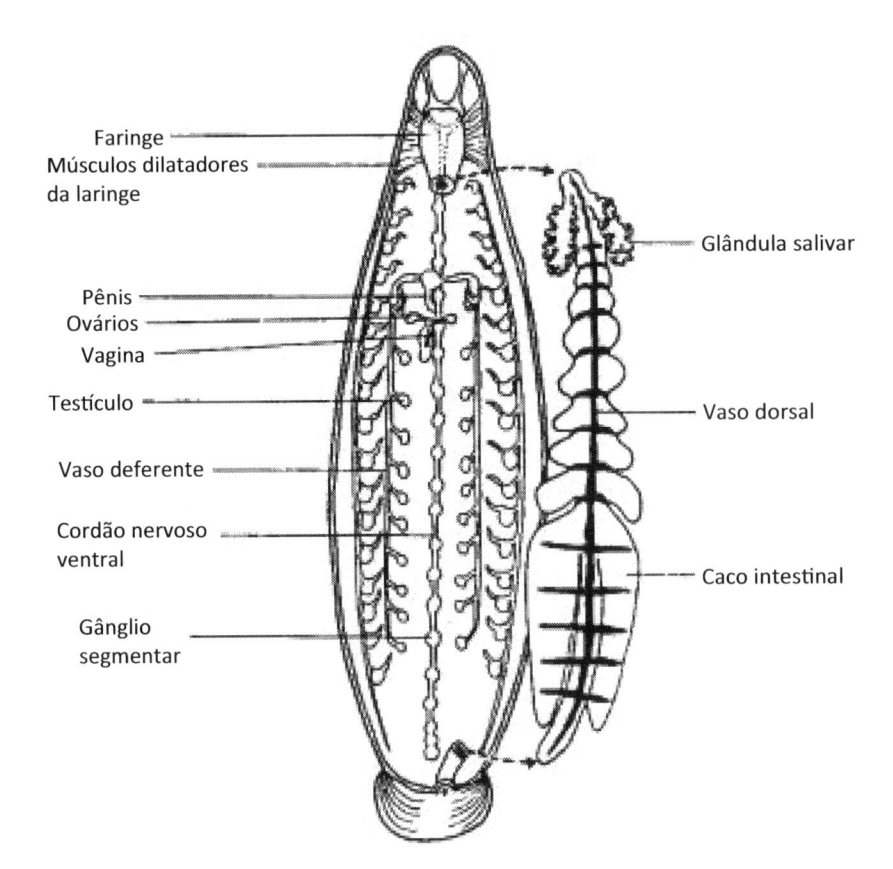

Figura 7. Esquema da anatomia interna de sanguessugas. Disponível em: http://s3.amazonaws.com/magoo/ABAAAgdM4AA-27.jpg. Acesso em: 08.05.2019.

Os canais celômicos associados a vasos sanguíneos são responsáveis pelo transporte e circulação de substâncias. Acredita-se que foram formados após a grande redução do celoma, depois de ser invadido por tecido conjuntivo devido ao aparecimento das ventosas, o que modificou a locomoção. Porém, em algumas espécies ocorreu também a perda dos vasos sanguíneos, restando somente os canais celômicos. Em alguns hirudíneos, auxiliando no transporte do oxigênio, tem-se a hemoglobina dissolvida no plasma, e em outros, os de água doce, encontram-se as brânquias.

Os hirudinoides são animais que possuem a capacidade de excretar a amônia. Seus nefrídeos são estruturalmente diferentes, apesar de serem derivados dos metanefrídeos. Apresentam-se distribuídos ao longo dos segmentos aos pares associados aos canais hemocelômicos, com exceção da região anterior e posterior do corpo. Os nefrostômios podem ser agrupados em órgãos ciliados ou funil ciliado, sendo que cada um deles conduz uma cápsula nefridial de fundo cego, conectada ao nefridioduto. São formados por canais intracelulares, sendo capazes de absorver e selecionar o material para a formação da urina, que será eliminada pelo nefridióporo depois de ser levada para a bexiga. São de responsabilidades dos nefrídeos a osmorregulação, fazendo com que a urina seja bem diluída, eliminando o excesso de água e retendo os sais.

O sistema reprodutor desses animais é complexo, caracterizado por apresentar de 5 a 10 pares de testículos e um par de ovários. São hermafroditas e utilizam da fecundação cruzada para sua reprodução. Não se regeneram e nem se reproduzem assexuadamente. Na família Arhynchobdellae, as espécies possuem um pênis eversível, fazendo com que os espermatozoides sejam inseridos diretamente no gonóporo feminino. Os indivíduos da família Rhynchobdellae produzem um tipo de bolsa que envolve os espermatozoides, os espermatóforos. Neles os espermatozoides são injetados diretamente na região do clitelo do parceiro, e irão migrar até os ovários pelos canais e seios celômicos. Para a formação dos casulos, o processo se dá de forma semelhante aos oligoquetos, com a diferença que os zigotos ou embriões jovens são injetados para seu interior, durante o deslocamento pelo corpo do indivíduo.

2.2 Classe Polychaeta

Figura 8. Polychaeta. Disponível em: https://encrypted-tbn0.gstatic.com/images?q=tbn:ANd9GcT742ZMTjL9j4txRrwVVZwazrAH2cE5of4uelqfoPzBNdIGCa-kWw. Acesso em: 08.05.2019.

Os poliquetas representam a maior classe de anelídeos, com aproximadamente 10.000 espécies, a maioria marinha, encontrando-se poucas espécies de água doce e duas espécies terrestres, que são restritas a ambientes úmidos. Seu corpo varia entre 5 a 10 cm de comprimento, mas alguns exemplares medem menos que um 1 mm e outros podem chegar a medir 3m. Algumas espécies apresentam coloração bem viva, enquanto outras são iridescentes. Diferenciam-se dos outros anelídeos por terem uma região cefálica bem diferenciada, com órgãos sensorias especializados. No corpo segmentado possuem apêndices pares, que são os parapódios, com muitas cerdas dispostas em feixes e sem clitelo.

Figura 9. Nereis succinea, detalhe dos parapódios e cerdas, vista da parte posterior (mais abaixo) e anterior (mais acima), ACE Basing, Carolina do Sul. The Southeastern Regional Taxonomic Center (SERTC), South Carolina Department of Natural Resources. Disponível em: https://zoologia-ii-ufes-turma-i.webnode.com/_files/200000223-ba51ebb49c/Nereis%20succinea%20whole.jpg. Acesso em: 08.05.2019.

São comumente encontrados em pedras, fendas de coral e conchas abandonadas. Costumam também escavar o lodo ou a areia e construir seus tubos, mas existem aqueles que se utilizam de tubos ou galerias de outros animais. Muitos fazem parte da comunidade planctônica, sendo muito abundantes nesse ambiente. Desempenham papel importante na cadeia alimentar, por serem predados por peixes, crustáceos e muitos outros. Podem ser divididos em dois grupos: os sedentários e os errantes. Os sedentários geralmente são aqueles que vivem em tubos ou galerias permanentes e utilizam dispositivo elaborado para sua alimentação e respiração. Já os errantes são pelágicos livre-natantes, predadores, cavadores ativos, rastejadores, com alguns vivendo em tubos, mas com hábitos diferentes dos sedentários, pois saem dos tubos para se alimentar e para se reproduzir.

Quanto à forma e função, os poliquetos apresentam uma cabeça, ou prostômio, podendo ser ou não retrátil. Geralmente possuem olhos, tentáculos e palpos sensoriais. Ao redor da boca, no primeiro segmento, podem ter cerdas, e nas espécies predadoras, mandíbulas quitinosas. O tronco segmentado, em sua maioria apresenta os parapódios, que são utilizados para rastejamento, natação ou ancoragem dentro dos tubos, e podem ser o principal órgão respiratório. Apesar de alguns apresentarem brânquias, podem ter lobos, cirros, cerdas e outras estruturas.

Figura 10. Nereis virens, um poliqueto errante. A. Região anterior com a faringe evertida. B. Estrutura externa. C. Região posterior. D. Seção transversal simplificada passando pela região intestinal. Disponível em: https://docplayer.com.br/docs-images/72/67224941/images/6-0.jpg. Acesso em: 08.05.2019.

Quanto ao hábito alimentar, os poliquetos podem ser herbívoros, carnívoros, detritívoros, comedores de depósitos (seletivos ou não), filtradores de suspensão (suspensívoros) e até parasitas. O tubo digestivo é dividido em três partes: um segmento anterior, onde se encontra o estomodeu, faringe e esôfago anterior revestido por cutícula; um mediano, que deriva do endoderma, com porções anteriores, que secretam as enzimas digestivas, e um posterior, que fará a absorção alimentar; e um posterior derivado do ectoderma, o qual se abre para o exterior através do ânus, localizado no pigídio.

A respiração nos poliquetos é realizada através dos parapódios e brânquias. Nas espécies que não possuem órgãos respiratórios, as trocas gasosas são realizadas através da superfície corpórea. Já a circulação é variável conforme a espécie, mas basicamente os poliquetos possuem um sistema cardiovascular composto por um vaso dorsal e um ventral, que são conectados a vasos dorsoventrais. Sendo assim, a circulação do sangue se dá dorsalmente no sentido ântero-posterior, retornando para a porção posterior pelo vaso ventral.

Figura 11. Diopatra cuprea, vista dorsal. Polychaeta bentônico, na foto detalhada pode-se observar as brânquias e os parapódios. Porto de Charleston, recife de ostras. The Southeastern Regional Taxonomic Center (SERTC), South Carolina Department of Natural Resources. Disponível em: https://zoologia-ii-ufes-turma-i.webnode.com/_files/200000225-a1778a2734/Diopatra%20dorsal.jpg. Acesso em: 08.05.2019.

Os poliquetos excretam essencialmente a amônia. Para a eliminação dos excretas e o controle osmótico, seu sistema excretor é composto por um par de metanefrídios em cada segmento. Estes são constituídos por um nefrostômio ciliado que se abre no celoma, um nefridioduto e um nefridióporo, mas algumas espécies podem ter protonefrídeos e protomixonefrídeos.

O sistema nervoso central dos poliquetos segue o padrão dos anelídeos, com o gânglio cerebroide dorsal conectado ao gânglio subfaríngeo, que origina o par ventral de cordões nervosos. Esses cordões, em cada segmento, terão um par de gânglios conectados por uma comissura. Nesses animais o sistema sensorial é bem desenvolvido, incluindo olhos, órgãos nucais e estatocistos. Quando aparecem os olhos, estes podem ser simples ocelos a olhos bem complexos, como é o caso dos indivíduos da família Alciopidae, nos quais os olhos formam imagens com estruturas semelhantes aos cefalópodes, com córnea, lente, retina e pigmento retiniano.

Os poliquetos possuem uma alta capacidade de se regenerar. Sua reprodução pode ser assexuada por brotamento, fissão múltipla ou binária. O sistema reprodutor é simples e em geral possuem sexos separados. Suas gônadas são projeções temporárias do peritônio que liberam gametas para o celoma, conduzidos ao exterior através dos gonodutos, metanefrídeos, ou por ruptura da parede do corpo. A fecundação é externa. Uma larva trocófora se desenvolve e, por algumas semanas, tem vida planctônica. Após esse período ela migra para o fundo do mar, sofrendo metamorfoses que produzirão os segmentos, parapódios e outros apêndices presentes nos adultos.

Retomando a aula

Estamos indo bem, vamos recordar:

1 - Característica gerais dos Annelida

Nesta seção, falamos sobre os anelídeos, que são animais segmentados, com simetria bilateral. Com cerca de 15.000 espécies, as mais comuns são minhocas terrestres e de água doce (oligoquetos) e sanguessugas (hirudíneos). Possuem também representantes marinhos, os poliquetos. Como característica marcante do filo, destacamos a segmentação (metamerismo), que pode ser externa e interna, e nada mais é que a divisão do corpo em partes ou segmentos (metâmeros) que se arranjam numa série linear ao longo do eixo ântero-posterior. Na parte interna há uma disposição repetitiva dos órgãos e sistemas.

2 - Classificação dos Annelida

Na seção 2, esclarecemos que o filo Annelida é composto por três grandes grupos: Oligochaeta, Polychaeta e Hirudinea ou Achaeta. Os Oligochaeta e os Hirudinea pertencem atualmente à Classe Clitellata. Essa junção se deu pelas duas apresentarem um clitelo associado à reprodução. Alguns autores ainda as consideram como classes distintas.

Vale a pena

Vale a pena assistir

Vamos aprender sobre a Minhocultura. Disponível em: https://youtu.be/mdtSpBbRLgU.

Minhas anotações

Minhas anotações

Aula 8º

Filo Echinodermata

Chegamos ao final desta disciplina. Estudaremos agora o último grupo, os equinodermos. Com aproximadamente 6.000 espécies exclusivamente marinhas, esse filo inclui estrelas-do-mar, ouriços-do-mar, bolachas-da-praia, ofiuroides, pepinos-do-mar e crinoides. Os animais são grandes, de hábitos bentônicos e vivem no fundo de todos os oceanos do mundo ou se movem sobre o substrato. Os equinodermos são triblásticos, celomados, deuterostômios, não possuem cabeça, o esqueleto é interno de origem mesodérmica, de simetria radial pentâmera quando adultos, mas enquanto larvas, a simetria é bilateral. O celoma possui uma subdivisão interna utilizada na captura do alimento e locomoção, e um sistema hidrovascular ou ambulacrário composto pelos canais celomáticos e apêndices superficiais. São dioicos (sexos separados), sem dimorfismo sexual.

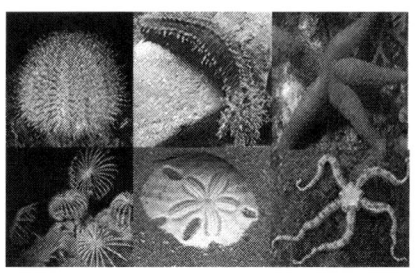

Figura 1. Echinodermata. Disponível em: https://static.escolakids.uol.com.br/conteudo_legenda/fa6a838bd3a113a350b593badf3c9158.jpg. Acesso em: 20.05.2019.

Bons estudos!

Objetivos de aprendizagem

Ao término desta aula, vocês serão capazes de:

- evidenciar as diferenças entre os grupos até aqui estudados;
- caracterizar os equindermos;
- refletir sobre sua importância;
- classificar os grupos aqui existentes.

Seções de estudo

1 - Características gerais dos Echinodermata
2 - Classificação dos Echinodermata

1 - Características gerais dos Echinodermata

O corpo dos equinodermos é recoberto por uma epiderme simples e nas espécies que possuem espinhos, estes são alongados e servem como proteção. Em alguns, esses espinhos contêm glândulas de veneno. Outras espécies se utilizam das pedicelárias, que são pequenas pinças, para defesa e manutenção da higiene corpórea. Para sustentação do corpo, o endoesqueleto é formado por ossículos calcários dérmicos (placas calcárias), articulados ou fixos, distribuídos pelo corpo, geralmente acompanhadas por espinhos, como é o caso dos ouriços, em que essas placas formaram uma carapaça resistente, ou também por espículas calcárias na derme. A locomoção é lenta, realizada através dos pés ambulacrários e ainda por espinhos movidos por músculos.

Um sistema hidrovascular foi desenvolvido por esses animais, derivado do celoma, com canais revestidos por um epitélio ciliado, preenchido por fluido, contendo amebócitos, proteínas e altos teores de íon potássio. Nos asteroides, esse sistema é bem desenvolvido e atua como um meio de locomoção. O sistema digestivo geralmente é completo, axial ou enrolado, sendo que nos ofiuroides há ausência de ânus. O sistema circulatório é muito reduzido, não possuem coração. Desenvolveram o sistema hemal, que é um sistema de canais, com disposição radial, pelo qual circula um líquido incolor, contendo amebócitos. A respiração nesses animais pode ocorrer de maneira diferente. Dependendo da classe do animal, pode ser por difusão, que é realizada pelos pés ambulacrais. Nas estrelas-do-mar e ouriços ela se dá através de pequenas brânquias dérmicas, já nos pepinos, as trocas gasosas são realizadas através de árvores respiratórias, e nos ofiuroides é por meio de bursas.

Os equinodermos não dispõem de nenhum órgão ou sistema excretor. Os excretas são carregados pelos amebócitos até os pés ambulacrários ou também por qualquer outra estrutura que seja na exposta água, sendo eliminados assim por difusão. O sistema nervoso desses animais é elementar, do tipo radial simples, sendo constituído por neurônios conectados sem a presença de um órgão central, semelhante a uma rede e, também, por anéis nervosos radiais, situados ao redor da cavidade oral, irradiando para a periferia do corpo. Apesar de não possuírem cérebro, algumas espécies apresentam gânglios.

Com exceção de poucos indivíduos hermafroditas, os equinodermos são dioicos, com as gônadas bem desenvolvidas, sem ductos genitais e a fecundação é externa. O desenvolvimento larval é indireto, sendo peculiar para cada classe. As estrelas-do-mar e os pepinos-do-mar têm a capacidade de regeneração.

2 - Classificação dos Echinodermata

2.1 Classe Crinoidea

Figura 1. Lírio-do-mar. Disponível em: https://www.mundoecologia.com.br/wp-content/uploads/2019/06/Crinoidea-4.jpg. Acesso em: 20.05.2019.

Essa classe é representada pelos lírios-do-mar e os comatulídeos. Em geral são animais de águas profundas e já foram bem mais numerosos do que hoje. Sua principal diferença dos outros equinodermos é se manterem fixos durante uma boa parte da vida. Seu corpo se assemelha a uma flor presa na ponta de uma haste. Nos comatulídeos, os braços são longos e bem ramificados e seus adultos são livres, mas podem permanecer fixos por longos períodos. Esses organismos, em geral, medem de 15 a 30 cm. Seu corpo apresenta um cálice (disco central), coberto por uma pele coriácea composta por placas calcárias, rodeado por cinco braços flexíveis que se estendem a partir desse disco. Para ancoragem ao fundo do mar se utilizam de cílios grossos e para auxiliar na captura do alimento, há pequenos apêndices laterais ao longo dos braços, chamados pínulas. O sistema digestório é completo, composto por uma boca, que se abre num esôfago curto unido ao intestino longo com divertículos, dando uma volta completa oposta à boca e terminando no ânus. O sistema hidrovascular corresponde à organização geral dos equinodermos. O sistema nervoso possui um anel oral e um nervo radial, que correm no interior de cada braço. Os sentidos são quase inexistentes e primitivos. Possuem sexos separados e as gônadas ficam dispostas na cavidade genital dos braços e pínulas. Suas larvas doliolárias são livre-natantes até a fixação e metamorfose.

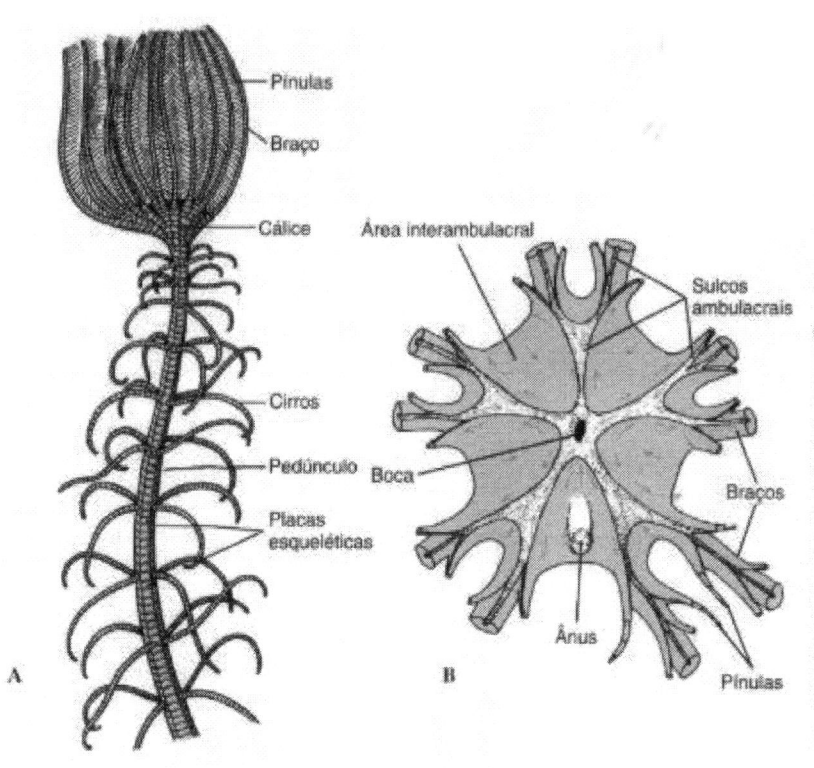

Figura 2. Estrutura de um crinoide. Disponível em: https://image.slidesharecdn.com/aula2equinodermos-140514202936-phpapp01/95/equinodermos-12-638.jpg?cb=1400099419. Acesso em: 20.05.2019.

2.2 Classe Concentricycloidea

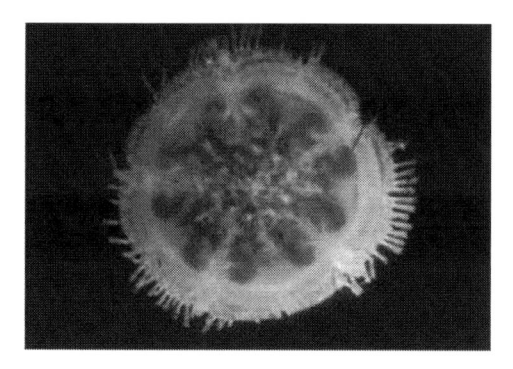

Figura 3. Margaridas-do-mar. Disponível em: http://1.bp.blogspot.com/-VOZPNra7jD0/UiZ9HnIdOaI/AAAAAAAAD0E/_DhmLrIjMoM/s320/33_40EchinodermDiversityF.jpg. Acesso em: 2005.2019.

Classe descrita recentemente, em 1986, tem formato de disco de mais ou menos 1cm de diâmetro. Com apenas duas espécies conhecidas, foi descoberta a mais de 1.000 m no mar da Nova Zelândia e aproximadamente 2.000 m no Caribe. Sua simetria é pentaradial, não possui braços e os pés ambulacrais encontram-se ao redor do disco. O sistema hidrovascular possui dois canais radiais concêntricos. Um hidroporo, homólogo ao madreporito, liga o canal radial interno à superfície aboral. Uma das espécies não possui trato digestivo, sendo os nutrientes absorvidos através de um véu membranoso que fica na superfície oral. A outra espécie possui um estômago estreito, na forma de um saco, mas não tem intestino nem ânus.

2.3 Classe Echinoidea (ouriços-do-mar e bolachas-da-praia)

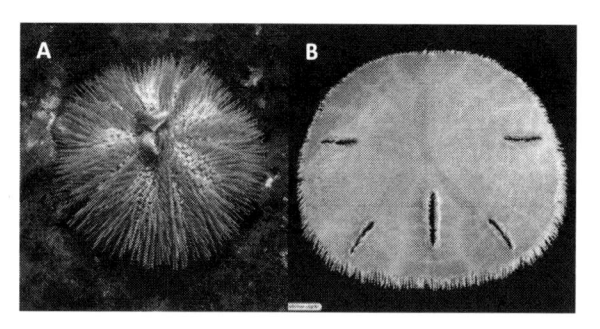

Figura 4. A. Ouriço-do-mar. Disponível em: http://files.zoologia-ii-ufes-turma-i.webnode.com/200000340-02c2603c08/10.jpg. Acesso em: 20.05.2019. B. Bolacha-da-praia. Disponível em: http://files.zoologia-ii-ufes-turma-i.webnode.com/200000341-38757396ec/11.jpg. Acesso em: 20.05.2019.

Os organismos dessa classe, os equinoides, possuem o corpo fechado numa carapaça calcária, que é a junção de ossículos dérmicos, que se transformam em placas firmemente encaixadas. A forma do corpo é arredondada, sendo hemisférica nos ouriços, com simetria radial e espinhos de tamanho médio a longo, e discoide na bolacha-da-praia, com simetria bilateral e seus espinhos em geral são bem curtos. Não possuem braços, mas a carapaça revela uma organização pentâmera, com cinco áreas ambulacrais homólogas. Para locomoção, utilizam os pés ambulacrais auxiliados pelos espinhos. As pedicelárias são de vários tipos, mas a mais comum são as tridigitadas, sustentadas por pedúnculos longos. Elas auxiliam na limpeza do corpo, impedindo que as larvas de outros organismos se alojem na superfície do animal. Podem, também, apresentar glândulas de veneno, capazes de paralisar pequenas presas. Esses animais são amplamente distribuídos nas regiões entremarés até ao fundo oceânico. Preferencialmente, os ouriços ficam em substratos rochosos ou rígidos, e as bolachas-da-praia preferem se enterrar ou viver em substratos arenosos.

Ao redor da boca, os equinoides exibem cinco dentes. Em alguns ouriços, ao redor do peristômio, apresentam brânquias ramificadas (pés ambulacrais modificados). Já o ânus, os poros genitais e o madreporito encontram-se aboralmente na região do periprocto. Nas bolachas-da-praia a boca fica no centro da superfície oral, com dentes. O ânus fica na região posterior ou na superfície oral do disco. O sistema digestivo fica no interior da carapaça enovelado, exibindo um mecanismo mastigador, lanterna de Aristóteles. O esôfago é ligado ao intestino através de um sifão ciliado, o que permite à água contornar o estômago, dessa forma o alimento fica concentrado no intestino para depois ser digerido. Os ouriços se alimentam de algas e matéria orgânica, que são raspadas com os dentes. O sistema hermal e nervoso são parecidos com os asteroides. Os sexos são separados, a fecundação é externa, sendo os óvulos e espermatozoides liberados na água.

2.4 Classe Asteroidea (estrelas-do-mar)

Figura 6. Estrelas-do-mar. Disponível em: https://zoologia-ii-ufes-turma-i.webnode.com/_files/200000322-cbc59cdbab/Asteroidea.png. Acesso em: 20.05.2019.

Essa classe de animais é a que mais bem representa os equinodermos, devido as suas características básicas. As estrelas-do-mar são abundantes em quase todas as costas marinhas, mas podem viver agregadas às rochas, como também em fundos lodosos e/ou arenosos e entre recifes de corais. Seu corpo é constituído por um disco central ligeiramente achatado e flexível. Sua boca fica no centro da superfície inferior (oral), cercada por uma delicada membrana peristomial. Em cada braço, um grande sulco estende-se radialmente a partir da boca (sulcos ambulacrários) e, em suas pontas, há um tentáculo táctil e uma mancha ocelar. Cada um desses sulcos é ladeado por fileiras de pés ambulacrais, protegidos por espinhos móveis. Em sua superfície aboral, fazendo parte de seu esqueleto, há espinhos obtusos calcários, tornando-a áspera. E entre os espinhos, projetando-se a partir da cavidade corpórea, estão às brânquias dérmicas, que são pequenas e moles (chamadas de pápulas), e estão relacionadas a respiração e excreção. Também em torno dos espinhos, encontramos as minúsculas pedicelárias, que possuem a forma de pinças, auxiliando na manutenção da limpeza do corpo, como também na captura do alimento.

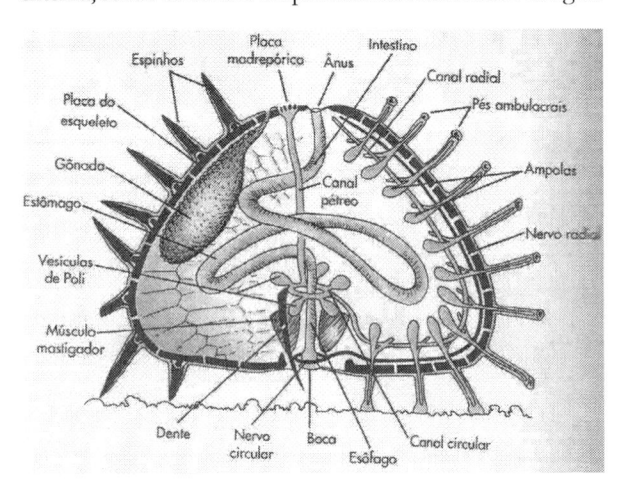

Figura 5. Estrutura interna do Echinoidea. Disponível em: https://slideplayer.com.br/slide/364736/2/images/2/Estrutura+interna+de+Echinoidea+%28ouri%C3%A7o%29.jpg. Acesso em: 20.05.2019.

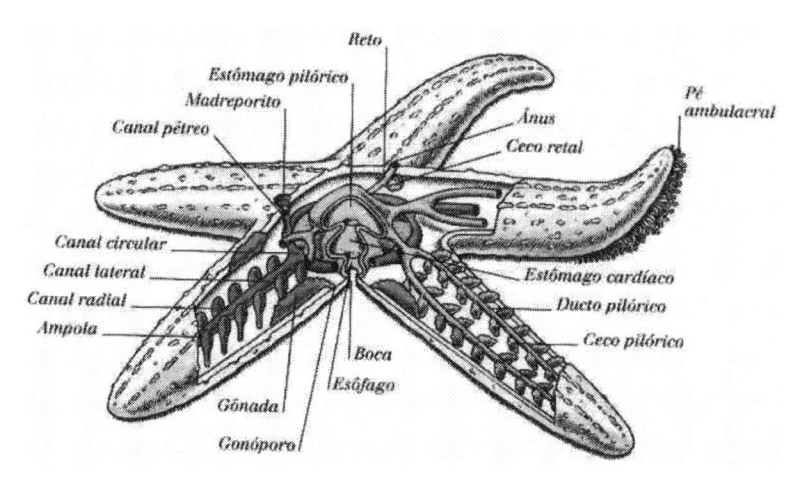

Figura 7. Anatomia de uma estrela-do-mar. Disponível em: http://3.bp.blogspot.com/-EYUvRj67Gp0/UumY8tvLM5I/AAAAAAAADsg/OE-78ugCF5E/s1600/Startfishanato.jpg. Acesso em: 20.05.2019.

As trocas gasosas e a excreção, nesses animais, são realizadas através do sistema hidrovascular, que tem como função primária a locomoção e a captura do alimento. Ele é composto pelos pés ambulacrais e um arranjo pentâmero de canais celômicos internos. A abertura do sistema se dá na parte dorsal do animal pelo madreporito, que fica na superfície aboral e leva ao canal pétreo, que desce até o canal circular, localizado em torno da boca. Divergindo dos canais circulares, estão os canais radiais, indo para o interior de cada um dos sulcos ambulacrais. Os corpos de Tiedemann, que podem ser os responsáveis pela produção dos celomócitos e as vesículas de Poli, que aparentemente são utilizadas para o armazenamento de fluidos, estão ligados ao canal radial. Ligado ao canal radial e aos pés ambulacrais tem-se uma série de canais laterais, cada um contendo uma válvula. O sistema hidrovascular atua de maneira hidráulica, tornando-se, assim, um eficiente mecanismo locomotor.

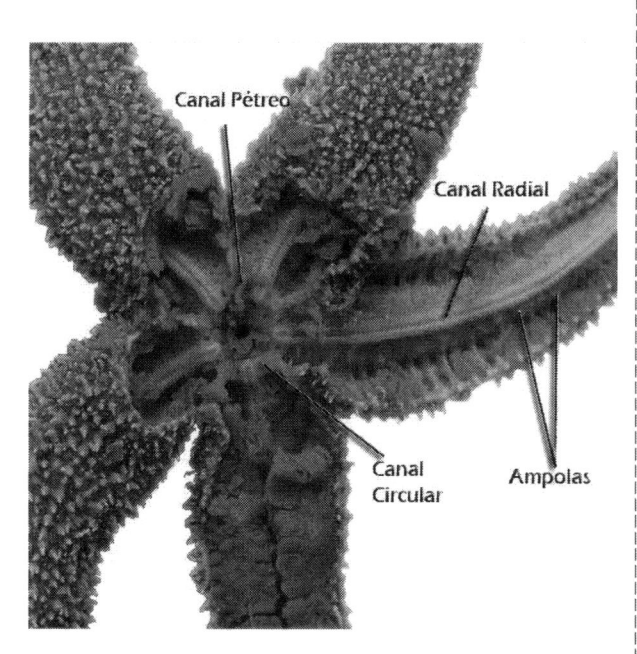

Figura 8. Sistema hidrovascular. Disponível em: https://zoologia-ii-ufes-turma-i.webnode.com/_files/200000318-37b4a39a80/WVsystem%20photo.png. Acesso em: 20.05.2019.

Quanto à alimentação, as estrelas-do-mar, em sua maioria, são carnívoras, podendo predar moluscos, crustáceos, pequenos peixes, entre tantos outros e até mesmo atacar outras estrelas-do-mar. Seu sistema digestivo exibe uma porção do estômago que elas podem lançar para o exterior, sobre o alimento, começando assim digeri-lo. A boca fica na região central da superfície oral, no centro do disco e da membrana peristomial, provida de um esfíncter que segue a um esôfago curto. E ocupando a maior parte do disco, tem-se um estômago que é subdividido, ficando na parte inferior o estômago cardíaco (sendo este lançado para o exterior), e na menor parte, ou parte superior, está o estômago pilórico, que é ligado por meio de dutos a um par de grandes cecos pilóricos (glândulas digestivas), presentes em cada um dos braços. Um intestino curto é ligado a essa parte do estômago. O ânus não é evidente, sendo que em algumas espécies, tanto ele como o intestino, são ausentes.

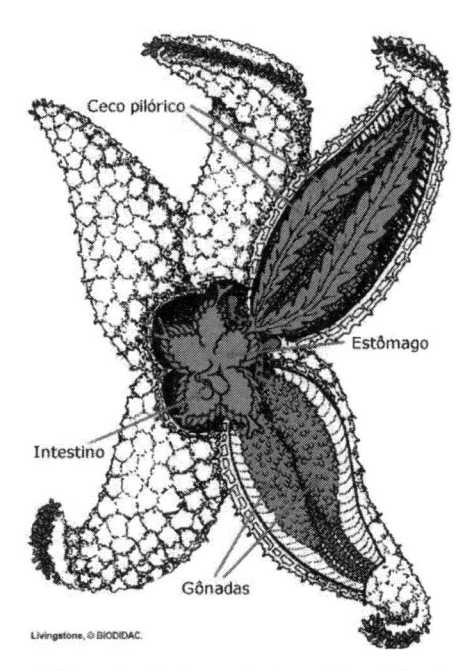

Figura 9. Sistema digestivo das estrelas-do-mar. Disponível em: https://egnaldoarthurciencias7a.files.wordpress.com/2012/09/digestao-equinodermos.jpg. Acesso em: 20.05.2019.

Esses animais não possuem cérebro, seu sistema nervoso é descentralizado, formado por três unidades: a oral (ectoneural), constituída por um anel nervoso em torno da boca, de onde partem cordões nervosos, os radiais, que se estendem ao longo dos sulcos ambulacrários, coordenando aparentemente os pés ambulacrais. Nessa unidade predomina o sistema sensorial. Em seguida, o sistema mais profundo (hiponeural), que se assemelha à estrutura oral, mas está localizado aboralmente, atuando, principalmente, nas funções motoras. A última unidade é a aboral, formada por um anel em torno do ânus e também por cordões nervosos radiais. Interligando todos esses sistemas à parede do corpo e às estruturas relacionadas, existe uma rede nervosa, também chamada de plexo nervoso epidérmico, cuja responsabilidade é coordenar as respostas das brânquias dérmicas a estímulos táteis. Nos asteroides, o sistema sensorial é pouco desenvolvido, os órgãos táteis e as células sensoriais são espalhados pelo corpo, tendo reações ao toque, temperatura, substâncias químicas e diferenças na intensidade da luz. São animais que exibem um comportamento mais ativo no período noturno.

Figura 10. Sistema nervoso das estrelas-do-mar. Disponível em: http://www.biorede.pt/resources/10809.jpg. Acesso em: 20.05.2019.

Em sua maioria, esses animais exibem sexos separados. Em cada um dos braços, no espaço inter-radial, existe um par de gônadas, que quando imaturas, ocupam somente a base do braço e conforme seu grau de desenvolvimento, aumenta sua extensão. A fecundação é externa, ocorrendo no início do verão, sendo os óvulos e espermatozoides liberados na água. A maturação e liberação dos óvulos se dão através de células neurossecretoras, localizadas nos nervos radiais. As estrelas-do-mar exibem a capacidade de regeneração, podendo descartar um braço danificado, próximo à base. Através da regeneração, podem lançar mão da reprodução assexuada, através da clivagem do disco central, regenerando o restante do corpo que falta.

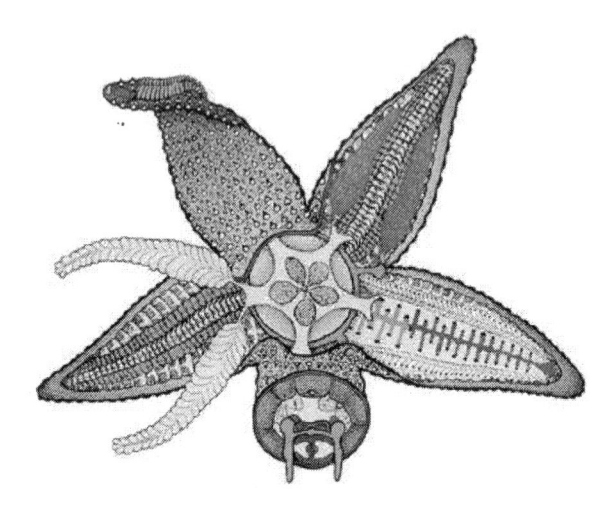

Figura 11. Sistema reprodutor das estrelas-do-mar. Disponível em: http://www.biorede.pt/resources/10808.jpg. Acesso em: 20.05.2019.

2.5 Classe Ophiuroidea (ofiúros ou serpentes-do-mar)

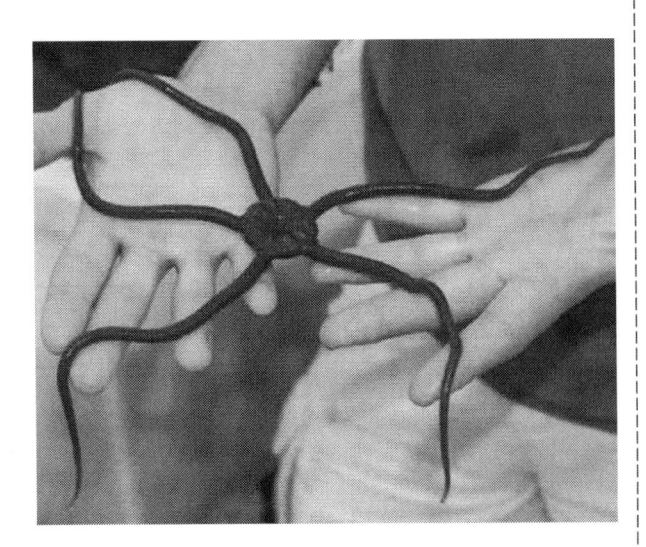

Figura 12. Ofiuroide. Disponível em: https://topbiologia.com/wp-content/uploads/2014/07/ofiuro.jpg. Acesso em: 20.05.2019

Essa classe possui o maior número de espécies e, consequentemente, podem ser as mais abundantes. Sua ocorrência se dá em todos os tipos de ambientes marinhos bentônicos. Seu corpo se caracteriza por um disco pequeno, arredondado, com cinco braços distintos e esguios, delgados, articulados e frágeis, sendo bem diferentes dos asteroides. O braço é constituído por muitos segmentos semelhantes, cada um possui dois ossículos centrais fundidos que recobrem os sulcos ambulacrais, cobertos por placas. Os pés ambulacrários não possuem ventosas e estão mais envolvidos com a alimentação do que com a locomoção.

A locomoção é realizada através da ação dos braços que se movem para frente aos pares, apoiando no substrato. Concomitantemente, qualquer outro braço se estende para frente ou se estica para trás, movimentando o corpo, que pode ser puxado ou empurrado (movimentos serpenteantes). São eles também, os braços que auxiliam na respiração e podem levar alimento à boca. Nesses animais não há pedicelárias e brânquias dérmicas. O madreporito fica na superfície oral, sobre um dos escudos orais. Todos os órgãos digestivos e reprodutores estão no disco. A boca fica no centro da superfície oral, cercada por cinco placas móveis, que atuam como maxila. O estômago tem forma de um saco. Sem intestino, não há digestão, e os excretas são expelidos através da boca. Não há ânus também. Sua pele é coriácea, com escudos dérmicos e espinhos. Alimentam-se de pequenos crustáceos, moluscos e outros animais e detritos do fundo do mar. Podem também servir de alimentos a peixes. Geralmente são dioicos, mas também podem ser hermafroditas. Os sistemas hidrovascular, nervoso e hemal são parecidos aos das estrelas-do-mar.

Geralmente os ofiuroides são encontrados nos fundos com pouca ou nenhuma luminosidade. Por serem, em geral, fototrópicos negativos, são mais ativos no período da noite. Quanto à alimentação, são pastejadores do substrato ou filtradores. Quanto à regeneração, parecem ser extremamente frágeis, pois soltam seus braços ou mesmo parte do disco, sob qualquer estímulo, regenerando posteriormente as partes perdidas. Podem optar também por esse modo de reprodução.

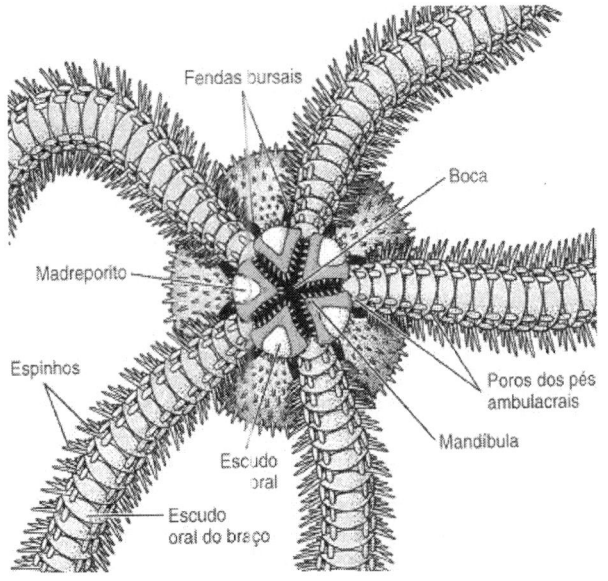

Figura 13. Anatomia de um ofiuroide. Disponível em: http://aneste.org/mdulo-4-o-sistema-hidrovascular-e-locomoco/14117_html_m61ab7326.jpg. Acesso em: 20.05.2019.

2.6 Classe Holothuroidea (pepinos-do-mar)

Figura 14. Pepino-do-mar. Disponível em: http://www.aquaculturebrasil.com/wp-content/uploads/2017/01/cultivo-de-pepino-do-mar-no-brasil-artigos-aquaculture-brasil.jpg. Acesso em: 20.05.2019.

Fazendo uma comparação entre os animais do filo Echinodermata, com certeza, essa classe é a que se apresenta como a mais diferente de todos os representantes, assemelhando-se a um vegetal, o pepino. A começar pela estrutura corpórea, possuem o corpo alongado no eixo oral-aboral, assumindo uma posição característica, a de apoiar-se num dos lados. A parede do corpo é coriácea e possui músculos circulares e longitudinais ao longo dos ambulácros. Em sua maioria os ossículos são bem reduzidos, fazendo com que seu corpo seja mole. O lado do corpo que fica apoiado no substrato contém três áreas ambulacrais, chamadas de sola. Quando nessa mesma área, há a presença dos pés ambulacrais, estes não possuem ventosas e possivelmente podem apresentar modificações na forma de papilas sensoriais. Existem espécies que os pés ambulacrais encontram-se distribuídos da mesma maneira pelas cinco áreas ambulacrais ou pelo corpo todo.

A boca dos pepinos-do-mar é contornada por 10 a 30 tentáculos que são pés ambulacrais retráteis modificados. O sistema digestivo termina na região posterior, em uma cloaca musculosa, que bombeia água para o seu interior. A respiração e a excreção são realizadas através de uma árvore respiratória, formada por tubos longos e bem ramificados, que vão até a cloaca. Essa característica é exclusiva dos holotúrias. As trocas gasosas também podem ser realizadas através da pele e dos pés ambulacrais, e o sistema hemal é o mais desenvolvido dentre todos os equinodermos. Seu sistema hidrovascular é bem particular, nele o madreporito abre-se no interior do celoma.

Os pepinos-do-mar são os únicos dos equinodermos que possuem somente uma gônada em forma de um ou dois agregados de túbulos que se unem no gonoduto. Em sua maioria possuem sexos separados, com alguns hermafroditas. A fecundação é externa e a larva é livre-natante, chamada de auriculária.

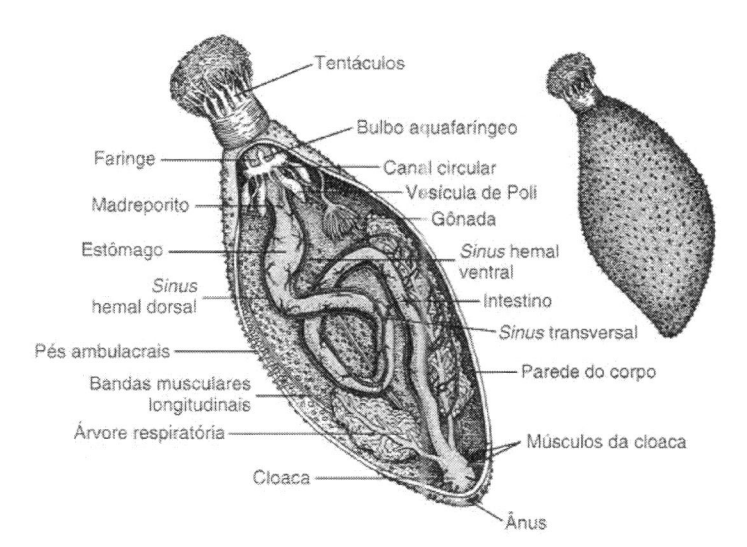

Figura 15. Esquema de anatomia dos holotúrias. Disponível em: http://aneste.org/mdulo-4--o-sistema-hidrovascular-e-locomoco/14117_html_m78b79bf1.jpg. Acesso em: 20.05.2019.

Os pepinos-do-mar se movem lentamente e, para isso, utilizam os pés ambulacrais ventrais e as contrações da musculatura da parede do corpo. Alimentam-se de partículas de alimentos em suspensão ou raspando o fundo do substrato com os tentáculos. Em condições desfavoráveis são capazes de descartar partes de suas vísceras por meio de uma forte contração muscular. Essa contração resulta no rompimento da parede do corpo ou na eversão do seu conteúdo pelo ânus. Rapidamente se regeneram. Como proteção, algumas espécies exibem túbulos de Cuvier, unidos atrás das árvores respiratórias. Ao se sentirem ameaçados, eles são expelidos, tornando-se longos e grudentos, contendo em alguns casos, toxinas.

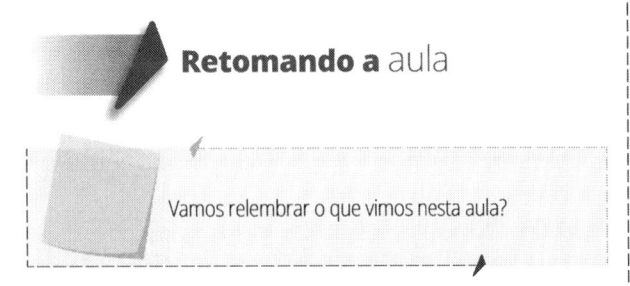

Retomando a aula

Vamos relembrar o que vimos nesta aula?

1 - Características gerais dos Echinodermata

Nesta aula, vimos que, com aproximadamente 6.000 espécies exclusivamente marinhas, nesse filo se incluem estrelas-do-mar, ouriços-do-mar, bolachas-da-praia, ofiuroides, pepinos-do-mar e crinoides. Os animais são grandes, de hábitos bentônicos e vivem no fundo de todos os oceanos do mundo ou se movem sobre o substrato. Os equinodermos são triblásticos, celomados, deuterostômios, não possuem cabeça. O esqueleto é interno de origem mesodérmica, de simetria radial pentâmera quando adultos. Enquanto larvas, a simetria é bilateral, o celoma possui uma subdivisão interna utilizada na captura do alimento e locomoção, com um sistema hidrovascular ou ambulacrário composto pelos canais celomáticos e apêndices superficiais. São dioicos (sexos separados), sem dimorfismo sexual.

2 - Classificação dos Echinodermata

Nesta seção, apresentamos a classificação dos animais desse filo, que podem ser divididos em:
- *Classe Crinoidea*, são os lírios-do-mar;
- *Classe Concentricycloidea*, são as margaridas-do-mar;
- *Classe Echinoidea*, sendo seus representantes os ouriços-do-mar e as bolachas-da-praia;
- *Classe Asteroidea*, são as estrelas-do-mar;
- *Classe Ophiuroidea*, são as serpentes-do-mar;
- *Classe Holothuroidea*, os pepinos-do-mar.

Vale a pena

Vale a pena **assistir**

Equinodermos – estrelas-do-mar e companhia. Disponível em: https://www.youtube.com/watch?v=0dOggydy2xs.

Referências

RUPPERT, E. E. *Zoologia de Invertebrados:* uma abordagem funcional – evolutiva. São Paulo: Roca, 2005.

PURVES, W. et al. *Vida a Ciência da Biologia.* Volume I e II. São Paulo: Editora Artmed, 2005

BRUSCA, R.; BRUSCA, G. *Invertebrados.* Rio de Janeiro: Guanabara Koogan, 2007.

Minhas anotações